DIAGNÓSTICO PSICANALÍTICO

M478d   McWilliams, Nancy.
         Diagnóstico psicanalítico : entendendo a estrutura
    da personalidade no processo clínico / Nancy McWilliams ;
    tradução: Gabriela Wondracek Linck ; revisão técnica:
    Inúbia Duarte. – 2. ed. – Porto Alegre : Artmed, 2014.
         447 p. ; 25 cm.

         ISBN 978-85-65852-93-7

         1. Psicanálise. I. Título.

                                            CDU 159.964.2

Catalogação na publicação: Ana Paula M. Magnus – CRB 10/2052

Nancy McWilliams

DIAGNÓSTICO PSICANALÍTICO

ENTENDENDO A ESTRUTURA DA PERSONALIDADE NO PROCESSO CLÍNICO

2ª EDIÇÃO

Tradução:
Gabriela Wondracek Linck

Revisão técnica:
Inúbia Duarte
Psicóloga.
Mestre em Psicologia Clínica pela Pontifícia Universidade Católica do Rio Grande do Sul (PUCRS).
Psicanalista Member of the International Psychoanalytical Association.
Fundadora, docente e supervisora no Instituto de Ensino e Pesquisa em Psicoterapia (IEPP).
Sócia jubilada e ex-presidente da Sociedade de Psicologia do Rio Grande do Sul.
Coordenadora do Mestrado em Psicologia da PUCRS (1978).
Professora titular do Curso de Psicologia e coordenadora da Pós-graduação em Psicologia da PUCRS (1991).
Fundadora e coordenadora do Núcleo de Estudos em Psicoterapia (NEP; 1982-1987).

Reimpressão 2018

artmed

2014

Obra originalmente publicada sob o título
Psychoanalytic Diagnosis: Understanding Personality Structure in the Clinical Process, 2nd Edition
ISBN 9781609184940

Copyright © 2011 The Guilford Press.
A Division of Guilford Publications, Inc.
All rights reserved.

Gerente editorial: *Letícia Bispo de Lima*

Colaboraram nesta edição

Coordenadora editorial: *Cláudia Bittencourt*

Capa: *Márcio Monticelli*

Imagem da capa: *©Shutterstock.com/voyager624,
A shattered human head model from the side view.*

Preparação de originais: *Jucá Neves da Silva e Heloisa Maria Rodrigues Furtado*

Leitura final: *André Luís Lima, Jaqueline Fagundes Freitas, Leonardo Maliszewski da Rosa*

Editoração eletrônica: *Formato Artes Gráficas*

Reservados todos os direitos de publicação à
ARTMED EDITORA LTDA., uma empresa do GRUPO A EDUCAÇÃO S.A.
Av. Jerônimo de Ornelas, 670 – Santana
90040-340 Porto Alegre RS
Fone (51) 3027-7000 Fax (51) 3027-7070

É proibida a duplicação ou reprodução deste volume, no todo ou em parte, sob quaisquer formas ou por quaisquer meios (eletrônico, mecânico, gravação, fotocópia, distribuição na Web e outros), sem permissão expressa da Editora.

SÃO PAULO
Av. Embaixador Macedo Soares, 10.735 – Pavilhão 5 – Cond. Espace Center
Vila Anastácio – 05095-035 – São Paulo SP
Fone (11) 3665-1100 Fax (11) 3667-1333

SAC 0800 703-3444 – www.grupoa.com.br
IMPRESSO NO BRASIL
PRINTED IN BRAZIL

Em grata memória
Howard Gordon Riley
Millicent Wood Riley
Jane Ayers Riley

Autora

Nancy McWilliams, PhD, leciona no curso de pós-graduação em Psicologia Profissional e Aplicada, em Rutgers, The State University of New Jersey, e tem um consultório particular em Flemington, também em New Jersey. Já foi presidente da Seção de Psicanálise (39) da American Psychological Association e faz parte do conselho editorial da *Psychoanalytic Psychology*. Seus livros foram traduzidos para 14 idiomas e participou de conferências e palestras nacionais e internacionais. A dra. McWilliams já recebeu muitas homenagens, como o Rosalee Weiss Award, por contribuições à prática clínica da Seção de Profissionais Independentes da American Psychological Association; sócia honorária na American Psychoanalytic Association; e o prêmio Robert S. Wallerstein para Conferencista Acadêmico Visitante de Psicoterapia e Psicanálise da University of California, São Francisco. Graduada na National Psychological Association for Psychoanalysis, também é filiada ao Center for Psychoanalysis and Psychotherapy of New Jersey e ao Programa de Treinamento Nacional do National Institute for the Psychotherapies de Nova York.

Agradecimentos

Na primeira edição de *Diagnóstico psicanalítico* agradeci a meus clientes e praticamente a toda minha comunidade de colegas. Também é ainda mais verdade que o livro hoje é um produto de todo um "clima de opinião" (para roubar a imagem em movimento de Freud na visão de W. H. Auden). Enfatizei nesse volume que minha organização dos níveis e tipos de personalidade não é uma taxonomia "minha", mas meu melhor esforço de representar as ideias psicanalíticas principais. Nesse ponto, no que concerne às recentes controvérsias entre os analistas sobre qual diagnóstico é válido em si (tópico de um colóquio *online*, de 2009, da International Association for Relational Psychoanalysis and Psychotherapy), não posso presumir representar a importância do movimento psicanalítico. Além disso, este livro abrange muito mais do que meu próprio pensamento. Há muitos anos venho pedindo que os profissionais expectadores em minhas palestras me enviem *e-mails* com críticas sobre qualquer pressuposto contido na primeira edição que não se encaixe em suas práticas clínicas. Inúmeros terapeutas, incluindo muitos que clinicam em outros países e em setores muito diferentes do meu, escreveram-me para dizer que essa organização de conceitos os auxilia em sua própria experiência clínica. Alguns levaram a sério o convite para me criticar, e integrei muitas de suas sugestões na reescrita de vários capítulos.

Além daqueles aos quais agradeci em 1994, há ainda muitas pessoas para enumerar aqui como colaboradoras desta edição. No entanto, é preciso destacar Richard Chefetz, que passou muitas horas criticando o capítulo sobre dissociação e me educando no que diz respeito às descobertas contemporâneas em trauma. Também sou muito grata a Daniel Gaztembide (e a Brenna Bry, chefe de meu departamento – uma skinneriana radical que aprecia psicanálise – que astutamente me apresentou a ele como uma estudante de "trabalho-estudo"). Daniel enviou-me cartas regulares sobre teorias e pesquisas relevantes. Por sua sabedoria psicanalítica e pelo ouvido afinado para o tom, dependi, como sempre, de Kerry Gordon. Por seu olhar apurado em identificar tipos, agradeço a Tim Paterson. Finalmente, pela amizade e sinceridade, preciso agradecer a alguns colegas que me influenciaram desde a primeira edição: Neil Altman, Sandra Bem, Louis Berger, Ghislaine Boulanger, o recente Stanley Greenspan, Judith Hyde, Deborah Luepnitz, William MacGillivray, David Pincus, Jan Resnick, Henry Seiden, Jonathan Shedler, Mark Siegert, Joyce Slochower, Robert Wallerstein, Bryant Welch e Drew Westen. E obrigada a muitos outros desconhecidos cujas ideias aparecem de algum modo neste livro. Os erros e os mal-entendidos são todos meus.

Prefácio

Quando originalmente escrevi *Diagnóstico psicanalítico,* sabia, por experiência própria como professora, que estudantes e psicoterapeutas em início de carreira precisavam entrar em contato com o tipo de diagnóstico inferencial, dimensional, contextual e biofísico-social que precedeu a era inaugurada em 1980 com a publicação da terceira edição do *Manual diagnóstico e estatístico de doenças mentais* (DSM-III), da American Psychiatric Association. Em particular, desejava manter viva a sensibilidade adquirida em décadas de experiência clínica e de conversação, durante as quais seres humanos foram vistos como entidades complexas, em vez de considerados como coleções de sintomas patológicos. Também vi o quanto era difícil, mesmo para os estudantes psicodinamicamente orientados, tentar dominar a desconcertante variedade de linguagem, metáfora e ênfase teórica que compreende a tradição psicanalítica. Era evidente a necessidade de uma síntese da extensa e contundente história da teoria psicanalítica no que concerne à busca de compreensão dos pacientes individuais de cada um.

No início da década de 1990, eu também nutria uma tênue esperança de que o livro tivesse alguma influência nas políticas de saúde mental e na concepção de psicoterapia culturalmente partilhada, que estava começando a passar por transformações perturbadoras. Sem chance. A amplitude e a profundidade da mudança desde então têm sido impressionantes. Por uma série de razões inter-relacionadas, as formas psicodinâmicas – e, mais amplamente, humanísticas (ver Cain, 2010) – de compreender e tratar pessoas foram desvalorizadas, e a possibilidade de um paciente com uma patologia de caráter significativa (o que é característico na maioria dos tratamentos psicodinâmicos) encontrar auxílio genuíno e duradouro no sistema de saúde mental é, em minha opinião, muito menor. Com o movimento cognitivo-comportamental em contínuo desenvolvimento, alguns de seus profissionais ficaram tão decepcionados com esse desenvolvimento quanto os terapeutas analíticos; meu colega filiado à terapia cognitivo-comportamental (TCC), Milton Spett, fez recente reclamação (em um *e-mail* de 29 de maio de 2010) em reação à tal tendência: "Nós tratamos pacientes, não doenças".

Forças políticas e econômicas têm muita influência nessa mudança. (Ver Mayes e Horwitz, 2005, sobre a história política da mudança de paradigma na área de transtorno mental "para grandes entidades etiologicamente definidas que continuam explicando a normalidade com base em doenças categorizadas a partir de sintomas" [p.249]). Pelo menos nos Estados Unidos, os interesses corporativos – em especial os que se referem às companhias de seguro e à indústria farmacêutica – reformularam a psicoterapia de forma radical e, assim, a redefiniram de acordo com seus objetivos: lucro máximo. A serviço de um controle de custos em curto prazo, houve a reversão de um progresso de décadas no auxílio a indivíduos com problemas complexos de personalidade – e não porque não temos capacidade de ajudá-los, mas porque as seguradoras, tendo comercializado seus planos de assistência de saúde para empregadores alegando uma cobertura de saúde mental "abrangente", mais tarde declinaram arbitrariamente o cumprimento das condições do *Eixo II* do DSM.

Ao mesmo tempo, as empresas farmacêuticas têm grande participação nisso ao construir uma imagem dos problemas psicológicos como transtornos discretos e refinados, para que assim possam vender medicamentos que tratam cada condição específica. Consequentemente, a ênfase não está mais na cura profunda de lutas pessoais insistentes, mas em um empenho limitado a mudar comportamentos que interfiram no bom funcionamento das tarefas profissionais ou escolares. Quando escrevi a primeira edição deste livro, não percebi o quão grave se tornaria o prognóstico para a terapia focalizada na pessoa (em oposição àquele orientado pelo sintoma) nos anos após a publicação (ver McWilliams, 2005a).

O clima no qual os terapeutas clinicam hoje em meu país é muito mais inclemente do que em 1994. Profissionais contemporâneos estão cercados de pessoas que sofrem e precisam de cuidado intensivo e de longo prazo (Será que alguém poderia argumentar convincentemente que a psicopatologia está *declinando* no contexto das mudanças sociais, políticas, econômicas e tecnológicas contemporâneas?). Talvez o fato de ver os pacientes a cada duas semanas, ou mesmo em menor frequência, e assumir um grande número de casos tenha tornado impossível uma conexão genuína e uma preocupação com a individualidade de cada cliente. Os terapeutas estão soterrados por uma enorme papelada e focados em justificar mesmo o tratamento mais simples para empregados anônimos de companhias de seguro, traduzindo seu empenho no auxílio aos clientes por meio da construção de seres agenciadores de suas vidas, no uso de *slogans* como "progresso em comportamentos-alvo". "Diagnósticos" oficiais sob tais pressões podem muitas vezes ser cínicos em espírito e, como consequência, em função, já que os terapeutas qualificam os pacientes de modo a possibilitar a cobertura do seguro estigmatizando-os o mínimo possível.

Ironicamente, a situação atual torna mais importante os psicoterapeutas terem um conhecimento cientificamente embasado do funcionamento psicológico em vez de uma visão heurística da psicologia geral de cada paciente. Se for desejado um impacto em curto prazo, é melhor já ter uma base que possibilite prever se uma pessoa irá reagir a um comentário compassivo com alívio, com desvalorização do terapeuta ou com o sentimento devastador de não estar sendo compreendida. Logo, hoje existe uma necessidade muito maior do que em 1994 de reafirmar o valor do diagnóstico de personalidade que seja inferencial, contextual, dimensional e ligado à experiência subjetiva do paciente. Minha atuação no desenvolvimento do *Psychodynamic Diagnostic Manual* (PDM Task Force, 2006) atesta isso, porém nessa obra o que pode ser dito sobre qualquer tipo ou nível de organização de personalidade foi limitado a alguns parágrafos, enquanto aqui tal elaboração será feita de forma mais completa.

Uma fonte indireta da crescente desvalorização contemporânea da tradição psicanalítica pode ser o expansivo vácuo que se impõe entre os acadêmicos e os terapeutas. Algum nível de tensão entre esses dois grupos sempre existiu, sobretudo devido às diferentes sensibilidades associadas aos indivíduos que são simpáticos a um grupo ou ao outro. Mas a cisma aumentou bastante com o crescimento das pressões sobre os acadêmicos para que busquem prêmios e acumulem rapidamente muitas publicações relacionadas à pesquisa. Mesmo aqueles professores que gostariam de ter um pouco de contato com a prática seriam tolos de tentar, em razão do atual clima acadêmico, especialmente se estiverem em busca de estabilidade. Como resultado, poucos acadêmicos têm experiência de trabalho intensivo com indivíduos que apresentam problemas graves e/ou complexos. O vácuo entre terapeutas e pesquisadores também foi inadvertidamente aumentado devido ao crescimento do número de escolas profissionalizantes de psicologia, nas quais os aspirantes a terapeuta têm poucas oportunidades de enriquecimento mútuo pela troca de experiências com mentores envolvidos em pesquisa.

Um resultado dessa ampla fissura é que as formulações psicodinâmicas sobre personalidade e psicopatologia, que surgem mais a partir de uma experiência clínica e de uma observação naturalística do que dos seminários de psicólogos universitários, têm muitas vezes sido retratadas pelos estudantes acadêmicos como arcaicas, irrelevantes e empiricamente descreditadas. Apesar das décadas de pesquisa, os conceitos analíticos costumam ser ignorados quando os teóricos atuais idealizam tratamentos baseados em evidências específicas. Em seus livros de 1985 e 1996, Fisher e Greenberg analisaram cerca de 2.500 estudos desse tipo. A escassez de estudos clínicos randomizados de terapia psicodinâmica com final em aberto tem nos custado caro. Além disso, a arrogância de muitos analistas no auge da celebração da psicanálise (especialmente no que diz respeito à crença de que as experiências que têm com cada paciente são idiossincráticas demais para serem passíveis de pesquisa) contribuiu para a formação de estereótipos negativos por parte dos colegas não clínicos.

Mesmo hoje, quando alguma obra em geral empírica mostra a efetividade dos tratamentos analíticos (p. ex., Leichsenring e Rabung, 2008; Shedler, 2010), somos abandonados ao legado político autoderrotista contido no desdém de muitos analistas pela pesquisa dos processos de análise. A crescente modulação da psicologia clínica no conceito de "ciência" positiva, as tentativas de contenção de gastos das companhias de seguro, os interesses econômicos da indústria farmacêutica e a reação desdenhosa de alguns analistas quanto aos resultados de pesquisa de qualquer tipo causaram a "perfeita tempestade" que levou à desvalorização da psicologia psicodinâmica e da psicoterapia.

Infortúnios contemporâneos à parte, existem outros motivos que justificam a revisão do livro. De sua primeira publicação até agora, neurocientistas têm começado a iluminar as bases químicas, psicológicas e genéticas dos estados psicológicos. Pesquisas focadas na infância, em especial no que diz respeito ao apego, o "bebê conceitual" do psicanalista John Bowlby, adicionaram novos ângulos de visão ao nosso entendimento do desenvolvimento da personalidade. O movimento relacional inspirou uma mudança significativa de paradigma em importantes seções da comunidade psicanalítica. Terapeutas cognitivos e comportamentais, à medida que sua prática tem amadurecido e que os médicos ligados a ela têm trabalhado com pacientes mais complexos, passaram a desenvolver conceitos de personalidade que são notoriamente similares aos antigos conceitos psicanalíticos. E meu próprio aprendizado continua. Sei mais agora sobre as teorias sullivanianas, kleinianas e lacanianas do que sabia em 1994. Tive a vantagem de poder contar com as críticas de professores que contribuíram para o *Diagnóstico psicanalítico,* dos estudantes para os quais eles lecionaram e de colegas terapeutas que o leram. E acumulei mais 20 anos de experiência desde a primeira publicação deste livro.

Não fiquei totalmente surpresa com o sucesso da edição original na América do Norte: suspeitava, enquanto escrevia, que estava longe de ser a única pessoa que sentia falta de um texto deste tipo para usar com estudantes de psicoterapia. No entanto, sua repercussão internacional me surpreendeu por completo; sobretudo quanto ao calor do acolhimento de terapeutas de países tão diversos, como Romênia, Coreia, Dinamarca, Irã,

Panamá, China, Nova Zelândia e África do Sul. A popularidade do livro em meu próprio país me rendeu convites para falar em subculturas da saúde mental inesperadas (p. ex., a dos psiquiatras da Força Aérea, dos conselheiros pastorais evangélicos, dos psicólogos de presídio e dos especialistas em adição), e seu impacto para além das fronteiras da América do Norte me proporcionou trocar experiências com terapeutas do mundo todo, que me ensinaram sobre as dinâmicas de personalidade com as quais eles comumente se deparavam. Na Rússia, foi sugerido que o caráter nacional é masoquista; na Suécia, esquizoide; na Austrália, pseudoindependente; na Itália, histérico. Na Turquia, terapeutas trabalhando em cidades tradicionais descreveram pacientes que lembravam com exatidão as mulheres inibidas sexualmente de Freud, uma versão da personalidade histérica que praticamente desapareceu das culturas ocidentais contemporâneas. Essa exposição à psicoterapia de todo o mundo foi uma experiência emocionante e que, espero, tenha enriquecido esta revisão.

Tendo em vista a necessidade de colegas que trabalham com culturas mais tradicionais e coletivistas, nas quais o sofrimento emocional é quase sempre expresso por meio do corpo (p. ex., os grupos nativos americanos e no leste e no sul da Ásia), expandi a seção sobre somatização e sugeri a utilidade do tipo de conceito de personalidade organizado em torno dessa defesa. Revisei minhas análises sobre defesas, incluindo somatização, representação e sexualização a partir dos mecanismos mais primários. Por questões de tempo, e para evitar a contribuição a qualquer tendência de patologizar pessoas de culturas nas quais a somatização seja normativa, decidi evitar a formulação de um capítulo inteiro sobre personalidades somatizadoras. Leitores que esperam aprender mais sobre o tratamento daqueles que, de forma regular e problemática, ficam fisicamente doentes e sobre outros cujas personalidades não estão esmiuçadas aqui (p. ex., sádicos e sadomasoquistas, fóbicos e contrafóbicos, dependentes e pseudoindependentes, passivo-agressivos e pessoas com ansiedade crônica) encontrarão ajuda no *Manual de diagnóstico psicanalítico*.

Em algumas partes desta segunda edição fiz poucas modificações, além de em geral ter tentado não mexer na escrita, observando o pressuposto "se funciona, não mexa". Em outras partes, houve uma revisão mais vigorosa no sentido de iluminar novas descobertas empíricas e novas perspectivas teóricas. As observações sobre o desenvolvimento da psicanálise foram muito além de Mahler, e a neurociência contemporânea começou a identificar processos cerebrais clinicamente relevantes que antes podíamos descrever apenas de maneira metafórica. Os profissionais que pesquisam sobre o apego expandiram nossa compreensão de relacionamento e cunharam termos (p. ex., "mentalização", "funcionamento reflexivo") que identificam processos de relevância central em todas as áreas da saúde mental. Neurocientistas corrigiram algumas de suas visões equivocadas

(p. ex., de que o pensamento está na frente da emoção ou de que a memória de um trauma grave pode ser recuperada [Solms e Turnbull, 2002]) e expandiram muito nosso conhecimento sobre temperamento, pulsão, impulso, afeto e cognição. Alguns estudos controlados e randomizados foram realizados sobre tratamentos orientados psicanaliticamente e novas metanálises foram conduzidas com base em estudos já existentes.

Apesar de tudo, optei por manter muitas referências à antiga literatura, tanto a clínica quanto a empírica. A personalidade, por natureza, é um fenômeno relativamente estável, e, portanto, existem muitas observações úteis de décadas atrás que prefiro honrar a ignorar. Nunca compartilhei do característico pressuposto norte-americano de que a coisa "mais nova" é evidentemente melhor do que tudo que a precede; de fato, levando em conta as pressões realistas sobre os intelectuais da atualidade, e dada a estreiteza de muitas formações profissionais, não me parece que as obras atuais possam ser sempre mais estimulantes e abrangentes do que aquelas de autores que não viveram em uma época tão frenética e pulsante quanto a nossa.

Sumário

Introdução 19

Parte I
Questões conceituais

1 Por que diagnóstico?... 25
2 Diagnóstico psicanalítico do caráter 40
3 Níveis de desenvolvimento da
  organização da personalidade 63
4 Implicações da organização em níveis de desenvolvimento.......... 91
5 Processos defensivos primários 121
6 Processos defensivos secundários 148

Parte II
Organização dos tipos de caráter

7 Personalidades psicopáticas (antissociais) 178
8 Personalidades narcisistas 197
9 Personalidades esquizoides 218

10 Personalidades paranoides 237

11 Personalidades maníacas e depressivas 259

12 Personalidades masoquistas (autodestrutivas) 292

13 Personalidades obsessivas e compulsivas 315

14 Personalidades histéricas (histriônicas) 338

15 Funcionamento psicológico dissociativo 360

Apêndice
Formato sugerido de entrevista diagnóstica 388

Referências 390

Índice onomástico 422

Índice remissivo 431

Introdução

Muito do que segue é sabedoria psicanalítica acumulada. No entanto, trata-se de minha própria síntese dessa sabedoria e reflete minhas conclusões, interpretações e extrapolações idiossincráticas. A organização das possibilidades de caráter em dois eixos, por exemplo, o que me parece claramente passível de ser inferido das teorias e metáforas psicanalíticas, pode parecer forçada para analistas que visualizam a diversidade da personalidade humana em outras imagens, a partir de outro espectro. Só posso argumentar que essa representação pictográfica tem sido de valor em minhas experiências com estudantes relativamente despreparados para o grosso caldo de conceitos analíticos que se desenvolveram ao longo de mais de um século.

O principal objetivo deste livro é melhorar a prática, e não resolver todos os problemas conceituais e filosóficos dos quais a literatura psicanalítica está repleta. Estou mais interessada em ser útil de uma perspectiva pedagógica do que em estar indubitavelmente "certa". Uma ênfase recorrente nos capítulos que seguem diz respeito à relação entre as formulações psicodinâmicas e a arte da psicoterapia. Além de transmitir algumas atitudes terapêuticas básicas, incluindo curiosidade, respeito, compaixão, devoção, integridade e disposição em admitir erros e limitações (ver McWilliams, 2004), não acredito no ensino de uma "técnica" particular na ausência de uma tentativa de compreender a psicologia da pessoa à qual a técnica está sendo aplicada.

Os leitores podem argumentar que as ideias psicanalíticas são irrelevantes para os profundamente angustiados, para pessoas que enfrentam desafios esmagadores ante a realidade, para as minorias, para os aditos, miseráveis, etc. Se este livro obtiver sucesso em transmitir a riqueza e as particularidades das terapias de linha analítica, isso corrigirá alguns equívocos, ainda que os dois eixos nos quais organizei as informações de diagnóstico abranjam apenas uma pequena parcela do que é útil para compreender qualquer paciente.

UM COMENTÁRIO SOBRE A TERMINOLOGIA

Um notável esforço cíclico de higienização do discurso contribuiu para a ampla má assimilação da tradição psicanalítica. Com o tempo, sejam quais tenham sido as intenções daqueles que cunharam qualquer termo psicológico específico, os rótulos para certas condições acabam de qualquer maneira com uma conotação negativa. Uma linguagem inventada para ser apenas descritiva – de fato, inventada para substituir palavras carregadas de velhos valores – adquire um caráter de valoração e é aplicada, sobretudo por profissionais da lei, de modo a fixar patologias. Alguns tópicos parecem provocar especial inquietação nos seres humanos, e, não importando o quão cuidadosamente sejam abordados, em uma linguagem sem juízo de valor, com o passar dos anos a linguagem utilizada se torna pejorativa.

O atual "transtorno da personalidade antissocial" era, em 1835, identificado como "insanidade moral". Mais tarde se tornou "psicopatia" e depois "sociopatia". Cada mudança teve a intenção de qualificar um fenômeno perturbador de uma forma que não soasse reprovadora. O poder de perturbação de tal fenômeno por fim contaminou todos os termos que foram cunhados para manter o conceito longe do reino da moralização. Algo semelhante ocorreu ao longo das sucessivas transformações de "inversão" para "desvio", depois para "homossexualidade" e então para ser "*gay*" e ser "bicha". E agora as pessoas que se sentem incomodadas por aqueles que têm interesse erótico pelo mesmo sexo ainda usam os termos *gay* e bicha para desqualificar. Isso provavelmente também vai acontecer com a mudança de "retardado" para "com problemas de desenvolvimento". Qualquer fenômeno que tenda a problematizar pessoas, quaisquer que sejam as razões, parece instigar essa perseguição inútil a uma linguagem que não estigmatize. Isso também ocorre com termos que não são da psicologia; por exemplo, é endêmico em controvérsias sobre o politicamente correto. Uma consequência desse projeto de higienização da linguagem é que, quanto mais antiga se torna uma tradição da psicologia, mais negativa, reprovadora e pitoresca se parece sua terminologia. O rápido consumo e a velocidade com que se deu a distorção e a aplicação preconceituosa dos termos psicanalíticos, nas práticas profissionais de saúde mental e longe delas, têm sido a desgraça da tradição psicanalítica.

Paradoxalmente, outro fardo que a reputação da psicanálise vem carregando é o de seu encanto. À medida que vão se popularizando, os conceitos adquirem não apenas significados reprobatórios como também simplistas. Reconheço que parece difícil para um leitor iniciante em psicanálise se acostumar ao adjetivo "masoquista", por exemplo, sem reagir a esse rótulo como se ele fosse um julgamento de que essa pessoa ama a dor e o sofrimento. Tal reação é compreensível, porém ignorante; a história do conceito psicanalítico de masoquismo está cheia de humanas, inspiradoras e úteis observações não reducionistas sobre os motivos pelos quais algumas pessoas sempre se envolvem em atividades que lhes são dolorosas apesar de esforços heroicos de fazer o contrário. O mesmo pode ser dito de muitos outros termos que foram adotados tanto por terapeutas não analíticos como pelo público literato, e então se criam rumores sobre isso com uma convicção loquaz ou condescendente quanto ao seu significado.

Os conceitos diluem-se à medida que chegam ao senso comum. O termo "trauma", como é usado popularmente, perdeu sua dimensão de "catástrofe" e pode com frequência ser ouvido no sentido de "desconforto" ou "lesão". "Depressão" tornou-se indistinguível de breves períodos de tristeza (Horowitz e Wakefield, 2007). O termo "síndrome do pânico" teve de ser inventado a fim de recuperar as conotações das velhas e úteis expressões "neurose de ansiedade" e "ataque de ansiedade", uma vez que a palavra "ansiedade" tem sido aplicada tanto para o que alguém sente em um almoço de negócios quanto diante de um pelotão de fuzilamento.

Devido a tudo isso, propus-me a um esforço de desenvolver um bom modo de apresentar parte dessas informações neste livro. Em nível pessoal, tentei observar as preferências de cada grupo em relação a como achavam que deveriam ser diagnosticados e a respeitar as sensibilidades de alguns pacientes que rejeitavam certos rótulos. Utilizo a corrente terminológica do DSM, visto que se tornou a norma nas discussões sobre um fenômeno em particular; a não ser que ela obscureça conceitos mais antigos e prolíficos. Mas, em nível acadêmico, me parece um exercício de futilidade essa ininterrupta renomeação das coisas, em vez de usar seus nomes já existentes. Substituir "autoflagelo" por "masoquismo" ou "histriônico" por "histérico" pode ser preferível a evitar termos que contêm suposições psicodinâmicas, mas tais mudanças fazem menos sentido para aqueles que pensam analiticamente e supõem a operação de processos inconscientes na formação do caráter.

Minha conclusão um tanto ambivalente sobre a questão da linguagem a ser usada neste livro resultou da necessidade de empregar uma nomenclatura psicanalítica mais tradicional, alternando algumas vezes com outra mais popular, na esperança de reduzir o lastimoso peso do jargão profissional por meio de termos mais recentes e basicamente equivalentes. Já que estou tentando despertar a consciência de meu público sobre a razão de cada rótulo que acabou por denotar uma atribuição de caráter, em geral utilizo a linguagem psicanalítica familiar e tento torná-la mais amigável. Para o leitor sem *background* psicodinâmico, isso pode dar ao texto um tom anacrônico ou mesmo de juízo de valor. No entanto, só posso pedir a esse leitor que suspenda a crítica temporariamente e dê à tradição analítica o benefício da dúvida enquanto tenta considerar a possível utilidade dos conceitos existentes.

UM COMENTÁRIO SOBRE O ESTILO

Quase tudo o que se pode dizer sobre os padrões e significados do caráter individual é controverso, mesmo no contexto de aceitação da abordagem psicanalítica em geral. Muitos dos conceitos centrais para o pensamento analítico não só não foram pesquisados e validados de forma sistemática como são inerentemente tão resistentes à operacionalização e à manipulação que é difícil imaginar como possam mesmo ser empiricamente testados (ver Fisher e Greenberg, 1985). Muitos estudiosos preferem localizar a psicanálise no contexto da hermenêutica em vez de no da tradição científica, em parte devido à resistência em investigar o assunto pelos métodos científicos, conforme são definidos por muitos psicólogos acadêmicos contemporâneos.

Cometi um erro na direção de supersimplificar em vez de obscurecer, ao colocar algumas ideias de modo mais extenso do que muitos profissionais considerariam desejado. Este livro é direcionado a iniciantes, e não tenho vontade de aumentar a ansiedade que permeia de modo inevitável o processo de se tornar um terapeuta com a introdução de uma complexidade infinita. Nesta segunda edição, contudo, diante da atual preocupação com pronunciamentos essencialistas e absolutistas, tentei subjugar qualquer tendência à universalização. Todos nós aprendemos, bastante cedo, a partir das nuances imprevisíveis que adquirem cada uma das relações de terapia nas quais tomamos parte e nos estendemos, o quão pálidas são mesmo as mais elegantes e satisfatórias de nossas formulações diante do mistério que é a natureza humana. Por isso, confio nos meus leitores e os encorajo a superar minhas construções.

PARTE I
Questões conceituais

Os seis capítulos seguintes contêm uma base lógica para o diagnóstico de caráter, uma revisão de algumas das mais importantes teorias psicanalíticas e suas respectivas contribuições aos modelos de estruturação da personalidade. Trata-se de uma exploração das diferenças individuais que foram amplamente entendidas como incorporadoras de diferentes desafios do amadurecimento, um comentário sobre as implicações terapêuticas de tais questões e uma exposição das defesas no que tange às suas relações com a estrutura do caráter. Juntos, esses capítulos oferecem um modo de pensar sobre as características constantes que, em geral, vemos como a personalidade de um indivíduo.

Esta parte culmina na representação das possibilidades de diagnóstico ao longo de uma grade de dois eixos. Embora esse esquema, como toda tentativa de generalizar, seja ao mesmo tempo arbitrário e supersimplificado, julguei-o útil para introduzir os terapeutas a formulações dinâmicas centrais e seu valor clínico. Acredito que esse modo de construção da personalidade está implícito em grande parte da literatura psicanalítica. Vez ou outra, uma formulação semelhante pode ser encontrada (p. ex., M. H. Stone, 1980, que também incluiu um eixo para tendências genéticas). Outros analistas fizeram diferentes representações visuais de possibilidades de diagnóstico (p. ex., Blanck e Blanck, 1974, p. 114-117; Greenspan, 1981, p. 234-237; Horner, 1990, p. 23; Kernberg, 1984, p. 29; Kohut, 1971, p. 9).

Em especial nas últimas duas décadas, pesquisadores que estudam infância, padrões de relacionamento, trauma e neurociência inspiraram novas maneiras de pensar sobre as diferenças de personalidade. Meu diagrama pode incorporar muitas de suas descobertas. No entanto, algumas conceitualizações que emergem de estudos empíricos contemporâneos representam ângulos de visão significativamente diferentes. Meu objetivo não é estabelecer uma disputa com outras organizações de conceitos de desenvolvimento, estrutura ou temperamento, mas oferecer uma imagem sintética e simplificada para os que estão começando a se aventurar nesse confuso campo.

1
Por que diagnóstico?

Para muitas pessoas, incluindo alguns terapeutas, "diagnóstico" é um palavrão. Todos presenciamos o mau uso das formulações psicodiagnósticas: uma pessoa complexa é supersimplificada de maneira leviana pelo entrevistador que está ansioso em razão de incerteza; uma pessoa angustiada é tratada de forma linguisticamente distante pelo terapeuta que não consegue lidar com o sentimento de dor; uma pessoa problemática é punida com um rótulo que dá ideia de patologia. Racismo, sexismo, heterossexismo, classismo e numerosos outros preconceitos podem ser (e com frequência têm sido) fortalecidos pela nosologia. É comum nos Estados Unidos, onde as companhias de seguro distribuem números determinados de sessões para categorias de diagnóstico específicas, muitas vezes desafiando a própria opinião do terapeuta, o processo de avaliação ser alvo especial de corrupção.

Uma das objeções ao diagnóstico deve-se à visão de que os termos diagnósticos são inevitavelmente pejorativos. Paul Wachtel (comunicação oral, 14 de março de 2009), por exemplo, fez recente referência ao diagnóstico como "insultos de *pedigree* fantasioso". Jane Hall escreve que "etiquetas são para roupas, não para pessoas" (1998, p.46). Terapeutas experientes costumam tecer tais comentários, mas suspeito que, em seu próprio aprendizado, tenha sido útil lidar com uma linguagem que generalizou as diferenças individuais e com suas implicações para o tratamento. Uma vez que se aprendeu a observar os padrões clínicos que foram estudados por décadas, se pode jogar o livro pela janela e saborear a unicidade individual. Termos diagnósticos podem ser usados de forma objetiva ou insultante. No entanto, se eu obtiver sucesso ao transmitir as diferenças individuais com respeito, os leitores não irão recorrer aos termos diagnósticos a fim de se sentirem superiores a outras pessoas. Em vez disso, contarão com uma linguagem rudimentar útil à imaginação de diferentes possibilidades subjetivas. Um aspecto significativo, tanto do crescimento pessoal quanto do profissional.

O abuso da linguagem diagnóstica pode ser demonstrado com facilidade, o que não quer dizer que isso seja um argumento para que seja descartada. Todos os tipos de males podem surgir em nome de ideais valiosos – amor, patriotismo, cristianismo, etc. – não por culpa de sua perspectiva original, mas justamente porque esta foi pervertida. A pergunta que deve ser feita é: A aplicação cuidadosa e não abusiva dos conceitos psicodiagnósticos aumenta as chances de o cliente obter ajuda?

Existem ao menos cinco vantagens relacionadas ao empreendimento do diagnóstico quando realizado de forma sensível e após treinamento adequado: (1) sua utilidade para o planejamento da terapia, (2) suas implicações em relação ao prognóstico, (3) sua contribuição à proteção dos consumidores de serviços de saúde mental, (4) seu valor em capacitar o terapeuta na transmissão de empatia, (5) seu papel na redução da probabilidade de pessoas facilmente perturbáveis fugirem ao tratamento. Além disso, existem outros benefícios decorrentes do processo diagnóstico que facilitam a terapia de maneira indireta.

No processo diagnóstico, exceto em casos de crise, as sessões iniciais com um cliente devem ser usadas para coleta extensiva de informações objetivas e subjetivas. Costumo (ver McWilliams, 1999) dedicar a primeira sessão com um paciente aos detalhes do problema atual e suas causas. No final dessa sessão, procuro verificar em que nível está o conforto da pessoa em relação a continuarmos o tratamento juntos. Então, explico que posso compreender o problema de forma mais abrangente se ele for localizado em um contexto mais amplo, e peço permissão para, na próxima consulta, fazer uma série de perguntas, assim como anotações confidenciais. Além disso, sempre digo ao cliente que se sinta livre para não responder a perguntas que porventura o façam se sentir desconfortável (isso raramente acontece, mas as pessoas parecem apreciar esse comentário).

Não estou convencida do argumento de que basta permitir que uma relação se desenvolva para criar um clima de confiança no qual todo o material pertinente irá emergir uma hora ou outra. Uma vez que o paciente se sinta íntimo do terapeuta, pode ficar mais difícil (e não mais fácil) trazer à tona certos aspectos de seu comportamento ou de sua história pessoal. As reuniões dos Alcoólicos Anônimos (AA) estão cheias de pessoas que passam anos fazendo terapia, ou consultando outros grupos de profissionais da área da saúde mental, sem nem sequer terem sido questionadas sobre abuso de substâncias. Para aqueles que associam uma sessão diagnóstica com imagens de autoritarismo e posturas do tipo "sou mais santo que você", deixe-me chamar atenção para o fato de não haver razão para que uma entrevista rigorosa não seja conduzida em uma atmosfera de sincero respeito e sentimento de igualdade (cf. Hite, 1996). Os pacientes normalmente são gratos aos profissionais por sua meticulosidade. Uma mulher que entrevistei, e que já havia passado por vários terapeutas, me disse: "Nunca nenhum deles se interessou tanto assim por mim!".

DIAGNÓSTICO PSICANALÍTICO *VERSUS* DIAGNÓSTICO PSIQUIÁTRICO DESCRITIVO

Ainda mais do que quando escrevi a primeira edição deste livro, hoje o diagnóstico psiquiátrico descritivo, base dos sistemas DSM e CID, se tornou normativo. E de tal forma que o DSM é frequentemente chamado de "Bíblia" da saúde mental, e os alunos o estudam como se possuísse algum tipo de *status* epistêmico evidente. Embora seja possível uma convivência entre o diagnóstico inferencial/contextual/dimensional ligado à subjetividade e o diagnóstico psiquiátrico descritivo (Gabbard, 2005; PDM Task Force, 2006), o tipo de avaliação contido neste livro tornou-se mais a exceção do que a regra. Observo esse estado das coisas com apreensão. Permitam-me mencionar brevemente, em relação ao DSM, minhas reservas quanto ao diagnóstico descritivo e categórico. Algumas delas podem findar com o surgimento do DSM-5, mas prevejo que as amplas consequências de termos nos curvado a uma taxonomia categórica e baseada em características desde 1980 irão persistir por algum tempo.

Primeiro, falta ao DSM uma definição implícita de saúde mental ou bem-estar emocional. A experiência clínica psicanalítica, no entanto, supõe que, além de ajudar os pacientes a mudar comportamentos e estados mentais problemáticos, os terapeutas podem tentar ajudá-los a se aceitarem com suas limitações e a melhorarem a resistência aos traumas, o senso de controle, a tolerância em relação a um grande número de pensamentos e afetos negativos, a capacidade de dar seguimento sozinhos aos próprios avanços, a autoestima realista, a capacidade de estabelecer relações íntimas, as sensibilidades morais e o reconhecimento dos outros como portadores de outras e separadas subjetividades. Já que pessoas não possuidoras dessas capacidades nem conseguem imaginá-las, é raro pacientes reclamarem de sua ausência; apenas querem se sentir melhor. Podem chegar ao tratamento alegando um transtorno específico do Eixo I, mas seus problemas podem ir muito além dos sintomas que relatam.

Em segundo lugar, apesar de um sincero esforço para aumentar a validade e a confiabilidade ter inspirado essas edições, a validade e confiabilidade dos DSMs pós-1980 têm sido decepcionantes (ver Herzig e Licht, 2006). A tentativa de redefinir a psicopatologia para facilitar certos tipos de pesquisa produziu, de forma inadvertida, descrições de síndromes clínicas que são artificialmente discretas e que falham em capturar as experiências mais complexas do paciente. Enquanto o esforço de expurgar o viés psicanalítico que permeava o DSM-II é compreensível agora porque existem outras formas poderosas de conceitualizar a psicopatologia, a ênfase na vivência subjetiva do cliente com seus sintomas produziu uma versão rasa e distante da experiência do sofrimento mental que representa um fenômeno clínico; o que se parece com a ideia de que a descrição da duração e dos compassos de uma composição musical representa a própria música. Essa crítica aplica-se especialmente à seção dedicada aos transtornos da personalidade do DSM, mas também se aplica ao tratamento de condições como ansiedade ou depressão, cujos diagnósticos envolvem fenômenos de observação externa, como batimento cardíaco acelerado, mudanças de hábitos alimentares e de sono; em vez de apenas interpretar a ansiedade como separação ou aniquilação ou pensar que a depressão seja analítica ou introspectiva (Blatt, 2004) – aspectos essenciais para o auxílio e a compreensão clínica.

Terceiro, apesar de o sistema DSM ser frequentemente chamado de um "modelo médico" de psicopatologia, nenhum médico equipararia a remissão dos sintomas com a cura da doença. A reificação de categorias de "transtorno", em desafio à grande parte da experiência clínica, teve muitas consequências negativas não intencionais. O pressuposto de que os problemas psicológicos são mais bem observados como síndromes de sintomas discretos encorajou companhias de seguro e instâncias governamentais a especificarem o denominador comum mais baixo de alteração e a insistirem em que isso é tudo o que vão cobrir, mesmo quando está claro que as reclamações atuais do paciente são a ponta de um *iceberg* emocional que causará problemas no futuro se ignorado. O enfoque categórico também beneficiou as indústrias farmacêuticas, às quais interessa que uma lista de "transtornos" distintos não pare de crescer, já que podem criar medicamentos específicos para cada um deles.

Em quarto lugar, muitas das decisões sobre o que incluir nos DSMs pós-1980, e onde incluir, parecem, em retrospecto, ter sido arbitrárias, inconsistentes e influenciadas pela indústria farmacêutica. Por exemplo, todos os fenômenos envolvendo o humor foram colocados na seção de transtornos do humor, e o rançoso diagnóstico de personalidade depressiva desapareceu. O resultado foi a percepção equivocada de que muitos dos problemas da personalidade seriam na verdade episódios distintos de um transtorno do humor. Outro exemplo: se lermos cuidadosamente as descrições do DSM sobre alguns transtornos do Eixo I que são vistos como crônicos e profundos (p. ex., transtorno de ansiedade, transtornos somatoformes), não fica claro por que esses transtornos não seriam transtornos da personalidade.

Mesmo quando a lógica para incluir ou excluir uma condição é clara e defensável, o resultado pode parecer arbitrário da perspectiva dos terapeutas. A partir do DSM-III, foi estabelecido um critério de inclusão que exige presença de informações de pesquisa para o transtorno alegado. Ao mesmo tempo em que havia pesquisas empíricas suficientes sobre personalidades dissociativas para encher a categoria de transtorno da personalidade múltipla do DSM, mais tarde renomeada como transtorno dissociativo da identidade, havia muito pouca pesquisa sobre dissociação na infância. Logo, apesar de todos os terapeutas concordarem que uma pessoa não desenvolve uma identidade dissociativa sem ter passado por um transtorno dissociativo na infância, não há (e escrevo isso em 2010) qualquer diagnóstico para crianças dissociativas no DSM. Na ciência, a observação naturalística normalmente precede hipóteses testáveis. Novas psicopatologias (p. ex., vício na internet, sobretudo em pornografia, uma versão da compulsividade desconhecida até que a tecnologia a permitisse) são observadas pelos terapeutas antes de poderem ser pesquisadas. A destituição da experiência clínica de significativa influência nas edições pós-1980 do DSM criou esse tipo de dilema.

Por fim, gostaria de comentar sobre um sutil efeito social do diagnóstico categórico: ele pode contribuir para um tipo de autoestranhamento, a reificação dos estados do *self* para os quais a pessoa implicitamente renega a responsabilidade. "Eu tenho fobia social" é um jeito mais alienado e afastado do *self* de dizer: "Sou uma pessoa terrivelmente tímida". Quando sua patente do Prozac expirou, Eli Lilly colocou a mesma receita em uma pílula cor de rosa, chamou-a de Serafem, e criou uma nova "doença": transtorno pré-menstrual (TPM) (Cosgrove, 2010). Muitas mulheres ficam irritáveis durante o período pré-menstrual, mas uma coisa é dizer "Desculpe, estou meio mal hoje, estou naqueles dias" e outra é anunciar "Eu *tenho* TPM". Para mim, soa como se o primeiro dissesse respeito ao comportamento de alguém, aumentando a possibilidade de se obter uma recepção calorosa dos outros, ressaltando o senso comum "a vida às vezes é difícil"; enquanto o segundo implica a existência de uma enfermidade tratável, distanciando os outros dessa experiência e assegurando uma crença infantil de que tudo pode ser consertado. Talvez essa seja apenas minha perspectiva idiossincrática, mas noto a presença dessa mudança quase imperceptível perturbando muitos pressupostos tradicionais.

PLANEJAMENTO DO TRATAMENTO

O planejamento do tratamento é a lógica tradicional do diagnóstico. Ele supõe um paralelo entre a psicoterapia e o tratamento médico, e, na medicina, a relação entre diagnóstico e terapia é (idealmente) bastante direta. Esse paralelo às vezes ocorre na psicoterapia e às vezes não. É fácil ver o valor de um bom diagnóstico pelas condições nas quais um enfoque de tratamento endossado de comum acordo existe. Os exemplos incluem o diagnóstico de abuso de substâncias (implicação: torna a psicoterapia contingente à desintoxicação química e à reabilitação) e de transtorno bipolar (implicação: demanda tanto terapia individual quanto medicação).

Embora inúmeras intervenções focadas em problemas caracteriológicos tenham sido desenvolvidas nos últimos 15 anos, a prescrição mais comum para os transtornos da personalidade é a terapia psicanalítica a longo prazo. Mas tratamentos psicanalíticos, incluindo a psicanálise, não são procedimentos uniformes aplicados inflexivelmente à personalidade do paciente. Mesmo o analista mais clássico será mais cuidadoso com os limites necessários diante de um paciente histérico, mais afetuoso com uma pessoa obsessiva, mais tolerante em relação ao silêncio de um paciente esquizoide. Esforços do terapeuta em demonstrar empatia não garantem que cada paciente sinta o mesmo – é preciso inferir algo sobre a psicologia individual da pessoa para saber o que pode ajudá-la a se sentir reconhecida e aceita. Avanços relativos ao entendimento de pessoas com transtornos psicóticos (p. ex., Read, Mosher e Bentall, 2004) e funcionamento *borderline* (p. ex., Bateman e Fonagy, 2004; Clarkin, Levy, Lenzenweger e Kernberg, 2007; Steiner, 1993) levaram a abordagens que não são "análises clássicas", mas calcadas em ideias psicodinâmicas. Para usá-las, no entanto, é preciso primeiro verificar se o cliente vive em constante luta com os estados psicóticos ou *borderline*, respectivamente.

É comum que, devido a propósitos de pesquisa, se definam as terapias (analíticas ou não) como procedimentos técnicos específicos. Os próprios terapeutas podem determinar o que fazem como uma oferta de oportunidades para um novo aprendizado emocional no qual a "técnica" seja secundária no que diz respeito ao potencial da relação em si. As terapias analíticas não são atividades monolíticas impingidas do mesmo modo a todos. Uma boa formulação diagnóstica informará as escolhas do terapeuta nas áreas cruciais de estilo de relação, tom das intervenções e tópicos sobre o foco primário. Com o aumento da prática das terapias cognitivo-comportamentais (TCC), começamos a observar abordagens que lidam com sérios problemas de personalidade desenvolvidas por terapeutas dessa orientação (p. ex., Linehan, 1993; Young, Klosko e Weishaar, 2003). Como resposta às próprias experiências com individualidade e complexidade, os terapeutas da TCC estão agora escrevendo sobre formulação de caso (p. ex., Persons, 2008) em grande parte pelas mesmas razões que eu. Espero que este livro seja útil a eles, assim como a meus colegas psicanalistas.

IMPLICAÇÕES PROGNÓSTICAS

O profissional que espera de um paciente com caráter obsessivo o mesmo nível de progresso que seria atingido com uma pessoa que de repente desenvolveu uma obsessão intrusiva corre o risco de cometer dolorosos equívocos. Uma apreciação dos problemas pessoais em profundidade e extensão beneficia tanto o terapeuta quanto o paciente. As categorias do DSM às vezes contêm conclusões sobre a gravidade e eventual prognóstico de uma condição em particular – a organização das informações ao longo de eixos foi um movimento nesse sentido –, mas às vezes elas simplesmente permitem que se estabeleça uma classificação aceita de comum acordo sem qualquer informação implícita sobre o que se pode esperar do processo terapêutico.

Um grande tema deste livro é a futilidade de fazer um diagnóstico com base apenas nos problemas manifestados. A fobia de alguém com personalidade depressiva ou narcisista é um fenômeno diferente da de uma pessoa caracteristicamente fóbica. Uma das razões pelas quais a psicanálise tem má fama é que tem sido mal exercida; tem-se simplesmente colado uma etiqueta em cima das queixas atuais dos pacientes. Além disso, é impossível realizar uma boa pesquisa sobre entidades diagnósticas diferentes se elas estiverem sendo definidas estritamente por suas manifestações aparentes. Tanto nesse caso como no de qualquer análise automatizada, se é lixo o que entra, é lixo o que sai.

A força da tradição psicanalítica está em sua apreciação das diferenças entre um sintoma relacionado ao estresse e um problema inerente à personalidade. (Isso nem sempre é verdade. Freud a princípio fez algumas distinções entre indivíduos categoricamente histéricos e pessoas com outro tipo de funcionamento psicológico que tinham reações histéricas, ou entre o que poderia ser levado em consideração para definir uma pessoa obsessiva funcionando em um estágio *borderline* e o que seria considerado para definir uma pessoa com neurose obsessiva.) Uma mulher bulímica que desenvolve seu transtorno da alimentação no primeiro semestre da faculdade e que reconhece seu comportamento como impulsivo e autodestrutivo é uma paciente muito diferente de uma mulher que tem ciclos de "comer e vomitar" desde o ensino fundamental e considera seu comportamento normal. Ambas irão se deparar com os critérios do DSM para bulimia, mas se pode esperar racionalmente que a primeira cliente mude seu comportamento em apenas algumas semanas, enquanto uma meta realista para a segunda é a de mais ou menos um ano para que possa perceber com clareza os custos do seu problema alimentar e a necessidade de mudança.

PROTEÇÃO AO CONSUMIDOR

Práticas de diagnóstico conscientes encorajam a comunicação ética entre os profissionais e seus potenciais clientes, um tipo de "verdade na publicidade". Na busca de uma avaliação cuidadosa, o terapeuta pode falar ao paciente algo sobre o que pode ser esperado e, assim, evitar prometer demais ou criar desvios. Descobri, por exemplo, que poucos pacientes ficam chateados quando ouvem que contar sua história e relatar seus desafios pessoais vai requerer da psicoterapia um longo tempo antes que ela possa resultar em uma mudança, que depende mais de uma experiência interna do próprio paciente. Muitos até mesmo se sentem encorajados quando o terapeuta aprecia a profundidade de seus problemas e se dispõe a um compromisso de longa data. Margaret Little (1990) ficou aliviada quando um analista que consultou disse-lhe: "Mas você está muito doente!".

Um paciente recente, homem psicologicamente sofisticado que visitou muitos profissionais antes de chegar a mim com queixas do que considerava "tendências obsessivas graves", me confrontou: "Então você é a especialista do diagnóstico; e como foi que me categorizou?". Dei um grande suspiro e respondi: "Acho que o que mais me saltou aos olhos foi a quantidade de paranoia contra a qual você vem lutando". "Finalmente alguém entendeu!", ele disse. Para aqueles clientes que demandam uma cura milagrosa e aos quais falta o desejo ou a habilidade de se comprometer com algo tão sério quanto uma mudança genuína, um *feedback* honesto sobre o diagnóstico permite que recuem agradecidos e não desperdicem seu próprio tempo ou o do terapeuta atrás de mágica.

Terapeutas trabalhando em condições em que apenas a terapia a curto prazo é possível podem se sentir tentados a acreditar, e a convencer os seus pacientes, que a terapia breve é a melhor escolha. Essa terapia, de fato, é às vezes preferível por razões terapêuticas, mas os terapeutas devem resistir à tendência humana de fazer da necessidade uma virtude. Uma boa avaliação dará ao entrevistador informações sobre em que medida exatamente uma abordagem a curto prazo irá ajudar de maneira significativa uma pessoa em particular. É doloroso para ambas as partes admitir as limitações. A alternativa de o profissional e/ou o paciente acreditarem que se possa realizar uma terapia efetiva levando em conta apenas as restrições externas contribui para uma autoculpabilidade de ambas as partes ("Qual o problema comigo? Por que não consegui fazer o progresso que você disse que faríamos em seis semanas?). Situações de terapia invertida são comuns: na era que se convencionou chamar de época de ouro da psicanálise, muitas pessoas faziam terapia por anos quando deveriam estar fazendo um tratamento para adição a drogas ou frequentando grupos de apoio ou fazendo terapia e se medicando. Uma avaliação diagnóstica cuidadosa reduz as possibilidades de alguém empregar um tempo extraordinário em um relacionamento profissional do qual está obtendo pouco proveito.

A COMUNICAÇÃO DA EMPATIA

O termo "empatia" praticamente se diluiu pelo excesso de uso. Mas ainda não há outra palavra que melhor distinga o "sentimento com" do "sentimento por" que constitui a razão principal para que se diferencie empatia de simpatia (ou "compaixão", "pena", "preocupação" e termos semelhantes que implicam um nível de distanciamento defensivo em relação à pessoa que sofre). Em geral se usa "empatia" no sentido de calor, aceitação, reações simpáticas ao cliente sem se importar com o que lhe convenha do ponto de vista emocional. Uso o termo ao longo deste livro em seu sentido literal de capacidade de sentir emocionalmente algo que outra pessoa está sentindo.

Meus pacientes que são terapeutas com frequência expressam uma brutal autocrítica sobre sua "falta de empatia" quando se deparam com uma reação hostil ou assustada do cliente. Meus colegas desejam não sentir tais afetos angustiados; é muito desagradável reconhecer o quanto a psicoterapia pode incluir níveis primitivos de ódio e miséria, dos quais ninguém nos preveniu quando decidiu trabalhar ajudando pessoas. Terapeutas que passam por isso podem estar sofrendo por um excesso, em vez de por uma falta, de empatia; já que, quando de fato realmente se sentem *com* um paciente, estão sentindo a hostilidade, o terror, a miséria e outros estados mentais conflitantes dele. Os afetos das pessoas envolvidas na terapia podem estar carregados de intensa negatividade e induzem os outros a nada mais do que uma resposta calorosa. É óbvio até para uma pessoa completamente destreinada que não se deve agir tendo como base esse tipo de reação emocional. O menos óbvio é que tais reações são de grande valor. Elas podem ser fundamentais na realização de um diagnóstico que permita encontrar um caminho para lidar com a infelicidade do paciente de modo que seja entendida como um problema genuíno, e não recebida com uma compaixão maquinal, profissionalmente não atenta às particularidades de uma personalidade única que está sentada na outra cadeira.

Alguém que ataca um entrevistador tachando-o de manipulador, por exemplo, pode ter, além de possíveis outras características, um caráter essencialmente histérico ou uma personalidade psicopática. Uma resposta terapêutica irá depender da hipótese do profissional. Diante de uma pessoa que se organiza de modo histérico, pode-se comentar sobre seus sentimentos de medo e impotência. Com uma pessoa psicopata, pode ser mais adequado fazer uma apreciação irônica de suas qualidades como vigarista. Se o terapeuta não ultrapassar o rótulo de "manipulador" em direção a uma inferência mais profunda, é difícil que propicie ao paciente um sentimento mais profundo de que está sendo compreendido. Se a generalização for absoluta – quando, por exemplo, se vê todos os clientes manipuladores como histéricos ou como psicopatas – o contato terapêutico será realizado só até certo ponto. Uma pessoa com uma dinâmica histérica pode se sentir devastada ao ser interpretada como se estivesse manipulando um jogo de cinismo quando na verdade está desesperada por conforto para a criança assustada que tem dentro de si; um psicopata não sentirá nada além de desprezo por um terapeuta que não perceba que o foco de seu problema está em uma propensão de sempre querer levar vantagem sobre os demais.

Outro aspecto do valor do diagnóstico ao possibilitar que o terapeuta transmita empatia envolve a situação comum de um paciente com organização de personalidade *borderline* que contata um serviço de emergência com uma ameaça de suicídio. Os profissionais que atendem emergências mentais são em geral treinados em um modelo genérico de intervenção de crise (pergunte sobre o plano, os meios e sua letalidade), e esse modelo normalmente os satisfaz. Pessoas com funcionamento psicológico *borderline* tendem a falar sobre suicídio não quando querem morrer, mas quando estão sentindo o que Masterson (1976) chamou, com razão, de "depressão do abandono". Elas precisam contra-atacar seus sentimentos de pânico e desespero com a sensação de que alguém se importa com o quão mal se sentem. É comum que tenham crescido aprendendo que ninguém presta atenção aos sentimentos a não ser que você anuncie o caos. Uma avaliação de intenção suicida apenas os exaspera, enquanto o entrevistador é, quanto à experiência subjetiva não muito consciente dos pacientes, distraído do *conteúdo* de suas ameaças quando eles sentem urgência de falar sobre seu *contexto*.

O esforço de um terapeuta em dar continuidade a procedimentos padrão de intervenção em crises sem uma sensibilidade diagnóstica pode ser contraterapêutico, e mesmo perigoso, já que pode frustrar os pacientes *borderline* até o ponto de eles sentirem que, para serem ouvidos, precisam demonstrar em vez de discutir seus sentimentos suicidas. Isso também pode levar o terapeuta a odiar o paciente, uma vez que a pessoa parece estar pedindo ajuda, mas rejeita os sinceros esforços do terapeuta para ajudá-la (Frank et al., 1952). Profissionais socorristas treinados para identificar pacientes *borderline* tornam-se aptos a reagir aos afetos dolorosos por trás da ameaça de suicídio, em vez de fazer um inventário suicida imediato; paradoxalmente, é provável que eles previnam mais atos autodestrutivos do que seus colegas que avaliam de maneira automática a questão do suicídio. Eles também podem se deparar com menos experiências desmoralizantes de odiar o cliente por "não cooperar" ou "não ser verdadeiro".

PREVENINDO FUGAS DO TRATAMENTO

Uma questão relacionada envolve a manutenção do tratamento de um paciente inconstante. Muitas pessoas abandonam a ajuda profissional e ficam preocupadas que o apego ao terapeuta represente um grave perigo. Aqueles com personalidades hipomaníacas, por exemplo, devido a experiências anteriores de dependência de outros que se revelaram desastrosas, tendem a abandonar o relacionamento assim que o calor do terapeuta estimule anseios de dependência. Pessoas pseudoindependentes, cuja autoestima requer a negação de sua necessidade de cuidado, podem também cogitar fugir do tratamento quando ele ocorre em termos de apego, porque se sentem humilhados quando reconhecem implicitamente a importância emocional de outra pessoa. Entrevistadores experientes podem identificar no fim de uma sessão inicial se estão lidando com alguém cuja personalidade tende ao abandono. Pode ser reconfortante para pacientes hipomaníacos ou pseudoindependentes se o terapeuta comentar o quão difícil pode ser para eles encontrar coragem para permanecer na terapia. A hipótese parece verdadeira, e também aumenta a probabilidade de que esse cliente resista a tentações de fuga.

VANTAGENS ADICIONAIS

As pessoas sentem-se mais à vontade quando percebem que seu entrevistador está tranquilo. Uma relação terapêutica tem grandes chances de um bom começo se o cliente sentir a curiosidade, a relativa falta de ansiedade e a convicção do terapeuta de que o tratamento apropriado pode ter início uma vez que o paciente seja mais bem compreendido. Um terapeuta que se sente pressionado a começar a *fazer terapia* antes de ter um bom conhecimento provisório da psicologia pessoal do paciente irá, como um motorista com algum senso de direção mas sem um mapa da rota, sofrer de uma ansiedade desnecessária. (É claro, alguém *está* fazendo terapia durante um processo de avaliação diagnóstica; o processo por si só contribui para uma aliança de trabalho sem a qual o tratamento se torna um ritual oco, mas a concordância formal sobre como as duas partes irão proceder, e quais serão os limites e as responsabilidades de cada um dos participantes, precisa derivar de uma formulação diagnóstica.) O paciente sentirá a ansiedade e desejará saber sobre a competência do profissional. O ciclo de autorresposta pode levar a todos os tipos de problemas iatrogênicos básicos.

O processo de diagnóstico proporciona a ambos algo a ser feito antes que o cliente se sinta seguro o bastante para se abrir espontaneamente sem que a estrutura de conforto seja questionada. Os terapeutas podem subestimar esse processo inicial, durante o qual têm a oportunidade de aprender sobre coisas que serão de difícil exposição para o paciente mais tarde durante o tratamento. Muitos adultos respondem sobre questões de sua prática sexual ou de seus hábitos alimentares com relativa franqueza enquanto estão falando com alguém que ainda é considerado um estranho, mas, uma vez que o terapeuta comece a se tornar íntimo e familiar (talvez lembrando a própria mãe do paciente), as palavras não saem com tanta facilidade. Quando uma transferência de relação de parentesco é ativada, o cliente pode ser encorajado a lembrar que, no início do tratamento com essa pessoa cujo juízo condenatório agora é temido, todos os tipos de intimidades foram revelados sem incorrerem em choque ou desaprovação. As experiências contrastantes de um paciente durante a fase inicial de diagnóstico e fases posteriores do tratamento chamam atenção para o seguinte fato: transferência *é* transferência (i.e., não uma completa e acurada leitura da personalidade do terapeuta), um *insight* que às vezes pode ser crucial para que a pessoa entenda o que ela costuma projetar nos relacionamentos.

Uma das fontes do desconforto de alguns terapeutas com o diagnóstico pode ser o medo do diagnóstico equivocado. Felizmente, uma formulação inicial não precisa estar "certa" para proporcionar todos os benefícios aqui descritos. Uma hipótese diagnóstica guia o entrevistador na direção de uma atividade mais focada e de baixa ansiedade, independentemente de ela depois ser confirmada ou não por posteriores evidências clínicas. Levando em conta a complexidade humana e a falibilidade profissional, formulação é sempre tentativa e deve ser reconhecida como tal. Os pacientes em geral são gratos aos terapeutas que evitam a pretensão e demonstram o cuidado de considerar diferentes possibilidades.

Por fim, um efeito colateral positivo do diagnóstico é seu papel de manutenção da autoestima do terapeuta. Entre os perigos que rondam uma carreira terapêutica estão os sentimentos de fraudulência, as preocupações sobre o fracasso dos tratamentos e o esgotamento físico e mental. Esses processos são enormemente acelerados por expectativas não realistas. Desmoralização profissional e introspecção emocional têm implicação de longo alcance tanto para os terapeutas quanto para aqueles que acabaram dependendo desses profissionais. Se souber que um paciente depressivo sofre de transtorno *borderline* e não de uma estrutura de personalidade neurótica, o terapeuta não ficará surpreso se durante o segundo ano de tratamento ele cometer uma tentativa de suicídio. Uma vez que comecem a ter esperanças reais de mudança, os pacientes *borderline* frequentemente sentem pânico e flertam com ideias de suicídio em uma tentativa de se protegerem da devastação que sentiriam caso se permitissem ter esperanças para depois acabarem frustrados. Questões a respeito desse tipo de crise podem ser discutidas e aprimoradas (p. ex., quanto aos medos recém-mencionados, sentidos em relação à esperança e ao desapontamento; à culpa em relação a objetos de amor e à transferência do desgaste emocional investido neles para o terapeuta e a outras fantasias que podem ser expiadas, como a culpa por uma tentativa de morrer), de modo a promover conforto emocional tanto para o cliente quanto para o terapeuta.

Tenho me deparado com muitos terapeutas talentosos e dedicados que perderam a confiança e encontraram razão para se livrar de um paciente ostensivamente suicida no exato momento em que este está expressando, de forma bastante *borderline* e provocativa, o quão importante e eficaz o tratamento está se tornando. Em geral, na sessão que precede a tentativa de suicídio o paciente demonstra pela primeira vez confiança ou esperança de um modo que nunca havia demonstrado antes, e o terapeuta fica animado após um trabalho tão árduo com um paciente tão difícil e controverso. Depois, com o comportamento suicida, as esperanças do próprio terapeuta desmoronam. A animação anterior é tachada de ilusória e interesseira, e o ato autodestrutivo do paciente é considerado uma evidência de que todas as expectativas do terapeuta foram frustradas. As recriminações abundam: "Talvez meu professor de Psico 101 estivesse certo quando dizia que a terapia psicanalítica é uma perda de tempo". "Talvez eu deva passar este paciente para um terapeuta de outro gênero." "Talvez eu devesse convidar um psiquiatra de orientação na linha da biologia para assumir o caso." "Talvez eu devesse transferir o paciente para o Grupo de Aditos Crônicos." Terapeutas que têm personalidade com tendência a depressão (Hyde, 2009) são rápidos em transformar qualquer contratempo em autocensura. Facilitar o diagnóstico pode evitar essa propensão, permitindo que a esperança realista prevaleça e mantendo o terapeuta e o paciente nas trincheiras clínicas.

LIMITES DA UTILIDADE DO DIAGNÓSTICO

Como uma pessoa que trabalha sobretudo com terapia de longo prazo, por tempo indeterminado, acho que a avaliação cuidadosa é mais importante em dois pontos: (1) no início do tratamento, pelas razões já descritas; e (2) em tempos de crise ou de impasse, quando repensar o tipo de dinâmica com o qual estou lidando pode ser a chave para focar em mudanças eficazes. Uma vez que tenho bons sentimentos por uma pessoa, e que o trabalho vai indo bem, paro de pensar diagnosticamente e apenas fico imersa no relacionamento sempre único que se estabelece entre mim e o cliente. Se me surpreendo em constante preocupação com questões de diagnóstico, começo a suspeitar que estou me defendendo contra a ideia de pensar na dor do paciente o tempo inteiro. O diagnóstico pode, como qualquer outra coisa, ser usado como defesa contra a ansiedade ante o desconhecido.

Finalmente, devo mencionar que há pessoas para as quais as existentes categorias de desenvolvimento e tipologia da personalidade são, no máximo, uma mal-adaptação. Quando o profissional acha que qualquer rótulo mais obscurece do que ilumina, irá descartá-lo e acabar caindo no senso comum da "decência humana", como o marinheiro perdido que descarta o mapa de rota "inútil" e passa a se guiar por umas poucas estrelas conhecidas. E mesmo quando uma formulação diagnóstica é adequada para um cliente em particular, há disparidades enormes entre as pessoas em dimensões que ultrapassam seu nível de organização quanto ao estilo defensivo; e a empatia e a cura podem ser buscadas em sintonia com algumas dessas outras dimensões. Uma pessoa profundamente religiosa, de qualquer tipo de personalidade, demandará primeiro que o terapeuta demonstre respeito por sua profundidade de convicção (ver Lovinger, 1984); intervenções influenciadas pelo diagnóstico podem ser de valor, mas apenas de maneira secundária. De forma semelhante, às vezes é mais importante, ao menos no início da fase de adaptação ao tratamento, considerar que as complicações emocionais de alguém de certa idade, raça, etnia, origem social, deficiência física ou orientação sexual são mais importantes do que apreciar seu tipo de personalidade.

O diagnóstico não deve ser aplicado além da sua utilidade. Uma vontade contínua de reavaliar um diagnóstico inicial sob a luz de novas informações é parte do que constitui um terapeuta ideal. À medida que o tratamento prossegue, com qualquer ser humano individual, a supersimplificação inerente aos nossos conceitos diagnósticos começa a ficar surpreendentemente clara. As pessoas são muito mais complexas do que as nossas categorias mais inteligentes reconhecem. Logo, mesmo a avaliação de personalidade mais sofisticada pode se tornar um obstáculo à percepção do terapeuta para as nuanças fundamentais do material único que nos fornece cada paciente.

SUGESTÕES PARA OUTRAS LEITURAS

Meu livro preferido sobre entrevistas, principalmente devido a seu tom, ainda é o *The Psychiatric Interview* (1954), de Harry Stack Sullivan. Outra obra clássica que é repleta de referências úteis e sábias recomendações técnicas é o *The Initial Interview in Psychiatric Practice*, de Gill, Newman e Redlich (1954). Fui muito influenciada pelo trabalho de MacKinnon e Michels (1971), cujas premissas básicas são semelhantes às apresentadas neste livro. Eles finalmente editaram, com a Buckley, uma versão revisada do clássico tomo de 2006. Em *Psychodynamic Psychiatry in Clinical Practice*, Glen Gabbard (2005)[*] integrou com excelência o diagnóstico estrutural e dinâmico ao DSM. Para um resumo bem-escrito sobre o trabalho empírico na personalidade, aplicado à área da prática clínica, recomendo o livro de Jefferson Singer, *Personality and Psychotherapy* (2005).

---

[*] N. de T. Publicado pela Artmed Editora sob o título *Psiquiatria psicodinâmica na prática clínica*.

O *Severe Personality Disorders* (1984), de Kernberg, contém uma breve, porém bastante acurada, seção sobre a entrevista estrutural. Muitos terapeutas iniciantes acham difícil ler Kernberg, mas sua escrita aqui é translúcida. Meu próprio livro sobre formulação de caso (McWilliams, 1999) complementa este volume porque considera sistematicamente outros aspectos da avaliação clínica que vão além do nível e do tipo de organização de personalidade, e meu livro posterior sobre psicoterapia (McWilliams, 2004) recai sobre as sensibilidades que subjazem às abordagens psicanalíticas para ajudar pessoas. O *Beginnings* (2002), de Mary Beth Peebles-Kleiger, também baseado em experiências clínicas de longa data, é excelente, assim como o livro de Tracy Eells (2007), mais baseado em pesquisa do que em formulação. Para uma medida empírica das capacidades inerentes à pessoa completa que os terapeutas devem avaliar, considere o Shedler–Westen Assessment Procedure (SWAP) (Shedler e Westen, 2010; Westen e Shedler, 1999a, 1999b). Finalmente, o *Psychodynamic Diagnostic Manual* (PDM Task Force, 2006) preenche muitas das lacunas deixadas pelo presente livro.

2
Diagnóstico psicanalítico do caráter

A teoria psicanalítica clássica abordou a personalidade de duas maneiras diferentes, cada uma derivada de um modelo anterior de desenvolvimento individual. Na época da teoria da pulsão original, de Freud, foi feita uma tentativa de entender a personalidade por meio da fixação. (Em qual fase de desenvolvimento primário a pessoa está fixada psicologicamente?) Mais tarde, com o desenvolvimento da psicologia do ego, o caráter foi considerado expressão da operação de estilos individuais de defesa. (Quais são os meios típicos dessa pessoa para evitar estados de ansiedade?) Essa segunda forma de entender o caráter não entra em conflito com a primeira; ela propicia uma série de ideias e metáforas diferentes para compreender o que foi entendido como um tipo de personalidade e adiciona aos conceitos da teoria da pulsão algumas concepções sobre como cada um de nós desenvolve seus padrões defensivos adaptativos característicos.

Esses dois rumos de explicação são elementos básicos de minha própria visualização das possibilidades de caráter. Também tento mostrar como modelos relacionais de psicanálise (a teoria britânica das relações de objetos, a psicanálise americana internacional, a psicologia do *self* e as ideias relacionais contemporâneas) podem lançar luz sobre aspectos que concernem à organização do caráter. Além disso, meu entendimento da personalidade foi enriquecido mais por formulações psicodinâmicas menos influenciadas clinicamente, como a formulação dos arquétipos de Jung (1954), a "personologia" de Henry Murray (p. ex., 1938), a "teoria do *script*" de Silvan Tomkins (1995), a teoria do domínio de controle (p. ex., Silberschatz, 2005) e recente trabalho empírico, ligado especialmente às pesquisas sobre o apego e à neurociência afetiva e cognitiva.

Os leitores podem apontar que estou aplicando ao empreendimento diagnóstico muitos paradigmas diferentes em relação à psicanálise que podem ser vistos como excludentes ou em essência contraditórios. Por ser este livro dedicado a terapeutas e também porque sou, por temperamento, mais uma produtora de sínteses do que uma crítica ou produtora de distinções (compartilho essa sensibilidade com outros escritores terapeutas, como Fred Pine [1985, 1990] e Lawrence Josephs [1992]), evitei defender a superioridade científica ou heurística de qualquer paradigma. Não minimizo o valor das teorias de crítica de avaliação. Minha decisão por não agir de tal maneira deriva dos específicos propósitos clínicos deste livro e de minha observação de outros terapeutas, por meio da qual percebi que a maioria deles procura assimilar uma diversidade de modelos e metáforas, sem perceber que alguns são conceitualmente problemáticos.

Todo novo desenvolvimento da teoria clínica oferece aos profissionais um outro modo de tentar transmitir a pessoas problemáticas que eles desejam de fato entendê-las e ajudá-las. Terapeutas eficazes – e estou supondo que terapeutas eficazes e teóricos brilhantes constituem modelos sobrepostos, mas não idênticos – parecem-me preferir navegar livremente por muitas fontes a se comprometer a favor de uma ou duas teorias e técnicas favoritas. Alguns analistas aderem a ideias dogmáticas, mas isso não enriquece nossa teoria clínica, não contribui para que nossa área estime mais a humildade e aprecie a ambiguidade e a complexidade (cf. Goldberg, 1990a).

Clientes diferentes fazem com que modelos diferentes sejam relevantes: uma pessoa estimula o terapeuta a refletir sobre as ideias de Kernberg, outra se parece com uma personalidade descrita por Horney; e ainda há outra que tem uma fantasia inconsciente tão classicamente freudiana que o terapeuta deseja mergulhar na antiga teoria da pulsão antes de iniciar o tratamento. Stolorow e Atwood (1979; Atwood e Stolorow, 1993) lançaram luz aos processos emocionais subjacentes às teorias da personalidade estudando como os temas centrais da vida de um teórico se tornam as questões que ele focaliza em suas teorias de formação da personalidade, psicopatologia e psicoterapia. Logo, não surpreende que tenhamos tantas concepções alternativas. E mesmo que algumas delas sejam logicamente prováveis, argumentaria que não o são no aspecto fenomenológico; elas precisam ser aplicadas de modo diferente em indivíduos e tipos de caráter diferentes.

Tendo permanecido com meus próprios vieses e minhas específicas predileções, ofereço agora um resumo bastante simplificado de modelos importantes de diagnóstico aliados à tradição psicanalítica. Espero que eles proporcionem aos terapeutas que tiveram pouco contato com a teoria psicanalítica uma base para a compreensão de categorias que são de segunda natureza para os terapeutas analiticamente treinados.

A CLÁSSICA TEORIA DA PULSÃO DE FREUD E SUAS INCLINAÇÕES DE DESENVOLVIMENTO

A teoria original de Freud sobre o desenvolvimento da personalidade era um modelo derivado da biologia que remarcava a centralidade nos processos instintivos e descrevia a construção dos seres humanos como um transcurso por uma ordenada progressão de preocupações corporais que passam de orais a anais, fálicas e genitais. Freud teorizou que, na infância e na primeira infância, as disposições naturais das pessoas se inclinam a questões básicas de sobrevivência, experimentadas primeiro de modo profundamente sensual, por meio da alimentação e de outras atividades da mãe quando em contato com o corpo da criança e, mais tarde, por meio da vida que a criança fantasia quanto ao nascimento e à morte e à diferença sexual entre seus pais.

Os bebês e, portanto, os aspectos infantis do *self* que sobrevivem nos adultos foram vistos como caçadores desinibidos de gratificação instintiva, com algumas diferenças individuais quanto à força de suas pulsões. Uma prestação de cuidados apropriada foi construída como uma sensibilidade oscilante entre, de um lado, uma gratificação suficiente para gerar segurança e prazer emocional e, de outro, uma frustração de desenvolvimento apropriada para que a criança aprenda em doses homeopáticas a substituir o princípio do prazer ("Eu quero todas as minhas gratificações, incluindo aquelas que são contraditórias, e agora!") pelo princípio de realidade ("Algumas gratificações são problemáticas, e pelas mais valiosas vale a pena esperar."). Freud falou um pouco também sobre a contribuição dos pais dos pacientes nas psicopatologias que apresentam. No entanto, quando o fez, observou as falhas dos pais envolvendo tanto o excesso de gratificação das pulsões (resultando em uma falta de estímulo para que a criança dê continuidade ao seu desenvolvimento) quanto a total negação dessa gratificação (resultando em uma exigência excessiva, além da capacidade da criança de absorver realidades frustrantes). A relação com os pais era então algo que pendia entre a indulgência e a inibição – e certamente resultante de um modelo intuitivo dos pais e das mães.

A teoria da pulsão postulava que, se foi frustrada ou gratificada em excesso em um estágio psicossexual precoce (por meio da interação entre a aptidão temperamental da criança e a resposta dos pais), uma criança pode se tornar "fixada" em algumas das questões biológicas dessa fase. O caráter era visto como uma expressão de efeitos de longo prazo decorrentes dessa fixação: se um homem adulto tivesse uma personalidade depressiva, era teorizado que havia sido ou negligenciado ou sobrecarregado de gratificações entre o primeiro e o segundo ano de vida (a fase de desenvolvimento oral); se ele fosse obsessivo, era inferido que havia tido problemas entre as idades de um 1 e meio e 3 anos (a fase anal); se fosse histérico, isso se devia a rejeição, à superestimulação da sensualidade, ou a ambos, entre os 3 e os 6 anos, quando o interesse da criança se volta para os genitais e para a sexualidade (a fase "fálica", na linguagem freudiana orientada por um viés do masculino, posteriormente chamada de "edipiana" devido a questões de competição sexual e a fantasias associadas a tais disputas, características desse estágio – um paralelo com os temas da Grécia Antiga e com a história de Édipo). Nos primeiros tempos do movimento psicanalítico, era comum ouvir alguém se referir ao paciente como portador de um caráter oral, anal ou fálico.

Apesar de essas características bastante simplificadas soarem completamente fantasiosas, devo notar que a teoria não é um exagero da imaginação fervorosa de Freud; havia um acréscimo de observações que influenciavam e validavam suas ideias, coletadas não apenas por ele como também por seus colegas. No livro de Wilhelm Reich, *Character Analysis* (1933), a abordagem da teoria da pulsão alcançou seu apogeu. Embora a linguagem de Reich soe arcaica aos leitores contemporâneos, o livro está cheio de fascinantes *insights* sobre os tipos de caráter, e suas observações ainda geram coro entre leitores simpatizantes. Por fim, o esforço em descrever o caráter como completamente baseado em fixações instintivas se provou decepcionante; nenhum analista que conheço, hoje, se apoia em um modelo de fixação baseado na pulsão. Mesmo assim, a área permanece permeada pela sensibilidade de desenvolvimento que Freud inaugurou.

Um eco do modelo original da pulsão é a contínua tendência dos profissionais de orientação psicodinâmica a seguir pensando em termos de processos maturacionais e a entender a psicopatologia em termos de prisão ou conflito em relação a uma fase em particular. Tentativas de pesquisadores psicanalíticos contemporâneos de repensar todo o conceito de estágios de desenvolvimento padronizados até então (Ver Lichtenberg, 2004; D.N. Stern, 2000) inspiraram o entusiasmo por modelos menos lineares e universalizantes, mas esse novo modo de pensar coexiste com uma tendência geral a observar os problemas dos pacientes em termos de alguma tarefa de desenvolvimento abortada, em geral, localizada em alguma fase da primeira infância.

Nos anos 1950 e 1960, a reformulação efetuada por Erik Erikson dos estágios psicossexuais de acordo com tarefas intrapessoais e intrapsíquicas de cada fase recebeu considerável atenção. Embora a obra de Erikson (p. ex., 1950) seja normalmente encarada como parte da tradição da psicologia do ego, sua teoria sobre o estágio de desenvolvimento faz eco a muitas das concepções da teoria da pulsão de Freud. Uma das adições mais estimulantes de Erikson à teoria de Freud foi a renomeação dos estágios em uma tentativa de modificar o biologismo de Freud. A fase oral passou a ser entendida por meio da sua condição de total dependência, na qual o estabelecimento da confiança (ou da falta de confiança) se torna o ponto-chave. A fase anal foi concebida como aquela que envolve a obtenção de autonomia (ou, se deficiente, a obtenção da vergonha e da dúvida). A luta típica dessa fase pode se dirigir à melhora do funcionamento e ao desenvolvimento das funções excretoras, como notou Freud, mas isso também envolve uma vasta lista de questões relevantes ao aprendizado da criança no que diz respeito ao autocontrole e a entrar em acordo com as expectativas da família e da sociedade. A fase edipiana foi vista como uma época fundamental no desenvolvimento do senso básico de eficiência ("iniciativa *versus* culpa") e do sentimento de prazer na identificação com os objetos de afeição.

Erikson, influenciado por experiências como, por exemplo, sua convivência com nativos de tribos *Hopi* norte-americanas, estendeu a ideia das fases e tarefas do desenvolvimento aplicando-a em diferentes idades e culturas. Nos anos 1950, Harry Stack Sullivan (p. ex., 1953) apresentou outra teoria de estágios (de previsíveis "épocas" da infância), que destacava os resultados comunicativos, tais como a linguagem, como indo bem além da satisfação da pulsão. Assim como Erikson, ele acreditava que a personalidade continua a se desenvolver e a mudar até mais ou menos os 6 anos, idade que Freud demarcou como o alicerce do caráter adulto.

A obra de Margaret Mahler (p. ex., Mahler, 1968, 1972a, 1972b; Mahler, Pine e Bergman, 1975) sobre as subfases do processo de separação-individuação, uma tarefa que atinge sua resolução inicial por volta dos 3 anos, foi um passo adiante na conceitualização de elementos relevantes para a posterior estrutura de personalidade. Sua teoria é basicamente relacionada ao objeto, mas fica implícito que os pressupostos de fixação devem muito ao modelo de desenvolvimento de Freud. Mahler desconstruiu os estágios anal e oral e observou o movimento da criança de um estágio de relativo não reconhecimento dos outros (a fase autista, que dura em torno de seis semanas) para o de uma relação simbiótica (que dura mais ou menos dois anos – sendo esse período subdividido em subfases* de "diferenciação", "prática", "reaproximação" e "constância objetal") com a condição de individuação e separação psicológica relativa.

Outras observações clinicamente relevantes sobre o desenvolvimento vieram de analistas britânicos. Melaine Klein (1946) escreveu sobre a passagem da criança de uma "posição esquizoparanoide" para uma "posição depressiva". Na primeira, o bebê ainda não percebeu por completo sua separação das outras pessoas, enquanto, na segunda, a criança começa a entender que o cuidador está fora de seu controle onipotente e tem uma mente separada. Mais tarde, Thomas Ogden (1989) localizou

---

* N. de R .T. Fases do processo de separação-individuação: autismo normal; fase simbiótica; fase da separação-individuação – subfases: diferenciação (início mais ou menos aos 5 meses); exploração (início mais ou menos aos 10 meses); reaproximação (início mais ou menos aos 14 meses); a caminho da constância objetal (início mais ou menos aos 20 ou 22 meses até 36 meses (Fonte: MAHLER, Margaret. *O processo de separação-individuação*. Porto Alegre: Artes Médicas, 1982.)

uma anterior "posição autista-contígua", uma "área de experiência pré-simbólica na qual a forma mais primitiva de sentido é gerada com base na organização das impressões sensoriais, principalmente daquelas da superfície da pele" (p.4). Ele enfatiza que, além de ver essas posições como estágios de desenvolvimento mais maturacionais, precisamos perceber que todos nós transitamos entre eles, para a frente e para trás, o tempo inteiro.

Tais contribuições foram recebidas com ansiedade pelos terapeutas. Com as teorias de estágio pós-freudianas, eles tinham novos caminhos para compreender como seus pacientes ficaram "emperrados" e para perceber de maneira diferente as mudanças confusas nos estados do *self*. Podiam então oferecer interpretações e hipóteses para seus clientes autocríticos que iam além de especulações sobre eles terem sido desmamados muito cedo ou muito tarde, ou treinados para ir ao banheiro com muito rigor ou de maneira muito relapsa, ou então por terem sido seduzidos ou rejeitados durante a fase edipiana. Em vez disso, podiam agora investigar com os pacientes se suas características refletiam processos familiares que tornaram mais difícil para eles o acesso a um sentimento de segurança, autonomia ou prazer em suas identificações (Erikson), ou sugerir que o destino os privou da crucial importância de um "melhor amigo" na pré-adolescência (Sullivan), ou comentar que a hospitalização de sua mãe quando eles tinham 2 anos sobrecarregou o processo de adaptação normal para tal idade e necessariamente para uma separação ideal (Mahler), ou ainda observar que, naquele momento, eles estão sentindo um terror primitivo porque o terapeuta interrompeu os processos de pensamento deles (Ogden).

Mais recentemente, Peter Fonagy e colaboradores (p. ex., Fonagy, Gergely, Jurist e Target, 2002; Fonagy e Target, 1996) apresentaram um modelo de desenvolvimento de um senso maduro de si mesmo e da realidade caracterizado por uma capacidade de "mentalizar" as razões do outro. A mentalização lembra aquilo que os filósofos chamaram de "teoria da mente" e o que Klein chamou de posição depressiva: a percepção das vidas subjetivas separadas dos outros. Ele observou que crianças transitam de um estágio anterior de "equivalência psíquica", no qual o mundo interno e a realidade externa se equivalem, para um "estágio de fingimento", por volta dos 2 anos, no qual o mundo interno é desacoplado do externo, mas não é guiado por suas realidades (a época dos amigos imaginários), e para a obtenção da capacidade de mentalização e reflexão, pelos 4 ou 5 anos, quando os dois estágios são integrados e a fantasia é claramente distinguível da realidade. Falo mais sobre essa formulação no Capítulo 3, em conexão com a organização da personalidade *borderline*.

Para os terapeutas, esses modelos não eram só interessantes do ponto de vista intelectual; eles proporcionaram maneiras de ajudar as pessoas a se entenderem e a encontrarem explicações com maior autoaceitação – contrárias às usuais explicações internas de que nós mesmos geramos nossas qualidades mais incompreensíveis ("sou feio", "sou mau", "sou preguiçoso e indisciplinado", "sou inerentemente rejeitável", "sou perigoso", etc.). E os médicos podiam então manter sua sanidade de forma mais fácil do que quando corriam atrás de respostas ainda mais incompreensíveis em suas tentativas de entender e ajudar. Por exemplo, um súbito ataque verbal do cliente ao terapeuta pode ser visto como uma regressão à posição esquizoparanoide.

Muitos comentários contemporâneos apontam que nossa propensão a tratar os problemas em termos de desenvolvimento é redutiva demais e validada de forma questionável por evidências empíricas e médicas. L. Mayes (2001, p. 1062), por exemplo, aponta que "mapas que nos orientam no terreno do desenvolvimento são bastante úteis, mas não devem ser levados ao pé da letra". Outros levantaram a discussão sobre padrões psicológicos diferentes em culturas não ocidentais (p. ex., Bucci, 2002; Roland, 2003). Psicólogos contemporâneos que trabalham na linha do desenvolvimento (p. ex., Fischer e Bidell, 1998) desconfiam de fórmulas de estágio simplificadas, dado que o desenvolvimento é um processo dinâmico, sempre em mutação. Conforme meu colega Deirdre Kramer ressaltou (comunicação oral, 20 de julho de 2010), provavelmente seja mais acurado falar de uma "série de possibilidades de desenvolvimento" do que de um "nível" de desenvolvimento.

Ainda assim, persiste a tendência dos terapeutas a encarar os fenômenos psicológicos como resíduos de desafios normais do amadurecimento – talvez refletindo o fato de os modelos de desenvolvimento oferecerem tanto uma simplicidade elegante quanto um humanismo geral, algo que nos é atraente. Existe uma generosidade de espírito, um tipo de qualidade "não existe nada além da sorte", em acreditar que exista um padrão de desenvolvimento arquetípico, progressivo e universal, e que, sob circunstâncias de má sorte, qualquer um de nós pode ficar emperrado em alguma dessas fases. Sem dúvida essa não é uma explicação que baste às diferenças de personalidade, mas é uma importante *parte* da configuração geral do problema. Um dos eixos ao qual alinhei informações diagnósticas contém esse viés do desenvolvimento na forma de uma organização da personalidade em níveis de separação-individuação (*borderline*) e edipinianos (neuróticos) relativamente indiferenciados (simbiótico-psicóticos).

PSICOLOGIA DO EGO

Com a publicação de *O ego e o id* (1923), Freud introduziu esse modelo estrutural, inaugurando uma nova era teórica. Os analistas deixaram de se interessar por conteúdos do inconsciente e passaram a prestar atenção nos processos que levam esses conteúdos a ficarem fora da consciência. Arlow e Brenner (1964) defenderam de modo convincente o grande poder explanatório da teoria estrutural, mas também há razões médicas claras para que os terapeutas celebrem as mudanças de foco do id para o ego e do material profundamente inconsciente para os desejos, os medos e as fantasias que estão mais próximas da consciência e mais acessíveis ao terapeuta se forem trabalhadas funções defensivas do ego do paciente. Apresento a seguir um resumo sobre o modelo estrutural e os pressupostos a ele associados, com desculpas aos leitores sofisticados pela brevidade que é dispensada a conceitos tão complexos.

"Id" era o termo que Freud usava para descrever a parte da mente que contém pulsões, impulsos, atitudes pré-racionais, combinações de desejo-medo e fantasias primitivas. Ele procura apenas gratificação imediata e é totalmente "egoísta", operando de acordo com o princípio do prazer. Do ponto de vista cognitivo, ele é pré-verbal, expressando-se por meio de imagens e símbolos. Ele também é pré-lógico; não tem noção de tempo, moral, limitação ou da impossibilidade de opostos coexistirem. Freud chamava isso de "forma arcaica de cognição", a qual sobrevive na linguagem dos sonhos, nas brincadeiras e nas alucinações, "processo primário", por assim dizer. Alguns neurocientistas contemporâneos localizam o id nas amígdalas, a parte ancestral do cérebro envolvida em funções emocionais primitivas.

O id é inteiramente inconsciente. Sua existência e poder podem, no entanto, ser inferidos por seus derivados, como pensamentos, ações e emoções. Na época de Freud, era uma presunção cultural comum pensar que os seres humanos modernos e civilizados eram criaturas motivadas de forma racional que ultrapassaram as sensibilidades dos animais "inferiores" e dos "selvagens" não ocidentais. (A ênfase de Freud em nossa animalidade, incluindo a predominância do sexo como motivador, foi um dos motivos do grau de resistência que suas ideias provocaram em uma era pós-vitoriana.)

"Ego" era o nome que Freud dava a uma série de funções de adaptação às exigências da vida, que buscam maneiras aceitáveis de lidar com a família e a cultura em relação aos esforços do id. Ele desenvolve-se continuamente ao longo da vida, mas de forma mais rápida na infância, tendo início na primeira infância (Hartmann, 1958). O ego freudiano opera de acordo com o princípio de realidade e é sedimentado pela cognição lógica e sequencial orientada pela realidade ou, como se diz, pelo "processo secundário". Ele medeia as demandas do id e os limites reais e éticos, e tem aspectos tanto conscientes quanto inconscientes. Os conscientes são similares ao que muitos de nós queremos dizer quando usamos o termo "*self*" ou "eu", enquanto os inconscientes incluem processos defensivos, como repressão, isolamento, racionalização e sublimação. O conceito de ego é relativamente compatível com o conhecimento científico contemporâneo do córtex pré-frontal e de suas funções.

Com a teoria estrutural, os terapeutas analistas passaram a contar com uma nova linguagem para significar novos tipos de patologias do caráter; em essência, passaram a admitir que todos desenvolvemos defesas do ego que se adaptam a nossa configuração particular de infância, mas, em relação a um contexto mais amplo, essas defesas podem não funcionar. Um importante aspecto desse modelo tanto para diagnóstico quanto para terapia é a descrição do ego como portador de uma série de operações que vão desde as profundamente inconscientes (p. ex., uma reação intensa de negação diante de situações perturbadoras) até as bem conscientes. No que diz respeito ao tratamento psicanalítico, foi notado que o "ego observador", a parte do *self* do paciente que é consciente e racional e pode comentar sobre a experiência emocional, se alia ao terapeuta em busca de um entendimento do *self* total, enquanto o "ego empírico" tem um senso mais visceral do que está acontecendo na relação terapêutica.

Essa "divisão terapêutica do ego" (Sterba, 1934) foi vista como uma condição necessária à terapia eficaz. Se o paciente não consegue falar a partir de uma posição de observador de suas reações emocionais menos racionais e mais "viscerais", a primeira tarefa do terapeuta é ajudá-lo a desenvolver essa capacidade. A verificação da presença ou da ausência de um ego observador tornou-se soberana no que diz respeito ao valor do diagnóstico, porque a existência de um sintoma ou um problema que seja distônico (estranho) ao ego observador se mostrou de tratamento mais rápido do que um problema aparentemente semelhante que o paciente nunca percebeu ou considerou digno de nota. Essa ideia persiste entre profissionais analistas traduzindo-se na linguagem que caracteriza um estilo ou problema de personalidade como "estranho ao ego" ou "em sintonia com o ego".

O papel básico do ego em perceber e adaptar-se à realidade é a fonte da expressão "força do ego", no que se refere à capacidade de uma pessoa de reconhecer e admitir a realidade, mesmo quando esta é incrivelmente desagradável, sem precisar recorrer a defesas como negação (Bellak, Hurvich e Gediman, 1973). Com o passar de anos de desenvolvimento da teoria clínica psicanalítica, emergiu uma distinção entre as defesas mais arcaicas e as mais maduras, sendo as primeiras caracterizadas pelo ato de evitar ou distorcer fatos perturbadores da vida e, as últimas, por uma acomodação à realidade (Vaillant, 1992; Vaillant, Bond e Vaillant, 1986).

Outra contribuição clínica do movimento da psicologia do ego foi a conclusão de que a saúde psicológica envolve não apenas contar com defesas maduras, mas também a capacidade de usar uma grande variedade de defesas (cf. D. Shapiro, 1965). Em outras palavras, foi reconhecido que a pessoa que reage a todas as angústias com, digamos, projeção ou racionalização, não é tão saudável psicologicamente quanto aquela que conta com um leque de diferentes possibilidades de enfrentamento, sacando sempre aquela que mais se adapta a uma determinada circunstância. Conceitos como "rigidez" da personalidade ou "força de caráter" (W. Reich, 1933) expressam a ideia de que a saúde mental está relacionada com a flexibilidade emocional.

Freud cunhou o termo "superego" para descrever a parte do *self* que superdimensiona as coisas, sobretudo de uma perspectiva moral. (Perceba que Freud escreveu sobre isso em uma linguagem simples, livre de jargões: id, ego e superego são traduções de "isso", "eu" e "acima de mim", respectivamente [consulte Bettelheim, 1983]. Poucos psicanalistas contemporâneos escrevem com a mesma graça e leveza.) *Grosso modo*, sinônimo de "consciência", o superego é a parte do *self* que nos parabeniza quando fazemos o nosso melhor e nos critica quando ficamos abaixo de nossas expectativas e padrões. Ele é uma parte do ego, embora seja com frequência sentido como uma voz interna separada. Freud acreditava que o superego era formado principalmente durante o período edipiano, por meio da identificação com os valores dos pais, mas a maioria dos analistas contemporâneos considera que seu surgimento se localize muito antes, nas noções infantis primitivas de bom e mau.

O superego, como o ego do qual se origina, é parte consciente e parte inconsciente. Em tempo, a avaliação que determina se um superego inapropriadamente punitivo é experimentado pelo paciente como estranho ao ego ou em sintonia com ele foi por fim compreendida como portadora de implicações prognósticas importantes. A cliente que afirma ser cruel porque tem maus pensamentos sobre seu pai tem um funcionamento psicológico bastante diverso daquela que diz que "parte" dela parece sentir que está sendo cruel por ter esse tipo de pensamentos. Ambas podem ser pessoas depressivas e autodestrutivas, mas a magnitude do problema da primeira mulher é tão maior que a do problema da segunda que foi considerado justificável um nível diferente de classificação.

Houve desde então benefícios clínicos consideráveis ao desenvolvimento do conceito de superego. A terapia tornou-se muito mais do que uma simples tentativa de tornar consciente aquilo que é inconsciente. O terapeuta e o cliente poderiam ver seu trabalho como também envolvendo uma restauração do superego. Uma meta terapêutica comum, em especial ao longo do século XX (quando muitos adultos de classe média foram criados de modo a desenvolver superegos muito duros), foi ajudar o paciente a reavaliar padrões morais muito rígidos (p. ex., restrições antissexuais e punição interna para pensamentos, sentimentos e fantasias que não são colocados em ação). A psicanálise como movimento – e Freud como pessoa – foi enfaticamente não hedonista, mas a domesticação de superegos tiranos foi um de seus objetivos mais frequentes. Na prática, isso tende mais a encorajar do que a desencorajar um comportamento ético, já que pessoas com superegos condenatórios costumam se comportar desafiando-os, sobretudo em estados de intoxicação ou em situações nas quais possam racionalizar sua atuação.

Estamos aprendendo que tentativas de expor operações do id para que a pessoa traga à tona sua vida inconsciente produz poucos benefícios terapêuticos se o paciente considerar essa iluminação do caráter uma exposição de suas depravações pessoais.

O empenho da psicologia do ego em descrever processos que são agora resumidos sob a alcunha de "defesa" é centralmente relevante para o diagnóstico do caráter. Assim como podemos tentar entender as pessoas em termos que considerem a fase de desenvolvimento que exemplifica sua luta atual, também podemos tipificá-las de acordo com suas formas características de lidar com a ansiedade e com outros afetos disfóricos. A ideia de que uma função primária do ego é defender o *self* contra a ansiedade decorrente de poderosos esforços instintivos (id), perturbando experiências de realidade (ego) ou sentimentos de culpa e fantasias associadas (o superego) é explicada de forma mais elegante no livro de Anna Freud, *The Ego and the Mechanisms of Defense* (1936).

As ideias originais de Freud incluíram a noção de que reações de ansiedade são *causadas por* defesas, em particular repressão (esquecimento motivado inconscientemente). Sentimentos "engarrafados" foram vistos como tensões que pressionam para serem descarregadas, tensões que são experimentadas como ansiedade. Quando mudou para a terapia estrutural, Freud reverteu a si mesmo, decidindo que a repressão é uma *reação* à ansiedade, constituindo-se em apenas um dos vários caminhos com os quais os seres humanos contam para tentar evitar um grau insuportável de medo irracional. Ele começou descrevendo a psicopatologia como um estado no qual uma tentativa de defesa não funcionou, quando a ansiedade toma o lugar do habitual meio de evitá-la ou quando o comportamento que mascara a ansiedade é autodestrutivo. Nos Capítulos 5 e 6 fiz algumas elaborações sobre essas defesas identificadas por Sigmund e Anna Freud, assim como por outros analistas e pesquisadores.

A TRADIÇÃO DAS RELAÇÕES DE OBJETO

Enquanto os psicólogos do ego estavam mapeando o entendimento teórico dos pacientes cujos processos psicológicos estavam sendo iluminados pelo modelo estrutural, alguns teóricos europeus, principalmente da Inglaterra, estavam procurando por processos inconscientes diferentes e suas manifestações. Alguns, como Klein (p. ex., 1932, 1957), trabalhavam com crianças e com pacientes que Freud considerou muito problemáticos para serem passíveis de análise. Esses representantes da "Escola Britânica" de psicanalistas percebiam a necessidade de outra linguagem para descrever os processos que estavam observando. Seu trabalho gerou controvérsia por muitos anos, particularmente devido às personalidades, lealdades e convicções daqueles envolvidos, e em parte porque é difícil escrever sobre os fenômenos primitivos implicados. Os teóricos das relações de objeto debatiam-se tentando encontrar uma forma de descrever processos pré-verbais e pré-racionais com palavras mediadoras racionais. Apesar de compartilharem o respeito de Freud pelo poder da dinâmica inconsciente, desafiavam esse teórico em muitas questões-chave.

W. R. D. Fairbairn (p. ex., 1954), por exemplo, rejeitou prontamente o biologismo de Freud, propondo que as pessoas buscam mais relacionamento do que satisfação de suas pulsões. Em outras palavras, o bebê está mais focado em *ser alimentado por alguém* e em ter uma experiência de calor e apego do que em apenas conseguir o leite da mãe. Psicanalistas influenciados por Sandor Ferenczi (como Michael e Alice Balint, às vezes referidos como membros da "Escola Húngara" de psicanálise) buscaram estudar as experiências primárias de amor, solidão, criatividade e integridade do *self* que não se aplicam de forma satisfatória à teoria estrutural de Freud. Pessoas com uma orientação voltada às relações de objeto colocaram sua ênfase não na pulsão que foi frustrada durante a infância do paciente, ou em uma fase de desenvolvimento que foi mal negociada, ou em quando as defesas do ego predominaram. Em vez disso, a ênfase recaiu sobre quais eram os principais objetos de amor do mundo infantil do paciente, em como essas relações foram experimentadas, como os aspectos dos sentimentos envolvidos foram internalizados e como as imagens e representações internas deles sobrevivem no inconsciente da vida adulta. Na tradição das relações de objeto, as questões edipianas são menores que as de segurança e autonomia, separação e individuação.

O termo "relações de objeto" é lamentável, uma vez que "objeto" em psicanálise normalmente significa "pessoa". Ele deriva de uma antiga explicação de Freud sobre as pulsões instintivas como portadoras de um ponto de partida (alguma tensão corporal), uma meta (alguma satisfação biológica) e um objeto (em geral, uma pessoa, já que as pulsões que Freud via como centrais na personalidade de alguém eram as agressivas e as sexuais). Essa acepção continua em uso apesar de suas conotações mecanicistas e não atraentes, devido a sua derivação e também porque há instâncias em que um importante "objeto" é inumano (p. ex., a bandeira norte-americana para um patriota, o sapato para certo tipo de fetichista) ou parte de um ser humano (o peito da mãe, o sorriso do pai, a voz da irmã, etc.).

O próprio trabalho de Freud é receptível ao desenvolvimento e à elaboração da teoria de relação de objeto. Sua percepção da importância dos objetos com os quais a criança se relaciona aparece em seu conceito de "romance familiar", em seu reconhecimento do quanto pode variar a fase edipiana da criança, dependendo das personalidades dos seus pais, e também em sua ênfase crescente nos fatores relacionais em tratamento. Richard Sterba (1982) e outros que conheceram Freud afirmaram que ele teria aprovado esse redirecionamento para a psicanálise.

No meio do século XX, as formulações relacionadas ao objeto das escolas britânica e húngara correram paralelamente a um crescente número de pesquisas de terapeutas nos Estados Unidos que se autointitulavam "psicanalistas interpessoais". Esses teóricos, incluindo Harry Stack Sullivan, Erich Fromm, Karen Horney, Clara Thompson, Otto Will, Frieda Fromm-Reichmann e Harold Searles, estavam, como seus colegas europeus, tentando trabalhar com pacientes mais seriamente perturbados. Eles diferiam dos analistas das relações de objeto do outro lado do Atlântico sobretudo no que diz respeito à ênfase dos primeiros na natureza internalizada das relações de objeto primárias: os terapeutas baseados na teoria norte-americana tendiam a colocar menos ênfase nas persistentes imagens inconscientes dos objetos primários e nos aspectos dos objetos. Ambos os grupos retiraram a ênfase no terapeuta como um portador e transmissor de *insights* e se concentraram mais na importância de estabelecer uma segurança emocional. Fromm-Reichmann (1950) observou muito bem que "o paciente precisa de uma experiência, não de uma explicação".

Freud voltou-se a uma teoria interpessoal de tratamento quando parou de considerar as transferências de seus pacientes distorções que deveriam ser investigadas e passou a vê-las como demonstração de um contexto emocional necessário à cura. Enfatizando o valor da capacidade do paciente em exorcizar uma imagem interna de um parente problemático por meio da visualização dessa imagem no analista e desafiando-o, ele notou que é "impossível destruir alguém *in absentia* ou em *effigie*" (1912, p.108). A convicção de que a conexão emocional entre o terapeuta e o cliente constitui o fator de cura mais vital da terapia é o princípio central que rege os terapeutas analíticos contemporâneos (Blagys e Hilsenroth, 2000). Isso também é validado por uma obra empírica considerável sobre resultado psicoterápico (Norcross, 2002; Strupp, 1989; Wampold, 2001; Zuroff e Blatt, 2006) e parece se aplicar tanto às terapias não psicodinâmicas quanto às psicodinâmicas (Shedler, 2010).

Os conceitos da teoria das relações de objeto permitiram que os terapeutas estendessem sua empatia para a área que se relaciona a como seus clientes experimentam suas conexões interpessoais. Eles podem estar em um estado de fusão psicológica com outra pessoa na qual o *self* passa a ser indistinguível do objeto. Eles podem estar em um espaço diádico, no qual o objeto é sentido tanto a favor quanto contra eles. Ou podem ver os outros como completamente independentes deles. Nessa teoria, o movimento da criança que vai da simbiose experimental (primeira infância), passando pelas lutas eu-contra-você (mais ou menos aos 2 anos) e por identificações mais complexas (3 anos ou mais) é mais enfatizado do que nas preocupações edipianas, anais ou orais desses estágios. A fase edipiana foi percebida como um marco cognitivo, e não apenas psicossexual, sendo considerada representante de uma vitória sobre o egocentrismo infantil quando a criança passa a entender que outras duas pessoas (os pais, no paradigma clássico) podem se relacionar uma com a outra sem que ela (a criança) esteja envolvida.

Conceitos de teóricos europeus sobre as relações de objeto e os interpersonalistas norte-americanos alcançaram avanços significativos no tratamento psicanalítico porque o funcionamento psicológico de muitos clientes, em especial daqueles sofrendo de psicopatologias mais sérias, não é descrito com facilidade em termos de id, ego e superego. Em vez de ter um ego integrado a uma função auto-observadora, essas pessoas parecem ter diferentes "estados de ego", condições mentais nas quais se sentem e se completam de uma mesma forma, frequentemente de modo contrastante com a maneira como pensavam e agiam em outras ocasiões. No auge desses estados, elas podem não ser capazes de pensar de forma objetiva sobre o que lhes está acontecendo e podem insistir que suas experiências emocionais atuais são naturais e inevitáveis, dadas suas respectivas situações.

Os terapeutas que tentam ajudar esses pacientes complexos aprendem que o tratamento pode ser melhor se for possível investigar qual progenitor interno, ou outro objeto primário importante, é ativado em determinada situação, em vez de tentarem se relacionar com eles como se tivessem um *self* consistente, com defesas adequadas. Logo, a chegada do ponto de vista das relações de objeto tem significativas implicações no que diz respeito a aumentar o escopo e o nível do tratamento (L. Stone, 1954). Os terapeutas podem então dar ouvidos às vozes de "introjeções", aquelas internalizadas que influenciaram a criança e sobreviveram no adulto e das quais o cliente ainda não atingiu uma separação psicológica satisfatória.

De acordo com essa formulação, o caráter pode ser visto como um conjunto de padrões estáveis de se comportar ou como um modo de, inconscientemente, induzir os outros a se comportarem de acordo com os objetos vivenciados na infância precoce. A "estável instabilidade" do cliente *borderline* (Schmideberg, 1947; Kernberg, 1975) tornou-se em teoria mais compreensível e, assim, mais aplicável clinicamente. Com as metáforas e os modelos da teoria das relações de objeto, filtradas por meio das imagens internas e das reações emocionais do terapeuta ao discurso do paciente, um profissional tem hoje mais meios de entender o que está acontecendo na terapia, em especial quando um ego observador não está acessível. Por exemplo, quando um paciente perturbado entra em uma diatribe paranoide, o terapeuta pode entender isso como uma recriação de situações em que o cliente se sentiu abandonado ou injustamente criticado na infância.

Um novo entendimento da contratransferência emergiu da comunidade psicanalítica, refletindo o conhecimento clínico acumulado e a inclinação às obras de teóricos das relações de objeto que escrevem sobre suas reações internas aos pacientes. Nos Estados Unidos, Harold Searles distinguiu-se por representações francas de tempestades contratransferenciais normais, como em seu artigo de 1959 sobre os esforços de pessoas psicóticas em enlouquecer os terapeutas. Na Inglaterra, D. W. Winnicott foi um dos mais bravos autorreveladores, como demonstra em seu famoso texto de 1949, "Hate in the Countertransference". Freud considerou muitas reações emocionais fortes a pacientes como evidência de autoconhecimento incompleto do analista e também da inabilidade desses profissionais em manter uma atitude de disposição positiva (inclusive fisicamente) em relação à outra pessoa da sala. Em contraste com essa posição racional e atraente, analistas trabalhando com clientes psicóticos e com aqueles que hoje diagnosticamos como *borderline,* ou traumatizados, ou com transtorno da personalidade, têm descoberto que um dos melhores meios de compreender essas pessoas sobrecarregadas, desorganizadas, desesperadas e atormentadas é a sua própria resposta contratransferencial intensa a esses pacientes.

Nessa linha, Heinrich Racker (1968), um analista sul-americano influenciado por Klein, apresentou as clinicamente úteis categorias de contratransferências "concordante" e "complementar". O primeiro termo se refere ao terapeuta sentindo (empaticamente) o que o paciente sentiu quando criança em relação a um objeto primário; o segundo representa o terapeuta sentindo (sem empatia, do ponto de vista do cliente) o que o objeto sentiu em relação à criança.

Por exemplo, certa vez, um de meus pacientes parecia não evoluir ao longo de muitas sessões. Notei que toda vez que mencionava alguém, adicionava um tipo de "nota de rodapé" verbal, como "Marge é a secretária do terceiro andar que almoça comigo às quintas-feiras" – mesmo se já tivesse falado muitas vezes de Marge antes. Comentei sobre esse hábito e disse que me fazia pensar se alguém da família dele não o havia escutado com atenção no passado. Ele parecia estar certo de que eu não lembrava qualquer das figuras fundamentais em sua vida no presente. E protestou furioso, insistindo que os pais sempre se interessaram muito por ele – em especial sua mãe. Então começou uma longa defesa dela, durante a qual comecei a ficar muito entediada, mesmo sem realmente perceber. De repente, dei-me conta de que não havia ouvido nada do que ele dissera por muitos minutos. Estava imaginando de que forma iria apresentar meu atual trabalho com ele como um estudo de caso a alguns de meus colegas mais proeminentes e em como minha contribuição nesse caso iria impressioná-los em razão de minhas habilidades. Quando me livrei dessa reverência narcisista e comecei a ouvi-lo de novo, fiquei fascinada com o que dizia, defendendo sua mãe contra o ataque de falta de atenção e contando que, cada vez que se apresentava em uma peça da escola, ela costurava para ele a roupa mais bonita da classe, melhor do que as que haviam sido feitas pelas mães de todos os colegas; depois falou sobre como ela ensaiava com ele cada linha do diálogo muitas e muitas vezes e como, no dia da peça, ela sentava na primeira fileira, radiante de orgulho.

Em minha fantasia, tornei-me assustadoramente como a mãe da infância dele, interessada nele mais como uma projeção da minha própria reputação. Racker (1968) chamaria essa contratransferência de complementar, já que meu estado emocional pareceu se equiparar ao de um dos objetos significativos da infância do paciente. Se, em vez disso, eu tivesse me sentido exatamente como o cliente em seus tempos de criança, um sentimento de que eu não estava sendo atendida, mas avaliada por ele, sobretudo de acordo com as maneiras que tenho de aumentar sua autoestima (um resultado também possível que pode surgir da atmosfera emocional entre nós), então minha contratransferência seria considerada concordante.

Esse processo inconsciente de indução a atitudes comparáveis àquelas assimiladas na primeira infância pode parecer um tanto místicos. Mas existem maneiras de olhar para tais fenômenos que podem torná-los mais compreensíveis. Nos primeiros 1 ou 2 anos de vida, muito da comunicação entre as crianças e os outros é não verbal. As pessoas que se relacionam com bebês descobrem o que eles precisam principalmente baseadas em reações intuitivas e emocionais. A comunicação não verbal pode ser muito poderosa; quem já cuidou de um bebê, ou foi levado às lágrimas por uma melodia, ou se apaixonou de modo inexplicável sabe do que estou falando. Desde a primeira edição deste livro, houve uma explosão de pesquisas neurocientíficas sobre o entendimento do desenvolvimento de crianças (Beebe e Lachmann, 1994; Sasso, 2008) – sobre a comunicação "do cérebro direito para o cérebro direito" (Fosha, 2005; Schore, 2003a, 2003b; Trevarthen e Aitken, 1994), o papel dos neurônios espelhados (Olds, 2006; Rizzolatti e Craighero, 2004) e o modo como os cérebros tanto do cliente quanto do terapeuta mudam em conexão emocional íntima, inclusive na terapia (Kandel, 1999; Tronick, 2003) – atendendo à torcida de Freud (1895) para que um dia tivéssemos explicações neurológicas e químicas para o que ele podia descrever apenas em metáforas.

Antes que tivéssemos estudos em imagem de ressonância magnética funcional (IRMf), as teorias analíticas criaram estruturas hipotéticas para descrever esses processos, admitindo que, ao fazer contato, caímos em um reconhecimento primário infantil que tanto precede quanto transcende as interações lógicas e formais que colocamos facilmente em palavras. O fenômeno do processo paralelo (Ekstein e Wallerstein, 1958), o entendimento do que supõe as mesmas fontes emocionais e pré-verbais, foi documentado de forma extensiva na literatura sobre supervisão. A transformação da contratransferência de obstáculo para habilidade é uma das contribuições mais importantes da teoria das relações de objeto (ver Ehrenberg, 1992; Maroda, 1991).

PSICOLOGIA DO *SELF*

A teoria influencia a prática e também é influenciada por ela. Quando um número suficiente de terapeutas se pronuncia em relação a aspectos da psicologia que não parecem mais se adequar aos modelos que prevalecem, é tempo de uma mudança de paradigma (Kuhn, 1970; Spence, 1987). Nos anos 1960, muitos profissionais relatavam que os problemas de seus pacientes não podiam ser bem descritos na linguagem dos modelos analíticos existentes, as principais queixas de muitas pessoas que procuravam tratamento não podiam ser reduzidas a um problema de mau manejo das urgências do instinto e seus inibidores (teoria da pulsão), nem à operação inflexível de defesas particulares contra a ansiedade (psicologia do ego), nem a uma ativação de objetos internos que o paciente diferenciou inadequadamente (teoria das relações de objeto). Tais processos podem ser inferidos, mas a eles falta tanto uma economia de explicação quanto o verdadeiro poder explanatório que se espera de uma boa teoria.

Em vez de parecerem cheios de introjeções tempestuosas e primitivas, como descrito pela teoria das relações de objeto, muitos pacientes do meio do século estavam reportando sentimentos de vazio – pareciam desprovidos de objetos internos em vez de sobrecarregados por eles. Faltava-lhes um senso de direção interna e valores confiáveis que os orientassem; então faziam terapia para encontrar algum sentido na vida. Na superfície, podiam parecer seguros de si, mas internamente estavam em uma constante busca de segurança em relação a serem aceitos, admirados ou valorizados. Mesmo entre clientes que relataram problemas de outra ordem, era evidente um sentimento de confusão interna quanto a autoestima e a distinção dos valores de base.

Em sua necessidade crônica de reconhecimento por parte de fontes externas, tais pacientes foram considerados por pessoas de orientação analítica portadores de sérios problemas em relação ao narcisismo, mesmo quando não se encaixavam no perfil do caráter narcisista "fálico" (arrogante, vaidoso, charmoso) que W. Reich (1933) delineou. Eles evocavam uma contratransferência relevante não pela intensidade, mas pelo tédio, pela impaciência e pela vaga irritação. Pessoas tratando desse tipo de cliente reportaram que eles se sentem insignificantes, invisíveis e mesmo subestimados ou superestimados pelo terapeuta. Este pode não se sentir percebido como outra pessoa real tentando ajudar, mas como um receptáculo das inflações e deflações emocionais do cliente.

A perturbação dessas pessoas parecia ser central em relação ao que eram, a quais eram seus valores e ao que lhes mantinha a autoestima. Elas podiam às vezes dizer que não sabiam quem eram ou o que, realmente, lhes importava: a questão parecia ser a necessidade de um reasseguramento de que elas são importantes. De um ponto de vista tradicional, elas com frequência não pareciam visivelmente "doentes" (tinham controle de impulso, força de ego, estabilidade interpessoal), mas também nunca haviam sentido um pouco de prazer na vida e nem um pouco de orgulho de si mesmas. Alguns profissionais as consideraram intratáveis. Outros as trataram apoiados nos modelos psicodinâmicos existentes (p. ex., Erikson e Rollo May sobre psicologia do ego, Kernberg e Masterson sobre relações de objeto); e outros buscaram novos caminhos. Carl Rogers (1951, 1961) abandonou toda a tradição psicanalítica para desenvolver a teoria e a terapia que têm como marca o desenvolvimento do *self* e a autoestima.

No que diz respeito à psicanálise, Heinz Kohut formulou uma nova teoria do *self*: seu desenvolvimento, possível distorção e tratamento. Enfatizou a necessidade normal de idealizar e as implicações em uma psicopatologia adulta que podem surgir naqueles que cresceram sem objetos que pudessem ser a princípio idealizados e pouco a pouco desidealizados sem traumas. As contribuições de Kohut (p. ex., 1971, 1977, 1984) mostraram-se valiosas não apenas para aqueles que estavam buscando novos modos de entender e ajudar clientes narcisicamente comprometidos; também estenderam uma reorientação geral em direção ao entendimento das pessoas em termos de estruturas, representações de imagens do *self* e de como alguém passa a depender de processos internos para alcançar a autoestima. A percepção do vazio e da dor daqueles sem um superego confiável passa a coexistir com a compaixão que os analistas já sentiam por aqueles superegos excessivamente severos.

O corpo de trabalho de Kohut, sua influência sobre outros autores (p. ex., George Atwood, Sheldon Bach, Michael Basch, James Fosshage, Arnold Goldberg, Alice Miller, Andrew Morrison, Donna Orange, Paul e Anna Ornstein, Estelle Shane, Robert Stolorow, Ernest Wolf) e o tom geral que se instaurou na reformulação de questões psicológicas tiveram implicações importantes para o diagnóstico. Essa nova forma de conceitualizar o material clínico adicionou à teoria analítica a linguagem do *self* e encorajou os avaliadores a entender as dimensões das experiências de *self* das pessoas. Os terapeutas começaram a verificar que, mesmo em pacientes que não chamavam atenção por seu narcisismo, era possível observar operação de processos ligados ao suporte da autoestima, da autocoesão e do senso de continuidade do *self* – funções que não haviam sido destacadas na literatura anterior. As defesas ganharam um novo conceito, passando a ser vistas não só como um meio de proteger uma pessoa da ansiedade em relação aos perigos do id, do ego ou do superego, mas também para sustentar um senso consistente e positivo do *self* (Goldberg, 1990b). Entrevistadores podiam entender melhor seus pacientes perguntando, em adição às questões tradicionais sobre defesa ("Do que esta pessoa tem medo? Quando amedrontada, o que esta pessoa faz?" [Waelder, 1960]), "O quão vulnerável é a autoestima desta pessoa? Quando está em tratamento, o que ela faz?".

Um exemplo clínico pode mostrar como essa adição à teoria é útil. Dois homens podem ser depressivos do ponto de vista clínico, com basicamente os mesmos sinais vegetativos (problemas de sono, distúrbios alimentares, choro excessivo, retardo psicomotor, etc.), mas com experiências subjetivas bem diferentes. Um sente-se mal em relação à deficiência moral. Está considerando o suicídio porque acredita que sua existência apenas agrava os problemas do mundo e que fará um favor ao planeta removendo sua influência corrupta dele. O outro não se sente moralmente cruel, mas vazio, cheio de defeitos e feio. Também está considerando suicidar-se, não para melhorar o mundo, mas porque não vê razões para continuar vivo. O primeiro sente uma culpa profunda, o segundo uma vergonha difusa. Em termos de relações de objeto, o primeiro está muito sobrecarregado de outros internos acusando-o de ser mau; o segundo não conta com coisa alguma, internamente, que possa lhe fornecer uma direção.

A discriminação diagnóstica entre o primeiro tipo de depressão ("melancolia", na literatura psicanalítica antiga, e "depressão introjetiva" mais recentemente [Blatt, 2008]) e o segundo, um estado mental mais narcisista (a depressão "analítica", de Blatt) é uma das mais importantes por razões muito práticas. O homem com o primeiro tipo de experiência depressiva não vai responder de modo positivo a um tom simpático ou solidário do entrevistador; irá sentir-se mal compreendido como uma pessoa merecedora de mais do que de fato merece, e ficará mais deprimido. Aquele com o segundo tipo de experiência subjetiva se sentirá aliviado se o terapeuta demonstrar uma expressão direta de preocupação e disposição em ajudar; o seu vazio será temporariamente suprido, e a agonia de sua vergonha será mitigada. Direi mais sobre isso mais tarde, mas o importante aqui é salientar que os sistemas de referência ao *self* psicológico tiveram um grande valor diagnóstico.

O MOVIMENTO RELACIONAL CONTEMPORÂNEO

Winnicott (1952) afirmou, de modo provocativo e memorável, que não existe nada igual a um bebê. Enfatizou que há um *sistema* interpessoal entre este e o cuidador, já que o bebê não pode existir a não ser sob específicas condições de cuidado. De modo semelhante, teóricos psicanalistas contemporâneos desafiaram a concepção de que exista algo como uma discreta, estável e separada personalidade; preferiram considerar uma série de estados do *self* que surgem em diferentes contextos interpessoais. As mais importantes inovações teóricas recentes começaram a ser colocadas em prática depois da divulgação de um texto de 1983, de Jay Greenberg e Steven Mitchell, que contrastava os modelos psicológicos de pulsão e ego com teorias relacionais (interpessoal, relação de objeto, *self* psicológico). Desde essa época tem havido uma mudança notável na conceitualização do processo clínico, geralmente chamada de "virada relacional" (ver S. A. Mitchell, 1988), na qual a natureza subjetiva inevitável da situação clínica foi enfatizada.

Acadêmicos como Louis Aron, Jessica Benjamin, Philip Bromberg, Jodie Davies, Adrienne Harris, Irwin Hoffman, Owen Renik e Donnell Stern desafiaram noções tradicionais de que a objetividade do terapeuta ou sua neutralidade emocional são possíveis ou mesmo desejáveis, e enfatizaram as contribuições da vida inconsciente do terapeuta tanto na situação clínica quanto em relação ao paciente. Apesar de sua óbvia falta de simetria, as experiências de relacionamento entre o paciente e o terapeuta são vistas como mútuas e construídas em parceria (Aron, 1996), o terapeuta não é concebido com um "conhecedor" objetivo, mas como um parceiro de descobertas do funcionamento psicológico do paciente na medida em que contribui para os inevitáveis decretos sobre os relacionamentos entre "duas pessoas" presentes nos mais importantes temas interpessoais do cliente.

Psicanalistas relacionais têm estado mais interessados no *processo* terapêutico do que nas estruturas de hipótese, como as de caráter; de fato, muitas preocupações explícitas que falam sobre a personalidade como um tipo de fenômeno fixo e padronizado ignoram as evidências que se dirigem à construção contínua de conhecimento e a experiências do *self* que são mais dependentes de certos estados emocionais do que dos aspectos pulsionais da personalidade. Contudo, a mudança de paradigma que eles operaram afetou o modo de pensarmos a personalidade e as implicações disso na prática. Por meio da desconstrução* de conceitos tradicionais, esses analistas podem analisar os pacientes de uma forma, digamos, antisséptica (de acordo com Heisenberg [1927], nem os elétrons podem ser observados sem que o ato de observação afete o que está sendo observado); os analistas relacionais abriram as portas para a percepção das contribuições de personalidade tanto do terapeuta quanto do paciente, por meio da busca de entendimento do que está acontecendo entre eles na terapia.

Em resposta aos desafios clínicos apresentados por pessoas com histórico de abuso emocional ou sexual, muito do pensamento relacional se voltou ao velho foco de Freud no trauma, mas com mais ênfase nos processos dissociativos do que nos repressivos. As contribuições dos analistas relacionais, junto com os avanços das neurociências e das pesquisas de desenvolvimento da criança, mudaram algumas das acepções sobre a estrutura psíquica, especialmente em contextos que promovem a dissociação. Falo sobre isso de modo mais detalhado no Capítulo 15.

Da perspectiva do diagnóstico psicológico, talvez uma das mais importantes contribuições de análise do movimento relacional seja a sensibilidade dessa teoria em relação a experiência não formulada (D. B. Stern, 1997, 2009), construção social de sentido (Hoffman, 1998), múltiplos estados do *self* (Bromberg, 1991, 1998) e a dissociação (Davies e Frawley, 1994); todas elas abarcam modos de pensar sobre a experiência do *self* que implicam mais fluidez e abertura do que conseguiu reconhecer a teoria tradicional. Dada a velocidade das mudanças tecnológicas e sociais ao longo do último quarto de século, não surpreende que uma posição teórica mais funda-

---

* N. de R .T. *Desconstrução* deve ser entendida como uma compreensão minuciosa, detalhada, ampliada, estudada de modo profundo.

mental tenha emergido em uma área em que a inconstância e a construção colaborativa da experiência são pressupostos fundamentais.

OUTRAS CONTRIBUIÇÕES PSICANALÍTICAS À AVALIAÇÃO DA PERSONALIDADE

Além da pulsão, da psicologia do ego, das relações de objeto, das orientações relacionais e do *self*, há diversas outras teorias dentro do esquema psicanalítico que afetaram nossas conceitualizações do caráter. Elas incluem (mas não se resumem a) ideias de Jung, Adler e Rank; a "personalogia" de Murray (1938); a "psicanálise moderna" de Spotnitz (1976, 1985); a "teoria do *script*" de Tomkins (1995); a teoria do "melhoramento do controle" de Sampson e Weiss (Weiss, 1993); os modelos biológicos evolucionistas (p. ex., Slavin e Kriegman, 1990), a teoria contemporânea de gêneros (p. ex., A. Harris, 2008) e a obra de Jacques Lacan (Fink, 1999, 2007). Faço referência a alguns desses paradigmas nos capítulos seguintes. Não resisto a ressaltar minha previsão, na primeira edição deste livro, de que os psicanalistas logo iriam aplicar a teoria do caos (teoria do sistema geral não linear) às questões clínicas, uma profecia que tem se cumprido (Seligman, 2005).

Para concluir este capítulo, gostaria de comentar que as teorias analíticas enfatizam temas e dinamismo, e não peculiaridades; por isso, o termo "dinâmica" ainda se aplica. É a percepção de padrões oscilantes que enriquece as noções analíticas de caráter e as torna mais genuinamente clínicas do que uma lista de atributos estáticos, encontrada na maioria dos instrumentos de avaliação e em compêndios como o DSM. As pessoas acabam se organizando em dimensões que têm importância para elas, e é típico apresentarem características que expressem as polaridades de qualquer dimensão fundamental. Philip Slater (1970) resumiu essa ideia sucintamente em um comentário de nota de rodapé sobre a biografia e a crítica literárias modernas:

> Gerações de humanistas excitaram-se e estimularam seus leitores ao mostrar as "contradições" e os "paradoxos" do caráter de uma pessoa ficcional ou real, simplesmente porque um traço característico e seu oposto coexistem na mesma pessoa. Mas, na verdade, traços característicos e seus opostos sempre coexistem se são intensos, e toda a tradição de encontrar paradoxos de caráter de forma inteligente depende da ingenuidade do leitor para que exerça impacto. (p. 3n-4n)

Assim, admite-se que pessoas com conflitos de isolamento possam ficar tristes tanto com a proximidade quanto com a ausência. Aquelas que buscam o sucesso a todo custo são as que mais se sabotam. A pessoa maníaca é, do ponto de vista psicológico, mais semelhante ao indivíduo depressivo do que ao esquizoide; um homem compulsivamente promíscuo tem mais em comum com alguém que resolveu um conflito sexual com o celibato do que com alguém que faz muito sexo mas não tem uma relação problemática com isso. As pessoas são complicadas, mas suas complexidades não são aleatórias. As teorias analíticas nos oferecem modos de ajudar nossos clientes a entender o sentido de ironias aparentemente inexplicáveis e absurdas de suas vidas e a transformar suas vulnerabilidades em forças.

RESUMO

Descrevi brevemente muitos dos mais importantes paradigmas clínicos da psicanálise: a teoria da pulsão, a psicologia do ego, a teoria de relação de objeto, a psicologia do *self* e a sensibilidade relacional contemporânea. Enfatizei suas respectivas implicações para a conceitualização do caráter, com atenção às inferências clínicas que podem ocorrer por meio da observação de pessoas através de diferentes lentes. Também notei outras influências nas ideias dinâmicas sobre estrutura de caráter e consequências para a teoria. Essa revisão poderia apenas acender as luzes sobre mais de 100 anos de fermento intelectual, controvérsia e desenvolvimento teórico.

SUGESTÕES PARA OUTRAS LEITURAS

Para aqueles que nunca o leram, acho que a melhor maneira de entender um pouco sobre o primeiro Freud e o nascimento de sua teoria da pulsão é a leitura de *A interpretação dos sonhos* (1900), pulando as partes nas quais ele se refere às controvérsias contemporâneas ou desenvolve grandes esquemas metafísicos. Seu *Outline of Psycho-Analysis* (1938) oferece um resumo de sua teoria posterior, mas o considero muito condensado e seco; o livro de Bettelheim, *Freud and Man's Soul* (1983), preenche suas lacunas. O livro de Freud *The Psychopathology of Everyday Life* (1901) permanece uma fácil leitura de entretenimento para os que nunca tiveram contato com essa mente genial. A obra de Michael Kahn, *Basic Freud* (2002), é um texto de grande ajuda didática não habitual que toca nas questões centrais da psicanálise e das ideias psicanalíticas. Para uma interessante exploração dos tipos de personalidade na tradição de Jung, consulte *The Matrix and Meaning of Character* (2007), de Dougherty e West.

Para uma revisão fascinante e de fácil leitura da história e da política das teorias psicanalíticas, consulte o livro de Jeremy Safran, *Psychoanalysis and Psychoanalytic Therapies* (no prelo). Para um resumo dos conceitos da psicologia do ego e sua relevância para a prática, consulte *Ego Psychology* (1974), de Blanck. A obra de Guntrip intitulada *Psychoanalytic Theory, Therapy, and the Self* (1971) é um modelo de humanitarismo psicanalítico e contextualiza a teoria de relação de objeto, assim como o faz o bem-escrito estudo de Symington (1986). Hughes (1989) explicou maravilhosamente bem Klein, Winnicott e

Fairbairn. Fromm-Reichmann (1950) e Levenson (1972) são grandes entendedores de interpersonalistas norte-americanos.

Para fontes da psicologia do *self*, o livro de Kohut, *The Analysis of the Self* (1971), é quase impenetrável para iniciantes, mas *The Restoration of the Self* (1977) é de boa fruição. A obra de E. S. Wolf, *Treating the Self* (1988), traduz de forma acessível a teoria em prática. O livro de Stolorow e Atwood, *Contexts of Being* (1992), é uma introdução de leitura agradável ao ponto de vista intersubjetivo. A obra de Lawrence Joseph, *Character Structure and the Organization of the Self* (1992), é de grande ajuda ao resumir a teoria da personalidade psicanalítica com construtos relacionais e do *self* e suas implicações clínicas, assim como os livros de Fred Pine (1985, 1990).

Para uma introdução à teoria do melhoramento de controle, consulte a obra de George Silberschatz, *Transformative Relationships* (2005). Para ler textos fundamentais sobre o movimento relacional, consulte *Relational Psychoanalysis* (1999), de Mitchell e Aron; Paul Wachtel (2008) escreveu um texto que integra várias teorias a partir dessa perspectiva. Para uma revisão de leitura agradável das teorias psicanalíticas mais importantes, recomendo em especial *Freud and Beyond* (1995), de Mitchell e Black. Contribuições empíricas para a teoria de personalidade psicanalítica podem ser consultadas em várias revisões existentes no *Psychodynamic Diagnostic Manual* (PDM Task Force, 2006). Morris Eagle (2011) recentemente publicou uma revisão e crítica histórica brilhante envolvendo a teoria psicanalítica. Para uma exposição vívida de como a prática analista aplica a teoria (sobretudo Winnicott, Lacan e Klein), leia as ideias de Deborah Luepnitz (2002) sobre cinco casos em *Schopenhauer's Porcupines*, livro tão absorvente quanto um bom romance.

3
Níveis de desenvolvimento da organização da personalidade

*E*ste capítulo tem como foco o que muitos analistas viram como questões de amadurecimento diluídas no caráter de uma pessoa – a empreitada inacabada ou impedida do antigo desenvolvimento do funcionamento psicológico: o que Freud chamou de fixação e o que analistas posteriores chamaram de aprisionamento do desenvolvimento. Muitos escritos psicanalíticos sobre a personalidade concluíram que, quanto mais precoce é a fase em que está situado um obstáculo de desenvolvimento, mais perturbada é a pessoa. Essa crença é uma exagerada simplificação e de certa forma é simplesmente errada (ver Fischer e Bidell, 1998; Westen, 1990). Mas, em relação a propósitos de introdução de um modo de pensar sobre caráter que pode ser clinicamente útil, mantenho-me distante da revisão tradicional, assim como das tentativas mais recentes para considerar as diferenças gerais que permeiam a saúde psicológica e a estrutura de personalidade.

Historicamente, os analistas têm concebido uma visão geral do funcionamento mental como um *continuum*, do mais perturbado ao mais saudável. Eles construíram, de forma explícita e implícita, a personalidade individual como organizada em um nível específico do desenvolvimento e estruturada pelo estilo defensivo característico do indivíduo. A primeira dimensão abrange conceitos para o grau de crescimento psicológico ou de patologia de uma pessoa (psicótica, *borderline*, neurótica, "normal"); a segunda identifica o tipo de caráter dessa pessoa (paranoico, depressivo, esquizoide, etc.).

Um grande amigo meu, um homem sem experiência em psicoterapia, que não podia imaginar como alguém pode se meter em uma área na qual se passa uma hora ou mais ouvindo os problemas das pessoas, estava tentando entender meu interesse em escrever este livro. "Para mim é simples", ele comentou. "Tenho apenas duas categorias para as pessoas: (1) loucas (2) não loucas". Respondi que, na teoria psicanalítica, a qual admite que todo mundo é irracional em algum nível, lidamos também com basicamente dois pressupostos: (1) loucas como? (2) loucas de que forma em particular? Conforme mencionei no Capítulo 2, embora os analistas contemporâneos considerem as fases pelas quais as crianças passam como menos definidas por pulsão do que Freud fazia, muitas de suas teorias continuam a refletir a conclusão dele de que as preocupações do funcionamento psicológico corrente sempre refletem seus precursores infantis e de que as interações em nossos primeiros anos configuram a forma como vamos assimilar a experiência mais tarde.

Criar conceitos para descrever os desafios de desenvolvimento não superados de alguém pode ajudar na compreensão dessa pessoa. É interessante como as três fases de organização do funcionamento psicológico precoce continuam reaparecendo nas teorias psicanalíticas de desenvolvimento: (1) primeiro ano e meio de vida até 2 anos (a fase oral de Freud), (2) o período dos 18 aos 24 meses até mais ou menos 3 anos (a fase anal de Freud) e (3) a época entre os 3 e os 4 anos ate cerca dos 6 anos (período edipiano de Freud). As aproximações dessas idades refletem diferenças individuais; a sequência parece ser a mesma não importando se a criança é precoce ou tem um desenvolvimento mais lento. Muitos teóricos discutiram essas fases, enfatizando de diversas maneiras a pulsão e a defesa, o desenvolvimento do ego ou imagens do *self*. Alguns deram mais atenção às questões de comportamento dos estágios, outros focaram na cognição, e outros, ainda, no amadurecimento afetivo da criança.

Muitos acadêmicos (p. ex., Lyons-Ruth, 1991; D. N. Stern, 2000) criticaram as teorias de estágio sob a luz das pesquisas sobre a infância, as quais iluminaram com muito mais competência a primeira infância do que muitos modelos de desenvolvimento, admitindo e conectando as dificuldades em relação ao apego aos pais em vez de presumindo fases de desenvolvimento. Analistas de inclinação mais pós-moderna (p. ex., Corbett, 2001; Fairfield, 2001) apontaram que modelos de "desenvolvimento normal" contêm prescrições culturais implícitas, contribuindo inevitavelmente para a construção da ideia de um grupo que está "dentro" e de outro que está "fora". Apesar dessas limitações, acho que alguma noção dos estágios psicológicos esperados irá permanecer em nossas formulações conceituais, já que existe algo que convida a empatia clínica à crença de que todos nós passamos por um processo similar de crescimento. A seguir, debruço-me sobretudo sobre ideias de Erikson, Mahler e Fonagy para explicar o aspecto de desenvolvimento do diagnóstico psicanalítico.

Nunca foi demonstrado empiricamente que pessoas com muitas qualidades "orais" tivessem níveis mais graves de psicopatologias do que aquelas com dinâmicas centrais, que os analistas de outrora teriam considerado anais ou edipianas, ainda que a nomeação de Freud desses três estágios de desenvolvimento a partir de conceitos inferidos da teoria da pulsão tenha muito apelo intuitivo e se correlacione em algum grau com o *tipo* de personalidade (pessoas depressivas em qualquer nível de saúde ou patologia tendem a manifestar a oralidade; as preocupações de pessoas compulsivas são notoriamente anais – ver o Capítulo 13 – mesmo que sua compulsividade não cause maiores problemas).

Já existem comentários clínicos substanciais (p. ex., Volkan, 1995) e uma pesquisa clínica crescente (p. ex., Fonagy, Gergely, Jurist e Target, 2002; L. Silverman, Lachmann e Milich, 1982) que apoiam a correlação entre, de um lado, o nível de desenvolvimento do ego de alguém e de sua diferenciação *self*/outros e, de outro, a saúde ou a patologia dessa personalidade. Em certa medida, essa correlação é conclusiva e portanto tautológica; isto é, avaliar os níveis primitivos do desenvolvimento do ego e das relações de objeto é como dizer que um entrevistado está "doente", enquanto ver alguém como obsessivo ou esquizoide não é necessariamente atestar uma patologia. Porém, essa forma de conceitualizar o "bem-estar psicológico *versus* perturbações" de acordo com categorias da psicologia do ego e das posteriores teorias relacionais tem profundas implicações clínicas para diferentes tipos de caráter. A seguir, uma breve história das tentativas psicanalíticas de fazer distinções diagnósticas entre pessoas com base na "profundidade" de suas dificuldades em vez de no tipo de personalidade.

CONTEXTO HISTÓRICO: DIAGNÓSTICO DO NÍVEL DE PATOLOGIA DO CARÁTER

Antes do advento da psiquiatria descritiva no século XIX, certas formas de perturbações mentais que ocorriam com frequência no que foi considerado o "mundo civilizado" foram reconhecidas, e muitos observadores fizeram distinções entre sanidade e insanidade, mais ou menos como meu amigo não psicólogo fez a distinção entre "loucos" e "não loucos". Pessoas sãs concordam mais ou menos sobre o que constitui a realidade; pessoas insanas desviam-se desse consenso.

Homens e mulheres em condições histéricas (que incluem o que hoje seria diagnosticado como problemas pós-traumáticos), sofrendo com fobias, obsessões, compulsões e sintomas depressivos e maníacos não psicóticos foram entendidos como portadores de dificuldades psicológicas que não ficam longe da completa insanidade. Pessoas com alucinações, delírios e transtornos do pensamento eram consideradas insanas. Indivíduos que hoje seriam chamados de antissociais eram diagnosticados com "insanidade moral" (Prichard, 1835), mas considerados mentalmente em contato com a realidade. Essa taxonomia um tanto rude sobrevive nas categorias de nosso sistema legal, que coloca ênfase na capacidade da pessoa acusada de um crime em acessar/avaliar a realidade durante o momento em que o comete.

Diagnóstico kraepeliano: neurose *versus* psicose

Emil Kraepelin (1856-1926) é em geral citado como o pai da classificação diagnóstica contemporânea. Ele observou de forma cuidadosa os pacientes mentais, com o objetivo de identificar síndromes genéricas que compartilhassem características semelhantes. Além disso, desenvolveu teorias sobre as etiologias dessas condições, ao menos até o ponto de classificar suas origens como exógenas e tratáveis ou endógenas e incuráveis (Kraepelin, 1913). (É interessante o fato de ter colocado muitas enfermidades bipolares ["psicose maníaco-depressiva"] na primeira categoria e a esquizofrenia ["demência precoce" – que se acreditava ser uma deterioração orgânica do cérebro] na segunda.) O "lunático" começou a ser entendido como uma pessoa acometida por uma das muitas possibilidades de doenças documentadas.

Freud foi além da descrição e de simples níveis de dedução em busca de formulações mais inferenciais; sua teoria do desenvolvimento postulou serem preferíveis as explicações epigenéticas complexas às versões de causalidade básicas internas-externas de Kraepelin. Ainda assim, ele parecia enxergar a psicopatologia pelas lentes das categorias de Kraepelin, as que estavam disponíveis na época. Descreveria um homem atormentado por obsessões (p. ex., seu paciente *Wolf Man* [Freud, 1918; Gardiner, 1971]) como um neurótico obsessivo-compulsivo. No fim de sua carreira, Freud passou a fazer discriminações entre uma neurose obsessiva em uma pessoa não obsessiva e a obsessão que faz parte de um caráter obsessivo-compulsivo. Mas foram analistas posteriores (p. ex., Eissler, 1953; Horner, 1990) que fizeram as distinções que são o objeto deste capítulo, entre elas (1) a pessoa obsessiva que é praticamente delirante, que usa pensamentos de ruminação para afastar a descompensação psicótica; (2) aquela cujas obsessões fazem parte de uma estrutura de personalidade *borderline* (como *Wolf Man*)*; e (3) a obsessiva com uma organização de personalidade de neurótica a normal.

Antes que a categoria de *borderline* emergisse no meio do século XX, terapeutas influenciados analiticamente seguiam Freud ao diferenciar apenas níveis de patologia neuróticos e psicóticos, sendo o primeiro caracterizado por uma percepção geral da realidade e o segundo por uma total perda de contato com ela. Uma mulher neurótica sabia em alguma medida que o problema estava em sua própria cabeça, enquanto a psicótica pensava que o problema estava no mundo. Quando Freud desenvolveu o modelo estrutural da mente, essa distinção assumiu a qualidade de um comentário sobre a infraestrutura psicológica da pessoa: pensava-se que as pessoas

---

* N. de R .T. Encontre mais sobre esse assunto em: FREUD, S. História de uma neurose infantil (1918/1914). In: FREUD, S. *Edição Standard brasileira das obras psicológicas completas de Sigmund Freud*. 2. ed. Rio de Janeiro: Imago, 1987. v. 17, p. 19-151.

neuróticas sofriam porque suas defesas de ego eram muito automáticas e inflexíveis, mantendo-se longe das energias do id que poderiam ser usadas de modo criativo, e que as pessoas psicóticas sofriam porque suas defesas de ego eram muito fracas, o que as deixava inevitavelmente sobrecarregadas de material primitivo do id.

A distinção "neurótico *versus* psicótico" teve importantes implicações clínicas. A essência dessas implicações, considerada à luz do modelo estrutural de Freud, era que a terapia com uma pessoa neurótica deveria envolver o enfraquecimento de suas defesas e a obtenção do acesso ao id, de modo que as energias pudessem ser liberadas para uma atividade mais construtiva. Entretanto, a terapia com uma pessoa psicótica deveria ter como foco o fortalecimento das defesas, em busca da cobertura das preocupações primitivas, influenciando realisticamente circunstâncias de angústia de forma que elas se tornem menos negativas, encorajando o teste da realidade e empurrando o id de volta para o inconsciente. Era como se a pessoa neurótica fosse uma panela no fogão com a tampa muito fechada, fazendo com que a tarefa do terapeuta fosse deixar que algum vapor escapasse, enquanto a panela do psicótico seria aquela que está fervendo, solicitando que o terapeuta retire a tampa e abaixe o fogo.

Era comum que os supervisores recomendassem que as defesas dos pacientes mais saudáveis fossem atacadas, enquanto as pessoas que sofriam de esquizofrenia e outras psicoses deveriam ter suas defesas encorajadas. Com o aparecimento das drogas antipsicóticas, essa formulação resultou em uma tendência não apenas a medicar – em geral uma resposta compassiva a níveis psicóticos de ansiedade –, mas também a reconhecer que a medicação poderia ser necessária por uma vida inteira. Os terapeutas eram aconselhados a não fazer qualquer tipo de "revelação" para uma pessoa potencialmente psicótica: isso poderia perturbar as defesas frágeis e levá-la a entrar em crise. Essa maneira de conceitualizar os níveis de patologia não é de todo inútil e abriu a porta para o desenvolvimento de diferentes abordagens terapêuticas ante diferentes tipos de dificuldade. Mas lhe falta um ideal abrangente e clinicamente sintonizado. Qualquer teoria simplifica demais, mas essa divisão entre psicóticos e neuróticos, mesmo com as bases estruturais elegantes de Freud e suas implicações terapêuticas, não ofereceu nada mais do que uma porta de entrada para o diagnóstico inferencial útil.

Diagnóstico da Psicologia do Ego: neurose sintomática, caráter neurótico, psicose

Na comunidade psicanalítica, além da distinção entre neurose e psicose, pouco a pouco começaram a surgir diferenciações de *extensão* de mal-adaptação (e não apenas de *tipos* de psicopatologias) dentro da categoria de neurose. A primeira distinção clinicamente importante foi a discriminação de Wilhelm Reich (1933) entre "neuroses sintomáticas" e "neuroses de caráter". Os terapeutas estavam aprendendo que era útil distinguir entre uma pessoa com uma neurose discreta e outra com o caráter permeado de padrões neuróticos. Essa distinção continua no DSM, no qual condições rotuladas como "transtornos" tendem a ser aquelas que os analistas chamaram de neuroses, e as condições rotuladas como "transtornos da personalidade" lembram o antigo conceito de caráter neurótico.

Para avaliar se estavam lidando com uma neurose sintomática ou com um problema de caráter, os terapeutas eram treinados para buscar o seguinte tipo de informação quando entrevistavam alguém com queixas neuróticas:

1. Existe algum ativador de dificuldades identificável ou ele existiu em algum nível que o paciente possa lembrar?
2. Houve um aumento acentuado da ansiedade do paciente, especialmente no que diz respeito aos sintomas neuróticos, ou houve apenas uma piora incremental no estado geral dos seus sentimentos?
3. O paciente chegou ali por si mesmo ou outros (parentes, amigos, o sistema legal) o mandaram para o tratamento?
4. Os sintomas da pessoa são estranhos ao ego (vistos por ela como problemáticos ou irracionais) ou estão em sintonia com ele (considerados pelo paciente como a única forma da qual dispõe para reagir às circunstâncias atuais de sua vida)?
5. A capacidade da pessoa de ter alguma perspectiva no que diz respeito a seus problemas (o "ego observador") é adequada para que se desenvolva uma aliança entre terapeuta e paciente contra os sintomas problemáticos, ou o paciente parece considerar o entrevistador um potente atacante ou um salvador místico?

A primeira alternativa em cada uma das possibilidades citadas era considerada uma evidência de um problema sintomático, a segunda era vista como uma evidência de problema de caráter (Nunberg, 1955). A importância dessa distinção está em suas implicações para o tratamento e para o prognóstico. Se o cliente sofresse de uma neurose sintomática (equivalente a um "Transtorno do Eixo I sem transtorno da personalidade comórbido), então se suspeitava de que alguma coisa em sua vida atual tivesse ativado um conflito inconsciente que o levou a ativar mecanismos mal-adaptados para que pudesse lidar com isso – métodos que podem ter sido a melhor solução na infância, mas que agora mais criam problemas do que os resolvem. A tarefa do terapeuta seria determinar o conflito, ajudar o paciente a entender e processar as emoções conectadas a ele e desenvolver novas resoluções em relação a isso. O prognóstico era favorável, e o tratamento poderia ser relativamente curto (cf. Menninger, 1963). Podia-se esperar um clima de mutualidade durante a terapia, no qual fortes reações de transferência (e contratransferência) poderiam surgir, mas de modo geral em um contexto de grau de cooperação ainda mais forte.

Se as dificuldades dos pacientes indicassem mais um caráter neurótico ou um problema de personalidade, então a tarefa do terapeuta seria mais complicada e demandaria mais esforço e tempo, assim como o prognóstico exigiria mais cuidado. É claro que todos concordam que tentar promover uma mudança de personalidade impõe muito mais desafios do que ajudar alguém a se livrar das reações mal-adaptadas a angústias específicas. Mas a teoria psicanalítica foi além do senso comum ao especificar o caminho para se trabalhar com uma pessoa de caráter básico de modo diferente do que é usado com uma outra que apresente sintomas não intrínsecos à sua personalidade.

Em primeiro lugar, não se pode garantir que aquilo que o paciente deseja (alívio imediato do sofrimento) e aquilo que o terapeuta vê como necessário para uma possível recuperação e resistência a futuras dificuldades (modificação da personalidade) sejam tidos como compatíveis pelo paciente. Em circunstâncias nas quais as metas do paciente e a concepção do analista sobre o que ele realmente precisa são destoantes, o papel pedagógico do analista se torna fundamental. É preciso que se comece a tentar transmitir ao paciente como o terapeuta vê o problema; isto é, "tornar estranho ao ego o que tem estado em sintonia com o ego". Por exemplo: certa vez veio até mim um contador de 30 anos que desejava "atingir mais equilíbrio" na vida. Criado como a esperança da família, com a missão de compensar as ambições fracassadas do pai, trabalhou duro, de modo compulsivo. Tinha medo de estar perdendo anos preciosos de seus filhos pequenos, cuja companhia poderia aproveitar melhor caso não se sentisse tão pressionado a trabalhar incansavelmente para produzir resultados. Ele queria que eu desenvolvesse um "programa" segundo o qual assumiria o compromisso de dispensar certo tempo de seu dia para se exercitar, outra parte do dia para brincar com as crianças, outra praticando um *hobby* e assim por diante. O programa proposto incluía ainda espaço para trabalho voluntário, assistir à televisão, realizar tarefas domésticas e fazer amor com sua esposa.

No encontro que seguiu nossa entrevista inicial, apresentou uma amostra de cronograma especificando as mudanças. Sentia que, se o ajudasse a colocar esse programa em funcionamento, seus problemas estariam resolvidos. Minha primeira tarefa foi tentar sugerir-lhe que essa solução fazia parte do problema: ele buscara a terapia com a mesma compulsão da qual se queixava e perseguia a serenidade que sabia ser necessária como se isso fosse outro trabalho a ser feito. Disse-lhe que ele era muito bom em *fazer*, mas estava evidente que havia tido pouca experiência com apenas *ser*. Ao mesmo tempo em que tinha essa noção intelectualmente, não tinha qualquer lembrança expressiva do ponto de vista emocional de uma abordagem à vida menos compulsiva, e passou a me ver com um misto de esperança e ceticismo. Embora o simples fato de contar sua história tenha proporcionado em curto prazo, certo alívio de sua depressão, vi que se acostumava com a ideia de que, para evitar esse tipo de sofrimento no futuro, teria que trazer à consciência e repensar alguns dos pressupostos que governaram sua vida.

Em segundo lugar, ao trabalhar com alguém cujo caráter apresenta características sobretudo neuróticas, não se pode confiar que se estabeleça uma imediata "aliança de trabalho" (Greenson, 1967). Em vez disso, é preciso criar as condições sob as quais isso possa se desenvolver. O conceito de trabalhar em uma aliança terapêutica refere-se a uma dimensão colaborativa de trabalho entre o terapeuta e o cliente, uma cooperação que se torne duradoura apesar das fortes e frequentemente negativas emoções que podem despontar durante o tratamento. De uma visão empírica, uma aliança de trabalho sólida está associada a um bom resultado (Safran e Muran, 2000), e seu estabelecimento (ou reestabelecimento após uma ruptura) deve preceder outros objetivos.

Pacientes com neurose sintomática sentem-se ao lado do terapeuta ao se oporem a uma *parte* problemática do *self*. É raro precisarem de um longo período para que desenvolvam uma perspectiva compartilhada. Entretanto, no caso daqueles cujos problemas estão complexamente atrelados a suas personalidades, é fácil se sentirem sozinhos e atacados. Quando o terapeuta levanta questões sobre uma vida inteira e padrões egossintônicos ligados a ela, esses pacientes podem sentir sua identidade agredida como um todo. A falta de confiança do cliente é inevitável, sendo necessário que ela seja buscada com paciência por ambas as partes até que o terapeuta a conquiste. Com alguns pacientes, o processo de construir uma aliança pode durar mais de um ano. Tentar entrar muito rápido em questões problemáticas que o terapeuta considere óbvias pode danificar essa aliança e impedir um processo de mudança.

Em terceiro lugar, as sessões de terapia com alguém com problemas de caráter em vez de sintomáticos podem ser menos excitantes, menos surpreendentes e menos dramáticas. Quaisquer que sejam as fantasias sobre desenterrar memórias vívidas reprimidas, o terapeuta ou o paciente terão de se contentar com um processo mais prosaico: o desvendamento minucioso de todas as questões que criaram um nó emocional no paciente (o que o leva a até hoje acreditar que as coisas aconteceram exatamente do jeito que tinham de acontecer) e o lento trabalho de buscar novas maneiras de repensar e lidar com os sentimentos.

No desenvolvimento dos transtornos da personalidade, de modo oposto ao aparecimento de reações neuróticas a angústias atuais em particular, estão em jogo antigos padrões de identificação, aprendizado e formas de proteção. Quando a etiologia é traumática, implica um "trauma de tensão" (Kris, 1956), em vez de um "trauma de choque" (uma lesão não assimilada), tão celebrado nos antigos e entusiasmantes retratos hollywoodianos da psicanálise (ver, p. ex., o filme *Quando fala o coração,* de Hitchcock). Como consequência, é possível esperar que, na terapia de neuroses de caráter, ambas as partes tenham de lidar ocasionalmente com tédio, impaciência, irritabilidade e desmoralização – o paciente expressando-os sem medo de crítica, e o terapeuta desencorajando esses sentimentos na busca de uma empatia com a luta difícil e demorada do cliente.

Essa distinção entre sintomas neuróticos e personalidade neurótica continua importante, mesmo nas circunstâncias em que não se possa realizar o trabalho de longa duração (p. ex., D. Shapiro, 1989) que a mudança de caráter requer. Se as questões inflexíveis de personalidade do paciente forem compreendidas, será possível encontrar alguma maneira de gerar um impacto em curto prazo que evite o sentimento da pessoa de estar sendo mal compreendida ou atacada. Por exemplo, sabendo que uma mulher tem fortes traços psicopáticos, o terapeuta estará alerta a respeito de que, ao tentar interferir em algum padrão prejudicial, será melhor apelar para o orgulho da paciente do que para a sua reconhecida preocupação com os outros.

Por muito tempo, as categorias de neurose sintomática, neurose de caráter e psicose foram os principais construtos por meio dos quais passamos a entender as diferenças de personalidade na dimensão de um transtorno grave. Uma neurose era a condição menos séria; o transtorno da personalidade mais sério; e um transtorno psicótico era bastante sério. Essas formulações mantinham a velha distinção entre sano e insano, com a categoria da sanidade incluindo duas possibilidades: reações neuróticas e personalidades estruturadas neuroticamente. Contudo, com o passar do tempo, ficou aparente que um esquema tão geral de classificação era tão incompleto quanto equivocado.

Um inconveniente dessa taxonomia é a implicação de que todos os problemas de caráter são mais patológicos do que qualquer neurose. Ainda se pode distinguir tal ideia no DSM, no qual o critério para diagnosticar a maioria dos transtornos da personalidade incluem significativas deficiências de funcionamento. E, até hoje, algumas reações neuróticas relacionadas ao estresse são consideradas mais adaptáveis à capacidade da pessoa de lidar com o sofrimento do que, digamos, problemas de transtorno da personalidade histérica ou obsessiva. Conheço um homem que sofre de agorafobia, estranha ao ego, porém grave. Ele tem relações calorosas com os amigos, e trabalha produtivamente em casa, mas nunca sai de casa. Vejo sua vida como mais restrita e amortecida do que a de muitas pessoas com transtornos da personalidade e mesmo psicose.

Para complicar a questão ainda mais, existe um problema de outra ordem: algumas perturbações de caráter parecem ser muito mais graves e primitivas do ponto de vista qualitativo do que qualquer estado que possa se chamar racionalmente de "neurótico". Pode-se notar que, em uma classificação tão linear dividida em apenas três partes, é impossível criar distinções entre as distorções de caráter que são mais ou menos incapacitantes e aquelas que envolvem consequências realmente terríveis. Um problema pode ser de caráter e ao mesmo tempo livre de um nível preocupante de gravidade. A linha entre "traços" ou "estilos" benignos de personalidade e "transtornos" leves da personalidade é bastante tênue. Na outra *extremidade* desse *continuum,* alguns distúrbios de caráter foram entendidos por muito tempo como envolvendo certos tipos de deformidades substanciais do ego que os aproximariam da psicose e da neurose. Psicopatia e formas malignas de organização da personalidade narcisista, por exemplo, foram, por muito tempo, reconhecidas como variantes da individualidade humana, mas até pouco tempo atrás, tendiam a ser consideradas fora do escopo de possíveis intervenções terapêuticas e não facilmente localizadas em um *continuum* "neurótico/com perturbação de caráter/psicótico".

Diagnóstico das relações de objeto: delineamento das condições *borderline*

Ainda no final do século XIX, alguns psiquiatras estavam identificando pacientes que pareciam habitar uma *borderland* psicológica (Rosse, 1890) entre sanidade e insanidade. No meio do século XX, outras ideias sobre a organização da personalidade que sugeriam um meio-termo entre neurose e psicose começavam a surgir. Adolph Stein (1938) notou que pessoas com traços que ele chamou de *borderline* pioravam, ao invés de melhorarem, quando tratadas da forma psicanalítica tradicional. Helene Deutsch (1942) propôs um conceito de "personalidade 'como se'" para um subgrupo de pessoas que hoje veríamos como *borderline* ou narcisistas, e Hoch e Polatin (1949) formularam um caso para a categoria de "esquizofrenia pseudoneurótica".

No meio dos anos 1950, a comunidade ligada à saúde mental também começou a notar as limitações do modelo "neurose *versus* psicose". Numerosos analistas começaram a se queixar de clientes que pareciam de caráter perturbado, porém de forma caótica. Uma vez que raras vezes reportavam alucinações ou ilusões, não podiam ser considerados psicóticos, mas também lhes faltava a consistência dos pacientes de nível neurótico, e eles pareciam estar sofrendo em uma escala muito maior e menos compreensível do que a dos neuróticos. Em tratamento, por algum tempo eles poderiam se tornar psicóticos (convencidos, p. ex., de que os terapeutas eram *exatamente como* a mãe deles), e fora de tratamento apresentavam uma bizarra estabilidade em suas instabilidades. Em outras palavras: eram muito sãos para serem considerados loucos, e muito loucos para serem considerados sãos. Os terapeutas começaram então a sugerir novas rotulações diagnósticas que abrangessem os traços dessas pessoas que viviam no limite entre neurose e psicose. Em 1953, Knight publicou um inteligente ensaio sobre os "estados *borderline*". Na mesma década, T. F. Main (1957) se referiu a uma patologia similar em pacientes hospitalizados, chamando-a de "a doença". Em 1964, Frosch sugeriu a categoria diagnóstica para "caráter psicótico".

Em 1968, Roy Grinker e colaboradores (Grinker, Werble e Drye, 1968) realizaram um estudo seminal documentando a "síndrome *borderline*" como inerente à personalidade, com graus de gravidade mais próximos da linha da neurose até graus de severidade que chegavam ao limite da psicose. Gunderson e Singer (p. ex., 1975) deram seguimento a esse assunto realizando um exame empírico minucioso do conceito; fizeram descobertas tanto por meio de pesquisa quanto de observações de consultório, e, graças a elucidações de escritores como Kernberg (1975, 1976), Masterson (1976) e M. H. Stone (1980, 1986), o conceito de organização de uma personalidade de nível *borderline* alcançou larga aceitação na comunidade psicanalítica.

Em 1980, o termo tinha sido suficientemente pesquisado para aparecer no DSM (DSM-III; American Psychiatric Association, 1980) como um transtorno da personalidade. Esse desenvolvimento teve diferentes efeitos: legitimou um conceito psicanalítico valioso, mas ao preço da perda de seu sentido original de *nível de funcionamento*. O conceito de funcionamento psicológico *borderline* representou um mergulho profundo do DSM no trabalho de Gunderson (p. ex., 1984), que havia estudado um grupo que muitos analistas teriam diagnosticado como portador de funcionamento psicológico histriônico ou histérico em nível *borderline*. Kernberg (1984), um dos que deram origem ao conceito, começou a ter de diferenciar "organização *borderline* de personalidade" da expressão do DSM "transtorno da personalidade *borderline*".

Provavelmente estou tentando vencer uma batalha perdida ao pretender preservar o sentido original de *borderline* (p. ex., como o fiz, na seção "Personalidade" do *Psychodynamic Diagnostic Manual* [PDM Task Force, 2006]), mas acho que se perdeu muito com o sacrifício do termo a uma equivalência com um tipo particular de caráter. O conceito *borderline* como nível de funcionamento psicológico envolveu décadas de experiência clínica, tendo por fim adquirido a descrição de uma instável estabilidade no limite dos níveis neurótico e psicótico, caracterizada por uma dependência das defesas primitivas sem uma total perda do teste de realidade (Kernberg, 1975). Temo que, com a aceitação da definição do DSM, estejamos perdendo uma maneira de referir pessoas que, digamos, sejam esquizoides ou obsessivas em um nível *borderline* (p. ex., o paciente *quase borderline* de Sherwood e Cohen, 1994). Se toda nossa pesquisa empírica do fenômeno *borderline* se aplica apenas à versão mais autodramática e histriônica do nível *borderline* de personalidade, então somos deixados na escuridão quanto à etiologia e ao tratamento de outros transtornos da personalidade em nível *borderline*.

Na segunda metade do século XX, muitos terapeutas que lutavam para ajudar clientes que hoje vemos como *borderline* se encontravam de repente sendo inspirados e validados por escritos de analistas do movimento britânico das relações de objeto e pelo grupo de orientação interpessoal norte-americano, que observavam as experiências do paciente com figuras-chave da infância. Esses teóricos enfatizaram a experiência do paciente com relacionamentos: A pessoa estava preocupada com questões simbióticas (temas de individuação-separação) ou com questões de identidade competitivas e altamente individualizadas? Erikson (1950) gerou um significativo impacto clínico ao retrabalhar os três estágios infantis de Freud em termos de tarefa interpessoal da criança, de acordo com a ideia de que os pacientes poderiam ser conceitualizados como fixados em suas questões de dependência primárias (confiança *versus* falta de confiança), questões secundárias de individuação-separação (autonomia *versus* vergonha e dúvida), ou níveis mais avançados de identificação (iniciativa *versus* culpa).

Esses conceitos de estágio de desenvolvimento deram sentido às diferenças que os terapeutas vinham percebendo entre pacientes de nível psicótico, *borderline* e neurótico. Indivíduos em um estado psicótico pareciam fixados em um nível não individualizado no qual não conseguiam diferenciar o que estava em seu interior e o que estava fora deles. Já as pessoas em condições *borderline* eram descritas como fixadas em lutas diádicas entre um total entrosamento (o qual temem que possa obliterar suas identidades) e um completo isolamento (que identificam com abandono traumático). E, por fim, aqueles com dificuldades neuróticas eram entendidos como tendo alcançado a separação e a individuação, porém com conflitos entre, por exemplo, coisas que desejavam e coisas que temiam, sendo o protótipo disso o drama edipiano. Esse modo de pensar fez sentido diante de tantos quebra-cabeças e desafios clínicos. Ele focalizava os motivos pelos quais uma mulher com fobias parecia estar agarrada à realidade por um fio, enquanto uma segunda estava bizarramente estável em sua instabilidade, e, ainda, uma terceira era um protótipo de saúde mental, apesar de ter fobias.

Já no final do século XX havia, tanto na tradição psicanalítica quanto fora dela, uma vasta literatura sobre a psicopatologia *borderline*, apresentando uma grande divergência de conclusões sobre sua etiologia. Alguns pesquisadores (p. ex., M. H. Stone, 1977) enfatizaram predisposições constitucionais e neurológicas; alguns (p. ex., G. Adler, 1985; Masterson, 1972, 1976) focaram em falhas do desenvolvimento, sobretudo quanto à separação-individuação descrita por Mahler (1971); alguns (p. ex., Kernberg, 1975) conjecturaram sobre a interação anômala criança-pais em uma fase primária do desenvolvimento infantil; alguns (p. ex., Mandelbaum, 1977; Rinsley, 1982) apontaram para tênues barreiras entre os membros de famílias em sistemas disfuncionais; e alguns (p. ex., McWilliams, 1979; Westen, 1993) fizeram especulações sociológicas. Outros (p. ex., Meissner, 1984, 1988) integraram-se a muitas dessas perspectivas. Com os avanços na pesquisa sobre o apego (p. ex., Ainsworth, Blehar, Waters e Wall, 1978), alguns escritores começaram a conjeturar sobre estilos de apego infantil que se correlacionaram mais tarde com o funcionamento psicológico *borderline*. Nos anos 1990, mais e mais pessoas estavam escrevendo sobre como o trauma, especialmente o incesto, tem um grande papel no desenvolvimento de uma dinâmica *borderline*, na verdade muito maior do que se imaginava até então (p. ex., Wolf e Alpert, 1991).

Estudos empíricos recentes sobre personalidade *borderline*, muitos deles a partir da definição do DSM, observaram todos esses aspectos. Existem algumas evidências em relação a predisposições constitutivas (Gunderson e Lyons-Ruth, 2008; Siever e Weinstein, 2009); algumas apontam uma falta de sintonia com os pais no que diz respeito a apego e separação (Fonagy, Target, Gergeley, Allen e Bateman, 2003; Nickell, Waudby e Trull, 2002); e outras que sinalizavam para o papel do trauma, especialmente o trauma relacional no apego primário (Schore, 2002), mas também aquele de experiências posteriores de abuso sexual (Herman, 1992). É provável que todos esses fatores tenham importância e que o funcionamento psicológico *borderline* não seja uma entidade única, mas multideterminada, como a maiorias dos outros fenômenos psicológicos complexos. Estudos psicanalíticos atuais, em especial aqueles sobre as dinâmicas *borderline*, mergulharam fundo nas descobertas empíricas das áreas de desenvolvimento, apego e trauma infantil. Uma consequência disso foi uma mudança de paradigma significativa: noções até então inquestionáveis, como as de fixação em uma fase de desenvolvimento normativa, foram desafiadas pela evidência de diferentes experiências de apego e dos efeitos destrutivos de um trauma recorrente mesmo após os anos de pré-escola.

Seja qual for a etiologia da organização de personalidade *borderline*, e é provável que ela difira de pessoa para pessoa, clínicos de diversas perspectivas chegaram a um consenso surpreendentemente confiável sobre as manifestações clínicas dos problemas de âmbito *borderline*. Sobretudo quando um entrevistador é treinado para reconhecer quais informações (objetivas ou subjetivas) devem ser observadas e buscadas, o diagnóstico de estrutura de caráter em nível *borderline* pode ser logo confirmado ou negado (p. ex., por meio da entrevista estrutural de Kernberg [1984] ou do instrumento de seus colegas – validado com mais cuidado em termos empíricos – o Structured Interview for Personality Organization [STIPO; Stern, Caligor, Roose e Clarkin, 2004]).

Apesar da complexidade das etiologias das condições *borderline*, ainda acho que pode ser útil observar pessoas vulneráveis a psicose como inconscientemente preocupadas com as questões da fase simbiótica primária (em particular as relacionadas a confiança), indivíduos com organização de personalidade *borderline* como focados em temas de separação-individuação e aqueles com estrutura neurótica como mais "edipianos" ou capazes de experimentar conflitos que sentem de modo mais interno. O tipo de ansiedade que mais prevalece em pessoas na faixa psicótica é o medo da aniquilação (Hurvich, 2003), evidentemente uma ativação do sistema cerebral do MEDO (Panksepp, 1998), que emerge para nos proteger dos "predadores"; a principal ansiedade para indivíduos na faixa *borderline* é a de separação ou a ativação do sistema de PÂNICO, de Panksepp, o qual lida com as necessidades de apego primárias; já a ansiedade nos neuróticos tende a envolver conflitos mais inconscientes, em especial o medo da exteriorização de desejos que geram culpa.

REVISÃO DO ESPECTRO NEUROSE-PSICOSE-*BORDERLINE*

Nas seções seguintes discuto os níveis de neurose, *borderline* e psicose da estrutura de caráter em termos de defesas favoritas, nível de integração da identidade, adequação ao teste de realidade, capacidade de observar a patologia, natureza de um conflito primário, transferência e contratransferência. Focalizo como essas abstrações se manifestam na forma de comunicações e comportamentos discerníveis em uma entrevista inicial ou em um tratamento contínuo. No Capítulo 4, exploro as implicações dessas discriminações para a conduta e o prognóstico da terapia. Novamente, gostaria de enfatizar que esses níveis de organização são um tanto artificiais (ou seja, é possível questioná-los) e que o fato de ver um cliente como organizável em um ou outro nível não deve distrair o terapeuta da individualidade e dos pontos fortes de cada um.

Características da estrutura de personalidade em nível neurótico

É uma ironia que o termo "neurótico" seja hoje reservado por muitos analistas a pessoas tão emocionalmente saudáveis que chegam a ser consideradas clientes raros e gratificantes. Na época de Freud, o termo era aplicado à maioria dos pacientes não orgânicos, não esquizofrênicos, não psicopatas e não maníaco-depressivos – ou seja, a um grande grupo de indivíduos com tensões emocionais próximas da psicose. Hoje, vemos muitas pessoas que Freud chamaria de neuróticas sendo tratadas como possuidoras de traços *borderline* ou mesmo psicóticos (a "histeria" era entendida como algo que envolvia experiências de alucinações que claramente ultrapassavam os limites da realidade). Quanto mais aprendemos sobre a profundidade de certos problemas, e de sua insistente inerência a certas matrizes de caráter de uma pessoa, mais acabamos usando o termo "neurótico" para qualificar um alto grau de capacidade de funcionamento apesar do sofrimento emocional.

Pessoas cujas personalidades alguns analistas contemporâneos descreveriam como organizadas em um nível essencialmente neurótico dependem sobretudo de defesas mais maduras ou defesas de segunda ordem. Embora também usem defesas primitivas, estas estão longe de ser proeminentes no funcionamento geral dessas pessoas e são mais evidentes em contextos de estresse fora do comum. Ainda que a presença de defesas primitivas não seja um pressuposto para um diagnóstico de caráter em nível neurótico, a ausência de defesas maduras o é. Tradicionalmente, a literatura psicanalítica notou que pessoas mais saudáveis usam a repressão como principal meio de defesa, preferindo-a a soluções mais indiscriminadas ao conflito, como negação, divisão, identificação projetiva e outros mecanismos mais arcaicos.

Myerson (1991) descreveu como a relação empática com os pais permite à criança experimentar afetos intensos sem ter de apelar a meios infantis de lidar com eles. À medida que a criança cresce, esses poderosos e com frequência dolorosos estados mentais são colocados de lado ou abandonados em vez de continuamente reexperimentados e então negados, divididos ou projetados. Eles podem reemergir em uma análise intensiva e de longo prazo, na qual analista e cliente, juntos, sob condições de segurança que evocam uma "neurose de transferência", conseguem remover as pesadas camadas de repressão. Mas, em geral, afetos sobrecarregados e maneiras primitivas de lidar com isso não são características de pessoas na faixa neurótica. E, mesmo em tratamento psicanalítico profundo, o cliente em nível neurótico se mantém focado em capacidades mais objetivas e racionais, não importando que tipo de tempestades emocionais e distorções associadas ocorram.

Indivíduos com caráter mais saudável desafiam o entrevistador porque possuem um tipo de senso integrado de identidade (Erikson, 1968). Seus comportamentos mostram certa consistência, e suas experiências internas são de um *self* contínuo ao longo do tempo. Quando solicitados a se descreverem não ficam sem palavras, nem respondem em apenas uma dimensão: normalmente conseguem delinear seu comportamento em geral, seus valores, gostos, hábitos, convicções, virtudes e aquisições recentes com um senso de sua relativa estabilidade. Eles sentem que ainda continuam sendo a criança que foram e também conseguem se projetar no futuro. Quando solicitados a descrever as pessoas importantes de sua vida, como seus pais ou amantes, suas caracterizações tendem a ser multifacetadas e apreciativas da complexa, porém coerente, rede de qualidades que constitui qualquer personalidade.

Pessoas em nível neurótico estão em geral em contato sólido com o que grande parte do mundo chama de "realidade". Não apenas desconhecem alucinações ou interpretações ilusórias de experiência (a não ser sob circunstâncias de influências orgânicas ou químicas, ou *flashbacks* pós-traumáticos), como também desafiam o terapeuta ou o entrevistador porque comparativamente têm menor necessidade de distorcer a compreensão das coisas para assimilá-las. Paciente e terapeuta vivem, subjetivamente, mais ou menos no mesmo mundo. De modo geral, o terapeuta não se sente pressionado ou impelido emocionalmente a ser complacente ao ver a vida através de lentes que parecem distorcidas. Parte do que trouxe um paciente neurótico à terapia é visto por ele como bizarro; em outras palavras, muitas das psicopatologias de pessoas organizadas de forma neurótica são estranhas ao ego ou capazes de ser orientadas de forma a se tornarem assim.

Pessoas na faixa neurótica demonstram precocemente na terapia uma capacidade para o que Sterba (1934) chamou de "divisão terapêutica" entre as partes observadora e experimentadora do *self*. Mesmo quando suas dificuldades são de certa forma egossintônicas, indivíduos em nível neurótico não parecem necessitar da implícita validação do entrevistador do modo como percebem as coisas. Por exemplo, um homem paranoico organizado de forma neurótica provavelmente considerará a possibilidade de que suas suspeitas derivem de uma disposição interna a enfatizar o potencial destrutivo dos outros. De maneira contrastante, pacientes paranoides em nível *borderline* ou psicótico pressionarão o terapeuta de forma intensa para que ele compartilhe da convicção de que suas dificuldades são de origem externa; por exemplo, pressionarão para que concordem que talvez haja pessoas lá fora esperando para destruí-los. Sem esse tipo de validação, temem não estar seguros com o terapeuta.

De forma semelhante, pessoas compulsivas na faixa neurótica podem admitir que seus rituais são malucos, mas alegam sentir muita ansiedade se os negligenciarem. As compulsivas *borderline* e psicóticas realmente acreditam que estejam de alguma maneira protegidas quando cedem às suas compulsões, e com frequência desenvolvem racionalizações elaboradas para justificá-las. Um paciente em nível neurótico concordará com o terapeuta que comportamentos compulsivos são desnecessários de um ponto de vista realista, mas um *borderline* ou psicótico pode achar que o terapeuta, por questionar seus rituais, não tem bom senso comum ou decência moral. Uma mulher neurótica com compulsão de limpeza ficará embaraçada de admitir a frequência com a qual troca seus lençóis, enquanto uma psicótica ou *borderline* acha que todo mundo que lava a roupa de cama com menos frequência é sujo.

Algumas vezes, podem ser necessários anos de tratamento para que uma pessoa *borderline* ou psicótica mencione uma compulsão ou uma fobia ou uma obsessão – pois na visão do paciente não existe anormalidade com elas. Trabalhei com uma cliente *borderline* por mais de 10 anos antes que ela casualmente mencionasse um ritual matutino elaborado e demorado de "limpar seus seios" que considerava parte normal de uma boa higiene. Outra mulher *borderline,* que nunca havia mencionado bulimia, a qual estava no meio de outros problemas ainda mais graves, certa vez lançou um comentário, após cinco anos de terapia: "Por sinal, não tenho mais forçado o vômito". Antes disso, jamais havia percebido que parte de seu repertório de comportamentos era consequência da bulimia, ou tinha ligação com ela.

Suas histórias e seu comportamento em uma situação de entrevista evidenciam que pessoas em nível neurótico ultrapassaram com mais ou menos sucesso os primeiros dois estágios de Erikson (confiança básica e autonomia) e que obtiveram no mínimo algum sucesso rumo à integração da identidade e ao senso de iniciativa. Elas tendem a procurar terapia não por problemas essenciais de segurança ou autonomia, mas porque continuam caindo em conflitos entre o que desejam e os obstáculos que suspeitam elas mesmas terem criado. A afirmação de Freud de que o objetivo apropriado da terapia é a remoção das inibições contra o amor e o trabalho se aplica a esse grupo; algumas pessoas em nível neurótico também estão em busca de expandir sua capacidade de estar só e de se divertir.

Estar diante de alguém localizado na extremidade mais saudável de uma sequência de patologias de caráter parece em geral benigno. A contraparte da possessão por parte do paciente de um sólido ego observador é a experiência do terapeuta com uma sólida aliança de trabalho. Normalmente, desde a primeira sessão o terapeuta de um cliente neurótico sente que ele e o paciente estão do mesmo lado e que seu inimigo mútuo é uma *parte* problemática do paciente. O sociólogo Edgar Z. Friedenberg (1959) comparou essa aliança com a experiência de dois homens jovens lidando com o motor de um carro: um é o especialista, o outro, o aprendiz. Além disso, seja qual for a resposta de contratransferência do terapeuta, positiva ou negativa, ela tende a não ser sentida como um sobrepeso. O cliente em nível neurótico não desperta no ouvinte nem a vontade de matar nem a compulsão em salvar.

Características da estrutura de personalidade em nível psicótico

Na extremidade psicótica do espectro, as pessoas estão internamente muito mais desesperadas e desorganizadas. Entrevistar um paciente com perturbação profunda pode variar entre participar de uma discussão agradável e não problemática até ser alvo de um ataque homicida. Sobretudo antes do advento de drogas antipsicóticas, nos anos 1950, poucos terapeutas tinham o talento natural e a estabilidade emocional necessários para serem de fato terapêuticos para aqueles em estado psicótico. Além da nova forma de abordar e tratar sérios quadros de sofrimento mental, uma das conquistas mais significativas da psicanálise foi a inferência de alguma ordem no aparente caos em pessoas que são fáceis de dispensar como incompreensivelmente loucos e sem possibilidade de cura (Arieti, 1974; Buckley, 1988; De Waelhens e Ver Eecke, 2000; Eigen, 1986; Ogden, 1989; Robbins, 1993; Searles, 1965; Silver, 1989; Silver e Cantor, 1990; Spotnitz, 1985; Volkan, 1995).

Não é difícil diagnosticar pacientes que estão em um estado exagerado de psicose: eles expressam alucinações, ilusões de pensamento e ideias de referência; além disso, sua forma de pensar soa ilógica a qualquer ouvinte. No entanto, existem muitas pessoas por aí cujas confusões internas básicas de nível psicótico não ultrapassam a superfície a não ser em condições estressantes extremas. A certeza de que se está lidando com um esquizofrênico "compensado" ou com um depressivo atualmente não suicida que pode estar sujeito a períodos em que deseja morrer pode fazer toda a diferença na hora de evitar ou precipitar o desastre. Eu, que já assumi e supervisionei muitos tratamentos longos de casos extremamente difíceis e às vezes considerados "sem solução", estou convencida de que terapeutas esforçados podem prevenir desastres de forma significativa. Podemos prever ataques psicóticos, prevenir suicídios e homicídios, e manter as pessoas longe dos hospitais. (A maioria desses efeitos importantes da terapia não está documentada; ninguém pode provar que foi o terapeuta que previu e evitou a catástrofe, e os críticos tendem a argumentar que, se foi possível prever e prevenir um ataque psicótico, o paciente, em primeiro lugar, não estava correndo risco algum de sofrer de psicose.)

Compartilho com muitos analistas a visão de que também é útil descrever algumas pessoas que podem nunca ser diagnosticadas psicóticas como pessoas vivendo em um mundo interno simbiótico-psicótico ou, nos termos de Klein (p. ex., 1946), pessoas vivendo em uma consistente posição "esquizoparanoide". Estas funcionam, e às vezes funcionam bem, mas demonstram também um lado confuso e profundamente doloroso, e seus pensamentos soam desorganizados ou paranoides. Um homem com o qual trabalhei, por exemplo, certa vez disse com bastante convicção que não voltaria à aula de ginástica de uma determinada academia: "Trocaram minhas coisas de lugar *três vezes,* é óbvio que não me querem lá". Outro costumava mudar de assunto de modo repentino toda vez que se sentia muito triste. Comentei sobre isso, e ele disse: "Ah, sim. Eu sei que faço isso". Questionei sobre seu entendimento daquela atitude, esperando que me dissesse algo como: "Não estou pronto para tocar nesses assuntos" ou "Isso me machuca muito" ou "Não quero começar a chorar". Mas o que ele disse, em um tom de quem achava aquilo muito evidente, foi: "Bem, percebo que estou te magoando!". Ele via uma tristeza complacente no meu rosto e não podia nem imaginar que aquilo não estivesse me magoando.

Para entender o mundo subjetivo de clientes em nível psicótico, é preciso primeiro perceber as defesas que eles tendem a usar. Falarei mais sobre isso no Capítulo 5; nesse momento estou apenas listando-as: isolamento, negação, controle onipotente, idealização e desprezo primitivos, formas primitivas de introjeção e projeção, divisão, dissociação extrema, representação e somatização. Esses processos são pré-verbais e pré-racionais; eles nos protegem de um nível de "terror sem nome" (Bion, 1967) tão exagerado que mesmo as distorções mais assustadoras que as próprias defesas podem criar constituem um mal menor do que aquele estado de terror. Conforme Fromm-Reichmann (1950) notou, as pessoas que lutam contra a psicose sentem um pavor imobilizante de seu fantasioso potencial super-humano para a destruição.

Indivíduos cujas personalidades são organizadas em um nível essencialmente psicótico têm graves dificuldades em relação à identidade – tanto que podem não estar certos de que *de fato* existam, que dirá que sua existência seja satisfatória em relação a sua existência. Eles estão profundamente confusos sobre quem são e elas em geral se debatem com questões básicas de autodefinição, como, por exemplo, conceito do próprio corpo, idade, gênero e orientação sexual. "Como sei quem eu sou?" ou mesmo "Como posso saber se existo?" não são perguntas incomuns de pessoas organizadas de forma psicótica. Elas não podem confiar em um senso de continuidade da identidade nelas mesmas e também não conseguem ver os outros como portadores de uma continuidade do *self*: vivem com medo de "transformações malevolentes" (Sullivan, 1953) que transformam pessoas de confiança em perseguidores sádicos. Quando solicitadas a se descreverem ou a descrever outras pessoas importantes de suas vidas, tendem a ser vagas, tangenciais, concretas demais ou notavelmente simuladoras das observações (distorcem a realidade).

Muitas vezes, de maneiras sutis, se sente que um paciente de personalidade em que predominam características psicóticas não está ancorado na realidade. Embora muitos de nós tenhamos vestígios de crenças místicas (p. ex., a ideia de que dizer algo positivo vai dar azar), uma investigação cuidadosa revelará que tais atitudes não são estranhas ao ego de indivíduos em nível psicótico. Eles costumam se sentir confusos e estranham as concepções de "realidade" de suas culturas. Apesar de estarem naturalmente mais sintonizados com o que está submerso em uma situação, eles com frequência não sabem interpretar seu significado e podem atribuir a isso um significado autorreferencial.

Por exemplo, uma paciente muito paranoide com a qual trabalhei por um longo período, e cuja sanidade estava frequentemente em risco, tinha um sentimento muito estranho em relação a meu estado emocional. Ela poderia adivinhá-lo com precisão, mas logo vinculava essa percepção com suas preocupações primitivas em relação a ser boa ou má, e dizia coisas como: "Você parece irritada. Deve ser porque acha que sou uma péssima mãe". Ou "Você parece entediada. Eu devo tê-la magoado por ter saído cinco minutos mais cedo na última sessão". Ela levou anos até se sentir segura o bastante para me dizer como interpretava minhas expressões e depois mais alguns longos anos para transformar a convicção "Pessoas más vão me matar porque detestam meu estilo de vida" em "Eu me sinto culpada em relação a alguns aspectos da minha vida".

Indivíduos com tendências psicóticas têm problemas para colocar seus conflitos psicológicos em perspectiva. Falta-lhes o "funcionamento reflexivo" que Fonagy e Target (1996) identificaram como cruciais para a maturidade cognitiva. Esse déficit pode estar relacionado às muito bem documentadas dificuldades que os esquizofrênicos têm com abstração (Kasanin, 1944). Pessoas cuja história de saúde mental lhes forneceu jargões suficientes para que *soem* bons auto-observadores (p. ex., "Sei que estou exagerando" ou mesmo "Minha esquizofrenia interfere em meu julgamento") podem revelar a um entrevistador sensível que, em um esforço para reduzir a ansiedade, estão complacentemente repetindo o que lhes foi dito sobre si mesmos. Uma paciente minha havia tantas vezes ido parar no hospital, em contextos nos quais foi questionada (com vistas a uma avaliação do estado mental que ajuda a determinar se o paciente é capaz de pensar de forma abstrata) sobre o significado do provérbio "é melhor um pássaro na mão do que dois voando", que perguntou a um amigo o que significava e decorou a resposta (contou-me isso com orgulho quando comentei com cuidado sobre o caráter automático de sua resposta).

Formulações psicanalíticas anteriores sobre as dificuldades que as pessoas psicóticas têm para colocar em perspectiva seus problemas realistas remarcaram aspectos ligados à energia dispensada aos dilemas psicóticos; isto é, elas perderam tanta energia lutando contra um terror existencial que não sobrou alguma para lidar com a realidade. Modelos de psicologia do ego enfatizaram a incapacidade da pessoa psicótica para fazer diferenciações entre o id, o ego e o superego e entre os aspectos observador e experimentador do ego. Estudantes de psicose influenciados pelas teorias de relação de objeto, da psicologia do *self* e interpessoal (p. ex., Atwood, Orange e Stolorow, 2002) referiram-se à confusão-limite entre as experiências internas e externas e a déficits de apego que fazem com que seja subjetivamente muito perigoso para o indivíduo psicótico entrar no mesmo mundo do entrevistador.

Recentemente, à luz dos estudos de IRMf que mostraram semelhanças entre os efeitos do trauma no cérebro em desenvolvimento e as anormalidades biológicas encontradas em indivíduos diagnosticados com esquizofrenia, John Read e seus colaboradores (Read, Perry, Moskowitz e Connolly, 2001) argumentaram a favor de uma etiologia traumática da esquizofrenia. As causas da falta de um "ego observador" em clientes de nível psicótico provavelmente incluam todas essas perspectivas e ainda as contribuições genéticas, bioquímicas e situacionais. O mais importante para os terapeutas perceberem é o medo e uma confusão terrível, muito visíveis, em pessoas com funcionamento psíquico em nível psicótico.

A natureza do conflito primário em pessoas com potencial psicótico é literalmente existencial: vida *versus* morte, existência *versus* destruição, segurança *versus* terror. Os sonhos dessas pessoas estão cheios de terror e destruição. "Ser ou não ser" é o tema recorrente. Laing (1965) definiu-as de maneira eloquente como pessoas que sofrem de uma "insegurança ontológica". Estudos influenciados pela psicanálise, de famílias de indivíduos esquizofrênicos nos anos 1950 e 1960, reportaram com consistência os padrões de comunicação emocional em que a criança psicótica recebia mensagens sutis de que não era uma pessoa separada, mas sim uma extensão de alguém (Bateson, Jackson, Haley e Weakland, 1956; Lidz, 1973; Mischler e Waxier, 1968; Singer e Wynne, 1965a, 1965b). Embora a descoberta dos antipsicóticos mais potentes tenha desviado a atenção de investigações psicológicas mais rigorosas sobre os processos psicóticos, ninguém apresentou ainda uma evidência que desminta a observação de que a pessoa psicótica está profundamente insegura de que mereça uma existência separada ou pode mesmo se sentir não familiarizada com a ideia de existir.

Apesar de seus aspectos não usuais e mesmo assustadores, os pacientes da faixa psicótica podem induzir uma contratransferência positiva. Essa reação difere um pouco das reações de contratransferência calorosas aos clientes em nível neurótico: é possível que se surjam mais sentimentos de onipotência, de proteção paternal e uma profunda empatia com pacientes psicóticos do que com neuróticos. A frase "os adoráveis esquizofrênicos" esteve em voga por muito tempo como uma expressão da atitude solícita que os profissionais da saúde mental em geral demonstravam por seus pacientes mais problemáticos. (O grupo contrastante aqui, como discutirei mais tarde, é a população *borderline*.) As pessoas psicóticas estão tão desesperadas por respeito e esperança que podem se sentir diferentes e gratificadas diante de um terapeuta que faça mais do que classificá-las e medicá-las. Sua gratidão é naturalmente tocante.

Pessoas com tendências psicóticas apreciam de modo particular a sinceridade. Uma mulher esquizofrênica já recuperada disse-me certa vez que perdoaria qualquer falha séria de um terapeuta se encarasse essa falha como "um erro honesto". Clientes em nível psicótico também podem apreciar esforços pedagógicos e reagir com alívio à normalização e ao reenquadramento de suas preocupações. Essas disposições, junto a sua propensão para fusão e idealização, podem levar o terapeuta a se sentir forte e benevolente. A parte ruim dessa dependência dos pacientes em relação a nosso cuidado é a carga de responsabilidade psicológica que eles inevitavelmente nos impõem. De fato, a contratransferência com pessoas em nível psicótico é bastante semelhante aos sentimentos maternais normais diante de uma criança entre 1 ano e 1 ano e meio: Eles são maravilhosos em seu apego e assustadores em suas necessidades. Não são exatamente irritantes e inimigos, mas levam nossas fontes de energia até o limite. Um supervisor certa vez me aconselhou que não trabalhasse com esquizofrênicos a não ser que estivesse preparada para ser devorada viva.

Essa característica "consumidora" do funcionamento de seus psiquismos é o motivo pelo qual muitos terapeutas preferem não trabalhar com pacientes com esquizofrenia ou outras psicoses. Além disso, como notou Karon (1992), pacientes psicóticos acessam realidades profundamente tristes, que a maioria de nós prefere ignorar, de uma forma que não suportaríamos. Em particular, eles enxergam nossas falhas e limitações com uma clareza assustadora. Outras razões para a relativa impopularidade dos esquizofrênicos como pacientes, apesar de suas qualidades interessantes e atraentes, são a falta de treinamento adequado dos terapeutas em psicoterapia para lidar com psicóticos (Karon, 2003; Silver, 2003), pressões econômicas que reproduzem racionalizações sobre abordagens ou "administrações" limitadas em vez de focar na terapia (Withaker, 2002) e disposições pessoais de não trabalhar demais em busca de resultados de tratamento modestos comparados ao que se pode atingir com uma pessoa de nível neurótico. Porém, como sublinho no próximo capítulo, pode ser eficaz e gratificante trabalhar com clientes da faixa psicótica se encaramos com realismo a natureza de suas dificuldades psicológicas.

Características da organização de personalidade *borderline*

Uma das características mais marcantes das pessoas com organização de personalidade *borderline* é o uso de defesas primitivas. Devido a sua dependência de operações globais e arcaicas, como negação, identificação projetiva e dissociação, quando estão em fase de regressão é difícil distingui-las de pacientes psicóticos. Porém, uma importante diferença entre pessoas *borderline* e psicóticas é que, quando o terapeuta faz uma intervenção relativa a uma experiência primitiva, o paciente *borderline* pode corresponder ao menos temporariamente. Quando o terapeuta faz o mesmo tipo de comentário com uma pessoa organizada psicoticamente, esta demonstrará uma prolongada agitação.

Como exemplo, considere a defesa da desvalorização primitiva. Ser desvalorizado é uma experiência familiar e dolorosa a qualquer terapeuta. A desvalorização é uma estratégia inconsciente, com frequência empreendida para preservar a autoestima, mas que o faz em detrimento da aprendizagem. Uma tentativa de aplicar essa defesa pode resultar em algo como: "Você sem dúvida adora se prender a todos os meus defeitos. É possível que isso o proteja de admitir que talvez precise de minha ajuda. Talvez se sentisse 'mal' ou envergonhado se não estivesse sempre me colocando para baixo, e você está tentando evitar esse sentimento". Um paciente *borderline* pode desprezar uma interpretação desse tipo ou admiti-la com relutância ou recebê-la em silêncio, mas, em qualquer desses casos, demonstrará sinais de ansiedade reduzida. Uma pessoa psicótica reagiria com um aumento de ansiedade, já que, para alguém imerso no terror existencial, a desvalorização do poder do terapeuta pode ser um dos únicos meios psicológicos capazes de proteger essa pessoa da obliteração. O terapeuta discutindo sobre a "possibilidade" de isso ser verdade seria extremamente assustador.

Pacientes *borderline* são de certa forma semelhantes e de certa forma diferentes dos psicóticos no que tange à integração da identidade. Sua experiência de *self* pode ser inteiramente inconsistente e descontínua. Quando solicitados a descrever sua personalidade, os indivíduos *borderline* podem, como os psicóticos, ficar desorientados. E, quando solicitados a descrever pessoas importantes em suas vidas, não conseguem referir algo que vá além de descrições tridimensionais e evocativas de qualquer ser humano típico reconhecível como tal. "Minha mãe? Acho que é uma mãe normal, só isso" é uma resposta comum. Com frequência, também fornecem descrições globais e desdenhosas, como: "Uma alcoólatra. Só isso". Ao contrário dos pacientes com psicose, eles nunca parecem concreta ou tangencialmente bizarros, mas tendem a desdenhar o interesse do terapeuta por suas complexidades e as dos demais. Fonagy (2000) escreve que os clientes *borderline* são apegados à insegurança e não contam com uma "função reflexiva" que encontre sentido em seu próprio comportamento ou no de outras pessoas. Eles não conseguem "mentalizar"; isto é, não conseguem perceber a subjetividade de cada pessoa. Em termos filosóficos, falta-lhes uma teoria mental.

Clientes na faixa *borderline* podem ficar hostis ao se confrontarem com a continuidade limitada de suas identidades. Uma de minhas pacientes ficou completamente furiosa com um questionário de procedimento de admissão que recebeu em uma clínica. Havia uma seção de completar sentenças em que o paciente deveria preencher a linha em branco em frases como "Eu sou o tipo de pessoa que _____". "Como alguém pode saber o que fazer com essa merda?", ela reclamou, alterada. (Muitos anos e incontáveis sessões depois, ela refletiu: "*Agora* eu poderia preencher aquele formulário. E aí me pergunto por que fui tão radical daquela vez".) Em geral, pacientes *borderline* têm problemas com tolerância e autocontrole, e rapidamente ficam irritados em situações nas quais outros sentiriam vergonha, inveja, tristeza ou outros afetos de nuança similar, mais moderados.

A relação dos indivíduos *borderline* com a própria identidade é diferente da dos psicóticos de duas maneiras: primeiro, o sentimento de inconsistência e descontinuidade que pessoas com organização *borderline* experimentam não tem o nível de terror existencial do vivenciado pelos esquizofrênicos. Pacientes *borderline* podem sentir confusão em relação às suas identidades, mas sabem que *existem*. Segundo, pessoas com tendências psicóticas têm muito menos propensão do que indivíduos *borderline* a reagir com hostilidade a perguntas sobre sua própria identidade ou sobre a dos outros. Eles estão preocupados demais com a possibildade de perder seu sentido de continuidade de ser para se ressentirem com o foco do entrevistador nesse aspecto.

Apesar dessas distinções, tanto as pessoas *borderline* quanto as psicóticas (ao contrário das neuróticas) dependem muito das defesas primitivas e sofrem de uma deficiência básica quanto às suas ideias sobre si mesmas. A dimensão de experiência na qual os dois grupos diferem substancialmente é a do teste da realidade. Clientes *borderline*, quando entrevistados, demonstram uma percepção da realidade, não importa o quão estranhos pareçam seus sintomas. Costumava ser uma prática psiquiátrica comum avaliar o nível de "*insight* sobre a doença" do paciente, a fim de diferenciar estados psicóticos e não psicóticos. Uma vez que um paciente *borderline* pode negar com teimosia sua psicopatologia e ainda assim demonstrar certo nível de discriminação entre o que é real e o que não é (o que o distingue de um psicótico), Kernberg (1975) sugeriu que a "adequação ao teste de realidade" substituísse o antigo critério.

Para realizar um diagnóstico diferencial entre os níveis de organização *borderline* e psicótico, Kernberg (1984) aconselhou que se investigasse a percepção da pessoa em relação a noções convencionais de realidade comentando com ela sobre algum aspecto fora do comum de sua apresentação pessoal e perguntando se achava que os outros também considerariam tal característica peculiar (p. ex., "Percebi que você tem uma tatuagem na bochecha que diz 'Morte!'. Você percebe o quanto isso parece fora do comum para mim e para os outros?"). A pessoa *borderline* irá reconhecer que isso é fora do convencional e que os outros podem não entender o que significa. É provável que a pessoa psicótica fique assustada e confusa, porque a sensação de não estar sendo compreendida lhe é profundamente terrível. Tais reações diferenciadoras, que Kernberg e colaboradores (p. ex., Kernberg, Yeomans, Clarkin e Levy, 2008) exploraram tanto de forma clínica quanto por meio de pesquisa empírica, podem ser vistas como um suporte para as concepções psicanalíticas sobre a importância das questões de separação-individuação em relação às pessoas com patologia *borderline*, em contraste com as deficiências inconscientes da diferenciação eu/outros na psicose.

A capacidade de alguém na faixa *borderline* de reconhecer sua própria patologia – ao menos os aspectos dela que impressionam um observador externo – é bastante limitada. Pessoas com funcionamento psicológico *borderline* procuram terapia queixando-se de problemas como ataque de pânico, depressão ou outras doenças que os médicos insistem em tratar como "estresse", ou então chegam até ela por meio de um amigo ou parente preocupado, mas é raro buscarem-na com o objetivo de mudar suas personalidades em direções que os outros considerem claramente vantajosas. Mesmo nos últimos anos, depois de os terapeutas terem se tornado aptos a saber que essas pessoas "têm transtorno da personalidade *borderline* (TPB)" e podem ser agrupadas de acordo com um critério de diagnóstico do DSM, elas ainda não sabem como seria ser diferente. Uma vez que nunca tiveram outro tipo de caráter, elas contam com uma fraca base emocional para chegar ao conhecimento de como seria ter uma identidade integrada, defesas maduras, capacidade de demonstrar gratidão, tolerância para ambivalência e ambiguidade ou de ter a habilidade de regular seus afetos. Elas apenas querem parar de sofrer ou afastar de suas vidas alguém que as critica demais.

Quando em estados não regressivos, porque seus testes de realidade estão indo bem e porque conseguem se expressar de uma maneira que atraia nossa empatia, as pessoas *borderline* não parecem exatamente "doentes". Às vezes, apenas depois de muitos anos de terapia é que percebemos que um determinado paciente tem uma estrutura* *borderline*. Em geral, a primeira dica é que as intervenções que o terapeuta imagina serem úteis são recebidas como ataques. Em outras palavras, o terapeuta continua contando com uma capacidade de funcionamento reflexivo que normalmente falta ao paciente. (Dito de outra forma, o terapeuta está tentando se comunicar com um ego observador, algo que o cliente não consegue acessar, sobretudo quando está triste.) Nesses casos, o paciente entende apenas que algum aspecto do *self* está sendo criticado. O terapeuta continua tentando estabelecer um tipo de aliança, possível apenas com pacientes de nível neurótico, e segue se frustrando nessa tentativa.

Por fim, aprende-se que é necessário primeiro acalmar as tempestades afetivas que parecem estar em curso, tentando um comportamento que o paciente sinta como distante de qualquer das influências, sejam elas quais forem, que formaram alguém tão problemático e resistente à ajuda. Apenas *depois* que a terapia tiver trazido alguma mudança estrutural, o paciente se sentirá diferente o bastante para começar a entender que o terapeuta está do seu lado. Isso pode levar muito tempo – às vezes dois anos, por experiência própria –, mas já é reconfortante que nesse meio tempo os comportamentos mais problemáticos do transtorno *borderline* em geral possam desaparecer. Clarkin e Levy (2003) descrevem significativas reduções de sintomas depois

---

* N. de R .T. O termo *estrutura* aqui tem o sentido de *anestrutura* usado por J. Bergeret (1998) para designar a organização limítrofe – *borderline*, quando o ego não conseguiu chegar a uma psicogênese de tipo neurótico, tendo superado o perigo de uma psicogênese do tipo psicótico, sendo a relação de objeto centrada na dependência anaclítica do outro. O termo *estrutura* é reservado à organização profunda da personalidade, quando "[...] a personalidade já está organizada de modo estável e irrerssível com mecanismos de defesa pouco variáveis, um modo seletivo de relação de objeto, um grau de evolução libidinal e egoica, uma atitude fixada de modo repetitivo diante da realidade e com um jogo recíproco bastante invariado dos processos primário e secundário.". (Bergeret, J. *Personalidade normal e patológica*, (Porto Alegre: Artmed, p. 50-51)

de um ano de terapia focada na transferência. Ainda assim, o trabalho é quase sempre tumultuado e frustrante para ambas as partes.

Masterson (1976) observou muito bem (ele e outros com pontos de vista diferentes reportaram observações semelhantes) como os clientes *borderline* parecem estar presos em um dilema: quando se sentem íntimos de alguém, entram em pânico por se sentirem sufocados e controlados; quando estão sozinhos sentem-se dramaticamente abandonados. Esse conflito central de sua experiência emocional resulta em um ir e vir de relações, incluindo as relações de terapia, nas quais nem a proximidade nem a distância são confortáveis. Vivendo em tal conflito básico, aquele que não tem uma reação imediata a esforços interpretativos se cansa com pacientes *borderline* e seus amigos, suas famílias e seus terapeutas. Eles são famosos entre os técnicos de emergência psiquiátrica, na porta da qual costumam bater falando de suicídio, manifestando um típico comportamento "quero ajuda/não quero ajuda".

Masterson via os pacientes *borderline* como fixados na subfase de aproximação do processo separação/individuação (Mahler, 1972b), quando a criança atingiu alguma autonomia, mas permanecem precisando de uma garantia de que seus cuidadores permanecem disponíveis e capazes. Esse drama ocorre quando ela tem mais ou menos 2 anos, fase em que alterna entre a rejeição dos cuidados da mãe ("Eu sei fazer sozinho(a)!") e o comportamento de se dissolver em lágrimas a seus pés. Masterson (1976) acreditava que os clientes *borderline* haviam tido mães que os desencorajaram a separarem-se delas ou agiram com negligência quando eles precisaram regredir após um período de obtenção de certa independência. Estejam certas ou erradas as ideias desse pesquisador sobre a etiologia, suas observações sobre os aprisionamentos das pessoas *borderline* em dilemas de separação e individuação ajudam na compreensão das qualidades desafiadoras, exigentes e em geral confusas dos indivíduos *borderline*.

As transferências com pacientes *borderline* tendem a ser fortes, não ambivalentes e resistentes às formas comuns de intervenção. O terapeuta pode ser percebido como totalmente bom ou totalmente mau. Se um terapeuta bem-intencionado, porém ingênuo do ponto de vista clínico, tentar interpretar essa transferência como o faria com a de um paciente neurótico (p. ex., "Talvez o que você sinta em relação a mim seja algo que sentia em relação a seu pai"), poderá achar que não encontrará qualquer sentido nem ajuda na terapia; de fato, é normal o cliente simplesmente concordar que o terapeuta está agindo como seu objeto primário. Também não é incomum que uma pessoa *borderline* em certo estado mental perceba o terapeuta como poderoso e virtuoso e, em outro (que pode aparecer no dia seguinte), como fraco e desprezível.

Não é de surpreender que as reações de contratransferência com clientes *borderline* tendam a ser fortes e frustrantes. Mesmo quando positivas (p. ex., dominadas por fantasias de salvar o paciente devastado), elas podem assumir uma característica perturbadora e desgastante. Analistas em setores hospitalares (Gabbard, 1986; Kernberg, 1981) notaram que, com alguns pacientes *borderline*, a equipe tendia a ser ou solícita demais (encarando os pacientes como muito necessitados, fracos e precisando de uma alta dose de amor para crescerem) ou punitiva (encarando-os como muito exigentes, manipuladores e precisando de limites). Profissionais que tratam de pacientes internados com frequência se veem divididos entre caminhos opostos quando se discutem os planos de tratamento para pessoas *borderline* (Gunderson, 1984; Main, 1957). Médicos que tratam de pacientes fora de internação podem se mover internamente em direção a uma ou outra posição, focando aspectos divergentes do conflito do paciente em momentos diferentes. Não é raro que o terapeuta se sinta como a mãe de uma criança de 2 anos, desesperada porque o filho não aceita ajuda, mas entra em um colapso de frustração se não a recebe.

RESUMO

Este capítulo ofereceu uma visão geral dos crescentes esforços em descrever diferentes contextos de organização de caráter. De distinções kraepelianas entre sanidade e insanidade, passando por concepções psicanalíticas antigas de neuroses de caráter *versus* neuroses sintomáticas, até taxonomias que enfatizam as estruturas de nível neurótico, *borderline* ou psicótico; a fim de caracterizar os clientes em termos de padrões de apego ou influências traumáticas, os terapeutas procuraram dar conta da variedade de reações de seus clientes, para que seus esforços fossem úteis. Argumentei que a avaliação da preocupação central de uma pessoa (segurança, autonomia ou identidade), experiências características de ansiedade (ansiedade de aniquilação, de separação; ou medos mais específicos de punição, ofensa ou perda de controle), conflitos de desenvolvimento primário (simbiótico, de separação/individuação, ou edipiano), capacidades relacionais de objeto (monádica, diádica ou triádica), e a sensação do *self* (sobrecarregado, conflituoso ou responsável) constituem dimensões úteis de diagnóstico psicanalítico.

SUGESTÕES PARA OUTRAS LEITURAS

Phyllis e Robert Tyson (1990) fizeram uma síntese muito útil da teoria de desenvolvimento psicanalítico tradicional ao longo do século XX. Dois livros clássicos de Gertrude e Rubin Blanck (1979, 1986) têm seções sobre a conexão entre desenvolvimento e diagnóstico. Médicos que trabalham com crianças encontrarão ajuda no livro de Stanley Greenspan, *Developmentally Based Psychotherapy* (1997). Para a leitura de um livro contemporâneo conectando a pesquisa de desenvolvimento recente com a prática clínica, especialmente para os que lidam com clientes *borderline*, recomento *Affect Regulation, Mentalization, and the Development of the Self* (Fonagy et al., 2002), um tomo louvável que, para nossa satisfação, está agora disponível em brochura. Para uma recente consideração do desenvolvimento psicológico (influenciada pela própria psicologia) de leitura agradável, sugiro o livro de Russell Meares, *Intimacy and Alienation: Memory, Trauma, and Personal Being* (2002).

Para uma exegese clássica da diferença entre o sintoma neurótico e o caráter neurótico, leia o tradicional capítulo "Character Disorders" no livro de Fenichel, *The Psychoanalytic Theory of Neurosis* (1945). Mais recentemente, Josephs (1992) e Akhtar (1992) publicaram livros integrados que perscrutam em um nível mais profundo algumas das questões de caráter introduzidas aqui. Para um estudo na tradição kleiniana no que concerne às implicações clínicas em relação a diferentes níveis de desenvolvimento, o livro de Steiner, *Psychic Retreats* (1993), é brilhante, mas pode ser difícil para terapeutas iniciantes.

Para consulta de artigos clássicos sobre organização de personalidade, a New York University Press editou boas coletâneas de textos sobre neurose de caráter (Lax, 1989), psicose (Buckley, 1988) e condições *borderline* (M. H. Stone, 1986). Para uma apreciação fenomenológica da psicose, o livro de Laing, *The Divided Self* (1965), continua imbatível. *The psychotic care*, de Eigen (1986) é difícil mas gratificante. As memórias de Elyn Saks (2008) a respeito de viver com a esquizofrenia é um *close-up* instigante e espirituoso da experiência psicótica e também do potencial de indivíduos com dinâmica psicótica para terem vidas ricas e prolíficas, quando recebem bom tratamento médico e psicológico.

A literatura sobre as condições *borderline* é abundante e diversa a ponto de estar sobrecarregada, mas recentes contribuições de Kernberg e colaboradores (p. ex., Clarkin, Yeomans e Kernberg, 2006) e de Fonagy e colaboradores (Bateman e Fonagy, 2004) consideram úteis as formulações clássicas à luz da pesquisa atual e conectam essas ideias ao tratamento. Para um livro de leitura agradável que valoriza a definição categórica em vez de dimensional do funcionamento psicológico *borderline* e sintetiza uma grande quantidade de pesquisas na linha de John Gunderson, recomendo a obra de Paris, *Treatment of Borderline Personality Disorder* (2008).

Desde a primeira edição deste livro houve uma explosão de bibliografias empíricas e clínicas sobre o apego. Os dilemas dos pacientes *borderline* foram descritos no livro de Wallin, *Attachment in Psychotherapy* (2007), e no de Mikulincer e Shaver, *Attachment in Adulthood* (2007), em termos de um sério apego de ansiedade. Para aplicação da pesquisa e da teoria sobre trauma em pacientes com diagnóstico *borderline*, o livro de Judith Herman, *Trauma and Recovery* (1992), é provavelmente o melhor para começar. Consulte também as sugestões no final do Capítulo 15.

4
Implicações da organização em níveis de desenvolvimento

Assim como a política, a psicanálise é a arte do possível. Uma vantagem em conceitualizar cada cliente por seu grau de desenvolvimento é que se pode obter um senso do que é racionalmente esperado para cada um se os pacientes forem bem tratados. Da mesma forma que um médico espera recuperação mais rápida de uma doença de uma pessoa saudável do que de outra que já estava doente, ou como um professor espera que um aluno inteligente domine mais a matéria do que um aluno lento, o terapeuta deve ter diferentes expectativas para pessoas com diferentes níveis de desenvolvimento de caráter. Objetivos realistas protegem os pacientes da desmoralização e os terapeutas de uma crise de esgotamento.

Foi mais fácil escrever o início deste capítulo na primeira edição, já que em 1990 havia algo próximo de um consenso entre os psicanalistas sobre qual abordagem seria apropriada para cada nível da organização de personalidade. Desde então, muitas coisas aconteceram. Analistas do movimento relacional desafiaram muitos aspectos da técnica tradicional – especialmente suas concepções sobre a capacidade do analista para a objetividade e a neutralidade. Também questionaram o valor de toda e qualquer generalização da estrutura de caráter e revisaram nossos entendimentos da díade paciente/terapeuta a fim de colocar a ênfase no que as duas partes constroem juntas em vez de no que o terapeuta faz ou não faz pelo paciente. O modelo de processo terapêutico de duas pessoas tornou-se *mainstream* e influenciou mesmo aqueles que pensam de forma mais tradicional. É provável que fique evidente, mesmo neste livro de "foco em uma pessoa" (no funcionamento psicológico individual dos pacientes), que os analistas relacionais influenciaram muito meu pensamento.

Ao mesmo tempo, foram desenvolvidas muitas terapias específicas para personalidade de organização *borderline*, e os teóricos psicanalistas não dominam mais as conversações profissionais sobre como entender o fenômeno *borderline*. Marsha Linehan, a arquiteta da terapia de comportamento dialético (p. ex., 1993), reconheceu muitas vezes sua dívida com Otto Kernberg, mas o tratamento que ela criou reflete tanto conceitos cognitivo-comportamentais quanto ideias zen-budistas, e não concepções sobre a dinâmica inconsciente. O esquema de terapia de Jeffrey Young (p. ex., Rafaeli, Bernstein e Young, 2010), que também deriva da psicologia cognitivo-comportamental, com algumas influências psicodinâmicas, foi aplicado para os transtornos da personalidade em nível *borderline*. No contexto próprio da psicanálise, no qual predominava a noção original de Kernberg de terapia expressiva, assistimos ao desenvolvimento de muitos tratamentos específicos testados em pesquisas: a psicoterapia focada na transferência, de Kernberg (Clarkin, Yeomans e Kernberg, 2006), e a terapia baseada na mentalização, de Fonagy (Bateman e Fonagy, 2004), são as mais conhecidas.

Finalmente, a International Society for the Phychological Treatments of Schiezophrenia (Sociedade Internacional de Tratamentos Psicológicos da Esquizofrenia) reuniu alguns terapeutas interessados em psicoterapia com pacientes psicóticos, e sua sinergia adicionou novos elementos ao que sabemos sobre tratar pessoas gravemente problemáticas. Mais agora do que em 1994, nossa cultura da saúde mental tende a superdimensionar as necessidades farmacêuticas de pessoas com psicose e a subestimar a urgência de uma terapia. Acho que é muito mais urgente agora do que em décadas atrás a necessidade de transmitir nossos conhecimentos sobre uma terapia de conversação eficaz com aqueles que mais sofrem.

Inicio, como antes, com considerações sobre o tratamento de clientes em nível neurótico; depois, dos clientes na faixa psicótica, e finalmente daqueles com espectro *borderline*. Embora a história tenha ficado mais complicada, acho que ainda é útil prestar atenção às implicações clínicas de níveis de gravidade. Não posso fazer justiça às sutilezas de determinadas abordagens, mas tento apresentar o bastante de um sentimento sobre como trabalhar, dependendo dos desafios de desenvolvimentos inferidos em cada pessoa, demonstrando o valor da avaliação desses níveis. O objetivo de toda terapia dinâmica é ajudar cada cliente com a tarefa de amadurecimento com a qual lhe é mais difícil lidar – mesmo que isso signifique tanto o total florescimento da criatividade quanto o apego a uma mínima consciência de que uma pessoa existe e merece continuar viva.

TERAPIA COM PACIENTES EM NÍVEL NEURÓTICO

Era comum se dizer que a terapia psicanalítica só servia àqueles que estavam "bem, porém preocupados". O núcleo de verdade dessa visão é que a psicanálise *como um tratamento específico* funciona melhor com aqueles clientes de nível neurótico que tem um objetivo ambicioso de mudança de caráter e/ou profundo autoconhecimento. Os arranjos que definem a análise clássica de Freud (sessões frequentes, associação livre, uso de divã, atenção a transferência e a resistência, contrato de final em aberto) não funcionam tão bem com outros pacientes – embora nos velhos tempos do movimento psicanalítico, antes que abordagens modificadas fossem desenvolvidas, a análise tenha sido testada com inúmeros tipos de cliente. Além disso, a frequência de sessões recomendada por Freud (primeiro seis, depois cinco vezes por semana; depois quatro, ou mesmo três) fez com que a análise tradicional só fosse possível com clientes de grande poder aquisitivo.

É fato que a terapia psicanalítica pode funcionar mais facilmente e ir mais longe com pessoas já em vantagem quanto à saúde mental, o que pode ser comparado com o fato de pessoas saudáveis reagirem melhor a tratamentos médicos ou com as possibilidades de pessoas brilhantes em termos de educação. Há muitas razões pelas quais é mais fácil fazer terapia analítica em pacientes mais saudáveis do que em indivíduos *borderline* ou psicóticos. Em termos eriksonianos, com os primeiros pode existir confiança básica, considerável autonomia e um confiável senso de identidade. Os objetivos do tratamento podem incluir a remoção de obstáculos inconscientes para que haja gratificação completa nas áreas do amor, do trabalho e da diversão. Freud equiparava a cura psicanalítica com liberdade e, na tradição platônica, acreditava que a verdade é a única que nos liberta. Uma busca das difíceis verdades do *self* é possível para pessoas em nível neurótico porque sua autoestima é resistente o bastante para tolerar algumas descobertas desagradáveis. Conforme Theodor Reik (1948) costumava dizer, o primeiro requisito para fazer análise é a coragem moral.

Psicanálise e terapias psicanalíticas com final em aberto

Pacientes em nível neurótico rapidamente estabelecem com o terapeuta uma aliança de trabalho na qual o clínico e a parte observadora do cliente são estranhas ao acesso de defesas, sentimentos, fantasias, crenças, conflitos e esforços primários inconscientes ou negados. Se o paciente estiver buscando uma verdadeira compreensão da sua personalidade, com o objetivo de alcançar o maior grau possível de crescimento e mudança, então a análise intensa deve ser considerada. Nos últimos tempos, estudantes em formação psicanalítica têm constituído a maior parte dos que querem se comprometer com sessões "três ou quatro vezes por semana" que a teoria da psicanálise determina (em geral, porque seu instituto de treinamento requer que o façam), mas os pacientes fora da área da saúde mental decidem após um período de terapia menos intenso que querem "ir mais fundo" e mudar do tratamento orientado analiticamente (duas vezes por semana ou menos) para a análise. Nos

Estados Unidos, isso tem acontecido com menos frequência, não devido a uma falta de interesse, mas em razão de falta de boa vontade das companhias de seguro de saúde em financiar tratamentos intensivos.

O fato de a psicanálise poder durar anos não anula a possibilidade, especialmente no caso de pessoas mais saudáveis, de uma melhora muito rápida no comportamento e nos sintomas. Mas as pessoas sentem a diferença entre uma mudança de comportamento possível "apesar" de um determinado funcionamento psicológico e uma mudança de comportamento. Uma analogia seria a diferença entre aquilo que um homem adito ao álcool sente em relação a sua sobriedade recente, durante a qual luta minuto a minuto para resistir à tentação de beber, e ao longo da recuperação tardia, quando não sente mais a urgência do álcool. O ato de não beber é igual na primeira e na posterior sobriedade, mas os entendimentos sobre isso mudam. Podem ser necessários anos de reuniões de AA e de disciplina não remissiva para que sejam alterados padrões, hábitos e crenças, mas, para o alcoolista recuperado, a mudança de uma compulsão meramente controlada para uma indiferença em relação ao álcool é uma conquista sem preço.

Para pessoas em nível neurótico que não podem ou não têm vontade de se comprometer com o tempo, o dinheiro e a energia emocional envolvidos em uma análise intensiva, a psicoterapia psicanalítica (ou "psicodinâmica"), que se desenvolveu como uma modificação da psicanálise clássica (com o intuito de se tornar mais especificamente focada no problema) pode ser a melhor escolha de tratamento. Paciente e terapeuta encontram-se menos de três vezes por semana, em geral, um de frente para o outro, cara a cara. O terapeuta estimula menos o paciente à regressão emocional e é mais ativo em apontar temas e padrões que pacientes mais assíduos à terapia tendem a notar por si mesmos. Tanto a psicanálise quanto as terapias psicanalíticas modificadas foram referidas como tratamentos de "descoberta", de "exploração" ou de "expressão" em razão do convite ao cliente para que seja o mais aberto possível, para que foque nos sentimentos e tente não recair em defesas do passado. Às vezes, também foram chamadas de terapias "de *insight*", em referência à concepção psicanalítica de que o autoconhecimento reduz os conflitos e promove o crescimento.

Tratamentos a curto prazo e terapias não psicodinâmicas

Pacientes em nível neurótico com frequência são também bons candidatos às terapias analíticas de curto prazo (Bellak e Small, 1978; Davanloo, 1980; Fosha, 2000; Malan, 1963; Mann, 1973; Messer e Warren, 1995; Sifneos, 1992). Focar de forma intensiva em uma área de conflito pode sobrecarregar alguém de estrutura psicótica ou *borderline*; em contraste, uma pessoa em nível neurótico pode achar isso estimulante e produtivo. De modo semelhante, clientes altamente funcionais tendem a bons resultados em tratamentos de grupos de orientação analítica ou familiar, enquanto pessoas psicóticas ou *borderline* não os obtêm. (Clientes menos funcionais absorvem demais a energia emocional do terapeuta ou da família, de modo que os outros participantes sentem-se ressentidos porque aqueles estão sempre no centro da atenção e, ao mesmo tempo, culpados por esse ressentimento, afinal, a pessoa mais problemática obviamente sofre mais.).

Na verdade, praticamente qualquer abordagem terapêutica será de ajuda para a maioria dos clientes na faixa neurótica. Na terapia cognitivo-comportamental, eles tendem a fazer os temas que o terapeuta sugere, e, com psiquiatras de orientação biológica, é provável que tomem os medicamentos prescritos. Eles tiveram experiências suficientes com pessoas que os amavam para reconhecer a generosidade do terapeuta e tentar cooperar. São clientes populares, e a razão disso é compreensível. Um dos motivos pelos quais a análise clássica conquistou tanto prestígio no passado pode ser o fato de os indivíduos com os requisitos para serem analisados terem se comportado de forma a responder positivamente ao tratamento, reconhecendo seu benefício. São bons publicitários de seus analistas, ao contrário dos *borderline*, que podem, por exemplo – mesmo quando estão melhorando com a terapia – depreciar seus terapeutas de tal forma diante de outras pessoas ou idealizá-los de uma maneira tão enjoativa que todos em seu círculo de amizades deles vão pensar que eles estão diante de um grande charlatão.

A maioria dos escritores psicodinâmicos sente como se a psicanálise oferecesse às pessoas organizadas de forma neurótica o que há de melhor em benefícios e que qualquer um que tenha condições para mergulhar em um profundo tratamento de frequência altíssima deveria ser aconselhado a fazê-lo, principalmente os jovens adultos, que têm pela frente muitos anos para colher a recompensa. Compartilho dessa opinião, já que colhi benefícios por toda minha vida adulta graças a um prévio tratamento de análise clássica. Mas também é verdade, no entanto, que uma pessoa na faixa neurótica pode melhorar por meio de todos os tipos de experiência e pode extrair crescimento psicológico mesmo em algumas condições que os outros podem achar incapacitantes.

TERAPIA COM PACIENTES NA FAIXA PSICÓTICA

É provável que a coisa mais importante para se entender sobre pessoas com doenças psicóticas ou funcionamento psicológico em nível psicótico é que elas estão absolutamente apavoradas. Não por acaso, muitas drogas que ajudam em condições esquizofrênicas são os maiores agentes ansiolíticos; a pessoa vulnerável à desorganização esquizofrênica não conta com um senso básico de segurança diante do mundo e está pronta a acreditar que a aniquilação é iminente. Adotar qualquer abordagem que permita muita ambiguidade, conforme o faz a terapia analítica tradicional com os neuróticos, é como jogar gasolina em uma chama de terror psicótico. Consequentemente, o tratamento escolhido para tratar pacientes de nível psicótico foi em geral chamado de "terapia de apoio", uma abordagem que enfatiza um suporte ativo da dignidade, da autoestima, da força do ego e da necessidade de informação e orientação do paciente.

Toda terapia é de apoio, mas na tradição da psicologia do ego esse termo tem tido um significado mais restrito, refletindo a experiência de muitas décadas de trabalho psicodinâmico com pessoas mais perturbadas (Alanen, Gonzalez de Chavez, Silver e Martindale, 2009; Arieti, 1974; Eigen, 1986; Federn, 1952; Fromm-Reichmann, 1950; Jacobson, 1967; Karon e VandenBos, 1981; Klein, 1940, 1945; Lidz, 1973; Little, 1981; Pinsker, 1997; Rockland, 1992; Rosenfeld, 1947; Searles, 1965; Segal, 1950; Selzer, Sullivan, Carsky, e Terkelson, 1989; Silver, 2003; Sullivan, 1962; R. S. Wallerstein, 1986). Em geral, todos concordam que há uma continuidade da terapia de apoio na terapia expressiva (ou "de descoberta" ou "explanatória") (Friedman, 2006), na qual no final da descoberta a completa expressão do conflito intrapsíquico é encorajada, levando ao *insight* e à resolução, enquanto no fim da psicoterapia do apoio é tentado "apoiar o ego em sua luta para conter e reprimir os conflitos intrapsíquicos e para suprimir-lhes a expressão sintomática" (R. S. Wallerstein, 2002, p. 143). Muito do que abordo nesta seção pode ser aplicado ao trabalho com qualquer paciente, mas é particularmente crucial no trabalho com pessoas mais perturbadas.

Honestidade, respeito e segurança explícitos

O primeiro aspecto do trabalho de apoio que devo mencionar é a demonstração do terapeuta de um merecimento de confiança. O fato de as pessoas em nível psicótico serem com frequência complacentes não significa que confiem. Na verdade, essa complacência delas pode significar exatamente o oposto: elas podem estar expressando o medo de que as autoridades as punam por serem seres separados, por terem vontade própria. O terapeuta precisa manter em mente que é importante não agir de forma que reforce as imagens primitivas de hostilidade e autoridade onipotente com as quais o paciente em nível psicótico está atormentado. Provar que se é um objeto confiável não é fácil. Com pessoas em nível neurótico passando por um estado paranoide pode ser suficiente interpretar a transferência, ou seja, comentar sobre como o paciente está confundindo o terapeuta com alguma figura negativa de seu passado ou com alguma parte negativa projetada do *self*. Interpretações desse tipo são inúteis com pessoas muito perturbadas; na verdade, elas provavelmente considerarão essas inferências um subterfúgio diabólico do terapeuta.

Em vez disso, deve-se contrariar repetidas vezes as expectativas mais assustadoras do paciente. Uma expressão facial que imponha respeito é o suficiente para deixar um paciente de nível neurótico confortável, mas, para uma pessoa com tendência psicótica, deve-se demonstrar de forma muito mais ativa a aceitação do paciente como um ser humano moralmente igual ao terapeuta. Isso pode incluir conversas simples, como perguntar-lhe se está muito frio ou muito calor no consultório, perguntar sua opinião sobre um quadro novo na parede, criar oportunidades para que demonstre opiniões pessoais ou comentar sobre a criatividade e os aspectos positivos mesmo de seus sintomas mais bizarros. Nesse contexto, Karon (1989) nos deu um exemplo pertinente:

> Terapeuticamente, é comum que seja útil dizer ao paciente: "Esta é uma brilhante explicação". Ele fica em geral assustado porque um profissional está levando a sério suas ideias. "Então você acha que está certo?" Se (como costuma acontecer) o terapeuta acreditar que o paciente tem condições de tolerar intervenção, ele pode dizer: "Não, mas apenas porque sei algumas coisas sobre a mente humana que você ainda não sabe, mas posso lhe contar se estiver interessado; porém, em vista do que você sabe, é uma explicação brilhante". Com tal abordagem não humilhante para com o paciente, é frequentemente possível conseguir que o paranoide mais desconfiado comece a considerar o que possa estar acontecendo e seu real significado, na tentativa de resolver os terríveis dilemas de seus sintomas e de sua história de vida. (p. 180)

Outro modo de demonstrar que se é digno de confiança é ter comportamento completamente honesto. Qualquer um que tenha experiência com clientes esquizofrênicos pode atestar sua sintonia com as nuanças de afeto e sua necessidade de saber se o terapeuta é confiável no aspecto emocional. Indivíduos de nível psicótico requerem muito mais autorrevelação das emoções do que outros pacientes; sem isso, podem se afundar nas piores fantasias. Esse é um aspecto no qual a terapia de apoio se diferencia da terapia analítica tradicional com pacientes de nível neurótico. Com pessoas mais saudáveis, o terapeuta pode evitar revelações emocionais, de modo que o paciente possa ele mesmo perceber e explorar o que são suas próprias fantasias sobre o estado afetivo do terapeuta. Com clientes mais problemáticos, deve-se estar disposto a ser conhecido.

Por exemplo: a irritação. É natural que o terapeuta se sinta irritado com o paciente em vários momentos, principalmente quando ele parece estar se comportando de modo autodestrutivo. A percepção de que seu terapeuta está irritado será incômoda para qualquer paciente, mas é deveras assustadora para os mais problemáticos. Se uma pessoa de nível neurótico perguntar "Você está bravo comigo?", uma reação útil seria algo do tipo "Quais são seus sentimentos e pensamentos sobre como seria se eu estivesse bravo com você?". Se a mesma pergunta for feita por um paciente com características psicóticas, a resposta do terapeuta poderia ser: "Você é muito sensível. Acho que estou um pouco irritado. Estou um tanto frustrado porque acho que não vou poder ajudá-lo tão rápido quanto gostaria. Por que você perguntou?".

Perceba que, com a abordagem de apoio, o terapeuta ainda convida o paciente a explorar suas percepções, mas apenas depois que uma apreensão potencialmente inibitória foi contrariada de modo direto por meio de informações específicas. No exemplo do parágrafo anterior, o terapeuta demonstrou respeito pela percepção acurada do paciente de maneira explícita, apoiando assim sua autoestima realista, e de forma implícita também contrariou as fantasias primitivas da "onipotência perigosa do terapeuta" ao conectar a raiva com a limitação humana comum em vez de com destruição transcendental. Alguém que ache desconfortável admitir os motivos humanos primários não deve trabalhar com pessoas na faixa psicótica; esse terapeuta pode soar hipócrita, e a hipocrisia deixa os psicóticos literalmente loucos.

Nesse sentido, é importante que se dê aos pacientes em nível psicótico razões explícitas do modo de trabalho, razões que façam um sentido emocional para eles. Pessoas que apresentam um funcionamento em nível mais elevado frequentemente conhecem terapia, e se qualquer aspecto não lhes parece racional, elas em geral perguntarão a respeito. Tomemos como exemplo os honorários do terapeuta. Com pacientes neuróticos, apesar de suas muitas fantasias sobre o que o dinheiro significa para você e para eles, é raro que sejam abordadas questões a respeito de por que se cobra o que está sendo cobrado. Isso foi parte de um contrato de comum acordo, e a parte racional de um cliente mais saudável sabe que aquela é uma relação em que é cobrada uma taxa por serviços prestados.

Pessoas vulneráveis à psicose, pelo contrário, podem ter todos os tipos de segredo e muitas ideias peculiares sobre o significado da troca monetária – não na forma de fantasias que coexistem com noções mais racionais, mas conforme sua própria convicção. Um de meus pacientes mais organizados de modo psicótico disse, depois de muitos meses, acreditar que, se eu realmente quisesse ajudá-lo, não cobraria, e qualquer outra forma de relacionamento entre nós seria corrupta. Ele estava cooperando comigo, explicou, porque achava que, se trabalhasse a seu modo as minhas afeições, eu acabaria tratando dele apenas por amor e assim curaria sua profunda convicção de não ser amado. Esse tipo de pensamento em pessoas simbioticamente preocupadas está longe de ser raro, e devemos reagir a ele de imediato. Analisar essa situação em um paciente psicótico como o faríamos com uma pessoa neurótica é inútil, pois sua crença é sintônica, não sendo uma experiência reprimida da infância, como no neurótico.

Portanto, se o terapeuta for questionado sobre os honorários por um paciente com essas fantasias graves, é possível dizer algo como: "Cobro o que cobro porque é disso que vivo, de ajudar pessoas com problemas emocionais. Além disso, aprendi que, se cobro menos do que isso, me sinto ressentido, e acho que não consigo ajudar muito se me sinto assim". Isso não é apenas uma aula eficaz sobre como o mundo funciona e a natureza essencialmente recíproca da psicoterapia – o que seria por si só um corretivo para as concepções mais confusas de relacionamento que as pessoas mais perturbadas têm – mas é também honesto do ponto de vista emocional e será por isso recebido com alívio, mesmo se o paciente ainda achar que a taxa é desnecessária ou muito alta.

Meu próprio estilo de lidar com a maioria das pessoas em nível psicótico é bastante autoexpositivo. Sou conhecida por falar sobre minha família, minha história pessoal e minhas opiniões – qualquer coisa que auxilie o cliente a sentir-se tranquilo diante de outro ser humano comum. Esse tipo de abordagem é controverso; nem todo terapeuta fica confortável com a exposição. Também existem certos perigos; um deles (não muito raro) é o risco de algum aspecto revelado da personalidade do terapeuta incitar uma reação psicótica no paciente. Minha lógica baseia-se no contraste entre pessoas organizadas de forma mais simbiótica e outras, mais individualizadas. As do primeiro tipo estabelecem transferências tão totais e abrangentes que só conseguem aprender sobre distorções de realidade quando esta está pintada em cores fortes diante delas, enquanto as do segundo tipo estabelecem transferências sutis e inconscientes, que podem emergir apenas quando o terapeuta é mais neutro.

O terror que o paciente sente diante da ideia de estar nas mãos de um Outro poderoso, distante e talvez persecutório, é tão grande que os benefícios de agir com mais abertura podem compensar os riscos. E, se alguma revelação provocar, uma reação psicótica, esta pode ser redirecionada; de qualquer maneira, a falta de exposição também provocará uma parcela de frustração no psicótico. Na verdade, desastres ocasionais são inevitáveis no trabalho com pessoas mais problemáticas e não podem ser evitados pela técnica "certa". Uma vez despertei, em um jovem paranoide, um intenso delírio no qual eu teria intenção de matá-lo, porque me viu distraidamente golpear um inseto no ar ("Você matou uma coisa viva!").

Outro modo de demonstrar uma preocupação básica e, logo, um merecimento de confiança, é o terapeuta se dispor a ajudar na resolução de um problema de um modo mais particular do que seria apropriado na psicoterapia com pessoas mais saudáveis. Não é comum dar "conselhos" a clientes mais saudáveis, já que isso infantiliza de maneira implícita uma pessoa com senso de autonomia. Karon e VandenBos (1981) discutem sobre o valor do conselho prático a um paciente que luta contra a insônia. É preciso tomar partido a favor do paciente em alguns casos. Por exemplo,

"Acho importante que você vá ao funeral de sua irmã. Sei que não vai ser fácil, mas temo que, caso não vá, acabe se culpando para sempre, e você não terá chance para voltar no tempo. Estarei aqui para ajudá-lo a lidar com qualquer aborrecimento que você tenha". Pode ser necessário que advoguemos a favor do paciente diante de seguradoras ou de autoridades sociais.

Neste ponto, o leitor já deve ter percebido que, com pessoas de nível psicótico, devemos nos relacionar de modo mais impositivo (não autoritário) do que com pacientes de melhor funcionamento. Comportando-se como um bom profissional, mas também como um ser humano semelhante, o terapeuta pode levar pessoas aterrorizadas a se sentirem mais seguras. O tom igualitário não é humilhante, e o senso de autoridade assegura que o terapeuta é forte o bastante para aguentar as fantasias de destruição do paciente. Naturalmente, as questões em relação às quais o terapeuta se coloca como uma autoridade devem ser aquelas sobre as quais ele se sinta seguro de forma genuína. Por fim, à medida que o tratamento progride, até as pessoas mais perturbadas irão desenvolver segurança suficiente no relacionamento para expressar uma diferença de opinião, e o terapeuta pode ficar orgulhoso de ter fomentado a evolução de uma autêntica independência psicológica.

Educação

Um aspecto relacionado com terapia de apoio é o papel educativo do terapeuta. Indivíduos na faixa psicótica têm áreas de grande confusão cognitiva, em especial no que diz respeito a emoções e fantasias. Pesquisas mais antigas sobre dinâmica familiar na esquizofrenia (Bateson et al., 1956; Lidz, 1973; Mischler e Waxier, 1968; Singer e Wynne, 1965a, 1965b) sugerem que muitas pessoas psicóticas cresceram em sistemas nos quais uma linguagem desconcertante e emocionalmente retentora era muito usada. Membros familiares podem ter falado de amor ao mesmo tempo em que agiam com raiva, o que parece representar os sentimentos do cliente ao distorcê-los, e por aí vai. Como resultado, indivíduos com inclinações psicóticas com frequência precisam de educação explícita sobre o que os sentimentos são, como são reações naturais, o quanto se distinguem das ações, como todas as pessoas fantasiam e o quão universais são as preocupações dos psicóticos que acreditam que dizem respeito somente a eles. Tratando-se de pessoas vulneráveis, os sentimentos são menos inconscientes do que fundamentalmente mal formulados (D.B. Stern, 1997).

Um componente do processo educativo é a normalização. A solicitação ativa de todas as preocupações do cliente e depois a reconfiguração dos sentimentos e pensamentos assustadores como aspectos naturais de um ser humano que reage emocionalmente são vitais no trabalho com pessoas mais perturbadas. Por exemplo, uma mulher psicoticamente bipolar certa vez ficou agitada ao se surpreender admirando minhas pernas enquanto fui abrir uma janela; ela se preocupava se aquilo significava que era lésbica. Com uma pessoa menos frágil, eu teria pedido que fizesse associações com esse sentimento, reconhecendo que sua ansiedade em relação a sua orientação sexual era tolerável e que daí poderiam surgir descobertas interessantes sobre aspectos desconhecidos dela mesma. Com essa mulher, no entanto, comentei de forma calorosa que me sentia lisonjeada (ela pareceu assustada, como se estivesse esperando que eu ficasse apavorada com a perspectiva de sua atração) e disse que, pelo que sabia sobre as bases de sua história, não havia evidência alguma de que ela fosse essencialmente lésbica, embora todos tenhamos alguns sentimentos sexuais em relação a pessoas de ambos os gêneros, e que o único aspecto no qual ela diferia dos outros é ter notado algo que, em outras pessoas, permanece inconsciente. Reformulei-lhe o sentimento dizendo que aquilo significava que ela tinha uma sensibilidade maior do que a maioria das pessoas em relação à própria vida interior e as suas sutilezas emocionais e reiterei que um de meus papéis como sua terapeuta era tentar ajudá-la a se sentir confortável com o fato de estar frequentemente em maior contato com aspectos da psicologia humana universal que a maioria das pessoas desconhece.

Nesse tipo de trabalho, o terapeuta apoia-se em sua sabedoria clínica acumulada, generalizando para o paciente o que os terapeutas aprendem sobre a psicologia humana. Concepções anteriores de psicose como uma forma de falta de defesas, contrastando com o excesso de defesas das pessoas neuróticas, contribuíram para o desenvolvimento de tal diferença na técnica. (Agora entendemos as pessoas de nível psicótico como possuidoras de defesas, porém defesas muito primitivas que não podem ser analisadas sem que o cliente se sinta destituído de um de seus meios de se sentir menos aterrorizado.) Pessoas com inclinações psicóticas ficam traumaticamente superestimuladas pelo material dos processos primários e com frequência só conseguem reduzir o sofrimento causado por esse material quando esse contexto é normalizado.

Por exemplo, um jovem a quem tratei de forma breve devido a uma reação psicótica à morte de seu pai confessou que às vezes acreditava ter se tornado o próprio pai: seu *self* havia morrido, e o pai havia tomado o corpo. Tinha sonhos recorrentes no qual monstros o perseguiam, transformavam-se em seu pai e tentavam matá-lo, e ele estava realmente apavorado com a ideia de que o pai, um parente que havia sido punitivo e difícil durante a vida, fosse capaz de sair da cova e invadir-lhe o corpo. Assegurei-lhe que aquilo era uma fantasia natural, embora nem sempre consciente, em pessoas que lidam com o luto; falei que poderia esperar que o sentimento passasse à medida que o tempo fosse progredindo, também expliquei que a crença de que o pai habitasse seu corpo expressava numerosas reações naturais à morte de um parente. Em primeiro lugar, isso indicava uma negação da morte do pai – uma fase normal do luto; em segundo, expressava a culpa que sentia por ter sobrevivido, guiada pela fantasia de que deveria ter morrido no lugar do pai; em terceiro, era uma tentativa de reduzir a ansiedade, considerando-se que, se o pai estivesse ocupando o corpo dele, não poderia estar em outro lugar planejando matá-lo pelo pecado de ter sobrevivido a sua morte.

Esse tipo de postura ativa e educativa é vital para o equilíbrio emocional de pessoas psicoticamente ansiosas porque mitiga o terror que cultivam em relação a ficarem loucas. Isso também introduz o cliente em um mundo de extrema complexidade psicológica e de forma implícita o convida a "se juntar à raça humana". Muitas pessoas com tendências psicóticas foram encaradas desde crianças como "doentes", primeiro pela família e depois pelos sistemas sociais que as definem como excêntricas. A consequência é que chegam ao tratamento esperando que o terapeuta também fique impressionado com sua falta de sanidade. As intervenções devem, em vez de estigmatizar, ser corretivas, podendo ter um efeito de reasseguramento de seus aspectos saudáveis. Em conversas educativas é mais importante transmitir uma expectativa generalizada de um eventual entendimento do que ser completamente preciso. Uma vez que não existe entendimento perfeito, também é importante modificar o tom impositivo, qualificando as explicações como "o melhor que pude supor" ou como um "entendimento provisório".

Esse estilo de intervenção foi primeiro desenvolvido para crianças cujas preocupações primitivas coexistiam com medos de regressão (B. Bornstein, 1949) e foi chamado de "reconstrução ascendente" (Greenson, 1967; R. M. Loewenstein, 1951), "interpretação ascendente" (Horner, 1990) e simplesmente "interpretação *para cima*". Esses termos implicam um contraste com o tipo de interpretação útil aos pacientes de nível neurótico, com os quais o terapeuta trabalha "da superfície para as profundezas" (Fenichel, 1941), levando em conta que qualquer defesa está próxima do entendimento consciente. Interpretando "para cima", o terapeuta faz um exame direto das profundezas, nomeia seus conteúdos e explica por que aquele material deveria ter sido dispensado ao longo das experiências de vida do paciente. Estranhamente, é raro que esse aspecto essencial do trabalho psicodinâmico com pacientes aterrorizados seja descrito em livros sobre técnica.

Identificação dos desencadeadores

Um terceiro princípio da terapia de apoio envolve a atenção a sentimentos e estresses, em vez de às defesas. Por exemplo, quando trabalhamos com pessoas mais perturbadas, frequentemente, se estão aborrecidas, temos de lidar com extensos discursos paranoides. É tentador, diante de um ataque de grau psicótico envolvendo medo e ódio, buscar afastar as defesas projetivas do paciente ou contrastar suas distorções com a visão de realidade do terapeuta, mas qualquer dessas opções levará o paciente a sentir que o terapeuta é parte de uma liga secreta de objetos persecutórios. No entanto, apenas observar uma explosão psicótica sem fazer nada não parece muito terapêutico. Então, o que o terapeuta deve fazer?

Em primeiro lugar, esperar até que o paciente faça uma pausa para respirar. É melhor esperar o bastante, mas não em excesso (isso pode significar ficar sentado acenando a cabeça com simpatia durante a maior parte da sessão), lembrando sempre que agora o paciente confia suficientemente em você para expressar os sentimentos sem se autocensurar. Em segundo, o terapeuta pode fazer um comentário como "Você parece mais triste hoje", sem a implicação de que o conteúdo da tristeza seja insano. Por fim, pode-se tentar ajudá-lo a descobrir o que despertou esse tipo de sentimento. Com frequência, a fonte da aflição está apenas perifericamente relacionada ao tópico do discurso teórico do paciente; ela pode ser, por exemplo, alguma circunstância da vida envolvendo separação (o filho do cliente entrando no jardim de infância, um irmão que anunciou noivado ou a menção do terapeuta sobre seus planos de férias). Nesse caso, o profissional sente ativamente empatia com o quão desconcertante as separações podem ser.

Nesse processo, deve-se às vezes tolerar a estranha regra de aceitar o que o terapeuta vê como as distorções das pessoas e, ocasionalmente, como muito bem dramatizado no divertido ensaio de Robert Lindner (1955), *The Jet-Propelled Couch*, deve-se aceitar o quadro de referência do paciente. Às vezes, esse é o único jeito de fazer o paciente se sentir compreendido o bastante para aceitar reflexões posteriores (cf. Federn, 1952). A escola de "Psicanálise Moderna" (Spotnitz, 1985) elevou esse tipo de terapia. Originalmente chamada de "psicanálise paradigmática" (Coleman e Nelson, 1957), essa abordagem tem muito em comum com as posteriores técnicas de "intervenção paradoxal", favorecidas por alguns terapeutas de sistemas familiares. Juntar-se a eles não é tão cínico quanto pode parecer, já que sempre existe alguma verdade mesmo nas construções mais paranoides.

Alguns exemplos de "juntar-se a eles": uma mulher chega transtornada ao consultório do terapeuta acusando-o de envolvimento em um plano para matá-la. Em vez de questionar a existência desse plano ou sugerir que ela esteja projetando seus próprios desejos assassinos, o terapeuta diz: "Desculpe-me! Se fui conectado a esse tipo de plano, não estou sabendo. O que está acontecendo?". Um homem fica em miserável silêncio e, quando estimulado, confessa que foi responsável pela carnificina no Oriente Médio. O terapeuta responde: "Deve ser horrível carregar essa culpa. De que maneira você é responsável?". Ou um paciente confidencia que a colega e amiga do terapeuta, a enfermeira da ala, tentou envenená-lo. O terapeuta diz: "Que horror. Por que acha que ela está tão brava com você a ponto de querer matá-lo?".

Observe que, em todas essas circunstâncias, o terapeuta não expressou concordância com as interpretações do paciente sobre eventos, mas também não infligiu uma ferida ao orgulho dele ao dizer que a interpretação estava errada. E o mais importante: o terapeuta incentivou que a discussão fosse levada adiante. Normalmente, uma vez que o cliente já tenha alcançado autoestima suficiente, um entendimento menos assustador irá substituir de modo gradual as atribuições mais paranoides. Às vezes, o terapeuta pode lidar com esse processo apenas perguntando de maneira educada sobre as outras explicações alternativas do paciente sobre suas percepções, mas apenas depois de lhe dar tempo para autoexpressão. Com frequência, ao final de uma sessão, o paciente se sente reorientado e deixa o consultório em um estado mais calmo.

No momento, é provável que pareça gritante a diferença entre o trabalho psicanalítico com pacientes em nível psicótico e a terapia com indivíduos neuróticos. Nem todos têm temperamento para fazer confortavelmente esse tipo de trabalho – ele é facilitado por um senso de contrafobia e poder pessoal que falta às personalidades de muitos terapeutas; os que não possuem essas qualidades devem trabalhar em outra área da saúde mental. Uma das coisas mais importantes a aprender no treinamento é qual tipo de pessoa gostamos de atender e qual devemos recusar.

A terapia com pessoas psicóticas e potencialmente psicóticas tem metas e realizações diferentes daquela com clientes mais saudáveis. Apesar de algum preconceito contra isso no sentido da redução de custos (uma posição que considero comparável ao argumento de que os pacientes com câncer devem receber aspirina), a psicoterapia com pessoas psicóticas é eficaz (Gottdeiner, 2002, 2006; Gottdiener e Haslam, 2002; Silver, 2003) e pode ser muito bem recebida (ver, p. ex., A Recovering Patient, 1986; Saks, 2008). Na metade dos anos 1990, terapeutas cognitivo-comportamentais (p. ex., Hagarty et al., 1995) estavam descrevendo trabalhos eficazes com pacientes psicóticos caracterizados por um treinamento de educação, apoio e capacidades – uma abordagem que na prática parece muito semelhante ao tratamento de apoio psicanalítico. A terapia com aqueles que apresentam sérias perturbações pode salvar vidas; um especialista nessa área é mais raro do que um especialista em tratar pessoas mais saudáveis. A terapia com pacientes mais perturbados é intelectual e emocionalmente estimulante; ele nutre a criatividade do terapeuta. Ao mesmo tempo, pode ser algo desgastante, confuso e desencorajador, e de forma inevitável confronta o terapeuta com seus limites de capacitação para realizar grandes transformações dramáticas.

Para finalizar esta seção, apresento as seguintes regras de Ann-Louise Silver (2003, p. 331) para o trabalho com pessoas com psicose:
- Se você não puder ajudar o paciente, não se aflija.
- Use a força física apenas para tentar impedir que o paciente se fira ou machuque outra pessoa, nunca como punição ou "reforço negativo".

- Nunca humilhe seu paciente.
- Seja o mais preciso possível ao coletar a história do caso. Não se limite a poucas horas ou algumas sessões.
- Encoraje o trabalho e as relações sociais.
- O mais importante: faça o melhor possível para entender o paciente como um ser humano único.

TERAPIA COM PACIENTES *BORDERLINE*

O termo *borderline*, usado como um nível de organização, é bastante amplo. Não apenas uma pessoa depressiva com características *borderline* é muito diferente de uma *borderline* narcisista, histérica ou paranoide, como também existe uma ampla faixa de gravidade no espectro *borderline*, que vai do limite com a neurose até o limite com a psicose (Grinker et al., 1968) – limites muitos arbitrários, para início de conversa. O quanto mais próximo da neurose estiver o funcionamento psicológico de uma pessoa, mais positivamente ela reagirá a um tratamento de "descoberta", por exemplo, enquanto clientes próximos ao limite da psicose reagirão melhor a um tratamento de apoio. É claro que não somos unidimensionais: todas as pessoas de nível neurótico têm algumas tendências *borderline*, e vice-versa. Mas, em geral, pessoas com uma organização de personalidade de nível *borderline* precisam de terapias altamente estruturadas. A seguir, menciono algumas abordagens cognitivas e comportamentais e também outras psicodinâmicas, já que na prática os métodos de tratamento demonstram muitas similaridades.

O objetivo da terapia com pessoas de psicologia *borderline* é o desenvolvimento de um senso de *self* integrado, dependente, complexo e positivamente valorizado. Junto a isso está a importância da evolução da capacidade de amar outras pessoas por completo, apesar de suas contradições, e da habilidade de tolerar e regular uma ampla faixa de emoções. Um movimento gradual da reatividade caprichosa em direção à confiança estável de percepções, sentimentos e valores é possível em pessoas *borderline*, apesar das dificuldades que se apresentam aos terapeutas, sobretudo na primeira parte do tratamento. Originalmente, em geral isso era visto como um desenvolvimento aprisionado (p. ex., Adler e Buie, 1979; Balint, 1968; Blanck e Blanck, 1986; Giovacchini e Boyer, 1982; Masterson, 1976; Meissner, 1988; Pine, 1985; Searles, 1986; Stolorow, Brandchaft e Atwood, 1987) em interação com um temperamento oscilante (Gabbard, 1991; Kernberg, 1975; M. H. Stone, 1981). Em tempos mais recentes, foi visto como resultado de um trauma (p. ex., Briere, 1992; C. A. Ross, 2000), em especial trauma ligado ao apego (Blatt e Levy, 2003). Essas teorias não são mutuamente excludentes; "personalidade *borderline*" é um conceito complexo, sendo provável que múltiplos aspectos a determinem.

Embora a generalização (validação externa) da maioria dos estudos empíricos sobre terapia para pessoas com funcionamento psicológico *borderline* seja limitada aos critérios para transtorno de personalidade *borderline* (TPB) do DSM, pesquisas sobre tratamentos de condições *borderline* foram encorajadas e têm suporte empírico em várias abordagens. A terapia comportamental dialética de Linehan (p. ex., 1993) é em geral citada como "a" terapia baseada em evidências para TPB, mas também existem estudos metodologicamente rigorosos (p. ex., Bateman e Fonagy, 2004; Levy et al., 2006) tanto sobre a terapia baseada na mentalização, de Fonagy, quanto sobre a psicoterapia focada na transferência, de Kernberg – sendo a segunda a versão "manualizada" da "terapia de expressão" apresentada na primeira versão deste livro. Em época recente, a terapia focada em esquemas, de Young, foi testada de forma empírica (van Asselt et al., 2008). Diferentes visões da etiologia e tradições de terapia divergentes naturalmente levam a tratamentos diferentes; há tanta controvérsia na literatura sobre o tratamento de clientes *borderline* que apenas um parágrafo não seria suficiente para citar todas as divergências. Ainda assim, é notável o quanto há de consenso prático, apesar das linguagens teóricas e concepções etiológicas variadas, sobre os princípios gerais do tratamento, alguns dos quais resumo aqui (cf. Paris, 2008).

Protegendo limites e tolerando a intensidade emocional

Embora os clientes *borderline* tenham mais capacidade de confiar do que as pessoas organizadas psicoticamente e, portanto, raras vezes requeiram a demonstração contínua do terapeuta de que estão seguros no consultório, eles podem levar muitos anos para desenvolver o tipo de aliança terapêutica que é possível estabelecer com um cliente neurótico após alguns minutos de conversa. Por definição, os *borderline* não contam com um ego observador integrado, que vê as coisas mais ou menos como o terapeuta vê; em vez disso, são submetidos a trocas caóticas entre diferentes estados do ego, sem a capacidade de entender atitudes discrepantes. Enquanto o indivíduo psicótico tende a se fundir psicologicamente com o terapeuta e o neurótico a manter uma identidade bem separada, o *borderline* alterna – de forma confusa para ele e para os outros – entre um apego simbiótico e uma separação isolada e hostil. Ambos os estados são perturbadores: um aumenta o fantasma, o outro a fantasia de abandono e desligamento.

Dada essa instabilidade do estado do ego, uma dimensão importante do tratamento com clientes *borderline* é o estabelecimento de condições consistentes de terapia – o que Langs (1973) chamou de quadro terapêutico. Isso inclui não apenas combinações de tempo e honorários, mas também pode envolver inúmeras outras decisões sobre os limites de relacionamento que raramente entram em pauta com outros clientes. Todas as terapias tradicionais para TPB têm mecanismos (contratos, consequências, regras de tratamento, maneiras de limitar a autodestruição) para manter o tratamento por meio de condições de limite explícitas. É possível ser mais flexível tanto com pacientes de nível neurótico quanto com os de nível psicótico.

Preocupações comuns dos clientes *borderline* incluem: "Posso ligar para sua casa?", "E se eu for suicida?", "Você quebraria o pacto de confidencialidade por alguma razão?", "Com que antecedência posso desmarcar uma sessão sem ser cobrado?", "Você escreveria para meu professor dizendo que eu estava muito estressado para fazer o teste?". Algumas dessas questões são articuladas em forma de pergunta; outras aparecem na postura (p. ex., o terapeuta encontra o paciente dormindo na sala de espera). As possibilidades de luta contra os limites são infinitas com pessoas na faixa *borderline*, e o mais importante que o terapeuta precisa saber não é tanto *quais* condições devem ser configuradas (elas podem variar de acordo com a personalidade do paciente, as preferências do terapeuta e a situação), mas *que* elas devem ser configuradas, consistentemente observadas e reforçadas por sanções específicas caso o paciente falhe em respeitá-las. É perturbador para pessoas que passam por questões de individuação/separação o fato de ser satisfeitas (mimadas) ao invés de repreendidas, tanto quanto é perturbador para adolescentes não serem chamados às responsabilidades pelos pais. Sem limites explícitos, essas pessoas tendem a iniciar uma escalada até encontrar aqueles que não foram estabelecidos.

Clientes *borderline* costumam reagir com raiva aos limites dos profissionais, mas duas mensagens terapêuticas serão recebidas de qualquer maneira: (1) o terapeuta considera o paciente um adulto e confia em sua habilidade para tolerar frustração e (2) o terapeuta recusa-se a ser explorado e é, portanto, um modelo de respeito por si mesmo. É frequente que histórias de pessoas na faixa *borderline* ofereçam evidências de que foram amplamente expostas a mensagens opostas; foram mimadas quando regrediam (e em geral ignoradas quando agiam de forma mais madura) e cultivaram a expectativa de serem exploradas e de terem o direito de explorar.

Logo que comecei a clinicar, fiquei impressionada com a quantidade de privação e trauma nas histórias dos clientes *borderline*. Tendia a encarar isso mais como fome e necessidade do que como agressividade e fúria, e ia além de meus limites na esperança de ajudá-los em suas dificuldades. Aprendi que, quanto mais atenção oferecia, mais eles regrediam, e mais me sentia ressentida. Por fim aprendi a aderir e respeitar meu enquadre terapêutico, não importa o quão difícil parecesse. Passei a não deixar que as sessões fossem além do horário, mesmo quando o paciente entrava em intensa aflição. Em vez disso, aprendi a encerrá-las de forma gentil, porém firme, no horário programado, e também a ouvir, no encontro seguinte, sobre como o paciente se sentiu ao ser "expulso". Quando os pacientes *borderline* conseguem falar comigo sobre minhas regras egoístas e rígidas, noto que melhoram muito mais do que quando tentava colocá-los em uma posição de gratidão pela minha generosidade – uma postura inerentemente infantil de minha parte.

Terapeutas que estão começando a trabalhar com pacientes *borderline* costumam ficar imaginando quando as pré-condições para a terapia finalmente irão funcionar, quando uma aliança funcional será criada e quando a terapia de verdade irá começar. Pode ser doloroso perceber que todo o trabalho com as condições do tratamento *é* a terapia. O iniciante fica imaginando quando o paciente *borderline* irá, por fim, "se acalmar". A intensidade desses pacientes também será característica no trabalho conjunto, e é importante que o terapeuta seja capaz de tolerar ou de "conter" essa intensidade, mesmo quando isso inclui ataques verbais ao terapeuta (Bion, 1962; Charles, 2004). Uma vez que seja alcançada uma aliança com um indivíduo neurótico, o paciente, por definição, dará um grande passo em seu desenvolvimento. É desconcertante passar tanto tempo em cima de questões de limite, sobretudo quando elas estimulam reações exageradas de pessoas que são quase sempre brilhantes, talentosas e articuladas, e com as quais se tem vontade de falar sobre outras coisas. Esmiuçar questões de limite é uma das últimas coisas que imaginamos fazer parte da terapia quando entramos nesse campo. Logo, pessoas trabalhando com seus primeiros clientes *borderline* podem ter acessos periódicos de dúvida sobre a própria competência.

Mesmo para pacientes que são atraídos pela psicanálise e que querem "ir fundo", a terapia cara a cara é geralmente a melhor opção com clientes *borderline*. Ainda que não estejam tão vulneráveis a transferências sobrecarregadas quanto os psicóticos, eles ficam mais ansiosos que o normal se o terapeuta estiver fora de seu campo de visão. Perceber o afeto no rosto do terapeuta pode ser importante para a recuperação de pacientes mais difíceis. Em terapias filmadas com indivíduos que passaram por graves falhas de tratamento, Krause e colaboradores (p. ex., Anstadt, Merten, Ullrich e Krause, 1997) notaram que, independentemente da orientação do terapeuta, a melhora estava correlacionada com a percepção do cliente de um afeto "não correspondente" no rosto do terapeuta. Por exemplo, quando o rosto do cliente mostrava vergonha, o do terapeuta poderia indicar raiva de alguém que tenha envergonhado o cliente; quando havia medo no rosto do cliente, o terapeuta poderia demonstrar curiosidade em relação ao medo. Também, novamente porque a intensidade da frequência semanal não precisa ser encorajada em pacientes *borderline*, apenas circunstâncias não habituais (p. ex., a necessidade de um maior apoio durante a recuperação de uma adição) requerem que esse cliente faça terapia em uma frequência maior do que três vezes por semana, como na análise clássica.

Expressando estados sentimentais contrastantes

Um segundo aspecto ao qual deve ser dada atenção no tratamento de clientes *borderline* é o modo de falar. Com pacientes neuróticos, os comentários do terapeuta podem ser raros, com o objetivo de serem impactantes quando feitos ("menos é mais"). O terapeuta pode falar com clientes mais saudáveis de modo emocionalmente vigoroso e brusco (Colby, 1951; Fenichel, 1941; Hammer, 1968), ressaltando o lado oculto de algum conflito do qual o paciente só reconheça um único sentimento. Por exemplo, uma mulher na faixa neurótica pode estar falando de maneira efusiva sobre uma amiga com quem esteja em uma situação de relativa competitividade, de uma forma que sugira não estar alimentando qualquer afeto negativo. O terapeuta pode dizer algo do tipo "Mas você também gostaria de matá-la". Ou um homem pode estar falando sobre o quanto é espiritualmente livre e independente; o terapeuta pode complementar: "E mesmo assim você está sempre preocupado com o que penso de você".

Nesses casos, os clientes neuróticos entenderão que o terapeuta revelou uma parcela de suas experiências subjetivas que estava inconsciente. Visto que conseguem perceber que o médico não está sendo reducionista e não está dizendo que uma postura externa constitua seu sentimento *real* e que suas ideias conscientes sejam ilusórias, eles sentem uma expansão de suas consciências como resultado de tais interpretações. Sentem-se compreendidos, mesmo que um pouco magoados. Mas, se falarmos dessa forma com pacientes *borderline*, eles se sentirão criticados e diminuídos. A não ser que a frase seja colocada de outra maneira, a principal mensagem que receberão é: "Você está absurdamente errado em relação ao que sente". Essa reação deriva de sua tendência a estarem em um ou outro estado de *self* a cada momento, em vez de em uma configuração mental que possa experimentar e tolerar ambivalências e ambiguidades.

Por essas razões, é comum que terapeutas iniciantes achem que estão demonstrando um entendimento solícito e descubram que a pessoa *borderline* reage como se estivesse sendo atacada. Um modo de resolver o problema é perceber que esse cliente não conta com uma capacidade reflexiva para processar uma interpretação como uma informação adicional sobre ele mesmo e, por isso, ser preciso ressaltar essa função junto à interpretação. Então, o terapeuta tem mais chance de ser ouvido com empatia se disse: "Posso entender o quanto Mary significa para você. Mas será que também não é possível que haja uma parte de você – uma parte à qual não dá ouvidos, é claro – que queria se livrar dela porque de alguma forma ela compete com você?" ou "Você certamente entende que é muito independente e autoconfiante. É interessante que isso pareça coexistir com tendências opostas, por exemplo, com sua sensibilidade em relação ao que eu penso a seu respeito". Tais intervenções não têm o impacto e a beleza de uma economia de palavras, mas, em vista dos problemas psicológicos particulares das pessoas *borderline*, são muito mais passíveis de serem compreendidas do que aquelas mais mordazes.

Interpretando defesas primitivas

Um terceiro traço característico da terapia psicanalítica eficaz com pacientes na faixa *borderline* é a interpretação das defesas primitivas do modo como aparecem no relacionamento. Esse trabalho não difere, em princípio, do trabalho interpretativo das defesas feito com pacientes neuróticos: os processos defensivos são analisados como aparecem na transferência. Mas, visto que as defesas das pessoas *borderline* são muito primárias e podem aparecer de modo diferente e em estados de ego diferentes, a análise dessas defesas requer uma abordagem especial.

Com pacientes *borderline*, raramente há utilidade em fazer interpretações "genéticas" (com base na história), nas quais uma reação de transferência é relacionada a sentimentos referidos a uma figura do passado do cliente. Com os de nível neurótico, é possível evoluir bastante a partir de comentários como: "Talvez você se sinta tão bravo comigo porque está sentindo por mim o que sentia por sua mãe". O paciente pode concordar, perceber as diferenças entre o terapeuta e a mãe e se interessar por outros contextos nos quais essa associação possa estar operando. Com indivíduos *borderline*, a reação pode variar de "E daí?" (significando: "Você é muito parecido com minha mãe, como poderia não reagir assim?") a "Como essa observação pode ser útil?" (significando: "Você está aplicando o papinho de sempre dos psiquiatras. Quando vai realmente sair dessa e me ajudar?") ou "Exato!" (significando: "Finalmente você começou a entender. O problema é a minha mãe, e eu quero que você a mude!"). Tais reações podem deixar terapeutas iniciantes perplexos, desarmados e sentindo-se desqualificados, especialmente se a interpretação genética for um aspecto útil da experiência pessoal do terapeuta com a psicoterapia.

O que pode ser interpretado com pacientes *borderline* é a situação emocional "aqui e agora". Por exemplo, quando a raiva permeia a díade terapêutica, é provável que a defesa do paciente não seja uma simples e deslocada projeção, como seria o caso do exemplo anterior da pessoa neurótica com a transferência da mãe; em vez disso, o paciente pode estar usando uma identificação projetiva. Ele está tentando descarregar o sentimento do "eu mau" (Sullivan, 1953) e o afeto associado jogando-os para o terapeuta, mas a transferência de imagem e afeto não é "limpa"; o cliente retém sentimentos de maldade e raiva, apesar da projeção. Esse é o preço doloroso que a pessoa *borderline* paga e, inevitavelmente, compartilha com o terapeuta, pela separação psicológica inadequada.

Eis uma diferença importante entre clientes *borderline* e clientes neuróticos e psicóticos. O psicótico está fora de contato com a realidade o suficiente para nem sequer se preocupar se uma projeção "se encaixa". O neurótico tem um ego observador capaz de perceber que está projetando. O paciente *borderline* não consegue nem se afastar do sentimento que está sendo projetado. Eles não conseguem adotar uma postura de indiferença em relação ao quanto o material projetado é realista porque, ao contrário dos psicóticos, seu teste de realidade está intacto. E não conseguem relegar isso à parte inconsciente do ego porque, diferentemente dos neuróticos, trocam de estado em vez de usar a repressão. Então, continuam sentindo o que é projetado e também a necessidade de fazer com que tais sentimentos se encaixem, a fim de que não se sentirem loucos. O terapeuta fala da raiva do paciente (ou de qualquer outro afeto poderoso) e, à medida que o cliente tenta fazer com que a projeção tenha sentido, insistindo que está bravo porque o terapeuta é hostil, começa a ficar com raiva por ser mal compreendido. Logo, o terapeuta é hostil. Tais transações explicam a má reputação que os clientes *borderline* têm entre os profissionais da saúde mental, embora nem sempre sejam pessoas desagradáveis e em geral respondam a um bom tratamento.

O tipo de interpretação que pode ser compreendida por uma pessoa *borderline* em tal contexto é algo como: "Você parece estar convencido de que é mau. Você tem raiva disso e está lidando com essa raiva dizendo que eu é que sou mau e que é a minha raiva que causa a sua. Você consegue conceber que talvez eu e você sejamos um pouco bons e um pouco maus, e que isso não é assim tão grave?".

Esse é um exemplo de confronto "aqui e agora" com uma defesa primitiva. Ela representa um enorme esforço do terapeuta, a ser repetido de várias formas e por muitos meses (na melhor das hipóteses), para ajudar o paciente a migrar de um funcionamento psicológico em que tudo é preto ou branco, tudo ou nada, para um no qual os diversos aspectos bons e maus do *self*, assim como as emoções estejam consolidadas em uma identidade total. Esse tipo de intervenção não ocorre facilmente à maioria das pessoas, mas felizmente aumenta com a prática.

Obtendo supervisão do paciente

Uma quarta dimensão do trabalho com clientes *borderline* que acho valiosa diz respeito a pedir ajuda ao paciente para resolver os dilemas em que o terapeuta é colocado. Essa técnica, por meio da qual o terapeuta consegue que o cliente seja seu supervisor, diz respeito ao modo "ou oito ou oitenta" a partir do qual as pessoas *borderline* constroem as coisas. Elas tendem a evocar no terapeuta o senso de que há duas opções mutuamente excludentes para reagir a uma determinada situação, e que ambas estarão erradas, por diferentes razões. Em geral, há um teste envolvido (Weiss, 1993), no qual, se o terapeuta agir de uma determinada maneira, irá falhar de acordo com a polaridade do conflito do paciente, e, se a outra alternativa for a escolhida, haverá uma mesma falha, mas por um motivo diferente.

Por exemplo: certa vez, tratei um homem de 22 anos com um pai alcoolista, o qual parecia não notar a existência dele, e uma mãe superenvolvida e intrusiva a ponto de escolher todos os dias o que ele vestia. (Conheci os pais dele e, assim, estive em uma posição que me permitiu saber mais sobre as pessoas reais que influenciaram esse homem do que seria possível saber com clientes *borderline*.) À medida que a terapia foi progredindo, esse paciente parou de falar por longos períodos, como costumava falar durante nossas sessões. Primeiro, parecia que simplesmente precisava de espaço para organizar os pensamentos, mas, quando os silêncios atingiram de 15 a 20 minutos por sessão, eu senti que algo menos positivo estava ocorrendo e que seria relapsa se não prestasse atenção a isso.

Se esse paciente estivesse no nível neurótico, teria relembrado o trato que havíamos feito sobre ele continuar falando qualquer coisa que lhe viesse à mente, e então teria explorado com ele o que estaria aniquilando sua vontade de fazer isso; em outras palavras, teria apenas feito análise de resistência. Porém, com esse rapaz, podia sentir que algo mais primitivo estava em jogo, envolvendo terrores contrapostos de engolfamento e abandono, e sabia que não tínhamos uma aliança de trabalho sólida o bastante para que o abordasse sobre seu silêncio como faria com uma pessoa mais saudável. Se continuasse quieta, estava quase certa de que ele se sentiria terrivelmente negligenciado, assim como se sentia em relação ao pai. No entanto, se eu falasse qualquer coisa, temia que me visse dominadora como sua mãe. É provável que meu dilema nessa conjuntura refletisse sua sensação de que seria ferido tanto se eu falasse quanto se não falasse.

Depois de um tempo pensando em qual intervenção seria um mal menor, ocorreu-me a ideia de pedir-lhe ajuda para resolver o problema. Ao menos dessa forma, fosse qual fosse o resultado de nossa interação, ela conteria um elemento de autonomia do paciente. Então perguntei como gostaria que eu reagisse quando entrava em um longo período de silêncio. Ele disse achar que queria que eu fizesse algumas perguntas e o mandasse embora. Então comentei que ficaria feliz em fazer isso, mas achava que ele poderia pensar que eu estava me excedendo ao querer saber seus pensamentos, uma vez que até então eu não tinha ideia alguma sobre o que ele tinha em mente. (Havia evidências, nos sonhos e nas fantasias que ele contava, enquanto ainda falava nas sessões, de que acreditava que outros, como a mãe fantasiosa e onisciente da primeira infância, podiam ler sua mente. Eu queria transmitir uma mensagem mais realista.)

Ele se animou e disse que, com base nisso, tinha mudado de ideia e decidido que eu deveria esperar até que se sentisse pronto para falar. Depois, veio por três sessões seguidas nas quais me cumprimentou com gentileza, sentou-se, não falou coisa alguma por 45 minutos e então saiu educadamente quando eu disse que o tempo tinha acabado. É interessante que eu estava confortável com aquele silêncio, em comparação com o estado interno infernal em que me encontrava antes de lhe pedir que me supervisionasse dessa forma. Alguns anos mais tarde, ele foi capaz de me dizer que minha complacência ao deixá-lo tomar seu caminho havia marcado o início de sua habilidade em sentir-se como um ser separado na presença de outra pessoa. Assim, essa abordagem reduz o mal-estar imediato do terapeuta; e, mais importante, configura a aceitação de incerteza, afirma a dignidade e a criatividade do paciente e relembra a ambas as partes a natureza cooperativa do trabalho.

Em tais intervenções é mais importante falar da perspectiva de nossos próprios motivos do que da perspectiva dos motivos inferidos pelo paciente. O valor das "frases Eu" é tão grande aqui quanto quando se está discutindo com um(a) amante ou um(a) amigo(a). Existe uma grande diferença entre o terapeuta se colocar na terminação receptora de "Você está me colocando em uma situação difícil" ou "Você está colocando isso de forma que o que quer que eu faça estará errado" e o terapeuta se colocar no início da intervenção (como sujeito ativo): "Estou tentando agir certo com você como seu terapeuta e me encontro em uma situação difícil. Tenho medo de que se fizer X, não poderei ajudar em uma direção, e se fizer Y, decepcionar você em outra".

Promovendo a individuação e desencorajando a regressão

Pessoas com funcionamento psicológico *borderline* precisam de empatia assim como todas as outras pessoas, mas suas mudanças de humor e flutuações de estado de ego fazem com que seja difícil para os psicoterapeutas saber como e quando intervir. Uma vez que tendem a evocar contratransferências de amor quando estão depressivas ou assustadas e contratransferências de ódio quando estão agindo de forma antagônica, o terapeuta pode se encontrar inadvertidamente recompensando-as por suas regressões e punindo-as por suas expressões de autonomia. Terapeutas treinados para trabalhar com pacientes de nível neurótico que alimentam uma regressão contida podem, por força do hábito, provocar algumas das reações menos saudáveis dos pacientes *borderline*. Um estudo de suas características de personalidade nos ajuda a agir de forma um tanto contraintuitiva; ou seja, a agir com bem menos reatividade a estados de desamparo subjetivo e a demonstrar apreciação pela assertividade – mesmo que isso tome a forma de uma posição raivosa.

Conforme mencionei no Capítulo 3, Masterson (1976) notou que, quando clientes *borderline*, cujas mães ele acreditava terem-lhes recompensado a dependência, estavam em um relacionamento dependente e regressivo, eles se sentiam seguros. Quando sozinhos, sofriam de um desespero terrível, que Masterson chamou de "depressão do abandono". As observações desse autor aproximam-se das daqueles pesquisadores do apego (p. ex., M. Main, 1995) que relacionaram alguns padrões de apego inseguro a um estilo de maternidade ansioso e impeditivo da autonomia. Visto que separação por fim fortalece a autonomia, Masterson exorta os terapeutas a se comportarem com clientes *borderline* de modo inverso ao que as mães deles supostamente faziam; ou seja, confrontar comportamentos regressivos e autodestrutivos de forma ativa (p. ex., "Por que você quer conhecer homens em bares?") e reforçar com empatia qualquer tentativa de autonomia e competência (p. ex., "Fico feliz por você me dizer quando o deixo bravo"). Ele nos advertiu a não recompensar a escalada não dá ao paciente as bases para a sua autoestima e o impede de reconhecer as dores do movimento progressivo, ambos elementos de adaptação mesmo em manifestações agravantes da autonomia. Em um primeiro momento, essa postura não recompensadora do terapeuta pode parecer um pouco forçada, mas quando se percebe a resposta do paciente, ela se mostra mais integrada e autêntica no estilo do terapeuta.

Interpretando durante a quietude

Pine (1985) contribuiu com uma importante máxima da literatura sobre o trabalho com clientes que se debatem em dilemas de separação e individuação: "Malhar o ferro enquanto ele está frio". Com muitas pessoas em nível neurótico, o melhor momento para fazer interpretações é quando o paciente está em um estado de excitação emocional, de modo que o conteúdo da observação do terapeuta não seja intelectualizado, e o poder afetivo das questões em jogo seja inconfundível. Com clientes *borderline*, a consideração oposta deve ser aplicada, porque quando estão em um estado altamente emocional, eles ficam muito perturbados para absorver qualquer coisa. O terapeuta pode perguntar sobre o que aconteceu na regressão de raiva, pânico ou desespero, mas apenas depois que esse estado tiver acabado e eles estiverem seguros da recuperação dessa intensidade de sentimento tão transtornante.

Assim, é possível dizer a um paciente *borderline:* "Estava pensando sobre isso que você falou agora, sua tendência a sentir uma fúria assassina e um desejo de atacar as pessoas quando está naquele estado... Isso é parte do que você sentiu por mim durante sua explosão na última semana? Parecia-me que você iria destruir qualquer coisa que eu oferecesse". Em um estado de repouso emocional, um cliente *borderline* pode desejar ouvir – talvez se sinta até aliviado ao ouvir – que o terapeuta consegue dar nome a tal dinâmica e quer tentar entendê-la. Porém, em um estado sentimental intenso, o paciente pode receber esse comentário não apenas como uma condenação, mas também como uma tentativa de rejeitar atitudes tomadas passionalmente como se fossem desprezíveis. Ao dizer a alguém, no auge de um ataque de fúria que está tentando destruir, o terapeuta pode aumentar a raiva da pessoa e a vergonha por ter tais impulsos brutais. Falar sobre isso depois, no entanto, pode ser frutífero.

Respeitando informações de contratransferência

Um aspecto final das implicações de um diagnóstico *borderline* diz respeito ao papel central da compreensão do terapeuta da contratransferência envolvida. Muito mais do que pessoas em nível neurótico, os clientes *borderline* se comunicam por meio de uma transmissão de afeto poderosa e não verbalizada, provavelmente pela comunicação primária *cérebro direito para cérebro direito* característica entre pais e bebês (Schore, 2003a). Com isso, quero dizer que, mesmo que falem com liberdade na terapia, as comunicações mais vitais que transmitem costumam não estar no conteúdo das palavras, mas na "música de fundo" de seu estado emocional. As reações intuitivas, afetuosas e imaginárias dos terapeutas enquanto estão sentados diante de clientes *borderline* podem com frequência fornecer mais informações sobre a essência do que reflexão cognitiva sobre o conteúdo do discurso do paciente ou o recurso a ideias teóricas e técnicas.

Quando alguém, de repente, se sente entediado ou com raiva, ou pânico, ou sobrecarregado por seu desejo de salvação ou distraído por imagens sexuais, é provável que algo importante esteja ocorrendo, algo que pode dizer muito sobre o estado interno do paciente. Por exemplo, um homem paranoide, em tratamento com uma mulher jovem, está tremendamente indignado por ter sido destratado por alguma autoridade. A terapeuta nota que se sente fraca, pequena, com medo da crítica do paciente e distraída por fantasias de ser atacada. Ela pode considerar a possibilidade de que aquilo que está sentindo seja uma parte separada e desapropriada do paciente que está sendo projetada nela quase de forma física. Se tal ideia parecer razoável depois de algumas reflexões, pode ser terapêutico (para ambas as partes!) ela dizer algo como: "Sei que você se sente conectado a sentimentos enérgicos de raiva, mas também acho que pode haver uma parte sua que se sinta fraca, ansiosa e com medo de ser atacada".

Essa área de valor de informação da contratransferência é complicada. Nem o pensamento ou a emoção do terapeuta em sua totalidade diante de um cliente *borderline* foram "colocados" ali pelo paciente. No pior dos casos, podemos errar em nome de conceitos como identificação projetiva e coconstrução; já ouvi histórias sobre terapeutas que se aborreceram com clientes *borderline* por "culpa" das reações exageradas ao terapeuta. Não quero alimentar qualquer ideia em tal direção. Décadas de trabalho clínico sugerem que a contratransferência, assim como a transferência, seja uma mistura de materiais gerados internamente e estimulados externamente, às vezes mais sobressalentes em uma direção, às vezes em outra (Gill, 1983; Jacobs, 1991; Roland, 1981, Sandler, 1976; Tansey e Burke, 1989). Em nosso papel terapêutico, devemos ser perspicazes em relação a nossa dinâmica e assumir a responsabilidade por nossas reações, mesmo que sejam provocadas por incursões do paciente em nossa equanimidade. E mesmo interpretações sobre cuja validade temos certeza devem ser oferecidas de um modo que os clientes se sintam à vontade para questionar caso discordem delas.

A atitude extremamente inversa, que é considerar a contratransferência uma "coisa nossa", pode ser inimiga do progresso clínico. Alguns supervisores psicanalíticos enfatizam mais o entendimento dos alunos de suas próprias dinâmicas do que a promoção de um alto grau de distanciamento da autoconsciência. Dessa forma, não sobra qualquer energia emocional para refletir sobre o que pode ser aprendido a respeito do paciente a partir de nossas reações. Uma espécie de *umbiguismo* chega para substituir o poder das relações, e pessoas de talento tornam-se relutantes em confiar no que em geral são excelentes tendências naturais, porque temem estar atuando. No exemplo anterior, se a terapeuta tivesse lidado com sua contratransferência apenas fazendo um autoexame, refletindo sobre o quanto tem vulnerabilidade para se sentir pequena e assustada na presença de um homem furioso que lembra seu pai crítico, terapeuticamente esse *insight* não seria de grande ajuda. Isso pode ajudá-la a conter reações de defesa, uma vantagem que não pode ser desprezada, mas não a guiará em direção ao que pode fazer do ponto de vista terapêutico para ajudar o paciente. A pior coisa que pode acontecer se sentimos algo errado em rela-ção a um paciente é estarmos equivocados, e se as interpretações forem feitas em um tom de hipótese, em vez de pronunciamento, o paciente ficará feliz em apontar nossos erros.

Diversos escritores enfatizam diferentes aspectos de tom com pacientes *borderline*. Meu estilo, que é aquele que se encaixa com minha personalidade, é ser mais emocionalmente "real" com pacientes *borderline* do que com aqueles em nível neurótico. Tentar agir de forma "neutra" com eles, sobretudo quando têm atitudes autodestrutivas, tende a soar duro e falso. Por exemplo, um terapeuta estava trabalhando há semanas para reduzir a tendência de uma mulher jovem a ser autodestrutiva e começou a, finalmente, ver progressos. Então a paciente entra, sorri com timidez e diz: "Bem, sei que você acha que devo sempre usar camisinhas, mas na semana passada fiz sexo sem proteção com um cara que conheci no bar. Não acho que ele seja HIV-positivo, ele parece legal. Você está bravo comigo?". Nesses momentos, uma fúria escaldante pode começar a queimar o estômago do terapeuta.

Aprendi que não é útil dizer, como se fosse possível não ser passional, "Então me conte das suas fantasias sobre a minha reação", como se estivesse lidando com uma pessoa de nível neurótico que se comportou mal e tem medo de desaprovação. Em vez disso, é melhor dizer algo como, "Bem, você sabe que o meu trabalho é tentar ajudá-la a ser menos autodestrutiva, então, quando ouvi que você tem sido *mais* autodestrutiva, isso realmente me afetou. Como é para você quando fico irritada com o seu comportamento?". Conforme Karen Maroda (1999) enfatizou, o paciente não costuma se aborrecer quando o terapeuta demonstra alguma emoção – em especial clientes *borderline*, que têm consciência de que são difíceis.

Um livro sobre diagnosticar indivíduos obviamente tentará entender o que é consistente sobre o paciente em *qualquer* relacionamento a partir da perspectiva de *uma* pessoa. E argumentei, contra algumas concepções relacionais, que essa é uma perspectiva válida (cf. Chodorow, 2010). Mas, no tratamento, é importante lembrar da equivalência psicológica ao princípio de Heisenberg: quando observamos algo, somos parte do que está sendo observado. Quando estamos com um paciente, estamos nos relacionando com uma pessoa *enquanto ela existe na situação de estar conosco*. O que estamos aprendendo sobre o cérebro emocional, sobre a comunicação *do cérebro direito para o cérebro direito*, sobre a natureza intersubjetiva de todas as interações, revela que a imagem de qualquer pessoa como um indivíduo autônomo ao qual estamos "objetivamente" observando é uma ficção (Wachtel, 2010). O fato de todos os relacionamentos serem construídos em conjunto revela que devemos dar nossa própria contribuição ao que quer que seja. Dar atenção a esse fato pode ser de particular importância em relação a clientes *borderline*, que lutam contra a humilhação e podem ficar aliviados se o terapeuta compartilhar com eles a responsabilidade do que acontece na díade.

Isso conclui o que posso dizer, em um primeiro momento sobre as implicações do nível de desenvolvimento para o tratamento. Atingi apenas a superfície. Se houvesse um tratado sobre a técnica *per se*, cada nível mereceria ao menos um capítulo ou, melhor ainda, seria objeto de um livro inteiro. Como se as questões anteriores não fossem complexas o bastante, permitam-me introduzir agora o tópico sobre a interação das categorias *tipológica* e *de desenvolvimento* da estrutura de personalidade e suas complexas relações.

INTERAÇÃO DAS DIMENSÕES TIPOLÓGICA E DE AMADURECIMENTO DO CARÁTER

A Figura 4.1 mostra os meios pelos quais muitos terapeutas analiticamente orientados mapearam as estruturas de personalidade de seus pacientes. O eixo do desenvolvimento, embora dividido em três categorias principais de organização, é na verdade um *continuum*, com diferenças de nível que pouco a pouco se tornam discrepantes o bastante para que se justifique uma conceitualização de diferenças de tipo. Todos flutuamos com relação a nosso estado de amadurecimento; sob um estresse muito alto, uma pessoa idealmente saudável pode ter uma reação psicótica temporária, e mesmo o esquizofrênico mais delirante tem momentos de extrema lucidez. Muitas das categorias psicológicas que aparecem no eixo de amadurecimento podem ser familiares, ainda que não sejam discutidas agora de forma sistemática (apenas mais adiante neste livro). Os Capítulos 5 e 6 detalham o conceito de defesa, já que a configuração da personalidade no eixo tipológico representa o uso habitual de uma defesa ou de um grupo de defesas.

Em cada categoria do eixo horizontal há uma faixa de patologia de caráter que vai das áreas da psicose as áreas neuróticas/sadias. Contudo, as pessoas não são distribuídas de maneira uniforme ao longo dos pontos de cada extensão do *continuum*. Tais categorias que representam o uso habitual de uma defesa mais primitiva irão "pesar" mais para o lado psicótico da faixa de extensão; pessoas paranoides, por exemplo, que por definição dependem da negação e da projeção, provavelmente ficarão mais próximas à extremidade inferior do eixo de desenvolvimento. As categorias tipológicas que demonstram confiança em defesas mais maduras irão pesar mais para o lado do polo neurótico; grande parte das pessoas obsessivas, por exemplo, estará na extremidade neurótica da dimensão obsessiva, e não no polo psicótico. A maioria dos padrões de caráter mal-adaptados o bastante para serem considerados parte de um *transtorno* da personalidade segundo o DSM, em vez de apenas um *estilo* de personalidade, provavelmente ficará na faixa *borderline*.

DIMENSÃO TIPOLÓGICA

DIMENSÃO DO DESENVOLVIMENTO	Psicopata	Narcisista	Esquizoide	Paranoide	Depressivo	Obsessivo-compulsivo	Histérico	Outros
Nível neurótico a saudável Integração da identidade e constância do objeto – Fase edipiana de Freud /Fase de iniciativa vs. culpa de Erikson								
Nível *borderline* Separação-individuação / Fase anal de Freud / Fase autonomia vs. vergonha e culpa de Erikson								
Nível psicótico Simbiose / Fase oral de Freud / Fase da confiança básica vs insegurança de Erikson								

Figura 4.1 Dimensões tipológicas e de desenvolvimento da personalidade.

Qualquer pessoa que tenha experiência em conviver com uma grande diversidade de seres humanos pode confirmar que é possível alguém ter um alto grau de desenvolvimento do ego e de integração da identidade e, ao mesmo tempo, ainda lidar com ansiedades por meio de uma defesa primitiva. Novamente, tomando como exemplo o caso, de pessoas com significativa paranoia, muitos podem pensar em indivíduos cujas personalidades sejam visivelmente paranoides, mas que possuam força de ego, clareza em relação as suas existências como seres humanos individuais, identidades consolidadas e elaboradas e relacionamentos duradouros. Eles, com frequência, encontram um lugar ao sol como detetives ou agentes de operações secretas, usando as tendências paranoicas como vantagem. O fato de indivíduos paranoides mais saudáveis não procurarem a psicoterapia (um fato intrinsecamente relacionado à paranoia) não significa que eles não existam. A frequência com a qual as pessoas procuram terapia e, assim, entram nas estatísticas de saúde mental não é a mesma em relação aos diferentes tipos de personalidade, porque as categorias refletem diferenças importantes em áreas como a da disposição para confiar, da inclinação à esperança, da boa vontade em investir dinheiro em bens não materiais, e por aí vai.

Da mesma forma, experiências de vida comuns também sugerem a possibilidade de algumas pessoas confiarem principalmente em defesas "maduras", como a intelectualização e, apesar disso, terem um péssimo resultado de teste de realidade, noção de separação inadequada, integração de identidade limitada e relacionamentos insatisfatórios com outras pessoas. Assim, enquanto pessoas obsessivas mais saudáveis são mais fáceis de encontrar do que aquelas com tendências psicóticas, qualquer profissional da área de admissão de pacientes já se deparou com pessoas cuja tendência à intelectualização cruzou a linha rumo ao delírio.

Com frequência é mais importante clinicamente que se tenha uma ideia do nível de desenvolvimento geral do cliente do que identificar a descrição tipológica mais apropriada. Já que a flexibilidade da defesa é um aspecto da saúde psicológica, pessoas com altas gradações raras vezes são exemplo de um único tipo de personalidade. No entanto, ambas as áreas de avaliação são importantes, como será exemplificado em certos contextos de diagnóstico diferencial que apresento dos Capítulos 7 ao 15.

RESUMO

O assunto do presente capítulo diz respeito às implicações da terapia para clientes neuróticos, psicóticos ou *borderline*, em termos de caráter. Pessoas em nível neurótico são normalmente bons candidatos tanto à psicanálise quanto as terapias tradicionais de exploração; sua força de ego também as torna responsivas a muitos outros tipos de intervenção.

Pacientes em nível psicótico/simbiótico na maioria das vezes precisam de terapia de apoio, caracterizada por (entre outros aspectos) uma ênfase na segurança, no respeito, na honestidade, na educação e na atenção aos efeitos de aflições particulares.

Pacientes em nível *borderline* obtêm mais ajuda em dinâmicas de trabalho em que os limites sejam exaustivamente mantidos, em vez de se nomearem estados de ego realizando interpretações de defesas primitivas. A ajuda do paciente pode ser solicitada para resolver alguns impasses. Intervenções úteis a pacientes *borderline* desencorajam a regressão e apoiam a individuação. O te-

rapeuta deve demonstrar compreensão durante os períodos de quietude e respeitar as informações contidas na contratransferência.
Por fim, a estrutura de caráter foi diagramada em dois eixos a fim de ilustrar graficamente o princípio de apreciação tanto da dimensão do desenvolvimento quanto da dimensão tipológica da personalidade.

SUGESTÕES PARA OUTRAS LEITURAS

O texto clássico sobre psicanálise com pessoas em nível neurótico continua sendo o *The Technique and Practice of Psychoanalysis* (1967), de Greenson. O livro de Schafer, *The Analytic Attitude* (1983), articula aspectos da terapia que os livros mais convencionais deixam de fora.
Dentre os textos sobre terapia que tentam ser genéricos quanto à organização do caráter, recomendo os de Fromm-Reichmann (1950), Hedges (1992), Pine (1985), Charles (2004), além do meu próprio (McWilliams, 2004). O livro mais agradável de ler sobre os níveis de desenvolvimento da perspectiva das relações de objeto provavelmente é o de Horner, *Psychoanalytic Object Relations Therapy* (1991). A obra de E. S. Wolf, *Treating the Self* (1988), oferece uma perspectiva particularmente útil da psicologia do *self*. Bons textos de orientação relacional incluem o *Psychodynamic Techniques* (2010), de Maroda, e o primeiro de Safran baseado em pesquisas (no prelo).
A melhor literatura que conheço sobre trabalho com pacientes em nível psicótico – e boas fontes nessa área são escassas – inclui as obras de Arieti (1955), Searles (1965), Lidz (1973), Karon e VandenBos (1981), Selzer e colaboradores (1989) e Geekie e Read (2009). O texto de Alanen e colaboradores (2009) constitui uma boa visão geral da psicoterapia com esquizofrênicos. A antiga necessidade de livros que abordassem a terapia de apoio foi suprida por Rockland (1992) e Pinsker (1997). Para um tocante panorama da recuperação da esquizofrenia do ponto de vista de um paciente, leia o clássico *I Never Promised You a Rose Garden*, de Hannah Green (1964), pseudônimo de Joanne Greenberg, que foi tratada por Freida Fromm-Reichmann.
A literatura sobre terapias para organizações de personalidade *borderline* é confusa devido à diversidade de abordagens no que tange a conceitualização dos clientes *borderline*. O volume editado por Hartocollis (1977) é útil para o contexto histórico do conceito. Dentre as contribuições psicanalíticas mais clássicas para a técnica, o trabalho de Masterson, que tem a virtude de ser muito bem escrito, é talvez mais bem resumido em seu livro de 1976. A contribuição de Adler (1985) é uma revisão de agradável leitura dos modos de entendimento mais influenciados pela psicologia do *self*.
O grupo de pesquisa de Kernberg (Clarkin et al., 2006) publicou um notável manual sobre terapia focada na transferência, com ênfase nas defesas primitivas, sobretudo na dissociação. O livro de Bateman e Fonagy, *Mentalization-Based Treatment for Borderline Personality Disorders* (2004), sintetiza de forma semelhante um conhecimento adquirido ao longo de muita prática e pesquisa, com ênfase nas deficiências cognitivas e relacionadas ao apego. O trabalho cognitivo-comportamental de Linehan (p. ex., 1993), que enfatiza a dimensão do afeto na experiência *borderline*, é descrito de forma acessível e clinicamente útil a terapeutas de todas as orientações.

5
Processos defensivos primários

Neste capítulo e no próximo, tratarei das defesas mais comuns. O conceito de defesa tem sido importantíssimo no diagnóstico de caráter psicanalítico. As categorias de diagnóstico mais relevantes usadas por terapeutas analíticos para denotar tipos de personalidade se referem implicitamente a uma operação contínua de uma defesa específica ou de uma constelação de defesas em um indivíduo. Logo, estabelecer um diagnóstico é como abrir uma porta para penetrar nos padrões defensivos habituais de uma pessoa.

O termo "defesa" é infeliz em diversos aspectos. O que nos referimos como defesa nos adultos começa nos meios adaptativos, globais e inevitáveis de experimentar o mundo. Freud é o responsável pela observação e nomeação originais desses processos; sua escolha pelo termo "defesa" reflete pelo menos dois modos de pensar. Em primeiro lugar, ele gostava de metáforas militares. Quando estava tentando tornar a psicanálise mais palpável para um público cético, com frequência fazia analogias, por propósitos pedagógicos, comparando as operações psicológicas com manobras táticas do exército ou metas em relação a objetivos militares ou batalhas com resultados complexos.

Em segundo, quando se deparou pela primeira vez com os exemplos mais dramáticos e memoráveis dos processos que chamamos hoje de defesas (repressão, conversão, dissociação), ele os observou quando estavam operando em sua função defensiva. As pessoas com danos emocionais e predominantemente histéricas que o fascinaram em um primeiro momento estavam tentando evitar uma repetição da experiência do que consideravam uma dor insuportável. Elas estavam fazendo isso, Freud observou, a alto custo de seu funcionamento geral. Em última análise, seria melhor que sentissem por completo as emoções sobrecarregadas das quais tinham medo, para então liberarem suas energias e darem continuidade as suas vidas. Assim, o contexto mais antigo no qual se falou sobre defesas foi aquele em que a tarefa do médico era diminuir-lhes o poder.

Colocado dessa maneira, era evidente o valor terapêutico de enfraquecer ou aniquilar as defesas mal-adaptadas de uma pessoa. Infelizmente, no clima de excitação em torno das primeiras observações de Freud, a ideia de que as defesas são, por natureza, mal-adaptadas se espalhou entre as pessoas da lei, e o termo adquiriu uma injusta má fama. Chamar alguém de "defensivo" é universalmente entendido como uma crítica. Analistas também usam a palavra nesse sentido em seu discurso comum, mas, quando estão discutindo os mecanismos de defesa de uma forma teórica e acadêmica, não supõem a obrigatoriedade de que algo patológico esteja ocorrendo quando uma defesa está em ação. Na verdade, terapeutas influenciados pela teoria analítica entenderam algumas vezes certos problemas, principalmente "descompensações" psicóticas e próximas à psicose, como evidência de falta de defesas.

O fenômeno ao qual nos referimos como "defesas" tem muitas funções positivas. As defesas começam como adaptações saudáveis e criativas, que continuam a funcionar de forma adaptativa ao longo da vida. Quando estão operando para proteger o *self* contra uma ameaça, são claramente discerníveis como "defesas", um rótulo que parece funcionar sob tais circunstâncias. Uma pessoa que usa uma defesa em geral está tentando, de modo inconsciente, atingir um dos seguintes objetivos (ou ambos): (1) evitar ou administrar algum sentimento poderoso e ameaçador, normalmente ansiedade, mas também luto esmagador, vergonha, inveja e outras experiências emocionais caóticas; e (2) manter a autoestima. Os psicólogos do ego enfatizaram a função das defesas na administração da ansiedade; os teóricos das relações de objeto, que focam no apego e na separação, introduziram o entendimento de que as defesas de fato funcionam contra o luto; e os psicólogos do *self* ressaltaram o papel das defesas na tentativa de manter um senso de *self* forte, consistente e de valor positivo. Os analistas do movimento relacional enfatizaram as naturezas compartilhadas das defesas que emergem em casais e sistemas.

Os psicanalistas admitem, embora raramente o façam de forma explícita, que todos temos defesas preferidas que se tornaram integradas aos nossos estilos individuais de lidar com as situações. Essa confiança automática em uma defesa em particular ou em um grupo de defesas é resultado de complexas relações entre, pelo menos, quatro fatores: (1) o temperamento individual específico, (2) a natureza das angústias que o indivíduo sentiu na primeira infância, (3) as defesas modeladas – e às vezes explicitamente ensinadas – pelos pais e por outras figuras importantes e (4) as consequências experienciadas devido ao uso de determinadas defesas (na linguagem da teoria do aprendizado: efeitos de reforço). Na linguagem psicodinâmica, a escolha inconsciente de um modelo favorito para lidar com determinada situação é "sobredeterminada"*, expressando o princípio analítico cardeal de "função múltipla" (Waelder, 1960).

As defesas têm sido pesquisadas de maneira exaustiva. Phoebe Cramer (2008) revisou descobertas empíricas que apoiam sete observações psicanalíticas centrais; a saber, que as defesas (1) funcionam independentemente de nossa consciência; (2) desenvolvem-se segundo uma ordem previsível à medida que a criança amadurece; (3) estão presentes na personalidade normal; (4) são usadas com intensidade em períodos de estresse; (5) reduzem a experiência consciente das emoções negativas; (6) operam por meio do sistema nervoso autônomo; e (7) quando usadas em excesso, são associadas a psicopatologias. Existe uma concordância substancial entre acadêmicos psicanalíticos quanto ao fato de algumas defesas serem mais maduras do que outras em termos de desenvolvimento (Cramer, 1991; Laughlin, 1970; Vaillant et al., 1986). Cramer (2006) demonstrou, por exemplo, que a negação ocorre muito cedo, e que a projeção se desenvolve depois, e a identificação ainda mais tarde (embora discuta ideia de os precursores arcaicos tanto da projeção quanto da identificação estarem localizados nos processos defensivos primários). Em geral, as defesas que são chamadas de "primárias", "imaturas", "primitivas" ou "de ordem inferior" observam o limite entre o *self* e o mundo exterior. As consideradas como "secundárias", "mais maduras", "avançadas" ou "de ordem superior" lidam com limites internos, como aqueles entre o ego, o superego e o id ou entre o ego observador e as partes do ego ligadas à experiência.

As defesas primitivas operam de modo global e indiferenciado, fundindo as dimensões cognitiva, afetiva e comportamental, enquanto as mais avançadas operam transformações específicas de pensamentos, sentimentos, sensações, comportamentos o alguma combinação dessas funções. A divisão conceitual entre as defesas superiores e as mais arcaicas é um tanto arbitrária. Contudo, desde que Kernberg (p. ex., 1976) chamou atenção para o uso por clientes *borderline* de formas arcaicas de projeção e introjeção (percursora da identificação), muitos terapeutas o seguiram na identificação das seguintes defesas como intrinsecamente "primitivas": isolacionismo, negação, controle onipotente, desvalorização e idealização primitivas, identificação projetiva e introjetiva e dissociação. Em 1994, sugeri a adição de formas extremas de dissociação à lista. E agora, baseada na obra de Vaillant (p. ex., Vailant et al., 1986) e de outros pesquisadores com os quais não estava tão familiarizada em 1994, e devido às sugestões de muitos colegas, adicionei também somatização, *action out* e sexualização ao grupo das defesas mais primitivas. Há expressões maduras desses processos, mas isso também é válido se pensarmos em outras defesas de ordem inferior, como idealização e isolacionismo primitivos.

---

* N. de R .T. A autora refere-se ao princípio analítico da função múltipla.

Para ser considerada primária, uma defesa tem geralmente duas qualidades associadas com a fase pré-verbal do desenvolvimento: uma falta de apego ao princípio de realidade (ver Cap. 2) e uma falta de percepção da separação e da constância daqueles que são externos ao *self*. Por exemplo: pensa-se que a negação seja uma manifestação de um processo mais primitivo que a repressão. Para algo ser reprimido, é necessário que antes tenha sido conhecido de alguma forma, e então relegado ao inconsciente. A negação é um processo instantâneo e não reflexivo. "Isso não está acontecendo" é uma forma mais mágica de lidar com algo desagradável do que "Isso aconteceu, mas vou esquecer porque é muito doloroso".

De forma similar, o mecanismo de defesa conhecido como "dissociação", no qual a pessoa separa as experiências como totalmente boas ou totalmente más, sem espaço para ambiguidade e ambivalência, é considerado primitivo porque se acredita que derive de uma época anterior àquela em que a criança desenvolve constância de objeto. A percepção da mãe quando a pessoa se sente gratificada é de uma "mãe boa", enquanto a percepção da mesma mãe quando a pessoa está frustrada é de uma "mãe má". Antes de ser madura o suficiente para perceber que se trata da mesma pessoa em ambas as situações, cuja presença às vezes parece boa e às vezes má, a criança entende que cada experiência tem um tipo de qualidade total e definida. Em contraste, uma defesa como a racionalização é considerada madura porque requer algumas capacidades mentais e verbais sofisticadas e uma ligação mais próxima com a realidade, já que a pessoa precisa conseguir explicar um sentimento com muita racionalidade.

Muitos processos de defesa têm formas mais primitivas e mais maduras. Por exemplo: "idealização" pode denotar uma convicção inquestionável de que outra pessoa seja perfeita ou pode se referir a uma ideia sutil de que alguém seja admirável, apesar de algumas visíveis limitações. "Isolacionismo" pode se relacionar à total renúncia da realidade em favor de um estado psicótico da mente ou pode indicar a leve tendência a lidar com o estresse "sonhando acordado". Neste capítulo sobre defesas primitivas, chamei uma defesa de "extrema" quando ela também tem manifestações mais maduras.

As chamadas defesas primitivas são formas por meio das quais se acredita que o bebê naturalmente perceba o mundo. Essas formas de experienciar estão em todas as pessoas, tenham ou não psicopatologias significativas; todas negam, dissociam e têm impulsos de onipotência. Tais processos só representam um problema se elas não contarem com capacidades psicológicas mais maduras ou se tais defesas forem usadas para a exclusão de outras possíveis. A maioria dos indivíduos também acrescenta a elas meios mais sofisticados de processar a ansiedade e assimilar uma realidade complexa e perturbadora. *É a ausência de defesas maduras, e não a presença de defesas primárias, que define a estrutura* borderline *ou psicótica.*

É muito mais difícil descrever as defesas primárias do que as mais evoluídas. O fato de elas serem pré-verbais, pré-lógicas, da ordem da imaginação e da "mágica" (parte do processo de pensamento primário) as torna extremamente difíceis de serem representadas na prosa; na verdade, a representação de processos pré-verbais em palavras é, de certa forma, um paradoxo. O resumo a seguir oferece uma revisão dessas defesas as quais se convencionou chamar de primárias.

ISOLACIONISMO EXTREMO

Uma criança que é superestimulada ou está muito aflita irá, na maioria das vezes, simplesmente cair no sono. A fuga a um diferente estado de consciência é uma reação automática e autoprotetora que já se pode observar nos menores seres humanos. Versões adultas do mesmo processo podem ser reconhecidas em pessoas que fogem de situações sociais e interpessoais, substituindo as angústias pela estimulação de seu mundo fantasioso interno relacionadas a outras pessoas. A propensão ao uso de substâncias químicas para alterar a consciência também pode ser considerada um tipo de fuga. Alguns profissionais, incluindo contribuidores de edições recentes do DSM, preferem o termo "fantasia autista" ao termo fuga; essa denominação refere-se a uma versão específica da tendência mais geral a evitar contato social.

Alguns bebês são, por temperamento, mais inclinados do que outros a tal maneira de responder a estresse; estudiosos de crianças têm notado que os bebês mais sensíveis são aqueles mais propensos à fuga. Pessoas com essa impressionante disposição natural podem criar uma rica vida fantasiosa interna e considerar o mundo externo problemático e empobrecido. Experiências de impacto ou intrusão emocional dos cuidadores ou de outros objetos primários podem reforçar a fuga; de modo contrário, negligência e abandono também podem criar essa reação, deixando a criança dependente do que ela pode gerar internamente como estimulação. Estilos de personalidade esquizoide constituem o resultado de caráter que emerge da confiança em uma defesa de fuga.

A desvantagem óbvia da fuga é que ela remove a pessoa de uma participação ativa nas resoluções interpessoais dos problemas. Pessoas com parceiros esquizoides ficam frequentemente confusas a respeito de como obter deles algum tipo de reação emocional. "Ele apenas fica mexendo no controle remoto e se recusa a me responder" é uma queixa recorrente. Pessoas que cronicamente se retiram para seus próprios estados da mente testam a paciência daquelas que as amam por meio da resistência a se engajar em um nível sentimental. Aqueles com sérias perturbações emocionais são difíceis de ajudar devido a sua aparente indiferença em relação aos profissionais que tentam lhes ganhar a atenção e o apego.

A principal vantagem da fuga como estratégia de defesa é que, ao mesmo tempo em que envolve um escape psicológico da realidade, requer pouca distorção dessa realidade. Pessoas que dependem do isolacionismo confortam a si mesmas não pela confusão do mundo externo, mas retirando-se desse mundo. A consequência é que com frequência elas podem ser absurdamente sensíveis, para grande surpresa daqueles que as descreveram como participantes nulos. E apesar de sua falta de disposição para expressar os próprios sentimentos, elas podem ser muito perceptivas em relação aos sentimentos dos outros. Na extremidade mais saudável da escala esquizoide encontram-se pessoas de notável criatividade: artistas, escritores, cientistas teóricos, filósofos, místicos religiosos e outros profissionais talentosos e observadores, cuja capacidade de ficar fora do convencional lhes dá uma possibilidade única de comentar e agir sobre o mundo de forma original.

NEGAÇÃO

Outra forma primária que as crianças usam ante experiências desagradáveis é a recusa em aceitar que essas experiências estejam acontecendo. A negação vive automaticamente em cada ser humano, como uma primeira reação a qualquer tipo de catástrofe; a reação inicial daqueles que recebem a notícia do falecimento de alguém que lhes seja importante é: "Ah, não!". Tal reação é a sombra de um processo arcaico enraizado no egocentrismo infantil, no qual uma convicção pré-lógica de que "Se não reconheço, não está acontecendo" governa a experiência. Foram processos como esses que levaram Selma Fraiberg a dar a seu clássico e popular livro sobre a primeira infância o título *The Magic Years* (1959).

Exemplos de pessoas em quem a negação é uma defesa fundamental são os indivíduos do tipo Pollyana, os quais insistem que tudo sempre está ótimo. Os pais de um de meus pacientes continuavam a ter um filho após o outro, mesmo depois de três de seus bebês terem morrido por causas que apenas pais que sofrem de negação não teriam percebido terem implicações genéticas. Eles recusavam-se a lamentar a morte dos filhos, ignoravam o sofrimento dos outros dois filhos saudáveis, resistiam à indicação de procurar um conselho médico sobre genética e insistiam que a situação deles representava a vontade de Deus, que sabia o que era melhor para eles. Experiências de êxtase e alegria exagerados, sobretudo quando ocorrem em momentos nos quais a maioria das pessoas teria percebido os aspectos negativos das circunstâncias, são assumidamente reconhecidas como reflexos de uma operação de negação.

A maioria das pessoas algumas vezes usa a negação, com a valiosa intenção de tornar a vida menos desagradável, e muitas a utilizam com frequência para lidar com angústias específicas. As pessoas cujos sentimentos são feridos em situações em que seja inapropriado ou não aconselhável chorar são mais propensas à negação de sentimentos dolorosos do que ao reconhecimento completo deles e à consequente inibição do choro via reação consciente. Em crises ou emergências, a capacidade de negar emocionalmente que a sobrevivência de alguém esteja em risco pode salvar vidas. A negação pode gerar as ações mais eficazes e mesmo heroicas. Todas as guerras trazem histórias de pessoas que conseguiram "manter a cabeça firme" em condições perturbadoras de ameaças de morte e por isso se salvaram e salvaram seus companheiros.

De forma menos positiva, a negação pode contribuir para resultados opostos. Uma conhecida minha recusa-se a fazer os exames de Papanicolau anuais, como se, ignorando a possibilidade de câncer, o estivesse magicamente evitando. Esposas que negam a periculosidade de seus parceiros abusivos, alcoolistas que insistem que não têm problemas com bebida, mães que ignoram o evidente abuso sexual de suas filhas, pessoas idosas que não abrem mão de suas carteiras de motorista apesar das evidentes limitações ao dirigir – todos constituem exemplos familiares de negação. Esse conceito psicanalítico quase não foi distorcido ao longo de sua existência pela linguagem coloquial, em parte porque o termo "negação", assim como o termo "fuga", não se tornou jargão, e em parte porque é um conceito de singular significação em programas de 12 passos e outros empreendimentos que buscam confrontar pessoas em relação ao uso dessa defesa e, assim, ajudá-las a se livrar do que quer que tenha resultado de tal uso.

Um componente de negação pode ser encontrado na operação da maioria das defesas mais maduras. Por exemplo: a crença consoladora de que a pessoa que rejeitou você realmente o(a) desejava, mas não estava pronta para assumir um compromisso. Tal conclusão inclui tanto a negação de que fomos rejeitados quanto a atividade mais sofisticada de "criação de desculpas", referida como racionalização. De modo similar, a defesa de formação de reação, na qual uma emoção é transformada em seu oposto (p. ex., ódio em amor), constitui um tipo de negação muito mais complexo do sentimento ao qual está dirigida a defesa do que a simples recusa a sentir aquela emoção.

O exemplo mais claro de psicopatologia definida pelo uso da negação é a mania. Em estados maníacos, as pessoas podem negar em um nível impressionante suas limitações físicas, como a necessidade de sono, e também suas exigências financeiras, suas fraquezas pessoais e mesmo a mortalidade. Enquanto a depressão torna impossível ignorar os fatos dolorosos, a mania faz eles parecerem insignificantes. Os analistas podem se referir àqueles que usam a negação como principal defesa como hipomaníacos (o prefixo "hipo", significando "um pouco" ou "alguma coisa", distingue-os daqueles que sofrem de episódios absolutamente maníacos). Eles também já foram chamados de "ciclotímicos" ("que alternam emoções"), devido a sua tendência a alternar entre os humores maníacos e depressivos, em geral diagnosticados com uma doença bipolar. Entendemos essa oscilação como o repetitivo uso da negação, seguido pelo inevitável colapso da pessoa, quando fica exausta do estado maníaco. Embora tenha entrado para o DSM apenas em sua segunda edição, devido à decisão de colocar todos os fenômenos ligados ao humor em uma seção de "transtornos do humor", esse diagnóstico aparece no PDM e no Capítulo 11 deste livro.

Assim como a maioria das defesas primitivas, a negação inalterada em adultos costuma ser motivo de preocupação. No entanto, indivíduos levemente hipomaníacos podem ser muito agradáveis. Muitos comediantes e pessoas no ramo do entretenimento apresentam a sagacidade, a alta dose de energia, a facilidade em brincar com as palavras e a contagiante espirituosidade que caracterizam aqueles que escapam com sucesso de afetos dolorosos transformando-os por longos períodos de tempo. No entanto, o lado depressivo dessas pessoas é com frequência visível para aqueles mais íntimos, e o preço psicológico do seu charme maníaco é quase sempre bastante alto.

CONTROLE ONIPOTENTE

Nos recém-nascidos, o mundo e o *self* são sentidos mais ou menos como a mesma coisa. A pesquisa de Fonagy (Fonagy et al., 2003) sugere que as crianças vivam por mais ou menos 18 meses em um estado de "equivalência psíquica", no qual o mundo externo é sentido como isomórfico ao mundo interno. Piaget reconheceu esse fenômeno (p. ex., 1937) em seu conceito de "egocentrismo primário" (uma fase cognitiva basicamente equivalente ao "narcisismo primário" [1914b] de Freud, durante a qual prevalecem os processos primários de pensamento). Essa pode ser a causa de todos os eventos serem entendidos pelos recém-nascidos como internos de alguma maneira; ou seja, se a criança está com frio e o cuidador percebe isso e lhe fornece calor, o bebê tem algumas experiências pré-verbais de ter conseguido calor de alguma forma mágica. A consciência de que existe uma fonte de controle em "outros" separados, fora do *self*, ainda não foi desenvolvida.

A ideia de que se possa influenciar o contexto de alguém, de que se tem autonomia, é uma dimensão fundamental da autoestima, a qual pode começar a se desenvolver na infância com fantasias não realistas de onipotência, mas normais em termos de desenvolvimento. Foi Sandor Ferenczi (1913) que, pela primeira vez, chamou atenção para os "estágios de desenvolvimento de um senso de realidade". Ele ressaltou que, no estágio infantil de onipotência ou grandiosidade primária, a fantasia de que se controla o mundo é normal; que isso, com naturalidade, muda, à medida que a criança amadurece, para uma fase de onipotência secundária ou derivada, na qual se acredita que um dos cuidadores ou ambos sejam todo-poderosos; e que, eventualmente, a criança madura entra em acordo com o fato não atraente de que sua potência é limitada. Uma pré-condição para a atitude adulta e madura que reconhece a limitação de poder pode ser, de modo paradoxal, a experiência emocional oposta na infância: uma vida inicial segura o bastante para que se possa ter a liberdade de desfrutar das ilusões próprias do desenvolvimento, como a da própria onipotência, e, depois, da onipotência daqueles dos quais se depende.

Alguns resíduos saudáveis do sentimento da onipotência infantil permanecem em todos os indivíduos e contribuem para sentimentos de competência e eficiência na vida. Há uma forma natural de sentir "excitação" quando se age de acordo com a própria vontade de forma eficaz. Todo mundo que já "teve um palpite" sobre uma falta de sorte e evitou assim algum problema sabe o quanto é delicioso se sentir onipotente. A convicção de que os indivíduos podem fazer tudo o que quiserem é parte da ideologia norte-americana, empurrada goela abaixo no senso comum e na maioria das experiências humanas ocidentais, mas ela pode ser também uma ficção autorrealizável e poderosamente positiva.

Para algumas pessoas, a necessidade de um sentimento de controle onipotente, e de interpretar experiências como se fossem resultado de seu poder sem restrições, continua em ação. Se a personalidade de alguém for organizada em torno de uma busca e de um prazer em exercitar o próprio poder, com todas as outras questões práticas e éticas relegadas a segundo plano, essa pessoa estará na faixa psicopata ("sociopata" e "antissocial" em termos antigos). Psicopatia e criminalidade são categorias sobrepostas, mas não equivalentes (Hare, 1999). O público leigo costuma achar que a maioria dos criminosos é psicopata e vice-versa. No entanto, muitas pessoas que raramente descumprem a lei têm personalidades guiadas pela defesa do controle onipotente, como as "cobras de terno", descritas por Babiak e Hare (2007). Elas usam a manipulação consciente como uma forma primária de evitar a ansiedade e manter a autoestima.

"Superar" os outros é uma das principais preocupações e um dos maiores prazeres de indivíduos cuja personalidade é dominada pelo controle onipotente (Bursten, 1973a). A presença de tais pessoas é comum em empresas que requeiram astúcia, amor pela estimulação ou pelo perigo e disposição para subordinar as preocupações dos outros ao objetivo central de assegurar que o seu poder seja sentido. Elas podem ser encontradas em cargos de liderança nos negócios, na política, em operações secretas, entre líderes de cultos religiosos, na publicidade e na indústria do entretenimento, e em outras áreas da vida em que o potencial para exercer poder seja alto. Certa vez, ao dar consultas em uma base militar, ficando disponível para responder a perguntas em minha área de conhecimento, o comandante da base solicitou uma hora comigo. A pergunta dele era: "Como podemos prevenir que psicopatas se tornem generais?".

IDEALIZAÇÃO E DESVALORIZAÇÃO EXTREMAS

A formulação de Ferenczi sobre como as fantasias primárias de onipotência do *self* são gradualmente substituídas por fantasias de onipotência ligadas aos cuidadores continua válida. Pode-se notar a intensidade da força com que uma criança pequena precisa acreditar que a mamãe ou o papai podem protegê-la de todos os perigos da vida. À medida que envelhecemos, esquecemos o quão assustador é para uma criança se confrontar pela primeira vez com as realidades da hostilidade, da vulnerabilidade às doenças e aos machucados, da mortalidade, entre outros horrores (C. Brenner, 1982). Uma forma que os mais novos utilizam para se anestesiar desses medos esmagadores é a crença de que alguém um tanto benevolente – uma autoridade todo-poderosa – está encarregado disso. (Na verdade, o desejo de acreditar que as pessoas que estão "dominando" o mundo são, de alguma forma, inerentemente mais sábias e poderosas do que as comuns e falíveis é alimentado na maioria de nós e pode ser inferido por nosso grau de frustração quando os acontecimentos nos lembram de que essa construção é apenas um desejo.)

A convicção das crianças pequenas de que suas mães ou pais são capazes de atos super-humanos é a grande bênção e a grande maldição da maternidade e da paternidade. É uma vantagem inegável no departamento de cura *boo-boo*, e não há nada mais tocante do que a total confiança e o mais intenso amor de uma criança. Entretanto, isso cria nos pais uma exasperação de difícil controle. Lembro de uma de minhas filhas, com mais ou menos 2 anos e meio, fazendo uma birra insuportável enquanto eu tentava explicar que não poderia parar a chuva para que ela fosse nadar.

Todas as pessoas idealizam. E carregam o que restou de sua necessidade de agregar valor e poder especial àqueles dos quais dependem emocionalmente. A idealização normal é um componente essencial do amor maduro (Bergmann, 1987). E a tendência, à medida que o desenvolvimento ocorre, a desidealizar e desvalorizar as figuras de apego na infância é uma parte normal e importante do processo de separação/individuação. Não é comum que um jovem de 18 anos saia de casa sentindo que o antigo lar é um lugar muito melhor do que o mundo que o espera lá fora. Em algumas pessoas, no entanto, a necessidade de idealização parece intacta desde a infância. O comportamento dessas pessoas evidencia a sobrevivência de esforços arcaicos e desesperados na tentativa de contra-atacar o terror interno por meio da convicção de que alguma figura a qual elas estão apegadas é onipotente, onisciente e 100% benevolente, e acreditam que, na aliança com este maravilhoso OUTRO, estarão seguras. Elas também buscam a libertação da vergonha: um subproduto da idealização e da associada crença da perfeição é o fato de que é difícil lidar com as imperfeições do *self*, logo, a fusão com um objeto idealizado parece um remédio atraente.

O anseio pelo cuidador onipotente aparece naturalmente em convicções religiosas; de forma mais problemática, ele é evidente em fenômenos como a insistência de que o amor de alguém é perfeito ou que algum guru é infalível, uma determinada escola é o máximo, o gosto de uma determinada pessoa é irrepreensível, um governo específico é incapaz de errar, e ilusões semelhantes. Pessoas que fazem parte de cultos são conhecidas por preferirem a morte do que a desvalorização de um líder que enlouqueceu. Em geral, quanto mais dependente uma pessoa é (ou assim se sente), maior a tendência a idealizar. Muitas amigas comentaram comigo, enquanto estavam grávidas (uma época de terrível confronto com a vulnerabilidade pessoal), que seus obstetras eram "maravilhosos" ou os "melhores da área".

Pessoas que passam a vida tentando classificar todos os aspectos da condição humana de acordo com o quão "comparativamente" valiosas elas são, que parecem motivadas a buscar a perfeição por meio da fusão com objetos idealizados, pessoas que tentam se aperfeiçoar o tempo todo e têm tendência a se contrastarem com alternativas de baixo valor, têm personalidades narcisistas. Enquanto grande parte da literatura psicanalítica tem enfatizado outros aspectos da organização narcisista de personalidade, um caminho estrutural importante pelo qual passa a constituição psicológica de tais pessoas diz respeito a seu recurso habitual de idealização e desvalorização primitivas. Sua necessidade de uma constante reafirmação de sua atratividade, fama e valor para os outros (i.e., perfeição) resulta em uma dependência de tais defesas. Impasses de autoestima em pessoas que precisam idealizar e desvalorizar são contaminados pela ideia de que é necessário aperfeiçoar o *self* em vez de aceitá-lo.

A desvalorização primitiva é o lado ruim inevitável da necessidade de idealizar. Como nada na vida humana é perfeito, os modos arcaicos de idealização estão fadados à frustração. Quanto mais um objeto é idealizado, mais radical será a desvalorização da qual será alvo. Quanto mais alto voam as ilusões de alguém, mais rápido despencam. Terapeutas que trabalham com pessoas narcisistas podem atestar o tamanho dos danos gerados em uma situação na qual o cliente primeiro pensa que o terapeuta pode andar sobre as águas e depois o relega a uma posição de quem nem sequer consegue andar e mascar chiclete ao mesmo tempo. Em tratamentos com pessoas narcisistas, as relações cliente/terapeuta são famosas pelo rompimento brusco, assim que aquele se desencanta. Por mais agradável que possa parecer, ser o objeto da idealização total de alguém é sempre uma carga pesada a ser suportada, tanto por ser irritante ter alguém nos tratando o tempo todo como se pudéssemos fazer a chuva parar quanto porque aprendemos pelo caminho mais difícil que ser colocado em um pedestal é apenas uma fase anterior à de ser expulso dele. Minha colega Jamie Walkup (comunicação pessoal, maio de 1992) disse que é também uma "camisa de força", tentando o terapeuta a negar a ignorância normal, a achar intolerável a meta mais modesta de ajuda e assistência, e a achar que somente o melhor desempenho é "típico".

Na vida diária, é possível reconhecer situações análogas a tal processo, no grau de ódio e raiva que pode ser dirigido àqueles que parecem prometer muito, mas falham ao cumprir. O homem que acredita que o oncologista da esposa é o único especialista em câncer capaz de curá-la, é aquele mais propenso a dar início a uma ação judicial caso a esposa venha a morrer. Algumas pessoas passam a vida pulando de um relacionamento íntimo para outro, em ciclos recorrentes de idealização e desilusão, trocando o parceiro por um novo modelo assim que ele ou ela se revelam um ser humano. A modificação da idealização primitiva é uma meta legítima de toda terapia psicanalítica a longo prazo, mas essa empreitada tem relevância singular no trabalho com clientes narcisistas devido ao grau de infelicidade de suas vidas e da vida das pessoas que tentam amá-los.

PROJEÇÃO, INTROJEÇÃO E IDENTIFICAÇÃO PROJETIVA

Estou combinando a discussão de dois dos processos mais primitivos de defesa, projeção e introjeção, porque eles apresentam faces opostas da mesma moeda psicológica. Tanto na introjeção quanto na projeção existe uma barreira psicológica entre o *self* e o mundo. Conforme já mencionei, na infância normal, antes de a criança ter desenvolvido um senso de quais experiências vêm de dentro e quais têm sua fonte fora do *self*, admitimos que exista um senso generalizado de "Eu" sendo equivalente ao "mundo". É provável que um bebê com cólica tenha a experiência "Dor!" em vez de de "Algo dentro de mim está doendo". A criança não consegue distinguir entre uma dor localizada internamente, como a cólica, e um desconforto causado por algo externo, como uma fralda muito apertada. É nessa época de relativa indiferenciação que surgem os processos que, mais tarde, em suas funções defensivas, chamaremos de projeção e introjeção. Quando trabalham juntos, tais processos são considerados uma única defesa, denominada identificação projetiva. Alguns escritores (p. ex., Scharff, 1992) distinguem entre a identificação projetiva e a identificação introjetiva, mas processos semelhantes estão operando em cada um dos tipos.

Projeção é o processo no qual o que há dentro é mal compreendido como vindo de fora. Em suas formas benignas e maduras, a projeção é a base da empatia. Visto que ninguém é capaz de penetrar a mente de outra pessoa, precisamos usar a capacidade de projetar nossa própria experiência a fim de entender o mundo subjetivo de outra pessoa. Intuição, picos de sincronicidade não verbal e experiências profundas de união mística com outra pessoa ou um grupo envolvem a projeção do *self* no outro, com recompensas emocionais poderosas para ambas as partes. Pessoas apaixonadas são famosas por lerem a mente umas das outras de maneira que elas mesmas não conseguem explicar logicamente.

Em suas formas malignas, a projeção cria perigosos mal-entendidos e danos pessoais incalculáveis. Quando as atitudes projetadas distorcem seriamente o objeto no qual estão projetadas, ou quando o que é projetado consiste em partes muito negativas e renegadas pelo *self*, todos os tipos de dificuldade podem ocorrer. Outros ressentem-se por serem mal compreendidos e podem retaliar quando são tratados, por exemplo, como invejosos, julgadores ou persecutórios (modos de agir que em geral tendem a ser ignorados pelo *self* e redirecionados a outras pessoas). Uma pessoa que use a projeção como seu principal meio de entender o mundo e lidar com a vida e que negue ou distorça o que está sendo projetado, pode ser considerada como possuidora de um caráter paranoide.

Devo observar que a paranoia inerentemente não tem nada a ver com suspeita (que pode ser baseada em uma experiência ou observação não projetada e realista ou pode derivar de vigilância pós-traumática), nem com a possibilidade de uma atribuição ser, ou não, adequada. O fato de uma projeção "encaixar-se" não a faz deixar de ser uma projeção; e, ainda que seja mais fácil apontar uma projeção quando a atribuição *não* se encaixa, também é possível que haja uma outra razão, não defensiva, para a não compreensão dos motivos de outra pessoa. Em seu uso coloquial incorreto, o termo "paranoide" é em geral equiparado a "medroso" ou "excessivamente desconfiado", muito em detrimento da precisão na linguagem, embora seja verdade que o que as pessoas projetam costuma ser um conteúdo desagradável ao qual elas podem reagir com medo e desconfiança (ver McWilliams, 2010).

Introjeção é o processo em que algo que está fora é mal compreendido como vindo de dentro. Em suas formas benignas, equivale a uma identificação primitiva com outras pessoas importantes. Crianças pequenas tomam para si todo o tipo de atitudes, afetos e comportamentos de pessoas relevantes em suas vidas. O processo é tão sutil quanto misterioso, ainda que alguns estudos recentes de neurônios espelhados e outros processos cerebrais estejam lançando luz sobre esse assunto. Muito antes que possa tomar uma decisão subjetivamente voluntária de ser como mamãe ou papai, a criança parece tê-los "engolido" de uma forma primária.

Em suas formas problemáticas, a introjeção pode, assim como a projeção, ser bastante destrutiva. Os exemplos mais surpreendentes de introjeção patológica incluem um processo que foi rotulado, de certa forma inapropriadamente (tendo em vista sua primitividade), de "identificação com o agressor" (A. Freud, 1936). É de conhecimento geral, tanto por observações naturalísticas (p. ex., Bettelheim, 1960) quanto por pesquisa empírica (p. ex., Milgram, 1963), que, sob condições de medo ou abuso, as pessoas tentam dominar o medo e a dor assumindo as qualidades de seus abusadores. "Eu não sou a vítima indefesa; sou o poderoso perpetrador" parece ser a inconsciente atração para essa defesa. Esse mecanismo cruza todas as fronteiras diagnósticas, mas é particularmente notável em disposições de caráter que tendem ao sadismo, ao comportamento explosivo e ao que costuma ser chamado (de forma incorreta) de impulsividade.

A introjeção também está implicada em certos tipos de funcionamento psicológico depressivo (Blatt, 1974, 2004). Quando profundamente apegados a pessoas, nós as introjetamos em nosso interior, e as representações delas tornam-se parte de nossa identidade ("Sou filho de Tom, marido de Mary, pai de Sue, amigo de Dan", etc.). Se perdemos alguém cuja imagem havíamos internalizado, seja por morte, separação ou rejeição, não apenas sentimos que tudo ao redor está mais pobre devido à ausência dessa pessoa, mas também nos sentimos diminuídos, como se uma parte de nosso *self* houvesse morrido. Um vazio ou um sentimento de vácuo dominam nosso mundo interno. Também é possível que, em uma tentativa de sentir algum tipo de poder em vez da perda inevitável, fiquemos preocupados a respeito de "qual falha ou pecado que cometemos teria levado a pessoa embora". A voz crítica e violenta de um objeto perdido pode viver em nós como uma forma de mantê-lo internamente vivo. Quando o luto é evitado, uma autocrítica inconsciente toma o seu lugar. Freud (1917a) fez uma bela descrição do luto como um lento processo de fazer as pazes com a condição da perda, no qual "a sombra do objeto cai sobre o ego" (p. 249). Alguém que, com o passar do tempo, seja incapaz de realizar uma separação interna de uma pessoa amada cuja imagem foi introjetada e que, por isso, falhe em investir emocionalmente em outra pessoa (a função do processo de luto) continuará se sentindo diminuído, sem valor, esgotado e vulnerável.

De modo semelhante, crianças em famílias destrutivas preferem acreditar que exista algo errado com elas (preservando a esperança de que, mudando, possam melhorar a família) do que admitir o terrível fato de que seus cuidadores são dependentes, negligentes ou abusivos. Fairbairn (1943) chamou esse processo de "defesa moral", apontando que "é melhor ser um pecador em um mundo governado por Deus do que viver em um mundo governado pelo Demônio" (p. 66-67). Se alguém usar regularmente a introjeção para reduzir a ansiedade e manter a continuidade no *self*, conservando as amarras psicológicas aos objetos que não ofereceram recompensas na infância, essa pessoa pode, com razão, ser considerada de caráter depressivo.

Melanie Klein (1946) foi a primeira analista a escrever sobre um processo defensivo que notou ser onipresente nos pacientes mais perturbados, ao qual chamou de "identificação projetiva". Essa fusão de mecanismos introjetivos e projetivos foi descrita de forma resumida por Ogden (1982):

> Na identificação projetiva, o paciente não só vê o terapeuta de uma forma distorcida determinada por suas relações de objeto passadas, como também o pressiona para que ele se veja de modo congruente com sua fantasia inconsciente. (p. 2-3)

Em outras palavras, o paciente tanto projeta os objetos internos quanto leva a pessoa na qual eles são projetados a se comportar como esses objetos, como se a pessoa-alvo tivesse essas mesmas introjeções. A identificação projetiva é uma abstração difícil e inspirou muita controvérsia na literatura analítica (p. ex., S. A. Mitchell, 1997). Meu próprio entendimento do tema envolve as ideias implicadas no parágrafo anterior; isto é, projeção e introjeção têm um *continuum* de formas que vão das primitivas às avançadas (cf. Kernberg, 1976), e, na extremidade primitiva, aqueles processos estão misturados devido à confusão entre o mundo interior e o exterior. Essa fusão é o que denominamos identificação projetiva. No Capítulo 4, escrevi brevemente sobre a operação da identificação projetiva nos estados psicótico e *borderline*.

Para ilustrar o quanto esse processo difere da projeção madura, considere o contraste entre as seguintes declarações hipotéticas de dois homens jovens que estão fazendo uma primeira entrevista:

> PACIENTE A: *(de certa forma se desculpando)* Sei que não tenho motivos para pensar que você esteja me criticando, mas não consigo deixar de pensar que esteja.
>
> PACIENTE B: *(em um tom de acusação)* Vocês psiquiatras adoram sentar e julgar as pessoas, mas não dou a mínima para o que vocês pensam.

Vamos supor que, na realidade, o terapeuta tenha começado a sessão com cada um deles de forma genuinamente gentil, interessada e sem uma posição de julgamento envolvida. O conteúdo do que incomoda a ambos os homens é semelhante; os dois estão preocupados a respeito de o terapeuta estar assumindo uma postura dura e avaliadora. Ambos estão projetando um objeto crítico internalizado no terapeuta. Três aspectos de suas comunicações, no entanto, os tornam muito diferentes um do outro.

Em primeiro lugar, o Paciente A mostra uma evidente capacidade de autorreflexão (ego observador, funcionamento reflexivo), a habilidade de ver que sua fantasia não necessariamente está de acordo com a realidade; sua projeção é estranha ao ego. O Paciente B, entretanto, experimenta o que é projetado como uma acurada representação do estado mental do terapeuta; sua projeção está em sintonia com o ego. Na verdade, ele acredita com tamanha convicção na realidade de seu julgamento que já está até preparando um contra-ataque à investida que o terapeuta estaria planejando. A fusão das dimensões cognitiva, afetiva e comportamental da experiência típica de processos primitivos é discernível aqui.

Em segundo, esses pacientes diferem quanto à extensão de seus respectivos sucessos em conseguir aquilo para o qual o processo projetivo foi solicitado como defesa, ou seja, livrar-se de um sentimento problemático. O Paciente A exteriorizou uma atitude crítica e provavelmente sinta algum alívio ao fazê-lo, enquanto o Paciente B projeta sua atitude crítica ao mesmo tempo em que a mantém. Ele relega a atitude crítica à outra pessoa, apesar de isso não aliviar seu sentimento de autocensura. Kernberg (1975) descreveu esse aspecto da identificação projetiva como uma "manutenção da empatia" com aquilo que é projetado.

Por fim, é provável que as comunicações dos respectivos pacientes tenham efeitos emocionais muito diferentes. O terapeuta não terá dificuldades para gostar do Paciente A e irá prontamente formar uma aliança de trabalho com ele. Com o Paciente B, no entanto, o terapeuta logo começará a se sentir de forma idêntica ao tipo de pessoa com que o paciente acredita estar lidando: relapsa, sempre pronta para julgar e sem inclinação a despender a energia necessária para ajudá-lo. Em outras palavras, a contratransferência com o primeiro homem será positiva e leve, enquanto com o segundo será negativa e intensa.

Bertram Cohen certa vez explicou-me a qualidade de "profecia autorrealizável" da identificação projetiva como uma consequência natural de a pessoa estar perturbada o suficiente para ter percepções bastante primitivas, *mas não psicóticas*. Uma mulher que esteja investindo em se ancorar na realidade se sentirá menos louca se puder induzir em outra pessoa os sentimentos que acredita já existirem nela. Uma mulher francamente psicótica não se importará se sua projeção se "encaixa", e pressionará os outros para que confirmem a adequação e, portanto, a sanidade dela.

A identificação projetiva é uma operação particularmente poderosa e que desafia as capacidades do terapeuta. Enquanto todas as defesas nesta seção são consideradas primitivas, esta, ao lado da dissociação, que vou discutir a seguir, tem uma especial reputação de causar dor de cabeça nos terapeutas. Quando nos deparamos com a certeza do paciente sobre como "realmente" nos sentimos, acompanhada da implacável luta dele para induzir tais sentimentos, é difícil resistir aos limites emocionais. Uma vez que, como todos, compartilhamos o predicado de sermos humanos e, assim, de carregar conosco todas as diferentes emoções, defesas e atitudes que nos são projetadas, sempre há alguma verdade na crença de identificação projetiva. No "calor" do momento clínico, pode ser bastante confuso identificar onde termina a defesa do paciente e começa o funcionamento psicológico do terapeuta. Talvez a capacidade dessa defesa em ameaçar a confiança do terapeuta quanto a sua própria saúde mental se deva ao fato de a identificação projetiva, junto à dissociação, ocorrer na organização de personalidade *borderline*. Sobretudo por a parte projetiva ser tão forte, isso é associado com níveis *borderline* de personalidade paranoide.

Ao contrário das opiniões profissionais populares, porém, a identificação projetiva não é usada apenas por pessoas cujo caráter seja essencialmente *borderline*. Existem muitas formas sutis e benignas de esse processo operar na vida diária sem que esteja ligado a uma psicopatologia. Por exemplo, quando o que é projetado e o que é identificado com isso envolve afetos de amor e prazer, um contágio de bons sentimentos pode ocorrer em um grupo. Mesmo quando o que é projetado e o que lhe é identificado envolve algo negativo, a não ser que o processo seja incansável, intenso e não modulado por outros processos pessoais de natureza mais madura, ele não é inevitavelmente prejudicial. Existe uma tendência recente entre os psicanalistas norte-americanos a uma reconfiguração da ideia de inconsciente em direção a um conceito que o considera mais um fenômeno compartilhado de forma intersubjetiva do que o "material" interior individual de alguém (ver Aron, 1996, ou Zeddies, 2000, sobre o inconsciente relacional). E também há uma tendência a vê-lo de modo mais criativo e positivo do que o "caldeirão de perigosos desejos" de Freud (Eigen, 2004; Grotstein, 2000; Newirth, 2003; Safran, 2006). Os aspectos positivos de identificação projetiva estão implícitos em tais formulações.

DIVISÃO DO EGO

A divisão do ego, normalmente chamada apenas de "cisão", é outro processo interpessoal poderoso entendido como derivado da época pré-verbal, período em que a criança ainda não consegue perceber que seus cuidadores têm qualidades boas e más e estão associados a experiências boas e más. Podemos observar, em uma criança de 2 anos, a necessidade de organizar suas percepções associando valores de bom ou mau a tudo que existe no mundo. Essa tendência, junto a um senso de diferenciação entre grande e pequeno (adulto e criança, respectivamente), é uma das formas mais primárias que os seres humanos usam para organizar a experiência. Antes que se tenha constância de objeto, não se pode ter ambivalência, já que ambivalência implica sentimentos opostos em relação a um objeto constante. Em vez disso, pode-se estar em um estado de ego bom ou mau em relação a um objeto de nosso mundo.

Na vida diária adulta, a cisão permanece um modo atraente e poderoso de dar sentido às experiências complexas, em especial quando elas são confusas ou ameaçadoras. Cientistas políticos podem atestar o quanto é atrativo para qualquer grupo insatisfeito o desenvolvimento de um senso de inimigo claramente cruel, contra o qual os bons membros devem lutar. Visões maniqueístas de bom *versus* mal, Deus *versus* diabo, caubóis *versus* indígenas, o mundo livre contra os terroristas, o delator solitário contra a detestável burocracia, e assim por diante, prevaleceram na mitologia de nossa cultura ocidental contemporânea. Imagens divididas semelhantes podem ser reconhecidas no folclore e nas crenças de todas as sociedades.

O mecanismo de cisão pode ser muito eficaz em suas funções defensivas de reduzir a ansiedade e manter a autoestima. É claro que a divisão sempre envolve a distorção, e aí mora o perigo. Estudos acadêmicos sobre a "personalidade autoritária" (Adorno, Frenkl-Brunswick, Levinson e Sanford, 1950), em época posterior à Segunda Guerra, exploraram as consequências sociais abrangentes do uso da cisão (tratando-a não por esse nome) para conferir sentido ao mundo e ao lugar do indivíduo nesse mundo. Os autores do estudo original sobre o autoritarismo acreditavam que certas crenças de direita, em particular, podiam ser associadas a esse tipo de inflexibilidade, mas escritores posteriores postularam que formas de autoritarismo liberal e de esquerda também existem (ver Brown, 1965).

De uma perspectiva clínica, a cisão é evidente quando um paciente expressa uma atitude não ambivalente e considera o oposto dela (o outro lado do que a maioria de nós sentiria como ambivalência) completamente desconectado. Por exemplo, uma mulher *borderline* sente que o terapeuta é perfeito, em contraste com aqueles relapsos, hostis e estúpidos burocratas que trabalham na mesma área. Ou o terapeuta pode em breve se tornar o alvo de uma raiva diluída, quando o paciente o considera a personificação do mal, da negligência e da incompetência, sendo que na última semana não tinha defeitos. Se confrontado com as inconsistências em suas atribuições, esse cliente não se sentirá compelido a (e não achará válido) ponderar sobre como alguém que parecia tão bom se tornou tão mau.

É de conhecimento geral que, em instituições como clínicas e hospitais psiquiátricos, pacientes cujas patologias chamamos de *borderline* não apenas sofrem cisões internas, mas criam (por meio da identificação projetiva) cisões na equipe de trabaho (G. Adler, 1972; Gunderson, 1984; Kernberg, 1981; T. F. Main, 1957; Stanton e Schwartz, 1954). Os profissionais da saúde que trabalham com clientes *borderline* se encontram em frequentes discussões com outros colegas, nas quais em geral alguém sente uma forte simpatia pelo paciente, querendo salvá-lo e estimulá-lo, enquanto outros sentem antipatia igualmente forte e querem confrontá-lo e estabelecer limites. Essa é uma razão pela qual a cisão como defesa, tem uma reputação longe de brilhante. Pacientes que costumam usá-la como sua principal forma de organizar as experiências tendem a desgastar seus cuidadores.

SOMATIZAÇÃO

Quando crianças pequenas não são auxiliadas por seus cuidadores a fim de colocar seus sentimentos em palavras, tendem a expressá-los em estados corporais esgotados (doenças) ou em ações. Somatização foi o nome dado por analistas ao processo pelo qual os estados emocionais se expressam no físico. Embora seja comum associar somatização com simulação de doença, a experiência somática de estar emocionalmente mal, de uma forma não verbalizável, não é a mesma coisa que fingir estar doente para ganhar simpatia ou evitar a responsabilidade. Também não é equivalente a um problema que "está todo na cabeça" do indivíduo que sofre. O cérebro é parte física do indivíduo, e não um supervisor descolado do corpo. Distinções entre corpo e mente, junto com ideias de que a mente "controla" o corpo, continuam sendo expostas como mitos curiosos da época do Iluminismo, com sua concepção presunçosa de que o "homem" tem um domínio natural sobre a natureza, sobre outros animais e sobre o próprio corpo (cf. Meissner, 2006).

Nossas primeiras reações aos estresses da vida são somáticas, e muitas dessas reações permanecem como base de nossa reatividade. A reação luta/fuga/paralisia ao estresse está bastante interligada a tal ideia. Ficar ruborizado é um aspecto automático da reação de vergonha. Sob trauma, o cérebro é inundado por glicocorticoides, com consequências sistêmicas múltiplas. Os sistemas gastrintestinal, circulatório, imune, endócrino, a pele, a respiração, o coração – são todos ativados de diferentes formas sob pressões emocionais. Parte do amadurecimento é atingida pelo lento domínio da linguagem para descrever experiências originalmente sentidas como excitações corporais incipientes. Se uma pessoa tiver pouca ajuda para realizar essa transição, as reações físicas automáticas poderão constituir a única linguagem que ela terá para comunicar estados de ativação emocional (Gilleland, Suveg, Jacob e Thomassin, 2009).

Os analistas, há muito tempo, têm descrito os pacientes somatizadores como caracterizados pela alexitimia, ou falta de palavras para expressar o afeto (Krystal, 1988, 1997; McDougall, 1989; Sifneos, 1973), uma observação apoiada por um recente estudo de Mattila e colaboradores (2008). Waldinger, Shulz, Barsky e Ahern (2006) verificaram que, tanto o apego inseguro quanto uma história infantil de trauma são associados com somatização. O trauma foi relacionado a somatização por inúmeros pesquisadores (Reinhard, Wolf e Cozolino, 2010; Samelius, Wijma, Wingren e Wijma, 2009; Zink, Klesges, Stevens e Decker, 2009). Ao contrário das ideias de muita gente, há pouca evidência empírica do reforço da somatização devido a reações dos pais (Jellesma, Rieffe, Terwogt e Westenburg, 2009). Parece mais que a somatização esteja relacionada com medo infantil, apego inseguro e um senso de *self* menos integrado (Evans et al., 2009; Tsao et al., 2009).

Quando a vida é difícil de enfrentar, o sistema imune pode entrar em colapso. Posso relembrar (e entender mais claramente agora do que na época) muitos contextos nos quais fiquei doente em um período de sobrecarga emocional, e também tenho ouvido amigos e clientes relatando casos semelhantes. Muitos estudos concluíram que a somatização, como definida pelo DSM-IV, ocorre em conjunto com a maioria dos transtornos da personalidade (Bornstein e Gold, 2008; Garcia-Campayo, Alda, Sobradiel,

Olivan e Pascual, 2007; Spitzer e Barnow, 2005), sugerindo que a somatização seja comum em patologias mais sérias. Pessoas que regularmente reagem ao estresse ficando doentes podem ser conceitualizadas como possuidoras de uma personalidade somatizante (PDM Task Force, 2006). Embora o DSM nunca tenha incluído a somatização como traço de caráter em suas listas de transtornos da personalidade, a descrição do DSM-IV do "transtornos de somatização" abrange indivíduos que têm problemas em muitos sistemas orgânicos, por muitos anos, sob muitas circunstâncias diferentes. É muito difícil diferenciar tal fenômeno (conceitualmente) de um transtorno da personalidade.

Muitos podem pensar em conhecidos que reagem ao estresse ficando doentes. Os terapeutas recebem muitos clientes indicados por médicos que foram vencidos pela fragilidade física crônica desses pacientes, a fim de verificar se ao menos a psicoterapia pode ajudá-los. Também vemos muitos que chegam como se o terapeuta fosse a última salvação, porque nenhum dos profissionais que buscaram antes conseguiram ajudá-los a diminuir as constantes dores de cabeça ou o intestino irritado ou uma dor crônica. Expressão dos sentimentos é a moeda comum das terapias psicanalíticas e humanísticas. Visto que os somatizadores sofrem de modo automático e físico, pois lhes falta capacidade de tal expressão, pode ser difícil auxiliá-los; sobretudo quando seu sofrimento físico foi complicado por ter encontrado impaciência, exasperação e um senso de derrota com outros profissionais da saúde e terapeutas.

O terapeuta não pode chegar à conclusão de que uma pessoa com queixa de dores físicas está usando a defesa da somatização sem antes refletir muito. O estresse da doença em si pode causar uma reação regressiva. As pessoas podem ficar doentes porque estão inconscientemente deprimidas; e também podem ficar deprimidas porque estão doentes. Além disso, alguns clientes são originários de culturas nas quais é normativo expressar o sofrimento psicológico por meio da dor física ou do mau funcionamento do corpo. Em tradições em que o idioma da angústia é físico, mesmo indivíduos psicologicamente maduros expressam suas dificuldades dessa forma e, logo, o pressuposto de um processo regressivo primitivo é injustificado (Rao, Young e Raguram, 2007; So, 2008).

ACTING OUT (AÇÃO DEFENSIVA, "ATUAÇÃO")

Conforme já mencionei, outra forma de as crianças expressarem estados mentais não verbalizáveis é "colocando-os para fora". Na primeira edição deste livro, coloquei o *acting out* junto às defesas mais maduras porque, no capítulo sobre os processos defensivos primários, estava concentrada nos processos que Kernberg (1984) explicou em conexão com condições psicóticas e *borderline*. Penso agora que, mesmo esses processos caracterizando tanto pessoas mais saudáveis quanto mais problemáticas, é um erro considerá-los de segunda ordem: colocar em ação o que não se tem palavras para expressar é, por definição, uma operação pré-verbal. Mas ainda quero chamar atenção para o rótulo *acting out* que se aplica a todos os tipos de comportamento, o que talvez desagrade ao rotulador, quase sempre acompanhado de um tom praticamente em desacordo com seu original significado não pejorativo. É provável que muitos dos leitores tenham ouvido o termo por aí, sendo usado de forma pouco apropriada, e que não tenham nem ideia da descrição mais simples de seu uso.

Até onde sei, os primeiros usos do termo *acting out* remetem a descrições psicanalíticas de ações dos pacientes fora do consultório do analista, em casos em que seu comportamento parecia encarnar sentimentos em relação ao analista dos quais a pessoa estava inconsciente ou muito ansiosa para deixar que emergissem para a consciência, especialmente na presença do analista (Freud, 1914b). Mais tarde, o termo passou a ser usado de forma mais genérica para descrever um comportamento gerado por necessidades inconscientes de dominar a ansiedade, associadas a desejos e sentimentos internamente proibidos, medos e fantasias perturbadores e memórias traumáticas (Aichhorn, 1936; Fenichel, 1945). Depois, o termo "representação" foi aplicado à encenação de experiências que a pessoa afetada não pode expressar em palavras ou formular verbalmente (Bromberg, 1998; D. B. Stern, 1997). Analistas do movimento relacional enfatizam que as representações são inevitáveis na terapia, já que os mundos inconscientes, tanto do terapeuta quanto do paciente, criam uma dinâmica mutuamente representada, cabendo ao terapeuta trazê-las ao discurso e à reflexão. No que diz respeito à função individual do *acting out* como defesa, por meio da representação de cenários perturbadores, a pessoa inconscientemente ansiosa passa de passiva a ativa, transformando um sentimento de desamparo e vulnerabilidade em uma experiência de controle e poder, não importa o quão negativo seja o drama encenado (cf. Weiss, 1993).

Uma professora cujo relacionamento com a mãe julgadora a deixou muito medrosa e com extrema necessidade de intimidade começou um relacionamento envolvendo sexo com sua colega Nancy poucas semanas depois de iniciarmos a terapia. Suspeitei que ela estivesse começando a desejar uma proximidade maior comigo, estivesse supondo, de modo inconsciente, que eu (como a mãe dela) desprezaria seus desejos; e lidaria com seus impasses proibidos e inconscientes "colocando para fora" (*acting out*) aspectos do que ela desejava e temia em relação a alguém como eu. Esse tipo de encenação, contanto que minha interpretação esteja certa, acontece com frequência na análise, em especial com pacientes que têm uma bagagem de infância envolvendo o medo e a rejeição de suas necessidades e seus sentimentos por parte de uma figura de autoridade.

Acting out ou "encenação" referem-se propriamente a qualquer comportamento entendido como uma expressão de atitudes de transferência, em relação às quais o paciente não se sente seguro o bastante, ou emocionalmente articulado o bastante para trazer ao tratamento por meio de palavras. Também se pode usar o termo para designar o processo no qual qualquer atitude, dentro ou fora da terapia, pode ser colocada em ação com o propósito inconsciente de dominar afetos exacerbados e não verbalizáveis que estão em torno dela. O que é "colocado para fora" pode ser predominantemente autodestrutivo ou predominantemente auxiliar ao amadurecimento, ou um pouco de cada; o que move aquilo que é colocado para fora não é a maldade ou a bondade, mas a natureza dissociada e inconsciente dos sentimentos que impelem a pessoa a agir e a forma automática e compulsiva com a qual o *acting out* é empreendido. A popularidade de se chamar hoje qualquer comportamento não apreciável – em crianças turbulentas, por exemplo, ou em conhecidos rudes – de *acting out* é psicanaliticamente injustificado. O caráter negativo que o termo adquiriu pode refletir o fato de que tipos benéficos de *acting out* não chamam atenção da forma como os tipos destrutivos o fazem.

Analistas criaram muitos rótulos para descrever classes de comportamentos que, quando motivados de modo inconsciente, recaem sob o conceito de *acting out*: exibicionismo, voyeurismo, sadismo, masoquismo, perversão e todos os "contra" termos ("contrafobia", "contradependência", "contra-hostilidade"). Não estou, com isso, insinuando que esses processos sejam inerentemente negativos ou defensivos. Todos temos necessidades exibicionistas e voyeuristas, de olhar e ser olhado, que são exteriorizadas com naturalidade de formas socialmente aceitáveis. Nossos dilemas sádicos ou masoquistas podem encontrar uma expressão positiva em atos de domínio e sacrifício pessoal, nessa ordem. Todas essas tendências podem ser integradas a experiências sexuais prazerosas. No entanto, quando aplicadas a atos específicos entendidos como defensivos, supõem medo subjacente ou outros sentimentos negativos não formulados. A antiga observação de Freud sobre colocar na forma de ações aquilo do que não nos lembramos não perdeu sua perspicácia, em especial se entendermos que a razão de não nos lembrarmos é porque algo muito doloroso acompanha esse estado, algo que não pode ser recordado (para dentro) e agora é representado (para fora).

Na medida em que existe uma população identificável que usa o mecanismo de *acting out* para lidar com seus dilemas psicológicos, esse grupo entraria na categoria de personalidades impulsivas. Tal nomenclatura é equivocada, já que implica uma prontidão não complexa para fazer "o que der na cabeça" a qualquer hora. Muito do que pode parecer uma impulsividade espontânea e descomplicada é com frequência um comportamento de pulsão complexo e inconsciente, um comportamento que não é nada mais do que ingênuo e aleatório. Pessoas organizadas histericamente são famosas por "colocar para fora" por meio de cenários sexuais inconscientes; aditos de todos os tipos podem ser definidos como repetidas vezes "colocando para fora" sua relação com a substância de escolha (em tais casos, é claro, a dependência química pode complicar aquilo que já era um vício psicológico). Pessoas com compulsões estão por definição *acting out* quando sucumbem a uma pressão interna para agir de modo particularmente compulsivo; psicopatas podem reencenar um padrão complicado de manipulação. Logo, a defesa pode ser reconhecida em muitas apresentações clínicas contrastantes.*

SEXUALIZAÇÃO (INSTINTUALIZAÇÃO)

A sexualização costuma assumir uma forma representada e pode ser considerada um subtipo de *acting out*. Escolhi apresentá-la separadamente, no entanto, em parte porque é possível "sexualizar" sem *acting out* (um processo mais conhecido como erotização) e em parte porque é um conceito de uma significação tão interessante e generalizada que merece uma atenção especial.

Freud (1905) postulou originalmente que aquela energia sexual básica, uma força que chamou de "libido", subjaz a quase todas as atividades humanas. (Mais tarde, impressionado com a prevalência da destrutividade humana, ele chegou à conclusão de que todos os esforços humanos são igualmente fundamentais e motivadores, mas a maioria da linguagem de sua teoria clínica deriva de uma época anterior a tal mudança em seu pensamento.) Uma consequência dessa teoria biológica guiada pelo impulso era a tendência dele a considerar comportamentos sexuais expressões de uma motivação primária, não derivativa ou defensiva. É óbvio que a sexualidade é uma dinâmica básica dos seres humanos, e muito do comportamento sexual humano diz respeito a expressões relativamente diretas do imperativo reprodutor de nossas espécies. Experiências clínicas e descobertas de pesquisa (ver Celenza, 2006; Ogden, 1996; Panksepp, 2001; Stoller, 1968, 1975, 1980, 1985) desde a obra de Freud, contudo, atestam o quão frequentemente a atividade e a fantasia sexuais são usadas de forma defensiva: para dominar a ansiedade, para restaurar a autoestima, para compensar a vergonha ou para distrair de uma sensação de morte interna.

---

* N. de R .T. A autora destaca claramente a diferença entre impulsividade e *action out*. A primeira é a expressão da pulsão no comportamento, quando a pessoa "age" seu desejo. Enquanto a segunda é a expressão do conflito pulsional que não pode ser falado, nele a pessoa "cria" um cenário no mundo externo para se defender do intolerável, que seria, nesse caso, pensar ou falar sobre o conflito. Nenhuma das situações é necessariamente patológica.

As pessoas podem sexualizar qualquer experiência com a intenção inconsciente de converter o terror, a dor ou outra sensação esmagadora em excitação – um processo que também já foi referido como instintualização. A excitação sexual é um meio confiável de se sentir vivo. O medo da criança da morte – por abandono, abuso ou outra calamidade – pode ser dominado psicologicamente se ela transformar o evento traumático em uma situação de afirmação de vida; muitas crianças se masturbam para reduzir a ansiedade. Estudos de pessoas com inclinações sexuais incomuns com frequência, apontaram para experiências que oprimiram a capacidade da criança de lidar com a situação e foram consequentemente transformadas em sexualizações autoinicializadas pelo trauma. Por exemplo, o trabalho de Stoller (p. ex., 1975) com pessoas masoquistas, aquelas para as quais a dor é uma condição da satisfação sexual, revelou que um significativo número delas sofreu tratamentos médicos invasivos e dolorosos quando crianças. No outro extremo do espectro sadomasoquista, o estupro é a sexualização da violência.

A maioria dos indivíduos usa a sexualização, em alguma medida, para lidar com aspectos problemáticos da vida, ou para "apimentá-los". Existem algumas diferenças de gênero quanto ao que tende a ser sexualizado. Por exemplo, as mulheres são mais inclinadas a sexualizar a dependência, e os homens a sexualizar a agressão. Algumas pessoas sexualizam dinheiro, outras a sordidez, o poder, etc. Muitas sexualizam a experiência do aprendizado; a aura erótica ao redor de professores talentosos já foi notada pelo menos desde Sócrates. A tendência a erotizar nossa resposta reativa a qualquer pessoa de poder superior pode explicar por que figuras políticas e outras celebridades estão sempre cercadas de admiradores sexualmente disponíveis e por que o potencial de corrupção sexual e de exploração é tão grande entre os famosos e influentes.

A suscetibilidade daqueles em uma posição relativamente baixa em converter a inveja, a hostilidade e o medo de maus-tratos em um cenário sexual (no qual compensam uma relativa falta de poder oficial recorrendo a um poder erótico muito particular) é uma das razões pelas quais precisamos de leis e convenções protegendo aqueles que são estruturalmente dependentes de outros (empregados de empregadores, estudantes de professores, soldados de coronéis, pacientes de terapeutas). Todos precisamos ser desencorajados não apenas a sucumbir à exploração grosseira das autoridades em nossas vidas, como também a cair nas tentações criadas por nossas próprias defesas. Mesmo correndo o risco de ser entediante chamando atenção para um ponto que vale para todos os processos defensivos, deixem-me ressaltar que a sexualização não é inerentemente problemática ou destrutiva. É provável que as fantasias, os padrões de reação e as práticas individuais sexuais sejam mais idiossincráticos do que qualquer outro aspecto de suas vidas; o que excita uma pessoa pode desestimular outra. Se, por acaso, sexualizo a experiência de alguém tocando em meus cabelos (mesmo se a gênese infantil disso for a sexualização defensiva do ato de minha mãe me pentear de forma abusiva, arrancando muitos cabelos), e meu parceiro sexual adora mergulhar os dedos neles, não preciso necessariamente fazer psicoterapia. Mas, se eu sexualizasse a experiência de ser aterrorizada por homens abusivos e tivesse muitos casos com homens que me batessem, então seria melhor procurar ajuda. Assim como ocorre com qualquer outra defesa, são o contexto e as consequências dela na vida adulta que determinam se ela pode ser considerada razoável (para si mesmo e para outros) como uma adaptação positiva, um hábito saudável ou como uma aflição patológica.

DISSOCIAÇÃO EXTREMA

Aqui, coloquei dissociação extrema junto com as defesas primárias, tanto porque seu funcionamento envolve toda a personalidade de forma global quanto porque muitos estados dissociativos são essencialmente psicóticos. Desde a primeira edição deste livro, contudo, fiquei muito mais sensível em relação à faixa das reações dissociativas e à inconveniência de restringir nosso uso do termo "dissociação" às versões opressoras, chocantes e traumáticas da defesa. Em 1994, escrevi que a dissociação parecia diferente das outras defesas de ordem mais baixa por ser claramente uma resposta a um trauma grave do qual a maioria de nós foi poupada durante o crescimento (os outros processos, em contraste, representam modos normais de operação que se tornam problemáticos apenas se recorrermos a eles por muito tempo ou se, devido a eles, excluímos outros meios de lidar com a realidade). Mas tenho que concordar com muitos analistas relacionais contemporâneos (p. ex., Bromberg, 1998; Davies e Frawley, 1994; Howell, 2005) que é uma questão de nível de intensidade aquilo que separa a dor de uma pessoa do trauma de outra e que a dissociação existe em um *continuum* que vai de menor/normal até aberrante/devastador.

A dissociação é uma reação "normal" ao trauma. Qualquer pessoa, se confrontada com uma catástrofe que oprime sua capacidade de lidar com a situação, especialmente se ela envolver terror e/ou dor insuportável, pode dissociar. Experiências fora do corpo durante a guerra, desastres que ameaçam a vida e cirurgias mais complexas foram reportadas com tanta frequência que apenas a pessoa mais cética do mundo poderia desconsiderar completamente a evidência do fenômeno dissociativo. Pessoas que passam por calamidades terríveis em qualquer idade podem dissociar (Boulanger, 2007, Grand, 2000); aqueles que são repetidamente objeto de abuso quando crianças podem dissociar como reação habitual ao estresse. Quando isso é verdade, o sobrevivente adulto é conceitualizado de forma legítima como sofrendo de um crônico transtorno dissociativo, já chamado de "personalidade múltipla" e hoje rotulado como "transtorno dissociativo de identidade".

Tem havido uma explosão de pesquisas e reportagens clínicas sobre dissociação e transtorno dissociativo de identidade nas últimas décadas, sendo que todas chegaram à conclusão de que pessoas que usam a dissociação como defesa primária existem em um número muito maior do que se havia imaginado (ver Brenner, 2001, 2004). Talvez tenha havido um terrível aumento de abuso infantil, gerando a dissociação como defesa, ou talvez o começo da consciência pública tenha a ver com a publicação de *Sybil* (Schreiber, 1973), que encorajou pessoas que suspeitavam estar usando a dissociação frequentemente a se apresentarem em grande número em clínicas e consultórios de profissionais da saúde mental. Estudos neuropsicanalíticos estão começando a descrever o que ocorre no cérebro em estados de dissociação (Anderson e Gold, 2003; Bromberg, 2003).

As vantagens da dissociação sob circunstâncias insuportáveis são óbvias: a pessoa dissociativa afasta a dor, o terror, o horror e a convicção de morte iminente. Qualquer um que tenha tido uma experiência "fora do corpo" quando em perigo mortal (e mesmo aqueles sem uma base tão dramática para a empatia) consegue entender a preferência por estar fora em vez de estar dentro de uma sensação de obliteração impeditiva. Dissociação ocasional e leve pode facilitar atos de singular coragem. O lado ruim da defesa, claro, é a tendência a operar automaticamente em condições em que a sobrevivência de alguém não esteja de fato em perigo. Pessoas traumatizadas podem confundir um estresse comum com circunstâncias de perigo de morte, tornando-se de imediato amnésicas ou muito diferentes, para a grande confusão delas mesmas e das demais. *Leigos*, a não ser que tenham uma história traumática, raras vezes suspeitam de dissociação quando um amigo esquece algum incidente importante ou aparece inexplicavelmente mudado. Em vez disso, concluem que seu conhecido é temperamental ou instável ou um mentiroso. Existe, assim, um grande preço interpessoal a ser pago pelo uso habitual dessa defesa.

RESUMO

Neste capítulo, descrevi as defesas que os analistas consideram primitivas ou primárias: isolacionismo, negação, controle onipotente, idealização e desvalorização extremas, formas primitivas de projeção e introjeção, divisão, somatização, *acting out*, sexualização e formas extremas de dissociação. Abordei as (consideradas como) origens de cada defesa e mencionei as funções adaptativas e mal-adaptativas de cada uma. Também identifiquei as personalidades e síndromes associadas com uma forte recorrência a uma defesa primária.

SUGESTÕES PARA OUTRAS LEITURAS

Formas primitivas de projeção e introjeção inspiraram alguns livros importantes (Grotstein, 1993; Ogden, 1982; Sandler, 1987; Scharff, 1992); outras defesas primárias tendem a ser discutidas em especulações de diversos autores sobre o desenvolvimento psíquico. Os textos de Klein "*Love, Guilt and Reparation*" (1937) e "*Envy and Gratitude*" (1957) esclarecem bastante os processos primitivos e, ao contrário de parte de sua obra, não são incompreensíveis para os terapeutas iniciantes. Balint (1968) tinha talento em descrever as dinâmicas arcaicas nos indivíduos; Bion (1959) é incomparável no discernimento de suas operações em grupos. O livro de Grotstein, *Splitting and Projective Identification* (1993), é também uma exposição brilhante e útil desses conceitos kleinianos.

Protecting the Self (2006), de Phoebe Cramer, analisa alguns estudos fascinantes sobre as defesas e seus desenvolvimentos, além de oferecer suporte empírico à observação psicanalítica de que o amadurecimento do estilo defensivo está associado com saúde psicológica, enquanto o recurso a defesas mais primitivas se correlaciona com psicopatologia. George Vaillant devotou grande parte de sua notável carreira ao entendimento dos processos defensivos; seu livro de 1992, *Ego Mechanisms of Defense*, é de particular utilidade para os terapeutas.

6

Processos defensivos secundários

Praticamente qualquer processo psicológico pode ser usado de forma defensiva, logo, qualquer tentativa de fazer uma revisão das defesas será incompleta. Na análise, até mesmo a associação livre pode ser usada como defesa para evitar certos assuntos. A obra seminal de Anna Freud, *The Ego and the Mechanisms of Defense* (1936), aborda negação, repressão, formação reativa, deslocamento, racionalização, intelectualização, regressão, reversão, virar-se contra o *self*, identificação com o agressor e sublimação. Laughlin (1970) delineou 22 mecanismos de defesa mais sérios e 26 menores, Vaillant e Vaillant (p. ex., 1992) nomearam 18 mecanismos de defesa, os quais foram agrupados por maturidade inferida, e o DSM enumera 31 mecanismos, também agrupados por nível. Cramer (2006) contrasta o mecanismo de defesa com estratégias deliberadas de lidar com determinadas situações tratando das qualidades inconscientes, automáticas e não intencionais das defesas.

Descrevo aqui uma seleção de operações mais extensa do que a de Anna Freud, mas menos abrangente que as listas de Laughlin e Vaillant. Decidi que as defesas "maduras" ou "secundárias" serão abordadas de acordo com dois critérios: (1) a frequência com que são mencionadas na literatura clínica psicanalítica e por terapeutas profissionais e (2) sua relevância para padrões de caráter em particular. A lista de qualquer outra pessoa provavelmente seria diferente, enfatizaria outros aspectos da defesa e refletiria outra postura característica do escritor diante da teoria e da prática analíticas.

REPRESSÃO

A repressão foi uma das primeiras defesas a fascinar Freud, e ela tem uma longa história de investigação empírica e clínica. A essência da repressão é um esquecimento ou um desprezo motivado. Sua metáfora implícita remete ao antigo modelo de pulsão, com a ideia de que os impulsos e os afetos pressionam para sair e precisam ser colocados em xeque por uma força dinâmica. Freud (1915b) escreveu que "a essência da repressão é simplesmente deixar algo de lado e mantê-lo a uma certa distância da consciência" (p. 146). Se uma disposição interna ou uma circunstância externa forem confusas ou tristes demais, podem ser relegadas de forma deliberada ao inconsciente. Esse processo pode se aplicar a uma experiência total, ao afeto conectado a uma experiência ou às fantasias e aos desejos associados a elas.

Nem toda dificuldade em prestar atenção ou em lembrar de fatos constitui repressão. Apenas quando há evidência de que uma ideia, ou emoção, ou percepção ficou conscientemente inacessível devido a seu poder de gerar tristeza existem razões para considerar a operação dessa defesa. Outros déficits de atenção ou memória podem resultar de condições orgânicas ou tóxicas ou apenas da mudança mental comum do importante para o trivial. (Agora que estou nos meus 60 anos e com frequência esqueço o motivo pelo qual subi as escadas, ocorre-me que a teoria de Freud de que os lapsos de memória são sempre provocados dinamicamente só poderia ter sido desenvolvida por um homem bastante jovem.)

Freud observou, na operação da repressão em experiências traumáticas, como estupro e tortura, que a vítima mais tarde não consegue se lembrar do ocorrido. Condições que uma vez chamamos de "neuroses de guerra", agora conhecidas como reações de estresse pós-traumáticas, foram psicanaliticamente explicadas com referência ao conceito de repressão. Nesses casos, a pessoa é incapaz de lembrar-se de certos eventos horríveis e ameaçadores, mas pode ser incomodada por intrusivos *flashbacks* desses eventos, um fenômeno ao qual Freud deu o colorido rótulo de "o retorno do reprimido". Nosso conhecimento atual dos processos cerebrais sugere que a repressão não seja um conceito muito apurado para tais problemas de memória traumática. Hoje sabemos que, sob estresse intenso, o funcionamento do hipocampo, que armazena episódios de memória (a sensação de que "isso aconteceu comigo; eu estava lá"), é paralisado pelos glicocorticoides secretados durante o trauma. Assim, a memória episódica *não é colocada em primeiro plano.* Depois de um trauma, pode haver memória semântica (fatos em terceira pessoa posteriores ao evento), memória processual (sentir as emoções que foram ativadas no evento quando, por exemplo, se volta ao local do trauma e há uma recordação dele), mas pode nunca haver memória episódica (Solms e Turnbull, 2002). Tratarei mais de implicações clínicas desses fatos no Capítulo 15.

A teoria analítica posterior aplicou o termo "repressão" mais às ideias geradas internamente do que ao trauma. Essa é a versão da repressão que mais foi útil aos terapeutas. A repressão é vista como o meio que a criança usa para lidar com dilemas normais do desenvolvimento, mas não realizáveis e assustadores, como o desejo edipiano de destruir um dos pais e possuir o outro; esses dilemas normalmente são relegados ao inconsciente. É preciso que se tenha atingido um senso de completude e continuidade do *self* antes que se seja capaz de lidar com os impulsos perturbadores com mecanismos como a repressão. Em pessoas cujas experiências não proporcionaram uma integração da identidade, sentimentos problemáticos tendem a ser enfrentados com defesas mais primitivas, como negação, projeção e cisão (Myerson, 1991).

Um exemplo clinicamente insignificante de repressão, do tipo que Freud (1901) via como parte da "psicopatologia do dia a dia", seria aquela situação na qual quem está falando esquece momentaneamente o nome de quem está apresentando para outra pessoa, quando há evidência do sentimento negativo inconsciente de quem está falando com relação à pessoa sendo apresentada. Nos processos repressivos normais do desenvolvimento que permitem às crianças rejeitar os objetos de amor da infância e procurar padrões fora da família, e em contextos triviais (e muitas vezes de entretenimento) de repressão, é possível observar a natureza adaptativa do processo. Se mantivéssemos consciência constante de toda a panóplia de nossos impulsos, memórias, imagens e conflitos, ficaríamos cronicamente sobrecarregados. Como outras defesas, a repressão só se torna problemática se (1) falha em fazer seu trabalho de manter ideias perturbadoras longe da consciência de forma que possamos lidar com os modos de acomodação à realidade ou (2) atrapalha certos aspectos positivos da vida ou (3) opera excluindo outras maneiras de maior sucesso para lidar com as situações. A superdependência da repressão, junto com outros processos defensivos que podem acompanhá-la, tem sido considerada classicamente a marca distintiva da personalidade histérica.

As primeiras tentativas de Freud de auxiliar pacientes histéricos a trazerem à consciência tanto os eventos traumáticos de suas histórias quanto as necessidades e os sentimentos que deles surgiram renderam informações fascinantes (Breuer e Freud, 1893-1895). Ao trabalhar com essa população, Freud originalmente concluiu que, conforme mencionado no Capítulo 2, a repressão causa ansiedade. De acordo com seu modelo mecanicista original, a ansiedade, que é uma companheira frequente da histeria, é causada por um "engarrafamento" de pulsões e afetos. Esses sentimentos pressionam para serem liberados e, assim, causam um estado crônico de tensão (alguns comentaristas irreverentes chamaram isso de teoria do "coito interrompido" da relação entre repressão e ansiedade). Mais tarde, Freud revisou sua teoria e, à luz de acumuladas observações clínicas, mudou sua versão de causa e efeito, considerando a repressão e outros mecanismos de defesa um resultado e não uma causa da ansiedade. Em outras palavras, o medo irracional preexistente criou a necessidade de esquecer.

Essa formulação posterior da repressão como uma defesa fundamental do ego (o supressor automático de incontáveis ansiedades que são simplesmente inerentes à vida) se tornou a teoria psicanalítica-padrão da época da psicologia do ego. Todavia, o postulado original de Freud de que a repressão *instigaria* a ansiedade não deixava de ter algum apelo intuitivo, já que repressão excessiva pode causar tantos problemas quanto os que resolve. Tal processo, rotulado por Mowrer (1950) de "paradoxo neurótico", apesar de tentar conter uma ansiedade, apenas gera outras, e, por isso, constitui uma característica essencial do que antes (em um uso muito mais abrangente do termo do que o atual) se costumava chamar de neurose. Nessa linha, Theodor Reik costumava contrastar a pessoa emocionalmente saudável, que consegue ficar diante da vitrina da Tiffany admirando as joias e tolerando uma eventual fantasia de roubá-las, e uma pessoa neurótica, que olha para a vitrina e atravessa a rua ou corre em direção oposta. Quando a psicanálise compreendeu, incialmente, a fantasia das pessoas emocionalmente normais; exemplos do uso patológico das defesas repressivas popularizaram-se e contribuíram para uma ampla supervalorização das metas de remover a repressão e cortar inibições e também levaram ao mal-entendido de que esses processos constituiriam a essência de todas as terapias psicanalíticas.

Um elemento de repressão está presente na operação da maioria das outras defesas secundárias (embora seja discutível ser negação, em vez de repressão, que opere em situações nas quais não fica claro se a pessoa estava ou não consciente antes de perder a memória do fato). Por exemplo, na formação reativa, a transformação de uma atitude em seu oposto, como ódio em amor ou idealização em desprezo, a emoção original pode ser vista como reprimida (ou negada, se em algum momento tiver sido consciente). No isolamento, o afeto conectado com a ideia é reprimido (ou negado, pelo mesmo motivo recém-citado). Na reversão, é uma repressão do cenário original que se reverte. E assim por diante. A crença original de Freud de que a repressão seria um tipo de avó de todas as outras defesas pode ser vista com simpatia sob tal ponto de vista, apesar de evidências atuais de que os processos descritos no Capítulo 5 precedam a repressão nas crianças em mais ou menos um ano e meio. No Capítulo 15, trato das opiniões analíticas correntes de que a dissociação seja uma defesa mais básica que a repressão, mas, para o que interessa ao presente capítulo, vou tratar apenas dos aspectos mais clássicos.

REGRESSÃO

A regressão é um mecanismo de defesa relativamente simples, conhecido de todos os pais que já observaram uma criança retrocedendo aos hábitos de um estágio de amadurecimento anterior quando cansada ou com fome. O desenvolvimento social e emocional não se realiza em linha reta; há uma flutuação de crescimento pessoal que fica menos drástica com a idade, mas nunca realmente desaparece. Quase todo mundo, em um estado de cansaço extremo, se queixa. A "subfase de reaproximação" do processo de separação/individuação que Mahler (1972a, 1972b) descreveu como uma característica universal da segunda metade do segundo ano de toda criança, quando esta acaba de declarar independência da mãe e regride e se esconde embaixo da saia dela, é apenas um exemplo da tendência dos seres humanos a voltarem a se agarrar ao que é familiar depois de atingir um certo nível de competência.

Na psicoterapia e na psicanálise a longo prazo, essa tendência é facilmente observável. O paciente que recém adquiriu coragem para pôr em prática um novo modo de se comportar, sobretudo quando isso envolve um novo comportamento em relação ao terapeuta (p. ex., expressar criticismo ou fúria, confidenciar fantasias de masturbação, pedir por uma redução do valor da consulta, demonstrar mais autoafirmação do que lhe foi permitido na infância), irá provavelmente reverter os antigos hábitos de pensar, sentir e se comportar ao longo das próximas sessões. O terapeuta que não aprecie o fluxo e refluxo típico desse fenômeno pode se sentir desanimado (a contratransferência pode lembrar a exasperação normal de um cuidador que finalmente consiga fazer uma criança pequena dormir toda a noite depois ter de enfrentar uma semana de visitas noturnas ao seu quarto às 3h da madrugada), até que se torne claro que, apesar da dimensão regressiva do dilema do cliente, o caminho da mudança está em curso.

Estritamente falando, não se trata de regressão quando uma pessoa tem consciência da necessidade de um conforto extra e pede para ser abraçada ou consolada, como também não é regressão quando uma pessoa procura deliberadamente um meio – como esportes competitivos, por exemplo – de descarregar níveis primários de pulsão. Para ser qualificado como um mecanismo de defesa, o processo precisa ser inconsciente. Assim, a mulher que de repente tem lapsos de submissão ou começa a agir de modo pouco feminino logo após realizar alguma ambição, ou o homem que passa a atacar sem motivo sua esposa logo depois de alcançar certo nível de intimidade com ela, todos eles estão regredindo no sentido psicanalítico do termo, já que suas ações não foram escolhidas de modo consciente. A somatização tem sido frequentemente vista como um tipo de regressão, e isso é cabível *se* a pessoa atingiu a capacidade de colocar em palavras os sentimentos e depois recua a um estado pré-verbal e somatizante.

Algumas pessoas hipocondríacas, aquelas que levam os médicos à distração com uma ladainha de vagas e diferentes reclamações que nunca respondem ao tratamento, usam a regressão adoecendo como um meio primário para lidar com os aspectos frustrantes de suas vidas. No momento em que são persuadidas a consultar um terapeuta, em geral já construíram uma barreira adicional praticamente impenetrável de defesas que derivam de terem sido repetidas vezes tratadas como uma criança insistente ou muito carente de atenção. Essas pessoas esperam que os clínicos as tratem como golpistas. Consequentemente, o terapeuta de um cliente que usa a regressão fazendo papel de doente como defesa favorita deve ter reservas quase sobre-humanas de tato e paciência – tanto mais se o padrão do paciente de "ficar de cama" tiver sido reforçado por outras recompensas ("ganhos secundários").

Embora às vezes vejamos clientes com ambos os problemas, a hipocondria não pode ser confundida com a somatização. Na primeira, não há um processo de doença, apesar de o paciente se preocupar em ter uma doença, ou até mesmo estar convicto de que a tem. Na segunda, há doenças diagnosticáveis relacionadas a estresses que a pessoa de alguma forma não sabe processar emocionalmente. Algumas vezes, é claro, os médicos estão certos de que estão lidando com um paciente hipocondríaco e por fim percebem que a pessoa está sofrendo de um mal obscuro e não diagnosticado. Os terapeutas devem ficar atentos para deixar espaço mental livre a fim de cogitar que um cliente difícil, que pareça claramente hipocondríaco ou somatizante, possa estar sofrendo de um problema sistêmico que ainda não foi identificado.

A hipocondria e outros tipos de regressão a modos infantis e um tanto desamparados de lidar com a vida podem ser um fator de relevância essencial no caráter da pessoa. Quando a regressão, acompanhada ou não da hipocondria, é sua principal estratégia para lidar com os desafios da vida, essa pessoa pode ser caracterizada como tendo uma personalidade infantil. Essa categoria não sobreviveu após a segunda edição do DSM, mas alguns analistas lamentam seu desaparecimento.

ISOLAMENTO DO AFETO

Uma maneira possível de lidar com as ansiedades e outros estados dolorosos da mente é isolar esse sentimento do conhecimento. Mais tecnicamente, o aspecto afetivo de uma experiência ou uma ideia pode ter sua dimensão cognitiva sequestrada. O isolamento do afeto pode ser de grande valor: os cirurgiões não conseguiriam trabalhar de modo eficaz se estivessem constantemente atentos à agonia física dos pacientes ou às suas próprias sensações de repulsa, aflição ou sadismo ao cortar a carne humana; os generais não poderiam traçar estratégias de batalha se estivessem em contínuo contato com os horrores da guerra; os oficiais de polícia não poderiam investigar crimes violentos sem se distanciarem deles.

O "entorpecimento físico", que Lifton (1968) descreveu como uma consequência da catástrofe, exemplifica a operação de isolamento do afeto em um nível social. Terapeutas que trabalharam com sobreviventes do Holocausto ficaram surpresos com as descrições das atrocidades, algo que desafia a imaginação comum. O cientista político Herman Kahn (1962) escreveu um livro muito influente sobre o provável resultado de uma explosão nuclear, no qual as consequências mais horríveis do desastre atômico foram detalhadas em um tom quase jovial de distanciamento. Com respeito à utilidade adaptativa em situações extremas, o isolamento é um grau mais específico do que a dissociação: a experiência não é completamente obliterada da consciência, mas seu significado emocional é eliminado.

O isolamento também pode se tornar, devido a uma mistura de certo tipo de criação com certo tipo de temperamento da criança, uma defesa central na ausência de um trauma óbvio. Todos conhecemos quem reclame não ter reações emocionais a coisas às quais a maioria das pessoas tem; essas pessoas às vezes fazem da defesa do isolamento uma virtude e idealizam o fato de expressarem apenas preocupações racionais. Nossa tendência cultural a admirar a capacidade de isolar um afeto do intelecto pode ser reconhecida na devoção geral dos antigos fãs de *Star Trek* ao caráter de Mr. Spock, o vulcano.* O fato de o isolamento ser visto mais como uma posição defensiva do que como uma posição natural é negado pela decisão dos escritores da série, que deram a Spock um estado emocional latente, herança de sua mãe terráquea.

Muitos analistas contemporâneos consideram o isolamento um subtipo de dissociação. Analistas da tradição da psicologia do ego a consideraram a mais primitiva das "defesas intelectuais" e a unidade básica da operação psicológica em mecanismos como intelectualização, racionalização e moralização. Analiso essas defesas separadamente nas próximas seções, mas elas têm em comum a relegação ao inconsciente das implicações pessoais e de nível saudável de qualquer situação, ideia ou acontecimento. Quando a defesa principal de alguém é o isolamento, e o padrão de vida de tal pessoa reflete a supervalorização do pensamento e a subvalorização do sentimento, sua estrutura de caráter é considerada obsessiva.

INTELECTUALIZAÇÃO

Intelectualização é o nome dado a uma versão de alta ordem do isolamento do afeto do intelecto. A pessoa que usa o isolamento quase sempre reporta que não tem sentimentos, enquanto aquele que intelectualiza fala sobre os sentimentos de uma maneira que faz o ouvinte se sentir insensível. Por exemplo, o comentário "Bem, naturalmente eu tenho um pouco de raiva disso", dito de forma casual e imparcial, sugere que, enquanto a ideia de sentir raiva é aceitável para a pessoa do ponto de vista teórico, a expressão atual disso ainda está inibida. Quando pacientes em psicanálise estão intelectualizando seu tratamento, tendem a resumir suas experiências no divã em um tom que as faz parecer mais a previsão do tempo de sua psique do que a exteriorização de algo que os estava movendo internamente. Nas

---

* N. de R .T. Mr. Spock é personagem de *Star Treck*, série dos anos 1960, nascido no planeta *Vulcan*. Filho de pai de Vulcan e mãe terráquea.

eleições presidenciais dos Estados Unidos em 2004, as palestras frias e reservadas de Al Gore contribuíram para sua derrota; o público preocupa-se com questões de defesa quando um candidato se mostra pouco passional.

A intelectualização lida com a sobrecarga emocional comum da mesma forma que o isolamento lida com a superestimulação traumática. É preciso muita força de ego para que uma pessoa seja capaz de pensar racionalmente em uma situação emocionalmente significativa, e contanto que os aspectos afetivos de tal circunstância sejam por fim processados com um reconhecimento mais emocional, essa defesa funciona de forma eficaz. Muitos pensam que deram um grande passo em direção ao amadurecimento quando conseguem racionalizar diante de uma situação de estresse, em vez de reagirem de forma impulsiva. Porém, quando alguém parece incapaz de abandonar uma posição defensiva cognitiva antiemocional, mesmo quando provocado, os outros tendem a tachá-lo de emocionalmente desonesto. Sexo, ironia, expressão artística e outras formas adultas gratificantes de divertimento podem ser truncadas sem necessidade naquele que aprendeu a depender da intelectualização para lidar com a vida.

RACIONALIZAÇÃO

A defesa da racionalização nos é tão familiar que mal preciso explicá-la. Não apenas esse termo caiu no uso comum com uma conotação semelhante àquela usada nos escritos psicanalíticos, como também é um fenômeno que a maioria de nós acha naturalmente divertido – ao menos nos outros. "É tão conveniente ser uma criatura racional", notou Benjamin Franklin, "já que isso nos possibilita criar uma razão para qualquer coisa que tenhamos vontade de fazer" (citado em K. Silverman, 1986, p. 39). A racionalização pode entrar em jogo mesmo quando falhamos em conseguir algo que queríamos e concluímos em retrospecto que o que queríamos não era tão desejável (também chamada de "racionalização das uvas verdes", em referência à fábula de Esopo sobre a raposa e as uvas) ou quando algo ruim acontece e decidimos que afinal não é tão ruim ("racionalização do limão doce"). Um exemplo do primeiro tipo seria a conclusão de que a casa que não podemos comprar era mesmo muito grande para nós; um exemplo do segundo seria a racionalização popular daqueles que valorizam a educação: "Bem, foi uma experiência de aprendizado".

Quanto mais inteligente e criativa for uma pessoa, maiores serão as chances de ser uma boa racionalizadora. A defesa opera de forma benigna quando permite que alguém dê o seu melhor em uma situação difícil com o mínimo de ressentimento, mas o seu lado ruim como estratégia defensiva é que praticamente tudo pode ser – e já foi – racionalizado. As pessoas raramente admitem fazer uma coisa apenas porque é bom fazê-la; preferem cercar suas decisões de bons motivos. Assim, o pai que bate em uma criança racionaliza a agressão alegando que o está fazendo "pelo bem da criança"; o terapeuta que insensivelmente aumenta seus honorários racionaliza decidindo que pagar mais irá aumentar a autoestima do paciente; aquele que está sempre de dieta racionaliza a vaidade apelando para a saúde.

MORALIZAÇÃO

A moralização é um parente próximo da racionalização. Quando se está racionalizando, também se está inconscientemente procurando bases aceitáveis para nossa direção; quando se moraliza, procura-se caminhos para sentir que é nosso *dever* perseguir tal curso. A racionalização converte o que a pessoa deseja em linguagem racional; a moralização coloca isso no contexto da obrigação moral ou justificada. Enquanto aquele que racionaliza fala sobre a "experiência de vida" que alguma frustração proporcionou, aquele que moraliza insistirá que ela "constrói o caráter".

A qualidade hipócrita dessa transformação particular do impulso induz os outros a considerarem isso ou divertido ou um tanto desagradável, embora, em certas situações políticas e sociais, líderes que exploram o desejo de se sentirem moralmente superiores possam produzir uma moralização em massa de forma tão eficaz que o público seduzido por ela mal pisca. A crença dos colonialistas de que estavam levando os altos padrões da civilização até pessoas de poucos recursos é um bom exemplo de moralização. Adolf Hitler foi capaz de realizar suas próprias fantasias assassinas levando um apavorante número de pessoas a acreditar que a eliminação dos judeus e de outras minorias era uma questão de aprimoramento ético e espiritual da raça humana. Nos Estados Unidos de hoje, a revogação de proteções concedidas pelos Diretos Humanos tem sido justificada em nome da luta contra o terrorismo.

Em um nível menos catastrófico, muitos de nós já testemunharam um superior destratando absurdamente um subordinado, alegando que o dever do supervisor é ser franco quanto às falhas dos empregados. Em defesas de doutorado, examinadores hostis ficaram conhecidos por fazerem observações como "Estaríamos fazendo algum favor a este estudante poupando-o das críticas que o estudo dele merece?". Uma de minhas amigas, uma decoradora de interiores, moralizou sua decisão de fazer um caro *lifting* facial explicando que era sua obrigação se apresentar como uma mulher atraente para os clientes. Bette Davis contou ter passado por um conflito em relação ao desejo de dar continuidade à carreira de atriz durante a Segunda Guerra, mas resolveu seu desconforto e explicou: "Bem, então eu me dei conta que era isso que o inimigo queria – destruir e paralisar a América. Então decidi continuar trabalhando" (citada em Sorel, 1991, p.75).

A moralização pode ser considerada uma versão da cisão aprimorada quanto ao seu desenvolvimento. Embora ainda não tenha visto isso colocado de tal maneira na literatura psicanalítica, faz sentido pensar que a inclinação a moralizar seria um estágio posterior da tendência primitiva de fazer puras distinções de bem ou mal. Enquanto a cisão ocorre com naturalidade na criança antes que tenha um *self* integrado capaz de reconhecer ambivalências, a moralização aparentemente resolve sentimentos confusos que o *self* em evolução já é capaz de reconhecer. Na moralização, podemos perceber a operação de um superego, apesar de em geral se tratar de um superego rígido e punitivo que requer um grupo de contraste de "outro tipo" de pessoas, "essa gente" que não conta com as sensibilidades éticas do moralizador.

A moralização é a principal defesa na organização de personalidade que foi chamada de "masoquismo moral" (Reik, 1941). Algumas pessoas obsessivas e compulsivas também dependem dessa defesa. Na psicoterapia, os moralizadores podem criar dilemas constrangedores para os clínicos, os quais percebem que, quando confrontam certas atitudes e comportamentos de autodefesa, os pacientes os consideram incapazes porque não enxergam as coisas "como deveriam". Um paciente meu, um homem obsessivo-compulsivo na extremidade neurótica da faixa *borderline*, sempre me implorava para que fizesse um julgamento moral sobre sua masturbação compulsiva, com a esperança de que isso resolvesse seu conflito. "Como você se sentiria se eu falasse que acho que isso o está impedindo de sair e se envolver com mulheres?" perguntei. "Eu me sentiria criticado e profundamente envergonhado – ia querer me enfiar em um buraco", ele respondeu. "E se dissesse que, dada sua história de repressão, é uma grande conquista que você tenha encontrado uma forma de satisfação sexual, e que sua masturbação representa uma tendência em direção a seu desenvolvimento sexual?", sugeri. "Pensaria que você é uma depravada."

A moralização ilustra, assim, a seguinte ressalva: mesmo que uma defesa seja considerada um mecanismo "maduro", ainda pode ser irritantemente impermeável à influência terapêutica. Trabalhar com alguém da faixa neurótica cujo caráter seja definido pelo uso crônico e inflexível de uma específica estratégia de defesa pode ser tão árduo quanto trabalhar com pacientes muito psicóticos.

COMPARTIMENTALIZAÇÃO

A compartimentalização é outro tipo de defesa intelectual, talvez mais fortemente relacionada ao processo dissociativo do que à racionalização ou à moralização, ainda que a racionalização (cognitiva e/ou comportamental) seja com frequência ativada como suporte. Assim como o isolamento do afeto, ela está do lado mais primitivo: sua função é permitir que duas condições em conflito coexistam sem confusão mental, culpa, vergonha ou ansiedade. Enquanto o isolamento envolve uma brecha entre a cognição e a emoção, na compartimentalização existe uma brecha entre cognições incompatíveis. Quando compartimentaliza, a pessoa está lidando com ideias, atitudes ou comportamentos que são essencialmente e por definição conflituosos sem perceber a contradição. Para um observador comum, a compartimentalização pode ser indistinguível da hipocrisia.

Exemplos de compartimentalizações comuns do dia a dia incluem atitudes simultâneas de, por exemplo: acreditar na Regra de Ouro e ao mesmo tempo no princípio de procurar pelo Número Um, expor a importância da comunicação aberta enquanto se defende a posição de não contar certas coisas para uma determinada pessoa, criticar o preconceito e ao mesmo tempo fazer piadas racistas. Quando ocorre em organizações e culturas, a compartimentalização pode ser reforçada pela dinâmica do grupo. Nos Estados Unidos, alguns grupos políticos poderosos apoiam sinceramente a crença de que seja possível aumentar o compromisso com a defesa nacional e ainda assim não aumentar os impostos.

Na extremidade mais patológica do *continuum* da compartimentalização, há muitos humanitários na esfera pública que ainda assim defendem o abuso de suas crianças na privacidade do lar. É comum ver pregadores e legisladores que julgam com ferocidade pecados menores do que aqueles que eles mesmos cometem. Muitos que militam contra a pornografia já foram encontrados com uma coleção de filmes eróticos. "Pecados" que são cometidos com um claro sentimento de culpa, ou em um estado de disssociação enquanto duram, não são propriamente considerados como uma revelação do uso da defesa de "compartimentalização"; o termo aplica-se apenas se as ideias ou atividades discrepantes forem ambas acessíveis à consciência. Após a confrontação, a pessoa que compartimentaliza racionalizará as contradições.

ANULAÇÃO

Assim como a moralização pode ser considerada uma versão mais madura da cisão, a anulação pode ser considerada a sucessora natural do controle onipotente. Há uma qualidade mágica dessa defesa que trai suas origens arcaicas, mesmo que os indivíduos que a usam como defesa possam ser induzidos, por meio de um apelo as suas capacidades reflexivas, a enxergar o significado do que está em jogo em um comportamento supersticioso. "Anulação" é um termo cujo significado é exatamente o que se poderia supor: a tentativa inconsciente de contrabalançar algum afeto – em geral culpa ou vergonha – com uma atitude ou um comportamento que irá magicamente apagá-lo (anulá-lo). Um exemplo cotidiano poderia ser a esposa que chega em casa com um presente para compensar sua explosão temperamental da noite anterior. Se o motivo for consciente, não podemos tecnicamente chamar isso de anulação, mas quando os anuladores não percebem sua vergonha ou culpa e por consequência não podem ter de forma consciente o desejo de expiar esses sentimentos, o rótulo se aplica.

Muitos rituais religiosos têm um aspecto de anulação. O esforço de chamar atenção para os pecados, mesmo os cometidos apenas em pensamento, pode ser um impulso humano universal. Na idade em que as crianças podem cognitivamente entender a fatalidade da morte, é possível reconhecer uma série de rituais mágicos que têm um componente de anulação. O jogo infantil de evitar as rachaduras da calçada porque caso pesem sobre elas a mãe não voltará para casa (ou de jurar "pela mãe morta atrás da porta") é compreendido, na perspectiva psicanalítica, como uma anulação dos desejos inconscientes de que a mãe morra, desejos que geram mais medo agora do que antes, quando o conceito de morte ainda não tinha um significado mais maduro. Fantasias de onipotência são discerníveis na crença implícita expressa nesse comportamento de que os pensamentos hostis são perigosos: o pensamento equivale à ação.

Uma de minhas pacientes costumava ocasionalmente me dar flores. Uma vez que ela estava bastante perturbada e poderia achar que eu estivesse rejeitando os presentes se abordasse (com fins de análise) sua disposição para me presentear daquela forma (ela poderia experimentar isso como um profundo repúdio a seus impulsos generosos), por um longo tempo não explorei com ela o significado desse comportamento. Um dia, por fim, ela mesma se deu conta de que se sentia impelida a me trazer flores quando tinha sentido muito raiva na última sessão. "Acho que elas eram mesmo para seu túmulo", ela disse, sorrindo.

Pessoas que sentem um remorso exacerbado por seus pecados e suas falhas do passado, sejam eles reais, exagerados ou cometidos apenas em pensamento, podem estar fazendo um projeto de anulação para a vida toda. Uma mulher de 79 anos, caucasiana e de classe média, que estudei em conexão com pesquisas sobre a psicologia de pessoas com caráter altruísta (McWilliams, 1984), dedicou-se por 10 anos à causa de direitos iguais para pessoas não brancas; sua história incluía ter insultado de forma inadvertida uma mulher negra que ela havia amado profundamente quando tinha mais ou menos 9 anos, algo que ainda fazia com que se sentisse miserável. O estudo de Tomkin (1964) sobre abolicionistas engajados sugere uma organização de personalidade semelhante às da defesa de anulação.

Quando a anulação é uma defesa central no repertório de alguém e quando atos que têm o significado inconsciente de expiar crimes do passado comprometem a principal base de suporte da autoestima do indivíduo, consideramos a personalidade dessa pessoa compulsiva. Quero ressaltar aqui, já que os termos "compulsão" e "compulsivo" são associados com tanta frequência a comportamentos indesejáveis, que o conceito de compulsividade é neutro do ponto de vista moral. Em outras palavras, é possível ser um alcoolista compulsivo, mas é possível ser um humanitário compulsivo também. De modo semelhante, "obsessivo" e "compulsivo" não são necessariamente termos pejorativos quando aplicados à estrutura de personalidade, mesmo que os rótulos derivem de tentativas de entender estados patológicos de obsessão e compulsão. Aquele que sofre com pensamentos (obsessões) estranhos ao ego, persistentes e indesejados, pode estar desesperado por ajuda. Em contraste, é difícil uma pessoa satisfatoriamente obcecada em escrever um romance ou engajada com prazer em uma atividade de jardinagem ser considerada "doente". Na descrição do caráter, o rótulo "obsessivo" aplica-se a estilos de pensamento; e "compulsivo" a atitudes adaptativas; o que pode ser muito adaptativo e saudável.

VIRANDO-SE CONTRA O *SELF*

Anna Freud (1936) costumava usar uma linguagem simples e coloquial, como mostra o uso da expressão "virar-se contra o *self*". O conceito significa o que parece: o redirecionamento de algum afeto ou de uma atitude negativa de um objeto externo em direção ao *self*. Se uma pessoa tiver críticas a respeito de uma autoridade cuja boa vontade pareça-lhe essencial para se sentir segura, e se pensar que a figura de autoridade não consegue tolerar críticas, essa pessoa se sentirá mais segura redirecionando as críticas para si mesma. Para as crianças, que não têm escolha em relação a onde morar ou para quem pode ofender um cuidador sensível, a defesa de ser muito custoso contra o *self* pode distraí-las do fato (muito mais perturbador) de que seu bem-estar depende de um adulto não dependente (Fairbairn, 1954). Não importa o quão desagradável possa ser a autocrítica, ela é emocionalmente preferível a reconhecer uma ameaça realista de nossa sobrevivência sob condições nas quais não temos poder para mudar as coisas.

Uma de minhas pacientes passou seus anos de formação vivendo sob os cuidados de uma mãe suicida e um pai autocentrado "às vezes *ON*, às vezes *OFF*". A segurança de sua família era tão precária que tinham problemas até no nível de subsistência: algumas das primeiras memórias dessa mulher envolvem seus pais sendo expulsos de vários apartamentos por não pagarem o aluguel. E, em vez de sentir um medo crônico de que sua mãe se matasse e seu pai desaparecesse em algum projeto autoindulgente – sendo ambas sérias possibilidades –, passou a acreditar que, se apenas ela se tornasse uma pessoa melhor, os pais lhe dariam amor e atenção. Essa convicção, que foi adaptativa na infância, causou-lhe um sofrimento contínuo durante a vida adulta, nas oportunidades em que reagia a qualquer situação desagradável com autoataque em vez de reunir esforços para melhorá-la. Ela precisou de anos de terapia para se dar conta, em nível emocional, de que não era mais uma criança indefesa, em uma família disfuncional, cuja única esperança de se sentir útil estava no projeto de melhorar internamente.

Muitos preservam certa tendência a virar afetos, atitudes e percepções contra o *self*, levados pela ilusão de que esse processo possa lhes dar mais controle em situações frustrantes. A atitude de virar-se contra o *self* pode ser considerada uma versão madura da introjeção. A crítica externa não é absorvida por inteiro, como na introjeção, mas a pessoa se identifica com a crítica em algum grau. Negar ou projetar qualidades desagradáveis é uma defesa popular entre pessoas mais saudáveis que estão conscientes das tentações (e resistem a elas). Elas preferem errar no sentido de atribuir-se a culpa de um problema do que pensar que esta seja de outra pessoa. O uso automático e compulsivo dessa defesa é comum em indivíduos com personalidade depressiva e na versão relacional do masoquismo de caráter.

DESLOCAMENTO

O deslocamento é outra defesa vista popularmente sem muita distorção de seu significado psicanalítico técnico. Com 11 anos, uma de minhas filhas, ao notar que o cachorro atacou seu brinquedo logo depois de ser repreendido pelo mau comportamento, comentou: "Olha isso! Ele está descarregando sua raiva no brinquedo – que nem as pessoas!". O termo "deslocamento" refere-se a um redirecionamento de pulsões, emoções, preocupações ou comportamento de um objeto natural ou inicial para outro, porque sua direção original gera alguma ansiedade.

A clássica animação do homem que é repreendido pelo chefe e vai para casa e grita com a mulher, que por sua vez briga com os filhos, que chutam o cachorro, é um grande estudo sobre o deslocamento. A "triangulação" enfatizada por terapeutas de família na tradição de Murray Bowen (p. ex., 1993) é um fenômeno de deslocamento. Percebi que, em casais nos quais um é infiel, o outro direciona seu ódio não ao parceiro que traiu, mas à "outra" mulher ou ao "outro" homem. Expressões como "aquela destruidora de lares", sugerindo que o parceiro seja uma vítima inocente de uma sedução cínica, parece proteger uma pessoa já angustiada do risco de uma futura ameaça ao relacionamento que poderia ser criada se a raiva do traído fosse direcionada diretamente ao parceiro adúltero.

A luxúria também pode ser deslocada; fetiches sexuais parecem explicáveis quando encarados como uma reorientação do interesse erótico de um ser humano pela genitália para alguma área inconscientemente relacionada, como pés ou mesmo sapatos. Se eventos da história de um homem fizeram as vaginas parecerem perigosas, ele pode substituí-las por algum outro objeto ligado às mulheres. A ansiedade pode, ela mesma, ser deslocada: o famoso paciente de Freud, o "Homem dos Lobos", foi tratado em seus últimos anos de vida por Ruth Mack Brunswick devido a uma preocupação mórbida com seu nariz, que acabou sendo entendida como o deslocamento de fantasias de mutilação assustadoras sobre seu pênis (Gardiner, 1971). Quando alguém desloca a ansiedade de uma área aterrorizante para um objeto específico que simboliza o fenômeno ameaçador (p. ex., horror a aranhas, que, para essa pessoa, significa inconscientemente um aprisionamento materno, ou horror a facas, que o indivíduo de modo inconsciente equipara a penetração fálica), essa pessoa tem uma fobia (Nemiah, 1973).

Quando alguém tem padrões de preocupações deslocadas e assustadoras em muitos aspectos da vida, consideramos seu caráter fóbico. Muitas pessoas têm apenas uma fobia, mas terapeutas às vezes lidam com pacientes que apresentam agorafobia, múltiplas fobias e atitudes fóbicas em geral. O funcionamento e/ou sistema fóbico difere dos medos cujas origens estão no trauma: se evito pontes porque certa vez sofri um terrível acidente em uma, evitá-las é um fenômeno pós-traumático. Mas, se evito pontes porque estou inconscientemente simbolizando e deslocando um medo normal (vendo a ponte como um símbolo de transições maiores na vida, cuja última é a transição para o túmulo) e tenho esperanças mágicas de que isso irá me proteger do envelhecimento e da morte, então sou fóbico.

Algumas marcas culturais lamentáveis, como racismo, sexismo, heterossexismo e a geral culpabilização dos problemas da sociedade recaída sobre o fato de os grupos marginalizados não terem poder para revidar, contêm uma grande parcela de deslocamento. Assim também ocorre com a tendência a culpabilização que vemos na maioria das organizações e subculturas. A transferência, tanto em suas manifestações clínicas quanto nas extraclínicas, que Sullivan chamou de "distorções paratáxicas", contém deslocamento (de sentimentos em relação a importantes objetos primários) e também projeção (de características internas do *self*). Nas formas benignas de deslocamento estão incluídas a conversão da energia agressiva em energia criativa – uma quantidade grande de trabalho doméstico é feita enquanto uma pessoa está agitada em relação a um problema – e o redirecionamento dos impulsos eróticos, voltados para objetos sexuais impossíveis ou proibidos, para um parceiro apropriado.

FORMAÇÃO REATIVA

A defesa da formação reativa é um fenômeno intrigante. É evidente que o organismo humano é capaz de transformar algo em seu oposto a fim de que se torne menos ameaçador. A definição tradicional de formação reativa envolve essa conversão de um afeto negativo em positivo ou vice-versa. A transformação do ódio em amor, ou do tédio em contentamento, ou da inveja em atração, por exemplo, pode ser inferida a partir de muitas transações comuns.

Talvez a idade mais longínqua na qual o processo é facilmente discernível seja o terceiro ou quarto anos da criança; nessa época, se chegar um bebê novo, o irmão mais velho (deslocado) terá de contar com muita força de ego para lidar com a raiva e o ciúmes, e convertê-los em um sentimento de amor consciente pelo novo membro da família. É típico da formação reativa que algum dos afetos desapropriados "escorra" pela defesa, e os observadores podem sentir que há algo um tanto excessivo ou falso na disposição emocional consciente. No caso de uma menina em idade pré-escolar que ficou deslocada após o nascimento do irmão mais novo, por exemplo, pode haver outro lado de sua disposição expressa de "amar o bebê até a morte": abraçá-lo muito forte, cantar para ele muito alto, brincar com ele de forma muito agressiva, etc. Muitos irmãos mais velhos adultos já relataram histórias de apertar muito forte as bochechas de seus irmãos mais novos até que eles chorassem ou de demonstrar um tipo de delicadeza quase venenosa, e outras histórias envolvendo transgressões semelhantes, todavia motivadas pelo amor.

A forma de representar a formação reativa mais perspicaz do que encará-la como a transformação de uma emoção em seu oposto pode se dar a partir da percepção de que suas funções negam a ambivalência. É uma premissa psicanalítica básica que nenhuma disposição é absolutamente pura. Podemos odiar a pessoa que amamos ou ficar ressentidos com uma pessoa a quem somos gratos; nossa situação emocional não se resume a uma ou outra posição. (Freud sentia a existência de uma exceção à ambivalência universal – o amor de uma mãe por um filho homem – mas se suspeita que seu narcisismo tenha distorcido essa percepção. É um medo comum que agrada aos analistas explicar como o fato de que alguém *parece* sentir *x* mas *na verdade* sente *y;* de fato acreditamos que, enquanto uma pessoa pode sentir *x*, ela pode *também* (inconscientemente, talvez) sentir *y*. Na formação reativa, o indivíduo convence o *self* de que tudo o que está sendo sentido é uma polaridade de uma reação emocional complexa.

A partir do exemplo da irmã deslocada que encontra um jeito de evitar sentir afetos negativos e de experienciar apenas os positivos, em uma idade na qual ainda não existe maturidade para discriminações mais apuradas entre sentimentos obscuros e (mais importante) entre sentimentos e ações, é possível notar o quão valiosa essa defesa pode ser. Outras situações em que a operação de tal defesa é em grande parte benevolente abrangem as circunstâncias nas quais sentimentos de competitividade, que incluem tanto componentes de admiração quanto desejos assassinos, levam a criança a emular um(a) amigo(a) competente em vez de rejeitá-lo(a). Nos adultos também há formação reativa, mas normalmente pressupomos que pessoas crescidas tendam mais a reconhecer todos os aspectos de suas reações emocionais à determinada situação e a aplicar suas inibições mais ao domínio do comportamento do que do sentimento.

A formação reativa é a defesa principal nas psicopatologias em que os sentimentos hostis e os impulsos agressivos são preocupações proeminentes e vivenciados como estando em risco de escapar do controle do indivíduo. Pessoas paranoides, por exemplo, com frequência sentem apenas ódio e desconfiança quando um observador externo suspeita que também estejam se sentindo desejosas e dependentes; pessoas obsessivas e compulsivas frequentemente acreditam que têm apenas respeito e admiração por figuras de autoridade em relação às quais os outros suspeitam que também estejam muito ressentidas.

REVERSÃO

Outro meio que pode ser utilizado para lidar com sentimentos que representam uma ameaça psicológica para o *self* é criar um cenário que mude a posição da pessoa de sujeito para objeto ou vice-versa. Por exemplo, se alguém acha que a saudade de ser cuidado por alguém é vergonhosa ou perigosa, pode satisfazer sua própria necessidade de dependência cuidando de outra pessoa, inconscientemente se identificando com a gratidão daquele que é cuidado.* Esse tipo de reversão é um artifício típico dos terapeutas, que ficam quase sempre desconfortáveis com sua própria dependência, mas adoram que os outros dependam deles.

Assim que as crianças são crescidas o bastante para brincar com bonecas ou *action figures* (como são chamados hoje os bonecos para meninos), pode-se dizer que estão usando a reversão. Uma vantagem dessa defesa é que o indivíduo pode mudar os aspectos de poder de uma transação, de forma que ele passe do papel de reagente para o papel de agente. Teóricos do "domínio do controle" chamam a isso "transformação *do passivo para o ativo*" (Silberschatz, 2005). A defesa opera de modo construtivo quando o cenário revertido é benigno, e de modo destrutivo quando a situação revertida é intrinsecamente negativa. Nos trotes aos calouros nas universidades e em outros ritos de passagem abusivos, por exemplo, a experiência de se sentir perseguido durante a fase inicial é transformada mais tarde em uma situação sentida como positiva, pelo fato de ter sido uma mudança do passivo para o ativo, do papel de vítima para o de torturador.

Às vezes, na prática clínica, nos deparamos com a reversão sendo usada de um modo que desafia os conhecimentos do terapeuta. Trabalhei por um longo tempo com um homem cuja mãe era profundamente depressiva e alcoolista. Toda manhã, quando garoto, ele a via na cozinha tomando café e fumando cigarros com uma aparência exausta e triste. Seu problema atual era uma vulnerabilidade à depressão originada na relação insatisfatória

---

* N. de R.T. Essa defesa pode ser semelhante à identificação com o agressor. No exemplo da autora, a reversão pode ser não apenas como o agressor, mas como o objeto catexizado libidinalmente.

com essa mulher triste e potencialmente suicida. Quando vinha para as sessões, ele sempre olhava bem para meu rosto e dizia: "Você parece mesmo cansada hoje" ou "Você parece estar bem preocupada em relação a alguma coisa". Algumas vezes ele estava certo, mas, na maioria, eu estava de bom humor e ficava surpresa com a observação. À medida que o tempo transcorria, passei a desafiar sua percepção sobre minha fadiga ou mal-estar, dizendo que não tinha consciência de estar me sentindo cansada ou deprimida. Em vez de achar isso interessante e usar meu comentário como um ponto de partida para tentar entender o que estava deslocando ou projetando, ele trocou de papel comigo (psicologicamente), dizendo que, embora eu achasse que estava bem, obviamente não estava, e que ele era um observador de pessoas muito sensível e podia reconhecer uma pessoa depressiva quando a via.

Esse homem fez dele terapeuta e de mim paciente, revertendo assim uma situação muito difícil para ele. Sua experiência de infância, com uma autoridade maternal não confiável, não lhe ofereceu bases para qualquer segurança emocional em papéis que o incitassem à dependência, sobretudo de um objeto feminino. Nesse caso, ainda que o uso da reversão o tenha protegido do reconhecimento de alguns sentimentos muito perturbadores, essa defesa teve o lamentável efeito colateral de tornar difícil para ele o envolvimento em relacionamentos emocionalmente recíprocos. Parte do que estimulava seus sintomas depressivos era uma série de amizades e romances fracassados, nos quais sua tendência era a de recriar o cenário de uma criança carente e pais limitados em termos de empatia, estando ele na posição de não empático. Isso eventualmente o impediu de estabelecer relações de intimidade.

Um dos objetos de minha pesquisa sobre altruísmo (McWilliams, 1984) era um homem atraente e bem-sucedido em seus 40 anos, cujas grandes satisfações na vida estavam em sua atividade como voluntário em um órgão internacional que buscava adoções para crianças muito difíceis de serem recebidas nas famílias (algumas eram de origem étnica estigmatizada, outras tinham limitações físicas e outras sofriam de doenças congênitas). Nas suas palavras: "Não consigo descrever o auge de bem-estar que sinto quando entrego um bebê para uma mãe adotiva e sei que uma nova vida está começando para essa criança". A história dele incluía a morte repentina e obscura da mãe quando tinha 2 anos, seguida por um curto período de grande angústia, e depois por sua adoção informal por parte da governanta, que mais tarde casou com seu pai e se tornou, em todos os sentidos psicológicos, sua mãe. Toda vez que ele era bem-sucedido em conseguir uma adoção, sentia que estava salvando alguém da mesma maneira como fora salvo (embora antes de se tratar comigo ele nunca tivesse se dado conta da relação de sua história pessoal com suas preocupações humanitárias), como também sentia o alívio de que "desta vez a situação foi ao contrário" (ele era o salvador, aquele com o poder, e a outra parte é que era a criança carente e desamparada).

O leitor pode já ter notado, à medida que discuto esses processos defensivos de alta ordem, que não há tipos de personalidade específicos que reflitam uma superdependência desses processos. Pessoas mais saudáveis de uma perspectiva psicológica tendem tanto a usar defesas mais maduras, como a reversão, quanto a lidar com a ansiedade e outros estados emocionais difíceis recorrendo a uma grande variedade de modos defensivos. Portanto, são menos facilmente rotuláveis.

IDENTIFICAÇÃO

Pode parecer estranho incluir identificação em uma lista de mecanismos de defesa, já que a maioria de nós considera o fato de nos identificarmos com outra pessoa, ou com certo aspecto dessa pessoa, uma tendência benigna, e não defensiva. É sabido que certos tipos de identificação têm poucos (ou zero) componentes defensivos (p. ex., o tipo que os psicólogos de orientação sociopedagógica chamaram de "identificação de modelos" e que atualmente atribuímos aos neurônios-espelho), porém muitos pensadores psicanalíticos continuam considerando muitos casos de identificação como sendo motivados por uma necessidade de evitar a ansiedade, o luto, a vergonha ou outros afetos dolorosos, ou por necessidade de recuperar um senso ameaçado de autocoesão e autoestima. Assim como os outros processos defensivos maduros, a identificação é um aspecto normal do desenvolvimento psicológico, que se torna problemática apenas sob certas circunstâncias.

Freud (1923) foi o primeiro a sugerir uma distinção entre identificação defensiva e não defensiva, a partir da diferenciação do que chamou de identificação "anaclítica" (do grego, significando "inclinar-se sobre") a partir da "identificação com o agressor". Ele considerou o primeiro tipo motivado por um desejo descomplicado de ser uma pessoa a quem amamos ("Mamãe é generosa e me conforta, e eu quero ser como ela"). O segundo, considerava uma solução de igual forma automática, mas defensivamente motivada, para o problema de se sentir ameaçado pelo poder de outra pessoa ("Tenho medo do castigo da mamãe por meus impulsos hostis; se eu me *tornasse* ela, seu poder estaria dentro e não fora de mim"). Freud concluiu que muitos atos de identificação contêm elementos tanto de uma incorporação direta daquilo que é amado quanto de um defensivo "tornar-se" aquilo que é temido.

Analistas usam a palavra "identificação" para conotar um nível maduro de tornar-se de modo deliberado (ao menos parcialmente consciente) outra pessoa. Essa capacidade abrange, uma linha de desenvolvimento que vai das formas mais infantis e primárias de introjeção (ou de "incorporação"), caracterizadas pelo traço de "engolir" a outra pessoa inteira, até processos mais sutis e subjetivamente voluntários, que envolvem absorver as características de alguém (Cramer, 2006; Schafer, 1968) de modo mais sutil. Supõe-se que o potencial de identificação evolua e se modifique ao longo da vida, para se tornar a base emocional da mudança e do crescimento psicológicos. Na verdade, a oportunidade que relacionamentos íntimos oferecem para identificações mutuamente enriquecedoras diz respeito ao valor que os analistas costumam agregar à intimidade emocional. Da mesma forma que a projeção primitiva de uma pessoa saudável se transforma, ao longo dos anos, em uma capacidade cada vez maior para a empatia, as formas arcaicas de identificação gradualmente se transmutam em forma cada vez mais específicas e sutis, enriquecendo o *self* por meio das qualidades dos objetos admirados.

O paradigma de identificação mais famoso de Freud foi a situação edipiana. Nesse conhecido cenário, um menino pequeno atinge uma idade (mais ou menos 3 anos) na qual seus desejos de possessão exclusivista da mãe se deparam com o duro fato de que o pai também reclama o amor dela, bem como sua disponibilidade física (usei o termo "menino" porque a descrição de Freud desse processo foi baseada nos seus conhecimentos sobre crianças masculinas e heterossexuais – algo que muitos analistas criticaram). Ele teme que o pai, cujo poder superior é óbvio, mate-o ou mutile-o por conta de seus próprios desejos de matar e mutilar o pai, ao qual vê como um rival, e assim a criança resolve a ansiedade conectada a essas fantasias por meio da identificação ("Talvez eu possa me livrar do Pai – uma pessoa que apesar de tudo eu também amo e não quero perder – ou ter a Mãe só pra mim – o que também teria seu lado ruim, mas eu poderia ser como o Pai e crescer e ter alguém parecida com a Mãe como uma parceira exclusiva"). Freud achava que essa fantasia, que ele considerava normal e universal, era o protótipo para a identificação com o agressor – nesse caso, um agressor imaginário.

A identificação é inerentemente um processo neutro; ela pode ter aspectos positivos ou negativos, dependendo de quem é o objeto de identificação. Uma parte importante do processo de psicoterapia é repensar identificações antigas e problemáticas absorvidas de modo automático, que resolveram os conflitos da criança por um tempo, mas que agora estão causando conflito na vida adulta. Por exemplo, um pastor com o qual trabalhei sobreviveu ao duro fardo de ter um pai alccolista e abusivo e uma mãe fóbica e não afetuosa emulando seu durão tio Harry, um homem que resolvia todos os seus problemas interpessoais com os próprios punhos. Essa resolução foi altamente adaptativa para meu paciente, ao longo de sua adolescência, com uma família caótica em uma série de lugares muito urbanos e hostis; ele podia enfrentar qualquer um que aparecesse pela frente e, como resultado, ninguém mexia com ele. Foi assim que aliviou a ansiedade, descarregou sentimentos problemáticos que não seriam bem-vindos em sua casa, recuperou sua autoestima e garantiu o respeito dos outros. Em sua vida profissional posterior, no entanto, quando ameaçou agredir muitos anciãos conservadores de sua igreja, perdeu o respeito da maioria em sua congregação, que não consideraram seu comportamento condizente com a sensibilidade cristã. Ele apresentou-se para a terapia sabendo que teria de desenvolver novas formas de lidar com o estresse e, quando finalmente entendeu a natureza de suas identificações primárias e o preço que estava pagando por elas, ele conseguiu desenvolvê-las.

Uma vez que pode ser vista como um remédio para todas as complexidades da vida, a identificação pode ser usada de modo mais frequente como defesa quando a pessoa está sob estresse emocional, em especial o tipo de estresse traz a tona versões anteriores da identificação dessa pessoa. A morte ou a perda irão provavelmente provocar identificação, tanto com o objeto de amor ausente quanto com aqueles que virão a substituí-lo no mundo emocional de quem sobreviveu. A ânsia dos adolescentes na busca de ídolos para emular, em sua tentativa de lidar com as complexas demandas do mundo adulto, já vem sendo notada há séculos: na verdade, a falta de satisfação dos adolescentes contemporâneos com os heróis oferecidos pela atual cultura ocidental tem sido conectada por alguns estudiosos psicanalistas ao alarmante aumento no número de suicídios de adolescentes nas últimas décadas (p. ex., Hendin, 1975).

Algumas pessoas parecem se identificar de modo mais fácil e reflexivo do que outras, como se fossem mata-borrões de todas as tintas psicológicas jogadas em sua direção. Aqueles que sofrem de confusões básicas de identidade, de qualquer grau de gravidade, estão em risco, como qualquer um que tenha estudado o comportamento "culto" pode atestar. Experiências de conversão contêm uma grande parcela de identificação defensiva mesmo em pessoas bastante saudáveis com algum tipo de distúrbio de identidade. Uma mulher histericamente organizada, com sentimentos inconscientes de que seu gênero é um problema, pode estar mais sujeita do que outras a identificar-se com alguém que dê a impressão de lidar melhor com as dificuldades da vida, por exemplo.

É provável que seja a capacidade dos seres humanos para se identificarem com novos objetos de amor o principal veículo pelo qual as pessoas se recuperam do sofrimento emocional e o principal meio que a psicoterapia de qualquer tipo usa para alcançar mudanças. Repetidamente, a pesquisa sobre o processo de tratamento tem chegado à conclusão de que a qualidade emocional do relacionamento entre o terapeuta e o paciente está mais correlacionada com os resultados do que qualquer outro fator específico (Norcross, 2002; Strupp, 1989; Wampold, 2001, 2010). Em alguns escritos analíticos recentes sobre o processo da terapia, o relacionamento é focado de tal forma que a interpretação, antes vista como a essência da cura, raras vezes é mencionada (p. ex., Buechler, 2008; Fosha, 2005; Maroda, 2010; Safran, no prelo).

No tratamento psicanalítico, a propensão do paciente a realizar identificações com o terapeuta é nutrida por seu potencial reparador de identificação e também deve ser protegida o máximo possível de abuso. Mesmo aqueles profissionais que recomendam a liberação dos sentimentos de contratransferência sob certas circunstâncias podem tentar evitar explorar a prontidão do paciente para se identificar exemplificando qualidades gerais de virtude humana (como compaixão, curiosidade, tolerância das diferenças e um senso de responsabilidade pelo comportamento de alguém) ao mesmo tempo em que se mantêm reservados em mostrar atributos pessoais, por meio de conselhos ou da expressão de opiniões particulares. Freud (p. ex., 1938) costumava advertir os analistas para que evitassem cair na tentação de se apresentar a seus pacientes de forma grandiosa, como se fossem salvadores, curandeiros ou profetas, o que continua uma máxima da área. O mau uso narcisista do desejo do paciente de se identificar continua um tabu profissional – embora, como todos os outros tabus, provavelmente seja quebrado com mais frequência do que a maioria de nós está disposta a admitir.

SUBLIMAÇÃO

Houve uma época em que o conceito de sublimação foi amplamente entendido pelo público letrado e representava uma novíssima maneira de observar muitas tendências individuais diferentes. Hoje, com a volta da centralidade da teoria da pulsão no pensamento psicanalítico e a reduzida familiaridade com a teoria psicanalítica em geral, tem havido pouca referência a esse conceito na literatura psicanalítica, e ele tem sido menos apreciado popularmente como conceito. A ideia original era que a sublimação seria uma defesa "boa", que, por definição, representaria uma resolução criativa, saudável, socialmente aceitável ou benéfica de conflitos internos entre necessidades primitivas e forças inibitórias.

Sublimação a princípio foi o rótulo dado por Freud (1905) para expressar impulsos com base biológica (que para ele incluíam necessidades de chupar, morder, bagunçar, brigar, copular, olhar para os outros e ser olhado por eles, punir injúrias, suportar a dor, proteger as crianças, etc.) de uma forma socialmente valiosa. Por exemplo, Freud teria dito que um periodontista pode estar sublimando o sadismo; um artista representando o exibicionismo; um advogado, o desejo de matar seus inimigos. Dilemas instintivos, segundo ele, são influenciados pelas circunstâncias da infância de um indivíduo; certas pulsões ou conflitos ganham um destaque especial e podem ser direcionados de forma criativa para atividades produtivas.

Essa defesa foi considerada um dos meios mais saudáveis de resolver questões psicológicas por dois motivos: primeiro, gera comportamentos saudáveis para as espécies; segundo, descarrega o impulso relevante em vez de desperdiçar uma grande quantidade de energia emocional ou transformando isso em algo diferente (como na formação reativa) ou contraatacando com uma força oposta (p. ex. negação, repressão). Tal descarga de energia é considerada inerentemente benéfica: ela mantém o organismo humano em uma homeostase apropriada (Fenichel, 1945).

A sublimação continua um conceito para o qual são encontradas referências na literatura analítica quando um escritor descreve alguém que descobriu um modo útil e criativo de expressar conflitos e impulsos problemáticos. Em contraste com o mal-entendido de que o objetivo da psicoterapia é proteger alguém de seus impulsos infantis, a posição psicanalítica quanto à saúde e ao crescimento inclui o pressuposto de que as partes infantis de nossa natureza continuam vivas ao longo de nossa vida adulta. Não temos a escolha de nos livrarmos delas; apenas podemos lidar com elas de modo melhor ou pior.

Nos objetivos da terapia analítica estão incluídos: o entendimento de todos os aspectos do *self*, mesmo os mais primitivos e assustadores, o desenvolvimento da compaixão por si mesmo (e pelos outros, já que diminui a necessidade de projetar e deslocar as qualidade próprias antes não assumidas) e a expansão da liberdade individual para resolver antigos conflitos de novas formas. Os objetivos não incluem libertar o *self* de seus aspectos sobrecarregados ou de seus desejos primitivos obliteradores. O fato de a sublimação ser considerada o apogeu do desenvolvimento do ego diz muito a respeito da atitude psicanalítica básica para com os seres humanos e seus limites e potências inerentes e sobre os valores implícitos do diagnóstico psicanalítico.

HUMOR

Adicionei o humor a esta lista de defesas mais maduras porque, embora seja possível considerá-lo um subtipo de sublimação, ele o é de uma forma muito interessante. As crianças começam a fazer piadas quando muito jovens (uma criança de 8 meses que conheci, que tinha acabado de aprender o conceito de "quente", de repente retirou a mão do peito da mãe, e gritou "quente!" depois caiu na risada – claramente uma brincadeira deliberada). Tais piadas não parecem de todo defensivas – um pouco de humor tem a função de compartilhar alegria e divertimento. Na outra extremidade do espectro, a compulsão por ser engraçado pode ser extremamente defensiva; não são poucos os que conhecem alguém que, quando convidado para um diálogo sincero, não consegue parar de fazer brincadeiras. Uma necessidade (em termos de pulsão) de ser sempre engraçado e evitar o sentimento de que a vida é uma sucessão de dores inevitáveis é uma característica da personalidade hipomaníaca, um tipo de personalidade que é encontrada com mais frequência no nível *borderline* de gravidade.

É claro que um pouco de humor maximiza nossa capacidade de tolerar a dor psicológica. A versão extrema desse processo é o "humor negro", que foi notado há séculos como um mecanismo de sobrevivência em realidades de vida mais sombrias. Há muito humor que é defensivo de forma positiva, realizando funções bem-vindas, como a ridicularização de objetos de medo, o reconhecimento de duras realidades por meio de uma visão mais leve, transformando a dor em prazer. Certa medida de senso de humor, especialmente um pouco de capacidade de rir das próprias idiossincrasias, há muito tempo é considerada um elemento essencial da saúde mental. O surgimento do humor em um paciente antes angustiado é com frequência a primeira indicação de uma mudança interna significativa.

COMENTÁRIOS FINAIS

Assim concluo minha revisão das operações defensivas que são pertinentes ao entendimento da organização do caráter individual. Devo relembrar o leitor de que este livro é sobre a *estrutura* da personalidade, não apenas sobre *transtornos* da personalidade. Ainda que o foco esteja na tarefa clínica do diagnóstico, a partir do que é possível se presumir que a pessoa à procura de ajuda esteja sofrendo de alguma forma, devemos recordar que o problema para o qual está sendo pedida a ajuda pode não estar no caráter básico do paciente. Ele pode, por exemplo, ser uma reação a algum estresse que acabaria com as reservas emocionais de qualquer um, com qualquer tipo de estrutura de caráter.

No entanto, o modo como a pessoa sofre é que irá refletir sua respectiva organização de personalidade. E o modo como outra pessoa pode ajudar a diminuir esse sofrimento requer sensibilidade às diferenças de personalidade. Cactos e heras irão ambos crescer quando alimentados com luz e água, mas o jardineiro que desconhece as diferenças entre as duas plantas não conseguirá que elas floresçam em todo seu potencial. Um entendimento da variação entre as pessoas quanto as suas bases de caráter é um pressuposto essencial da psicoterapia eficaz, seja o problema de caráter ou não. Um contexto terapêutico útil a uma pessoa obsessiva atormentada pela depressão será diferente de um que poderá ajudar outro cliente depressivo cuja personalidade básica seja mais histericamente organizada.

Todos temos poderosas ânsias e medos infantis, lidar com eles usando as melhores estratégias defensivas à disposição no momento e manter esses métodos para lidar com situações com outras demandas substitui os primeiros cenários de nossas vidas. O objetivo de um psicodiagnóstico sensível não é avaliar "o quão doente" alguém está, ou determinar o quanto essa pessoa está nos limites para ser definida como normal pela sociedade (McDougall, 1980), mas entender as particularidades do sofrimento e da força de alguém, a fim de mitigar o sofrimento e estimular a força.

Na seção seguinte, descrevo os tipos de personalidade mais significativos psicodinamicamente. Existem muitas outras maneiras de categorizar as diferenças individuais; a adotada pelos terapeutas baseia-se em uma organização das pessoas de acordo com o tipo de sofrimento mental ao qual estão predispostas. (Seria um projeto fascinante entrevistar pessoas em outros papéis – cabeleireiros, atendentes de bar, músicos, contadores – para aprender sobre as generalizações a partir das quais elas dividem as pessoas na *pizza* gráfica humana, visto acreditar que a maioria dos grupos gera conhecimentos relevantes sobre os tipos de personalidade por meio das lentes que colocam para enxergar o animal humano.) Cada categoria de personalidade, como já mencionei, constitui uma dependência relacionada ao caráter de uma defesa ou de um grupo de defesas. Cada uma delas abrange uma faixa de desenvolvimento que vai desde aqueles francamente psicóticos até os que são exemplos de salubridade mental de uma específica orientação psicológica. Nas linhas a seguir organizo aspectos subjetivos e objetivos de trabalhar com indivíduos de cada tipo de personalidade e, quando oportuno, traduzo generalizações e abstrações psicanalíticas para possíveis transações clínicas.

RESUMO

Neste capítulo, tratei das defesas secundárias, ou de "alta ordem", mais comuns e clinicamente relevantes: repressão, regressão, isolamento, intelectualização, racionalização, moralização, compartimentalização, anulação, virar-se contra o *self*, deslocamento, formação reativa, reversão, identificação, sublimação e humor. Forneci exemplos adaptativos e mal-adaptativos de cada uma e ressaltei os tipos de caráter relacionados. Por fim, para fazer a transição para os próximos capítulos, fiz alguns comentários gerais sobre a relação entre a defesa e a personalidade.

SUGESTÕES PARA OUTRAS LEITURAS

Conforme mencionei no final do Capítulo 5, comentários sobre defesas estão normalmente diluídos em outros tópicos e é raro que sejam assunto de um livro. Os escritos de Anna Freud (1936) e de H. P. Laughlin (1970, 1979) são exceções, e ambos são bastante fáceis de ler. Para os corajosos, Fenichel (1945) tratou desse tópico com sua habitual profundidade nos Capítulos 8 e 9 do livro *Psychoanalytic Theory of Neurosis*. Para leitura mais aprofundada e fundamentada empiricamente em supervisões de defesas, tente o livro editado por Vaillant em 1992, *Ego Mechanisms of Defense*, ou os volumes de Phoebe Cramer de 1991 e 2006, *The Development of Defense Mechanisms* e *Protecting the Self*, respectivamente.

Parte II
Organização dos tipos de caráter

INTRODUÇÃO

Cada capítulo desta seção abrange um tipo fundamental de caráter. Escolhi os tipos com base na frequência com que são encontrados clinicamente e em minha própria familiaridade clínica e confiança em trabalhar com eles. Conforme ressaltei no prefácio, algumas personalidades das quais não trato nesta seção estão no *Psychodynamic Diagnostic Manual* (PDM Task Force, 2006).

A ordem de apresentação é arbitrária, mas comecei com os objetos menos relacionados e terminei com os indivíduos que tendem a desafiar os terapeutas com a força de seu apego, ainda que o estilo de apego seja problemático. Em cada personalidade, considero (1) pulsão, afeto e temperamento; (2) funções de ego adaptativas e defensivas; (3) padrões relacionais primários que contribuem para o desenvolvimento da personalidade e são internalizados e se repetem nos relacionamentos posteriores; (4) experiências do *self*, incluindo as formas conscientes e inconscientes de ver a si mesmo e também o modo como a pessoa procura a autoestima; (5) resultados de transferência e contratransferência de representações internas do *self*, de outros e de padrões de interação entre o *self* e os outros; (6) implicações para o tratamento; e (7) considerações sobre um diagnóstico diferencial.

JUSTIFICATIVA DA ORGANIZAÇÃO DO CAPÍTULO

As primeiras quatro categorias retirei de Pine (1990), que resume a pulsão, o ego, o objeto relacional e os aspectos do *self* de funcionamentos psicológicos individuais como segue:

Falando em termos gerais, com esses quatro termos estou me referindo, respectivamente, aos domínios de (a) pulsões, necessidades, desejos; (b) defesa, adaptação, teste da realidade e defeitos no desenvolvimento de cada um; (c) relacionamentos com outras pessoas importantes como vividos e carregados pela memória, com quaisquer distorções que essas experiências e memórias possam ter; e (d) experiência subjetiva do *self* em relação a esses fenômenos, por meio de, por exemplo, limites, estima, autenticidade e autonomia. (p. 13)

Como Pine, vejo essas quatro perspectivas como implícitas na tradição psicanalítica e úteis para a classificação dos diferentes aspectos da complexidade psicológica.

Adicionei o afeto ao primeiro domínio de Pine (cf. Isaacs, 1990; Kernberg, 1976; Spezzano, 1993; Tomkins, 1962, 1963, 1991, 1992). Uma vez que Freud submetia a emoção à pulsão (ver Solms e Nersessian, 1999), um foco sobre o afeto em si demandaria muito tempo e espaço para uma teorização analítica. Em uma pesquisa de 2002, contudo, Blagys e Hilsenroth descobriram que clínicos psicodinâmicos consideram o trabalho com os afetos definidor de sua orientação. Analistas há muito tempo notaram a superioridade terapêutica da intuição emocional sobre a intelectual (ver J. G. Allen, 1980); mais recentemente, muitos teóricos colocaram o afeto no centro da psicologia humana e do processo clínico (p. ex., Chodorow, 1999; Fosha, 2000, 2005; Maroda, 2010; D. Shapiro, 2002).

Foram realizados incontáveis estudos atestando a operação poderosa dos afetos inconscientes (ver Westen, 1999). Pesquisas durante as últimas duas décadas sobre experiência primária e funcionamento do cérebro (p. ex., Damasio, 1994; Lichtenberg, 1989; Panksepp, 1999; Solms e Bucci, 2000) apoiam a necessidade de diferenciar e compreender os sentimentos implícitos a fim de entender as diferenças de personalidade. A obra de Rainer Krause (p. ex., Anstadt et al., 1997) sugere que todos temos um característico padrão facial de afeto – um tipo e uma sequência de expressões afetivas que constituem nossa assinatura emocional única. Assim, fica claro que as estáveis diferenças de personalidade incluem configurações de afeto características.

Também coloquei o temperamento ao lado da pulsão e do afeto. A significação que Freud deu às diferenças individuais inatas em áreas como direção ou força da pulsão parece preditora à luz dos achados genéticos e neurocientíficos contemporâneos e dos resultados de décadas de estudo sobre o temperamento (Kagan, 1994). Visto que a terapia é orientada ao que é modificável, um clínico pode não pensar muito a respeito de "dotes" de nascença, mas o que está fortemente ligado ao indivíduo é de compreensão valiosa. Observar os talentos inatos de alguém contribui para que sejam estabelecidas metas razoáveis e nos permite ajudar o paciente a aceitar o que não pode ser mudado e a fazer novas adaptações.

Os dois tópicos que seguem cada tipo têm a intenção de iluminar o estilo interpessoal de alguém com aquele funcionamento psicológico e de sugerir componentes de uma terapia eficaz com essa pessoa. Discuto questões de contratransferência tanto por razões terapêuticas quanto por razões diagnósticas. Nossas reações emocionais contêm informações diagnósticas importantes – frequentemente os únicos sinais (sobretudo em se tratando de pacientes mais perturbados) para se estabelecerem diferenciações entre dois tipos de caráter com exigências terapêuticas contrastantes. Além disso, as informações de contratransferência podem nos preparar para o que iremos sentir trabalhando com o cliente; podemos assim melhorar nossas chances de lidar com nossos próprios sentimentos de forma eficaz. Incluí nessas seções algumas ideias sobre aplicar o que os teóricos do domínio do controle considerariam "testes" de pacientes com diferentes tipos de personalidade (Weiss, 1993).

Por fim, acrescentei uma seção sobre diagnóstico diferencial para alertar os leitores sobre possíveis alternativas ao que podemos considerar como uma evidente organização de personalidade, em especial quando tais diferenças têm consequências terapêuticas importantes. Pode ser um desastre, por exemplo, entender que uma mulher histérica seja fundamentalmente narcisista ou que um homem narcisista seja essencialmente obsessivo ou, ainda, que uma pessoa com persistente dissociação seja esquizofrênica. E todos esses equívocos ainda são cometidos porque a abordagem do DSM ao diagnóstico dá margem a tais erros.

CARÁTER, PATOLOGIA DE CARÁTER E FATORES SITUACIONAIS

As descrições a seguir incluem tanto versões mais problemáticas quanto mais saudáveis de cada tipo de caráter. Todos nós temos um modo regular de experienciar e lidar com as situações, o que constitui a personalidade. Na maioria de nós, esse modo não é "desorganizado". Todos temos características de diversos estilos de personalidades específicas, não importa quais tendências predominem. Muitas pessoas que não se encaixam direito em uma única categoria foram adequadamente descritas como uma combinação de dois tipos de organização (p. ex., paranoide-esquizoide, depressivo-masoquista). O estudo da estrutura de caráter de alguém, mesmo na ausência de um transtorno da personalidade, dá ao terapeuta uma ideia do que será possível ser assimilado pelo cliente e que tipo de relação irá caracterizar os esforços do primeiro para ajudar o segundo. Mesmo considerando que nenhuma personalidade possa corresponder exatamente a uma descrição teórico-acadêmica, a maioria das pessoas pode ser localizada em uma área geral que dê ao terapeuta alguma orientação com relação à abordagem terapêutica mais adequada.

Dinâmicas não são patologias. Apenas faz sentido inferir uma patologia de caráter ou um transtorno da personalidade quando os padrões da pessoa são tão típicos de um estereótipo que chegam ao ponto de impedir a adaptação e o crescimento psicológico. Um homem obsessivo organiza sua vida a partir de sua capacidade de pensar e de manter sua autoestima por meio de atos criativos como os acadêmicos, a análise lógica, o planejamento detalhado e decisões judiciosas. Um homem patologicamente obsessivo rumina de forma improdutiva, sem atingir qualquer objetivo, sem realizar alguma ambição e se odiando por andar em círculos. Uma mulher depressiva encontra satisfação cuidando de outras pessoas; uma mulher patologicamente depressiva não consegue cuidar nem sequer de si mesma.

Além de realizar distinções entre personalidade e transtornos da personalidade, é importante diferenciar caráter de reações a situações determinadas. Certas situações provocam o aparecimento de aspectos da personalidade de uma pessoa que podem estar ausentes em outras: as perdas trazem à tona o lado depressivo do indivíduo; as lutas por controle demonstram as ruminações obsessivas; a exploração sexual evoca a histeria. O terapeuta deve ser cuidadoso ao considerar os impactos relativos a fatores situacionais e aspectos caracteriológicos. Pessoas que estão constantemente sob situações de estresse podem aparentar uma perturbação de caráter por critérios externos, mas seus padrões podem ser mais situacionais do que internos. Por exemplo, empregados ou estudantes em contextos institucionais "de gênese paranoide" podem parecer se encaixar perfeitamente nos critérios do DSM para transtorno da personalidade paranoide, mas essa impressão pode desaparecer quando o contexto de vida muda e eles não se sentem mais humilhados, desamparados e inseguros (cf. Kernberg, observações [1986, 2006] sobre a gênese paranoide em institutos psicanalíticos).

Uma estudante chinesa, paciente de um de meus colegas, tinha numerosas preocupações narcisistas: era muito sensível quanto a como era vista, gastava uma energia considerável para manter a autoestima, tinha inveja das estudantes norte-americanas que pareciam ter tudo com muita facilidade, além de preocupações constantes sobre se estava "se encaixando". A genuína energia com a qual narrava isso ao terapeuta e a afeição demonstrada na contratransferência apoiaram a conclusão de que ela teria uma personalidade essencialmente narcisista. No entanto, os estresses de adaptação a uma nova comunidade foram exacerbados por preocupações latentes em relação a aceitabilidade, identidade e autoestima, as quais todos nós teríamos enfrentar caso estivéssemos em outra cultura. Além de ilustrar uma ressalva sobre confusão entre personalidade e reações a determinadas situações, esse exemplo aponta para o valor essencial das informações subjetivas.

LIMITES NA MUDANÇA DA PERSONALIDADE

A experiência clínica sugere que, embora possa ser substancialmente modificada pela terapia, a personalidade não pode ser transformada (um homônimo da teoria da pulsão para isso seria "Você pode mudar a economia, mas não a dinâmica"). Isto é, um terapeuta pode ajudar um cliente depressivo a ser menos destrutivo e intransigentemente depressivo, mas não pode mudar seu caráter para histérico ou esquizoide. As pessoas mantêm seus "modelos internos de funcionamenteo" (Fonagy, 2001): registros intenos (ou registros do âmago), conflitos, expectativas, afetos e defesas. Ainda assim, com nova experiência e *insights* elas podem expandir muito sua autonomia e autoestima realista. A sensação crescente de liberdade aumenta com o domínio e a escolha dos comportamentos que antes eram automáticos; a autoaceitação vem do entendimento sobre como foi estabelecida uma combinação particular de tendências. Independentemente de o contrato de terapia incluir ou não um acordo de tentativa de modificação das características de personalidade, considerar essa possibilidade pode facilitar a psicoterapia.

Queria que este livro fosse abrangente, mas não a ponto de pesar na mochila, no bolso ou na boa vontade do leitor. Esta seção oferece descrições em profundidade das personalidades psicopáticas (antissociais), narcisista, esquizoide, paranoide, depressiva, hipomaníaca, masoquista, obsessiva, compulsiva, histérica e dissociativa. Conforme já ressaltei, existem muitos outros aspectos em torno de cada personalidade que podem ser organizados, mas as configurações apresentadas aqui são as que conheço melhor. Minha impressão é que a maioria dos tipos de personalidade omitidos são vistos mais como variações melódicas do que como temas sinfônicos. Por exemplo, embora não sejam desconhecidos, aqueles cujo caráter é fundamentalmente sadomasoquista raras vezes vêm à terapia por livre e espontânea vontade. Somos mais inclinados a encarar o sadismo como parte de outro quadro clínico, como no da psicopatia e no da dissociação. Algumas pessoas são passivo-agressivas em um nível de caráter, mas o mais comum é que as tendências passivo-agressivas estejam associadas a outras dinâmicas, incluindo marcas de dependência, obsessão, compulsividade, paranoia e masoquismo.

7
Personalidades psicopáticas (antissociais)

Darei início à discussão das categorias tipológicas da organização de personalidade com aqueles que provavelmente são os pacientes menos populares e mais intimidantes com os quais me deparei na prática da saúde mental: os que são psicopatas em essência. Dou seguimento a Meloy (1988) ao usar o termo antigo para descrever esse tipo de personalidade. O termo "antissocial" olha para o fenômeno de fora, a partir do que é externamente visível, com ênfase nas consequências sociais dessa patologia, enquanto tento explorar aqui a experiência subjetiva e a dinâmica interna das pessoas psicopatas.

Pesquisas apoiam a ideia de Kernberg (1984) de uma faixa de condições narcisistas (distúrbios do *self*), com máxima psicopatia na extremidade final (p. ex., Gacano, Meloy e Berg, 1992). Robert Hare (p. ex., Hare et al., 1990) distingue os verdadeiros psicopatas de pessoas com tendências antissociais usando o termo "psicopatia" para denotar apenas uma fração do amplo espectro que vai desde o verdadeiro psicopata até as personalidades antissociais. Essa é uma distinção de valor para a pesquisa e já teve resultados práticos consistentes, como a identificação de candidatos que seriam desastrosos para um determinado emprego. A fim de tratar das dinâmicas que prevalecem no espectro antissocial, contudo, usei o adjetivo "psicopata" mais livremente, como um equivalente a "antissocial", e o substantivo "psicopatia" para toda a faixa antissocial. Mas, ao contrário do que fiz em 1994 e em deferência à diferenciação de Hare, utilizo agora "psicopata" apenas para a versão extrema desse tipo de personalidade, e evito usar "sociopata", já que se trata de uma classificação não mais usada.

Embora existam evidências esmagadoras de que psicopatas extremos não são tratáveis (M. H. Stone, 2000), é possível exercer uma influência terapêutica em muitos indivíduos com tendências antissociais. Pessoas cujas personalidades são estruturadas na faixa psicótica vão desde as muito desorganizadas, sádicas e impulsivas, localizadas na extremidade grave dessa faixa, como Richard Chase (Biondi e Hecox, 1992; Ressler e Schactman, 1992), que aleatoriamente matava, desmembrava e bebia o sangue de suas vítimas (no delírio de que o próprio sangue era envenenado e, logo, precisava do sangue alheio para sobreviver), até a extremidade dos urbanos, polidos e charmosos personagens descritos por Babiak e Hare (2007) em seu picante livro sobre psicopatas em corporações norte-americanas, intitulado: *Snakes in Suits*. O *continuum* psicopático pesa mais na direção do *borderline*/psicótico, porque conceitualmente o diagnóstico se refere a uma falha humana básica de apego e confiança em várias defesas primitivas.

Contudo, concordaria com Bursten (1973a) sobre a existência de pessoas na parte menos grave da faixa cuja personalidade mostra mais qualidades psicóticas do que outras, e que são compreensivamente construídas como personalidades antissociais de alto nível. Essas pessoas contam com suficiente integração da identidade, teste de realidade e capacidade para usar mais defesas maduras, de modo que não podem ser consideradas *borderline* ou psicóticas, mas seus principais modos de pensar e agir indicam uma sensibilidade antissocial. Alguns indivíduos muito bem-sucedidos têm uma aparência essencialmente psicopática; contanto que haja força de ego o bastante, uma indiferença sem compaixão pelos outros pode tornar metas competitivas mais fáceis de serem alcançadas por essas pessoas do que por aquelas que são capazes de uma relação profunda e fiel.

Em 1939, Henderson fez uma diferenciação entre psicopatas "passivos/parasitas" e aqueles agressivos e violentos. Um exemplo do primeiro tipo seria um homem que desenvolve um esquema Ponzi,* mas parece ter uma família carinhosa e boas amizades (ao menos até que a fraude seja exposta). Como sociedade, parece que ficamos mais surpresos com esse tipo sutil de psicopatia do que com suas manifestações mais agressivas, mas o critério de exploração dos demais é o mesmo. O critério de Bursten (1973a) para diagnosticar uma pessoa psicopática, que envolve a preocupação sistemática de "se dar bem" ou conscientemente manipular os outros, capta a essência do funcionamento psicopático. Visto dessa maneira, o diagnóstico incluído na ampla faixa das psicopatias de caráter não tem nada a ver com criminalidade e tudo a ver com motivação interna.

---

* N. de R .T. Tipo de esquema de pirâmide.

PULSÃO, AFETO E TEMPERAMENTO NA PSICOPATIA

O fato de as crianças serem diferentes em temperamento desde que nascem (algo que qualquer pai ou mãe com mais de um filho sabe) agora é confirmado cientificamente (Kagan, 1994; Thomas, Chess e Birch, 1968). Algumas áreas nas quais as crianças demonstram uma variabilidade inata incluem: nível de atividade, agressividade, reatividade, capacidade de serem consoladas e fatores semelhantes cujo desenvolvimento pode se inclinar na direção da psicopatia. Antigos estudos sobre crianças gêmeas e adotadas (p. ex., Vandenberg, Singer e Pauls, 1986) concluíram que pessoas que se tornam antissociais podem ter uma agressividade mais inata do que as demais. Nos anos após a primeira edição deste livro, houve uma explosão de pesquisas sobre o cérebro mostrando que nossos principais pressupostos sobre a possibilidade de separação do que é inato e do que é absorvido seriam ingênuos: disposições genéticas podem ser enviesadas pelas primeiras experiências, genes podem ser ativados ou desativados, químicas cerebrais são alteradas pela experiência, e tudo interage. Em um estudo longitudinal bem-delineado, Caspi e colaboradores (2002) descobriram que pessoas com uma variação na expressão de um gene que quebra os neurotransmissores de noradrenalina e afins (como a variação monoaminoxidase A [MAOA], que pode exercer efeitos permanentes no cromossomo X) têm muito mais probabilidade, quando submetidas a maus-tratos, de desenvolver padrões antissociais e violentos (ver Fonagy, 2003; Niehoff, 2003).

Negligência, abuso e maus-tratos podem afetar o desenvolvimento do córtex orbitofrontal, que parece ser o centro moral do cérebro (Damasio, 1994; Martens, 2002; Yu, 2006). Logo, o substrato biológico para os altos graus de agressão afetiva e predatória em pessoas antissociais pode não implicar diretamente herança genética, mas estar "conectado" pela interação entre experiências e genes. Personalidades antissociais têm baixos níveis de serotonina, seja qual for a origem (Coccaro, 1996), e pessoas diagnosticadas como psicopatas têm uma notável baixa reatividade do sistema nervoso autônomo (Intrator et al., 1997; Lykken, 1995), fato que pode explicar sua busca por sensações e o já há muito tempo percebido "fracasso em aprender com a experiência" (Cleckley, 1941, p.368).

Louth, Williamson, Alpert, Pouget e Hare (1998) descobriram que psicopatas sofrem de anomalias no circuito cerebral em locais que formam a base dos processos linguísticos e afetivos, o que sugere que indivíduos extremamente antissociais não aprenderam sobre os sentimentos com base nos mesmos caminhos relacionais que a maioria das pessoas. Em vez disso, adquirem um discurso emocional, como um tipo de "segundo idioma", usado mais para manipular os outros do que para expressar seus estados interiores. Indivíduos psicopatas têm pouca regulação do afeto e uma ânsia por excitações prazerosas de alta a exagerada (Kernberg, 2005). Enquanto a maioria das pessoas consegue alcançar satisfação emocional por meio de uma boa música, uma relação sexual apaixonada, uma beleza natural, uma piada inteligente ou um trabalho bem feito, eles podem precisar de uma experiência mais radical e agitada (no mau sentido) para se sentirem vivos.

É difícil identificar os sentimentos principais das personalidades antissociais, pois estas não são capazes de articular emoções. Elas agem em vez de falar. Parecem sentir uma grande explosão sem se darem conta de afetos específicos. Quando sentem, tais pessoas podem experienciar uma fúria cega ou uma alegria maníaca. Na seção sobre padrões relacionais deste capítulo, sugiro algumas razões para o que Modell (1975) originalmente descreveu como um "bloco massivo de afeto". Um modo pelo qual o tratamento de indivíduos antissociais difere muito da terapia com pessoas de outras personalidades pode ser reconhecido na impossibilidade de o clínico conseguir estabelecer uma aliança com o cliente apenas refletindo sobre seus sentimentos presumidos.

PROCESSOS DEFENSIVOS E ADAPTATIVOS NA PSICOPATIA

A principal defesa das pessoas antissociais é o controle onipotente. Elas também usam identificação projetiva, dissociação e *acting out*. A necessidade de exercer poder precede todas as outras metas. Isso as defende da vergonha e, sobretudo em psicopatas brutais, faz com que os outros não percebam perversões sexuais que com frequência existem por trás da criminalidade (Ressler e Schactman, 1992). A famosa ausência de consciência do psicopata (Cleckley, 1941) evidencia não apenas um superego defeituoso (Johnson, 1949), como também uma falta de apego primário a outras pessoas. Para o indivíduo profundamente antissocial, o valor das outras pessoas se reduz a utilidade em permitir que ele demonstre seu poder.

Pessoas antissociais gabam-se abertamente de seus trabalhos, suas conquistas, e podem contar mentiras se acham que o ouvinte pode assim ficar impressionado com o poder que elas têm. Não há nada de inconsciente nesse processo; ele é literalmente "sem vergonha". Profissionais da lei ficam sempre impressionados com o fato de criminosos psicopatas assumirem com presteza um homicídio, mas esconderem delitos menores (que envolvam, por exemplo, compulsão sexual ou o roubo de alguns dólares da bolsa da vítima assassinada), evidentemente porque estes seriam sinais de fraqueza (N. Susalis, comunicação pessoal, 7 de maio de 1993). Kernberg (1984) refere-se à "grandiosidade maligna" do psicopata, uma expressão que soa como verdade para qualquer um que já tenha testemunhado o esforço de um psicopata para triunfar de forma sádica por meio da sabotagem da terapia.

É importante que se faça uma distinção entre manipulação psicopática e o que frequentemente se chama de manipulação no caso de pacientes histéricos ou *borderline*. A primeira é uma tentativa deliberada de usar os outros; a segunda leva os outros a sentirem-se usados, enquanto o paciente pode estar um tanto inconsciente de uma intenção de manipulação específica. Como ressaltei no Capítulo 4, recomendo que se restrinja o termo "manipulação" ao fenômeno psicopático consciente e intencional. Pacientes histéricos e *borderline* podem tentar satisfazer suas necessidades por meios indiretos que exasperam os outros e geram uma ideia de manipulação, mas seu comportamento tem causas bem diferentes, e eles estão inconscientemente tentando manter relacionamentos, e não tentando usar os outros de forma indiferente.

Antigos estudiosos notaram, e pesquisas mais recentes confirmam (Robins, Tipp e Pryzbeck, 1991), que muitas pessoas antissociais – aquelas que escaparam da autodestruição e do encarceramento – "se esgotam" na meia-idade, com frequência se tornando cidadãos surpreendentemente corretos. Elas podem se tornar mais acessíveis à psicoterapia e, portanto, obter mais benefícios dela do que pessoas mais jovens com fucionamento antissocial. Essa mudança pode refletir quedas hormonais que reduzem pressões internas para que a pessoa entre em ação, mas também a diminuição da força física que ocorre na meia-idade. Enquanto as defesas de onipotência não são frustradas pelos limites, a motivação da pessoa para desenvolver defesas mais maduras é mínima. Adolescentes mais velhos e jovens adultos de todos os tipos de personalidade, em especial homens jovens e saudáveis, quase sempre têm sentimentos de onipotência: a morte está longe, e as prerrogativas da vida adulta estão ao alcance das mãos. A grandiosidade infantil é reforçada. (Suspeito que uma das razões para que a psicopatia seja mais comum nos homens está no fato de as mulheres confrontarem limitações realistas mais cedo: somos menos fortes fisicamente; convivemos com o incômodo da menstruação e com o medo da gravidez; corremos um risco maior de sofrer estupros e abusos físicos e, como cuidadoras originais, nos sentimos humilhadas com a discrepância entre nossas imagens de maternidade ideal e os desafios emocionais de tentar criar crianças civilizadas.) Mas a realidade nos apanha de qualquer maneira, sejam quais forem nossas prévias vantagens. Na meia-idade a morte não é mais uma abstração, a força física diminui, a responsividade é mais lenta, a saúde não é garantida sem esforços, e começamos a pagar o alto preço de uma vida insalubre a longo prazo. Esses fatos da vida podem ter efeitos de amadurecimento, que levam a pessoa a realizar adaptações menos onipotentes.

Quanto à identificação projetiva, a confiança da pessoa antissocial nesse processo pode refletir não apenas uma detenção do desenvolvimento, mas também as consequências de sua falta de articulação e de sua imaturidade emocional. A falta de habilidade (ou a falta de inclinação) para expressar emoções verbalmente (a não ser para manipular) significa que o único jeito que tem de fazer as pessoas entenderem o que sente é provocar-lhes esse sentimento. As defesas dissociativas da psicopatia são quase sempre percebidas, porém difíceis de avaliar em situações específicas. O fenômeno da dissociação abrange desde situações em que o papel da pessoa em algum erro é minimizado até a completa amnésia de um crime violento. O repúdio de uma responsabilidade própria, que pode ter uma qualidade dissociativa, é um indicador diagnóstico importante da psicopatia; o agressor que explica que teve uma "pequena desavença" com sua amante e que ele "acha que perdeu a cabeça" ou o trapaceiro que parece arrependido e alega ter feito um "mau julgamento do contexto" são exemplos do uso da minimização. Entrevistadores que se deparam com isso devem pedir informações mais específicas: "O que exatamente você fez quando perdeu a cabeça?" ou "O que exatamente você julgou errado?". (Quase sempre a resposta à segunda pergunta demonstra uma lástima por ter sido pego, mas não um remorso por ter trapaceado.)

Quando uma pessoa psicopata alega ter estado emocionalmente dissociada ou em um estado de amnésia durante alguma experiência, sobretudo ao cometer um crime, é difícil dizer se a experiência foi de fato de dissociação ou se suas palavras sobre isso constituem uma evasão manipulatória da responsabilidade. Dada a frequência do abuso grave nas histórias de pessoas diagnosticadas antissociais, como também o relacionamento causal entre abuso e dissociação, é difícil imaginar como a dissociação não seria um frequente concomitante da personalidade psicopática. No entanto, a falta de confiabilidade nas informações fornecidas por pessoas antissociais torna esse assunto um tanto incômodo. Tratarei mais dele na seção sobre diagnóstico diferencial, no fim deste capítulo, e no Capítulo 15.

O *acting out* é basicamente definidor da psicopatia. As pessoas antissociais não apenas sentem incitação interna para agir quando estão tristes ou irritadas, como não têm a experiência de ter a autoestima aumentada por meio do controle do impulso. A literatura clínica mais antiga levanta uma controvérsia sobre se os psicopatas não têm ansiedade ou se sua ansiedade é imperceptível? Greenwald (1974) acreditava que eles se sentem ansiosos, mas o fato de "colocarem para fora" (por meio de ações) rapidamente, para se sentirem aliviados de um sentimento tão venenoso, impede o observador de perceber a ansiedade (e, quando questionados, eles jamais admitem a ansiedade, já que a veem como uma "fraqueza"). Até o ponto em que podemos investigar empiricamente, contudo, aqueles que julgam os psicopatas isentos de ansiedade parecem mais acurados, ao menos com relação a verdadeiros psicopatas: seus níveis em testes de medo e tristeza podem ser inferiores aos de pessoas não psicopatas; eles demonstram a mesma reação diante de uma palavra como "estupro" e de outra como "mesa" (Intrator et al., 1997) e praticamente nunca têm reações de espanto (Patrick, 1994). Porém, pessoas com tendências antissociais *que são saudáveis o bastante para participar de uma terapia* podem sentir alguma ansiedade (Gacano e Meloy, 1991; Gacano, Meloy e Berg, 1992), e essa ansiedade pode ser um motivador que contribui para a capacidade de obter benefícios do tratamento.

PADRÕES RELACIONAIS NA PSICOPATIA

A infância de pessoas antissociais é com frequência caótica e cheia de inseguranças. Híbridos confusos de disciplina rígida, superindulgência e negligência já foram há muito tempo relatados na literatura clínica (Abraham, 1935; Aichhorn, 1936; Akhtar, 1992; Bird, 2001; Greenacre, 1958; Redl e Wineman, 1951). Especialmente em histórias de psicopatas violentos, é quase impossível encontrar influências protetoras consistentes e amáveis. Mães masoquistas, fracas ou depressivas e pais sádicos, explosivos ou inconsequentes têm sido associados com psicopatia, assim como o alcoolismo e outras dependências da família. Mudanças, perdas e rompimentos familiares são comuns. Sob circunstâncias instáveis e amedrontadoras como essas, a confiança normal da criança nos sentimentos de onipotência primários e a posterior confiança no poder de outros para protegê-la não podem se desenvolver normalmente. A ausência de um senso de poder em épocas apropriadas para o desenvolvimento da criança pode fazê-la passar o resto da vida procurando confirmações de sua onipotência.

Mesmo se conscientes delas, pessoas antissociais não conseguem reconhecer emoções comuns, porque as associam com fraqueza e vulnerabilidade. É provável que em suas famílias de origem ninguém as tenha ajudado a expressar suas experiências emocionais com palavras. Elas não têm a menor ideia de como usar a linguagem para expressar sentimentos e base alguma internalizada para reconhecer outros papéis da linguagem. Observações clínicas sugerem que, nas famílias em que essas pessoas viveram, as palavras eram usadas na maioria das vezes para controlar os outros. A falha dos cuidadores ao responder às necessidades emocionais das crianças está ligada a outro lado do conhecimento clínico: crianças que se tornaram antissociais quase sempre foram saciadas em excesso no aspecto material e privadas no emocional. Os pais de uma paciente antissocial que tratei costumavam lhe dar presentes extravagantes (um aparelho de som, um carro) quando ela parecia triste. Nunca lhes passou pela cabeça levar a filha para passear e escutar seus problemas. Esse tipo de "generosidade" é particularmente destrutiva; no caso de minha paciente, isso a privou de todos os meios de exprimir uma sensação prolongada de que algo estava faltando em sua vida.

O pensamento psicanalítico recente mais profundo sobre psicopatia (p. ex., Kernberg, 2004; Meloy, 1997) enfatiza o fracasso (quer oriundo do temperamento ou da criação) do apego e a consequente internalização. A pessoa antissocial parece nunca ter se apegado psicologicamente, incorporado bons objetos ou se identificado com seus cuidadores. Essa pessoa nunca recebeu amor e nunca amou. Em vez disso, pode ocorrer uma identificação com um "objeto estranho do *self*" (Grotstein, 1982), experienciado como predatório. Meloy (1988) escreve sobre "uma escassez de identificações profundas e inconscientes com, inicialmente, a figura principal da mãe ou do pai e, por último, com as identificações arquetípicas da sociedade e da cultura humana em geral" (p.44).

Muitos pais adotivos aprenderam da pior forma que crianças oriundas de orfanatos precários, ou outros lares profundamente abusivos/negligentes, podem ter distúrbios de apego que as tornam para sempre incapazes de amar, não importando a quantidade de cuidado e devoção que lhes seja dedicada mais tarde. Crianças pequenas com esse tipo de história quase sempre apresentam apego desorganizado/desorientado ou a aparente ausência de uma estratégia de apego (D. Diamond, 2004; Main e Solomon, 1986); nesses casos, o objeto de apego pode ser também uma fonte de terror e raiva, gerando comportamentos contraditórios, como sorrir para a mãe e depois mordê-la. Um subtipo do estilo desorganizado/desorientado é um estilo desorganizado/controlador que aparece em torno dos 6 anos em algumas crianças maltratadas (Hesse e Main, 1999) e parece consistente com observações a longo prazo da personalidade antissocial.

Uma origem alternativa do caráter organizado em torno de fantasias onipotentes e comportamento antissocial é uma história de vida na qual os pais e outras figuras importantes investem a fundo na onipotência da criança e mandam repetidos sinais de que a vida não colocará limites às prerrogativas de uma pessoa tão inerentemente autorizada a exercer domínio. Esses pais, ao se identificarem com o desafio da criança, "atuam" (em forma de ações/*acting out*) seu próprio ódio das autoridades, tendem a reagir de forma explosiva quando professores, conselheiros ou agentes da lei; dessa forma, tentam impor limites a seus filhos. Como acontece em todos os tipos de caráter, a psicopatia pode ser "hereditária" no sentido de que a criança imita as soluções defensivas dos pais. Quando a fonte principal da psicopatia de caráter provém de um modelo e de um reforço do comportamento manipulador parental, o prognóstico será provavelmente melhor do que quando a psicopatia tem raízes no caos e na negligência. Pelo menos os filhos de pais indulgentes e corruptos tiveram sucesso em se identificar com *alguém* e adquiriram alguma capacidade de apego. É possível que esse tipo de família gere pessoas mais saudáveis com tendências antissociais e que histórias de vida mais traumáticas resultem em indivíduos mais profundamente perturbados, incluindo a verdadeira e primária psicopatia.

O *SELF* PSICOPÁTICO

Um aspecto biológico da tendência à personalidade antissocial é um grau de agressão que impede a criança de se acalmar, se confortar ou se espelhar com facilidade. Crianças inerentemente hiperativas, que demandam muita atenção, se distraem facilmente e são muito teimosas, necessitam de uma criação mais ativa e enérgica do que as mais tranquilas e fáceis de acalmar. Elas também precisam de um envolvimento paterno muito mais intenso do que a maioria das crianças em idade pré-escolar tem na sociedade ocidental (Cath, 1986; M. J. Diamond, 2007; McWilliams, 2005a; J. Shapiro, Diamond e Greenberg, 1995) e é provável que obtivessem benefícios da relação com cuidadores adicionais. Conheci crianças muito agressivas que eram visivelmente "demais" para um pai (ou mãe) só, mas que se apegavam muito bem quando eram estimuladas e amadas com disciplina. Dados os pressupostos culturais ocidentais de que apenas um pai (ou mãe) solteiro(a) é o bastante para criar uma criança, podemos estar criando muito mais psicopatas nessa parte do mundo do que se a situação fosse outra.

Conjecturas sociológicas à parte, a condição de ser visto desde o primeiro dia de vida como uma criança-problema torna muito difícil para um psicopata em potencial encontrar autoestima por meio da rota normal, que seria sentir amor e orgulho de seus cuidadores. Quando objetos externos falham, o único objeto que resta para um investimento emocional é o *self* e seu poder pessoal. Representações do *self* podem estar polarizadas entre a condição desejada de onipotência pessoal e a condição temida de fraqueza desesperadora. Atos agressivos e sádicos podem estabilizar o senso de *self* de uma pessoa antissocial reduzindo os estados desagradáveis de excitação e recuperando a autoestima.

David Berkowitz, o assassino em série "Filho de Sam", começou a assassinar mulheres depois de aprender que a mãe biológica era muito mais promíscua e desmazelada do que a figura elevada que ele tinha em sua imaginação (Abrahamsen, 1985). Filho adotivo, havia ligado sua autoestima à fantasia de ter uma mãe "real" superior e, quando essa ilusão foi obscurecida, ele entrou em surto. Conexões semelhantes entre violência criminosa e algum abalo de ideias de grandiosidade foram observadas em muitos casos extraordinários, mas a observação de pessoas manipuladoras em contextos comuns sugere que esse padrão, em sua essência, não esteja limitado aos assassinos psicopáticos. Qualquer pessoa com uma imagem não realística do *self*, ao vivenciar que é apenas um ser humano, pode tentar restaurar sua autoestima exercendo poder.

Além disso, quanto mais caótico for o ambiente de uma criança e quanto mais esgotados ou inadequados forem os cuidadores, maiores são as chances de o jovem não ter limites eficazes e não levar a sério as consequências de ações impulsivas. Do ponto de vista da teoria do aprendizado social, a ideia de grandiosidade em uma criança é um resultado esperado de uma criação sem disciplina consistente. A criança que se sente mais enérgica que seu cuidador aprenderia que pode ignorar as necessidades dos outros, fazer tudo que der vontade no momento e não ter de lidar com quaisquer adversidades fugindo, dissimulando e seduzindo ou praticando o *bullying*.

Uma outra característica da experiência do *self* em pacientes psicopatas que merece ser mencionada é a inveja primitiva, o desejo de destruir aquilo que mais deseja (Klein, 1957). Embora as pessoas antissociais raramente articulem a inveja, muitos de seus comportamentos demonstram isso. É provável que não seja possível crescer e se tornar incapaz de amar sem saber que existe algo lá fora que alegra as pessoas e que não se tem. Desvalorização e depreciação ativa de todas as coisas mais delicadas nos domínios da vida humana é característica de pessoas antissociais em todos os níveis de gravidade; aquelas na faixa psicótica são conhecidas por matarem o que as atrai. O assassino em série Ted Bundy, por exemplo, descreveu sua necessidade de destruir lindas mulheres jovens (que, outros ressaltaram, lembravam sua mãe) como uma forma de "possuí-las" (Michaud e Aynesworth, 1983). Os assassinos retratados no livro de Truman Capote *A sangue frio* (1965) exterminaram uma família feliz "por nenhuma razão", a não ser pelo fato de ela ser uma família feliz, da qual os exterminadores tinham uma inveja que não podiam suportar.

TRANSFERÊNCIA E CONTRATRANSFERÊNCIA COM PACIENTES ANTISSOCIAIS

A transferência básica de uma pessoa psicopata com o terapeuta é uma projeção de sua necessidade predatória interna: o pressuposto de que o clínico deseja usar o paciente com um propósito egoísta. Uma vez que não teve qualquer experiência emocional de amor ou empatia, o paciente antissocial não tem como compreender os aspectos generosos do interesse do terapeuta e tentará imaginar o "lado" do profissional. Se tiver motivos para acreditar que o terapeuta possa ser usado de forma útil em sua agenda (p. ex., por meio de um testemunho judicial), ele pode ser incrivelmente sedutor, a ponto de fazer terapeutas iniciantes caírem no jogo.

A contratransferência habitual à preocupação do paciente em usar o terapeuta ou em "levar a melhor" na agenda presumidamente exploradora do terapeuta é de que sua identidade essencial – alguém que ajuda – está sendo eliminada. O profissional ingênuo pode sucumbir à tentação de provar suas boas intenções de ajudar. Quando isso falha, as reações comuns dirigidas ao antissocial são: hostilidade, desprezo e ofensa moral. Esses sentimentos "sem empatia" em pessoas de modo geral compassivas devem ser entendidos, de modo paradoxal, como um tipo de empatia com o funcionamento do indivíduo antissocial: o cliente é incapaz de se importar com o terapeuta, e o terapeuta acha difícil quase na mesma medida se importar com o paciente. O ódio total do paciente não é incomum, e não há motivos para preocupação, já que a capacidade de odiar é um tipo de apego (Bollas, 1987). Se conseguir tolerar a experiência de frieza interna, ou mesmo de ódio interno, o terapeuta então terá uma ideia desagradável, porém útil, do que é ser uma pessoa organizada de modo antissocial.

Outras reações comuns de contratransferência são mais complementares do que concordantes (Racker, 1968; ver o Cap. 2) e envolvem principalmente um tipo peculiar de medo bizarro. Pessoas que trabalham com antissociais costumam comentar sobre a frieza e a ausência de remorso nos olhos deles, além da preocupação de que esses pacientes as tenham "sob seu domínio" (Meloy, 1988). Pressentimentos misteriosos são comuns. Mais uma vez, é importante que o clínico tolere essas reações desagradáveis em vez de tentar negá-las ou amenizá-las, já que minimizar uma ameaça imposta por um verdadeiro psicopata é uma atitude extremamente tola (tanto na realidade quanto porque isso pode incitar o cliente a demonstrar seu poder destrutivo). Por fim, a experiência de ser depreciado de maneira ativa, ou mesmo sádica, pode provocar, no clínico, uma intensa hostilidade ou uma resignação sem esperanças. A consciência de que as mensagens de desvalorização constituem uma defesa contra a inveja é um frio conforto intelectual diante do desprezo implacável do antissocial, mas ajuda.

IMPLICAÇÕES TERAPÊUTICAS DO DIAGNÓSTICO DA PSICOPATIA

Sob a luz da má reputação de pacientes antissociais, devo dizer, na direção inversa, que conheço muitas pessoas com funcionamento antissocial (ou psicopáticas) que foram ajudadas pela psicoterapia. Contudo, o terapeuta não consegue ser magnífico naquilo que é alcançado e, mais do que em relação a outras categorias diagnósticas, é importante que uma avaliação cuidadosa seja feita a fim de verificar se o indivíduo psicopata é tratável. Alguns são tão corrompidos, tão perigosos ou determinados a acabar com as metas do terapeuta que a psicoterapia seria um exercício de futilidade e ingenuidade. Meloy (1988) faz uma distinção-chave entre os papéis do avaliador e do terapeuta, uma discriminação desnecessária se considerarmos a maioria dos tipos de caráter com os quais lidamos, pois esta maioria não apresenta, como os indivíduos com características antissociais, um objetivo de derrotar o terapeuta. A explicação de Meloy do fenômeno do niilismo terapêutico (Lion, 1978) está de acordo com minha própria experiência:

> É um julgamento estereotipado aquele de que todos os indivíduos transtornados psicoticamente, ou todos os transtornos da personalidade antissocial, *como uma classe*, são intratáveis devido a seu respectivo diagnóstico. Tal julgamento ignora tanto as diferenças individuais quanto a natureza comum da gravidade da psicopatologia. Observei essa reação nas clínicas públicas de saúde mental com referência a pacientes em liberdade condicional ou em

julgamento; devido à natureza coerciva do encaminhamento do tratamento, considera-se que [...] nenhum ganho psicoterapêutico é possível.

Tais reações são quase sempre produto de atitudes que foram internalizadas como uma "tradição oral" durante o treinamento de clínicos inexperientes por terapeutas especializados. Essas reações raramente são resultado de uma experiência individual e direta. Isso constitui, em certo sentido, uma atitude retaliadora, na qual o julgamento moral colide com a avaliação profissional. A patologia comportamental do psicopata, que envolve desvalorizar e desumanizar os outros, torna-se a identificação concordante do clínico, fazendo com o psicopata o que ele vê que o psicopata faz com os outros. (Meloy, 1988, p. 325)

Karon e VandenBos (1981) fizeram uma crítica parecida da crença também dominante e não apoiada empiricamente de que a esquizofrenia seria intratável; pacientes psicopatas no nível psicótico de organização de personalidade podem ter duas desvantagens contra eles.

Atitudes a respeito da inerente intratabilidade de todos os indivíduos psicopatas podem também refletir o fato de a maioria dos programas de treinamento – mesmo aqueles que enviam seus estudantes para estágios em penitenciárias, centros de correção juvenil ou centros de tratamento de drogas, locais onde pode haver muitas pessoas psicopáticas – dar pouca atenção ao desenvolvimento das capacidades apropriadas para lidar com esse grupo. Quando fracassam ao usar abordagens que são eficazes em outras populações, terapeutas novos podem culpar o paciente, em vez de as limitações de seu treinamento.

A avaliação da viabilidade do tratamento está fora do escopo deste livro, mas recomendo o uso da entrevista estrutural de Kernberg (B.L. Stern et al., 2004) para avaliar se deve ser realizada psicoterapia com cada pessoa psicopata em particular. O DSM-IV não é útil aqui. O critério do manual para o transtorno da personalidade antissocial foi normatizado com base em presidiários e desenvolvido levando em conta mais os pesquisadores do que os terapeutas. Com exceção da falta de remorso, os critérios do DSM-IV para avaliar esse transtorno são todos fatores que podem ser observados sem precisar de um treinamento clínico; eles não abrangem necessariamente os estados subjetivos internos. Assim, há tendência a superdiagnosticar pessoas com história de pobreza, opressão e marginalidade (pessoas que podem entrar em conflito com as autoridades por muitas outras razões que não seu funcionamento psicológico individual) e a subdiagnosticar psicopatas de sucesso e socialmente influentes. Enquanto escrevo isso, parece que, no DSM-5, o funcionamento psicológico antissocial será reenquadrada no espectro narcisista e poderá então ser definido mais internamente.

Uma vez que se decida trabalhar com uma pessoa psicopata – ou que se perceba que um paciente atual é bastante antissocial, – a característica mais importante do tratamento é incorruptibilidade: do terapeuta, do quadro e das condições que tornam a terapia possível. É muito melhor errar no sentido da inflexibilidade do que demonstrar (na esperança de que será visto com empatia) o que o cliente verá como fraqueza. Psicopatas não entendem a empatia. Eles entendem sobre usar as pessoas, e sentirão o sabor de um triunfo sádico (em vez de uma grata apreciação) se o terapeuta oscilar entre os limites do contrato de tratamento. Qualquer comportamento que possa ser interpretado como fraqueza ou vulnerabilidade provavelmente assim o será. Anthony Hopkins forneceu, na manipulação da detetive interpretada por Jodie Foster em *O silêncio dos inocentes*, um retrato picante do talento do psicopata para encontrar o calcanhar de Aquiles de alguém. Os escritores da série televisiva *Dexter* fizeram um bom trabalho; assim como os autores de *Os Sopranos,* eles planejaram um enredo que permite ao espectador se importar com um personagem principal que tem uma extrema *mas não total* psicopatia. Dexter é capaz de algum apego, mas o retrato de seu mundo interno por meio dos comentários de sua voz interior diz muito sobre as limitações emocionais de uma pessoa significativamente antissocial.

Não é realista esperar amor de pessoas antissociais, mas é possível obter-lhes o respeito comportando-se de forma firme e precisa, como um "cabeça dura". Quando trabalho com pacientes psicopatas, insisto sobre o pagamento no início da sessão e mando o cliente embora se ele não tiver dinheiro – não importa o quão plausível seja a explicação para isso. Como muitos terapeutas que foram ensinados a recuar para considerar as necessidades especiais de cada cliente, tive que aprender por experiência que "não recuar" é a reação mais adequada às necessidades do paciente antissocial. No início da terapia não analiso as razões desses pacientes para testar a solidez do contrato, simplesmente lembro que o combinado foi pagar no início da sessão e repito que vou cumprir minha parte no trato – a aplicação de meu conhecimento de especialista a fim de ajudá-lo a se entender melhor – se também cumprir sua parte.

A incorruptibilidade está atrelada à honestidade: falar sem rodeios, manter as promessas e indicar a realidade com persistência. A honestidade inclui admissão interna pelo terapeuta de seus sentimentos negativos intensos em relação ao paciente, tanto a contratransferência quanto as percepções realistas de perigo. Se tais reações forem negadas, as contratransferências podem ser "colocadas para fora" (via *acting out*) e medos legítimos podem ser minimizados. Para tratar clientes psicopatas precisamos estar em paz com nossas próprias tendências antissociais, de forma que tenhamos uma base para nos identificarmos com o funcionamento psicológico do paciente. Em relação às discussões sobre dinheiro, por exemplo, precisamos admitir não defensivamente nosso egoísmo e nossa ganância quando damos razões para o valor dos honorários. Alguns terapeutas não podem trabalhar com pessoas antissociais porque não conseguem encontrar neles próprios características antissociais suficientes para que seja possível algum consenso.

Exceto em questões como a recém-citada, que envolvem diretamente o contrato terapêutico, honestidade não significa abertura; a autorrevelação será interpretada apenas como fragilidade. Honestidade também não significa moralizar. Ao considerar as ações destrutivas do paciente, é inútil incitar a expressão de sentimentos de maldade e culpa. Ele não tem um superego normal e pode ter procedido mal a fim de se sentir bem (onipotente) ao invés de mal (fraco). É preciso se restringir a indicar os possíveis resultados realistas de um comportamento amoral. Sondar as presumíveis lutas com a consciência tende a incitar reações como aquela atribuída a Willie Sutton quando foi questionado sobre seus motivos para roubar bancos: "Porque é lá que está o dinheiro".

A ênfase implacável do terapeuta nos riscos realistas de cada plano grandioso não precisa ser desprovida de senso de humor só porque os problemas ali presentes têm sérias consequências. Uma de minhas colegas, uma mulher renomada por seu talento com clientes antissociais, relata a seguinte brincadeira com um ladrão de carros detido:

> O homem estava me explicando o quão brilhante era seu esquema e como teria sido o crime perfeito se não fosse por um pequeno imprevisto. À medida que falava, ia ficando mais e mais excitado e animado, e eu comecei a concordar, com certa admiração, que ele quase tinha conseguido finalizar o roubo. Começou a parecer que nós estávamos os dois conspirando juntos. No fim, ele ficou tão empolgado que me perguntou "Você faria algo assim?"
> "Não", respondi.
> "Por que não?", perguntou um pouco decepcionado.
> "Por dois motivos", eu disse, "Primeiro, porque sempre existe algum detalhe que pode dar errado, mesmo em um plano brilhante. A vida não é assim tão controlável. E então eu iria para a prisão ou então para um hospital de saúde mental, contra minha vontade, como é o seu caso agora, e ainda falando com um médico que eu nem mesmo escolhi. Segundo, eu não faria porque tenho algo que você não tem: uma consciência."
> "Sim", ele disse. "Você sabe como consigo uma dessas?"

É claro que o primeiro passo para desenvolver uma consciência é se dar importância a uma pessoa de tal forma que a opinião dela comece a contar. Sem moralizar, o terapeuta pode direcionar o paciente para um comportamento mais responsável sendo simplesmente um objeto de consistência, não punitivo e não explorável. Harold Greenwald (1958, 1974), que trabalhou com pessoas antissociais no submundo de Los Angeles, descreveu uma forma de conexão com os psicopatas de modo que eles pudessem entender. Argumentou que, como o poder é a única qualidade que as pessoas antissociais respeitam, poder é a primeira coisa que o terapeuta deve demonstrar. Ele dá o seguinte exemplo de demonstração do próprio poder:

> Um cafetão veio até mim e começou a descrever seu estilo de vida. Ele disse: "Sabe, tenho vergonha de me mostrar e tudo mais, mas, no fim das contas, é um jeito muito legal de viver e muitos caras gostariam de viver assim, viver como um cafetão – você coloca as garotas na rua para se prostituirem a seu favor – por que você não faria isso? Por que não se deve fazer isso?", e eu falei: "Você é um babaca". Ele perguntou por quê. Respondi: "Olha, vivo às custas de garotas de programa. Escrevi um livro sobre elas; consegui respeito por isso, fiquei famoso, e fizeram um filme sobre meu livro. Ganho muito mais dinheiro usando as garotas de programa do que você jamais ganhará, seu idiota, você pode ser pego qualquer dia e aí vai para a prisão por 10 anos, enquanto eu ganho respeito, honra e admiração". Isso ele conseguia entender. Ele viu que alguém que considerava semelhante a ele tinha um modo superior de chegar aos mesmos fins. (1974, p. 371)

Greenwald tinha um estilo "solto", mas ainda assim incorruptível, de lidar com pacientes psicopatas. Ele não é o único terapeuta a ter descoberto a utilidade de "psicologizar a psicopata" ou "trapacear o trapaceiro" como forma de demonstrar que merece respeito. Conforme meu colega notou, o terapeuta pode ter nele mesmo impulsos psicopatas suficientes para não se sentir totalmente alienado do mundo emocional de seus clientes. De modo significativo, reporta que, no segundo ou terceiro ano de tratamento com ele, os pacientes com frequência entram em uma séria, e até mesmo psicótica, depressão. Ele vê essa evidência como um sinal de que os pacientes passaram a se importar com ele de forma genuína, em vez de tratá-lo como um objeto a ser manipulado, e, a partir daí, caem em um estado de tristeza absoluta por perceberem sua dependência do terapeuta. Essa depressão, que aparece pouco a pouco, é comparável, em sua essência, à descrição de Klein (1935) dos sentimentos de crianças nos segundos 6 meses de vida, quando fazem a dolorosa descoberta de que a mãe existe como uma pessoa separada, fora de seu controle.

Em contraste com a terapia adequada em relação a pessoas com outros diagnósticos, o terapeuta de um cliente antissocial pode ter de adotar uma atitude de força e independência que beire a indiferença. Acredito que isso se aplique às terapias cognitivo-comportamentais, algumas das quais prometem bons resultados com esse grupo (M.H. Stone, 2000), e também àquelas analiticamente conduzidas. O terapeuta não pode parecer emocionalmente envolvido na mudança do paciente, porque assim que percebe que está "precisando" do terapeuta, uma pessoa antissocial pode sabotar a psicoterapia para demonstrar a impotência do clínico. É melhor investir na simples melhora do entendimento com o paciente, decidir-se por um tom que irá colaborar para que se faça um trabalho competente e comunicar-lhe que depende dele obter ou não vantagens da terapia. Esse princípio é análogo à lição que todo oficial de polícia aprende sobre a investigação de um crime: nunca demonstre ao suspeito que obter uma confissão é importante para você.

O melhor entrevistador de pessoas antissociais que conheço foi durante muito tempo o chefe de detetives de minha cidade, um homem com um recorde excepcional em obter confissões de estupradores, torturadores de crianças, assassinos e *serial killers*. Ouvindo gravações de seus interrogatórios, fica-se impressionado com a atitude de respeito dele, e com a sua convicção de que mesmo o criminoso mais monstruoso tem a necessidade de contar a verdade para alguém. A reação dos suspeitos ao serem tratados com dignidade é comovente – mais ainda quando se leva em conta o conhecimento deles de que a função do entrevistador é processá-los. Pessoa alguma que tenha sido entrevistada por ele jamais reclamou de deslealdade, mesmo que, com base em sua confissão, ele testemunhasse contra o psicopata diante de um juiz. "Ele me tratou com justiça", eles dizem.

Esse fenômeno levanta a questão sobre se a notória insensibilidade da psicopatia não seria uma reação a contextos tanto abusivos (como foi na infância, sendo isso depois replicado por uma subcultura selvagem) quanto incompreensíveis (como é o desejo do terapeuta de ajudar). O fato de esses criminosos sentirem-se tão aliviados ao confessarem seus crimes para alguém que quer encarcerá-los sugere que mesmo o mais incorrigível deles possa ter um senso primitivo de responsabilidade e obter ganhos de um relacionamento. O assassino sádico Carl Panzram (Gaddis e Long, 1970) estabeleceu uma relação duradoura de amizade com um guarda penitenciário que certa vez demonstrou gentileza normal com ele. Determinação firme e respeito mínimo parece ser uma combinação de sucesso com pessoas antissociais. (Essa observação não é o mesmo que defender a "clemência" em relação a criminosos perigosos. Entender que as pessoas psicopatas são seres humanos que podem ser ajudados em algum grau não pode ser confundido com o pensamento de que a terapia possa transformar um assassino compulsivo em um modelo de cidadania. A sociedade precisa ser protegida contra pessoas antissociais, sejam os crimes delas compreensíveis psicodinamicamente ou não, melhorem elas com a terapia ou não.)

A meta geral de um trabalho com indivíduos antissociais é ajudá-los a alcançar a posição depressiva de Klein, na qual os outros são vistos como sujeitos separados e dignos de preocupação (Kernberg, 1992). Ao longo do curso do tratamento, à medida que o controle onipotente, a identificação projetiva, a inveja excessiva e as atividades autodestrutivas vão sendo examinados de forma não passional, em uma atmosfera de consistência e respeito, o paciente irá de fato mudar. Qualquer mudança, como a do uso de palavras para manipular para seu uso como autoexpressão honesta, é uma conquista substancial, a qual pode ocorrer diante do contato contínuo de um antissocial com uma pessoa íntegra. Qualquer situação em que o cliente iniba um impulso e aprenda algo sobre orgulho e autocontrole deve ser vista como um grande passo. Tendo em vista que o menor movimento em direção a um relacionamento humano por parte de um antissocial pode prevenir uma grande quantidade de sofrimento humano, tal progresso vale cada gota de suor do profissional envolvido nesse tipo de serviço.

DIAGNÓSTICO DIFERENCIAL

Em geral não é difícil apontar as características antissociais de qualquer cliente cuja personalidade tenha um componente deste tipo de personalidade. Se essas características forem centrais o bastante para definir a pessoa como possuidora de um caráter antissocial já é outra questão, mais delicada. Funcionamentos psicológicos que podem ser confundidos facilmente com um funcionamento essencialmente antissocial incluem condições narcisistas, dissociativas e paranoides. O comportamento de indivíduos aditos com frequência simula o quadro classificado como antissocial. Além disso, algumas pessoas com personalidades histéricas são diagnosticadas equivocadamente como antissociais, um assunto do qual trato no Capítulo 14.

Personalidade paranoide *versus* personalidade antissocial

Existe uma considerável sobreposição entre personalidades antissociais e aquelas com características mais paranoides; várias pessoas têm muitos aspectos de cada uma. Muitos indivíduos paranoides e antissociais têm extrema preocupação com questões de poder, mas a partir de perspectivas diversas. Diferindo dos antissociais, aqueles com estrutura de caráter essencialmente paranoide têm uma culpa profunda, cuja análise é fundamental para a recuperação. Portanto, é de suma importância, nos que têm tanto características paranoides quanto antissociais, verificar qual das duas tendências predomina.

Personalidade dissociativa *versus* personalidade antissocial

Também há uma notável sobreposição entre as condições antissociais e dissociativas. É importante que o entrevistador avalie se um paciente é uma pessoa basicamente antissocial que usa algumas defesas dissociativas ou se tem um funcionamento psicológico dissociativo, que alterna entre duas ou mais personalidades com características antissociais ou persecutórias. O prognóstico para o primeiro tipo de paciente é cauteloso, enquanto muitas pessoas essencialmente dissociativas, quando bem diagnosticadas, respondem de forma favorável à terapia. O lamentável é que essa avaliação pode ser muito difícil, mesmo quando realizada por um especialista. Tanto pessoas muito dissociativas quanto muito antissociais têm uma profunda desconfiança dos outros, e, por motivos diferentes (horror de abuso vs. triunfo onipotente), ambos os grupos podem dissimular, concordar de modo superficial e corromper o terapeuta.

Não recomendo que se tente realizar esse diagnóstico diferencial quando alguma consequência importante depende dele – por exemplo, quando um homem que cometeu homicídio é julgado inocente por motivo de insanidade caso consiga convencer um profissional de que tem transtorno de identidade dissociativa. O diagnóstico diferencial já é difícil o bastante sem esse complicador, mas infelizmente é com vistas a uma distinção legal que os avaliadores estão desenvolvendo procedimentos para torná-lo mais confiável. Mesmo os psicólogos forenses mais bem treinados despendem um tempo espinhoso com essas demandas. Volto a tratar mais desse assunto no Capítulo 15.

Personalidade narcisista *versus* personalidade antissocial

Por fim, existe uma conexão estreita entre condições narcistas e antissociais: há uma linha contínua que vai desde o narcisismo leve, passando pelo narcisista maligno, até o completo quadro antissocial. Tanto pessoas predominantemente narcisistas quanto predominantemente antissociais têm um mundo interno subjetivamente vazio e uma dependência de eventos externos para manter a autoestima. A formulação dimensional, sugerida na origem por Kernberg (1984), sempre fez sentido para mim, e hoje há muitas pesquisas recentes que a apoiam. Enquanto escrevo este livro, os autores do DSM-5 estão planejando colocar esses transtornos do *self* em um espectro. Mas também sugeriria que as pessoas narcisistas e as antissociais são diferentes o bastante para valer a pena pensar em termos de um *continuum* para cada um.

A maioria dos indivíduos antissociais não idealiza repetidamente, e a maioria dos narcisistas não depende de controle onipotente. Muitas pessoas têm aspectos de ambos os tipos de caráter, e a autoinflamação pode caracterizar apenas um desses tipos, mas o prognóstico melhora em direção inversa ao polo antissocial. Visto que as considerações de tratamento são muito diferentes entre os dois grupos (p. ex., o espelhamento "simpático" conforta a maioria das pessoas narcisistas, mas é antagônico aos indivíduos antissociais), apesar dos traços caracteriológicos em comum e do número de pessoas que têm características de ambas as orientações, parece-me clinicamente útil realizar diferenciações cuidadosas entre eles.

Personalidade antissocial *versus* adições

Pessoas com transtornos por uso de substâncias apresentam notável habilidade de manipular e explorar, e a substância aditiva torna-se mais importante para elas do que os relacionamentos humanos ou a integridade pessoal. Devido a seu *comportamento* antissocial, alguns observadores acreditam que essas pessoas tenham personalidade antissocial. Embora alguns indivíduos aditos tenham de fato um caráter antissocial, a organização de personalidade de aditos a drogas não pode ser determinada confiavelmente até que o entrevistador tenha obtido informações seguras sobre o comportamento do paciente antes da adição, ou até que ele esteja sóbrio por um considerável período de tempo de modo que sua personalidade básica tenha emergido.

RESUMO

Neste capítulo retratei a personalidade antissocial por meio da expressão de uma necessidade organizada de exercer impacto sobre outras pessoas, manipulá-las e "tirar-lhes vantagem". Resumi algumas predisposições inatas aos comportamentos antissociais e mencionei a raiva e a mania que podem interromper brevemente o bloqueio de afeto característico dessas pessoas. Tratei do quadro antissocial quanto às defesas de controle onipotente, identificação projetiva, dissociação e *acting out*; em relação às relações de objeto marcadas pela instabilidade, pelo autofavorecimento, pela má compreensão das emoções, pela exploração e, às vezes, pela brutalidade, e em relação a uma estrutura do *self* dominada por esforços grandiosos de evitar sensações de fraqueza e inveja. Mencionei as presumidas reações de transferência e contratransferência e ressaltei a importância, com relação ao papel do terapeuta, da incorruptibilidade, da consistência e da renúncia consciente da necessidade de ser visto como útil. Diferenciei o caráter antissocial das personalidades narcisistas, dissociativas e paranoides, como também citei as consequências da adição.

SUGESTÕES PARA OUTRAS LEITURAS

Infelizmente, textos sobre psicoterapia em geral raramente dão atenção aos pacientes antissociais, e existe uma relativa escassez de literatura analítica sobre esse grupo. Para leitura de uma excelente coleção de artigos seminais sobre personalidade antissocial, recomendo aquela editada por Meloy, *The Mark of Cain* (2001). O estudo de Bursten, *The Manipulator* (1973a), e o de Meloy, *The Psychopathic Mind* (1988), são consideráveis. Akhtar também tem um bom capítulo sobre o assunto em *Broken Structures* (1992). *Without Conscience* (1999),* de Hare, é excelente e sua dívida com o livro de Babiak, *Snakes in Suits* (2007), é enorme.

---

* N. de R .T. Publicado no Brasil pela Artmed Editora, sob o título *Sem consciência*.

8
Personalidades narcisistas

O termo "narcisista" refere-se a pessoas cujas personalidades são organizadas em torno da manutenção da autoestima por meio de afirmações externas. Todos temos vulnerabilidades em relação ao senso de quem somos e o quão valorizados nos sentimos, e guiamos nossas vidas de modo a nos sentirmos bem em relação a nós mesmos. Nosso orgulho é estimulado pela aprovação de pessoas com significado em nossas vidas e desestimulado pela desaprovação dessas pessoas. Em alguns, as preocupações com "suplementos narcisistas", ou suportes de autoestima, eclipsam outras questões de tal forma que esses indivíduos podem ser considerados excessivamente preocupados consigo mesmos. Termos como "personalidade narcisista" ou "narcisismo patológico" se aplicam a um grau desproporcional de preocupação consigo mesmo, e não a uma reação comum a aprovação e uma alta sensibilidade a crítica.

O narcisismo, tanto normal quanto patológico, é um assunto ao qual Freud (1914a) deu muita atenção. Ele tomou o termo emprestado do mito grego de Narciso, o jovem que se apaixonou por sua própria imagem em um lago e por fim morreu de um tipo de tédio porque essa imagem nunca o satisfazia. No entanto, Freud teve pouco a dizer sobre a terapia com pessoas cujas preocupações narcisistas são centrais. Alfred Adler (p. ex., 1927) e Otto Rank (p. ex., 1929) escreveram sobre tópicos que hoje incluiríamos sob esse assunto, mas seus respectivos estranhamentos em relação a Freud levaram suas obras desconhecidas para muitos terapeutas. Desde os primórdios da psicanálise, havia a percepção de que algumas pessoas têm problemas de autoestima difíceis de entender apenas em termos de pulsão e conflitos inconscientes e, da mesma forma, difíceis de serem tratados com modelos de terapia baseados no conflito. Um modelo de déficit parece se adequar melhor para compreendê-los: algo falta em seu mundo interno.

Preocupadas com sua aparência perante os outros, as pessoas organizadas narcisisticamente podem, em seu íntimo, se sentir falsas e sem amor. Modos de ajudá-las a desenvolver uma autoaceitação e a aprofundar seus relacionamentos ainda dependem de uma expansão da psicologia dinâmica em áreas nos quais Freud apenas iniciou os estudos. A atenção a conceitos como segurança e identidade básicas (Erikson, 1950, 1968; Sullivan, 1953); *self* como oposto ao conceito mais funcional do ego (Jacobson, 1964; Winnicott, 1960b); regulação da autoestima (A. Reich, 1960); apego e separação (Bowlby, 1969, 1973; Spitz, 1965); repressão do desenvolvimento e déficit (Kohut, 1971; Stolorow e Lachmann, 1978); vergonha (H. B. Lewis, 1971; Lynd, 1958; Morrison, 1989); e regulação do afeto, trauma e apego (Banai, Mikulincer e Shaver, 2005; Schore, 2002) contribuíram para nosso entendimento do narcisismo.

Enquanto novas áreas teóricas foram exploradas nos anos pós-Freud, antigas áreas foram retrabalhadas, levando a progressos no tratamento de problemas narcisistas. Os desafios dos teóricos das relações de objeto (Balint, 1960; Fairbairn, 1954; Horney, 1939) quanto ao conceito de Freud de "narcisismo primário" (o pressuposto de que a criança investe antes no *self* e depois nos outros) colocaram muita lenha na fogueira. Pensadores que enfatizaram o *parentesco* primário entenderam a patologia narcisista não como fixação normal em uma grandiosidade infantil, mas como compensatória de decepções de relacionamento primárias. Mais ou menos na mesma época, noções como contenção (Bion, 1967), ambiente seguro (Modell, 1976; Winnicott, 1960b) e espelhamento (Kohut, 1968; Winnicott, 1967) redefiniram as teorias de terapia. Essas ideias eram mais aplicáveis do que antigos modelos de psicopatologia e de tratamento de pessoas para as quais a continuidade do senso do *self* e os sentimentos ligados a ele são fundamentalmente problemáticos.

Na época em que Freud estava escrevendo, problemas narcisistas que hoje são epidêmicos eram menos comuns. Sociólogos influenciados pela psicanálise (p. ex., Cushman, 1995; Fromm, 1947; Hendin, 1975; Lasch, 1978, 1984; Layton, 2004; Slater, 1970) argumentaram que as vicissitudes da vida contemporânea reforçam preocupações narcisistas. O mundo muda rapidamente; movemo-nos com frequência; os meios de comunicação de massa exploram nossas inseguranças e estimulam nossa vaidade e ambição; a secularização dilui as normas internas que as tradições religiosas um dia impuseram. Em sociedades de massa e época de rápidas mudanças, a impressão imediata que alguém passa pode ser mais convincente do que sua integridade e sinceridade, qualidades priorizadas em comunidades menores e mais estáveis, nas quais as pessoas se conhecem o suficiente para fazer julgamentos baseados na história e na reputação de alguém. Nos Estados Unidos, o clima de absorção narcisista pode não ser um fenômeno particularmente novo. Em 1831, Alexis de Tocqueville (2002) notou que uma sociedade que propaga a igualdade de oportunidades deixa os cidadãos preocupados em como afirmar um valor especial. Sem o sistema de classes apontando níveis visíveis de *status*, as pessoas tendem a acumular evidências observáveis de sua superioridade, já que a inferioridade seria equivalente ao fracasso pessoal.

Muitos dos pacientes de Freud sofriam por excesso de comentários internos sobre sua maldade ou bondade, uma condição que ele veio a descrever como "superego muito rígido". Clientes contemporâneos, em contraste, muitas vezes se sentem subjetivamente vazios, ao invés de cheios de internalizações críticas; eles se preocupam mais em "não se encaixar" do que em não trair seus princípios e podem ruminar mais sobre recursos como fama, beleza, saúde ou aparência politicamente correta do que sobre aspectos privados de sua identidade e integridade. A imagem substitui a substância, e o que Jung (1945) chamou de persona (o *self* que a pessoa mostra para o mundo) se torna mais vívido e dependente do que a própria pessoa.

Ernest Jones (1913) pode ter sido o primeiro escritor analítico a descrever a pessoa extremamente narcisista. Ele retratou um homem caracterizado por exibicionismo, indiferença, inacessibilidade emocional, fantasia de onipotência, supervalorização da própria criatividade e uma tendência a fazer muitos julgamentos. Representou esses indivíduos em um *continuum* que vai da psicose à normalidade, comentando que, "quando se tornam insanos, esses homens são capazes de expressar abertamente a ilusão de que de fato são 'Deus', e situações desse tipo podem ser testemunhadas em qualquer manicômio" (p.245). W. Reich (1933) dedicou uma seção de *Character Analysis* ao "caráter narcisista fálico", apresentado como "seguro de si [...], arrogante [...], ativo, quase sempre impressionante em seu comportamento ao lidar com as coisas [...], (aquele) que costuma antecipar qualquer ataque atacando ele mesmo" (p.217-218). Esse tipo familiar aparece em sua essência básica nos critérios do DSM-IV para o transtorno da personalidade narcisista.

À medida que as observações sobre a personalidade continuaram sendo analisadas, ficou claro que a personalidade ostensivamente grandiosa era apenas uma forma de "transtorno do *self*" (Kohut e Wolf, 1978). Conceitualizações psicanalíticas atuais reconhecem muitas manifestações externas diferentes de uma dificuldade central com identidade e autoestima. Bursten (1973b) sugeriu uma tipologia de personalidades narcisistas que inclui subvariedades ansiosas, paranoides, manipuladoras e fálico-narcisistas. Muitos observaram que, em todo narcisista vaidoso e imponente, esconde uma criança acanhada e consciente de si mesma, e que, em todo narcisista depressivo e autocrítico, se esconde uma visão grandiosa do que a pessoa deveria ou poderia ser (Meissner, 1979; A. Miller, 1975; Morrison, 1983). De forma constante, a literatura clínica tem feito distinção entre duas versões de narcisismo, que variam entre as denominações de tipo "absorto" *versus* "hipervigilante" (Gabbard, 1989), o tipo manifesto *versus* oculto ou "tímido" (Akhtar, 2000); o tipo exibicionista *versus* "fechado" (Masterson, 1993), e (minha diferenciação pessoalmente favorita) o tipo "casca grossa" *versus* tipo "pele fina" (Rosenfeld, 1987). Pharis (2004) descreveu um "narcisista virtuoso", em geral uma figura política inspiradora, mas que, silenciosamente, deixa algum companheiro assumir a responsabilidade por algum erro que venha a cometer.

O que as pessoas narcisistas de todos os tipos têm em comum é um senso interno e/ou um pavor da insuficiência, da vergonha, da fraqueza e da inferioridade (Cooper, 1984). O comportamento compensatório dessas pessoas pode divergir em muitos aspectos, mas ainda revela preocupações semelhantes. Logo, indivíduos tão diferentes entre si, como Janis Joplin e Alcebíades, o problemático estudante de Sócrates, podem com razão ser ambos vistos como narcisisticamente organizados.

PULSÃO, AFETO E TEMPERAMENTO NO NARCISISMO

Não tenho conhecimento de pesquisas sobre as contribuições do temperamento e das características inatas à organização de personalidade narcisista na vida adulta. Diferentemente do que acontece com pessoas antissociais, as quais impõem problemas óbvios e sérios à sociedade, o que proporciona um financiamento imediato para a investigação científica sobre a psicopatologia, com os indivíduos narcisistas a situação é bastante diversa, pois sua patologia é em geral sutil e não tão aparentemente prejudicial. Pessoas narcisistas de sucesso (monetário, social, político, militar ou de que outra forma esse sucesso se manifeste) podem ser admiradas e emuladas. Os custos internos da fome narcisista por reconhecimento são raras vezes visíveis aos observadores, e as injúrias feitas a outras pessoas com o objetivo de satisfazer seus projetos de pulsão narcisista podem ser encaradas como triviais ou como efeitos colaterais necessários à competência ("Não se pode fazer uma omelete sem quebrar os ovos"). Assim, o reconhecimento de tipos mais sutis de narcisismo como problemas de caráter tratáveis é uma conquista de apenas poucas décadas atrás.

Embora a obra de Shedler e Westen (p. ex., 2010) postule que os terapeutas são bastante confiáveis na identificação da dinâmica narcisista, a maioria de nossas ideias sobre etiologia são hipóteses geradas clinicamente e ainda não testadas. Uma delas seria a de que pessoas com risco de desenvolver uma organização de caráter de estrutura narcisista seriam, de forma inata, mais sensíveis que as outras a mensagens emocionais não verbalizadas. De maneira específica, o narcisismo tem sido associado com o tipo de criança naturalmente sintonizada com a percepção de afetos, atitudes e expectativas não ditas dos outros. Alice Miller (1975) sugeriu, por exemplo, que, em muitas famílias, há uma criança cujos talentos intuitivos naturais são explorados de modo inconsciente por seus cuidadores, para a manutenção de suas autoestimas, e essa criança cresce confusa, sem saber a vida de quem deve assumir (a própria ou a de seus cuidadores). Miller acreditava que essas crianças talentosas são tratadas mais como "extensões narcisistas" de seus cuidadores do que crianças sem talento e, assim, ficam mais predispostas a se tornarem adultos narcisistas.

Em outra observação sobre clientes extremamente narcisistas, Kernberg (1970) sugeriu que podem ter tanto uma forte pulsão agressiva inata quanto uma falta de tolerância hereditária em relação aos impulsos agressivos. Tais disposições explicariam em parte o quão longe as pessoas narcisistas podem ir para evitar o reconhecimento de suas próprias pulsões e de seus desejos: elas podem ter medo do próprio poder. Além de tais especulações, sabemos pouco sobre as propensões temperamentais que podem contribuir para uma estrutura de caráter narcisista.

A vergonha e a inveja são recorrentemente salientadas na literatura clínica como as principais emoções associadas com organização de personalidade narcisista (p. ex., Steiner, 2006). Sentimentos de vergonha ou de medo de sentir vergonha estão impregnados na experiência subjetiva dessas pessoas. Os primeiros analistas subestimaram o poder desse estado emocional, em geral confundindo-o com culpa e fazendo interpretações, baseadas na ideia de culpa, de que os pacientes narcisistas não seriam dotados de empatia. A culpa é a convicção de ter pecado ou cometido erros; ela é com facilidade conceitualizada como um parente crítico interno, ou superego. A vergonha é a sensação de ser *visto* como mau ou incorreto; a audiência está, então, fora do *self*. A culpa traz consigo uma sensação de potencial ativo para o mal, enquanto a vergonha tem conotações de desamparo, feiura e impotência.

A vulnerabilidade à inveja, por parte do indivíduo narcisista, é um fenômeno relacionado, bastante esclarecido por Melaine Klein (Segal, 1997). Se eu tiver uma convicção interna de que algo falta em mim e de que minhas inadequações estão em constante risco de exposição, ficarei com inveja daqueles que parecem satisfeitos ou daqueles que têm qualidades que acredito me faltarem. A inveja também pode ser o cerne da muito citada tendência ao julgamento em pessoas organizadas narcisisticamente, julgamento tanto dos outros quanto de si mesmas. Se me sentir deficiente e perceber você como aquele que "tem tudo", posso tentar destruir o que você tem deplorando, desprezando e ridicularizando essas qualidades ou posses.

PROCESSOS DEFENSIVOS E ADAPTATIVOS NO NARCISISMO

Pessoas narcisisticamente estruturadas podem usar um grande número de defesas, mas aquelas das quais dependem de modo mais fundamental são a desvalorização e a idealização. Esses processos são complementares, já que, quando o *self* é idealizado, os outros são desvalorizados, e vice-versa. Kohut (1971) usou originalmente o termo "*self* grandioso" para descrever o senso de autoengrandecimento e superioridade que caracteriza uma polaridade do mundo interno das pessoas narcisistas. Existe um constante processo de "nivelamento" que essas pessoas usam para avaliar qualquer questão que surja diante delas: Quem é o "melhor" médico? Qual é a pré-escola "mais renomada"? Onde está o treinador "mais rigoroso"? Vantagens e desvantagens realistas podem estar absolutamente escondidas sob preocupações de comparação entre níveis de prestígio.

Por exemplo, uma mulher que conheço estava determinada quanto a seu filho ir para a "melhor" faculdade. Levou-o para ver muitas universidades exclusivistas, usou sua influência e "mexeu os pauzinhos" quando não a tinha, e ainda escreveu bilhetes de agradecimento aos reitores com os quais o filho realizou entrevistas. No meio de abril, ele já havia sido escolhido por muitas universidades excelentes e estava na lista de espera de Yale. A reação dela foi um sentimento de devastação por ele ter sido rejeitado em Harvard. O jovem escolheu estudar em Princeton. Durante todo seu primeiro ano em Princeton, a mãe importunou Harvard para que o aceitasse como aluno transferido. Embora ele estivesse indo bem em Princeton, quando Harvard finalmente cedeu às súplicas incessantes da mãe, não havia dúvidas sobre o destino dele.

É importante ressaltar aqui a subordinação de outras preocupações a questões de valorização e desvalorização geral. Essa mãe sabia que os professores do ramo que o filho havia escolhido consideravam Harvard inferior a Princeton nessa área; assim como sabia que os graduandos de Harvard tendem a receber menos atenção do que aqueles de Princeton; e mais, estava consciente de que o filho sofreria socialmente em Harvard por não ter passado seu ano de calouro ali. Apesar de tudo, persistiu. Embora não tivesse sido diagnosticada com transtorno da personalidade narcisista, essa mulher usou o filho como uma extensão narcisista nesse contexto, pois ela contava com um sistema de crença defensiva que incluía a convicção de que a própria vida teria sido bem diferente se ela tivesse ido para Radcliffe, a "irmã" de Harvard e a "melhor" universidade para mulheres em sua época.

Em um contexto no qual a valorização e a desvalorização eram questões de caráter do pai, um paciente meu, estudante universitário com sensibilidade artística e literária, foi aconselhado por seu pai grandioso a se tornar médico (de preferência) ou advogado (se ele se mostrasse sem talento para as ciências naturais), e nada mais além disso. A medicina e o direito lhe renderiam dinheiro e respeito, e qualquer outra carreira "pegaria mal" para a família. Visto esse jovem ter sido tratado como uma extensão narcisista durante toda sua vida, não via nada de incomum na posição do pai, que, nos Estados Unidos, é bastante anômala ao ponto de vista cultural.

Outra posição defensiva comum de pessoas motivadas pelo narcisismo é o perfeccionismo. Apegam-se a ideais não realistas e/ou se convencem de que os atingiram (o resultado grandioso) ou reagem a eles se sentindo inerentemente fracassadas em vez de seres humanos falhos (o resultado depressivo). Na terapia, elas podem ter a expectativa egossintônica de que a meta do tratamento é que se aperfeiçoem, e não que entendam a si mesmas e encontrem meios mais efetivos de lidar com suas necessidades. A demanda por perfeição é expressa por meio de uma crítica constante e crônica de si mesmas e dos outros (dependendo de onde o *self* desvalorizado for projetado) e de uma inabilidade em encontrar alegria e prazer nas ambiguidades da existência humana.

Algumas vezes indivíduos narcisistas lidam com seu problema de autoestima considerando outra pessoa – um amor, um mentor, um herói – como perfeito, e assim sentem-se engrandecidos pela identificação com aquela pessoa ("Eu sou um apêndice de Fulano de Tal, aquele que nunca erra"). Alguns narcisistas sustentam durante toda a vida um padrão de primeiro idealizar muito uma pessoa e depois tirá-la do pedestal quando algum defeito aparece. Soluções perfeccionistas para dilemas narcisistas são inerentemente autodefensivas: são criados ideais exagerados para compensar defeitos tão desprezíveis que existem na ideia de *self* que só mesmo a perfeição os resolveria, e, como ninguém é perfeito, essa estratégia está fadada ao fracasso, e o *self* depreciado volta a emergir.

PADRÕES RELACIONAIS NO NARCISISMO

Pela descrição de algumas dessas dinâmicas, o leitor provavelmente já concluiu que os relacionamentos dos narcisistas com outras pessoas são sobrecarregados pelas questões de autoestima da parte narcisista. Embora seja raro que alguém com personalidade narcisista procure terapia com a explícita intenção de se tornar um(a) amigo(a), namorado(a) ou membro da família melhor, não é incomum que clientes com esse problema, sobretudo na meia-idade ou mais tarde, percebam que algo está errado em sua interação com os demais. Um problema em ajudá-los é transmitir-lhes como seria aceitar uma pessoa sem julgá-la e sem explorá-la, amar os outros pelo que são, sem idealizá-los, e expressar sentimentos genuínos sem ter vergonha. Pessoas narcisistas podem não ter a mínima ideia sobre essas possibilidades; sua aceitação por parte do terapeuta pode se tornar um protótipo de seu entendimento emocional da intimidade.

Psicólogos do *self* cunharam o termo "objetos do *self*" para pessoas de nossas vidas que dão suporte a nossa autoestima por meio de sua afirmação, admiração e aprovação (ver Basch, 1994). O termo significa que indivíduos nesse papel funcionam como objetos fora do *self* e também como parte de sua definição. Ao ajudarem a modular a autoestima, aumentam o que a maioria de nós também faz internamente. Todos temos objetos do *self*, e precisamos deles. Se os perdemos, sentimo-nos diminuídos, como se alguma parte vital nossa tivesse morrido. No entanto, a realidade e a moralidade requerem que os outros sejam mais do que objetos do *self*, requerem que os *reconheçamos* (Benjamin, 1988) em termos do que eles são e do que precisam, não apenas em termos do que podem fazer por nós.

A pessoa narcisista precisa tanto de objetos do *self* que outros aspectos do relacionamento são obscurecidos ou mesmo inimagináveis, como o eram para meu cliente cujo pai não suportaria que ele tivesse outra profissão que não a de médico ou advogado. Logo, o preço mais alto de uma orientação narcisista é uma capacidade de amar atrofiada. Apesar da importância das outras pessoas para o equilíbrio do narcisista, a necessidade sufocante de reafirmação de seu valor pessoal não dá espaço para que elas existam fora de suas funções de objetos do *self* e extensões narcisistas. Além do mais, narcisistas transmitem mensagens confusas para seus amigos e familiares: a necessidade que têm dos outros é profunda, mas seu amor é superficial. Symington (1993) acredita que a causa definitiva desse déficit seja a criança ter repudiado, por qualquer razão, seu "doador de vida" emocional original, o que resultaria, a longo prazo, em morte interna e incapacidade de encontrar a própria vitalidade.

Alguns teóricos supõem que essas pessoas se tornaram assim por terem sido elas mesmas usadas como apêndices narcisistas. Clientes narcisistas podem ter sido vitalmente importantes para seus pais e cuidadores, não por serem quem de fato eram, mas pela função que preenchiam. A mensagem confusa de que se é muito valorizado, mas apenas por um papel específico que se está cumprindo, faz as crianças se preocuparem em esconder seus sentimentos reais, especialmente os egoístas e hostis, pois, se forem visíveis, elas sentem que serão rejeitadas ou humilhadas. Isso fomenta o desenvolvimento do que Winnicott (1960a) chamou de "falso *self*", a demonstração de que aquilo que a pessoa aprendeu é aceitável. Uma diferença crucial entre as etiologias da psicopatia e do narcisismo pode ser a seguinte: enquanto o funcionamento psicológico antissocial deriva ou de abuso ou de negligência, o funcionamento psicológico narcisista implica um tipo de atenção, ou mesmo idolatria, na qual o suporte é dado sob a implícita condição de que a criança coopere com os objetivos narcisistas de um dos genitores.

Acredito que a maioria dos pais trate suas crianças com uma combinação de necessidades narcisistas e empatia verdadeira. Com moderação, as crianças gostam de ser tratadas como extensões narcisistas. Tornar os pais orgulhosos, já que eles também se sentem admirados quando o filho ou a filha recebem reconhecimento, é um dos maiores prazeres da infância. Como sempre, a questão é de gradação e equilíbrio: a criança ganha atenção independentemente de as metas dos pais serem atingidas ou não.

Uma atitude marcante por não ser narcisista em relação à prole pode ser observada a partir da história de uma amiga (hoje falecida) que criou 12 filhos na década de 1930, sendo que todos estão muito bem, apesar da pobreza e das perdas terríveis que enfrentaram:

> Toda vez que ficava grávida, eu chorava. Eu pensava de onde poderia vir o dinheiro, como eu iria alimentar esta criança e fazer todas as outras coisas. Mas por volta do quarto mês eu começava a sentir a vida, e ficava animada, pensando "mal posso esperar para você sair daí e eu descobrir quem você é!".

Citei isso para contrastar os sentimentos dela com aqueles de futuros pais que "sabem" como a criança vai ser: alguém a ser moldado por eles até se tornar uma pessoa que realize todas as suas ambições fracassadas e traga a glória refletida para a família.

Um aspecto relacionado à criação de pessoas que se tornam narcisistas é uma atmosfera de constante avaliação. Se tenho planos para uma criança que são vitais para minha própria autoestima, então, toda vez que essa criança me desapontar, serei implícita ou explicitamente crítico. Duvido que alguém já tenha criado uma criança sem crítica, mas a mensagem "de fundo" de que alguém não é bom o bastante, transmitida de forma vaga, é bem diferente de uma reação específica a comportamentos que incomodam. Uma atmosfera avaliativa de constantes aplausos e elogios, que pode ser observada em algumas famílias com crianças narcisistas, é também prejudicial ao desenvolvimento de uma autoestima realista. A criança está sempre consciente de estar sendo julgada, mesmo que o veredicto seja positivo. Ela sabe que em algum nível existe uma qualidade falsa na atitude de constante admiração, e, apesar da sensação consciente de domínio que pode resultar desse tipo de história de vida, isso gera uma preocupação incômoda quanto a se sentir uma fraude, a se sentir uma pessoa que não merece aquela adulação pelo que realmente é. Fernando (1998) argumentou que uma superindulgência desse tipo é a etiologia primária do narcisismo patológico. Fiscalini (1993), observando diferentes versões da orientação narcisista, identificou a criança envergonhada, a criança prejudicada e a criança "especial" como os precursores do narcisismo patológico na idade adulta.

Assim, tornamos a ver como algumas estruturas de caráter podem ser "herdadas", embora os pais não precisem necessariamente ter personalidades narcisistas para criar um filho ou uma filha com perturbações narcisistas. Os pais podem ter necessidades narcisísticas em relação a um filho específico (como no exemplo da mulher cujo filho tinha de ir para Harvard) que criam um contexto que induz a criança a não ser capaz de discriminar entre sentimentos genuínos e tentativas de agradar ou impressionar os outros. O que não é uma questão para um dos genitores pode ser para o outro. Todos queremos para nossos filhos aquilo que nos falta, um desejo inofensivo, contanto deixemos que vivam suas vidas e não as nossas.

Martha Wolfenstein lançou uma luz interessante sobre os processos narcisistas em um artigo de 1951, "The Emergence of Fun Morality", a respeito do quão liberais eram os intelectuais de Nova York na época do pós-guerra: uma vez que eles cresceram durante tempos difíceis, transmitiram as suas crianças a mensagem de que deveriam se sentir mal com elas mesmas caso não estivessem *se divertindo*. Pessoas cujas opções foram drasticamente reduzidas devido a imprevistos desastrosos, como uma guerra ou uma perseguição política, podem mandar sinais para suas crianças transmitindo que elas devem viver a vida que os pais nunca tiveram. Com frequência, filhos de pais traumatizados crescem com alguma confusão de identidade e sentimentos vagos de vergonha e vazio (ver Bergmann, 1985; Fogelman, 1988; Fogelman e Savran, 1979). A comunicação de que, "ao contrário de mim, você pode ter tudo" é particularmente destrutiva, tendo em vista que ninguém pode ter tudo; toda geração terá de enfrentar seus limites. Esse tipo de meta irrealista é uma herança que pode tornar a criança incapaz de obter uma autoestima contingente.

O *SELF* NARCISISTA

Já fiz alusões a muitas experiências do *self* de pessoas que são diagnosticadas narcisistas. Elas incluem uma sensação vaga de falsidade, vergonha, inveja, vazio ou incompletude, feiura, inferioridade, ou suas contrapartes compensatórias: rigorosidade consigo mesmo, orgulho, desprezo, autossuficiência defensiva, vaidade e superioridade. Kernberg (1975) descreve tais polaridades como estados opostos do ego, definições do *self* grandiosas (totalmente bom) *versus* empobrecidas (totalmente mau), que são as únicas opções das pessoas narcisistas para organizar suas experiências internas. O senso de ser "bom o bastante" não é uma de suas categorias internas.

Pessoas estruturadas narcisisticamente são em algum nível conscientes de suas fragilidades psicológicas. Elas têm medo de desmoronar, de perder a autoestima e a autocoerência (p. ex., quando criticadas) e de repente se sentirem "ninguém" ao invés de alguém (Goldberg, 1990b). Sentem que sua identidade é muito frágil para se manter intacta e experimentam muita tensão. O medo de uma fragmentação do *self* interno é com frequência deslocado para uma preocupação com a saúde física; portanto, elas são vulneráveis a preocupações hipocondríacas e medos mórbidos da morte.

Um resultado sutil do perfeccionismo das pessoas narcisistas é o fato de elas evitarem sentimentos e ações que expressem a consciência de sua falibilidade ou dependência realista de outros. Remorso e gratidão, especialmente, são atitudes que pessoas narcisistas tendem a negar

(McWilliams e Lependorf, 1990). Remorso em relação a algum erro pessoal ou a alguma injúria significa admitir um defeito, e a gratidão à ajuda recebida de alguém leve o indivíduo narcisista a reconhecer suas necessidades. Uma vez que tentam construir um senso de *self* em cima da ilusão de não terem defeitos nem necessidades, indivíduos narcisistas têm medo de que admitir uma culpa ou dependência os exponha a vergonha insuportável. Logo, desculpas sinceras e agradecimentos comovidos, e as expressões comportamentais de remoroso e gratidão, podem ser evitadas ou estarem comprometidas na vida de pessoas narcisistas, colaborando para um notável empobrecimento de suas relações com os outros.

Por definição, a avaliação da organização de personalidade narcisista sugere que o cliente precise de afirmação externa a fim de se sentir valorizado internamente. Teóricos divergem bastante quanto a acentuar aspectos grandiosos ou empobrecidos da experiência de *self* narcisista, uma diferença de ênfase central para o desacordo entre Kernberg e Kohut a respeito de como entender e tratar uma pessoa de caráter narcisista. (Volto a tocar nesse assunto mais tarde.) Disputas relacionadas a tal questão existem, pelo menos, desde as diferenças de opinião entre Freud (1914b), que chamava atenção para o amor primário do indivíduo pelo *self*, e Alfred Adler (1927), que enfatizava o modo como narcisistas compensavam sentimentos de inferioridade. Quem veio primeiro na evolução do narcisismo patológico, o *self* grandioso ou o empobrecido e envergonhado, pode ser a questão psicanalítica equivalente ao enigma do ovo e da galinha. De um ponto de vista fenomenológico tradicional, esses estados contrastantes do ego estão intimamente conectados, da mesma forma que a depressão e a mania são lados opostos da mesma moeda psicológica.

TRANSFERÊNCIA E CONTRATRANSFERÊNCIA COM PACIENTES NARCISISTAS

O contexto de transferência com clientes narcisistas é bastante diferente daquele com clientes que não sofrem de um narcisismo patológico. Mesmo a pessoa mais ativa, funcional e cooperativa com caráter narcisista pode contribuir para estabelecer um contexto no relacionamento terapêutico que constrasta muito com a atmosfera que emerge entre o terapeuta e outros clientes. É comum que, inicialmente, o terapeuta observe a falta de interesse do paciente em explorar o relacionamento terapêutico. Os psicanalistas de outrora notaram isso e concluíram que os pacientes narcisistas não tinham transferências porque toda a sua energia libidinal estaria direcionada ao próprio *self*; essa era outra razão para duvidar de que seria possível tratá-los. Hoje em dia, a teoria psicanalítica reconhece que os clientes narcisistas têm sim reações de transferência, mas de um tipo diferente das de outros pacientes.

Perguntar sobre como ele se sente em relação ao clínico pode soar dispersivo, irritante ou irrelevante para as preocupações do cliente. É comum que os pacientes narcisistas pensem que o terapeuta está perguntando sobre o relacionamento terapêutico por vaidade ou necessidade de segurança. (Tais hipóteses silenciosas podem ser projeções, é claro, mesmo quando confirmadas, mas tendem a ser não verbalizadas e nem sequer podem ser analisadas de forma que sejam úteis, ao menos no início do tratamento.) Isso não significa que pacientes narcisistas não tenham reações fortes ao terapeuta. Eles podem desvalorizá-lo ou idealizá-lo com intensidade. Ainda assim, não se interessam pelo significado dessas reações e ficam genuinamente confusos pensando em qual seria o motivo para o clínico ter perguntado aquilo. As transferências dessas pessoas podem ser tão egossintônicas que se tornam impossíveis de serem exploradas. Um paciente narcisista pode acreditar que esteja desvalorizando o terapeuta por ele ser de segunda linha ou pode idealizar o terapeuta considerando-o maravilhoso. Tentativas de fazer tais reações serem estranhas ao ego irão normalmente fracassar, ao menos no início: o profissional desvalorizado que comenta sobre a atitude crítica do paciente será percebido como defensivo, e o idealizado que comenta sobre a supervalorização será depois idealizado como alguém cuja perfeição ainda inclui uma admirável humildade.

Terapeutas iniciantes deparam-se muito mais com transferências de desvalorização do que de idealização. Pode ser um consolo para aquele que é objeto de uma depreciação sutil e implacável pensar que ser o recipiente de uma transferência narcisista idealizadora não é muito melhor. Em ambas as circunstâncias, o terapeuta pode sentir que sua existência realista como um ser humano com alguma inteligência emocional, que está sinceramente tentando ajudar, foi extinta. De fato, é provável que essa sensação contratransferencial de ter sido obliterado, de ter-se tornado invisível como uma pessoa real, constitua diagnóstico de uma dinâmica narcisista.

Relacionadas a tal fenômeno estão também as contratransferências que incluem tédio, irritabilidade, sono e uma vaga sensação de que nada está acontecendo no tratamento. Um comentário típico de um terapeuta em supervisão sobre um cliente narcisista é: "Ela vem toda semana, faz um resumo das novidades dos últimos dias, critica minha roupa, despreza todas as minhas intervenções e vai embora. Por que ela continua vindo? O que está ganhando com isso?". Uma sensação estranha de que simplesmente não existimos na sala é comum. A sonolência extrema talvez seja a mais desagradável de todas as reações da contratransferência com pacientes narcisistas; toda vez que sinto isso me vejo criando explicações biológicas ("Não dormi bem à noite"; "Comi demais no almoço"; "Devo estar ficando gripada"), e, então, quando o paciente vai embora e entra o próximo, estou de repente muito atenta e interessada. Às vezes, a contratransferência com uma pessoa que o idealiza se dá na forma de uma sensação de grandiosa expansão, uma sensação de se juntar ao paciente em uma sociedade de mútua admiração.

No entanto, a não ser que o terapeuta também tenha um caráter narcisista, tais reações não são muito convincentes e duram pouco.

A explicação psicanalítica para esse fenômeno está relacionada a um tipo especial de transferência, característica de pessoas narcisistas. E em vez de projetarem um discreto objeto interno (como um dos genitores) no terapeuta, essas pessoas externalizam um aspecto do próprio *self*. Mais especificamente, em vez de sentir que seu terapeuta é como seu pai ou sua mãe (embora às vezes ocorram aspectos de tal transferência), o cliente projeta ou a parte engrandecida ou a parte desvalorizada do *self*. O terapeuta torna-se, então, um receptáculo do processo interno de manutenção da autoestima. Ele é um objeto do *self*, não uma pessoa separada do *self* do paciente que se pareça com alguém já conhecido e com características bem-delineadas, que o paciente conheceu no passado.

Ser usado para uma função de manutenção da autoestima, em vez de percebido como uma pessoa separada, é desconcertante e mesmo irritante. O efeito desumanizador da atitude da pessoa narcisista diz respeito a algumas das reações negativas de contratransferência que os terapeutas têm descrito como associadas ao tratamento desse tipo de paciente. Ainda assim, muitos terapeutas relatam que podem tolerar, controlar e sentir empatia por esse tipo de reação interna, uma vez que as entendem como características compreensíveis e previsíveis do trabalho com pacientes narcisistas. A disposição para se sentir falho como terapeuta é um espelho praticamente inevitável das principais preocupações do paciente em relação a seu valor pessoal; é um alívio substituir a formulação clínica revisada por especulações sobre o que está acontecendo de errado.

Heinz Kohut e outros analistas influenciados pelo movimento da psicologia do *self* (p. ex., Bach, 1985; Buirski e Haglund, 2001; Rowe e MacIsaac, 1989; Stolorow, Brandchaft e Atwood, 1987; E. S. Wolf, 1988) descreveram muitos subtipos de transferência de objeto do *self* que podem aparecer em pacientes narcisistas, incluindo padrões de espelhamento, transferência gemelar e *alter-ego*. E muitos estudantes encontraram paralelos entre esses conceitos e a pesquisa contemporânea sobre infância (Basch, 1994). Embora não possa fazer justiça à complexidade de tais ideias aqui, os leitores que perceberem que essa descrição de personalidade narcísica se encaixa em algum paciente que tenham anteriormente analisado de outra forma podem achar útil explorar a linguagem dos psicólogos do *self* para conceitualizar a experiência com esses clientes.

IMPLICAÇÕES TERAPÊUTICAS DO DIAGNÓSTICO DE NARCISISMO

Um terapeuta que foi capaz de ajudar uma pessoa narcisista a encontrar autoaceitação sem que esta se tornasse inflada ou depreciadora dos outros fez realmente um bom trabalho, e um trabalho difícil. Um requisito primordial no tratamento da patologia narcisista é a paciência: ninguém com experiência em influenciar pacientes narcisistas conseguiu fazê-lo de forma rápida. Ainda que a modificação de qualquer tipo de estrutura de caráter seja um empreendimento de longo prazo, a paciência pode ser mais importante em relação a pacientes narcisistas do que a outros tipos de caráter, pois o terapeuta tem de lidar com reações de contratransferenciais como tédio e desmoralização.

Uma vez que existem teorias de etiologia e terapia que competem entre si, é difícil resumir a sabedoria psicodinâmica sobre o tratamento de pacientes narcisistas. Muitas discussões são variantes de um complexo desacordo entre Kohut e Kernberg, surgido nos anos 1970 e 1980. O ponto central da divergência repousa no fato de Kohut (1971, 1977, 1984) entender o narcisismo patológico do ponto de vista do desenvolvimento (o amadurecimento do paciente estaria ocorrendo normalmente e então rumaria para algumas dificuldades na resolução das necessidades normais de idealização e des-idealização), enquanto Kerneberg (1975, 1976, 1984) entendia o fenômeno do ponto de vista estrutural (como se algo houvesse entrado em desequilíbrio muito cedo, deixando a pessoa com defesas primitivas enraizadas que se diferenciam em tipo, e não em grau, da normalidade: "O narcisismo patológico reflete um investimento libidinal não em uma estrutura de *self* normal e integrada, mas em uma estrutura de *self* patológica [1982, p. 913]). A concepção de Kohut de uma pessoa narcisista pode ser imaginada como uma planta cujo crescimento careceu gravemente de água e sol; e o narcisismo de Kernberg pode ser visto como uma planta que se transformou em um híbrido.

Uma consequência dessas teorias tão diferentes é que algumas abordagens do narcisismo ressaltam a necessidade de dar à planta muita água e sol, de modo que ela por fim floresça, e outras propõem que sejam podadas suas partes aberrantes, para que ela possa tornar-se o que deveria ter sido. As abordagens mais relacionadas à formulação de Kohut (p. ex., 1971, 1977) recomendam uma aceitação benigna da idealização ou da desvalorização e uma empatia firme com a experiência do paciente. Kernberg (p. ex., 1975, 1976) defende a confrontação cuidadosa porém insistente da grandiosidade, seja ela própria ou projetada, e a interpretação sistemática das defesas contra a inveja e a cobiça. Terapeutas orientados pela psicologia do *self* tentam focar no interior da experiência subjetiva do paciente, enquanto os analistas influenciados pela psicologia do ego e pela teoria das relações de objeto oscilam entre o foco em posições internas e externas (ver Gardner, 1991).

Muitos analistas que conheço têm pacientes nos quais se encaixam as formulações de Kohut, tanto etiológicas quanto terapêuticas, e outros aos quais as ideias de Kernberg parecem se adaptar. Kernberg sugeriu que a abordagem de Kohut poderia ser considerada um subtipo da terapia de apoio, sendo assim, apropriada aos pacientes narcisistas na faixa *borderline/psicótica* (embora o trabalho clínico de Kohut, ao contrário do de Kernberg, tenha sido em sua maioria com pacientes mais evoluídos estruturalmente). Essa ideia é endossada de maneira implícita por muitos de meus colegas, que consideram as recomendações de Kohut aplicáveis a seus clientes narcisistas mais depressivos e perturbados. Como isso ainda está sendo discutido, e como os leitores podem consultar as fontes originais para recomendações sobre uma abordagem integral, apresento aqui algumas sugestões gerais para o tratamento do narcisismo que estão fora de controvérsia.

Já mencionei a paciência. Implícita nessa atitude está a aceitação das imperfeições humanas que às vezes fazem do progresso terapêutico uma empreitada taxativa e tediosa. O pressuposto de que somos todos imperfeitos e resistentes a mudança estabelece um duro contraste com o que a pessoa narcisista internalizou. Tal atitude é humana e realista, em vez de crítica e onipotente. Alguma quilometragem terapêutica já está inerente em tal posição. Ainda que a humildade seja importante em todo trabalho clínico, no caso de pacientes narcisistas é particularmente importante que os terapeutas incorporem uma atitude sem julgamentos e realista em relação às próprias fragilidades.

Uma das maiores contribuições de Kohut para a prática (Kohut, 1984) foi sua atenção às consequências do reconhecimento do terapeuta dos próprios erros, em especial os relacionados a lapsos de empatia. De acordo com os psicólogos do ego que o precederam (p. ex., Greenson, 1967), um erro do terapeuta não deve gerar nada além de uma reflexão privada; o paciente é apenas encorajado, como sempre, a fazer associações com o que aconteceu e a relatar quaisquer reações. Mesmo Carl Rogers (1951), que defendeu um estilo quase idêntico às recomendações posteriores de Kohut (Stolorow, 1976), parece não ter chegado à conclusão, conforme o fez Kohut, de que terapeutas bem-intencionados inevitavelmente cometeriam injúrias com seus clientes narcisistas. Assim, a terapia centrada no cliente não analisa o reconhecimento de tais equívocos – embora eu entenda o princípio de autenticidade de Roger como uma implicação de que deveriam ser analisados. Os psicólogos do *self* chamaram nossa atenção para o quanto uma pessoa narcisista pode ficar devastada com uma falha de empatia do profissional e explicaram que o único jeito de reparar isso é demonstrando arrependimento. Um pedido de desculpas tanto confirma a percepção do cliente de maus-tratos (validando assim sentimentos reais em vez de promover a complacência falsa com a qual as pessoas narcisistas estão acostumadas a operar) quanto dá um exemplo de manutenção da autoestima que envolve o reconhecimento das deficiências.

É importante não se tornar excessivamente autocrítico a respeito do reconhecimento de erros inevitáveis. Se o paciente perceber que o terapeuta está sentindo agonia quanto ao remorso, a mensagem que pode ser recebida é a de que erros devem ser raros e requerem uma dura autocensura – uma ilusão com a qual a pessoa narcisista já sofre. Melhor é dar atenção à sugestão de Winnicott, famoso por colocar em questão suas próprias regras de interpretação com o seguinte comentário: "Faço interpretações com dois propósitos. Primeiro, para mostrar ao paciente que estou atento. Segundo, para mostrar ao paciente que posso estar errado". De forma similar, Arthur Robbins (comunicação pessoal, abril de 1991), um psicanalista especialista em arteterapia e outros modos expressivos de tratamento, descreveu sua teoria da técnica como "terapia do 'foda-se': eu ligo o 'foda-se' e o paciente me corrige". Escritos contemporâneos relacionais (p. ex., Kieffer, 2007), que focam na pesquisa sobre a infância (Beebe e Lachmann, 1994), enfatizam a centralidade, em qualquer terapia, do que Kohut (1984) chamou de inevitável processo de "ruptura e reparo"; acredito que esse processo seja especialmente central no tratamento de pessoas com narcisismo de caráter.

Tentativas de ajudar um paciente narcisista também requerem uma constante concentração mental no estado de *self* latente da pessoa, não importa o quão sobrecarregado ele esteja. Tendo em vista que mesmo o narcisista mais arrogante está sujeito a sentir uma vergonha insuportável diante do que percebe como uma crítica, os terapeutas precisam tomar cuidado para enquadrar intervenções com sensibilidade. A reciprocidade que se obtém de clientes narcisistas é pouca, já que eles não conseguem tolerar situações em que sua frágil autoestima seja diminuída. A antiga reputação de que seriam intratáveis deriva, em parte, da experiência de analistas com clientes narcisistas que interrompem bruscamente a terapia (mesmo aquelas de longos anos de duração) quando seus sentimentos são feridos.

Mencionei o poder da vergonha na experiência da pessoa narcisista e o valor da discriminação do terapeuta entre vergonha e culpa. Pessoas com autoestima frágil podem se esforçar muito para evitar o reconhecimento de seus papéis em qualquer coisa que seja negativa. Diferentemente dos que se sentem culpados com facilidade e que lidam com suas transgressões com esforços de reparação, as pessoas com motivação narcisística fogem de seus erros e se escondem daqueles que podem descobri-los. Elas podem induzir nos terapeutas tanto uma disposição para confrontá-las (sem empatia) sobre suas próprias contribuições nas dificuldades que enfrentam, quanto uma disposição para se juntarem a elas no lamento sobre o mau negócio que fizeram com terceiros. Nenhuma dessas posições é terapêutica, embora a segunda seja temporariamente paliativa em relação aos que sofrem no limite da mortificação.

Visto que se sentem muito devastados quando suas imperfeições ficam visíveis, os indivíduos narcisistas tendem a usar uma linguagem ofuscante que implicitamente afasta a responsabilidade pessoal ("erros foram cometidos"). O terapeuta enfrenta a imensa tarefa de expandir a consciência e a honestidade do paciente narcisista em relação à natureza de seu comportamento, sem que isso estimule a vergonha a ponto de fazê-lo abandonar o tratamento ou manter segredos. Uma maneira de agir em um contexto no qual o paciente esteja reclamando de terceiros ou fazendo críticas sobre eles é perguntar: "Você deixou claro quais eram suas necessidades?". A razão para essa pergunta é que a pessoa narcisista tem uma profunda vergonha de pedir qualquer coisa; ela acredita que admitir uma necessidade expõe uma deficiência do *self*. Consequentemente, envolvem-se em situações nas quais se sente miserável porque outra pessoa não faz esforços divinos para satisfazer suas necessidades e não oferece o que deseja sem ter de sofrer a humilhação de pedir. Essas pessoas, em geral tentam convencer o analista de que seu problema é a insensibilidade daqueles com os quais vivem. Uma pergunta sobre a articulação das necessidades pode delicadamente expor a crença narcisista do paciente de que é vergonhoso precisar de alguém, assim como criar oportunidades para que sejam aprendidos aspectos diferentes da interdependência humana.

Ressaltei antes a diferença entre objeto do *self* e transferências do *self*. Uma implicação dessa diferença é que terapeutas tratando clientes narcisistas não podem investigar satisfatoriamente suas reações transferenciais do modo como fariam com outros pacientes. Questões sobre quem somos na visão dos pacientes tendem a se mostrar irrelevantes; interpretações como "Talvez você esteja me vendo como sua mãe agora" podem ser recebidas como distrações sem sentido. Os terapeutas precisam saber que, apesar do sentimento (de contratransferência) de que não significam nada para o paciente, a pessoa narcisista na verdade precisa mais do terapeuta do que pessoas sem déficits tão significativos de autoestima. Pode ser surpreende para aqueles terapeutas sem experiência no tratamento com pacientes narcisistas aprender que o mesmo profissional que é tratado como insignificante e impotente durante as sessões é referido com imensa admiração fora do consultório. Mesmo o paciente mais arrogante, prepotente e aparentemente impenetrável revela uma profunda dependência do terapeuta por sua vulnerabilidade em se sentir arrasado quando o terapeuta é insensível. Ao trabalhar com pessoas narcisistas, os profissionais precisam se acostumar a absorver muitas coisas que analisariam com outros tipos de paciente.

DIAGNÓSTICO DIFERENCIAL

Ofensas à autoestima podem levar qualquer um a agir temporariamente como um narcisista. Além do mais, todos os tipos de estrutura de personalidade têm uma função narcisista: elas preservam a autoestima por meio de determinadas defesas. No entanto, para diagnosticar alguém como narcisista do ponto de vista do caráter, essa pessoa tem de apresentar padrões de comportamento e subjetividade duradouros, automáticos e independentes de qualquer situação. Hoje parece haver um excesso de diagnósticos de organização de personalidade narcisista, talvez, especialmente, por parte de clínicos psicodinâmicos. O conceito tem sido mal aplicado a pessoas com reações a situações específicas, e a personalidades psicopatas, depressivas, obsessivo-compulsivas e histéricas.

Personalidade narcisista *versus* reações narcisistas

Já havia sugerido uma ressalva quanto ao diagnóstico de caráter narcisista: mais do que em outras condições psicológicas nas quais todos os seres humanos estão vulneráveis a preocupações narcisistas, no indivíduo com narcisismo inerente ao caráter existem preocupações narcisistas onipresentes que podem ser incitadas com muita facilidade em qualquer situação. Kohut e Wolf (1978) fizeram referência a indivíduos que (como o universitário chinês que mencionei no início desta parte) confrontam as circunstâncias que desafiam seu senso primário de identidade e diminuem sua autoestima por meio de um "distúrbio narcisista secundário", o que não significa um transtorno de caráter narcisista. Qualquer pessoa não narcisista pode soar arrogante, vazia ou idealizadora sob condições que ameacem sua identidade e confiança.

Escolas de medicina e programas de treinamento psicoterápico são famosos por fazer adultos autônomos e bem-sucedidos se sentirem como crianças incompetentes. Comportamentos de compensação, como chacota, proclamação de opiniões ou comentários hipercríticos, ou idealização de um mentor, são comuns sob tais circunstâncias. Fenômenos como esses são às vezes mencionados na literatura psicanalítica como "defesa narcisista" (p. ex., Kernberg, 1984). O fato de alguém sofrer com questões narcisistas não significa que essa pessoa tenha uma personalidade narcisista. Quando fatores contextuais dominam a apresentação narcisista, o entrevistador deve se voltar à história do paciente e ao sentimento de transferência, a fim de inferir a estrutura de personalidade por trás da injúria narcisista.

Personalidade narcisista *versus* personalidade psicopata

Na última seção do capítulo anterior, mencionei a importância da discriminação entre uma personalidade predominantemente psicopata e uma cuja essência seja narcisista. Tentativas kohutianas de relacionamentos empáticos, ao menos quando são colocadas em prática de forma tradicional, seriam ineficazes com pessoas psicopatas porque elas não entendem atitudes emocionais de compaixão; elas as desprezam, como se fossem marcas de fraqueza. A abordagem defendida por Kernberg (p. ex., 1984), centralizando a confrontação do *self* grandioso, seria assimilada com mais respeito por uma pessoa organizada de modo psicopata, e é coerente em relação a recomendações de terapeutas como Greenwald (1974), Bursten (p. ex., 1973a, 1973b), Groth (p. ex., 1979) e Meloy (p. ex., 2001), que eram especialistas no tratamento de clientes psicopáticos.

Personalidade narcisista *versus* personalidade depressiva

Uma pessoa narcisista mais depressiva pode facilmente ser tomada como tendo personalidade depressiva. A diferença essencial entre os dois grupos – condensando grande parte da teoria clínica e configurando-a em uma imagem simples – é que pessoas narcisisticamente deprimidas são subjetivamente vazias, enquanto pessoas depressivas com um funcionamento psicológico introjetivo (Blatt, 2004) (aquelas que costumas ser descritas como portadoras de depressão mais do tipo culpado ou "melancólico") são subjetivamente plenas, de internalizações iradas e críticas. O narcisista depressivo sente-se destituído de uma *self* substancial; o melancólico depressivo sente que o *self* é real, mas irredutivelmente mau. Comento mais sobre essas diferenças e suas implicações terapêuticas divergentes no Capítulo 11.

Personalidade narcisista *versus* personalidade obsessivo-compulsiva

É fácil confundir uma pessoa narcisista com uma obsessiva e/ou compulsiva se nos ativermos a detalhes que podem ser parte da busca do narcisista por perfeição. Nos primeiros tempos da prática psicanalítica, pessoas fundamentalmente narcisistas eram consideradas obsessivas ou compulsivas porque os sintomas que apresentavam se encaixavam em uma ou em ambas as categorias de obsessão e compulsão. Elas eram, então, tratadas de acordo com pressupostos a respeito da etiologia do caráter obsessivo-compulsivo, que enfatizavam lutas por controle e culpa relacionada a raiva e a agressões fantasiadas.

Pacientes narcisistas, que são mais vazios do que raivosos, não fizeram muitos progressos nesse tipo de terapia; eles se sentiam mal-compreendidos e criticados quando o terapeuta parecia insistir em questões que não eram centrais a sua subjetividade. Embora muitas pessoas tenham tanto preocupações narcisistas quanto outras mais classicamente obsessivas, aquelas em cuja personalidade predominava o narcisismo costumavam obter pouca ajuda da terapia analítica antes dos anos 1970, quando as teorias da etiologia e do tratamento do narcisismo patológico aumentaram de modo radical nossa capacidade de ajudar pessoas com transtornos do *self*. Tenho conhecimento de muitas pessoas que foram tratadas analiticamente antes dessa época e que ainda alimentam rancores em relação a seus terapeutas e à psicanálise em geral. Em muitos relatos de experiências psicoterápicas, pode-se observar o que seriam exemplos dos efeitos de um diagnóstico equivocado. Darei mais detalhes sobre essa distinção e sobre as implicações do erro diagnóstico no Capítulo 13.

Personalidade narcisista *versus* personalidade histérica

Enquanto as diferenças entre a personalidade narcisista e a personalidade obsessivo-compulsiva apresentam-se com frequência um pouco maior em homens do que em mulheres, a necessidade de se distinguir entre narcisismo e histeria aparece muito mais comumente em pacientes do sexo feminino. Devido ao fato de pessoas histericamente organizadas usarem defesas narcisistas, elas são prontamente tidas como tendo personalidades de caráter narcisista. Mulheres heterossexuais cuja manifestação histérica inclui considerável comportamento exibicionista e um padrão de relacionamentos amorosos nos quais a idealização é rapidamente seguida pela desvalorização podem parecer como basicamente narcisistas, mas suas preocupações a respeito de si próprias são específicas às questões de gênero e movidas por ansiedade mais do que por vergonha. Fora de certas áreas muito conflitantes, elas são calorosas, amorosas, e estão longe de parecerem vazias internamente (ver Kernberg, 1984).

A importância dessa diferença repousa nas exigências terapêuticas contrastantes para os dois grupos: pacientes histéricas prosperam com a atenção dada às transferências objetais, enquanto as narcisistas requerem consideração dos fenômenos relativos aos objetos do *self*. No Capítulo 14 entro em mais detalhes sobre esse tópico.

RESUMO

Neste capítulo, descrevi o mundo subjetivo empobrecido da pessoa com caráter organizado de forma narcisista e os comportamentos de compensação por meio dos quais tenta manter um senso de *self* confiável e valioso. Enfatizei os afetos de vergonha e inveja, as defesas de idealização e desvalorização, e os padrões relacionais de usar e ser usado a fim de equilibrar a autoestima e reparar danos a ela. Argumentei sobre a propensão da pessoa narcisista a transferências de objeto do *self*, e observei reações contratransferenciais nas quais prevalece a ideia de que não há um relacionamento. Mencionei algumas implicações para a técnica que derivam de uma apreciação de tais aspectos especiais da condição narcisista, embora reconheça que existam controvérsias correntes no entendimento psicanalítico do narcisismo, as quais fazem das abordagens eficazes com essa população um objeto de alguma disputa. Por fim, distingui a organização de caráter narcisista das reações narcisistas, da psicopatia, da personalidade depressiva introjetiva, da estrutura de caráter obsessiva e/ou compulsiva e do funcionamento psicológico histérico.

SUGESTÕES PARA OUTRAS LEITURAS

Desde os anos 1970 tem surgido uma volumosa literatura sobre o narcisismo. Nessa época, Kohut publicou *The Analysis of the Self* (1971), e Kernberg ofereceu uma concepção alternativa do problema em *Borderline Conditions and Pathological Narcissism* (1975). Ambos os livros contêm tantos jargões que são de leitura quase impossível para um iniciante na psicanálise. Alternativas mais acessíveis incluem o livro de Alice Miller, *Prisoners of Childhood* (1975) (conhecido, em outra edição, como *The Drama of the Gifted Child*), o livro de Bach, *Narcissistic States and the Therapeutic Process* (1985), e o de Morrison, *Shame: The Underside of Narcissism* (1989). Morrison também editou uma coleção, disponível em brochura, com o título de *Essential Papers on Narcissism* (1986), que contém os ensaios psicanalíticos mais importantes sobre o assunto, a maioria excelente. Para uma análise acadêmica das marcas culturais por trás do "*self* vazio" (que é central na personalidade narcisista), consulte Philip Cushman, *Constructing the Self, Constructing America* (1995).

Trabalhos mais recentes sobre o narcisismo são em geral baseados nas descrições do DSM-IV e, assim, me parecem mais superficiais, baseados em detalhes irrelevantes e unidimensionais, do que os escritos analíticos citados. No entanto, a simplificação exagerada e a popularização de um conceito podem ter suas vantagens: existem hoje muitos livros populares que ajudam indivíduos a lidarem com pais, amantes, colegas e funcionários narcisistas, entre outras pessoas difíceis.

9

Personalidades esquizoides

A pessoa cujo caráter é essencialmente esquizoide tem sido objeto de um mal-entendido geral, baseado na concepção comum (e errada) de que a dinâmica esquizoide sempre sugere uma grave primitividade. Tendo em vista que, sem controvérsias, o diagnóstico psicótico de esquizofrenia se aplica a pessoas na extremidade de maior perturbação no *continuum* esquizoide e que o comportamento de pessoas esquizoides pode ser fora do convencional, excêntrico ou mesmo bizarro, indivíduos não esquizoides tendem a patologizar aqueles com dinâmica esquizoide – sejam eles ou não competentes e autônomos, com áreas significativas de força de ego. De fato, as pessoas esquizoides variam em uma faixa que vai desde o tipo de paciente catatônico hospitalizado até o gênio criativo.

Assim como acontece com as outras categorias tipológicas, uma pessoa pode ser esquizoide em vários níveis, do psicologicamente incapacitado até o mais são que a média. Como a defesa que define o caráter esquizoide é sempre primitiva (regressão à fantasia), é possível que pessoas esquizoides saudáveis sejam mais raras que as doentes, mas desconheço qualquer pesquisa ou observação clínica disciplinada que apoie esse pressuposto de forma empírica. Existem evidências de longa data (E. Bleuler, 1911; M. Bleuler, 1977; Nannarello, 1953; Peralta, Cuesta e de Leon, 1991) e outras observações mais recentes, das neurociências e da genética (Weinberger, 2004), sugerindo que o tipo de personalidade pré-mórbida mais frequente naqueles que se tornam esquizofrênicos é a esquizoide. Mas a ideia de que todas as pessoas esquizoides correm o risco de sofrer um surto psicótico não tem base empírica.

Uma razão pela qual indivíduos esquizoides tendem a ser vistos como portadores de uma patologia é que eles são raros. As pessoas que fazem parte de uma maioria costumam concluir que seu próprio funcionamento psicológico é a norma e a equiparar diferença com inferioridade (como aconteceu, por muitos anos, com pessoas de orientação sexual minoritária). O conceito psicanalítico de pessoa esquizoide tem muito em comum com o conceito junguiano de introversão, sobretudo o tipo de indivíduo testado e rotulado como introvertido, sentimental, intuitivo e que faz muitos julgamentos (INFJ) por meio do inventário de Myers Briggs, derivado de Jung. Os INFJs constituem cerca de 1% da população em áreas onde a distribuição de personalidades tem sido estudada, e são reconhecidos como admiráveis "místicos" ou "confidentes".

Vocações para a investigação filosófica, a disciplina espiritual, a ciência teórica e as artes criativas são comuns em pessoas com esse tipo de caráter. Na extremidade de alta funcionalidade do espectro esquizoide podemos encontrar pessoas como Ludwig Wittgenstein, Martha Graham e outras admiravelmente originais e um tanto excêntricas. Albert Einstein (1931) escreveu sobre ele mesmo:

> Meu senso passional de justiça e responsabilidade social sempre foi muito contrastante em relação a minha pronunciada falta de necessidade de contato direto com outros seres humanos ou comunidades humanas. Eu sou realmente um "viajante solitário" e nunca pertenci de todo meu coração a meu país, meu lar, meus amigos ou mesmo a minha família imediata; diante de todas essas amarras, nunca perdi um senso de distância e uma necessidade de solidão... (p. 9)

Em 1980, condições que a maioria dos analistas consideraria como diferentes possibilidades do espectro esquizoide ou como variantes menores de um contexto esquizoide mais geral apareceram como categorias discretas no DSM-III. Questões teóricas complicadas influenciaram essa decisão (ver Lion, 1986), refletindo diferenças na opinião corrente que fazem eco a antigas controvérsias sobre a natureza de certos estados esquizoides (Akhtar, 1992; E. Bleuler, 1911; Gottesman, 1991; Jaspers, 1963; Kraepelin, 1919; Kretschmer, 1925; Schneider, 1959). Muitos profissionais analíticos continuam a considerar os diagnósticos de transtornos da personalidade esquizoide, esquizotípica e esquiva versões não psicóticas do caráter esquizoide, bem como os diagnósticos de esquizofrenia, transtorno esquizofreniforme e transtorno esquizoafetivo níveis psicóticos de um funcionamento esquizoide.

Frequentemente me perguntam se considero a pessoa esquizoide em um espectro autista, e não estou certa sobre como responder. Nossas categorias taxonômicas continuam arbitrárias e sobrepostas, e agir como se houvesse discretas diferenças "presente *versus* ausente" entre os rótulos em geral não costuma ser útil clinicamente, pelo menos quando se está tentando obter uma ideia da singularidade do paciente como indivíduo. Talvez o funcionamento psicológico esquizoide, sobretudo em suas versões mais funcionais, possa ser visto, com razão, localizado na extremidade saudável do espectro autista. Certamente, com base em seu comportamento observável, alguns indivíduos esquizoides parecem tão desconexos, estranhos e desapegados quanto aqueles diagnosticados autistas ou portadores da síndrome de Asperger.

Contudo, as pessoas diagnosticadas autistas com frequência relatam uma falta de habilidade interna para imaginar o que os outros estão pensando, sentindo ou o que os motiva, enquanto as esquizoides, apesar de seu isolamento, são mais naturalmente ligadas à experiência subjetiva dos outros. Já ouvi de pais diagnosticados com a síndrome de Asperger que tiveram de aprender (outros os ensinaram) que seus filhos precisavam ser abraçados. Mesmo que tenha dificuldades em abraçar seu filho, um pai esquizoide não teria dificuldade em entender as necessidades da criança. Pessoas esquizoides tendem a se descrever mais como sufocadas de afeto do que como carentes de afeto. Portanto, nessas áreas me parece haver uma significativa diferença quanto ao território sob consideração.

PULSÃO, AFETO E TEMPERAMENTO NO FUNCIONAMENTO PSICOLÓGICO ESQUIZOIDE

Experiências clínicas sugerem que, em relação a temperamento, a pessoa que se torna esquizoide é hiperativa e superestimulada com facilidade. Pessoas esquizoides com frequência descrevem a si mesmas como inerentemente sensíveis, e seus parentes costumam mencioná-las como o tipo de bebê que se incomoda com muita luz, excesso de barulho ou movimento (cf. Bergman e Escalona, 1949, sobre bebês com sensibilidades incomuns). É como se as terminações nervosas dos indivíduos esquizoides estivessem mais perto da superfície do que as dos demais. Doidge (2001) os descreve como "hiperpermeáveis" a impactos externos. Embora a maioria das crianças tenha reações de agarrar, afagar ou se moldar ao corpo quente dos cuidadores, alguns recém-nascidos os rejeitam como se o adulto fosse um intruso em seu conforto e sua segurança (Brazelton, 1982; Kagan, 1994). Suspeita-se de que tais bebês tenham constituição propícia a uma estrutura de personalidade esquizoide, em especial se existir uma "adaptação pobre" (Escalona, 1968) entre eles e seus cuidadores principais.

Na área da pulsão, como classicamente entendida, a pessoa esquizoide pode se debater com questões de nível oral. Dessa forma específica, essa pessoa se preocupa em evitar os perigos de ser sufocada, absorvida, deformada, tomada, devorada. Um terapeuta esquizoide talentoso, em um grupo de supervisão do qual participei certa vez, descreveu aos membros do grupo sua vívida fantasia de que o círculo físico dos participantes constituía uma grande boca ou uma gigante letra *C*. Ele imaginava que, se expusesse a própria vulnerabilidade falando com delicadeza sobre seus sentimentos em relação a um de seus pacientes, o grupo se fecharia em torno dele, transformando o C em um O, e ele sufocaria e se extinguiria dentro dele.

Enquanto fantasias como essa do meu colega convidam à interpretação de que constituem projeções e transformações da própria ansiedade daquele que fantasia (Fairbairn, 1941; Guntrip, 1961; Seinfeld, 1991), a pessoa esquizoide com frequência não experiencia suas pulsões de apetite como advindas do *self*. Em vez disso, o mundo externo parece cheio de ameaças distorcidas e sufocantes contra a segurança e a individualidade. O entendimento de Fairbairn dos estados esquizoides como "amor transformado em fome" diz respeito não à experiência subjetiva rotineira da pessoa esquizoide, mas à dinâmica subjacente às tendências opostas e manifestas: isolar-se, procurar satisfação na fantasia, rejeitar o mundo corpóreo. Como Kretschmer notou em 1925, as pessoas esquizoides têm tendência até mesmo a ser fisicamente magras, de tão distantes que estão do contato emocional com sua própria voracidade.

De modo semelhante, essas pessoas não chamam atenção por serem altamente agressivas, apesar do conteúdo violento de algumas de suas fantasias. A família e os amigos em geral as descrevem como calmas e gentis. Um amigo meu, cujo brilhantismo e a indiferença esquizoide às convenções por muito tempo admirei, foi descrito amavelmente por sua irmã, no casamento dele, como uma pessoa que sempre foi "suave". Tal suavidade existe em contradição fascinante com sua afinidade com filmes de terror, livros sobre crimes reais e visões apocalípticas da destruição do mundo. A projeção da pulsão pode ser identificada com facilidade, mas a experiência consciente desse homem e a impressão que ele deixa nos outros revelam um doce, calmo e amável excêntrico. Muitos pensadores analíticos que trabalharam com pessoas como meu amigo acreditam que clientes esquizoides cobrem sua voracidade e sua agressão sob um pesado manto de defesas.

Em termos afetivos, um dos aspectos mais surpreendentes de muitos indivíduos altamente funcionais com dinâmica esquizoide é a *falta* de defesas comuns. Eles tendem a se conectar com muitas reações emocionais em um nível que gera a admiração de seus conhecidos ou mesmo os intimida. É comum que a pessoa esquizoide fique pensando como é possível que todas as pessoas sejam tão pouco esforçadas quando os problemas urgentes de suas vidas estão tão latentes. Parte da alienação da qual sofrem os esquizoides deriva da falta de validação de suas próprias capacidades emocionais, intuitivas e sensoriais – porque os outros simplesmente não enxergam o que eles fazem. A habilidade de uma pessoa esquizoide em perceber o que os outros não têm ou ignoram é tão natural e sem esforços que pode faltar-lhe empatia pelo mundo menos lúcido, menos ambivalente e menos emocionalmente pungente de seus pares não esquizoides.

As pessoas esquizoides não parecem se debater do mesmo modo que as narcisistas com a vergonha ou como as introjetivamente depressivas contra a culpa. Elas tendem a considerar a si próprias e ao mundo muito mais como não dotados de um ímpeto interno para tornar as coisas diferentes, ou para se absterem de julgamentos. Além disso, podem sentir uma considerável ansiedade em relação à segurança básica. Quando se sentem sobrecarregadas, elas se escondem – tanto literalmente, em uma reclusão eremita, como se isolando em sua própria imaginação (Kasanin e Rosen, 1933; Nannarello, 1953). A pessoa esquizoide é, acima de tudo, um *outsider*, um observador da condição humana. Um de meus amigos esquizoides disse que, em sua lápide, deveria ser escrito "Aqui jaz _____. Ele leu e pensou sobre a vida ao máximo".

A "divisão" implicada na etimologia da palavra "esquizoide" existe em duas áreas: entre o *self* e o mundo externo e entre o *self* experienciado e o desejo (ver Laing, 1965). Quando psicanalistas comentam sobre a experiência de divisão em pessoas esquizoides, eles se referem a um sentido de estranhamento, vindo de parte do *self* ou da vida, que é essencialmente "dissociativo" (outra palavra usada com frequência por analistas familiariados de maneira pessoal e profissional ao funcionamento esquizoide, como D. W. Winnicott). O mecanismo de defesa da divisão, no qual a pessoa de forma alternada expressa um estado de ego e depois o oposto ou divide o mundo, de uma perspectiva defensiva, em aspectos totalmente bons ou totalmente maus, apresenta um diferente uso do termo.

PROCESSOS DEFENSIVOS E ADAPTATIVOS NO FUNCIONAMENTO PSICOLÓGICO ESQUIZOIDE

Conforme já havia ressaltado, a defesa patognomônica na organização de personalidade esquizoide é o isolamento em um mundo interno da imaginação. Além disso, as pessoas esquizoides podem usar projeção e introjeção, idealização, desvalorização e, em menor grau, outras defesas que têm sua origem em uma época na qual o *self* e os outros não eram totalmente diferenciados do ponto de vista psicológico. Entre as defesas mais "maduras", a intelectualização parece ser a preferida da maioria das pessoas esquizoides. Elas raras vezes confiam em mecanismos que apaguem informações sensoriais e afetivas, como negação e repressão; de modo semelhante, as operações defensivas que organizam a experiência em conceitos de bom e mau, como a compartimentalização, a moralização, a anulação, a formação de reação e o "virar-se contra o *self*", não são proeminentes em seu repertório. Sob estresse, indivíduos esquizoides podem se isolar de seus próprios afetos ou das estimulações externas, dando a impressão de serem monótonos ou inconvenientes, apesar de apresentarem evidências de uma alta ligação com mensagens afetivas provenientes de outros.

A capacidade mais adaptativa e excitante da pessoa esquizoide é a criatividade. Muitos artistas verdadeiramente originais têm um forte traço esquizoide quase por definição, levando em conta que é preciso ficar fora das convenções para influenciar de um jeito novo. Pessoas esquizoides mais saudáveis direcionam suas habilidades para obras de arte, descobertas científicas, inovações teóricas ou empreendimentos espirituais, enquanto as mais perturbadas dessa categoria vivem em um inferno particular, no qual suas contribuições em potencial são ofuscadas por seu terror e estranhamento. A transformação do isolamento autista em atividade criativa é o principal objetivo da terapia com pacientes esquizoides.

PADRÕES RELACIONAIS NO FUNCIONAMENTO PSICOLÓGICO ESQUIZOIDE

O primeiro conflito relacional das pessoas esquizoides diz respeito a isolamento e distância, amor e medo. Uma profunda ambivalência em relação ao apego prevalece em suas vidas subjetivas. Elas desejam privacidade, já que se sentem sob ameaça constante de sufocamento pelos outros; buscam distância para se tranquilizarem a respeito de sua própria segurança e separação dos demais, embora possam queixar-se de isolamento e solidão (Eigen, 1973; Karon e VandenBos, 1981; Masterson e Klein, 1995; Modell, 1996; Seinfeld, 1991). Guntrip (1952), que descreveu o clássico dilema do indivíduo esquizoide no qual "ele não pode estar nem dentro nem fora de um relacionamento com outra pessoa sem correr o risco duplo de se perder ou perder seu objeto", refere-se a esse dilema como o "programa dentro e fora" (p.36).

A famosa parábola de Schopenhauer sobre os porcos-espinhos em uma noite fria (ver Luepnitz, 2002) captura bem o dilema das pessoas esquizoides: quando esses animais se aproximavam para se aquecerem, espinhavam-se uns aos outros; quando se afastavam por causa da dor, ficavam com frio. Esse conflito pode ser representado por meio de contatos intensos, porém breves, seguidos de longos períodos de recuo. A. Robbins (1998) resume tal dinâmica como a mensagem que diz: "chegue mais perto porque estou sozinho, mas fique longe porque tenho medo de intrusos" (p.398). Sexualmente, algumas pessoas esquizoides são bastante apáticas, apesar de funcionais e orgásticas. O quanto mais próximo está o outro, maior a preocupação de que o sexo signifique um enredamento. Muitas mulheres heterossexuais que se apaixonaram por músicos passionais acabaram aprendendo que seu amante reservava sua intensidade sensual apenas para seu instrumento. De modo semelhante, alguns indivíduos esquizoides suspiram por objetos inatingíveis, enquanto sentem uma vaga indiferença pelos que estão disponíveis. Amantes de pessoas esquizoides às vezes reclamam que elas são distantes ou mecânicas na hora de fazer amor.

As teorias de relação de objeto que se concentram na gênese da dinâmica esquizoide foram, em minha opinião, sobrecarregadas por esforços em localizar as origens dos estados esquizoides em uma fase específica do desenvolvimento. A adequação da hipótese fixação-regressão no que tange aos tipos de estruturas de caráter é, como já sugeri anteriormente, problemática, embora seu apelo seja compreensível: ela normaliza fenômenos complicados ao considerá-los simples resíduos de uma vida infantil comum. Melaine Klein (1946) delineia os mecanismos esquizoides a partir de uma posição esquizoparanoide universal da primeira infância, antes de a criança se assumir como separada dos demais. Outros antigos analistas das relações de objeto procuraram encaixar o problema em paradigmas explicativos do desenvolvimento, nos quais as dinâmicas esquizoides eram equiparadas com regressão a experiências neonatais (Fairbairn, 1941; Guntrip, 1971). Por muito tempo, os teóricos tendiam a aceitar o viés que focava no desenvolvimento do modelo de fixação-regressão, embora houvesse divergências em relação a qual seria a fase primária que representaria o ponto de fixação. Por exemplo, na tradição kleiniana, Giovacchini (1979) considerava os transtornos esquizoides essencialmente "pré-mentalistas", enquanto Horner (1979) atribuía suas origens a uma idade posterior, quando a criança emerge da simbiose.

O conceito de personalidade esquizoide coincide bastante com o paradigma do apego esquivo, um dos estilos de apego inseguro (Wallin, 2007). Crianças rotuladas como "esquivas" ou "desdenhosas" por pesquisadores do apego reagem à Situação Estranha de Ainsworth com o que parece uma indiferença quanto a sua mãe estar ou não presente. Embora possam parecer perfeitamente confortáveis, os batimentos cardíacos dessas crianças durante a separação se mostraram elevados, e seus níveis de cortisol (hormônio do estresse) aumentaram (Spangler e Grossmann, 1993; Sroufe e Waters, 1977). Ainsworth e colaboradores (1978) relataram que mães desse tipo de criança rejeitavam a dependência normal do bebê. Grossmann e Grossmann (1991) ressaltaram, mais tarde, que as mães seriam particularmente não reativas à tristeza de seus filhos. Main e Weston (1982) descreveram as mães de bebês esquivos como bruscas, emocionalmente não expressivas e avessas ao contato físico com seus filhos.

Essas descobertas são interessantes se consideradas no contexto das especulações clínicas sobre as etiologias interpessoais da personalidade esquizoide. Um pai ou uma mãe que é esquivo ou desdenhoso em relação às necessidades do filho pode sem dúvida gerar uma autossuficiência defensiva nessa criança (Doidge, 2001; Fairbairn, 1940). Algumas pessoas com história de isolamento e negligência em fases primárias podem ser compreendidas como tendo aprendido a fazer da necessidade uma virtude, evitando a proximidade das pessoas e confiando em um mundo interior a fim de obter estímulos. Harry Stack Sullivan e Arthur Robbins, dois analistas cujas próprias marcas esquizoides possibilitaram que interpretassem a experiência esquizoide e a relatassem para uma comunidade de saúde mental mais ampla, sofreram uma privação primária de companheirismo (Mullahy, 1970; A. Robbins, 1988).

Um tipo de relacionamento aparentemente oposto que pode encorajar uma criança ao isolamento é a parentalidade muito incisiva, superinvestida e superenvolvida (Winnicott, 1965). Um homem esquizoide com uma mãe sufocante é o exemplo mais popular da literatura sobre o assunto, exemplo que também pode ser encontrado em trabalhos acadêmicos. O tipo de história familiar de pacientes homens e esquizoides, em geral reportado pelos clínicos, envolve uma mãe sedutora ou transgressora de limites e um pai impaciente e crítico. Embora o DSM-IV não traga informações sobre a distribuição de gêneros em diagnósticos de esquizoides, esquizotípicos e esquivos, minha impressão é que terapeutas atendem mais homens do que mulheres com personalidade esquizoide. Isso estaria em acordo com as observações psicanalíticas que relatam que, como a maioria dos cuidadores primários são mulheres e como as meninas se identificam com cuidadoras femininas enquanto os meninos tendem a não se identificar com elas (Chodorow, 1978, 1989; Dinnerstein, 1976), as mulheres estariam mais propícias ao desenvolvimento de transtornos caracterizados por um excesso de apego (p. ex., depressão, masoquismo, transtornos da personalidade dependente), e os homens, a transtornos caracterizados por pouco apego (p. ex., psicopatia, sadismo, condições esquizoides).

O conteúdo, e não apenas o grau de intensidade, do envolvimento dos pais também pode contribuir para o desenvolvimento de um padrão de indiferença e isolamento esquizoide. Numerosos observadores de famílias com pessoas que desenvolveram uma psicose esquizofrênica ressaltaram o papel das comunicações confusas e contraditórias nos surtos psicóticos (Bateson et al., 1956; Laing, 1965; Lidz e Fleck, 1965; Searles, 1959; Singer e Wynne, 1965a, 1965b). É possível que tais padrões gerem dinâmicas esquizoides em geral. A criança que cresce recebendo mensagens de duplo vínculo, pseudomútuas e desonestas podem com facilidade desenvolver uma dependência do isolamento, para proteger o *self* de níveis intoleráveis de confusão e raiva. A pessoa pode também, nesse caso, se sentir profundamente sem esperanças, o que é percebido com frequência em pacientes esquizoides (p. ex., Giovacchini, 1979).

É típico na literatura sobre o fenômeno esquizoide – uma literatura extensa, devido ao alto custo social da esquizofrenia – a afirmação de que formulações contrastantes e mutuamente exclusivas podem ser encontradas em todos os contextos (Sass, 1992). Essas inconsistências espelham de forma estranha os estados de *self* dissociados da pessoa esquizoide. É possível que tanto a privação quanto a invasão sejam agentes determinantes do padrão esquizoide: se uma pessoa é solitária e carente, já que o único tipo de relacionamento disponível é intrusivo e sem empatia, há grandes possibilidades de se estabelecer um conflito entre ansiar e evitar, entre proximidade e distância.

Elizabeth Howell (2005) observou que a conceitualização da experiência esquizoide pode fornecer uma base para que se compreendam também os transtornos dissociativos, o fenômeno *borderline* e o narcisismo (p. 3), uma vez que todos também têm elementos de falsidade, experiência de divisão, dificuldade em tolerar afetos, etc. De modo particular, o funcionamento psicológico esquizoide pode emergir de um padrão de microdissociações reativas a uma superestimulação traumática por parte de cuidadores, insensíveis à intensidade e à sensibilidade temperamental da criança. Estudos de Masud Khan (1963, 1974) sobre condições esquizoides inferiram um "trauma acumulativo" de falhas de proteção maternal realística e inerentes à superidentificação intensa da mãe com o bebê. Alguns estudantes contemporâneos de trauma e dissociação (p. ex., R. Chefetz, comunicação pessoal, 12 de setembro de 2010) consideram o funcionamento psicológico esquizoide compreensível pelas lentes dos processos dissociativos (regulação de afeto desordenada e experiência somática, despersonalização ou desrealização crônica, etc.) como o produto de um trauma relacional repetitivo. Em uma comunicação vívida desse processo, um músico talentoso, com o acesso esquizoide característico à imaginação, certa vez me disse que antes de seu pai morrer (quando ele tinha 9 anos), o mundo era colorido; depois, ficou preto e branco.

O *SELF* ESQUIZOIDE

Um dos aspectos mais notáveis de pessoas com personalidade esquizoide é sua desconsideração pelas expectativas sociais convencionais. Em um forte contraste dramático com o estilo de personalidade narcisista, o indivíduo esquizoide pode ser bastante indiferente ao efeito que tem sobre os outros e às reações avaliativas advindas do mundo externo. Complacência e conformidade são atitudes contra a corrente para pessoas esquizoides, estejam elas ou não em contato com uma solidão subjetiva dolorosa. Mesmo quando reconhecem alguma conveniência em se ajustar, elas tendem a se sentir estranhas e mesmo fraudulentas ao tomar parte de conversinhas sociais ou diálogos públicos, considerando-os essencialmente limitados e artificiais. O *self* esquizoide tenta manter uma distância "segura" do resto da humanidade.

Muitos observadores comentaram sobre as atitudes imparciais, irônicas e levemente insolentes de muitas pessoas esquizoides (E. Bleuler, 1911; M. Bleuler, 1977; Sullivan, 1973). Tal tendência a uma superioridade isolada pode ter suas origens na negação das incursões de um Outro superintrusivo e supercontrolador, sobre o qual acabei de formular algumas hipóteses. Mesmo nos pacientes mais visivelmente organizados de forma esquizofrênica, um tipo de oposição deliberada foi há tempos percebida, como se o único meio que o paciente tivesse de preservar um senso de autointegridade fosse a transformação de toda expectativa convencional em uma farsa. Sob o tópico de "contraetiqueta", Sass (1992) comenta sobre esse fenômeno:

> A pesquisa *cross-cultural* mostrou [...] que esquizofrênicos geralmente parecem gravitar em direção a um "padrão de maior resistência", com a tendência a transgressão de sejam quais forem os costumes ou regras considerados mais sagrados em uma determinada sociedade. Logo, na Nigéria profundamente religiosa, eles tendem a violar sanções religiosas; no Japão, a atacar membros da família. (p. 110)

Uma maneira de entender essas preferências por excentricidade e desafio aos costumes, que parecem deliberadas, é reconhecer que a pessoa esquizoide está sempre se afastando da condição de ser definida – obliterada e tomada psicologicamente – pelos outros.

Dessa forma, para pessoas esquizoides, o abandono é melhor do que o sufocamento. Antecipando o extenso trabalho de Blatt (2008) sobre as polaridades da autodefinição e dos relacionamentos, Michael Balint (1945), em um famoso ensaio com o sugestivo título "Friendly Expanses Horrid Empty Spaces", contrastou dois tipos de caráter antitéticos: o *philobat* (amante da distância), que procura conforto na solidão quando está triste, e o *ocnophil* (amante da proximidade), que gravita em torno dos outros, procurando um ombro para chorar. Pessoas esquizoides são irrevogáveis *philobats*. Talvez presumivelmente, já que os seres humanos são com frequência impelidos à proximidade com aqueles de forças opostas e invejadas, os indivíduos esquizoides tendam a atrair (e a serem atraídos por) pessoas calorosas, expressivas e sociáveis, como aquelas de personalidade histérica. Essas inclinações criam contextos para certos eventos conhecidos e mesmo cômicos, nos quais o parceiro não esquizoide tenta resolver a tensão interpessoal se aproximando cada vez mais, enquanto a pessoa esquizoide, temendo ser sufocada, se afasta cada vez mais.

Não quero dar a impressão de que indivíduos esquizoides são frios e indiferentes. Eles podem se importar muito com outras pessoas e, ainda assim, continuar sentindo a necessidade de manter um espaço pessoal protegido. Alguns procuram seguir carreira na psicoterapia, na qual colocam, em segurança, sua peculiar sensibilidade a serviço de outros. Allen Wheelis (1956), que talvez tenha experienciado a si mesmo como um esquizoide, escreveu um ensaio eloquente sobre as atrações e os riscos da carreira psicanalítica, ressaltando que pessoas que lidam com um conflito central em relação a proximidade e distância podem acabar sendo atraídas pelo exercício da psicanálise. Em seu trabalho, o analista conhece as pessoas mais intimamente do que qualquer um as conheceu, mas sua própria exposição envolve limites profissionais previsíveis.

Se a pessoa tem uma dinâmica esquizoide, sua autoestima é com frequência mantida por uma atividade criativa individual. Questões de integridade pessoal e autoexpressão tendem a dominar as preocupações de avaliação do *self*. Enquanto o psicopata persegue a evidência de um poder pessoal, e o narcisista busca um retorno de admiração para nutrir sua consideração do *self*, o indivíduo esquizoide quer a confirmação de sua originalidade e de sua sensibilidade genuínas e únicas. Essa confirmação deve ser outorgada interna e não externamente, e devido aos seus altos padrões para avaliar seus esforços criativos, os esquizoides tendem a ser muito rigorosos e autocríticos. Eles podem levar a busca de autenticidade tão a sério que o isolamento e a desmotivação são praticamente garantidos.

Sass (1992) descreveu de modo muito convincente como as condições esquizoides são emblemáticas da modernidade. A alienação dos indivíduos contemporâneos em relação a uma sensibilidade comum, refletida nas perspectivas desconstrutivistas da arte, da literatura, da antropologia, da filosofia e da crítica do século XX, é estranhamente semelhante à experiência esquizoide e esquizofrênica. Sass ressalta, em particular, a alienação, a reflexividade (autoconsciência elaborada), a indiferença e o enlouquecimento racional que caracterizam os tipos modernos e pós-modernos de arte e pensamento, contrastando essas características com "o mundo da atitude natural, o mundo da atividade prática, dos significados populares compartilhados e presenças físicas reais" (p.354). Sua exposição também coloca efetivamente em questão numerosas considerações superficiais e simplistas que são feitas com relação à esquizofrenia e à experiência esquizoide.

TRANSFERÊNCIA E CONTRATRANSFERÊNCIA COM PACIENTES ESQUIZOIDES

Embora seja possível pensar intuitivamente que, devido a sua predileção pelo isolamento, pessoas esquizoides tendam a evitar encontros mais íntimos, como os que envolvem a psicoterapia e a psicanálise, na verdade, quando tratadas com consideração e respeito, elas com frequência apreciam e cooperam com o processo da terapia. A disciplina do clínico em respeitar as metas do cliente e a distância segura criada pelos limites tradicionais do tratamento (limitações de tempo, articulações de pagamento, proibições éticas em relação a relacionamentos sociais e sexuais com clientes) parece diminuir as angústias dos indivíduos esquizoides quanto a envolvimentos mais íntimos.

Os clientes esquizoides lidam com a terapia usando a mesma combinação de sensibilidade, honestidade e medo de serem sufocados que tipifica seus outros relacionamentos. Podem procurar ajuda porque seu isolamento do resto da comunidade humana se tornou muito doloroso ou porque sofreram a perda de alguma das raras pessoas com quem estabeleceram intimidade ou porque se impuseram objetivos para vencer o isolamento, gerados, por exemplo, por um desejo de eliminar a timidez a fim de chamar alguém para um encontro romântico ou em razão de outras metas de comportamento social específicas. Às vezes, as desvantagens psicológicas das personalidades dessas pessoas não são evidentes para elas; elas podem estar procurando alívio de um estado de depressão ou ansiedade ou de outras síndromes sintomáticas. Em outras ocasiões podem chegar ao tratamento com medo – algumas vezes com razão – de terem um colapso ou de estarem ficando loucas.

Não é incomum que uma pessoa esquizoide seja calada e se sinta vazia, perdida e machucada durante as primeiras fases da terapia. Uma mulher esquizoide angustiada que tratei (McWilliams, 2006a), que ficava muda por longos períodos de tempo em todas as sessões, por fim um dia me telefonou e disse de forma incisiva: "Quero que saiba que tenho vontade de falar com você, mas isso dói demais". Um terapeuta pode ter de enfrentar longos silêncios antes que o paciente internalize que está em um ambiente seguro. Contudo, a não ser que o cliente seja extremamente não verbal e psicótico de um modo confuso, é muito agradável trabalhar com pessoas esquizoides. Como se poderia esperar, essas pessoas são com frequência muito perceptivas de suas reações internas e gostam de estar em um ambiente em que a autoexpressão honesta não cause alarme, desdém ou escárnio. Já me sensibilizei muitas vezes com a gratidão de indivíduos esquizoides quando se sentem compreendidos e tratados com respeito, não apenas por meio de expressões ao vivo dessa apreciação, mas também quando recebi *e-mails* calorosos de leitores esquizoides que se autodiagnosticaram e resolveram de maneira espontânea me contatar para agradecer por ter escrito este capítulo e outro artigo (McWilliams, 2006b) que explora o funcionamento psicológico das pessoas esquizoides sem patologizá-las.

O desafio inicial de transferência/contratransferência para o terapeuta que está trabalhando com um paciente esquizoide é encontrar um modo de entrar no mundo subjetivo desse indivíduo sem causar ansiedade excessiva com a intrusão. Visto que pessoas esquizoides podem se retrair em estilos indiferentes/impessoais e obscuros de comunicação, é fácil sucumbir a uma contraindiferença, na qual essas pessoas são consideradas espécimes interessantes, em vez de criaturas semelhantes. Os "testes" de transferência originais, como a teoria de domínio do controle, envolvem esforços para verificar se o terapeuta está preocupado o bastante com o paciente para tolerar suas mensagens confusas e desanimadoras ao mesmo tempo em que é capaz de manter a determinação de compreender e ajudar. Sem dúvida, o medo do esquizoide é que o terapeuta vá, assim como outras pessoas de sua vida, isolar-se dele emocionalmente e remetê-lo à categoria de incurável recluso ou de "maluco divertido".

A história dos esforços de compreensão das condições esquizoides é repleta de exemplos de "especialistas", que fazem do paciente solitário um objeto, fascinados pelo fenômeno esquizoide, mas que mantêm uma distância segura da dor emocional que ele representa e consideram as verbalizações das pessoas afetadas sem sentido, triviais ou enigmáticas demais para que valha a pena decodificá-las. O entusiasmo atual da psiquiatria em relação às explicações fisiológicas dos estados esquizoides é uma versão familiar dessa disposição a não levar a subjetividade do indivíduo esquizoide a sério. Como Sass (1992) argumentou, os esforços em encontrar contribuições neurológicas e bioquímicas aos estados esquizoides e esquizofrênicos não remediam a necessidade permanente de analisar o *significado* da experiência esquizoide para o paciente. Em *The Divided Self*, R. D. Laing (1965) reavalia a mulher esquizofrênica entrevistada por Emil Kraepelin. As palavras da paciente, que foram julgadas incompreensíveis por Kraepelin, ganharam significado ao serem consideradas sob a perspectiva enfática de Laing. Karon e VandenBos (1981) apresentam, caso por caso, histórias de pacientes que podiam ser ajudados e foram facilmente descartados, como projetos de "gestão", por clínicos destreinados ou sem vontade de tentar auxiliá-los.

Pessoas que têm caráter esquizoide, mas nenhum perigo de entrar em surto psicótico – o que constitui a maioria das pessoas esquizoides – geram bem menos incompreensão e indiferença defensiva em seus terapeutas do que esquizofrênicos hospitalizados, que são objeto da maior parte dos estudos analíticos sérios sobre o isolamento patológico. No entanto, aplicam-se em ambos os casos os mesmos requisitos terapêuticos, mas em um grau menos extremo no caso dos esquizoides. O paciente precisa ser tratado como se sua própria experiência interna, mesmo que seja estranha aos outros, tivesse um significado potencialmente discernível e pudesse constituir a base para uma intimidade não ameaçadora com outra pessoa. O terapeuta deve manter em mente que a indiferença do cliente esquizoide é uma defesa analisável, não uma barreira intransponível para conexão. Se o clínico conseguir evitar as tentações contratransferenciais de provocar o paciente com revelações prematuras ou de torná-lo objeto distanciando-se dele, uma sólida aliança de trabalho pode emergir.

Uma vez que um relacionamento terapêutico se estabeleça, algumas outras complexidades emocionais podem ocorrer. Em minha experiência, pude observar que a fragilidade subjetiva da pessoa esquizoide se espelha no frequente sentimento de fraqueza e impotência do terapeuta. Imagens e fantasias de um mundo externo destrutivo e devorador podem absorver ambos os participantes do processo terapêutico. Contraimagens de onipotência e superioridade compartilhada também podem surgir ("Nós dois formamos um universo"). Percepções do paciente achando-se único, excêntrico, um gênio mal-compreendido ou um sábio não reconhecido podem dominar as reações internas do terapeuta, talvez paralelamente a um comportamento superenvolvido de um dos genitores, que imaginava algo grandioso para essa criança especial.

IMPLICAÇÕES TERAPÊUTICAS DO DIAGNÓSTICO DE PERSONALIDADE ESQUIZOIDE

O terapeuta que trabalha com um paciente esquizoide precisa estar preparado para um grau de autenticidade e um nível de consciência das emoções e da imaginação que só seriam possíveis depois de anos de trabalho com pacientes de outros tipos de personalidade. Embora conheça muitos profissionais que se dão bem com muitos tipos de cliente sem nunca terem eles mesmos passado por uma profunda análise pessoal, duvido que, a não ser que sejam também esquizoides, consigam reagir de modo eficaz diante de pacientes esquizoides sem terem passado por uma longa exposição terapêutica de suas próprias profundezas internas.

Uma vez que muitos terapeutas têm funcionamento psicológico um tanto depressivo, e seus medos de abandono são em geral mais fortes que seus medos de sufocamento, eles naturalmente tentam se aproximar de pessoas que precisem de ajuda. Logo, a empatia pela necessidade do paciente esquizoide de ter um espaço emocional pode ser difícil de alcançar. Um supervisor meu certa vez comentou sobre meus esforços sinceros, porém muito incisivos, de me aproximar de um paciente esquizoide: "Este homem precisa de bicarbonato de sódio, e você segue tentando alimentá-lo com torta de abóbora." Emmanuel Hammer (1968) comentou sobre a eficácia de simplesmente mover a cadeira para mais longe do paciente, assegurando-lhe assim, de forma não verbal, que o terapeuta não será intrometido, apressado, não tentará se apossar de sua vida, nem será sufocante.

Nas fases iniciais da terapia, a maioria das interpretações deve ser evitada com base no medo do paciente de ser tratado de forma intrusiva. Além disso, pacientes esquizoides provavelmente sabem mais sobre a própria vida interior do que o terapeuta nesse momento. Comentários e reações casuais podem ser muito bem aceitos, mas tentativas de pressionar o cliente para ir além do que está expressando irá desconsertá-lo ou gerar sentimentos antagônicos, aumentando sua tendência ao isolamento. Susan Deri (1968) enfatiza a importância do estilo linguístico que é revelado nas palavras ou imagens usadas pelo paciente a fim de reforçar o senso de realidade e de solidez interna. Hammer (1990), mais tarde, chamou atenção para a necessidade de cautela em relação a testar, questionar ou tratar o paciente esquizoide de uma forma que o faça se sentir um "caso".

A normalização é uma parte importante da terapia eficaz com indivíduos esquizoides. No Capítulo 4, tratei da técnica geral de "interpretar-se" com referência a pessoas na extremidade psicótica do eixo psicótico/*borderline*/neurótico; ela também pode ser útil se aplicada a pacientes esquizoides em qualquer nível de saúde psicológica, devido à dificuldade deles em acreditar que suas reações hiperagudas serão compreendidas e apreciadas. Mesmo se forem bastante funcionais, a maioria desses indivíduos se preocupa quanto a ser fundamentalmente aberrante e incompreensível para os outros. Eles querem ser compreendidos por inteiro pelas pessoas com as quais se importam, mas temem que, se forem muito abertos com relação a suas vidas internas, serão expostos como "esquisitões".

Mesmo aquelas pessoas esquizoides mais confiantes na superioridade de suas percepções não são indiferentes ao efeito que podem ter de "alienar" os outros. Ao se comportar de um modo que convença o paciente de que seu mundo interno é compreensível, o terapeuta o ajuda a vivenciar a experiência de ser aceito sem ser questionado e sem ter de se submeter a expectativas alheias. Às vezes, o paciente esquizoide tem autoestima o suficiente para pensar que, quando as pessoas fracassam em entendê-lo, o problema está nas limitações dessas pessoas e não no caráter grotesco de suas próprias sensibilidades. Se o terapeuta reenquadrar a riqueza da imaginação qualificando-a como um talento, em vez de como uma patologia, isso pode gerar um profundo alívio no indivíduo esquizoide, que provavelmente teve todas as suas reações emocionais não confirmadas ou minimizadas por interlocutores menos sensíveis durante toda sua vida.

Uma maneira de oferecer confirmação a um paciente esquizoide sem parecer sufocante ou simplificador é usar fontes de imaginação artísticas ou literárias para comunicar a compreensão das suas questões. A. Robbins (1988) descreveu a primeira parte de sua própria psicanálise da seguinte maneira:

> Quando havia muitos silêncios prolongados durante os quais eu não tinha alguma ideia do que falar ou de como comunicar meus sentimentos em relação a minha história de vida, felizmente meu analista não desistia de mim. Às vezes ele me lia "histórias de ninar" [nunca ninguém havia lido para Robbins quando ele era criança] na forma de citações de peças de teatro, de livros de literatura ou de filmes, os quais tinham alguma relevância quando associados às imagens e aos tópicos difusos que eu expunha-lhe no tratamento. Minha curiosidade era estimulada pelas referências, e fui incentivado a procurar o material de leitura. O gosto por Ibsen, Dostoyevsky e Kafka tornou-se uma fonte importante de materiais simbólicos que pareciam refletir e esclarecer minhas experiências internas. A literatura e, mais tarde, a arte parecem ter dado uma forma simbólica ao que eu estava tentando expressar. E o mais importante é que esse material me proporcionou o acesso a meios significativos de compartilhar minhas emoções com o analista. (p. 394)

A. Robbins e colaboradores (1980; A. Robbins, 1989) trouxeram grandes contribuições à terapia criativa e elaboraram, sobre a dimensão estética do trabalho psicanalítico com os clientes, aspectos terapêuticos promissores para os esquizoides.

Talvez o obstáculo mais comum ao progresso terapêutico com pacientes esquizoides – uma vez que esteja solidamente estabelecido o relacionamento terapêutico e que o trabalho de compreensão esteja funcionando – seja a tendência, tanto do terapeuta quanto do paciente, a formar uma espécie de casulo emocional, no qual acreditam que entendem um ao outro de modo confortável e encaram as sessões de terapia como uma pausa em um mundo de muitas demandas. Pessoas esquizoides têm a tendência, com a qual um terapeuta que sente empatia pelo cliente pode concordar inconscientemente, a tentar tornar o relacionamento terapêutico um substituto, em vez de um potencializador, de suas vidas fora do consultório. Muito tempo pode passar até que o terapeuta perceba que, embora o paciente tenha desenvolvido valiosos *insights* em quase todas as sessões, não aprimorou sua vida social, não convidou alguém para sair, não melhorou um relacionamento sexual ou mergulhou em um projeto criativo.

Generalizar, no mundo externo, a ligação de intimidade segura que o paciente esquizoide tem com o terapeuta pode ser um desafio. Este se defronta com o dilema de ter sido contratado para melhorar o funcionamento íntimo e social do paciente, enquanto percebe que qualquer dica que lhe der sobre ele não estar atingindo os objetivos pode ser recebida como intrusiva, controladora e não empática a sua necessidade de espaço. Essa tensão pode ser analisada, e sua nomeação pode aprofundar a apreciação da pessoa esquizoide do quão poderoso é o conflito entre o desejo de privacidade e o medo de tal desejo. Assim como acontece com a maioria dos aspectos da terapia, dar tempo ao tempo é o que mais importa.

A. Robbins (1988) enfatizou a importância do esforço do terapeuta em ser visto como uma "pessoa real", não apenas um objeto de transferência. Essa recomendação tem particular relevância se levarmos em conta o indivíduo esquizoide, que tem uma abundância de relacionamentos "como se" e precisa ter a sensação de participação ativa do terapeuta como ser humano no processo: apoiando os riscos em direção aos relacionamentos, sendo brincalhão e bem-humorado de maneiras que estiveram ausentes em sua história de vida e reagindo com atitudes que contrastem com suas tendências a esconder ou "deixar passar" os movimentos que levam a uma conexão emocional com outros. A autenticidade é importante com todos os clientes, mas com aqueles cujas personalidades são esquizoides é essencial em um nível básico. Com essas pessoas sensíveis que têm radar para a falsidade, descobre-se que, devido ao estilo terapêutico mais responsivo, as reações de transferência são mais claras e que, inclusive, podem se tornar mais acessíveis.

DIAGNÓSTICO DIFERENCIAL

O funcionamento psicológico esquizoide é em geral de fácil identificação, dada a relativa indiferença das pessoas esquizoides quanto a causar uma impressão convencional no entrevistador. O principal desafio do diagnóstico é avaliar a força de ego do cliente: pessoas esquizoides podem ser mal interpretadas tanto como mais quanto como menos problemáticas do que realmente são, dependendo do que compartilham com o entrevistador. Algumas pessoas obsessivas e compulsivas, sobretudo as na faixa de transtorno *borderline* a psicótico, são facilmente mal interpretadas como mais esquizoides do que são de fato.

Nível da patologia

Em primeiro lugar, é importante avaliar o quão transtornada está uma pessoa na faixa esquizoide. É provável que a experiência com a importância dessa dimensão tenha sido o que levou os colaboradores do DSM-IV a apresentarem várias alternativas de diagnósticos esquizoides, algo que não fizeram em relação a muitos outros transtornos da personalidade que também existem em altos graus de gravidade. Obviamente, é importante considerar a existência de possíveis processos psicóticos em uma entrevista inicial; questões sobre alucinações e ilusões, atenção à presença ou à ausência de um pensamento desordenado, avaliação da capacidade do paciente em distinguir ideias e ações, e, em momentos embaraçosos, é aconselhável que se faça um teste psicológico com pessoas que apresentem um estilo esquizoide. A medicação e/ou a hospitalização podem ser indicadas quando o resultado desses questionários sugerirem psicose.

Confundir uma pessoa esquizofrênica com uma personalidade esquizoide não psicótica pode custar caro. Contudo, também é um erro igualmente desastroso pensar que um paciente corre o risco de sofrer uma descompensação apenas porque tem um caráter esquizoide. Pessoas esquizoides são com frequência consideradas mais doentes do que realmente são, e, se um terapeuta cometer esse erro, ele será adicionado à lista de insultos que esses clientes absorveram durante uma vida na qual suas individualidades provavelmente foram sempre equiparadas com loucura. (Na verdade, mesmo se tratando de um paciente psicótico, se a atitude do terapeuta for considerá-lo não "apenas" um esquizofrênico, mas uma pessoa com forças significativas, que pode com razão esperar ser ajudada, isso funciona como o redutor mais eficaz da ansiedade de nível psicótico.)

Admiração pela originalidade e pela integridade da pessoa esquizoide é uma atitude terapêutica fácil de ser adotada uma vez que se aceite o fato de que os processos esquizoides não são necessariamente bizarros. Alguns indivíduos esquizoides que procuram terapia para um problema que não esteja ligado de forma intrínseca a suas personalidades não gostariam de ter suas excentricidades implicadas. Esse é um direito deles. O conhecimento terapêutico a respeito de como fazer uma pessoa esquizoide se sentir confortável e revelar seu *self* ainda pode facilitar o trabalho em relação às questões que o paciente deseja enfrentar.

Personalidade esquizoide *versus* personalidade obsessivo-compulsiva

Pessoas esquizoides com frequência se isolam e passam um grande período de tempo pensando, e mesmo ruminando, a respeito das questões mais importantes de sua vida de fantasia. Também podem, devido a seu conflito em relação à intimidade, parecer frias e sem afeto, como também podem reagir a algumas questões com intelectualização. Alguns cometem equívocos comportamentais que podem parecer compulsivos ou usam defesas compulsivas para articular suas vidas por meio de uma série de rituais idiossincráticos que os protegem de intrusões perturbadoras. Consequentemente, podem ser confundidos com pessoas cujas estruturas de personalidade sejam obsessivas ou obsessivo-compulsivas. Muitas pessoas combinam qualidades esquizoides com qualidades obsessivas ou compulsivas, mas, na medida em que os dois tipos de organização de personalidade podem ser discutidos como tipos "puros", existem algumas diferenças importantes entre eles.

Indivíduos obsessivos, em um marcante contraste com esquizoides, são em geral sociáveis e, também ao contrário dos esquizoides, que marcham sempre segundo um único ritmo, podem se preocupar muito com o respeito e a aprovação de seus pares e com sua reputação na comunidade. Pessoas obsessivas também tendem a ser moralistas; cuidadosas observadoras das maneiras de seus grupos de referência, enquanto as esquizoides têm um tipo de integridade orgânica e não ficam ponderando muito sobre questões convencionais de certo e errado. Pessoas com personalidade obsessivo-compulsiva negam ou isolam os sentimentos, enquanto os indivíduos esquizoides os identificam internamente e evitam relacionamentos que os incite a sua expressão.

RESUMO

Enfatizei o fato de as pessoas com personalidade esquizoide preservarem um senso de segurança ao evitar intimidade com outros, os quais temem que as sufoquem, e escapar para um mundo interno de preocupações fantasiosas. Quando sentem o conflito intimidade *versus* distância, pessoas esquizoides optam pelo segundo, apesar da solidão inerente a tal escolha, porque a intimidade está associada com uma superestimulação intolerável e com a ideia do *self* ser "tomado" de formas nocivas. Possíveis fontes inatas de tendências esquizoides incluem hipersensibilidade e hiperpermeabilidade do *self*. Além do uso do isolamento autístico na fantasia, a pessoa esquizoide emprega outras defesas "primitivas", mas também demonstra uma capacidade invejável de ser autêntica e criativa.

Tratei do impacto dessas tendências com relação aos outros, com atenção aos padrões familiares de interação, os quais podem ter gerado o conflito "aproximar-evitar" na pessoa esquizoide, ou seja, a coexistência da privação e da intrusão. Contextualizei questões importantes de transferência e contratransferência, incluindo as dificuldades iniciais do terapeuta para ser admitido no mundo do cliente, a tendência do terapeuta a compartilhar com ele seus sentimentos tanto de vulnerabilidade impotente quanto de superioridade grandiosa e as tentações de ser complacente com a relutância em se aproximar dos outros. Recomendei que o terapeuta tivesse o máximo de autoconsciência, assim como de paciência, autenticidade, normalização e boa vontade em mostrar a personalidade "real". Por fim, enfatizei a importância de analisar com cuidado a localização da pessoa no *continuum* esquizoide, e diferenciei o caráter esquizoide das personalidades obsessivas e compulsivas.

SUGESTÕES PARA OUTRAS LEITURAS

Muitos comentários sobre as condições esquizoides estão espalhados em escritos sobre esquizofrenia. Uma eloquente e absorvente exceção é o livro de Guntrip, *Schizoid Phenomena, Object Relations and the Self* (1969). O livro de Seinfeld, *The Empty Core* (1991), é também um excelente representante do pensamento objeto-relacional sobre o funcionamento psicológico esquizoide. Mais recentes, os capítulos de Ralph Klein sobre o *self* em exílio em um livro coeditado sobre os transtornos do *self* (Masterson e Klein, 1995) também são muito úteis aos clínicos. O livro de Arnold Model, *The Private Self* (1996), é uma importante contribuição. Para mais fontes sobre minhas próprias ideias a respeito desse assunto, os leitores podem consultar meu ensaio sobre a mulher esquizoide muda que mencionei anteriormente (McWilliams, 2006a) ou um recente artigo na revista *Psychoanalytic Review* (McWilliams, 2006b).

A American Psychological Association pretende lançar dois trabalhos em vídeo, em agosto de 2011, que receberão o título de *Three Approaches to Psychotherapy: The Next Generation* (Beck, Greenberg e McWilliams, em edição), realizados a partir das famosas gravações "Gloria" (Shostrum, 1965), nas quais uma mulher sob esse pseudônimo foi filmada interagindo, em uma única sessão, com Carl Rogers, Fritz Perls e Albert Ellis, respectivamente. Dessa vez, os terapeutas serão Judith Beck, Leslie Greenberg e eu, e haverá um DVD mostrando nosso trabalho com um paciente do sexo masculino e outro com uma paciente de sexo feminino. Os leitores que tiverem vontade de me ver fazendo um trabalho a curto prazo, de orientação analítica, com um paciente que vejo como possuidor de uma estrutura de personalidade basicamente esquizoide (na extremidade saudável do espectro) poderão assistir ao DVD com minha entrevista (e também as de Beck e Greenberg) com um homem chamado Kevin (Beck, Greenberg e McWilliams, em edição).

10
Personalidades paranoides

A maioria de nós tem uma clara imagem mental de uma pessoa paranoide e reconhece o tipo quando é retratado na ficção. O desempenho brilhante de Peter Sellers no clássico filme *Dr. Fantástico*, por exemplo, captura a desconfiança, a falta de humor e a grandiosidade que lembram as características de alguns famosos paranoides, ou permite que reconheçamos em nós mesmos a cômica elaboração dos vestígios paranoicos que estão presentes em todas as pessoas. Identificar apresentações mais sutis de paranoia, no entanto, requer uma sensibilidade mais disciplinada. A essência da organização de personalidade paranoide está em lidar com as qualidades negativas que atribuímos a nós mesmos rejeitando-as, e em seguida, projetando-as; então os atributos rejeitados passam a ser vistos como ameaças externas. O processo projetivo pode, ou não, estar acompanhado por um senso consciente de *self* megalomaníaco.

O diagnóstico da estrutura de personalidade paranoide implica, para muitas pessoas, o reconhecimento de uma séria perturbação da saúde mental. No entanto, assim como acontece com outras dinâmicas ligadas à personalidade, esse tipo de organização existe em uma linha contínua de gravidade, que vai do nível psicótico ao normal (Freud, 1911; Meissner, 1978; D. Shapiro, 1965). Da mesma forma como ocorre com os tipos de personalidade descritos nos capítulos anteriores, a defesa que define a paranoia pode derivar de uma época anterior àquela em que a criança tem clareza na identificação de eventos externos *versus* internos, quando *self* e objeto eram confundidos com facilidade. A paranoia envolve intrinsecamente experienciar o que está dentro do *self* como se estivesse fora dele. É possível que pessoas paranoides "mais saudáveis" sejam mais raras do que as "mais doentes", mas uma pessoa pode ter um caráter paranoide em qualquer nível de força de ego, integração de identidade, teste de realidade e relações de objeto.

As descrições do transtorno da personalidade paranoide no DSM-IV, baseadas em traços distintivos, são bastante superficiais do ponto de vista clínico, mas o manual acerta em ressaltar que nosso conhecimento desse tipo de personalidade é limitado. Uma pessoa paranoide tem de estar em sérios problemas para que por fim procure (ou seja levada à) ajuda psicológica. Em contraste com pessoas masoquistas, histéricas e depressivas, por exemplo, os indivíduos paranoides altamente funcionais tendem a evitar terapia a não ser que estejam sentindo uma intensa dor emocional ou causando uma tristeza significativa em outras pessoas. Como não estão dispostas a confiar em estranhos, as pessoas paranoides raramente se dispõem a ser objetos de pesquisa.

Pessoas de caráter paranoide em um nível normal com frequência procuram assumir papéis políticos, nos quais sua disposição de se opor a forças que consideram maléficas ou ameaçadoras pode encontrar uma expressão. Repórteres e chargistas muitas vezes retrataram Dick Cheney como paranoide, mas mesmo que detestassem suas posições políticas, raras vezes sua capacidade de lidar com o mundo de forma eficaz foi criticada. Na outra extremidade, alguns assassinos em série que mataram suas vítimas com a convicção de que elas os queriam matar exemplificam a destrutividade de uma projeção que chegou às raias da loucura; isto é, a paranoia atuando sem uma base sólida na realidade. Vários assassinos famosos recentes parecem ter uma base paranoide.

Gostaria de enfatizar mais uma vez, como já fiz no Capítulo 5, que as atribuições de paranoia não devem ser feitas com base na crença do entrevistador de que uma pessoa procurando ajuda esteja errada a respeito do perigo que corre. Algumas pessoas que parecem paranoides estão realmente sendo vigiadas e perseguidas – por membros de uma seita que abandonaram, por exemplo, ou por um amante rejeitado, ou por um membro da família descontente. (Algumas pessoas que são diagnosticadas paranoides estão de fato correndo perigo, suas qualidades desmotivadoras fazem da maioria delas ímãs naturais de maus-tratos.) Alguns indivíduos que não são caracterologicamente paranoides podem, temporariamente, se envolver em situações tão paranoizantes que acabam de fato sendo humilhados e enganados. Quando entrevistados com propósitos de diagnóstico, o terapeuta não deve descartar a possibilidade de que tenham razão para estar assustados, ou de que as pessoas que os levaram para a terapia tenham motivos pessoais para fazê-los parecer loucos.

Em contraste, alguns indivíduos que são de fato paranoides não parecem sê-los. Aqueles considerados não paranoides por seu grupo social – e também pelo entrevistador, nesse caso – podem compartilhar as crenças do grupo a respeito do perigo de certas pessoas, forças ou instituições (terroristas, capitalistas, autoridades religiosas, pornógrafos, a mídia, o governo, o patriarcalismo, os racistas – qualquer coisa que seja vista como um obstáculo ao triunfo do bem) e, por isso, podem fracassar na habilidade de identificar que exista algo errado internamente, algo que os impulsione a nutrir tais preocupações (Cameron, 1959). Se o congressista Allard Lowenstein tivesse sondado o caráter paranoide de Dennis Sweeney (um de seus protegidos nos movimentos estudantis da década de 1960 e o homem que mais tarde viria a assassiná-lo no auge de uma alucinação), poderia ter sabido como se comportar de modo a não ser interpretado como sexualmente sedutor e ainda estar vivo (ver D. Harris, 1982). Mas Lowenstein e Sweeney tinham crenças semelhantes sobre os males sociais que deveriam ser confrontados, e enquanto o caso de Lowenstein não envolvia projeções, o de Sweeney envolvia.

Também existem pessoas cujas percepções se tornam proféticas, mas que são, no entanto, paranoides. Howard Hughes tinha um imenso pavor das consequências dos testes atômicos em Nevada, em uma época em que poucos estavam preocupados com a contaminação nuclear do meio ambiente. Anos mais tarde, quando os resultados da radiação ficaram claros, ele parecia bem menos louco aos olhos alheios. Mas as eventuais justificativas de seu ponto de vista não fizeram seu funcionamento psicológico menos paranoide; os acontecimentos de sua vida posterior mostram vividamente que suas projeções eram a fonte de seu sofrimento (Maheu e Hack, 1992). Meu objetivo ao trazer todas essas possibilidades é ressaltar a importância de se fazerem julgamentos diagnósticos bem refletidos e informados, em vez de criar pressupostos automáticos e apressados – especialmente com clientes cujas qualidades austeras e desconfiadas tornam difícil a aproximação.

PULSÃO, AFETO E TEMPERAMENTO NA PARANOIA

Visto que percebem as fontes de seu sofrimento como externas a eles, os indivíduos de nível paranoide mais perturbado tendem a ser mais perigosos para os outros do que para eles mesmos. São muito menos suicidas do que indivíduos depressivos na mesma faixa de perturbação, embora sejam conhecidos por se matarem a fim de antecipar a destruição que presumem estar lhes sendo preparada por alguém. As qualidades raivosas e ameaçadoras de muitas pessoas paranoides incentivaram especulações de que um contribuinte do funcionamento psicológico paranoide seria o alto grau de agressividade ou irritabilidade inata. É claro que altos graus de energia agressiva são difíceis para uma criança administrar e integrar a um senso de *self* positivo, e que as reações negativas dos cuidadores a uma criança ruidosa que exige muita atenção reforçam sua ideia de que os que estão "fora" são persecutórios. Não existem muitas pesquisas recentes sobre paranoia e temperamento; em 1978, Meissner reuniu evidências empíricas relacionando-a com um estilo "ativo" sintomático na infância (irregularidade, dificuldade de adaptação, intensidade de reação e mau humor) e com uma fina barreira de estímulos (e sua consequente hiperexcitabilidade).

No aspecto afetivo, indivíduos paranoides não se debatem apenas contra a raiva, o ressentimento, a vingança e outros sentimentos claramente hostis; também sofrem devido a um medo exagerado. Silvan Tomkins (p. ex., 1963) considerava a postura paranoide uma combinação de medo e vergonha. Os movimentos oculares para baixo e para a esquerda característicos desses indivíduos (o olhar "matreiro" que mesmo os leigos notam) constituem uma harmonização física entre a direção esquerda horizontal, específica do afeto de medo puro, e a direção diretamente para baixo, específica da vergonha (S. Tomkins, comunicação pessoal, 1972). Mesmo a pessoa paranoide mais grandiosa convive com o pavor de ser prejudicada pelos outros e monitora cada interação humana com extrema vigilância.

Analistas há muito tempo se referem a esse tipo de medo dos clientes paranoides como "ansiedade de aniquilação" (Hurvich, 2003); isto é, o pavor de ser excluído, destruído e desaparecer do mundo. Qualquer um que tenha sofrido esse nível de pavor sabe o quanto é horrível. A pesquisa de Jaak Panksepp (1998) sobre o afeto dos mamíferos identificou esse tipo de ansiedade como parte do sistema do MEDO desenvolvido no sentido evolutivo para lidar com a possibilidade da predação. Panksepp o diferencia da ansiedade de apego/separação, que é componente neurobiológico do sistema do PÂNICO e mediada pela serotonina. A ansiedade paranoide tende a não ser reprimida pelos inibidores de absorção de serotonina, mas responde ao uso de benzodiazepínicos, álcool e outras drogas "calmantes", o que pode explicar por que os pacientes paranoides com frequência lutam contra a adição de agentes químicos.

Assim como a vergonha, esse afeto é uma grande ameaça tanto para as pessoas paranoides quanto para as narcisistas, mas as paranoides experienciam o medo de forma diferente. Indivíduos narcisistas, mesmo os mais arrogantes, sofrem conscientemente os sentimentos de vergonha caso se sintam desmascarados. Sua energia é investida em esforços para agradar os outros, a fim de que o *self* desvalorizado não seja exposto. Por sua vez, os indivíduos paranoides são capazes de usar a negação e a projeção de modo tão poderoso que nenhum senso de vergonha fica acessível ao *self*. Assim, suas energias são gastas em frustrar os esforços dos que são vistos como empenhados em os humilhar e envergonhar. Pessoas com estrutura de caráter narcisista têm medo de revelar suas inadequações; aquelas com personalidades paranoides têm medo da malevolência dos outros indivíduos. Esse foco nos presumidos motivos alheios, em vez de no que estaria acontecendo internamente, pode ser, conforme qualquer um que tenha um trabalho com pacientes paranoides pode confirmar, um obstáculo enorme para a terapia.

Do mesmo modo que as pessoas narcisistas, os indivíduos paranoides são vulneráveis a inveja. Mas, ao contrário dos narcisistas, lidam com ela por meio da projeção. O grau de raiva e a intensidade com a qual têm de lidar talvez faça a grande diferença. Ressentimento e ciúmes, às vezes em proporções delirantes, obscurecem suas vidas. Essas atitudes podem ser diretamente projetadas (a convicção de que "os outros querem ferrar comigo por causa das coisas que eu tenho e eles invejam"); com maior frequência, eles auxiliam na negação e na projeção de outros afetos e impulsos, como, por exemplo, o marido paranoide que, inconsciente de suas próprias fantasias normais de infidelidade, se convence de que a mulher sente perigosa atração por outros homens. É comum que, nesse tipo de ciúmes, esteja envolvida uma ânsia inconsciente por intimidade com uma pessoa do mesmo sexo. Uma vez que tais desejos podem ser inconscientemente confundidos com homossexualidade erótica (Karon, 1989), o que pode assustar homens heterossexuais, eles são abominados e negados. Esses desejos por cuidado, quando provenientes de um homem, podem aparecer como a convicção de que, por exemplo, é a namorada que quer ter mais intimidade com um amigo, e não ele mesmo.

Por fim, as pessoas paranoides são profundamente perturbadas pela culpa, um sentimento que pode ser irreconhecível e projetado da mesma forma que a vergonha. Algumas razões possíveis para esse profundo sentimento de maldade serão sugeridas a seguir, à medida que apresento meios de aliviá-lo terapeuticamente. O pesado fardo de culpa inconsciente é outra característica do funcionamento psicológico dos clientes paranoides que torna tão difícil o terapeuta ajudá-los: vivem o pavor de que, quando conhecê-los de fato, ficará chocado com sua quantidade de pecados e depravações e irá rejeitá-los ou puni-los por seus crimes. Eles se previnem cronicamente dessa humilhação, transformando qualquer sentimento de culpa do *self* em perigos advindos de ameaças externas. De forma inconsciente querem ser descobertos e transformam esse medo em esforços constantes e exaustivos de identificar a intenção maldosa "real" por trás de qualquer comportamento dos outros.

PROCESSOS DEFENSIVOS E ADAPTATIVOS NA PARANOIA

A projeção, acompanhada do repúdio ao que é projetado, domina o funcionamento psicológica da pessoa paranoide. Dependendo da força de ego e do nível de estresse do paciente, o processo paranoide pode estar em um nível psicótico, *borderline* ou neurótico. Permitam-me primeiro recapitular as diferenças entre eles. Em uma pessoa francamente psicótica, partes frustrantes do *self* são projetadas, e o indivíduo acredita de fato que elas estejam "lá fora", não importa o quão loucas essas projeções pareçam para os outros. O esquizofrênico paranoide que acredita que agentes homossexuais da Bulgária envenenaram sua água está projetando sua agressividade, seu desejo de intimidade com alguém do mesmo sexo, seu etnocentrismo e suas fantasias de poder. Ele não encontra meios para fazer suas crenças se encaixarem nas noções convencionais de realidade e pode estar bastante convencido de ser o único no mundo a perceber a ameaça.

Visto que o teste de realidade não falha em pessoas que estão no nível *borderline* de organização da personalidade, os pacientes paranoides nessa faixa projetam de tal forma que aqueles nos quais as vontades negadas foram projetadas são sutilmente incitados a sentir tais vontades. Isto é identificação projetiva: a pessoa tenta se livrar de certos sentimentos, ainda que mantenha empatia por eles, e necessita reassegurar ao *self* que eles são justificáveis. A pessoa paranoide com organização *borderline* se esforça para fazer o que é projetado "se encaixar". Logo, uma mulher que repudia seu ódio e sua inveja anuncia para sua terapeuta, de forma antagônica, que sabe que ela está com ciúmes de suas conquistas; comentários feitos com um espírito simpático são reinterpretados pela cliente como evidência de desejos de pulsão invejosa de destruição e controle, e, portanto, a terapeuta, cansada de ser sempre mal compreendida, acaba odiando a paciente e a invejando pela liberdade de expressar sua raiva (Searles, 1959). Esse processo notável atormenta os terapeutas, que não escolhem essa carreira esperando ter de se confrontar com sentimentos negativos tão poderosos em relação àqueles que esperam ajudar; isso explica a intolerância geral, entre muitos profissionais da saúde mental, tanto aos pacientes *borderline* quanto aos paranoides.

Em pessoas paranoides de nível neurótico, questões internas são projetadas de modo potencialmente estranho ao ego. Isto é, o paciente faz projeções, mas conta com uma parte observadora do *self* que às vezes é capaz, em um contexto de relação em que haja confiança, de reconhecer os conteúdos exteriorizados da mente como projeção. Pessoas que, em uma entrevista inicial, se descrevem como paranoides, estão de modo geral em tal categoria (embora clientes paranoides psicóticos e *borderline* também possam falar isso com a intenção de mostrar que conhecem os jargões, mas sem qualquer percepção real de que seus medos são projeções). Soube que um de meus pacientes estava melhorando quando disse que estava tendo fantasias sobre eu ser muito crítica, apesar de não conseguir encontrar alguma evidência de criticismo em meu comportamento. Sensível a um possível sinal de verdade da projeção, disse-lhe algo como, "Bem, vamos ver se eu consigo pensar se há mesmo algum jeito de eu estar sendo muito crítica", ao que ele respondeu "Você não pode simplesmente pensar que isso seja apenas fruto da minha louca paranoia?!".

Outro cliente, talentoso e saudável, mas de estrutura paranoide, estava sempre sujeito a um profundo medo de que eu passasse adiante as informações a seu respeito, devido a minha suposta necessidade de parecer boa para os outros. Se um profissional da comunidade que nos conhecesse o criticasse diante de mim, ele tinha certeza de que eu de algum modo concordaria com as críticas. (Entretanto, quando se sentiu ferido por mim, não relutou em criticar meu trabalho e o fez de tal maneira que convenceu alguns de meus colegas da inadequação de meu tratamento.) Mesmo antes de ser capaz de entender tal medo como a projeção de suas próprias – desnecessariamente odiadas – necessidades de aceitação e admiração, somadas à projeção e ao *acting out* de seu criticismo defensivo, ele tinha disposição em admitir que talvez pudesse estar colocando em mim mais responsabilidade do que eu merecia.

A necessidade da pessoa paranoide de lidar com sentimentos frustrantes por meio da projeção implica o uso de um grau incomum de negação e de sua parente próxima, a formação reativa. Todos nós projetamos; na verdade, a disposição universal à projeção é a base da transferência, o processo que torna a terapia psicanalítica possível. No entanto, as pessoas paranoides fazem isso em um contexto de tamanha necessidade de repúdio aos comportamentos frustrantes que a impressão é de que esteja ocorrendo um processo bastante diferente das operações de projeção, nas quais a negação não é tão integral. Freud (1911) atribuía à paranoia, ao menos tratando-se da variedade psicótica, sucessivas operações inconscientes de formação reativa ("Eu não o amo; eu o odeio") e projeção ("Eu não o odeio; você me odeia"). Implícito nessa formulação está o pavor da pessoa paranoide em experienciar sentimentos amorosos normais, talvez porque os relacionamentos de apego anteriores fossem tóxicos. Freud pensava que a ânsia pelo mesmo sexo estava implicada de modo particular na paranoia, mas minha experiência sugere que qualquer tipo de ânsia parece intoleravelmente perigosa para a pessoa paranoide.

O paradigma de Freud mostra apenas uma das várias possíveis rotas por meio das quais uma pessoa paranoide pode emergir em um âmbito psicológico muito distante das atitudes mais humanamente compreensíveis do originário processo paranoide (Salzman, 1960). Karon (1989) resume os modos usados pela pessoa paranoide delirante para lidar com os desejos de proximidade com pessoas do mesmo sexo:

> Se considerarmos as diferentes maneiras que existem para que se contradiga o sentimento "Eu o amo", pode-se pensar em muitos delírios típicos. "Eu não o amo, eu me amo (megalomania)." "Eu não o amo, eu a amo (erotomania)." "Eu não o amo, ela o ama (ciúme delirante)." "Eu não o amo, ele me ama (projetando o desejo pela pessoa do mesmo sexo, o que resulta em uma ameaça homossexual delirante)." "Eu não o amo, eu o odeio (formação reativa)." E, por fim, o mais comum: projetar o ódio delirante como "Ele me odeia, logo, tudo bem se eu o odiar também (e se eu o odiar, eu não o amo)". (p.176)

Mais uma vez ressalto que uma dificuldade significativa no trabalho com pessoas paranoides diz respeito ao quão longa e complexa é a distância entre seus afetos básicos e a forma defensiva como os utilizam.

PADRÕES RELACIONAIS NO FUNCIONAMENTO PSICOLÓGICO PARANOIDE

A experiência clínica sugere que crianças que cresceram e se tornaram paranoides sofreram sérios ataques a seu senso de eficácia; elas repetidamente se sentiam dominadas e humilhadas (MacKinnon et al., 2006; Tomkins, 1963; Will, 1961). O pai de Daniel Paul Schreber, de cuja psicose Freud (1911) extraiu a teoria da paranoia, era retratado como um patriarca dominador que insistia que o filho fizesse exercícios físicos árduos (em regime severo) que "endureciam" as crianças (Niederland, 1959). Depois Schreber sofreu humilhações por parte de autoridades nas quais confiou e também por parte do sistema legal de sua época (Lothane, 1992).

Críticas, punições, adultos que não se satisfazem e uma mortificação absoluta são comuns nas histórias de vida de pessoas paranoides. Aqueles que criam crianças que se tornam paranoides com frequência ensinam dando o exemplo. A criança pode ter observado atitudes desconfiadas e condenatórias nos pais, os quais os enfatizam – de modo paradoxal, tendo em vista suas qualidades abusivas e os mundos objetivamente gentis da escola e da comunidade – que os membros da família são as únicas pessoas em quem se pode confiar. Indivíduos paranoides nas faixas *borderline* e psicótica podem vir de lares nos quais a crítica e o sentimento de ridículo dominavam as relações familiares ou nos quais uma criança, que no futuro se tornará paranoide, era o bode expiatório, o alvo de atributos odiados e projetados (em especial aqueles na categoria geral de "fraqueza") pelos membros da família. A partir de minha experiência, observei que aqueles paranoides da faixa que vai do neurótico ao saudável normalmente vinham de famílias em que o calor e a estabilidade se combinavam com provocações e sarcasmos.

Outra fonte da organização de personalidade paranoide é uma ansiedade em relação a um cuidador primário com a qual a criança não soube lidar. Uma de minhas pacientes paranoides vinha de uma família na qual a mãe era tão cronicamente nervosa que levava garrafas térmicas de água para todos os lugares (em razão da boca seca) e descrevia o próprio corpo como "transformado em um bloco de cimento" devido a tanta tensão acumulada. Quando a filha chegava até ela com um problema, ou a mãe o negava ou fazia dele uma catástrofe, por ser incapaz de conter a ansiedade. A mãe também era confusa em relação ao limite entre fantasia e comportamento e, assim, convencia a criança de que pensamentos eram o mesmo que ações. A filha recebeu a mensagem de que seus sentimentos privados, tanto de amor quando de ódio, tinham um poder perigoso.

Por exemplo, quando, já adulta, minha cliente disse à mãe que, como reação às arbitrariedades do marido, ela o havia desafiado; a primeira coisa que a mãe disse foi que a filha não o estava entendendo: ele era um marido devotado, e ela não conseguia pensar em qualquer coisa que pudesse ser usada contra ele. Quando minha paciente persistiu no argumento, a mãe pediu que ela tivesse cuidado, pois ele poderia espancá-la ou abandoná-la (ela mesma havia sido espancada pelo marido e depois se divorciara a pedido dele). E quando minha paciente passou a desabafar a raiva em relação ao que o marido havia feito, a mãe implorou para que ela pensasse em outras coisas a fim de que seus pensamentos negativos não piorassem as coisas. Um protótipo adolescente dessa interação foi contar à mãe sobre as tentativas do pai de molestá-la. A mãe manipulava a ambos para convencê-los de que nada havia acontecido e colocar a culpa na sexualidade da filha.

Essa mãe bem-intencionada mas muito perturbada, que não teve apoio quando jovem, era incapaz de oferecer consolo. Nos anos de formação da filha, a ansiedade recheada de conselhos e previsões agravou-lhe os problemas. Minha cliente, então, cresceu com a capacidade de se consolar apenas por meio de transformações drásticas de seus sentimentos. Quando começamos a trabalhar juntas, ela já havia visto muitos terapeutas, que a dispensaram devido à dimensão profunda de suas necessidades e a sua hostilidade implacável. Todos a haviam diagnosticado paranoide de nível psicótico ou *borderline* com nível de funcionamento limitado. Sua capacidade de reportar transações de relacionamento anteriores às nossas e de compreender o quão destrutivas elas tinham sido ao longo de sua vida só emergiu após muitos anos de terapia.

No exemplo anterior de responsividade materna distorcida, é possível identificar muitas sementes da paranoia. Em primeiro lugar, tanto o senso de realidade quanto as reações emocionais normais da paciente diante disso foram desconfirmadas, e foi instigado um senso de medo e vergonha em vez de um sentimento de ser compreendida. Em segundo, negação e projeção ganharam corpo. Em terceiro, fantasias onipotentes primitivas foram reforçadas, formando a base de uma culpa difusa e esmagadora. Por fim, essa interação gerou uma raiva adicional e não resolveu qualquer das angústias originais, aumentando assim a confusão da paciente em relação a sentimentos básicos e percepções. Em situações com essa, quando uma pessoa foi repetidamente ofendida de forma implícita (nesse caso: vista como sem qualidades, incapaz de manejar sentimentos e perigosa), essa pessoa se sente pior do que em geral. Mas uma reação assim pode ser julgada ou como incompreensível ou como má, porque a pessoa que ofende está "apenas tentando ajudar".

Tais transações baseadas em confusões mentais se repetem nos comportamentos relacionais adultos das pessoas paranoides. Seus objetos relacionais internalizados seguem debilitando a pessoa paranoide e aqueles com quem se relaciona. Se a primeira fonte de conhecimento de uma criança for um cuidador profundamente confuso e que use defesas primitivas, o qual (em uma tentativa desesperada de se sentir seguro e importante) utilize as palavras não para expressar sentimentos honestos, mas para manipular, não haverá possibilidade de as subsequentes relações humanas da criança não serem afetadas. A luta da pessoa paranoide para entender o que "realmente" está acontecendo (D. Shapiro, 1965) é compreensível sob essa luz, assim como a perplexidade, a impotência e o estranhamento que sentem as pessoas que lidam com amigos, companheiros e parentes paranoides.

É claro que a ansiedade da mãe não foi a única influência no funcionamento psicológico dessa mulher. Se ela tivesse contado com qualquer cuidador significativamente capaz de se relacionar com ela de modo a confirmar-lhe suas reações emocionais e seu senso de realidade, é provável que sua personalidade não tivesse se desenvolvido em uma direção paranoide. No entanto, o pai, que abandonou a família quando minha paciente era uma jovem adolescente, era terrivelmente crítico, explosivo e desrespeitava limites. A tendência das pessoas paranoides em censurar em vez de enfrentar a ansiedade de aguardar com passividade por maus-tratos inevitáveis ("Eu o ataco antes que você me ataque") é outro custo conhecido e infeliz desse tipo de paternidade e/ou maternidade (Nydes, 1963). A presença de um genitor assustador e a falta de pessoas que poderiam ajudar a criança a processar os sentimentos resultantes disso (a não ser tornando-os ainda piores) é, de acordo com muitos terapeutas que estudaram profundamente essa condição, um contexto comum entre os favoráveis ao desenvolvimento da paranoia (MacKinnon et al., 2006).

Devido a sua orientação focada no poder e sua tendência à atuação as pessoas paranoides têm algumas qualidades em comum com as psicopatas. Mas a diferença fundamental está na capacidade de amar dos paranoides. Mesmo podendo estar aterrorizados pelas próprias necessidades dependentes, ou atormentados por suspeitas a respeito dos motivos e das intenções daqueles com os quais se importam, os indivíduos paranoides são capazes de desenvolver um profundo apego e uma prolongada fidelidade. Apesar de, na infância, terem convivido com cuidadores persecutórios ou inapropriados, no início de suas vidas os clientes paranoides aparentemente contaram com disponibilidade e consistência suficientes para se tornarem capazes de formar vínculo, ainda que de forma ansiosa ou ambivalente. Sua capacidade de amar é o que torna a terapia possível, apesar de toda a hiper-reatividade, de todos os antagonismos e de todos os terrores que os atormentam.

O *SELF* PARANOIDE

A principal polaridade nas representações de *self* dos indivíduos paranoides é, de um lado, a imagem desprezada, humilhada e impotente do *self*, e, de outro, uma imagem de *self* onipotente, justificada e triunfante. Uma tensão entre essas duas imagens inunda o mundo subjetivo de tais pessoas. Cruelmente, nenhuma das posições proporciona qualquer conforto. Um pavor do abuso e do desprezo deriva do lado fraco da polaridade, enquanto o lado forte traz consigo o inevitável efeito colateral do poder psicológico: uma culpa esmagadora.

O lado fraco da polaridade é evidente quando se observa em que grau de medo vivem as pessoas cronicamente paranoides. Elas nunca se sentem seguras por completo e gastam muita energia procurando possíveis perigos pelos arredores. O lado grandioso é evidente em suas "ideias de referência": tudo o que acontece tem algo a ver com elas. Isso é mais comum nos níveis psicóticos de paranoia, nos quais o paciente acredita, digamos, ser alvo de um espião internacional ou estar recebendo recados de que o mundo vai acabar por meio de mensagens subliminares de comerciais de televisão. Mas também já ouvi clientes bem-sucedidos e orientados para a realidade ruminarem sobre o fato de alguém ter sentado em sua cadeira de costume para provocá-los e humilhá-los. Às vezes, esse tipo de cliente não parece paranoide à primeira vista (na entrevista de admissão), e pode ser surpreendente ouvir, após numerosas sessões, o surgimento de uma convicção organizada de que tudo o que acontece na vida desse cliente reflete o significado de sua existência para outras pessoas.

A megalomania das pessoas paranoides, aparente ou inconsciente, as sobrecarrega por dentro como uma culpa insuportável. Se for onipotente, então "todos os tipos de acontecimentos terríveis são culpa minha". A conexão íntima entre a culpa e a paranoia pode ser intuitivamente compreendida por qualquer um que tenha se sentido culpado por algo e ficou preocupado em ser exposto e punido. Já notei que, quando estão atrasados com um texto, meus alunos me evitam o máximo possível, como se a única coisa que eu tivesse em mente fosse essa transgressão e o consequente plano de resposta. Uma mulher da qual tratei, e que tinha um caso extraconjugal, me contou rindo que, enquanto estava passeando de carro com seu amante, de mãos dadas, notou que um carro da polícia estava próximo e automaticamente retirou sua mão.

Quando uma atitude insuportável é negada e projetada, as consequências podem ser graves. Uma conexão entre paranoia e preocupações homossexuais rejeitadas já foi percebida há algum tempo pelos clínicos (p. ex., Searles, 1961) e confirmada por alguns estudos empíricos (p. ex., Aronson, 1964) muitas décadas atrás. Mais recentemente, Adams, Wright e Lohr (1996) fizeram uma série de experimentos que mostraram que, quanto mais um homem era inclinado a imagens homossexuais, mais homofóbico ele era. Pessoas paranoides, mesmo a minoria que coloca para fora seus sentimentos homoeróticos, podem considerar a ideia de atração pelo mesmo sexo como perturbadora de tal maneira que é quase inimaginável para alguém não paranoide. Para *gays* e lésbicas (para os quais é difícil perceber por que sua orientação sexual é vista como tão perigosa, a homofobia de alguns grupos paranoides é de fato ameaçadora.

Conforme o breve triunfo do nazismo demonstrou (e o nazismo tinha como alvo pessoas homossexuais, deficientes mentais, assim como Roma e os judeus), quando traços paranoides são compartilhados por toda uma cultura ou subcultura, surgem as possibilidades mais aterrorizantes. Estudiosos da ascensão do nazismo (p. ex., Gay, 1968; Rhodes, 1980; F. Stern, 1961) localizam suas origens psicológicas nos mesmos tipos de acontecimento que os clínicos encontraram na infância de indivíduos paranoides. A humilhação esmagadora da Alemanha na Primeira Guerra e as consequentes medidas punitivas que criaram inflação, fome e pânico imediatos, com pouca responsividade da comunidade interracional, prepararam o terreno para a atração de um líder paranoide e para a paranoia organizada que é o nazismo (para uma descrição do papel da paranoia na política norte-americana atual, ver Welch, 2008).

No cerne da experiência de *self* das pessoas paranoides está um profundo isolamento emocional, além de uma necessidade por aquilo que Sullivan (1953) chamou de "validação consensual" de um "amigo" ou o que Benjamin (1988) mais tarde chamou de "reconhecimento". O principal mecanismo que pessoas paranoides usam para aumentar a autoestima é uma tentativa de exercer poder sobre autoridades e sobre outras pessoas importantes. Experiências de apologia e triunfo lhes dão um sentimento (apesar de superficial) de alívio, segurança e retidão moral. A litigiosidade ameaçadora dos indivíduos paranoides deriva da necessidade de desafiar e derrotar o pai ou a mãe persecutórios. Algumas pessoas com personalidades paranoides prestam um ótimo serviço a vítimas de opressão e maus-tratos; sua disposição para lutar contra as autoridades e reivindicar os direitos dos menos favorecidos as mantém nas barricadas por mais tempo do que aqueles ativistas sociais bem-intencionados cuja psicodinâmica não os protege da mesma forma contra o esgotamento.

TRANSFERÊNCIA E CONTRATRANSFERÊNCIA EM PACIENTES PARANOIDES

A transferência com a maioria dos pacientes paranoides é repentina, intensa e com frequência negativa. Algumas vezes, o terapeuta é alvo de imagens projetadas de salvamento, mas o comum é que seja visto pelo paciente como uma pessoa que potencialmente irá humilhá-lo e rejeitá-lo. Os indivíduos paranoides encaram uma avaliação psicológica com a expectativa de que o entrevistador irá se sentir superior ao expor suas maldades, ou de que ele está perseguindo alguma meta similar que nada tem a ver com o seu bem-estar. Tendem a atacar os terapeutas julgando-os desagradáveis, mal-humorados e sempre prontos para criticar. Podem incansavelmente fixar os olhos no terapeuta, o que é conhecido como o "olhar paranoico."

De forma pouco surpreendente, os entrevistadores respondem a isso com um senso de vulnerabilidade e uma atitude defensiva generalizada. A contratransferência é quase sempre ansiosa ou hostil; no caso menos comum de o terapeuta ser considerado um salvador, ela pode ser benevolente e grandiosa. De qualquer maneira, o terapeuta em geral está consciente das fortes reações, em contraste com as contratransferências frequentemente sutis que ocorrem com pacientes narcisistas e esquizoides. Devido à combinação de negação e projeção que constitui a paranoia, fazendo com que as partes repudiadas do *self* sejam expulsas, os terapeutas de pacientes paranoides costumam sentir de forma consciente o aspecto de uma reação emocional que o cliente exilou da consciência. Por exemplo, o paciente pode estar destilando hostilidade, enquanto o terapeuta sente o medo contra o qual a hostilidade é uma defesa. Ou o paciente pode se sentir vulnerável e desamparado, enquanto o terapeuta se sente sádico e poderoso.

Em razão do peso dessas reações internas no terapeuta e da extensão do sofrimento paranoide com o qual o cliente está tentando lidar (que é revelada a um observador sensível), existe uma tendência contratransferencial, na maioria dos terapeutas, a "fazer o paciente entender" a natureza não realista de qualquer perigo que tema. A maioria de nós, com algum tempo de prática, já teve um paciente que parecia clamar por reafirmação e, quando a recebeu, ficou convencido de que éramos parte de uma conspiração que o estaria distraindo de uma terrível ameaça. A falta de poder do terapeuta para fornecer uma ajuda imediata a uma pessoa tão infeliz e desconfiada provavelmente seja a primeira e a mais intimidante barreira para estabelecer um tipo de relação que talvez possa proporcionar alívio.

IMPLICAÇÕES TERAPÊUTICAS DO DIAGNÓSTICO DE PERSONALIDADE PARANOIDE

O primeiro desafio que o terapeuta tem de encarar com um paciente paranoide diz respeito à criação de uma sólida aliança de trabalho. Embora o estabelecimento desse tipo de relação seja necessário (e às vezes desafiante) para o tratamento bem-sucedido de qualquer cliente, ele é particularmente importante no trabalho com pessoas paranoides devido a sua dificuldade em confiar. Um aluno meu, iniciante, ao ser questionado sobre seus planos de tratamento para uma mulher paranoide, comentou: "Primeiro vou levá-la a confiar em mim, depois vou trabalhar suas habilidades assertivas". Errado. Quando uma pessoa paranoide realmente confia no terapeuta, muitos anos podem ter se passado, e a terapia terá sido de grande sucesso. Mas o estudante estava certo em um sentido: é necessário que, no início, o cliente acredite, na medida do possível, que o terapeuta é bem-intencionado e competente. Isso não exige apenas uma considerável paciência do terapeuta, mas também uma habilidade em estabelecer um diálogo confortável sobre a transferência negativa e em transmitir que o alto grau de ódio e desconfiança dirigido ao clínico está de acordo com as expectativas. A tranquila aceitação dessa hostilidade intensa por parte do terapeuta gera no paciente um sentimento de segurança quanto à retribuição, diminui o medo de que o ódio destrua tudo e dá um exemplo de como os aspectos do *self* que o cliente considera maus são simplesmente qualidades humanas comuns.

Esta seção será mais longa do que nos outros capítulos porque o trabalho eficaz com clientes paranoides difere substancialmente da prática psicanalítica "tradicional". Embora tenham em comum as metas de entendimento a nível profundo, de trazer à consciência os aspectos desconhecidos do *self* e de promover a maior aceitação possível do aspecto humano do paciente, esses objetivos são alcançados de forma diferente. Por exemplo, a interpretação "da superfície para o fundo" é em geral impossível com clientes paranoides, já que muitas transformações radicais do sentimento original precederam as preocupações aparentes e manifestas. Um homem que anseia pelo apoio de alguém do seu gênero e, inconscientemente, interpretou (mal) essa ânsia como desejo sexual, negou esse desejo, projetou-o em outra pessoa, deslocou-o e se tornou sobrecarregado de medos de que sua mulher estivesse tendo um caso com seu amigo, não terá suas reais preocupações analisadas de forma correta se o terapeuta apenas encorajá-lo a fazer associações livres com a ideia de infidelidade de sua mulher.

"Analisar a resistência antes do conteúdo" pode do mesmo modo levar ao fracasso. Comentar sobre atitudes ou declarações do cliente paranoide só fará com que ele se sinta julgado ou examinado como uma cobaia de laboratório (Hammer, 1990). Uma análise das defesas de negação e projeção elucida apenas usos mais bizantinos das mesmas defesas. Os aspectos convencionais da técnica psicanalítica – como explorar em vez de fazer perguntas, trazer à tona aspectos do comportamento do paciente que podem estar expressando um sentimento inconsciente ou negado, chamar atenção para as diferenças, etc. – foram desenvolvidos para aumentar o acesso do paciente ao material interno e para incentivar a coragem de falar mais abertamente sobre isso (Greenson, 1967). Com pessoas paranoides, no entanto, essas técnicas funcionam em efeito bumerangue. Logo, se os meios tradicionais de ajudar clientes acabam apenas provocando maiores elaborações problemáticas em uma sensibilidade paranoide, como se pode ajudá-los?

Em primeiro lugar, pode-se fazer uso do senso de humor. Muitos de meus professores aconselhavam a não fazer piadas com pacientes paranoides, alegando que eles se sentiriam provocados e ridicularizados. A cautela é justificável, mas isso não exclui a possibilidade de o terapeuta brincar com as próprias limitações, fazer troça consigo mesmo ou das irracionalidades do mundo, e outras formas não depreciativas de gracejo. O humor é indispensável na terapia – talvez especialmente com clientes paranoides –, porque as piadas constituem uma forma há muito tempo conhecida de aliviar a tensão de modo seguro. Nada traz mais alívio, tanto ao terapeuta quanto ao paciente, do que algumas faíscas de luz sobre a sombria nuvem de tempestade que cerca a pessoa paranoide. A melhor forma de preparar o palco para a apreciação mútua do humor é rindo das próprias fraquezas. Os paranoides não deixam nada escapar; nenhum defeito do terapeuta está a salvo do seu escrutínio. Um amigo alega ter aperfeiçoado o "bocejo de nariz", uma habilidade sem preço para a conduta psicoterápica, mas apostaria o meu divã que nem ele conseguiria enganar um bom paranoide.

A mulher cuja história descrevi antes neste capítulo nunca falhou em notar meus bocejos, não importa o quão imóvel estivesse o meu rosto. No início, eu reagia às confrontações dela sobre isso admitindo meus bocejos e dizendo – como que pedindo desculpas – que ela tinha me pego de novo, e choramingando, com um pouco de autopiedade, que ela não deixava passar nada do que eu fazia em sua presença. Esse tipo de reação, em vez da exploração pesada e mal-humorada de quais seriam as fantasias dela quando pensa que estou bocejando, aprofundou muito nosso trabalho juntas. É claro, devemos estar prontos a pedir desculpas caso a brincadeira seja mal interpretada, mas a ideia de que o trabalho com pacientes hipersensíveis deve ser conduzido em uma atmosfera de seriedade opressiva me parece desnecessariamente espalhafatosa e um tanto paternalista. Sobretudo depois que uma aliança confiável for estabelecida (algo que pode levar meses ou anos), provocações criteriosas, em uma tentativa de fazer as fantasias onipotentes se tornarem estranhas ao ego, podem ajudar muito uma pessoa paranoide. Jule Nydes (1963), que tinha grande talento para o trabalho com clientes difíceis, cita as seguintes intervenções:

> Um paciente [...] estava convencido de que seu avião iria cair quando estava prestes a fazer uma merecida viagem de férias à Europa. Ele ficou assustado e aliviado quando falei "Você acha que Deus é tão impiedoso a ponto de sacrificar a vida de centenas de pessoas simplesmente para te pegar?".
> Outro exemplo é o de uma mulher jovem [...] que desenvolveu intensos medos paranoides perto da ocasião de seu casamento, o qual experienciava inconscientemente como um grande triunfo. Isso foi em uma época em que o "maluco das bombas" estava implantando armas letais nos metrôs. Ela estava certa de que seria aniquilada por uma bomba, então evitava o metrô. "Você não tem medo do maluco das bombas?", ela me perguntou. E, antes que eu tivesse tempo de responder, emendou: "É claro que não. Você só anda de táxi". Eu garanti que usava o metrô, mas que não tinha medo do "maluco das bombas", porque sabia que ele estava lá fora atrás dela, e não de mim. (p. 71)

Hammer (1990), que ressalta a importância de meios indiretos (e não cara a cara) de compartilhar *insights* com clientes paranoides, recomenda a seguinte piada, como uma forma de explicar os inconvenientes da projeção:

> Um homem vai até a casa de seu vizinho para pedir emprestada uma máquina de cortar grama, pensando no quanto o seu amigo é legal por fazer tais favores. Mas, à medida que vai caminhando em direção à casa, começa a ter dúvidas em relação ao empréstimo. Talvez o vizinho prefira não emprestar. Quando chega à porta, as dúvidas atingiram tal nível de raiva que, no momento em que o amigo aparece, o homem grita: "Você sabe o que pode fazer com sua maldita máquina de cortar grama?! Enfie no cu!". (p.142)

O humor, especialmente a disposição de rir de si mesmo, é terapêutico no sentido de que mostra ao paciente que o terapeuta está sendo "verdadeiro", e não interpretando um papel ou arquitetando um plano secreto. As histórias de pessoas paranoides podem ser tão desprovidas de autenticidade básica que a honestidade emocional direta do terapeuta é encarada como uma revelação sobre como as pessoas podem se relacionar umas com as outras. Com algumas reservas, como as recém-citadas (que têm a ver com manter limites claros), recomendo que se aja com proximidade ao trabalhar com clientes paranoides. Isso significa responder às questões deles com honestidade, em vez de com respostas esquivas, e investigar os pensamentos por trás das perguntas; por experiência própria, posso dizer que, quando o conteúdo manifesto de uma pessoa paranoide é analisado com respeito, ela se torna mais disposta (e não menos) a observar as preocupações latentes que estão representadas na declaração.

Em segundo lugar, o terapeuta pode "dar uma curva", "sair pela tangente" (ou seja qual for a metáfora preferida do leitor para isso), quando deparado com a complexa defesa paranoide, e se dirigir aos afetos contra os quais a defesa foi ativada. No caso do homem tomado pelas ruminações sobre as possíveis traições da esposa, o terapeuta pode comentar o quão sozinho e carente ele parece se sentir. É impressionante ver a velocidade com que um discurso paranoide pode desaparecer se o terapeuta simplesmente deixar que ele siga seu curso, evitando todas as tentações de desconstruir um complexo processo defensivo e depois se engajando empaticamente aos sentimentos rejeitados e projetados, dos quais as furiosas preocupações em geral emergem.

Muitas vezes a melhor dica em relação ao sentimento do qual o cliente paranoide está se defendendo é a contratransferência; imagina-se, o que pode ser útil, que pessoas paranoides estejam na verdade projetando fisicamente no terapeuta suas atitudes não reconhecidas. Assim, quando o paciente está sentindo uma raiva poderosa e implacável, e o terapeuta, como resultado, se sente ameaçado e impotente, pode ser essencial para o cliente ouvir "Sei que sua percepção é de que está com muita raiva, mas sinto que, além dessa raiva, você está lidando com sentimentos profundos de medo e impotência". Mesmo se isso estiver errado, o cliente entenderá que o terapeuta quer compreender o motivo de tamanha tristeza.

Em terceiro lugar, com frequência é possível ajudar pacientes que sofrem de um aumento de reações paranoides por meio da identificação do que aconteceu nos últimos tempos e que pode tê-los frustrado. Tais motivadores em geral incluem separação (uma criança começou a frequentar a escola, um amigo se mudou, o pai ou a mãe não respondeu a uma carta), fracasso ou – paradoxalmente – sucesso (falhas são humilhantes; sucessos envolvem culpa onipotente e medo de ataques invejosos). Um de meus pacientes costumava investir em longos discursos inflamados e paranoides, durante os quais eu em geral conseguia imaginar ao que ele estava reagindo depois de 20 ou 30 minutos. Se eu continuamente evitasse o confronto com suas operações paranoides e, em vez disso, comentasse sobre o como ele poderia estar subestimando o quão chateado está por algo que mencionou de passagem, a paranoia tenderia a aumentar, sem praticamente qualquer análise do processo. Educar pessoas para que percebam seus estados de crise e procurar por motivadores costuma antecipar todo o processo paranoide. E descobri que, sobretudo quando se consegue chegar à aflição subjacente e dar um testemunho leve sobre a dor do indivíduo paranoide, a paranoia pode evaporar.

De modo geral, deve-se evitar uma confrontação direta com o conteúdo de uma ideia paranoide. Pessoas paranoides são com frequência muito perceptivas em relação a emoções e atitudes; elas apenas se confundem no grau de interpretação do significado dessas manifestações (Josephs e Josephs, 1986; Meissner, 1978; D. Shapiro, 1965; Sullivan, 1953). Quando suas interpretações são desafiadas, esses indivíduos tendem a acreditar que a pessoa que os desafia está tentando dizer que eles são loucos por terem visto o que viram, em vez de sugerirem que talvez tenham compreendido mal as implicações do que viram. Por isso, embora seja tentador oferecer interpretações alternativas, se o terapeuta fizer isso muito prontamente, o paciente pode se sentir diminuído, desamparado e destituído das percepções astutas que estimulam a interpretação paranoide.

Quando um cliente paranoide é corajoso o bastante para perguntar de forma direta se o clínico concorda ou não com seu entendimento sobre alguma coisa, o terapeuta pode oferecer outras possibilidades de interpretação aplicáveis ao contexto ("Entendo por que pensou que aquele homem tinha a intenção de cortar você no trânsito, mas outra possibilidade é que ele tenha se desentendido com o chefe por isso estava dirigindo feito um maníaco, não importando quem estivesse na frente."). Perceba que o terapeuta, nesse exemplo, não substituiu o motivo sugerido por outro mais benevolente ("Talvez ele estivesse desviando para evitar atropelar um animal."), porque, se pensarem que alguém está tentando melhorar intenções que elas sabem serem degradantes, as pessoas paranoides ficarão mais ansiosas. Observe também que o comentário é feito como se fosse uma associação casual, de forma que o paciente pode aceitá-la ou rejeitá-la. Com esses pacientes, deve-se evitar o pedido de maneira que aceitem ou rejeitem explicitamente as ideias do terapeuta. Sob a perspectiva deles, a aceitação pode se igualar a uma humilhante submissão e a rejeição pode estimular uma retaliação.

Em quarto lugar, é possível fazer repetidas distinções entre pensamentos e ações, evitando o surgimento de fantasias hediondas, com exemplos da marcante, admirável e criativa perversidade da natureza humana. A capacidade do terapeuta de sentir prazer na hostilidade, na cobiça e em outras tendências pouco admiráveis, sem colocá-las em ação, ajuda o paciente a reduzir o sentimento de estar fora de controle ou de ter uma essência maligna. Lloyd Silverman (1984) ressaltou o valor de ir além da interpretação de sentimentos e fantasias e recomendou que *desfrutássemos* deles, uma dimensão particularmente importante do trabalho com pessoas paranoides. Às vezes, sem esse aspecto do tratamento, os pacientes têm a ideia de que o propósito da terapia é fazê-los expor esses sentimentos para humilhá-los ou para ajudá-los a se livrar deles, em vez de fazê-los aceitar tais sentimentos como parte da condição humana.

Quando minha filha mais velha tinha mais ou menos 3 anos, uma professora da creche propagou a ideia de que a virtude envolve "pensar coisas boas e praticar boas ações". Isso a atordoou. Ela ficou aliviada quando comentei que discordava da professora e achava que ter pensamentos maus era muito divertido, em especial quando se pode praticar boas ações apesar de tais sentimentos. Por meses depois disso, sobretudo quando estava tentando não maltratar a irmã menor, ela me olhava com uma expressão sapeca e dizia: "Estou praticando uma boa ação, apesar de ter pensamentos muito maus!". Embora o caso dela fosse bem mais simples do que o de uma pessoa com uma história de uma vida inteira envolvendo confusão entre fantasia e realidade, o que eu estava tentando lhe ensinar tem como base a mesma mensagem que pode curar clientes paranoides.

Em quinto lugar, deve-se ser muito atento aos limites. Enquanto com outros tipos de cliente é possível às vezes emprestar um livro de forma espontânea, elogiar um novo corte de cabelo, tais comportamentos são complicados quando direcionados a uma pessoa paranoide. Clientes paranoides estão sempre preocupados que o terapeuta abandone seu papel e os use para algum fim não relacionado com suas necessidades psicológicas. Mesmo aqueles que desenvolvem transferências extremamente idealizadas e insistem que querem uma amizade "real" com o terapeuta – talvez em especial esses clientes – podem reagir com pavor se este agir de maneira que não pareça característica de suas extensões de *self*.

A consistência é essencial ao senso de segurança da pessoa paranoide; a inconsistência estimula fantasias de que os desejos têm poderes demais. No que consiste exatamente os limites do terapeuta (p. ex., como ele lida com faltas a sessões ou com telefonemas a sua casa) importa menos do que a segurança com que são mantidos. É muito mais terapêutico para a pessoa paranoide sentir raiva e aflição diante dos limites do relacionamento do que se preocupar com a possibilidade de o terapeuta ser subtraído de sua posição de costume. Enquanto um desvio de surpresa que demonstre a preocupação do terapeuta com o paciente pode lançar luz às esperanças de uma pessoa depressiva, o mesmo desvio pode inflamar a ansiedade de um paciente paranoide.

Sobre esse assunto, devo mencionar o risco das tempestades de transferência pseudoerótica com clientes paranoides. Terapeutas do mesmo sexo que o cliente devem ser ainda mais cuidadosos do que os do sexo oposto, devido à vulnerabilidade de muitas pessoas paranoides ao pânico homossexual; mas ambos podem de repente se encontrar no alvo de uma intensa raiva ou fome sexual. A combinação de uma privação psicológica extrema com uma confusão cognitiva (afeição com sexo, pensamentos com ação, dentro com fora) geralmente produz medos e mal-entendidos erotizados. O melhor que o terapeuta pode fazer é restaurar o quadro terapêutico, tolerar as explosões, normalizar os sentimentos por trás da erupção e fazer diferenciações entre esses sentimentos e os limites comportamentais que tornam a psicoterapia possível.

Por fim, no tratamento de clientes paranoides, é importante que se transmita força pessoal e uma franqueza evidente. Uma vez que eles estão sempre tomados por atitudes agressivas e hostis, confusos sobre onde terminam os pensamentos e onde começam as ações e atormentados por um sentimento de onipotência destrutiva, sua pior preocupação quanto ao relacionamento terapêutico é de que seus processos internos malignos firam ou destruam o terapeuta. Eles precisam saber que a pessoa com quem estão se tratando é mais forte do que suas fantasias. Às vezes, ao lidarmos com pessoas assim, importa menos o que é dito e mais a determinação e a confiança com a qual a mensagem é transmitida.

A maioria das pessoas que escreveram sobre a experiência real de tratar indivíduos paranoides (contrastantes com grande parte da literatura teórica sobre a origem dos processos paranoides) ressaltou o respeito, a integridade, o tato e a paciência (Arieti, 1961; Fromm-Reichmann, 1950; Hammer, 1990; Karon, 1989; MacKinnon et al., 2006; Searles, 1965). Alguns, sobretudo os que trabalharam com clientes psicóticos, recomendaram que se participasse da visão de realidade do paciente, a fim de criar uma afirmação suficiente para que se possa começar a mudar as construções paranoides que paciente e terapeuta parecem compartilhar então (Lindner, 1955; Spotnitz, 1969). A maioria dos autores, no entanto, acredita que o terapeuta pode transmitir respeito à visão de mundo do cliente sem ir tão longe.

Devido a sua imensa sensibilidade ao insulto e à ameaça, não é possível tratar clientes paranoides sem alguns desastres. Periodicamente, o terapeuta será transformado em um monstro (Reichbart, 2010), já que o cliente faz o que Sullivan (1953) chamou de "transformações malevolentes" e de repente passa a sentir o terapeuta como perigoso ou corrupto. Às vezes o trabalho terapêutico parece um exercício infindável no controle de danos. A curto prazo, é preciso tolerar um prolongado sentimento de estar sozinho, já que pessoas de funcionamento psicológico paranoide não são inclinadas a confirmar, de forma verbal ou visual, os empenhos do terapeuta em busca de um entendimento. Mas um profissional esforçado, honesto e razoavelmente modesto pode fazer uma grande diferença depois de anos de trabalho com uma pessoa paranoide, e irá encontrar, por trás da raiva e da indignação do cliente, poço profundo de calor humano e uma profunda gratidão.

DIAGNÓSTICO DIFERENCIAL

O diagnóstico de uma estrutura de personalidade paranoide é em geral fácil de realizar, exceto, como já foi mencionado, em situações nas quais a pessoa é altamente adaptada e está tentando esconder do entrevistador a dimensão de sua paranoia. Conforme também acontece com clientes esquizoides, é necessária uma atenção redobrada à possibilidade de processos psicóticos estarem sendo manifestados.

Personalidade paranoide *versus* personalidade psicopática

No Capítulo 7, comentei sobre a importância diferencial da culpa como dinâmica central, respectivamente, em indivíduos com funcionamento psicológico paranoide e antissocial. Também devo mencionar o amor. Se a pessoa paranoide sentir que você e ela compartilham valores básicos e que pode contar com você em momentos de adversidade, praticamente não existe limite na fidelidade e na generosidade de que esse tipo de pessoa é capaz. Processos projetivos são comuns em pessoas antissociais, mas, ao contrário dos psicopatas, que são fundamentalmente incapazes de empatia, as pessoas paranoides estabelecem profunda relação com os objetos. A maior ameaça ao apego a longo prazo em pessoas paranoides não é sua falta de sentimentos pelos outros, mas as experiências de traição envolvidas; de fato, elas são capazes de terminar um relacionamento de 30 anos caso se sintam injustiçadas. Visto que se conectam com outros indivíduos baseadas em sensibilidades morais semelhantes e, portanto, sentem que seus objetos de amor estão unidos a elas em sua apreciação do que é bom e do que é ruim, qualquer falha moral percebida na pessoa com quem se identificam é sentida como uma falha do *self* que precisa ser erradicada por meio da eliminação do objeto ofensivo. Mas uma história de relacionamentos interrompidos não é a mesma coisa que não ter habilidade de amar.

Personalidade obsessiva *versus* personalidade paranoide

As pessoas obsessivas compartilham com as paranoides a sensibilidade às questões de regras e justiça, a rigidez e a negação diante de emoções "mais leves", a preocupação quanto a questões de controle, a vulnerabilidade à vergonha e a tendência a uma intensa indignação. Elas também focam nos detalhes e podem perder a visão geral das coisas devido a fixação minuciosa. Além disso, pessoas obsessivas no processo de descompensação para a psicose podem gradualmente passar das obsessões irracionais aos delírios paranoides. Muitas pessoas têm tanto características paranoides quanto obsessivas.

Pessoas nessas respectivas categorias diagnósticas diferem, contudo, quanto ao papel da humilhação em suas histórias e sensibilidades; a pessoa obsessiva tem medo de ser controlada, mas não tem o medo da pessoa paranoide de violência física e mortificação emocional. Pacientes obsessivos são mais inclinados a colaborar com o entrevistador, apesar das diferenças, e os terapeutas que trabalham com eles não sofrem o grau de ansiedade inferido pelos paranoides. A técnica psicanalítica tradicional é quase sempre útil aos clientes obsessivos; reações de raiva a explicações e esclarecimentos convencionais, por parte de um paciente que se acredita ser obsessivo, podem constituir o primeiro sinal de que as características paranoides predominam.

Funcionamento psicológico dissociativo *versus* personalidade paranoide

Muitas pessoas com transtorno dissociativo de identidade têm uma outra personalidade que conduz pelo paranoia ao sistema de personalidade e pode dar a impressão, ao entrevistador, de ser representante da pessoa como um todo. Uma vez que os maus-tratos emocionais estão implicados nas etiologias tanto da paranoia quanto da dissociação, é comum a coexistência desses processos em um indivíduo. No Capítulo 15, trato do diagnóstico dos transtornos dissociativos com bastante profundidade, a fim de esclarecer como se diferencia um indivíduo com personalidade paranoide de uma pessoa dissociativa com uma outra personalidade ou tendências paranoides.

RESUMO

Descrevi as qualidades manifestas e latentes de pessoas cujas personalidades são predominantemente paranoides e ressaltei a confiança na projeção. Variações etiológicas possíveis incluem agressividade ou irritabilidade inatas e uma consequente suscetibilidade a medo, vergonha, inveja e culpa. Considerei o papel das experiências formativas de ameaça, humilhação e processos projetivos no sistema familiar e as mensagens contraditórias (que têm como objetivo esconder a ansiedade) no desenvolvimento desse tipo de organização de personalidade e descrevi o senso de *self* da pessoa paranoide como alternando muita vulnerabilidade e destrutividade onipotente com preocupações subordinadas, resultantes de uma fragilidade central na identidade e na autoestima. Por fim, abordei a intensidade dos processos de transferência e contratransferência, especialmente os que envolvem a raiva.

Recomendei aos terapeutas de pacientes paranoides que demonstrassem uma aceitação bem-humorada do *self* e uma apreciação divertida das falhas humanas; que trabalhassem com afeto e método, em vez de defesa e conteúdo; que identificassem precipitações específicas de frustração sintomática, evitando ataques frontais às interpretações paranoides da experiência; que distinguissem entre ideias e ações; que preservassem os limites; e que transmitissem atitudes de poder pessoal, autenticidade e respeito. Por fim, distingui pessoas com funcionamento psicológico predominantemente paranoide daquelas com tipos de organização de personalidade psicopática, obsessiva e dissociativa.

SUGESTÕES PARA OUTRAS LEITURAS

O livro mais abrangente sobre paranoia possivelmente seja o *The Paranoia Process* (1978), de Meissner. Mas o capítulo de Shapiro (1965) sobre o estilo paranoide é o mais bem escrito, mais curto e mais vívido. Muitos escritos psicanalíticos recentes sobre paranoia se debruçaram sobre questões de justiça social ou sobre o fenômeno político, já que a paranoia é essencial ao processo por meio do qual grupos políticos adquirem coesão explorando medos de outros grupos. A revista *Psychoanalytic Review* dedicou uma interessante edição (2010, vol. 97 [2]) a esse assunto, na qual assino um artigo.

11
Personalidades maníacas e depressivas

Neste capítulo vou tratar de pessoas com padrões de caráter baseados em dinâmicas depressivas. Também analiso brevemente o funcionamento psicológico daquelas personalidades caracterizadas pela negação da depressão; isto é, daqueles que foram chamados de maníacos, hipomaníacos e ciclotímicos. Enquanto as pessoas do grupo de diagnosticados como hipomaníacos lidam com a vida por meio de estratégias antagônicas àquelas usadas de modo inconsciente por pessoas depressivas, os temas, as expectativas, os desejos, os medos, os conflitos e os construtos explanatórios inconscientes das pessoas depressivas e maníacas são semelhantes. Muitos indivíduos experimentam de forma alternada estados maníacos e depressivos da mente; aqueles em condições de nível psicótico eram normalmente descritos como tendo uma doença "maníaco-depressiva", um termo que sugeria desilusão e tendência suicida. Ainda assim, muitas pessoas que nunca se tornaram psicóticas ou suicidas passam por ciclos marcantes de mania e distimia. Atualmente, elas tendem a ser diagnosticadas como bipolares.

Indivíduos que são principalmente depressivos, os que são sobretudo maníacos e aqueles que pulam de um estado para o outro existem em todos os pontos de gravidade do *continuum*. Embora Kernberg (1975) considere o transtorno da personalidade hipomaníaca um definidor da condição *borderline* (porque reflete a defesa primitiva da negação), tal observação só se aplica a contextos nos quais o caráter da pessoa seja problemático o bastante para ser visto como um *transtorno* da personalidade, em vez de apenas um *tipo* de personalidade. Conheci pessoas com dinâmicas essencialmente hipomaníacas nas quais a negação existia junto a um senso muito integrado de identidade e a uma capacidade de observação do *self* afiada demais para que fossem consideradas *borderline*.

PERSONALIDADES DEPRESSIVAS

Um sério impedimento a nosso entendimento coletivo do funcionamento psicológico depressivo foi imposto quando os formuladores do DSM-III optaram por colocar todas as condições maníacas e depressivas sob o título de transtornos do humor (ver Frances e Cooper, 1981; Kernberg, 1984). Com essa decisão, privilegiaram os aspectos afetivos dos estados distímicos sobre os componentes imaginários, cognitivos, comportamentais e sensitivos que são igualmente importantes na fenomenologia da depressão. Também dispensaram o diagnóstico de transtorno da personalidade depressiva estabelecido há muito tempo e nos aconselharam a desviar a atenção dos processos internos que caracterizam as pessoas depressivas, mesmo quando não estão em um estado clinicamente depressivo. Recentemente me disseram que todos os membros do grupo de trabalho que chamou atenção para isso tinham alguma conexão com a indústria farmacêutica. Não acho que sejam pessoas corruptas, mas tais envolvimentos levam à questão da influência inconsciente sobre as decisões "científicas". Companhias farmacêuticas, em geral, preferem descrever os sofrimentos mentais em termos de transtornos diferenciados, em vez de padrões de personalidade duradouros que são notoriamente não responsivos a farmacologia.

Uma depressão clínica é bastante inequívoca. Muitos já tiveram a má sorte de ter sofrido de tristeza incessante, falta de energia, anedonia (incapacidade de se divertir com prazeres simples) e distúrbios vegetativos (problemas com a alimentação, com o sono e com o autocontrole) que caracterizam esse transtorno. Freud (1917a) foi o primeiro autor a comparar e contrastar condições depressivas ("melancólicas") em relação ao luto normal; ele observou que a diferença significativa entre os dois estados é o fato de, na aflição comum, o mundo externo ser experimentado como diminuído de alguma forma relevante (p. ex., a perda de uma pessoa valiosa), enquanto na depressão o que se sente perdido e danificado é uma parte do *self*. A aflição tende a vir em ondas; entre os episódios de dor aguda, quando a pessoa é relembrada de uma perda, ela pode funcionar quase normalmente, enquanto na depressão a dor é implacável e mortificante. O processo de luto termina em uma recuperação lenta do humor, enquanto a depressão pode continuar para sempre.

De certa forma, a depressão é o oposto do luto; pessoas nessa situação em geral não tendem a ficar depressivas, ainda que possam ficar terrivelmente tristes durante o período que segue uma perda ou uma privação. Os processos cognitivos, afetivos e imaginários tão impactantes em uma depressão clínica operam de modo sutil, crônico, organizacional e de perpetuação no *self* nas psiques daqueles de nós com personalidades depressivas (Laughlin, 1956, 1967). Dado o público-alvo deste livro, a expressão "aqueles de nós" pode ser adequada, já que aparentemente uma proporção substancial de psicoterapeutas tem caráter depressivo (Hyde, 2009). Nós criamos empatia diante da tristeza, entendemos as feridas da autoestima, procuramos proximidade e resistimos às derrotas e atribuímos nossos sucessos terapêuticos aos esforços de nossos pacientes e nossas falhas às nossas limitações pessoais.

Greenson (1967), ao comentar sobre a conexão entre a sensibilidade depressiva e as qualidades de terapeutas de sucesso, foi longe o bastante para argumentar que analistas que não sofrem de uma séria depressão podem estar comprometidos em seus trabalhos profissionais como curadores. Greenson pode ter se considerado, com razão, um exemplo de alguém na extremidade saudável do *continuum* depressivo, junto a figuras históricas mais visivelmente angustiadas, como Abraham Lincoln. Na extremidade mais problemática do espectro, encontramos os pacientes cujas mentes são mais propensas a alucinações e que mais se odeiam. Pacientes que, antes do descobrimento dos medicamentos antidepressivos, podiam usufruir anos de esforços de um terapeuta empenhado e mesmo assim continuar acreditando que a melhor maneira de salvar o mundo é destruindo o *self*.

Desde que escrevi a primeira edição deste livro, me aproximei mais da obra de Sidney Blatt (Blatt, 2004, 2008; Blatt e Bers, 1993) sobre subtipos no espectro depressivo. Resumindo brevemente, Blatt estudou as diferentes experiências internas e as diferentes necessidades terapêuticas de pessoas que formulavam seu estado depressivo como "Não sou bom o bastante, sou um erro, sou autoindulgente, sou mau" (a versão "introjetiva") *versus* aqueles cujo mundo subjetivo se parece com "Estou vazio, estou faminto, estou solitário, preciso de uma conexão" (a versão "anaclítica", do termo grego "apoiar-se"). Na edição de 1994, este capítulo assumiu uma versão mais introjetiva do funcionamento psicológico depressivo; acho que implicitamente descrevi a versão mais anaclítica como um tipo de transtorno, ou estilo, da personalidade dependente. Nessa reescrita, tentei abranger ambos os subtipos, em especial na seção sobre terapia.

Quando examinou aquelas polaridades além da esfera depressiva, Blatt (2008) as renomeou como propensões a autodefinição e ao si próprio na relação. Todos temos tanto necessidades de autodefinição quanto necessidades relacionais, e uma característica da saúde mental é, em geral, haver um equilíbrio entre as duas. Mas, assim como as pessoas de personalidade narcisista, apesar de desvalorizarem os outros ao mesmo tempo em que querem sua atenção e da inclinação tanto para o lado mais arrogante (a si próprio na relação) quanto para o mais empobrecido (autodefinição), as pessoas depressivas tendem a se inclinar mais para um lado do que para o outro. Membros do Personality Task Force para o *Psychodynamic Diagnostic Manual* (PDM Task Force, 2006) descobriram que, quando existe um conhecimento clínico de longa data sobre os subtipos de personalidade, esses subtipos se encaixam muito bem na polaridade de Blatt. Voltarei a diferenciá-los em capítulos posteriores.

Pulsão, afeto e temperamento na depressão

Que algumas pessoas têm uma vulnerabilidade inata para depressão já foi sugerido por muitos estudos de histórias de família, gêmeos e crianças adotadas (Rice et al., 1987; Wender et al., 1986). Depressão certamente é de família, embora ainda não seja possível avaliar com segurança até onde a transmissão de tendências depressivas é apenas genética e em que medida elas também podem ser atribuídas a atitudes de pais depressivos, que se comportam frustrando os filhos por meio de reações distímicas. Pesquisas com outros mamíferos identificaram padrões de reação a perda ou rejeição maternas precoces que parecem idênticos aos da depressão humana (Panksepp, 2001). O fato de um protótipo para perda e sua consequente experiência corporal, afetiva e cognitiva poder ser estabelecido nos primeiros dias de vida de uma pessoa, e o fato de que isso pode afetar de forma permanente o funcionamento cerebral e ser revivido por seus filhos (devido à forma como o cérebro dela foi estruturado), sugere que o que parece simplesmente genético eventualmente é muito mais complexo.

Freud (1917a) especulou e, depois, Abraham (1924) estudou a questão e afirmou que um importante precursor dos estados depressivos é a experiência de uma perda prematura. De acordo com a teoria clássica de que pessoas que tiveram suas necessidades exageradamente supridas ou negadas se tornam fixadas na fase infantil na qual isso ocorreu, os indivíduos depressivos foram a princípio compreendidos como crianças desmamadas muito cedo ou de forma muito repentina, ou que sofreram outro tipo de frustração infantil que sobrecarregou sua capacidade de adaptação (ver Fenichel, 1945). As características "orais" de pessoas com caráter depressivo influenciaram essa ideia; foi observado que indivíduos depressivos estavam, em geral, acima do peso, gostavam muito de comer, fumar, beber, falar, beijar e outras gratificações orais e que tinham uma tendência a descrever suas experiências emocionais com analogias sobre comida e fome. A ideia de que pessoas depressivas têm fixação oral não desapareceu por completo, provavelmente mais devido ao apelo intuitivo desse tipo de formulação do que a seu *status* teórico. Quando um de meus supervisores comentou que eu via todos como famintos, confrontando assim minha tendência a projetar todas as minhas questões depressivas em meus clientes, fui então capaz de começar a discriminar entre aqueles que precisam ser emocionalmente nutridos e aqueles que precisam ser questionados sobre por que nunca aprenderam a cozinhar.

Uma antiga maneira psicodinâmica de descrever o processo depressivo, e que foi bastante popularizada, ilustra a aplicação da teoria da pulsão a problemas clínicos específicos. Freud (1917a) notou que pessoas em estados depressivos direcionam os afetos negativos para longe dos outros e em direção ao próprio *self*, odiando a elas mesmas de forma desproporcional a suas respectivas deficiências. Em uma época na qual a motivação psicológica foi traduzida para libido e agressão, esse fenômeno foi descrito como "sadismo (agressão) contra o *self*" ou como "raiva voltada para dentro (agressão ao mundo interno)." Devido a tal promessa clínica, essa formulação foi abraçada com ferocidade pelos colegas de Freud, que começaram a tentar ajudar os pacientes a identificar coisas que os tinham enfurecido, a fim de que o processo patológico pudesse ser revertido. Coube a teóricos posteriores explicar por que uma pessoa teria aprendido a direcionar reações de raiva a si mesma e quais funções ela usou para manter esse padrão.

O modelo de agressão voltada para dentro (agressão ao mundo interno) é consistente em suas observações de que pessoas depressivas raras vezes sentem raiva espontânea ou sem conflitos por seu próprio comportamento. Em vez disso, sobretudo se suas versões de personalidade depressiva forem mais introjetivas, elas sentem culpa. Não a culpa negada e reinterpretada de forma defensiva da pessoa paranoide, mas um senso de culpabilidade penetrante, egossintônico e em parte consciente. O autor William Goldman certa vez brincou com um entrevistador: "Quando sou acusado de um crime que não cometi, me pergunto o motivo de tê-lo esquecido". Pessoas depressivas são agonizantemente conscientes de todos os pecados que cometeram, de todas as gentilezas que negaram, de todas as inclinações egoístas que passaram por sua cabeça.

Tristeza, o sentimento dominante em depressivos anaclíticos, é o outro afeto principal do funcionamento psicológico das pessoas depressivas. A injustiça e o mal as afligem, mas é raro produzirem nelas a raiva indignada dos paranoides, a moralização do obsessivo, a anulação do compulsivo ou a ansiedade da pessoa histérica. O sofrimento de uma pessoa clinicamente deprimida é tão palpável e aprisionante que, na mentalidade popular, – e de modo evidente agora também na mentalidade profissional, –, os termos "tristeza" e "depressão" quase se tornaram sinônimos (Horowitz e Wakefield, 2007). Em vista de muitas pessoas que não apresentam sintomas distímicos terem personalidades depressivas, e visto que a dor e a depressão são em pelo menos um aspecto condições mutuamente excludentes, essa equação é um equívoco, já que mesmo uma pessoa psicologicamente forte e espirituosa com um caráter depressivo irá transmitir a um ouvinte perspicaz alguma dica sobre sua melancolia interna.

A brilhante descrição de Monica McGoldrick (2005) sobre os irlandeses, um povo famoso por ter uma canção no coração e uma lágrima no canto do olho, captura o ambiente de toda uma subcultura étnica com uma alma depressiva. A não ser que sejam tão problemáticas a ponto de não funcionarem na normalidade, a maioria das pessoas depressivas é fácil de se gostar e admirar. Uma vez que direcionam o ódio e a crítica para dentro e não para fora, elas costumam ser generosas, sensíveis e sentirem compaixão diante de falhas. E por oferecerem o benefício da dúvida e lutarem para manter relacionamentos a todo custo, essas pessoas são apreciadoras naturais da terapia. Em uma seção posterior, proponho como evitar que essas qualidades atraentes causem danos ao processo terapêutico.

Processos defensivos e adaptativos na depressão

Não é de surpreender que a defesa mais poderosa e organizada usada pelas pessoas introjetivamente depressivas seja a introjeção. De uma perspectiva clínica, essa é a operação mais importante a ser compreendida, a fim de reduzir o sofrimento e modificar suas tendências depressivas. À medida que a teoria clínica psicanalítica foi se desenvolvendo, conceitos enérgicos mais simples (agressão para dentro *vs* agressão para fora) renderam reflexões sobre os processos de internalização que Freud começou a descrever em *Luto e melancolia* (1917a) e que Abraham indicou como a "identificação da pessoa depressiva com o objeto amado perdido". Quando os analistas começaram a enfatizar a importância dos processos de incorporação na patologia depressiva (Bibring, 1953; Blatt, 1974; Jacobson, 1971; Klein, 1940; Rado, 1928), contribuíram muito para o desenvolvimento do nosso poder terapêutico diante da angústia depressiva.

Ao trabalhar com pacientes introjetivamente depressivos, o terapeuta quase consegue ouvir os objetos internalizados falando. Quando um cliente diz algo como "Deve ser porque sou egoísta", o terapeuta pode perguntar "Quem está dizendo isso?" e obter como resposta "Minha mãe" (ou pai, ou avô, ou um irmão mais velho, ou seja quem for o crítico introjetado). Com frequência o terapeuta sente que está falando com um fantasma, e é como se a terapia, para ser eficaz, tivesse de incluir um exorcismo. Conforme esse exemplo mostra, o tipo de introjeção que caracteriza as pessoas depressivas é a internalização inconsciente das qualidades mais odiáveis de um antigo objeto de amor. Os atributos positivos dessa pessoa são em geral lembrados de forma generosa, enquanto os negativos são sentidos como parte do *self* (Klein, 1940).

Como ressaltei no Capítulo 2, o objeto internalizado não é necessariamente uma pessoa que tenha sido de fato hostil, crítica ou negligente em relação ao paciente (embora esse seja com frequência o caso, e isso dificulta a terapia mediante desafios adicionais). Ele pode ter experimentado o objeto dessa forma e internalizado tais imagens. Um jovem garoto que se sente desprezado por um pai que o ama profundamente – talvez de repente ele tenha que fazer jornada dupla para pagar as contas, ou tenha sido enviado para uma zona de guerra, ou hospitalizado devido a uma séria doença – sentirá hostilidade em relação ao abandono, mas também ansiará pelo pai, e fará muita autocensura por não tê-lo amado o bastante enquanto estava por perto. Crianças projetam suas reações nos objetos de amor que as abandonam, imaginando que eles foram embora se sentindo bravos ou magoados. Logo, tais imagens da pessoa que as abandonou, de malevolência e injustiça, por serem muito dolorosas de enfrentar, são redirecionadas para fora da consciência e sentidas como a parte má do *self*.

Uma criança, então, pode emergir de experiências de perdas traumáticas ou prematuras com uma idealização do objeto perdido e um redirecionamento de todos os afetos negativos para seu próprio senso de *self*. Tais bem conhecidas dinâmicas depressivas criam um sentimento persistente de que o indivíduo é mau, afastou uma pessoa necessária e benevolente e precisa se esforçar muito para evitar que sua maldade provoque futuros abandonos. O leitor pode notar que essa formulação não é muito diferente do antigo modelo de agressão contra o mundo interno; de fato, isso aponta para o motivo pelo qual alguém poderia cair no hábito de lidar com sentimentos hostis precisamente dessa forma. Se uma pessoa entender, em relação a uma separação dolorosa, que foi sua própria maldade que levou os objetos amados para longe, pode tentar com muito afinco não sentir nada que não seja positivo por aqueles a quem ama. A resistência das pessoas depressivas em reconhecer hostilidade e criticismo natural e comum é compreensível nesse contexto, como o é o frustrante e muito aclamado fenômeno da pessoa que fica com um parceiro abusivo, acreditando que, se apenas ela melhorar o bastante, os maus-tratos do parceiro terão um fim.

Voltar-se contra o *self* (A. Freud, 1936; Laughlin, 1967), um mecanismo de defesa relacionado a indivíduos depressivos, é um resultado menos arcaico dessa dinâmica. A introjeção como conceito abarca a experiência mais ampla de se sentir incompleto sem o objeto e de tomar esse objeto para seu senso de *self* a fim de se sentir completo, mesmo que isso signifique tomar para sua representação de *self* o sentimento de maldade resultante de experiências dolorosas com o objeto. Voltar-se contra o *self* gera uma redução na ansiedade, especialmente na de separação (se acreditar que é sua própria raiva e sua própria crítica que geram abandono, se a pessoa se sentirá mais segura direcionando isso contra o *self*), e também manterá um sentimento de poder (se a maldade está em mim, posso mudar essa situação perturbadora).

As crianças são existencialmente dependentes. Se aqueles dos quais dependem não forem confiáveis ou tiverem más intenções, a opção delas será ou aceitar essa realidade ou negá-la. Se aceitarem tal situação, é possível que generalizem e pensem que a vida é vazia, sem sentido e sem remédio e fiquem então com um sentimento crônico de incompletude, vazio, ânsia, futilidade e desespero existencial. Essa é a versão anaclítica do sofrimento depressivo. Se, em vez disso, elas negarem que aqueles dos quais devem depender não são dignos de confiança (porque não podem suportar viver com medo), as crianças podem chegar à conclusão de que a fonte de seu sofrimento reside em seu interior, preservando assim a esperança de que, se melhorarem, poderão alterar as circunstâncias. Se apenas elas se tornarem boas o bastante, se puderem superar a pessoa egoísta e destrutiva que acham que são, a vida ficará melhor (Fairbairn, 1943). Essa é a dinâmica introjetiva. A experiência clínica confirma que os humanos têm mais propensão a preferir a culpa mais irracional a um reconhecimento da impotência. Essa pessoa depressiva introjetiva sente-se má, porém poderosa em sua maldade, enquanto a anacliticamente depressiva se sente vitimizada, fraca e passiva.

A idealização é outra defesa importante observada em pacientes depressivos. Visto que sua autoestima foi prejudicada pelos efeitos das experiências (ou por terem se sentido cronicamente vazios, ou por terem se sentido secretamente muito maus), a admiração com a qual percebem os outros é grande na mesma proporção. Ciclos perpetuados no *self* de considerar os outros de forma exagerada, o sentimento de diminuição perante isso, a consequente busca por objetos idealizados para compensar a diminuição, o sentimento de inferioridade diante desses objetos (e por aí vai) são comportamentos emocionais típicos das pessoas depressivas. Tal idealização difere daquela das pessoas narcisistas, já que os depressivos lidam com preocupações morais e não com *status* e poder.

Padrões relacionais no funcionamento psicológico depressivo

A seção anterior, sobre os processos do ego, sugere alguns temas importantes quanto às relações de objeto de pacientes depressivos. Em primeiro lugar, existe o papel da perda precoce e/ou repetida. As marcantes correspondências afetivas entre depressão e luto têm motivado teóricos (desde, pelo menos, a época de Freud) a procurarem as origens das dinâmicas distímicas em experiências dolorosas e prematuras de separação de um objeto amado. E essas experiências são em geral fáceis de ser encontradas nas histórias de clientes depressivos. A perda precoce nem sempre é concreta, observável e empiricamente verificável (p. ex., morte de um parente); ela pode ser mais interna e psicológica, como no caso da criança que se rende à pressão para renunciar a comportamentos dependentes antes de estar emocionalmente pronta para tal.

Erna Furman (1982), em seu enganosamente modesto artigo "Mothers Have to Be There to Be Left" ("As mães têm de estar presentes para serem deixadas"), explora esse segundo tipo de perda. Com uma crítica respeitosa, porém incisiva, das ideias clássicas sobre a responsabilidade da mãe de desmamar as crianças quando elas estão prontas para aceitar a perda de um objeto gratificante necessário, Furman ressaltou que, a não ser que sejam apressadas, as crianças se desmamam sozinhas. O esforço pela independência é tão primário e poderoso quanto o desejo por dependência; a separação é naturalmente procurada por crianças confiantes na disponibilidade da mãe, caso queiram regredir ou "se abastecer" (Mahler, 1972a, 1972b). A reformulação de Furman a respeito do processo de separação, chamando atenção para o movimento natural da criança em relação ao progresso, desafia uma noção ocidental persistente (refletida no pensamento psicanalítico antigo e em muitos livros populares sobre a criação de crianças) de que os pais devem nomear as frustrações porque, abandonadas às próprias reflexões, as crianças irão preferir satisfações regressivas.

De acordo com Furman (1982), em geral é a mãe, e não o bebê, que sente profundamente a perda de uma satisfação gratificante instintiva ao desmamar – e, por analogia, em outras épocas de separação. Ao mesmo tempo em que sente prazer e orgulho por seu bebê estar ganhando autonomia, a mãe também passa por crises de luto. Crianças normais apreciam essas crises; elas esperam que os pais compartilhem uma lágrima no primeiro dia de escola, no primeiro baile, na formatura. Furman acreditava que o processo de separação/individuação só acontece em uma dinâmica depressiva quando a dor da mãe em relação ao crescimento da criança é tão grande que ela ou se apega à culpa ou induz uma culpa na criança ("Vou ficar tão sozinha sem você") ou empurra a criança para longe defensivamente ("Por que você não pode brincar sozinho[a]?!"). Crianças na primeira situação são abandonadas ao sentimento de que os desejos normais de serem agressivas e independentes machucam os outros; no segundo caso, aprendem a odiar suas necessidades dependentes. De qualquer forma, uma parte importante do *self* é experienciada como má.

Não apenas perda precoce, mas também condições que tornam difícil para a criança entender realisticamente o que acontece e enfrentar o luto de modo normal, podem engendrar tendências depressivas. Tal condição diz respeito ao desenvolvimento. Crianças de 2 anos são ainda muito jovens para refletir com abrangência sobre o fato de as pessoas morrerem e sobre os motivos pelos quais elas morrem, e são incapazes de apreciar motivos interpessoais complexos como "Papai te ama, mas ele está indo embora porque ele e a mamãe não se dão bem". O mundo, aos 2 anos, ainda é mágico e categórico. De acordo com suas concepções das coisas divididas entre simplesmente boas ou simplesmente más, a criança que está aprendendo a andar e cujo pai de repente desaparece pode criar conceitos sobre a maldade impossíveis de contra-atacar, mesmo com comentários educativos razoáveis. Uma perda importante na fase de separação/individuação é quase garantia de algumas dinâmicas depressivas.

Outras circunstâncias incluem a negligência de membros da família diante das necessidades da criança e sua ignorância a respeito do quanto uma criança precisa de explicações que contra-ataquem suas interpretações moralistas e autorreferenciais. A longa pesquisa de Judith Wallerstein sobre os resultados do divórcio (Wallerstein e Blakeslee, 1989; Wallerstein e Lewis, 2004) demonstrou que junto ao não abandono do pai que fica sem a guarda, o melhor preditor de uma adaptação não depressiva ao divórcio dos pais é a criança ter obtido, na idade apropriada, um explicação precisa do que deu errado no casamento.

Outra situação que estimula tendências depressivas é uma atmosfera familiar que desestimule o luto. Quando pais e outros cuidadores modelam a negação do luto ou insistem (p. ex., depois de um divórcio acrimonioso) para que a criança participe do mito familiar de que todos estão melhor sem o objeto perdido, ou precisam que a criança lhes garanta que não está sofrendo, o luto pode ser subjugado e talvez tome a forma de uma crença de que há algo errado com o *self*. Às vezes, as crianças sentem pressões intensas e não verbalizadas (de um pai emocionalmente sobrecarregado) para que protejam o adulto de ainda mais tristeza, como se reconhecer o sofrimento equivalesse a desmoronar. A criança naturalmente conclui que o luto é perigoso e que as necessidades de conforto são destrutivas.

Às vezes, a moralidade prevalente em um sistema familiar é a de que o luto, e outras formas de cuidados e confortos em relação ao *self* são "egoístas", "autoindulgentes", ou "apenas pena de si mesmo", como se tal espécie de atitude fosse evidentemente desprezível. Induções de culpa desse tipo, e outros conselhos similares para que uma criança arrasada pare de sofrer e supere o luto, inculcam tanto uma necessidade de esconder todos os aspectos vulneráveis do *self* quanto um eventual ódio de tais aspectos em alguém (devido à identificação com o responsável que tem a guarda). Muitos de meus clientes depressivos foram insultados quando não puderam controlar suas reações regressivas naturais diante de dificuldades familiares; já adultos, abusavam psicologicamente de si mesmos de modo semelhante toda vez que se frustravam.

A combinação de abandono emocional ou real com excesso de críticas de um dos genitores tem muitas chances de criar uma dinâmica depressiva. Uma paciente a quem tratei, cuja mãe morrera de câncer quando ela tinha 11 anos, ficou aos cuidados de um pai que reclamava constantemente de que a infelicidade dela estava piorando a úlcera dele e, dessa forma, acelerando-lhe a morte. Outro cliente foi chamado de bebê chorão pela mãe quando, aos 4 anos, estava chorando porque havia sido mandado para um acampamento no qual passaria várias noites fora de casa. Um homem depressivo com o qual trabalhei, cuja mãe era bastante depressiva e esteve emocionalmente indisponível em seus primeiros anos de vida, ouviu que era egoísta e insensível por desejar seu tempo, e que deveria estar agradecido por ela não mandá-lo para um orfanato. Em tais contextos é fácil observar que reações de raiva direcionadas ao abuso emocional dos pais devem ter sido sentidas como perigosas demais para a criança, que antes disso já sentia medo da rejeição.

Alguns pacientes depressivos com os quais trabalhei pareciam ter sido a pessoa mais emocionalmente astuta de sua família de origem. Suas reações a situações frustrantes com as quais os outros familiares lidavam por meio da negação fizeram com que fossem chamados de "hipersensíveis" ou "super-reativos", rótulos que continuaram levando consigo internamente conectados com seu sentimento geral de inferioridade. Alice Miller (1975) descreveu como as famílias podem explorar de forma inadvertida o talento emocional de uma criança e como isso pode resultar no sentimento de que ela só tem valor em uma determinada função familiar. Se a criança é também desprezada e patologizada por possuir talentos emocionais, a dinâmica depressiva será ainda mais forte do que se ela for simplesmente usada como um tipo de terapeuta familiar.

Por fim, um fator causal poderoso da dinâmica depressiva é a depressão grave de um dos genitores, sobretudo durante os primeiros anos da criança. Uma mãe muito depressiva sem alguém para ajudá-la proporcionará ao bebê apenas um cuidado limitado, não importa o quão sinceramente ela deseje ajudá-lo a começar a vida da melhor maneira possível. Quanto mais aprendemos sobre crianças, mais sabemos sobre o quanto suas primeiras experiências são importantes para estabelecer as expectativas e as atitudes básicas de suas personalidades (Beebe et al., 2010; Cassidy e Shaver, 2010; M. Lewis e Haviland-Jones, 2004; D. N. Stern, 2000). As crianças ficam muito aborrecidas com a depressão de um dos genitores; sentem-se culpadas por terem demandas normais e costumam pensar que suas necessidades cansam as outras pessoas. Em geral, quanto mais cedo ocorre a dependência delas de alguém que seja profundamente depressivo, maior é a consequente privação emocional.

Inúmeros padrões diferentes podem levar a uma adaptação depressiva. Tanto as famílias raivosas quanto as amorosas podem semear dinâmicas depressivas por meio de infinitas combinações de perda e processamento psicológico insuficiente dessa perda. Em uma sociedade em que os adultos falham, não conseguem dispor de tempo para escutar com sensibilidade as preocupações de suas crianças, as pessoas mudam de residência a todo momento, rompimentos familiares são comuns e emoções dolorosas podem ser ignoradas porque medicamentos irão compensá-las, não é surpreendente que índices de depressão e suicídio juvenil tenham subido aos céus; compulsões contradefensivas, como abuso de drogas prescritas, obesidade e jogatina não parem de emergir; exista uma explosão de movimentos populares nos quais a "criança perdida" ou a "criança interna" é redescoberta e grupos de autoajuda que reduzem sentimentos de falha e isolamento estejam sendo tão procurados. Os seres humanos parecem não ter sido desenvolvidos para lidar com o grau de instabilidade nos relacionamentos gerado pela vida contemporânea.

O *self* depressivo

Pessoas com funcionamento psicológico depressivo introjetivo acreditam que no fundo são más. Elas lamentam a própria cobiça, o próprio egoísmo, a própria vaidade, o próprio orgulho, a própria raiva, a própria inveja, o próprio prazer. Consideram todos esses aspectos normais da experiência perversos e perigosos. Preocupam-se em estar sendo inerentemente destrutivas. Tais ansiedades podem assumir um tom mais ou menos oral ("Tenho medo que minha fome destrua os outros") ou um tom de nível anal ("Minha provocação e meu sadismo são perigosos") ou uma dimensão mais edipiana ("Meus desejos de competir e de receber amor são malignos").

Indivíduos depressivos experimentaram as perdas acreditando que foi algo neles que levou o objeto embora. O fato de terem sido rejeitados foi convertido para a convicção inconsciente de que mereceram a rejeição, que suas falhas a provocaram e que uma futura rejeição é inevitável se alguém as conhecer intimamente. Eles tentam "ser bons" com muito afinco, mas têm medo de ser expostos como pecadores e descartados como objetos sem valor. Uma de minhas pacientes estava convencida de que eu recusaria vê-la de novo caso soubesse que tinha desejos infantis de matar a irmã mais nova. Ela sabia, assim como muitos clientes sofisticados de psicoterapia hoje sabem em um nível consciente, que tais desejos eram esperados no funcionamento psicológico de uma criança deslocada, mesmo que em uma experiência mais profunda ainda estivesse esperando condenação.

A culpa da pessoa introjetivamente depressiva é às vezes incomensurável. Um pouco de culpa faz parte da condição humana e é apropriado às nossas naturezas complexas e não inteiramente benignas, mas a culpa depressiva tem certa presunção magnificente. Em alguém com uma depressão psicótica, isso pode surgir como a convicção de que algum desastre foi causado por sua pecaminosidade. Departamentos de polícias costumam receber telefonemas de pessoas depressivas alegando serem responsáveis por crimes amplamente divulgados que não poderiam ter cometido. No entanto, mesmo adultos expansivos e de alta funcionalidade com uma estrutura de caráter depressiva apresentam esse tipo de ideias na psicoterapia. "Coisas ruins acontecem comigo porque eu mereço" pode ser um sólido tema subjacente. Clientes depressivos introjetivos podem ainda ter um tipo paradoxal de autoestima baseado na ideia grandiosa de que "Ninguém é pior do que eu".

Devido à prontidão para acreditar no pior de si mesmos, eles podem ser muito à flor da pele. Uma crítica pode devastá-los. Em qualquer mensagem que inclua menção a alguma de suas deficiências, tendem a prestar atenção apenas a essa parte da comunicação. Quando o objetivo da crítica é construtivo, como em uma avaliação profissional, podem se sentir tão expostos e machucados que não escutam ou minimizam qualquer faceta complementar do relato. Quando são objetos de ataques genuinamente maldosos, as pessoas depressivas são incapazes de concluir que ninguém merece ser tratado de forma abusiva, não importa o quão legítimas sejam as queixas da outra pessoa.

Pessoas introjetivamente depressivas com frequência lidam com sua dinâmica inconsciente ajudando os outros por meio de atividade filantrópica ou contribuições ao progresso social a fim de contra-atacar sua culpa. Uma das grandes ironias da vida é que as pessoas de fato mais benevolentes são as que parecem mais vulneráveis a sentimentos de inferioridade moral. Muitos indivíduos com personalidade depressiva são capazes de manter um estável senso de autoestima e de evitar episódios depressivos praticando o bem. Em minhas pesquisas sobre altruísmo caracterológico (McWilliams, 1984), descobri que os únicos momentos em que meus objetos de estudo mais caridosos se sentiam depressivos eram as circunstâncias nas quais lhes foi temporariamente impossível a prática de suas atividades humanitárias.

Como já ressaltei, psicoterapeutas costumam ter uma dinâmica introjetiva significativa. Eles procuram oportunidades de ajudar os outros de modo que suas ansiedades inconscientes sobre a própria destrutividade sejam colocadas de lado. Tendo em vista que é difícil ajudar psicologicamente as pessoas, pelo menos na velocidade que gostaríamos, e que não podemos evitar infligir uma dor temporária nos pacientes a fim de que cresçam ou quando simplesmente cometemos um erro, sentimentos de responsabilidade exagerada e autocrítica desproporcional são comuns em terapeutas iniciantes. Supervisores podem confirmar com que frequência tal dinâmica atravessa o caminho do aprendizado profissional de seus estagiários. Uma de minhas pacientes depressivas, uma terapeuta, respondia a todos os reveses com seus clientes, em especial quando lhes provocavam sentimentos negativos, com uma busca por sua parte no problema – a tal ponto que ignorava oportunidades de aprender sobre as vicissitudes comuns do trabalho com um tipo específico de paciente. O fato de a terapia ser um processo entre duas pessoas, no qual a intersubjetividade é uma certeza, foi convertido por ela em uma questão de autopurificação e em um terror de ser basicamente despreparada para ajudar pessoas.

Acredito que o treinamento para ser terapeuta tenda a gerar depressão mesmo se a pessoa carecer da poderosa dinâmica introjetiva e anaclítica. No programa em que dou aula, percebi que a maioria dos estudantes passa por um período de depressão mais ou menos no segundo ano. O treinamento de graduação pode ser um terreno fértil para reações distímicas, já que a pessoa tem de lidar com a pior face tanto do papel adulto quando do papel infantil (espera-se que o estudante seja responsável, autônomo e original, mas ele não tem esse poder; ele depende dos mais "antigos" no campo, ainda sem contar com o conforto e a proteção de um acompanhamento). Além disso, a formação em terapia confronta as pessoas com o fato de que aprender um ofício é muito diferente de dominar seu conteúdo. Estudantes que, quando chegaram ao nosso programa, eram estrelas em suas atividades anteriores, consideraram emocionalmente chocante a transição para a autoexposição e para o retorno crítico de seu trabalho.

Até agora, tratei mais do *self* introjetivamente depressivo. Indivíduos anacliticamente depressivos se experienciam como possuidores de crônica inadequação e ansiedade, destinados a uma vida de frustração. Estão mais propícios a se sentirem envergonhados (porque ninguém os quer) do que a reagir com culpa por receber um amor que não merecem. Podem encarar a própria ânsia por proximidade sem odiar o *self*, mas ainda assim a veem como fútil. Podem tentar convencer o terapeuta a compartilhar sua visão de que "a vida te enche o saco e depois você morre", porque não há nada melhor do que isso no futuro deles e sentiriam uma inveja insuportável se pudessem imaginar outras possibilidades. Uma de minhas pacientes disse que não suportava minha tendência a enquadrar as questões como problemas a serem resolvidos; o mais próximo que ela havia chegado em sua história de se sentir conectada com amigos e parentes havia sido por meio de relações do tipo "a tristeza adora companhia", ou seja, compartilhando com essas pessoas as reclamações sobre como o destino as tratou mal. Qualquer esforço para mudar o que lhes foi destinado ameaçaria a doçura da lamentação mútua.

As mulheres parecem correr mais riscos de arranjar soluções depressivas para problemas emocionais do que os homens. Nos anos 1970 e 1980, as teóricas feministas (p. ex., Chodorow, 1978, 1989; Gilligan, 1982; J. B. Miller, 1984; Surrey, 1985) atribuíram o fenômeno ao fato de as primeiras cuidadoras serem mulheres na maioria das famílias. Os meninos consequentemente adquirem um senso de identidade de gênero que lhes transmite que são diferentes da mãe, e as meninas obtêm esse senso por meio da identificação com a mãe. Um resultado de tal desequilíbrio na relação primária com os pais é que os homens usam menos a introjeção, já que sua masculinidade é confirmada mais pela separação do que pela fusão, e as mulheres a usam mais porque seu senso de feminilidade vem da conexão. Quando se sentem internamente vazios, os homens têm mais tendência a usar a negação e a se comportarem de modo contradependente do que experimentarem-se anacliticamente como necessários e importantes.

Transferência e contratransferência com pacientes depressivos

Clientes depressivos são em geral fáceis de amar. Eles se apegam rápido, demonstram benevolência em relação às metas do terapeuta (mesmo temendo a crítica), são movidos por reações de empatia, se esforçam muito para serem "bons" no papel de paciente e apreciam iscas de *insight* como se fossem pedaços de comida para alimentar a sustentação da vida. Tendem a idealizar o terapeuta (como moralmente bom – em contraste com a maldade subjetiva deles – ou como alguém que preenche seu vazio interno), mas não do modo emocionalmente desconecto típico de pacientes estruturados de forma mais narcisista. Pessoas muito depressivas respeitam muito o *status* do terapeuta como um ser humano real e separado e se esforçam para não serem opressivas.

Ao mesmo tempo, pessoas introjetivamente depressivas projetam suas críticas internas no terapeuta; vozes que foram conceitualizadas na literatura psicanalítica como um superego rígido, sádico ou primitivo (Abraham, 1924; Freud, 1917a; Klein, 1940; Rado, 1928; Schneider, 1950). Pode ser chocante ver esse tipo de paciente sofrendo miserável antecipação da desaprovação ao confessar um simples pensamento pecaminoso. Clientes depressivos estão sujeitos à crônica crença de que a preocupação e o respeito do terapeuta irão sumir se ele *realmente* os conhecer. Tal crença pode persistir por meses ou anos, mesmo quando já aprenderam a afastar os pensamentos negativos de si mesmos e a encontrar uma aceitação firme.

Indivíduos anacliticamente depressivos são mais propensos a se sentirem confortáveis no início do tratamento. Blatt (2004) descobriu que o prazer de contar com a calorosidade e com a atenção livre de críticas tem efeitos positivos imediatos, incluindo a redução dos sentimentos depressivos. Isso é fácil de intuir: se minha experiência interna da depressão for que estou desesperado por um apego caloroso, e eu conseguir isso com o terapeuta, posso me sentir logo bem. Pessoas anacliticamente depressivas são mais suscetíveis ao desenvolvimento de uma idealização benigna e a assumir que o terapeuta está tomando conta delas. As dificuldades na transferência e na contratransferência não tendem a aparecer até que o terapeuta comece a confrontar o cliente para que efetue mudanças no mundo real.

À medida que progridem na terapia, os pacientes introjetivamente depressivos passam a projetar menos suas atitudes hostis e a experienciá-las mais como raiva e crítica direcionadas ao terapeuta. Nesse ponto do tratamento, sua negatividade pode tomar a forma de comentários de que não esperam mesmo ser ajudados ou de que nada que o terapeuta está fazendo produz alguma diferença. É importante tolerar essa fase sem levar as críticas para o lado pessoal e consolá-los transmitindo que, nesse processo, estão emergindo de todo um peso de reclamações autodirigidas que os estavam tornando infelizes. À medida que fazem progressos, clientes orientados anacliticamente tendem a se tornar também críticos, porque precisam confrontar o doloroso fato de que mesmo agora que, estabeleceram uma conexão calorosa, existem coisas nas quais ainda precisam trabalhar. Notei que, quanto mais suas reclamações eram bem recebidas, mais propensos eles eram a assumir novas posições comportamentais fora do consultório.

A psicofarmacologia de última geração agora nos permite trabalhar com pessoas depressivas de todos os níveis de perturbação e analisar dinâmicas depressivas mesmo em clientes psicóticos. Antes do descobrimento das propriedades antidepressivas do lítio e de outros químicos, muitos pacientes de estrutura *borderline* e psicótica estavam tão firmemente convictos de sua maldade, tão certos do inevitável ódio do terapeuta por eles ou tão desesperados por devoção real que não podiam tolerar o pânico do apego. Às vezes, cometiam suicídio depois de anos de tratamento porque não podiam suportar começar a sentir esperança e, assim, arriscar outra decepção devastadora.

Clientes introjetivos mais saudáveis tendem a ser mais fáceis de lidar porque sua convicção sobre as próprias falhas básicas são quase sempre inconscientes e estranhas ao ego quando trazidas à consciência. Pessoas mais problemáticas podem precisar de medicação para reduzir a intensidade de suas convicções e sentimentos depressivos. Os estados desumanos de autoaversão implacáveis e sem motivos aparentes, pelos quais as pessoas depressivas psicóticas e *borderline* podem ser possuídas, não são frequentes em pacientes medicados. É como se suas dinâmicas positivas estivessem se tornando quimicamente egodistônicas. As sombras do ódio por si mesmos que permanecem depois de eles estarem estabilizados por uma medicação apropriada podem então ser analisadas da mesma forma que as introjeções patológicas são analisadas em pessoas depressivas de nível neurótico.

Clientes anaclíticos mais saudáveis são também fáceis de trabalhar, embora sua passividade subjacente possa soar às vezes irritante. Em níveis *borderline* e psicótico, podem ser muito difíceis, já que a ideia de que o terapeuta deve consertar as coisas para eles pode ser profundamente egossintônica, e a experiência de serem medicados reforça a ideia de que a ajuda precisa vir de fora porque seus recursos internos são completamente inadequados.

A contratransferência com indivíduos depressivos percorre a escala que vai da afeição benigna às fantasias de resgate onipotentes, dependendo da gravidade das questões depressivas. Tais reações constituem uma contratransferência complementar (Racker, 1968); a fantasia terapêutica é de que se pode ser Deus, ou a "A boa mãe", ou o pai/mãe receptivo e sensível que o cliente nunca teve. Tais desejos podem ser compreendidos como uma reação à crença inconsciente do paciente de que a cura para a dinâmica depressiva é um amor incondicional e um total entendimento.

(Existe muita verdade nessa ideia, mas farei apenas uma breve abordagem dela, de forma perigosamente incompleta.)

Existe também uma contratransferência concordante familiar aos terapeutas de pacientes depressivos: o sentimento de ser incompetente, desajeitado, prejudicial, nunca "bom o bastante" (os elementos introjetivos) ou desamparado, incompetente, desmoralizado e fútil (os elementos anaclíticos). Atitudes depressivas são contagiantes. Percebi isso pela primeira vez quando estava trabalhando em um centro de saúde mental e (ingenuamente) programada para receber uma série de clientes com grave depressão em sequência. Quando entrei cambaleando pela porta da sala de café, depois da quarta sessão, as secretárias clínicas me ofereceram uma canja de galinha e um ombro para chorar. É muito fácil concluir, durante o trabalho com pessoas depressivas, que se é apenas um terapeuta inadequado. Esses sentimentos podem ser reduzidos se o terapeuta tiver a sorte de contar com ricas fontes de gratificação emocional na vida particular (ver Fromm-Reichmann, 1950; McWilliams, 2004). Eles também tendem a diminuir durante o curso da vida profissional, à medida que fica evidente a possibilidade de se ter sucesso ajudando mesmo os pacientes depressivos mais implacáveis.

Implicações terapêuticas do diagnóstico de personalidade depressiva

A condição mais importante da terapia com uma pessoa depressiva ou organizada depressivamente é uma atmosfera de aceitação, respeito e esforços compassivos de entendimento. A maioria dos escritos sobre terapia – expressem eles uma postura humanística geral, uma orientação psicodinâmica ou uma preferência cognitivo-comportamental – enfatizam um estilo de relação que é adaptável em particular ao tratamento de clientes depressivos. Embora um princípio básico deste livro seja o de que tal atitude genérica é insuficiente na tarefa terapêutica com alguns grupos de diagnóstico (p. ex., psicopatas e paranoides), quero ressaltar o quanto ajuda pessoas depressivas. Como têm um radar para a mais sutil verificação de seus medos de crítica e/ou rejeição, um terapeuta trabalhando com elas precisa passar por um processo dolorido para se tornar desprovido de juízos de valor e constante no aspecto emocional.

Com clientes introjetivamente depressivos, analisar presunções subliminares sobre a inevitável rejeição (incluindo a compreensão dos esforços para neutralizar a tentativa de "ser bom" como forma de impedir esse processo) constitui grande parte do trabalho. Blatt e Zuroff (2005) concluíram, ao analisar informações coletadas para um ambicioso estudo do National Institute of Mental Health (NIMH) sobre depressão maior, que melhoras dos pacientes introjetivos estavam centralmente relacionadas com a análise do terapeuta das presumidas crenças internas sobre maldade e o papel delas em qualquer perda que tenham sofrido. Se o clínico abordasse a questão de uma perspectiva cognitiva (como no foco de Beck [p. ex., 1995] em "cognições irracionais") ou psicodinâmica (como na ênfase do domínio do controle "crenças patogênicas"), a questão mais importante seria expor e desafiar os pensamentos implícitos da pessoa.

Para os pacientes introjetivos altamente funcionais, o famoso divã analítico é útil porque coloca tais assuntos rapidamente em foco. Uma mulher da qual tratei (que não tinha sintomas depressivos exagerados, mas cujo caráter era organizado de maneira depressiva) era especialista em ler minhas expressões faciais. Quando trabalhávamos cara a cara, ela tinha suas expectativas (de que eu era crítica e iria rejeitá-la) tão rapidamente frustradas que nem chegava a ter consciência de tais apreensões. E nem eu; ela tinha tanta habilidade nesse monitoramento que minha costumeira atenção em procurar o olhar da pessoa nem sequer era despertada. Quando sua decisão de usar o divã a privou do contato olho no olho, ela ficou surpresa em se encontrar de repente hesitante quanto a falar sobre certos assuntos devido a sua convicção de que eu a desaprovaria. Quando o divã não é uma opção, há maneiras de sentar e falar que minimizam oportunidades de procura visual, para que os clientes possam ter noção do quão crônica e automática é sua vigilância.

No caso de pacientes anaclíticos, Blatt e Zuroff (2005) descobriram que eles progridem melhor e mais rápido na terapia de forma quase indiferente ao que tenham falado com seus terapeutas. Não é de surpreender (dado que sua experiência de depressão é centrada na necessidade de apego) que, assim que se sintam seguros e conectados com uma pessoa atenciosa, seus sintomas diminuam. A má notícia quanto a esse grupo é que, quando a terapia bastante breve coberta pelo estudo do NIMH acabou, eles se tornaram sintomáticos de novo. Essa descoberta sugere que a terapia com clientes anacliticamente depressivos pode ter de ocorrer a longo prazo ou, pelo menos, com um final em aberto a fim de evitar a recriação da situação à qual se apegaram e que depois perderam de forma prematura, sob circunstâncias além de seu controle. Leva tempo para que a presença do terapeuta seja internalizada como uma voz positivamente confiável.

Uma vez que as terapias curtas são em geral apresentadas pelos planos de saúde ou pelos clínicos como o melhor tratamento, pacientes cuja única opção foi essa podem concluir que estão mais doentes do que pensavam. A suposição de que "isso obviamente funciona para outros pacientes, mas não para um caso sem solução como eu" irá minar a autoestima, mesmo que a terapia melhore por algum tempo o humor da pessoa. No trabalho com clientes depressivos que forçam limites, é de especial importância prevenir a esperada interpretação do paciente do significado da perda. Tratamentos que são limitados de maneira arbitrária a certo número de sessões podem proporcionar um conforto bem-vindo durante um episódio doloroso de depressão clínica, mas a experiência de tempo limitado pode ser assimilada de modo inconsciente pela pessoa depressiva como outro relacionamento que foi traumaticamente rompido de forma precoce – uma evidência de que o paciente é um fracasso em manter seus apegos.

A terapia eficaz com pacientes depressivos nas faixas *borderline* e psicótica, sejam eles anaclíticos ou introjetivos, pode requerer um longo período de tempo para que se construa uma aliança segura com uma pessoa real, visível e emocionalmente reativa. As suposições sobre a impossibilidade de serem amados e o pavor da rejeição são tão profundos e egossintônicos que, sem a liberdade para investigar a face do terapeuta e invalidar seus piores medos, eles podem ficar muito ansiosos para falar com liberdade. O terapeuta pode ter de investir muito tempo demonstrando aceitação antes que mesmo as expectativas conscientes de rejeição em um cliente depressivo possam se tornar disponíveis para investigação e possível invalidação.

É fundamental, com pacientes depressivos de ambos os tipos, que se explorem e se interpretem suas reações à separação, mesmo a separação do terapeuta por meio de um breve silêncio. (Longos silêncios devem ser evitados; eles despertam os sentimentos de ser desinteressante, sem valor, sem rumo, sem esperança.) As pessoas depressivas são muito sensíveis ao abandono, e são infelizes sozinhas. E, o mais importante, elas podem experimentar perda – em geral inconsciente, mas, sobretudo naquelas introjetivamente depressivas com tendências psicóticas, algumas vezes consciente – como uma evidência de sua maldade ou inadequação. "Você deve estar indo embora porque está decepcionado comigo" ou "Você está indo embora para escapar da minha fome insaciável" ou "Você está dando o fora para me punir pela minha pecaminosidade" são todas variações do tema depressivo básico de não ser amado. Assim, é crucial não apenas estar atento ao quão perturbadoras podem ser as perdas comuns para um paciente depressivo – isso será natural na antecipação das férias do terapeuta ou quando cancelar uma sessão – mas também para aprender sobre como o cliente as interpreta.

Mesmo sendo uma condição necessária à terapia com uma pessoa depressiva, a aceitação sem juízo de valores é insuficiente, em especial, com indivíduos introjetivos. Notei, em terapeutas iniciantes tratando de clientes depressivos, uma tendência a evitar tirar férias ou a impor cancelamentos que não podem ser remarcados, em uma tentativa de prevenir a dor desnecessária do paciente. É provável que muitos profissionais da área comecem a ficar neuroticamente flexíveis ou generosos em uma tentativa de proteger pacientes depressivos do sofrimento. Porém, as pessoas depressivas precisam, de fato, não de um cuidado ininterrupto, mas da experiência do terapeuta voltando após uma separação. Elas precisam saber que sua angústia em serem abandonadas não destruirá o relacionamento e que sua fome não irá afastar permanentemente o terapeuta. Em primeiro lugar, não é possível aprender tais lições sem ter enfrentado uma perda.

Quando são encorajados a entrar em contato com seus sentimentos negativos, os pacientes depressivos podem protestar que não há como correrem o risco de sentir hostilidade pelo terapeuta: "Como posso ficar bravo com alguém de quem preciso tanto?". É importante não entrar nesse pensamento elíptico. (Infelizmente, devido a suas dinâmicas serem similares às do paciente, terapeutas com sensibilidades depressivas podem considerar tais comentários muito sensatos.) Pode-se ressaltar que a questão contém o pressuposto não examinado de que a raiva separe as pessoas. Pode ser uma revelação para os indivíduos depressivos descobrir que a liberdade para admitir sentimentos negativos aumenta a intimidade, ao contrário de agir com falsidade ou se mostrar inacessível. A raiva interfere na dependência normal apenas se a pessoa da qual se depende tiver reações patológicas a isso – uma circunstância que define a experiência infantil de muitos clientes depressivos, mas não as possibilidades de relacionamentos adultos.

Os terapeutas com frequência descobrem que seus esforços para melhorar a autoestima de seus pacientes depressivos ou são ignorados ou recebidos de modo paradoxal. Comentários de apoio dirigidos a uma pessoa imersa na repugnância por si mesma podem provocar um aumento na depressão, por meio de uma transformação interna: "Ninguém que *realmente* me conheça poderia dizer tais coisas. Devo ter enganado esse terapeuta a ponto de ele achar que estou bem. Estou mal por enganar uma pessoa tão legal. E não posso confiar no apoio dele porque ele é facilmente ludibriado". Hammer (1990) cita Grouxo Marx, que costumava insistir que não estava interessado em entrar para um clube que o aceitasse como membro.

Se o apoio é um tiro que sai pela culatra, como quase sempre é, sobretudo com clientes introjetivos, o que se pode fazer para melhorar a autoestima de uma pessoa depressiva? Os psicólogos do ego têm uma prescrição eficaz: não apoie o ego, ataque o superego. Se um homem estiver se repreendendo pelo crime de invejar o sucesso de um amigo, e o terapeuta responder que a inveja é uma emoção normal e que, especialmente se não a extravasar, o paciente pode se parabenizar ao invés de ficar mal, este pode reagir com extremo ceticismo. Mas, se o terapeuta falar "Então, o que tem de errado com tudo isso?" ou provocá-lo por tentar ser mais puro que Deus, ou lhe disser de forma bem-humorada "Junte-se à raça humana!", o paciente pode ser capaz de entender a mensagem. Quando são apresentadas em um tom crítico, as interpretações são mais facilmente toleradas pelas pessoas depressivas ("Se ela está me criticando, deve haver alguma verdade no que diz, já que sei que de certa forma sou mau."), mesmo quando o que está sendo projetado é uma introjeção crítica.

Outro aspecto que requer atenção no tratamento de pacientes depressivos é considerar como progressos os comportamentos que seriam encarados como resistentes em outros clientes. Por exemplo, muitos pacientes de terapia expressam suas reações negativas ao tratamento cancelando sessões ou se esquecendo de trazer o pagamento. Pessoas depressivas esforçam-se tanto para ser boas que são em geral exemplares no papel de paciente – de forma que seu comportamento complacente pode ser legitimamente considerado parte de sua patologia. É possível fazer pequenos recortes em uma mentalidade depressiva interpretando um cancelamento do paciente ou uma falta de pagamento temporária como um triunfo sobre o medo de que o terapeuta irá retalhá-lo ao menor sinal de oposição. Com pacientes que cooperam em excesso, o terapeuta se sente tentado a apenas relaxar e apreciar a sorte, mas, se uma pessoa depressiva nunca se comportar de modo adverso ou egoísta durante o tratamento, o terapeuta deve encarar esse padrão como digno de investigação.

Acima de tudo, terapeutas de indivíduos com caráter depressivo devem aceitar e mesmo achar bom quando o cliente recusa prestigiá-los. É agradável ser idealizado, mas isso não está nada a favor dos interesses do paciente. Terapeutas no início do movimento psicanalítico sabiam que, quando um paciente depressivo se tornava crítico, zangado ou decepcionado com relação ao terapeuta, isso significava progresso; mas, enquanto eles consideravam o fenômeno de forma mais ou menos hidráulica (energia da raiva voltada para fora ao invés de para dentro), os analistas contemporâneos, por sua vez, o levem em conta do ponto de vista autoavaliativo. Pacientes depressivos, às vezes, precisam abandonar a posição "daquele que está por baixo" e ver o terapeuta como um ser humano falho e comum. Reter a idealização envolve inerentemente reter uma imagem de *self* inferior.

Por fim, até onde as circunstâncias permitem, é mais importante com indivíduos depressivos do que com os de outros tipos deixar que tomem a decisão sobre o término da terapia. Também é aconselhável deixar uma porta aberta para um tratamento posterior e analisar com antecedência quaisquer inibições que o cliente possa ter com relação a pedir ajuda no futuro (normalmente se escuta que voltar para uma "afinação psicológica" significa admitir um fracasso ou que o terapeuta pode estar desapontado com uma "cura" incompleta). Visto que as causas de uma sensibilidade depressiva com frequência incluem separações irreversíveis – o que força a criança que está crescendo a cortar todas as amarras e a suprimir todos os desejos regressivos, em vez de se sentir segura diante da disponibilidade de pai/mãe compreensivos – a fase final da terapia com esses pacientes deve ser observada com cuidado especial e com flexibilidade.

Diagnóstico diferencial

As duas disposições mais comumente confundidas com funcionamento psicológico depressivo são o narcisismo (a versão esgotada) e o masoquismo. Minha impressão é que os diagnósticos errados são, de modo mais frequente, realizados na direção de construir a ideia de pessoa depressiva como a de alguém basicamente ou narcisista ou masoquista do que na direção de entender de forma equivocada uma pessoa essencialmente depressiva da mesma forma que qualquer uma das outras pessoas. A tendência dos terapeutas a confundir um paciente narcisista ou masoquista com um depressivo parece-me complicada por dois motivos. Em primeiro lugar, terapeutas com inclinação depressiva podem projetar suas próprias dinâmicas em pessoas cuja história interna principal é bastante diferente. Em segundo, pessoas com estruturas de personalidade narcisista ou masoquista frequentemente têm sintomas de depressão clínica, sobretudo humor distímico. Qualquer dessas interpretações equivocadas pode gerar consequências clínicas infelizes.

Personalidade depressiva versus *personalidade narcisista*

No Capítulo 8, descrevi pessoas com formas depressivas empobrecidas de personalidade narcisista. Existe certa sobreposição entre indivíduos com esse funcionamento psicológico e aqueles com a versão anaclítica da dinâmica depressiva. Uma vez que não existem limites claros entre as diferenças de personalidade, muitos têm ambas as tendências. A pessoa mais narcisista é menos faminta, do ponto de vista subjetivo, contudo, valoriza menos os relacionamentos, e se defende mais contra a vergonha do que a pessoa anacliticamente depressiva, que pode também expressar sentimentos de vazio, falta de sentido e desespero existencial. O *senso* subjetivo de vazio das pessoas anacliticamente depressivas não é o mesmo que a interferência do terapeuta sobre um vazio *real* no centro do *self* de clientes narcisistas. Indivíduos narcisisticamente depressivos tendem a estabelecer transferências *self*/ objeto, enquanto aqueles com caráter depressivo têm transferência de objeto. A contratransferência com o primeiro tipo tende a ser vaga, irritante e superficial na área afetiva; com o segundo, a contratransferência é muito mais clara, calorosa e poderosa, envolvendo em geral fantasias de salvamento.

Reações simpáticas e encorajadoras podem ser confortantes para pessoas organizadas narcisisticamente, mas, se a pessoa depressiva tiver qualquer grau de dinâmica introjetiva, elas podem ser desmoralizantes. Como o ataque ao *self* não é central na dinâmica narcisista, atacar o presumido superego – mesmo de forma gentil, como por meio de comentários de autorreprovação – pode não ajudar uma pessoa cuja estrutura básica seja narcisista. Interpretações que redefinam as experiências afetivas na direção mais da raiva do que de respostas emocionalmente passivas irão fracassar da mesma forma com pacientes narcisistas porque a raiva não é um afeto central para eles. Tais esforços interpretativos podem, entretanto, aliviar e mesmo energizar clientes introjetivos, cuja responsividade pode fazer com que as antigas formulações raiva dentro *versus* raiva fora estranhamente pareçam aptas.

Reconstruções interpretativas que enfatizam pais muito críticos e separações problemáticas geralmente passarão despercebidas pelo ouvido dos clientes narcisistas, não importa o quão depressivos estejam, porque rejeição e trauma não são as narrativas internas principais da dinâmica narcisista. Mas tais reconstruções podem ser recebidas com gratidão por pacientes depressivos, como uma alternativa a seu velho hábito de atribuir toda a dor que sentem a suas falhas pessoais. Com uma pessoa narcisista, tentativas de trabalhar "na transferência" podem ser desconsideradas, diminuídas ou absorvidas por uma idealização geral, mas um paciente depressivo irá apreciar a abordagem tradicional e fará bom uso disso.

A diferença entre indivíduos depressivos do tipo introjetivo e do tipo narcisista, mesmo que seus sintomas observáveis sejam os mesmos, diz respeito ao entendimento metafórico dos clientes narcisistas como vazios e dos depressivos como preenchidos por introjeções hostis. A terapia precisa ser adaptada a esses mundos subjetivos contrastantes.

Personalidade depressiva versus *personalidade masoquista*

Padrões depressivos e autodestrutivos (masoquistas) estão intimamente conectados, já que ambas as orientações podem ser adaptações a uma culpa inconsciente. Elas de fato coexistem com tanta frequência que Kernberg (p. ex., 1984), de posse das seminais observações de Laughlin (1967), considera a "personalidade depressivo-masoquista" um entre os três tipos mais comuns de organização de caráter de nível neurótico. Apesar de sua frequente coexistência e sinergismo, prefiro diferenciar cuidadosamente entre o funcionamento psicológico depressivo e o masoquista. Um princípio de organização deste livro tem sido abarcar tais diferenças entre pessoas que têm um *status* conceitual estabelecido na tradição psicanalítica e implicações significativas para a técnica psicoterápica. No Capítulo 12, exploro as diferenças entre personalidades nas quais predominam características depressivas e aquelas em que predominam as masoquistas, e faço elaborações sobre as implicações dessas diferenças para o tratamento.

PERSONALIDADES HIPOMANÍACAS (CICLOTÍMICAS)

A mania é o outro lado da depressão. Pessoas com personalidades hipomaníacas têm organizações depressivas fundamentais, contra-atacadas pela defesa da negação. Visto que a maioria das pessoas com tendências maníacas sofre episódios nos quais a negação falha e a depressão emerge, o termo "ciclotímico" foi algumas vezes usado para descrever seu funcionamento psicolpogico. Na segunda edição do DSM (DSM-II; American

Psychiatric Association, 1968), tanto o transtorno da personalidade ciclotímica quanto o da personalidade depressiva foram diagnósticos aceitos.

Hipomania não é um estado que simplesmente contrasta com depressão; ponto a ponto, é uma imagem-espelho dela. O indivíduo hipomaníaco é exultante, enérgico, pratica a autopromoção, é espirituoso e grandioso. Akhtar (1992) o descreve da seguinte forma:

> O indivíduo com personalidade hipomaníaca é muito doce, social, tende a idealizar os outros, é viciado em trabalho, paquerador e articulado, porém secretamente culpado por suas agressões aos outros, incapaz de ficar sozinho, deficiente na empatia, incapaz de amar, facilmente corruptível e desprovido de uma abordagem sistemática em seu estilo cognitivo. (p.193)

Muitos indivíduos com caráter hipomaníaco, contudo, são versões mais suaves do que o *transtorno* da personalidade que Akhtatr descreve e são capazes de amar e de se comportar com integridade.

Pessoas em um estado maníaco ou com personalidades maníacas são famosas por terem pensamentos acelerados e por formularem grandes esquemas. Além disso, desligam-se da necessidades físicas normais tais como comer e dormir. Elas parecem sempre "despertas" – até que a exaustão finalmente se instale. Uma vez que a pessoa em fase maníaca realmente não consegue se acalmar, drogas como álcool, barbitúricos e opiáceos, depressoras do sistema nervoso, podem ser muito atrativas. Muitos comediantes e humoristas parecem ter personalidades hipomaníacas; sua interminável perspicácia pode às vezes ser bastante cansativa. Em certos casos, o lado distímico de uma pessoa muito engraçada é mais visível, como em Mark Twain, Ambroce Bierce, Lenny Bruce ou Robin Williams, sendo que todos sofriam também de sérios episódios depressivos.

Pulsão, afeto e temperamento na mania

Pessoas com funcionamento psicológico hipomaníaco são notáveis pelo alto grau de energia, excitação e mobilidade e pela tendência a distração e sociabilidade. Elas com frequência assumem muito bem o papel de entreter, contar histórias, fazer trocadilhos e imitar seus amigos, os quais as consideram um tesouro, mas, às vezes, reclamam que elas são de difícil aproximação emocional, visto que transformam todas as questões sérias em ocasiões para o humor. Quando aparece em pessoas hipomaníacas, o afeto negativo tende a se manifestar não como sofrimento e decepção, mas como raiva, às vezes na forma de episódios de uma raiva repentina e incontrolável.

Assim como suas contrapartes no reino depressivo, essas pessoas chamaram atenção dos observadores psicanalíticos por serem organizadas de acordo com preceitos orais (Fenichel, 1945): elas podem falar sem parar, beber imprudentemente, roer as unhas, mascar chiclete, fumar, machucar os lábios, etc. Sobretudo na extremidade problemática do *continuum* maníaco, muitas estão acima do peso. Seu movimento constante sugere considerável ansiedade, apesar de parecerem estar sempre de bom humor. O prazer que demonstram e, por contágio, espalham, apresenta certa forma de fragilidade; os parentes dessas pessoas em geral se preocupam com sua estabilidade. Enquanto a satisfação é uma condição familiar de indivíduos hipomaníacos, uma calma serenidade e um gozo lacaniano podem estar completamente fora de sua experiência (Akiskal, 1984).

Processos defensivos e adaptativos na mania

As defesas centrais das pessoas maníacas e hipomaníacas são a negação e o *acting out*. A negação é perceptível em sua tendência a ignorar (ou a transformar em humor) eventos que iriam angustiar ou alarmar os outros. O *acting out* normalmente toma a forma da fuga: fogem de situações que podem ser uma ameaça de perda. Elas podem escapar de afetos dolorosos por meio de sexualização, intoxicação, provocação e mesmo de atos que parecem psicopáticas (como roubar); assim, alguns analistas questionaram a estabilidade do princípio de realidade em clientes maníacos (Katan, 1953). Indivíduos maníacos também usam a desvalorização, um processo isomórfico à tendência depressiva de idealizar, especialmente quando se surpreendem estabelecendo apegos amorosos que temem irão desapontá-los.

Para uma pessoa maníaca, qualquer coisa que a distraia é melhor do que o sofrimento emocional. Aqueles com graves transtornos da personalidade e aqueles em um estado temporariamente psicótico podem também usar a defesa do controle onipotente; eles podem se sentir invulneráveis, imortais, convencidos do sucesso garantido de algum esquema grandioso. Atos de exibicionismo impulsivo, estupro (em geral do cônjuge ou de alguém íntimo) e controle autoritário são comuns durante um surto maníaco psicótico.

Padrões relacionais no funcionamento psicológico maníaco

Nas histórias de pessoas hipomaníacas (talvez de forma mais marcante do que nas de indivíduos depressivos), encontra-se um padrão de repetidas separações traumáticas, nas quais não foi dada à criança a oportunidade de processá-las emocionalmente. Mortes de pessoas importantes cujo luto não foi lamentado, divórcios e separações que não foram analisados e mudanças de família para as quais não estavam preparadas minaram a infância dessas crianças. Um homem hipomaníaco que conheci se mudou

26 vezes durante seus primeiros 10 anos; mais de uma vez chegou da escola e se deparou com o carro pronto para a mudança.

Crítica excessiva e abuso (emocional e às vezes físico) também são comuns nas histórias de indivíduos maníacos e hipomaníacos. Já discuti aqui a combinação de separação traumática e negligência emocional/maus-tratos, do modo que se aplica a resultados depressivos; é possível que, nessas histórias de pessoas maníacas, as perdas tenham sido mais extremas ou que a atenção dos cuidadores às emoções da criança tenha sido ainda mais escassa do que nas histórias de pessoas depressivas. De qualquer outra forma, é difícil explicar a necessidade de uma defesa tão extrema quanto a negação.

O *self* maníaco

Uma de minhas pacientes hipomaníacas se descrevia como um pião. Ela tinha bastante consciência de sua necessidade de continuar se movendo até sentir algo doloroso. Pessoas com um padrão hipomaníaco têm medo do apego, porque se apegar a alguém significa que perder essa pessoa será devastador. Esse *continuum* maníaco da estrutura psicótica à neurótica pesa mais nas áreas *borderline* e psicótica devido ao primitivismo dos processos envolvidos; uma consequência disso é que muitas pessoas hipomaníacas e ciclotímicas correm o risco de passar por experiências subjetivas de desintegração do *self* às quais os psicólogos do *self* chamam de fragmentação. É como se temessem que, sem continuar se movendo, desmoronariam. Com frequência vêm para a terapia logo após uma experiência depressiva de profunda fragmentação do *self*, quando suas defesas maníacas falharam.

A autoestima em pessoas hipomaníacas pode ser mantida, de forma um tanto tênue, por uma combinação de sucesso em evitar a dor e exaltação ao cativar os outros. Alguns indivíduos com defesas maníacas são magistrais em fazer outras pessoas se apegar a eles emocionalmente sem um investimento recíproco de mesma profundidade. Como em geral são brilhantes e espirituosos, seus amigos e colegas – em especial aqueles que compartilham a crença falaciosa de que inteligência e psicopatologia grave são mutuamente excludentes – podem ficar perplexos ao aprenderem sobre suas vulnerabilidades psicológicas. Tentativas de suicídio e comportamento claramente psicótico podem de repente invadir uma fortaleza maníaca caso uma perda tenha se tornado muito dolorosa para ser negada.

Transferência e contratransferência com pacientes maníacos

Pacientes maníacos podem ser cativantes, perspicazes e fascinantes, mas também tendem a ser confusos e cansativos. Certa vez, enquanto trabalhava com uma jovem mulher hipomaníaca, me dei conta da fantasia de que minha cabeça estava dentro de um secador de roupas, daquele tipo de lavanderia automática que faz as roupas rodarem de forma que as vemos claramente, mas passam muito rápido para serem acompanhadas. Às vezes, em uma entrevista inicial, o terapeuta toma consciência de um sentimento incômodo que o paciente deveria demonstrar mais emoção ao relembrar uma história tão turbulenta. Em outros momentos, o terapeuta percebe não ser capaz de entender todas as nuances dessa história.

Talvez a tendência contratransferencial mais perigosa no trabalho dos terapeutas com pessoas hipomaníacas seja subestimar o grau de sofrimento e da potencial desorganização que subjaz a sua apresentação cativante. O que pode parecer um ego observador congênito e uma confiável aliança de trabalho pode ser negação maníaca e charme defensivo. Mais de um terapeuta já se chocou com os resultados de testes de projeção com um cliente hipomaníaco fascinante; o Rorschach com frequência capta um nível de psicopatologia da qual ninguém na entrevista de admissão desconfiou.

Implicações terapêuticas do diagnóstico de personalidade hipomaníaca

Uma das preocupações primárias com um paciente hipomaníaco deve ser a prevenção da fuga do tratamento. A não ser que o terapeuta fale sobre isso nas primeiras sessões, ao interpretar a necessidade defensiva da pessoa de escapar de apegos significativos (o que será evidente em sua história), e a aconselhe a esperar um certo tempo depois de sentir o impulso da fuga, não haverá terapia, porque não haverá paciente. Pode-se transmitir isso da seguinte forma:

> Percebi que todos os relacionamentos importantes de sua vida foram rompidos de forma repentina, normalmente por iniciativa sua. Não há razões para que isso não aconteça de novo neste relacionamento – sobretudo porque na terapia muitas coisas dolorosas são despertadas. Quando a vida fica dolorosa, seu padrão é fugir. Quero que você faça um pacto comigo: não importa o quão racional sua decisão pareça, se de repente decidir interromper a terapia, você continuará vindo por pelo menos seis sessões [ou qualquer outro número que seja razoável e negociável], para que possamos entender de modo profundo sua decisão de ir e para que tenhamos a chance de processar o término de uma forma emocionalmente apropriada.

Esta pode ser a primeira vez que o paciente tenha se confrontado com o fato de que existe uma forma emocionalmente apropriada de romper relacionamentos; ou seja, é preciso lidar com a dor e outros sentimentos esperados em relação a términos. Um foco constante na negação da dor e das emoções negativas oferece informações importantes ao trabalho terapêutico. A maioria dos analistas (p. ex., Kernberg, 1975) considera que o prognóstico de pacientes hipomaníacos deva ser cauteloso ao máximo, mesmo quando o terapeuta acredita estar tomando todas as precauções para prevenir a fuga, devido às extremas dificuldades desses clientes em tolerar a dor. Às vezes, pacientes maníacos mais manifestamente "doentes" são mais fáceis de ajudar, porque seu grau de desconforto psicológico auxilia na motivação de continuar o tratamento.

Com pacientes maníacos mais perturbados, assim como com os depressivos mais seriamente enfermos, a medicina psicotrópica tem sido uma benção. A sofisticação psiquiátrica atual torna possível ajustar tipos e dosagens de medicamentos a necessidades específicas do paciente; a época em que o lítio era o único fármaco eficaz contra mania já passou há muito tempo. Acho importante, contudo, que o médico, ao prescrever tais substâncias, tenha uma abordagem individualizada e cuidadosa com cada paciente; indivíduos com tendências maníacas são tão variáveis quanto qualquer outra pessoa, e com frequência têm sensibilidades físicas idiossincráticas, adições e alergias. Um relacionamento seguro tanto com o médico quanto com o terapeuta (assim como uma relação de apoio mútuo entre esses dois profissionais) ajuda na recuperação desse tipo de paciente. Ao contrário do que em geral se pensa, a psicoterapia é valiosa e eficaz com indivíduos maníacos; sem ela, eles falham em trabalhar suas perdas não lamentadas e em aprender a amar com menos medo assim como param de tomar os medicamentos.

Pessoas hipomaníacas mais saudáveis tendem a procurar terapia mais tarde na vida, quando suas energias e pulsões estão mais fracas e quando podem ver claramente em retrocesso o quão fragmentadas e insatisfatórias são suas histórias de vida. Em algumas ocasiões, aparecem procurando ajuda individual depois de muito tempo trabalhando em um programa de 12 passos para adição, quando sua autodestrutividade diminui e realmente querem que a vida faça sentido. Do mesmo modo que os clientes narcisistas do tipo grandioso, com quem compartilham alguns padrões defensivos, pessoas hipomaníacas mais velhas são às vezes mais fáceis de ajudar do que as mais jovens (Kernberg, 1984). Mas ainda assim precisam fazer um contrato contra a fuga prematura. A escassez de literatura sobre o tratamento psicoterapêutico de personalidades hipomaníacas pode refletir o fato de que alguns terapeutas aprendem da pior forma que essas combinações deveriam ter sido feitas com antecedência.

Algumas considerações aplicáveis ao tratamento de pacientes paranoides também se aplicam a hipomaníacos. Com frequência é preciso "ir a fundo" em uma defesa; por exemplo, confrontar a negação de forma agressiva e nomear aquilo que é negado em vez de convidar o paciente a explorar sua rígida e inflexível defesa. O terapeuta precisa ser forte e dedicado. Deve interpretar "além" e deve ensinar a pessoa hipomaníaca sobre o afeto negativo normal e a inexistência de efeitos catastróficos.

Devido aos pavores maníacos da dor e da fragmentação do *self*, é provável que a terapia seja lenta. O clínico que demonstra envolvimento oferece ao cliente hipomaníaco um diferente modelo de como habitar um mundo de sentimentos. O tratamento deve também ser conduzido em um tom especialmente franco. Em suas tentativas de evitar a dor psíquica, a maioria das pessoas hipomaníacas aprendeu a dizer o que quer que funcione. Alcançar uma autenticidade emocional pode ser uma luta para elas. O terapeuta, então, precisa questionar de modo periódico se estão mesmo falando a verdade ou apenas contemporizando, desviando ou fazendo troça do que de fato acontece. Assim como as pessoas paranoides, os clientes hipomaníacos precisam de um terapeuta que seja ativo e incisivo e que notavelmente não seja hipócrita e autoenganador.

Diagnóstico diferencial

Ressaltei qual é o maior obstáculo para a identificação de clientes hipomaníacos na seção sobre transferência e contratransferência: os terapeutas podem perceber de modo equivocado que essas pessoas inicialmente atraentes contam com defesas mais maduras, mais força de ego e melhor integração da identidade do que aparentam; um erro que pode afastar uma pessoa hipomaníaca sensível já na primeira entrevista. Clientes organizados de modo maníaco fora da faixa psicótica são mais comumente diagnosticados como histéricos, narcisistas, compulsivos ou como tendo transtorno de déficit de atenção (TDA). Aqueles com sintomas psicóticos costumam ser confundidos com esquizofrênicos.

Personalidade hipomaníaca versus *personalidade histérica*

Devido a seu charme, sua aparente capacidade para se relacionar de forma calorosa e sua mente aparentemente perspicaz, os clientes hipomaníacos, em especial as mulheres, podem ser confundidos com pessoas histéricas. Esse equívoco gera o risco de se perder o paciente muito rápido, já que o estilo terapêutico que ajuda as pessoas com organização histérica pode causar à pessoa hipomaníaca a sensação de ser insuficientemente "acolhida" e compreendida apenas de modo superficial. A convicção inconsciente de que todos que parecem gostar delas foram "enganados" existe tanto em pessoas com estruturas maníacas quanto naquelas introjetivamente depressivas; esse fenômeno resultará em desvalorização e abandono por parte do terapeuta, a não ser que seja analisado diretamente, de forma contraindicada para um paciente com organização histérica. Evidências de relacionamentos interrompidos de repente com pessoas de ambos os sexos, uma história de perdas traumáticas e perdas não lamentadas e a ausência da preocupação histérica com gênero e poder são alguns dos contextos que diferenciam pessoas histéricas de hipomaníacas.

Personalidade hipomaníaca versus personalidade narcisista

Uma vez que a grandiosidade é uma qualidade central do funcionamento maníaco, é fácil confundir uma pessoa hipomaníaca ou ciclotímica com o tipo mais grandioso de paciente narcisista – recapitulando, em um paralelo notável com as confusões entre pacientes depressivos e pessoas narcisistas do tipo depressivo-esgotado. Uma boa olhada na história do paciente pode iluminar essa disparidade: as pessoas narcisisticamente estruturadas não contam com o passado turbulento, cheio das pulsões e de histórias fragmentadas de maneira catastrófica da maioria dos clientes hipomaníacos.

A diferença intrapsíquica ocorre entre o vazio interior da pessoa narcisista e a presença de introjeções negativas selvagens – manejadas por meio da negação – da pessoa hipomaníaca. Embora uma pessoa arrogantemente narcisista tenha grandes possibilidades de ser difícil de tratar e de resistir ao apego de várias maneiras, a ameaça de fuga imediata é menos incisiva. Logo, confundir um indivíduo hipomaníaco com um narcisista pode custar ao terapeuta a perda do paciente. Porém, os dois grupos têm uma afinidade: ambos ficam mais acessíveis à terapia quando mais velhos; além do mais, analistas que compreendem o narcisismo grandioso em termos introjetivos (p. ex., Kernberg, 1975) aconselham uma abordagem semelhante para cada tipo de cliente.

Personalidade hipomaníaca versus personalidade compulsiva

As características pulsionais do indivíduo hipomaníaco estimulam a comparação com a compulsividade caracterológica. Tanto as pessoas compulsivas quanto as hipomaníacas são ambiciosas e exigentes e, com base nisso, muitas vezes foram comparadas (Akiskal, 1984; Cohen, Baker, Cohen, Fromm-Reichmann e Weigart, 1954). Todavia, suas semelhanças são na maioria das vezes superficiais. Akhtar (1992), contrastando o paciente hipomaníaco com o compulsivo (que ele considera, assim como Kernberg [1984], estar sempre na faixa neurótica da organização de personalidade), resume:

> Diferente do hipomaníaco, o indivíduo compulsivo é capaz de estabelecer profundas relações de objeto, amor maduro, preocupação, culpa genuína, luto, tristeza... O compulsivo é capaz de estabelecer uma intimidade duradoura, mas é modesto e socialmente hesitante. O hipomaníaco, pelo contrário, é pomposo, adora companhia e com rapidez desenvolve relações com outros, apenas para perder o interesse logo depois. O compulsivo ama os

detalhes, o hipomaníaco os desconsidera de modo casual. O compulsivo está atado à moral e segue todas as regras, enquanto o hipomaníaco, como o "caráter perverso" (Chasseguet-Smirgel, 1985), faz atalhos, desafia proibições e faz troça das autoridades convencionais. (p. 196-197)

Assim como é o caso com a distinção entre hipomania e histeria, é fundamental perceber a diferença entre o significado interno e o conteúdo manifesto do comportamento.

Mania versus esquizofrenia

Um indivíduo em condições psicóticas pode parecer muito mais um esquizofrênico passando por um episódio hebefrênico agudo. Esse diferencial é importante para propósitos de medicação. Impressões populares à parte, o fato de uma pessoa ser extremamente psicótica não significa que ela seja esquizofrênica. Para determinar a natureza da desorganização, sobretudo em relação a pacientes jovens em crise psicótica inicial, é importante ter informação sobre a história do paciente (por meio da família, caso ele seja muito delirante para falar), acessar os nivelamentos subjacentes dos afetos e avaliar a capacidade de abstrair. As condições que às vezes chamamos de "esquizoafetivas" abrangem reações de nível psicótico que têm tanto características maníaco-depressivas quanto esquizofrênicas e, por isso, requerem um tratamento farmacológico especialmente sensível.

Mania versus transtorno de déficit de atenção

Nos últimos anos, o transtorno de déficit de atenção (TDA) e o transtorno de déficit de atenção/hiperatividade (TDAH) em adultos têm recebido muita atenção. Acredito que isso diga respeito ao fato de a vida contemporânea nos desafiar com incontáveis estímulos competitivos, além de reforçar qualquer tendência que tenhamos à distração, e que essa tendência de diagnóstico tenha surgido porque hoje temos muitas medicações que reduzem a possibilidade de distração. A pessoa com caráter maníaco distrai-se facilmente e pode ser com frequência confundida com alguém que sofra de TDA. No entanto, temas internos de perda, desejo e ódio ao *self*, contra-atacados pela defesa da negação, podem diferenciar uma tendência de personalidade das dificuldades sintomáticas de pessoas adultas com TDA. É possível, sem dúvida, que a pessoa tenha uma personalidade hipomaníaca e ainda um problema de déficit de atenção; clínicos que prescrevem medicamentos em uma situação como essa devem ser particularmente cuidadosos para não receitar um fármaco que possa gerar um estado maníaco.

RESUMO

Neste capítulo tratei de pacientes que têm o caráter organizado em linhas depressivas, sejam quais forem suas experiências de transtorno do humor, que definimos como depressão clínica. Segui Blatt (2004, 2008) quanto à diferenciação entre as versões de personalidade depressiva anaclítica ou ansiosa, e entre as versões introjetivas e autoataque. Em termos de pulsão, emoção e temperamento, enfatizei a oralidade, a culpa inconsciente, o sofrimento ou diversão exagerados, dependendo de o paciente estar com inclinações depressivas ou maníacas. Falei sobre os processos de ego de introjeção, de voltar-se contra o *self*, e da idealização em estruturas predominantemente depressivas. Assim como mencionei a negação, o *acting out* e a desvalorização como predominantes na organização maníaca. Enquadrei as relações de objeto em termos de perda traumática, luto inadequado, depressão dos pais, crítica exagerada, abuso e desentendimentos. Caracterizei as imagens depressivas introjetivas como irremediavelmente ruins e as anaclíticas como insaciavelmente famintas. Nas seções de transferência e contratransferência, ressaltei as qualidades atraentes de pessoas depressivas e maníacas, e os associados desejos de salvamento, bem como a potencial desmoralização do terapeuta quando não consegue "salvar" o cliente na velocidade desejada.

Quanto ao estilo de tratamento, aliado a uma atitude de empatia constante, eu recomendei a vigorosa interpretação dos construtos explanatórios, a persistente exploração das reações à separação, dos ataques ao superego e, em pacientes maníacos, das combinações para a prevenção da interrupção do tratamento e a persistente demanda por uma autoexpressão honesta. Em termos de diagnóstico, distingui os clientes depressivos de pacientes orientados de modo narcisista ou masoquista e diferenciei clientes maníacos e hipomaníacos de pessoas histéricas, narcisistas, compulsivas e esquizofrênicas e também daquelas com TDA e TDAH.

SUGESTÕES PARA OUTRAS LEITURAS

O capítulo de Laughlin (1967) sobre a personalidade depressiva é excelente, embora atualmente difícil de encontrar. A antologia de Gaylin (1983) sobre depressão contém um belo resumo do pensamento psicanalítico sobre o assunto. O único artigo recente que conheço sobre personalidade hipomaníaca está no *Broken Structures* (1992), de Akhtar. Novamente, Fenichel (1945) vale a pena ser consultado, tanto com relação à condição maníaca quanto à depressiva, e por aqueles que não se assustam com uma terminologia um tanto obscura. Ainda que não descrevam tanto os atributos de personalidade como um fenômeno clínico de depressão maior ou transtorno bipolar, acredito que a melhor abertura sobre a experiência subjetiva de pessoa com funcionamento psicológico maníaco e/ou depressivo pode ser encontrada nas memórias. Os relatos de William Styron, Kay Redfield Jamison e Andrew Sullivan são particularmente envolventes.

No final do Capítulo 9, mencionei dois DVDs da American Psychological Association, e sugeri ao leitor que assistisse à sessão que realizei com um homem cujo funcionamento psicológico eu via como esquizoide (Beck, Greenberg e McWilliams, no prelo [b]). A mulher que de forma voluntária se ofereceu para ser a paciente em outro vídeo demonstrativo ((Beck, Greenberg e McWilliams, no prelo [a]) me parecia ter algumas dinâmicas hipomaníacas. Chi Chi era sensível, engraçada e talentosa, e se relacionava com imediata calorosidade. Ela e eu ficamos inesperadamente ligadas antes da filmagem, quando tive um colapso devido a minha maquiagem "profissional" (Ao me olhar no espelho, vi Cruella de Ville).

Chi Chi reclamou sobre um padrão de fugir ou sabotar as coisas, incluindo relacionamentos, sempre que havia envolvimento emocional. Filha de um diplomata, ela foi deslocada muitas vezes durante a infância, e sua mãe extremamente crítica não tolerava dor ou angústia em relação às conexões perdidas. Quando perguntei o motivo de ela ter se oferecido como voluntária para as filmagens, disse-me que já tinha sido a paciente em muitos vídeos *Master Clinician* e que gostava de se sentir no palco. Perguntava-me se seu medo de vincular-se profundamente tinha feito com que ficasse insistentemente tentando analisar suas tendências depressivas subjacentes por meio de terapias fragmentadas, repetindo de modo inconsciente os deslocamentos de sua história. Durante a segunda sessão, especulei sobre seu medo de conexão íntima e, apesar de ela ter expressado desconforto em relação às terapias explanatórias, tentei convencê-la sobre considerar um trabalho a longo prazo com um terapeuta escolhido com cuidado. Ela pareceu em dúvida e na entrevista seguinte disse que não havia se sentido segura comigo – talvez porque eu estivesse tentando demonstrar uma ideia psicanalítica, em vez de permanecer em sua zona de conforto. Assim, fiquei um pouco incomodada com esse DVD, mas os leitores que queiram me ver tentando ajudar uma cliente com defesas hipomaníacas podem achá-lo inspirador.

12

Personalidades masoquistas (autodestrutivas)

*P*essoas cujo pior inimigo parecem ser elas mesmas impõem questões fascinantes para estudiosos da natureza humana. Quando a história de alguém é cheia de decisões e ações que parecem contraditórias ao seu próprio bem-estar, achamos difícil entendê-la. Freud via o comportamento autodestrutivo como o problema mais incômodo em relação a sua teoria, já que concluiu (em concordância com a teoria biológica de seu tempo) que os organismos tendem a maximizar o prazer e diminuir a dor. Ele enfatizou como, no desenvolvimento normal, as escolhas infantis são determinadas pelo princípio do prazer, depois modificado pelo princípio da realidade (ver Cap. 2). Visto que algumas escolhas não parecem, à primeira vista, obedecer nem ao princípio do prazer nem ao princípio da realidade, Freud estendeu e revisou bastante sua própria metapsicologia a fim de abranger os padrões de comportamento autodestrutivos, ou "masoquistas" (Freud, 1905, 1915a, 1916, 1919, 1920, 1923, 1924).

As primeiras teorias analíticas precisavam abranger as práticas eróticas daqueles que, como o escritor austríaco Leopold von Sacher-Masoch, procuravam o orgasmo via tormento e humilhação. A excitação sexual por meio do padecimento da dor foi nomeada após Sacher-Masoch, assim como o prazer em infligir dor foi nomeado após o Marquês de Sade (Krafft-Ebing, 1900). Para Freud, que enfatizava as irrevogáveis origens sexuais da maioria dos comportamentos, parecia natural aplicar o termo "masoquismo" a padrões ostensivamente não sexuais de dores autoinfligidas (ver LaPlanche e Pontalis, 1973; Panken, 1973).

Para distinguir um padrão geral de sofrimento (para atingir algum objetivo fundamental) do significado estritamente sexual do masoquismo, Freud (1924) cunhou o termo "masoquismo moral". Em 1933, a expressão já havia sido suficientemente aceita para que Wilhelm Reich incluísse o "caráter masoquista" em sua compilação de tipos de personalidade, chamando atenção para padrões de sofrimento, queixas, atitudes autodestrutivas e autodepreciativas e para um desejo inconsciente de torturar os outros com a própria dor. O masoquismo moral e as dinâmicas de personalidade masoquistas têm intrigado os analistas há muito tempo (Asch, 1985; Berliner, 1958; Grossman, 1986; Kernberg, 1988; Laughlin, 1967; Menaker, 1953; Reik, 1941; Schafer, 1984), assim como têm gerado um interesse geral da comunidade mais ampla. Millon (1995), por exemplo, descreve o estilo de personalidade autodestrutiva "magoada", e a American Psychiatric Association (1994) considerou incluir o "transtorno da personalidade autodestrutiva" no DSM-IV.

O conceito permanece essencial: em um artigo de 1990 que liga o *status* icônico à psicanálise relacional contemporânea, Emmanuel Ghent argumentou que o masoquismo seria uma perversão do desejo natural de rendição, um desafio à concepção ocidental de que rendição seria sinônimo de derrota. Isso pode ser comparado à perspectiva jungiana que retrata o masoquismo como o "lado sombrio" de nossa necessidade arquetípica de veneração e culto (Gordon, 1987). Gabriel e Beratis (1997) relacionaram o masoquismo a um trauma precoce.

Como outros fenômenos tratados por este livro, o comportamento masoquista não é necessariamente patológico, apesar de ser, em um senso mais estrito, autoabnegação. Às vezes, a moral dita que soframos por algo mais importante do que nosso conforto individual a curto prazo (ver Brenner, 1959; de Monchy, 1950; Kernberg, 1988). Foi nesse espírito que Helena Deutsch (1944) observou que a maternidade é inerentemente masoquista, já que os mamíferos colocam o bem-estar de seus filhotes acima de sua própria sobrevivência. Isso pode ser "autodestrutivo" para o animal individual, mas não para os descendentes e, em consequência, para a espécie. Exemplos louváveis de masoquismo ocorrem quando as pessoas arriscam a própria vida, saúde e segurança a serviço de um grande bem social, como a sobrevivência de suas culturas e valores. Algumas pessoas – lembro de imediato de Mahatma Gandhi e Madre Tereza de Calcutá –, possivelmente portadoras de tendências masoquistas em suas personalidades, demonstraram uma devoção heroica e mesmo santa a causas de valor muito maior que suas existências individuais.

O termo "masoquista" é às vezes usado para fazer referência a padrões não moralizantes de autodestruição, como acontece com pessoas que são propensas a sofrer acidentes, ou com aquelas que se mutilam ou usam outros meios de destruir-se de forma deliberada, mas sem intenção suicida. Implícito nesse uso do termo está o fato de existir algum método por trás da aparente loucura autodestrutiva do indivíduo, quando algum objetivo está sendo perseguido e torna sofrimento físico brando, na mente daquele que está se autoinfligindo dor, tratando-se de uma busca de alívio emocional por tais meios improváveis. Indivíduos que se cortam de propósito, por exemplo, irão normalmente explicar que a visão de seu próprio sangue os faz se sentirem mais vivos e reais e que a angústia de não sentirem a própria existência ou de se sentirem alienados de qualquer sensação é muito pior do que o desconforto físico temporário. Portanto, o masoquismo existe em níveis e escalas variáveis. A autodestrutividade pode caracterizar indivíduos que são desde *workaholics* até psicóticas autodestrutivos. Os masoquistas morais variam em uma faixa que vai desde os lendários mártires cristãos até as tradicionais mães judias.

Todos se comportam de modo masoquista sob determinadas circunstâncias (ver Baumeister, 1989; Salzman, 1960), frequentemente com bons resultados. As crianças aprendem por si mesmas que uma boa forma de chamar atenção de seus cuidadores é entrando em apuros. Um colega descreveu sua iniciação na dinâmica masoquista normal quando sua filha, aos 7 anos, brava por ele não lhe dar atenção, anunciou que subiria as escadas e quebraria todos os seus brinquedos. Um *modus operandi* de triunfo moral por meio do sofrimento autoimposto pode se tornar tão habitual para uma pessoa que ela pode ser considerada com legitimidade possuidora de caráter masoquista. Richard Nixon, por exemplo, foi considerado um masoquista moral por vários estudiosos (ver Wills, 1970) com base em seu tom magoado e rigoroso consigo mesmo, sua predileção por se apresentar como um nobre sofredor e seu julgamento questionável de situações nas quais seu bem-estar estava em risco (p. ex., seu fracasso em destruir as gravações de Watergate que por fim acabaram com seu mandato presidencial).

Gostaria de ressaltar que o termo "masoquismo", do modo como é usado pelos psicanalistas, não tem a conotação de um amor pela dor e pelo sofrimento. A pessoa que se comporta de forma masoquista enfrenta dor e sofrimento na esperança, consciente ou inconsciente, de alcançar algum bem maior. Um observador analítico comenta que uma mulher que apanha do marido está se comportando de forma masoquista por permanecer ao lado do homem abusador, não está acusando-a de ter prazer em apanhar. A implicação é mais que suas ações denunciam uma crença de que tolerar abusos ou ajuda a atingir alguma meta que justifique esse sofrimento (como manter a família unida) ou ajuda a evitar acontecimentos ainda mais dolorosos (como o abandono completo), ou ambos. A observação também sugere que sua estratégia não está dando certo, que permanecer com um homem abusivo é objetivamente mais destrutivo ou perigoso do que deixá-lo, ainda que ela continue a se comportar como se seu bem-estar definitivo estivesse apenas em contingência com o enfrentamento dos maus-tratos. Enfatizo isso porque, nas discussões sobre se o DSM deveria incluir ou não um transtorno da personalidade autodestrutiva, ficou evidente que muitos consideravam a atribuição do masoquismo ou da autodestrutividade o mesmo que acusar uma pessoa de ter prazer na dor – de "culpar a vítima" –, como se essa pessoa conscientemente abusasse de si mesma como uma forma perversa de prazer.

Quando o caráter de alguém é problemático o bastante para ser considerado um transtorno da personalidade, existe por definição algo de masoquista nisso. Se os principais modos de alguém pensar, sentir, relacionar, lidar com as coisas e defendê-las são repetidamente mal-adaptativos, os padrões de personalidade desse indivíduo se tornaram autodestrutivos. Pessoas cujo masoquismo está em *primeiro plano* em seus padrões repetitivos, em vez de acompanhar outras dinâmicas, são aquelas que os analistas podem considerar como personalidades masoquistas. Assim como as dinâmicas das pessoas organizadas de modo depressivo, as de indivíduos masoquistas variam das mais anaclíticas (*self* em relação) às mais introjetivas (definição de *self*) (Blatt, 2008). Pessoas masoquistas com intensas necessidades anaclíticas são às vezes chamadas de masoquistas relacionais; isto é, suas ações autodestrutivas resultam de um esforço em manter o apego a todo custo. O termo "masoquista moral" é em geral mais aplicado às pessoas organizadas introjetivamente, que organizaram sua autoestima em torno da própria capacidade de tolerar dores e sacrifícios. Na segunda categoria, eu colocaria a exausta enfermeira de uma unidade de tratamento intensivo para a qual sugeri que trabalhasse menos de 80 horas por semana. "Bem, talvez *outros* profissionais tenham padrões mais leves", ela disse, olhando fixo para mim, "mas não é o meu caso".

Os padrões de caráter masoquista sobrepõem-se bastante aos de caráter depressivo, em especial no nível que vai do neurótico ao saudável; muitas pessoas de um tipo têm aspectos do outro. Kernberg (1984, 1988) considera a personalidade depressiva/masoquista um dos tipos mais comuns de caráter neurótico. Estou enfatizando as diferenças entre os dois funcionamentos psicológicos porque, especialmente no níveis *borderline* e psicótico requerem estilos terapêuticos bem contrastantes. Muito prejuízo pode ser causado quando, com as melhores intenções, um terapeuta confunde uma pessoa com personalidade predominantemente masoquista com uma basicamente depressiva, e vice-versa. Há pouco tempo descobri que Richard Friedman (1991), que vem de uma tradição disciplinar diferente da minha, fez observações semelhantes, distinguindo a depressão que é "integralmente associada com o masoquismo caracterológico" daquela que não o é, e argumentando que "os pacientes depressivos masoquistas constituem um subgrupo importante, no momento oculto, entre aqueles que têm depressão crônica. Eles podem ser encontrados com facilidade entre pacientes cronicamente deprimidos cuja reação ao tratamento está abaixo das expectativas" (p.11).

PULSÃO, AFETO E TEMPERAMENTO NO MASOQUISMO

Em um contraste interessante com as condições depressivas, os padrões autodestrutivos não foram objeto de uma extensa pesquisa empírica, provavelmente porque o conceito de masoquismo não foi abraçado de forma ampla para além da comunidade psicanalítica. Por isso, pouco se sabe sobre as contribuições constitucionais para a organização da personalidade masoquista. Exceto pela conclusão de Krafft-Ebing (1900) de que o masoquismo sexual é genético e por algumas especulações sobre o papel da agressão oral (p. ex., L. Stone, 1979), poucas hipóteses foram levantadas a respeito do temperamento inato ao masoquismo. A experiência clínica sugere que uma pessoa que se torna caracterologicamente masoquista possa ter (o que talvez também valha para aqueles que desenvolvem um caráter depressivo) uma constituição mais sociável e ansiosa por objetos do que, digamos, a criança isolada que tenha inclinação a um estilo esquizoide.

A questão sobre uma vulnerabilidade constitucional ao masoquismo continua sem resposta. Um tópico que tem chamado mais atenção dos profissionais diz respeito ao gênero. Muitos pesquisadores acadêmicos (p. ex., Galenson, 1988) têm a impressão de que o trauma e os maus-tratos na infância causam efeitos diferentes em crianças de gêneros diferentes: meninas abusadas tendem a desenvolver um padrão masoquista, enquanto meninos na mesma situação tendem a se identificar com o agressor e a se desenvolver em uma direção mais sádica. Como todas as generalizações, essa tem muitas exceções – homens masoquistas e mulheres sádicas não são raros. No entanto, talvez a maior força física dos homens adultos, e a antecipação de tal vantagem nos meninos, os impulsione a dominar o trauma de modo proativo e deixe suas irmãs com uma disposição maior em direção ao estoicismo, ao autossacrifício e à vitória moral por meio da derrota física – as consagradas armas dos fracos. Diferentes secreções de hormônios, como testosterona, dopamina e ocitocina, também podem desempenhar um importante papel nessas diferenças sexuais.

O mundo afetivo da pessoa masoquista é semelhante ao da depressiva, com uma importante ressalva: tristeza consciente e sentimentos de culpa inconscientes são comuns, mas, além disso, a maioria dos masoquistas facilmente sente raiva, ressentimento e mesmo indignação em relação ao próprio comportamento. Em tais estados, as pessoas autodestrutivas têm mais em comum com aquelas predispostas a paranoia do que com suas contrapartidas depressivas. Em outras palavras, muitos masoquistas sentem que estão sofrendo injustamente, como se fossem vítimas ou apenas azarados, de modo que não infligem a culpa a si mesmos (como no caso do "carma ruim"). Ao contrário daqueles que são apenas depressivos, e que, em algum nível, se resignam a seu destino infeliz porque isso é tudo o que acham que merecem, as pessoas masoquistas podem se proteger disso como o amante, de Shakespeare, que atormentou o surdo céu com seus gritos inúteis.

PROCESSOS DEFENSIVOS E ADAPTATIVOS NO MASOQUISMO

Assim como as pessoas depressivas, as masoquistas podem empregar as defesas de introjeção, virar-se contra o *self* e idealização. Além disso, confiam bastante no *acting out* (por definição, já que a essência do masoquismo está nas ações autodestrutivas). Masoquistas morais também usam a moralização (mais uma vez, por definição) para lidar com suas experiências internas. Por razões das quais irei tratar brevemente, pessoas com personalidades autodestrutivas são em geral mais ativas que indivíduos depressivos, e seu comportamento reflete à necessidade de fazer alguma coisa com seus sentimentos depressivos que contra-ataque os estados de desmoralização, passividade e isolamento.

A principal marca da personalidade masoquista é o uso do *acting out* defensivo de maneira a criar ameaças nocivas. A maioria das ações autodefensivas impulsionadas de forma inconsciente inclui um esforço de dominar uma esperada situação de dor (R. M. Lowenstein, 1955). Se alguém estiver convencido de que, por exemplo, todas as figuras de autoridade irão cedo ou tarde punir aqueles que dependem delas, então provocar a punição esperada aliviará a ansiedade e promoverá a segurança do indivíduo em relação ao próprio poder: pelo menos o tempo e o lugar do sofrimento puderam ser escolhidos pelo *self*. Terapeutas de orientação do domínio do controle (p. ex., Silberschatz, 2005) referem-se a tal comportamento como "transformação do passivo em ativo".

Freud (1920) ficou a princípio impressionado com o poder do que chamava de compulsão à repetição em casos desse tipo. A vida é injusta: aqueles que mais sofrem na infância são em geral os que mais sofrem na vida adulta, e em cenários que de forma estranha refletem as circunstâncias de sua infância. De insultos a injúrias, as situações adultas parecem, aos pesquisadores, ser provocadas pelo próprio sofredor, embora raramente essa seja sua experiência consciente. Conforme Sampson, Weiss e outros colaboradores apontaram (p. ex., Weiss, Sampson e The Mount Zion Psychotherapy Research Group, 1986), padrões repetitivos caracterizam o comportamento de todas as pessoas; se alguém tem a sorte de ter contado com uma infância positiva e segura, seus padrões repetitivos são quase invisíveis, já que se encaixam de modo confortável nas oportunidades realistas da vida e tendem a reproduzir emocionalmente situações positivas. Quando alguém tem uma história infantil que inclua pavor, negligência ou abuso, a necessidade de recriar essas circunstâncias a fim de tentar dominá-las psicologicamente pode ser tanto visível quanto trágica.

Uma paciente que se cortava, da qual tratei por muitos anos, acabou localizando as fontes de seu masoquismo no abuso precoce por parte de sua mãe, incluindo uma vez em que essa mulher profundamente perturbada, em uma fúria cega, cortou-a com uma faca. À medida que as memórias voltaram, e que ela começou a lamentar sobre aquele antigo desamparo e a discriminar sua realidade passada da presente, a automutilação cessou de forma gradual. Mas não antes de ela ter ferido a própria pele irreversivelmente e criado cenas traumáticas para outras pessoas. Uma vez que estava no nível psicótico de organização de personalidade, o trabalho foi lento e precário, mas por fim teve sucesso.

Uma mulher muito mais saudável com a qual trabalhei costumava contar sobre suas extravagâncias financeiras para o marido supereconômico sempre que a relação deles começava a ficar calorosa e confortável. Ela tinha certeza que isso despertaria a fúria dele. Descobrimos juntas que o hábito provocativo revelava o persistente poder da conclusão à qual ela havia chegado, quando criança, de que sempre que as coisas estão calmas vem uma tempestade a seguir. Quando o casamento estava indo bem, ela começava, de forma inconsciente, a se preocupar que, assim como seu pai explosivo, seu marido destruísse a felicidade deles com uma crise explosiva. Estava, então, agindo de um modo segundo o qual, visceralmente, sabia que traria um resultado desse tipo, a fim de superar essa situação e restaurar uma conexão prazerosa. Entretanto, do ponto de vista do marido, ela não estava restaurando o bem-estar, mas causando dor.

Reik (1941) explorou as várias dimensões do *acting out* masoquista, incluindo (1) provocação (como no exemplo citado), (2) apaziguamento ("Já estou sofrendo, por favor, não me castigue mais"), (3) exibicionismo ("Preste atenção: eu estou sofrendo") e (4) redirecionamento da culpa ("Veja o que você fez comigo!"). Muitos usam com frequência defesas masoquistas menores por uma ou mais de uma dessas razões. Terapeutas em treinamento que lidam com a supervisão por meio de uma torrente de autocríticas estão em geral usando uma estratégia masoquista para atingir suas expectativas: se meu supervisor pensar que cometi um erro enorme com meu cliente, então mostro que estou consciente disso e que já puni a mim mesmo o suficiente; caso isso não ocorra, ficarei reassegurado e aliviado.

O comportamento autodestrutivo no masoquismo relacional pode ser entendido como uma defesa contra a ansiedade de separação (Bach, 1999). Ele tem uma maneira de engajar e envolver os outros no processo masoquista. Certa vez, em um grupo de terapia do qual participei, havia um membro que sempre levava as críticas ao grupo como dirigidas a ele mesmo, de um modo bastante previsível e do qual parecia, de forma ingênua, não estar consciente. Quando confrontado com a evidência de que sua condição auto-humilhante e lamentosa induzia a exasperação e o ataque dos outros, ele se tornou estranhamente controlado e admitiu: "Prefiro apanhar a não ser tocado de jeito nenhum". (Volto a falar sobre tal dinâmica na seção sobre relações de objeto.)

Com aqueles cujo masoquismo é mais introjetivo, a moralização pode ser uma defesa exasperadora. Com frequência, esses masoquistas estão mais interessados em uma vitória moral do que em resolver algum problema prático. Levei semanas de trabalho até conseguir que uma paciente autodestrutiva considerasse escrever uma carta para a Receita Federal, que deveria lhe dar uma considerável quantia da qual era merecedora legal. Ela passou horas de terapia tentando me convencer de que a Receita havia considerado seu imposto inadequado – o que era de fato verdade, mas completamente fora de questão, que era recuperar seu dinheiro. Ela preferia muito mais minha indignação simpática a meus esforços de ajudá-la a ser recompensada. Abandonada às próprias escolhas, minha paciente preferia colecionar várias injustiças e lamentá-las do que eliminar uma única sequer.

Parte da dinâmica, aqui, parece envolver um jeito especial de lidar com a convicção depressiva introjetiva da própria pessoa de que é má. A necessidade de cativar ouvintes que validem que os outros é que são culpados pode ser o bastante para subjugar os objetivos práticos aos quais a maioria das pessoas dá prioridade. Uma razão pela qual uma criança que tem um padrasto ou madrasta – mesmo do tipo bem-intencionado – tende a se comportar de forma masoquista (agindo de modo ressentido ou provocante, incitando reações punitivas) pode estar na culpa inconsciente. Crianças que perderam o pai ou a mãe têm propensão a acreditar que sua própria maldade é que fez com que este fosse embora. Ao preferir um sentimento de poder da culpa em vez de um sentimento de impotência desamparada, elas tentam se convencer e aos outros de que é o pai (ou a mãe) substituto(a) que é mau(má), redirecionando assim seu próprio sentimento de ter falhado. Elas podem fazer provocações até que o comportamento do padrasto (ou da madrasta) de fato passe a apoiar essa convicção.

Tais dinâmicas podem explicar por que em geral é difícil influenciar um sistema familiar com pai/mãe substituto(a) de forma puramente comportamental. O objetivo da parte raivosa e influenciada pode estar muito mais relacionado com prolongar o sofrimento (de modo que outra pessoa seja vista como culpada) do que com melhorar a atmosfera familiar. É claro que esse fenômeno não ocorre apenas em famílias reconstituídas. Toda professora primária tem uma reserva de histórias sobre pais biológicos que se apresentam como mártires sofredores, vítimas do mau comportamento de suas crianças, e que não conseguem pensar em qualquer sugestão para melhorar esse quadro. Tem-se a impressão de que a necessidade de terem a confirmação de que seus filhos são maus, e de seus próprios papéis como pais impassíveis e persistentes, ultrapassa quaisquer outras considerações.

Outra defesa frequente é a negação. Pessoas cuja organização masoquista comumente demonstram com suas palavras e atitudes que estão sofrendo, ou que alguém está abusando delas, de modo que possam negar que estejam sofrendo qualquer desconforto ou protesto particular em relação às boas intenções do abusador. "Tenho certeza de que ela tem boas intenções e age pensando no melhor para mim", disse certa vez um cliente meu sobre uma funcionária que claramente não gostava dele e o havia humilhado em frente a todos os colegas. "Como você se sentiu quando ela o tratou assim?", perguntei. "Ah, achei que ela estivesse tentando me ensinar algo importante", ele respondeu, "então agradeci por seus esforços".

PADRÕES RELACIONAIS NO FUNCIONAMENTO PSICOLÓGICO MASOQUISTA

Emmanuel Hammer gostava de dizer que um masoquista é uma pessoa depressiva que ainda tem esperanças. O que ele queria dizer com isso é que, na etiologia das condições masoquistas como opostas às depressivas, a privação ou a perda traumática que levou a uma reação depressiva não foi tão devastadora a ponto de a criança simplesmente desistir da ideia de ser amada (ver Berliner, 1958; Bernstein, 1983; Lax, 1977; Salzman, 1962; Spitz, 1953). Muitos pais com um mínimo de funcionalidade podem ser impelidos a agir quando suas crianças são machucadas ou estão em perigo. Os filhos desses pais aprendem que, embora sintam-se abandonados e sem valor, se sofrerem o bastante talvez consigam alguma ajuda (Thompsom, 1959). Para uma criança, qualquer atenção dos pais é mais segura do que uma negligência, uma realidade que Wurmser capturou em um livro chamado *Torment Me but Don't Abandon Me* (2007).

Uma mulher que avaliei tinha uma história extraordinária que incluía injúrias, doenças e infelicidade. Ela também havia tido uma mãe psicoticamente depressiva. Quando perguntei por sua primeira lembrança, ela citou um incidente de quando tinha 3 anos e derrubou um ferro de passar roupa, queimou-se e recebeu uma rara manifestação de consolo maternal. É comum que a história de uma pessoa masoquista se pareça com a de uma depressiva, com perdas não lamentadas, cuidadores críticos e indutores de culpa, reversão de papéis (quando a criança se sente responsável pelos pais), contextos de trauma ou abuso e modelos depressivos (Dorpat, 1982). Se prestarmos muita atenção, também perceberemos um grupo de pessoas que se sensibilizaram quando o cliente estava com muitos problemas. Enquanto as pessoas depressivas sentem que não há alguém lá fora para ajudá-las, as masoquistas podem sentir que, a não ser que demonstrem suficientemente sua necessidade de compaixão ou cuidado, terão de enfrentar um completo abandono emocional.

Esther Menaker (p. ex., 1953) foi uma das primeiras analistas a descrever como as origens do masoquismo podem estar em questões de dependência e de medo de ficar sozinho. "Por favor, não me deixe; vou me ferir em sua ausência" é a essência de muitas das comunicações masoquistas, como no exemplo da filha de meu colega que ameaçou destruir todos os seus brinquedos. Em um projeto de pesquisa fascinante sobre o funcionamento psicológico de mulheres que repetidas vezes foram gravemente espancadas (incluindo aquelas que rompem, mas sempre voltam para os mesmos parceiros que quase as mataram), Ann Rasmussen (1988) aprendeu que essas pessoas em grave perigo têm mais medo do abandono que da dor ou mesmo da morte. Ela ressalta:

> Quando separadas de seus espancadores, muitas sentem um desespero tão agudo que sucumbem à depressão maior e mal conseguem funcionar [...] Muitas se descreveram como incapazes de se alimentar, de sair da cama e de interagir com outras pessoas. Como um desses sujeitos colocou, "quando estávamos separados, eu não sabia como levantar pela manhã [...] meu corpo esqueceu como se come, cada farelo de comida era como uma pedra no meu estômago". As profundezas às quais desciam quando estavam sozinhas eram incomparavelmente maiores do que em qualquer estado de angústia que tenham experimentado quando acompanhadas de parceiros abusadores. (p.220)

Não é incomum que se aprenda com pacientes masoquistas que os únicos momentos em que um pai ou uma mãe investiram neles emocionalmente ocorreram quando o objetivo era puni-los. Uma associação de apego e dor é inevitável sob tais circunstâncias. A provocação, uma combinação peculiar de afeto e crueldade, também pode semear masoquismo (Brennan, 1952). Em especial quando a punição foi excessiva, abusiva ou sádica, a criança aprende que o sofrimento é o preço do relacionamento. E as crianças buscam relacionamentos ainda mais do que segurança física. Vítimas de abuso infantil geralmente internalizam a racionalização de seus pais a respeito dos maus-tratos, porque é melhor apanhar do que se sentir negligenciado. Outro indivíduo no estudo de Rasmussen (1988) confidenciou: "Tenho tido o sentimento de que desejo ser criança de novo. Queria ainda estar sob os cuidados de minha mãe. Gostaria que alguém me desse uma surra agora, porque uma surra é uma maneira de fazer com que as pessoas escutem e aprendam no futuro. Se eu tivesse uma mãe para me surrar mais, poderia entrar na linha" (p.223).

Outro aspecto da história da maioria das pessoas cuja personalidade se tornou estruturada em um esquema masoquista é que foram bastante recompensadas por terem enfrentado adversidades com elegância. Quando tinha 15 anos, uma mulher que conheço perdeu a mãe de câncer no colo do útero. A mãe morou em casa durante os meses que estava morrendo, definhando em um estado cada vez mais comatoso e incontinente. A filha assumiu o papel de enfermeira, trocando as ataduras da cirurgia de colostomia, lavando panos ensanguentados todo dia e virando o corpo da mãe para evitar a formação de escaras. A mãe da mãe, profundamente tocada por essa devoção, expressava efusivos comentários sobre como sua neta era solidária e valente, como Deus deveria estar sorrindo para ela, como ela abdicava de suas vontades adolescentes para cuidar da mãe enferma sem reclamar. Tudo isso era verdade, mas o efeito em longo prazo de ela ter recebido tantos elogios por seu autossacrifício (e tão pouco encorajamento para descansar um pouco e para cuidar de suas próprias necessidades) criou uma configuração de uma vida inteira baseada no masoquismo: ela lidou com todos os desafios posteriores de desenvolvimento com tentativas de demonstrar sua generosidade e paciência. Os outros reagiram em parte com aborrecimento por seus repetidos esforços em tratá-los como dependentes.

Nos relacionamentos diários, as pessoas autodestrutivas tendem a se apegar a amigos do tipo "companheiros de amor e sofrimento" e, se são da variedade masoquista moral de sofredores, gravitam em torno daqueles que possam validar seu sentimento de injustiça. Elas também são propensas – sendo as parceiras espancadas apenas o exemplo mais extremo – a recriar relacionamentos nos quais foram tratadas com insensibilidade ou mesmo com sadismo. Alguns apegos sadomasoquistas parecem ser o resultado de uma pessoa autodestrutiva ter escolhido um parceiro com uma tendência preexistente ao abuso; em outros contextos, parece que a pessoa sofrendo maus-tratos se conectou com um tipo adequado de parceiro, mas deu um jeito de despertar o que havia de pior nele.

Nydes (1963) argumentou (cf. Bak, 1946) que pessoas com personalidades masoquistas têm algumas características em comum com as paranoides e que alguns indivíduos mudam ciclicamente de orientações masoquistas para paranoides e vice-versa. A fonte de tal afinidade é o direcionamento comum para a ameaça. Tanto as pessoas paranoides quanto as autodestrutivas sentem um medo constante de ataques à própria autoestima, segurança e bem-estar físico. A solução paranoide diante de tal ansiedade é algo como "Vou atacá-lo antes que você me ataque", enquanto a reação masoquista é "Vou me atacar antes para que você não tenha que fazer isso". Tanto as pessoas masoquistas quanto as paranoides estão inconscientemente preocupadas com a relação entre poder e amor. A paranoide sacrifica o amor pela manutenção de um sentimento de poder; a masoquista faz o contrário. Em especial no nível *borderline* da organização de personalidade, essas diferentes soluções podem se apresentar como estados de *self* alternados, deixando o terapeuta confuso, sem saber se deve identificar o paciente como uma vítima apavorada ou como um antagonista ameaçador.

As dinâmicas masoquistas podem permear a vida sexual de alguém com uma personalidade autodestrutiva (Kernberg, 1988), mas muitas pessoas de caráter masoquista não são sexualmente masoquistas (de fato, ao mesmo tempo em que suas fantasias de masturbação podem conter elementos masoquistas a fim de aumentar a excitação, elas se sentem com frequência desestimuladas quando notam qualquer tipo de agressão do parceiro). De modo inverso, muitas pessoas cuja história sexual envolve um parceiro eroticamente masoquista não têm personalidades autodestrutivas. Um legado infeliz da antiga teoria da pulsão, que conecta a sexualidade de forma tão íntima com a estrutura de personalidade em nível conceitual, tem sido um pressuposto volúvel de que as dinâmicas sexuais e as dinâmicas de personalidade seriam sempre isomórficas. Com frequência elas são. No entanto, talvez felizmente, as pessoas são quase sempre mais complexas do que isso.

O *SELF* MASOQUISTA

A representação de *self* da pessoa masoquista também é comparável, até certo ponto, com a da depressiva: sentir-se sem valor, culpada, rejeitada, merecedora de punições. Além disso, pode ocorrer um senso sutil, e às vezes consciente, de ser necessitada e incompleta em vez de simplesmente abandonada, além de uma crença de que se é destinado a má compreensão, não apreciação e maus-tratos. Pessoas com uma estrutura de personalidade masoquista moral com frequência impressionam os outros se apresentando como grandiosas e desdenhosas, ressaltando o próprio sofrimento e desprezando aqueles mortais menores que não conseguem enfrentar uma tribulação semelhante com tanta graça. Embora tal atitude faça os masoquistas morais aparentarem estar desfrutando de seu sofrimento, uma formulação melhor seria a de que eles teriam encontrado uma base de compensação nisso a fim de apoiar a própria autoestima (Cooper, 1988; Kohut, 1977; Schafer, 1984; Stolorow, 1975).

Às vezes, quando os clientes masoquistas estão relembrando circunstâncias em que foram maltratados pelos outros, é possível perceber um leve sorriso em sua expressão facial, antes magoada. É fácil cogitar que sentem algum tipo sádico de prazer ao difamar de forma tão veemente quem os atormentou. Essa pode ser outra explicação para o pressuposto comum de que as pessoas autodestrutivas têm prazer com o próprio sofrimento. Contudo, é mais acurado dizer que elas alcançam algum ganho secundário com as soluções de "apego pelo sofrimento" aplicadas a seus dilemas interpessoais. Aqueles que são inclinados ao masoquismo moral acreditam estar lutando para não reagir, expondo seus abusadores como moralmente inferiores ao falarem sobre as agressões e saboreando a vitória moral que tal estratégia propicia.

Aqueles com inclinações mais relacionais podem estar sorrindo porque é esperado que seu comportamento masoquista extraia mais conexão da pessoa com quem estão se relacionando. Os psiquiatras estão dolorosamente familiarizados com o paciente que sempre tem uma aparência frustrada, mas com um discreto sorriso no canto da boca enquanto anuncia que "Parece que a medicação não fez efeito de novo". A maioria dos terapeutas está familiarizada com clientes que reclamam de maneira impiedosa de chefes, familiares, amigos ou parceiros, mas que, quando encorajados a fazer algo para remediar essa situação, ficam desapontados, mudam de assunto e redirecionam suas dores para outras áreas. Quando a autoestima é melhorada, e/ou um relacionamento parece estar sendo reforçado, por meio do enfrentamento corajoso do infortúnio, e quando esses objetivos são vistos como menos atingíveis a pessoa agir em interesse próprio ("egoisticamente"), é difícil reenquadrar uma situação desagradável por meio de medidas corretivas.

Ao contrário da maioria das pessoas organizadas de forma depressiva, que tende a se isolar na solidão, os indivíduos masoquistas podem lidar com a maldade que sentem em si mesmos projetando-a nos outros e se comportando de um jeito que explicite que a maldade está fora e não dentro. Esse é outro aspecto no qual os padrões autodestrutivos e as defesas paranoides se parecem. Indivíduos masoquistas normalmente sofrem de um pavor primitivo menos intenso do que o dos paranoides e não requerem tantas transformações defensivas de afeto a fim de eliminar os aspectos indesejados. Além disso, ao contrário dos paranoides, que podem ser reclusos, precisam de alguém sempre ao alcance da mão para ser o depósito de suas inclinações sádicas rejeitadas. Uma pessoa paranoide pode resolver a ansiedade atribuindo uma malevolência projetada a forças vagas ou perseguidores distantes, enquanto a masoquista atribuirá isso a alguém que está perto, cujo comportamento observável demonstra o acerto da crença de quem projeta quanto à torpeza moral do objeto.

TRANSFERÊNCIA E CONTRATRANSFERÊNCIA COM PACIENTES MASOQUISTAS

Clientes masoquistas tendem a reencenar com o terapeuta o drama da criança que precisa de cuidados mas só os recebe se demonstra sofrimento. O terapeuta pode ser visto como um pai que deve procurar salvar e confortar o paciente, que é fraco, que está sofrendo ameaças e desprotegido dos desafios da vida se não puder contar com ajuda. Se o cliente se envolveu em situações realmente perturbadoras e perigosas e não tem a menor ideia de como se livrar delas, não é incomum que o terapeuta sinta que, antes de começar o tratamento, a segurança do indivíduo precisa ser garantida. Em exemplos menos extremos de apresentações masoquistas, existe ainda alguma comunicação de desamparo diante a adversidades da vida e também uma evidência de que o único modo que o cliente tem de lidar com as dificuldades é tentando ser tolerante, estoico e mesmo alegre diante da infelicidade.

Clientes masoquistas com frequência tentam convencer o terapeuta de que precisam, e merecem, ser salvos. Coexistindo com essas metas está o medo de que o terapeuta seja negligente, distraído, egoísta, crítico ou uma autoridade abusiva que irá expor a falta de valor do paciente, culpar a vítima por ser vitimizada e abandonar o relacionamento. As metas de salvamento e os medos de maus-tratos podem ser tanto conscientes quanto inconscientes, egossintônicos ou estranhos ao ego, respectivamente, dependendo do nível de organização mental do indivíduo. Além disso, as pessoas autodestrutivas vivem em um estado de pavor, quase sempre inconsciente, de que um observador distinga suas deficiências e as rejeite por seus pecados. Para combater tais medos, tentam deixar óbvio tanto o próprio desamparo quanto as próprias tentativas de serem boas.

Existem dois tipos de contratransferência comuns na dinâmica masoquista: contramasoquismo e sadismo. Em geral ambos estão presentes. O padrão mais frequente de reação profissional, sobretudo em terapeutas iniciantes, é primeiro ser generoso em excesso (e de forma masoquista), tentando convencer o paciente de que seu sofrimento é apreciado e de que ele pode confiar que não será atacado. Então, quando esse tipo de abordagem parece mostrar que o paciente só se sente mais desamparado e miserável diante dele, o terapeuta percebe sentimentos de irritação estranhos ao ego, seguidos por fantasias de retaliação sádica direcionada ao cliente por ele ser tão resistente a ajuda.

Uma vez que os terapeutas com frequência têm funcionamento psicológico depressivo e tendo em vista que é fácil – em especial no início do tratamento – confundir uma pessoa com predominância masoquista com uma basicamente depressiva, os analistas em geral procuram fazer pelo paciente o que seria útil para eles mesmos caso estivessem em seu lugar. Eles enfatizam em suas interpretações e em suas condutas que estão disponíveis, que apreciam a dimensão da infelicidade da pessoa e que suportarão, se necessário, dores adicionais para ajudá-la. Terapeutas são conhecidos por reduzir os honorários, marcar sessões extras, aceitar chamadas telefônicas 24 horas, assim como por fazer outros tipos de acordos especiais na esperança de aumentar a aliança terapêutica com um paciente que parece perdido em um pântano sombrio. Tais ações, que podem facilitar o trabalho com uma pessoa depressiva, são contraprodutivas quando direcionadas a uma masoquista, porque convidam à regressão. O paciente aprende que as práticas de autodestruição fazem efeito: quanto mais pronunciado o sofrimento, mais solidária a reação. O terapeuta aprende que, apesar do esforço máximo do paciente, as piores coisas acontecem – um espelho perfeito da experiência de mundo da pessoa masoquista.

Tendo observado em mim e em meus alunos que todos aprendemos da pior maneira possível a trabalhar com clientes masoquistas; por exemplo, ao tentar evitar atuar de maneira masoquista e acabar tendo reações sádicas e de desapontamento em relação às pessoas pelas quais deveríamos sentir compaixão. Muitos terapeutas lembram vividamente do paciente com quem aprenderam a estabelecer limites na regressão masoquista em vez de reforçá-la. No meu próprio caso, fico constrangida de contar que, em um fluxo de fantasias de salvamento em relação a um de meus primeiros pacientes realmente perturbados (um jovem paranoide/masoquista na faixa psicótica), eu estava tão ansiosa para provar que era um bom objeto que, ao ouvir sua triste história e sobre como não tinha mais como se locomover até o trabalho, emprestei-lhe meu próprio carro. De forma pouco surpreendente, ele jogou o carro contra uma árvore.

Além da inclinação comum a apoiar, em vez de confrontar, as reações masoquistas, os terapeutas quase sempre acham difícil admitir as necessidades sádicas. Visto que os sentimentos que não são percebidos conscientemente tendem a ser expressos na forma de ações (*acting out*), tal inibição pode ser perigosa. É possível que a sensação dos consumidores de serviços de saúde mental de que os terapeutas possam estar culpando a vítima não seja acidental; ela pode derivar da sensação de muitos pacientes de terapia que já foram objetos de sadismo inconsciente por parte de terapeutas que estavam se sentindo vulneráveis. Se o terapeuta esforçou-se a tempo de se ressentir com o paciente que só se torna mais disfórico e chorão, é fácil racionalizar com uma rejeição ou uma interpretação punitiva ("Talvez esta pessoa precise de um terapeuta diferente").

Clientes masoquistas podem ser irritantes. Nada é mais tóxico para a autoestima de uma terapeuta do que um cliente que irradia a mensagem "Apenas tente me ajudar – eu só ficarei pior". Essa reação terapêutica negativa (Freud, 1937) foi por muito tempo relacionada com o masoquismo inconsciente, mas entender isso de modo racional e passar por isso emocionalmente são duas coisas bastante diversas. É difícil manter uma ati-tude de apoio benigno diante de um comportamento que teima em direção à auto-humilhação (ver Frank et al., 1952, sobre o *help-rejecting complainer*). Mesmo ao escrever este capítulo, estou consciente de talvez cair em um tom um tanto ressentido à medida que tento descrever o processo masoquista; alguns analistas (p. ex., Bergler, 1949) que escreveram sobre pacientes autodestrutivos soaram um tanto desdenhosos. A ubiquidade de tais sentimentos sublinha a necessidade de um automonitoramento cuidadoso. Reações de contratransferências sádicas e masoquistas não minam definitivamente o tratamento, mas um terapeuta que nega senti-las irá quase certo arranjar problemas.

Por fim, uma vez que pacientes masoquistas tendem a encarar seus comportamentos autodestrutivos com a negação emocional de suas implicações, os terapeutas acabam retraindo ansiedade, em geral acompanhada do sentimento de perigo do autoprejuízo. Com frequência percebi, ao tentar explorar as possíveis consequências do comportamento masoquista de alguém, que, à proporção que ia ficando mais ansiosa com os riscos que o paciente estava correndo, mais ele ficava calmo e inclinado a minimizar os problemas. "Você não teve medo de contrair HIV?" pode gerar uma resposta vaga, como "Não acho que isso vá acontecer" ou "Foi apenas uma vez" ou "Talvez, um pouco, mas não é sobre isso que quero falar agora".

IMPLICAÇÕES TERAPÊUTICAS DO DIAGNÓSTICO DE PERSONALIDADE MASOQUISTA

Freud e muitos de seus primeiros seguidores escreveram sobre a dinâmica masoquista, explicando suas origens e funções, seus objetivos inconscientes e seus significados escondidos, mas sem comentar sobre tratamentos ou implicações específicos. Esther Menaker (1942) foi a primeira a observar que muitos aspectos do tratamento clássico (como a posição inerte do paciente e a interpretação autoritária do analista) podem ser entendidos, pelos clientes masoquistas, como uma réplica das interações humilhantes de domínio e submissão. Ela recomendava modificações técnicas, tais como tratamento cara a cara, a ênfase no relacionamento real e na transferência e também a importância de evitar qualquer traço de onipotência no tom do analista. Sem a eliminação de todas as características potencialmente sadomasoquistas da situação terapêutica, Menaker pressentia que os pacientes correriam o risco de sentir apenas uma repetição da subserviência, da conformidade e do sacrifício da autonomia em prol da proximidade.

Esse argumento ainda é válido, talvez mais em espírito do que ao pé da letra das recomendações de Menaker (1942). Suas observações sobre o divã tornaram-se um tanto discutíveis, já que, de acordo com a prática psicanalítica corrente, apenas pacientes altamente funcionais seriam encorajados a deitar e fazer associações livres (e se presume que a pessoa masoquista de nível neurótico tenha um ego observador forte o bastante para perceber que relaxar em um divã não é o mesmo que aceitar um fracasso humilhante). Mas sua ênfase na centralidade do relacionamento real sobrevive. Visto que a pessoa masoquista precisa muito de um exemplo de autoafirmação saudável, a qualidade de ser humano do terapeuta, expressa na forma como o paciente estrutura a colaboração terapêutica, é muito importante para o prognóstico de um paciente autodestrutivo. A má vontade do terapeuta em ser explorado ou em estender sua generosidade até o ponto de um ressentimento inevitável pode abrir uma série de novos vislumbres de possibilidades para alguém que sacrificou preocupações pessoais pelo bem de outros. Por fim, a primeira "regra" do tratamento de clientes autodestrutivos é não ser um exemplo de masoquismo.

Anos atrás, um de meus supervisores, sabendo que eu tinha um comprometimento em ajudar pessoas de meios limitados, me disse que tudo bem baixar os valores dos honorários se os pacientes estivessem passando por necessidades financeiras, mas ressaltou que eu nunca deveria agir assim com um cliente masoquista. Como pareço, de forma inata, ser incapaz de seguir um bom conselho até perceber por meio de um erro próprio que ele funciona, desconsiderei seu aviso no caso de um homem diligente, honesto e atraente que me descreveu de modo convincente sua crise monetária que parecia fora de controle. Oferecei-me para "mantê-lo" até que se recuperasse financeiramente. Ele foi ficando cada vez mais incompetente em relação ao dinheiro, eu fui ficando mais e mais magoada, e, por fim, tivemos de corrigir meu erro por meio de um plano de reembolso que foi uma dor de cabeça. Nunca mais cometi tal erro, mas noto que meus alunos quase sempre aprendem isso por meio de experiências amargas, como eu. Não seria tão frustrante se o terapeuta fosse o único a pagar o preço de uma generosidade equivocada, mas quando o prejuízo ao paciente se torna óbvio, a confiança no papel do terapeuta como alguém que deveria promover a cura fica também extremamente abalada.

Logo, com pacientes autodestrutivos, demonstrar um autossacrifício "terapêutico" não faz efeito. Isso os faz sentir culpados e não merecedores de melhoras. Eles mal conseguem aprender como demonstrar suas prerrogativas se o terapeuta exemplificar uma autoeliminação. E, em vez de tentar diminuir os honorários com uma pessoa masoquista, deve-se calcular que quantia seria adequada à capacidade requerida para trabalhar com uma dinâmica desafiante, e então receber um pagamento sentindo-se merecedor dele. Nydes (1963) intencionalmente demonstrava a seus pacientes masoquistas o prazer que sentia ao ser paga, acariciando seus cheques com alegria ou embolsando-os com uma satisfação óbvia.

A resistência de muitos terapeutas em demonstrar doses apropriadas de preocupação com a própria segurança, apesar da clara necessidade dos pacientes masoquistas de ter um modelo razoável de autocuidado, provavelmente não derive apenas de possíveis inibições internas em relação a interesses pessoais – sempre uma boa aposta quando se trata de terapeutas –, mas de presságios acurados de que os pacientes autodestrutivos irão reagir aos limites com fúria e crítica. Em outras palavras, eles serão punidos por egoísmo, do mesmo modo que muitas pessoas masoquistas foram punidas por seus objetos primários. Isso é verdade, e também é esperado que aconteça. Pessoas autodestrutivas não precisam aprender que são toleradas quando sorriem bravamente; elas precisam descobrir que são aceitas mesmo quando perdem a paciência.

Além disso, elas precisam entender que a raiva é natural quando não conseguimos o que desejamos e pode ser entendida exatamente dessa maneira pelos outros. Ela não precisa ser fortificada por um moralismo autorrigoroso e por exibicionismos de sofrimento. Pessoas masoquistas podem acreditar que merecem ser tratadas com hostilidade quando lhes ficar claro que agiram errado, um pressuposto que lhes custa incontáveis horas de sofrimento psicológico desnecessário. Quando sentem alguma frustração, raiva ou decepção normais, elas podem ou negar ou moralizar o sentimento a fim de não se sentirem vergonhosamente egoístas. Quando os terapeutas agem demonstrando preocupação com eles mesmos e tratam a raiva reativa dos pacientes masoquistas como natural e interessante, a maioria das categorias internas alimentadas e prejudiciais desses pacientes é remodelada.

Por essa razão, terapeutas experientes podem dar conselhos como "nada de sorrisinhos" (sem expressões de compaixão) com pacientes masoquistas (Hammer, 1990; Nydes, 1963). Isso não significa que o terapeuta os culpe pelas dificuldades, ou que esteja retornando sadismo em troca de seu masoquismo, mas que, em vez de engendrar comunicações traduzidas para "Coitadinho de você!", o terapeuta pode, com tato, perguntar: "Como você foi se envolver em tal situação?". A ênfase deve ser sempre na capacidade do cliente de melhorar as coisas. Tais reações construídas pelo ego e não infantilizantes tendem a irritar a pessoa autodestrutiva que pode acreditar que a única forma de incitar calor humano seja demonstrar desamparo. Tais intervenções proporcionam oportunidades para que o terapeuta receba bem a expressão de raiva normal, demonstre aceitação pelos sentimentos negativos do cliente e sinta alívio pelo aumento de autenticidade.

De modo semelhante, não se deve "salvar" o cliente. Uma de minhas pacientes masoquistas mais perturbadas, cujos sintomas iam da bulimia a múltiplas adições e ansiedade de proporções psicóticas (e que às vezes acabavam em uma paralisia de pânico toda vez que temia que uma expressão de raiva em meu rosto nos separasse), em uma ocasião na qual detectou uma expressão de reprovação em meu rosto, ficou tão agitada que convenceu a equipe da unidade de saúde mental a hospitalizá-la por 72 horas. Depois de 12 horas, mais calma e então não querendo de jeito algum ficar internada, induziu o psiquiatra a concordar que, com minha permissão, ela pudesse sair mais cedo. "Você sabia que estava se internando por três dias quando assinou isso", eu disse, "então espero que mantenha seu compromisso". (Ela estava pálida.) Anos depois, ela me confidenciou que esse havia sido o "momento da virada" na terapia, porque a tratei como uma adulta, uma pessoa capaz de conviver com as consequências de suas ações.

Da mesma forma, o terapeuta não deve se render a culpa e dúvidas sobre si mesmo. É possível sentir a pressão poderosa dos clientes masoquistas para que abracemos seu funcionamento psicológico autoacusatório. Mensagens que têm como objetivo provocar culpa são com frequência mais fortes quando envolvem separações. Uma pessoa cuja autodestrutividade aumenta logo que o terapeuta resolve tirar férias (um cenário comum) está inconscientemente insistindo que ele não tem o direito de aproveitar algo sem sofrer por estar magoando o paciente. Comportamentos que podem ser traduzidos por "Veja o quanto você me fez sofrer!" ou "Veja o que me fez fazer!" são mais bem enfrentados por meio da reflexão empática da dor do cliente, combinada com uma alegre disposição de não deixar que a tempestade do vizinho afete seu jardim.

Dar o exemplo de que é possível cuidar de si mesmo sem se sentir culpado pelas reações neuróticas dos outros pode gerar um pavor de ordem moral em pessoas masoquistas, mas também pode inspirá-las a se respeitarem um pouco mais. Aprendi isso pela primeira vez quando trabalhei com um grupo de jovens mães no qual o masoquismo compartilhado era incrível (McWilliams e Stein, 1987). Minha colíder era alvo de mensagens não verbais de que suas férias (que estavam próximas) estavam magoando os membros do grupo. Tais mensagens eram transmitidas com garantias maternais dissimuladas de que não deveria se sentir mal por abandonar o grupo. Em reação a isso, ela anunciou que jamais sentiu uma gota de culpa, que estava pensando em se divertir e em não ter de pensar no grupo. As mulheres ficaram indignadas, mas depois voltaram a se animar e a agir com honestidade, como se tivessem ultrapassado um atoleiro de morte, hipocrisia e agressão passiva.

Com frequência é útil resistir à ansiedade que sentimos em relação a um paciente masoquista passando por uma situação perigosa, e encaminhar o material da frustração em um tom casual e não passional. Meu amigo Kit Riley me ensinou que, quando se está tentando ajudar uma mulher que sempre volta para o perigoso abusador, expressar ansiedade apenas faz a paciente se sentir magicamente "livre" da preocupação ("agora isso está no terapeuta, não nela"). E, em vez disso, pode ser de grande valor dizer, em um tom sério, porém prático:

> Entendi que ele não quer matá-la, que se arrepende depois de atacá-la, que demonstra seu amor e que você o ama e quer voltar. Muito bem. No entanto, temos que considerar seriamente a possibilidade de que, sem ter a intenção, ele entre em um estado no qual *a mate* de fato. Temos de levar em conta esse perigo. Você tem um testamento? Você já falou com seus filhos sobre quem vai cuidar deles caso você seja morta? Você tem seguro de vida? Se seu parceiro é o beneficiário, talvez você deseje mudar isso...

Quando o terapeuta se recusa a assumir a ansiedade e simplesmente fala da realidade, esse tipo de cliente tende a sentir nela mesma a ansiedade que falhou em transferir para o terapeuta e precisa, então, enfrentar as implicações de seu comportamento masoquista.

O tempo, é claro, é importante. Se o terapeuta se impõe com muita força ou muito rápido, antes de uma confiável aliança de trabalho ter sido estabelecida, o paciente se sentirá criticado e acusado. A arte de expressar uma apreciação compassiva ao fato de o sofrimento das pessoas masoquistas estar "além" do controle consciente (apesar de parecer escolhido por elas mesmas) e, ao mesmo tempo, adotar uma postura de confronto, uma atitude que respeite a habilidade dessas pessoas em tornar suas vontades conscientes e mudar as circunstâncias, não pode ser ensinada em um livro. Entretanto, todo profissional racionalmente cuidadoso desenvolve uma intuição sobre como e quando confrontar. Se as tentativas do terapeuta magoarem o cliente além de um nível terapêutico de desconforto, o profissional deve se desculpar (E. S. Wolf, 1988), mas sem uma autorrecriminação excessiva.

Além de se comportar de uma forma que contra-ataque as expectativas patológicas dos pacientes masoquistas, o terapeuta deve ativamente interpretar evidências de crenças irracionais, porém inconscientes, como "Se eu sofrer o bastante terei amor" ou "A melhor maneira de lidar com meus inimigos é demonstrar que eles são abusadores" ou "Só me aconteceu uma coisa boa porque puni a mim mesmo o suficiente". É comum que pessoas autodestrutivas tenham crenças mágicas que conectem confiança e determinação com punição, e auto-humilhação com um triunfo final. É possível encontrar na maioria das práticas religiosas e das tradições populares uma conexão entre sofrimento e recompensa, e pessoas masoquistas com frequência apoiam a própria patologia sem se criticarem quando apoiadas em tais ideias. Essas crenças podem nos consolar, aliviando nossa crise em relação ao sofrimento que pode ser excêntrico ou inequivocamente destrutivo. Contudo, quando entram em prática, essas ideias podem ser mais danosas do que benéficas.

Entre as contribuições da teoria de maestria do controle para o entendimento psicanalítico está a ênfase nas crenças patogênicas e nos repetidos esforços do cliente em testá-las. Além de passar por esses testes se recusando a agir de forma masoquista no papel de terapeuta, o clínico deve ajudar o cliente a adquirir consciência do que são esses testes e o que revelam sobre as ideias subjacentes das pessoas a respeito da natureza da vida, dos seres humanos, da busca da felicidade, etc. Essa parte do tratamento, embora não seja tão desafiante emocionalmente quanto o controle da própria contratransferência, é a mais difícil. Fantasias onipotentes por trás de comportamentos masoquistas são difíceis de eliminar. É sempre possível encontrar evidências, em eventos casuais, de que os sucessos da pessoa foram punidos e os sofrimentos recompensados.

A persistência do terapeuta ao expor crenças irracionais com frequência marca a diferença entre uma "cura de transferência" – a redução temporária dos comportamentos masoquistas baseados na idealização e na identificação com a atitude de respeito por si mesmo do terapeuta – e um profundo e duradouro movimento para longe da autoabnegação.

DIAGNÓSTICO DIFERENCIAL

Conforme já ressaltei, existe um componente masoquista em todas as configurações de personalidade discutidas neste livro – pelo menos quando elas abarcam um nível patológico de rigidez defensiva (ou de desenvolvimento aprisionado) problemático o bastante para estabelecê-las como *transtornos* de caráter, em vez de apenas tipos de caráter. Mas a função masoquista de qualquer tipo de padrão não é idêntica ao masoquismo como um motivo organizador da personalidade. Os tipos de funcionamento psicológico individual mais facilmente confundidos com o tipo de masoquismo de caráter abordado aqui são os funcionamentos depressivos e dissociativos.

Personalidade masoquista *versus* personalidade depressiva

Muitas pessoas têm uma combinação de dinâmicas depressivas e masoquistas e são, com razão, consideradas caracterologicamente depressivas/masoquistas. De acordo com minha experiência, contudo, na maioria desses indivíduos, o balanço entre tais elementos pende ou para uma direção ou para a outra. Visto que o estilo terapêutico ideal difere de uma para outra tendência, é importante que se discrimine entre esses dois tipos de funcionamento psicológico com coloridos depressivos. A pessoa na qual predominam características depressivas precisa, acima de tudo, aprender que o terapeuta não irá abandoná-la, julgá-la ou rejeitá-la, e que ele estará (ao contrário dos objetos internalizados que mantêm a depressão) especialmente disponível quando o cliente estiver sofrendo. A pessoa mais masoquista precisa descobrir que a autoconfiança, e não o sofrimento desamparado, pode despertar calorosidade e aceitação, e que o terapeuta (ao contrário do pai ou da mãe que não foram capazes de lhe dar atenção quando um desastre estava ocorrendo) não tem particular interesse nos detalhes de seu atual tormento.

Se tratarmos uma pessoa depressiva como masoquista, isso pode provocar um aumento da depressão ou mesmo um suicídio, já que o cliente irá se sentir acusado e abandonado. Se tratarmos uma pessoa masoquista como depressiva, isso poderá reforçar a autodestrutividade do paciente. Em um nível mais concreto, a maioria dos clínicos experientes descobriu que, quando uma medicação antidepressiva é dada a alguém com uma personalidade masoquista, mesmo se essa pessoa for diagnosticada com depressão do Eixo I, o medicamento não fará mais do que alimentar a crença patogênica do paciente de que precisa das autoridades e de suas mágicas para se sentir melhor. Ao atender uma pessoa com tendências tanto depressivas quanto masoquistas, o terapeuta deve avaliar continuamente se a dinâmica atualmente ativa é mais a depressiva ou mais a masoquista, de modo que o tom das intervenções terapêuticas seja apropriado ao processo defensivo primário do paciente.

Funcionamento psicológico masoquista *versus* funcionamento psicológico dissociativo

Ao longo das últimas décadas houve uma explosão de conhecimento sobre a dissociação. Atos que costumávamos entender exclusivamente de acordo com teorias sobre o masoquismo foram reinterpretados de maneiras mais específicas ao serem aplicados a pacientes com histórias que incluíam abuso e negligência traumática (Gabriel e Beratis, 1997; Howell, 1996). Muitas pessoas estão sujeitas a estados dissociativos nos quais repetem, de forma simbólica ou concreta, ações que lhes causam danos.

O exemplo mais dramático de vulnerabilidade para dissociar a autolesão é o cliente que alterna estados de *self* por meio de auto-hipnose, e então se engaja em uma reconstituição das torturas precoces. A investigação pode revelar a existência de outra personalidade, identificada com o algoz original, da qual a personalidade principal não lembra.

A dinâmica geral em tais casos é de fato masoquista, mas, se o terapeuta não prestar atenção ao fato de que a autoinjúria pode ter ocorrido em um estado dissassociado, por uma parte da pessoa que nem sempre é consciente, as interpretações serão inúteis. O Capítulo 15 sugere tratamentos para pessoas dissociativas; por enquanto, os leitores devem notar que, sobretudo em casos mais bizarros de automutilação, o paciente deve ser questionado sobre se de fato lembra de ter feito aquilo. Se ele realmente lembrar de ter infligido a si mesmo tais danos, pode-se perguntar-lhe sobre o grau em que se sente despersonalizado ou desencarnado (fora do corpo). Até que esse paciente tenha acesso ao estado mental no qual um ato autodestrutivo foi cometido, intervenções cujo objetivo seja reduzir a dissociação têm prioridade sobre interpretações de masoquismo.

RESUMO

Relatei a breve história do conceito de masoquismo e relacionei a ela os padrões autodestrutivos, distinguindo-os de concepções de masoquismo que envolvem a ideia do gozo por meio da dor. Diferenciei o masoquismo moral do relacional e mencionei as predisposições de gênero (predisposição ao masoquismo nas mulheres e ao sadismo nos homens) ao mesmo tempo em que ressaltei que a organização de personalidade masoquista é comum em pessoas de ambos os sexos. Formulei uma noção de masoquismo que envolve os principais afetos depressivos e ainda a raiva e o ressentimento e ressaltei que os processos de ego masoquistas incluem ainda defesas depressivas, *acting out*, moralização e negação. Argumentei que as relações masoquistas podem ser paralelas a experiências primárias com objetos que trataram da criança (durante seu crescimento) com negligência ou abuso, exceto em casos de uma ocasional calorosidade quando a criança sofria. O *self* masoquista é semelhante ao depressivo, com a ressalva de que, no primeiro caso, a autoestima é bravamente regulada por meio do enfrentamento de maus-tratos.

Caracterizei as transferências de pacientes autodestrutivos como um reflexo de desejos de serem valorizados e salvos e falei sobre contratransferências masoquistas e sádicas. Em termos do estilo de tratamento, recomendei que fosse dada atenção ao relacionamento real (especificamente por meio do terapeuta dando exemplo de cuidado consigo mesmo), ao respeito pela capacidade e pela responsabilidade do cliente quanto à resolução de problemas, e à persistência na exposição, no desafio e na modificação das crenças patogênicas. Por fim, distingui o funcionamento psicológico masoquistas dos funcionamentos dissociativos e depressivos.

SUGESTÕES PARA OUTRAS LEITURAS

Embora antigo, ainda vale a pena ler o estudo de Reik (1941) sobre masoquismo moral, até porque ele não está tão direcionado à metapsicologia difícil que afastaria os leitores iniciantes. O ensaio de Stolorow (1975) examina o masoquismo sob a perspectiva da psicologia do *self*. O artigo de Cooper (1988) sobre o caráter narcisista/masoquista é um clássico. Jack e Kerry Kelly Novick (p.ex., 1991) examinaram o conceito em termos de desenvolvimento, de modo bastante abrangente. Um volume sobre o masoquismo editado por Glick e Meyers (1988) inclui muitos artigos bons, cuja maioria aborda os padrões caracterológicos; *Essential Papers on Masochism* (Hanley, 1995) é também uma ótima compilação. Os livros de Leon Wurmser (2007) e Sheldon Bach (1999) que cito neste capítulo, são ambos excelentes. Por fim, recomendo muito o clássico de Emmanuel Ghent (1990) para uma sutil e ampla exploração do quão diferente é uma valiosa experiência de rendição em comparação com uma submissão masoquista.

Participei de um DVD da série *Master Clinicians* para a American Psychological Association (McWilliams, 2007) que contém uma entrevista com um paciente que eu via como possuidor de uma personalidade com predominância masoquista. Essa entrevista está disponível em www.apa.org/videos.

13
Personalidades obsessivas e compulsivas

Pessoas com personalidades organizadas em torno do *pensar* e do *fazer* abundam nas sociedade ocidentais. A idealização da razão e a fé no progresso por meio da ação humana, que foram os grandes estandartes do pensamento iluminista, continuam permeando nossa psicologia coletiva. As civilizações ocidentais, em estranho contraste com algumas sociedades da Ásia e do Terceiro Mundo, estimam a racionalidade científica e o pragmatismo do "poder/fazer" acima de muitos outros atributos. Assim, muitos indivíduos dão um exagerado valor a suas faculdades lógicas e suas habilidades para resolver problemas práticos. Perseguir o prazer e atingir a honra por meio de pensamentos e ações é tão normativo em nossa sociedade que mal pensamos sobre o quão complexas são as implicações de estimarmos e privilegiarmos tais atividades.

Quando tanto os pensamentos quanto as ações impulsionam alguém psicologicamente, em uma marcante desproporção em relação a sentimentos, sensações, intuições e aos atos de escutar, brincar, sonhar acordado, desfrutar de artes criativas e de outras práticas menos impulsionadas de modo racional ou instrumental, podemos inferir a existência de uma estrutura de personalidade obsessivo-compulsiva. Muitas pessoas admiráveis e altamente produtivas estão nessa categoria. Um advogado que adora formular e proferir argumentos legais opera psicologicamente segundo a razão e a ação; um ativista ambiental que adquire autoestima mediante um envolvimento político pode ser impelido a tal trabalho de forma semelhante. Entre pessoas organizadas de forma tão rígida a ponto de poderem ser enquadradas nos critérios do DSM para transtorno da personalidade obsessivo-compulsiva, muitas combinam porções similares de pensamento e ação, com frequência de um modo obviamente defensivo. O *workaholic* e a "personalidade de tipo A" são variações conhecidas do mesmo tema obsessivo-compulsivo.

Também existem pessoas que investem muito em *pensar* ao mesmo tempo em que são bastante indiferentes ao *fazer*, e vice-versa. Professores de filosofia às vezes têm uma estrutura de caráter obsessiva, mas não compulsiva; eles obtêm prazer e autoestima por meio do processo mental e não se sentem pressionados a implementar novas ideias. Pessoas voltadas para a carpintaria ou a contabilidade frequentemente têm estilos compulsivos, mas não obsessivos; suas gratificações derivam do cumprimento de algumas tarefas específicas, que costumam envolver pouca elaboração cognitiva. Alguns indivíduos sem tendência a rituais compulsivos procuram a terapia a fim de se livrarem de pensamentos invasivos, e outros chegam com a reclamação inversa. Após mais de um século de pensamento freudiano sobre as conexões entre sintomas obsessivos e compulsivos, acostumamo-nos tanto a colocar os dois fenômenos lado a lado que é fácil deixar passar o fato de se apresentarem separados em seu conceito clínico.

Segui a convenção de retratar as personalidades obsessivas e compulsivas no mesmo capítulo. As tendências compulsivas e obsessivas quase sempre coexistem em uma pessoa, e explorações analíticas de suas respectivas origens revelam dinâmicas semelhantes. Observe, contudo, que, com relação ao caráter, há uma ligação um tanto artificial. Como *sintomas,* as obsessões (pensamentos persistentes e indesejados) e as compulsões (ações persistentes e indesejadas) podem ocorrer com qualquer um, e não apenas com aqueles caracterologicamente obsessivos e compulsivos. E nem todos os indivíduos obsessivos e compulsivos sofrem de pensamentos invasivos recorrentes ou engajam em ações irresistíveis. Referimo-nos a eles como obsessivo-compulsivos porque seu estilo de lidar com os problemas envolve as mesmas defesas implicadas nos sintomas obsessivo-compulsivos (Nagera, 1976). Processos biológicos complexos também estão envolvidos nos transtornos obsessivo-compulsivos, mas, assim como muitos outros analistas (p. ex., Chessik, 2001; Gabbard, 2001; Zuelzer e Mass, 1994), acho que ficamos muito redutivos ao negligenciar o lado psicológico de tais condições apenas porque agora sabemos mais sobre sua biologia.

Nos transtornos obsessivo-compulsivos (em velhos termos, "neuroses"), os pensamentos repetitivos e as ações irresistíveis são estranhos ao ego; eles perturbam a pessoa que os possui. Na estrutura de caráter obsessivo-compulsiva, esses pensamentos e ações são egossintônicos (D. Shapiro, 2001). A personalidade obsessivo-compulsiva tem sido reconhecida há muito tempo como uma organização de nível neurótico "clássico" ou comum. Salzman (1980) resume as primeiras observações sobre a psicologia obsessivo-compulsiva da seguinte forma:

> As estruturas de caráter obsessivo são descritas por Freud como ordeiras, teimosas e parcimoniosas; outros as descreveram como obstinadas, ordeiras, perfeccionistas, pontuais, meticulosas, parcimoniosas, frugais e com tendências ao intelectualismo e às discussões "de arrancar cabelos". Pierre Janet descreveu tais pessoas como rígidas, inflexíveis, incapazes de se adaptar, superconscientes, amantes da ordem e da disciplina e persistentes mesmo diante de obstáculos intransponíveis. Elas são geralmente sérias e confiáveis e têm altos padrões de valores éticos. São práticas, precisas e escrupulosas em seus requerimentos morais. Em condições de estresse ou demandas extremas, essas características de personalidade podem se solidificar em comportamentos sintomáticos que serão então ritualizados. (p. 10)

Ele poderia ter incluído que Wilhelm Reich (1933) descrevia essas pessoas como "máquinas vivas", com base em sua rígida intelectualidade (D. Shapiro, 1965). Woodrow Wilson, Hannah Arendt ou Martin Buber podem ser considerados representantes de pessoas altamente funcionais neste grupo de diagnóstico, enquanto Mark Chapman, cuja obsessão por John Lennon o levou a uma compulsão de assassiná-lo, pode ser localizado na extremidade psicótica do *continuum* obsessivo-compulsivo.

Da mesma forma que é verdade para o masoquismo, como conceito geral, a maioria dos comportamentos que tendemos a ver como patológicos são, por definição, compulsivos: o sujeito sente-se impulsionado a agir continuamente de maneiras que se provem fúteis ou prejudiciais. Indivíduos esquizoides são impelidos a evitar pessoas; os paranoides, a desconfiar delas; os psicopatas, a usá-las, etc. Apenas quando a *anulação* é predominante é que se pode chamar uma ação de compulsiva no sentido estrito de um dinamismo obsessivo-compulsivo ou de uma organização de personalidade compulsiva.

PULSÃO, AFETO E TEMPERAMENTO NA OBSESSÃO E NA COMPULSÃO

Freud (1908) acreditava que as pessoas que desenvolviam transtornos obsessivo-compulsivos eram hipersensíveis na infância, de forma física e inata. Analistas contemporâneos questionam tal pressuposto, embora talvez concordem com Freud (p. ex., Rice, 2004) quanto à provável existência de uma contribuição genética na tendência à obsessão. Ainda assim, é possível dizer que as questões "anais" colorem os mundos inconscientes das pessoas que têm obsessões e agem de forma compulsiva. A ênfase de Freud (1909, 1913, 1917b, 1918) sobre a fixação na fase anal do desenvolvimento (dos 18 meses aos 3 anos), especificamente sobre os impulsos agressivos que se tornam mais organizados durante esse período, era inovadora, seminal e menos estranha do que os céticos em relação à psicanálise poderiam pensar.

Em primeiro lugar, Freud (1908, 1909, 1913) notou que muitas das características que costumam andar juntas em pessoas de personalidade obsessivo-compulsiva (mania de limpeza, teimosia, preocupações com pontualidade e tendências a sonegação) são as questões salientes em um cenário de treinamento primário da criança no banheiro. Em segundo, encontrou imagens anais na linguagem, nos sonhos, nas memórias e nas fantasias de pacientes obsessivo-compulsivos. Também cheguei a essa conclusão: a primeira memória de um obsessivo do qual tratei era a de estar sentado na privada se recusando a "fazer". Quando o convidei a fazer associações livres com isso, se descreveu como "apertado" e "guardando tudo para dentro".

Em terceiro, Freud observou que as pessoas das quais tratou devido a obsessões e compulsões haviam sido forçadas a desenvolver um controle intestinal precoce, grosseiro, ou em um ambiente de excessivo envolvimento dos pais (Fenichel, 1945). (Tendo em vista que o esfincter do reto não amadurece até mais ou menos os 18 meses da criança, a orientação autoritária dos pais de classe média da cultura ocidental, desde o início do século XX, de iniciar o controle esfincteriano no primeiro ano de vida foi muito infeliz. Tal orientação promoveu a coerção em nome da diligência dos pais e transformou um processo benigno de domínio em um contexto de dominação/submissão. Se considerarmos o quão popular é a lavagem intestinal em crianças da nossa época, um procedimento intrinsecamente traumático, em geral racionalizado em nome da "higiene", não ficaremos impressionados com as implicações sádicas da corrida cultural pelo controle anal prematuro.)

Conexões entre o fenômeno obsessivo e o anal foram apoiadas por pesquisas empíricas (p. ex. Fisher, 1970; Fisher e Greenberg, 1996; Noblin, Timmons e Kael, 1966; Rosenwald, 1972; Tribich e Messer, 1974), assim como por relatos clínicos de preocupações obsessivo-compulsivas com problemas anais de sujeira, tempo e dinheiro (MacKinnon, Michels e Buckley, 2006). Formulações clássicas sobre as dinâmicas obsessivas e compulsivas centradas em uma experiência corporal primária ainda sobrevivem e continuam fortes (p. ex., Benveniste, 2005; Cela, 1995; Shengold, 1988).

Freud argumentava que o treinamento esfincteriano de modo geral constitui a primeira situação em que a criança deve renunciar ao que é natural pelo que é socialmente aceitável. O adulto responsável e a criança que está sendo treinada de forma precoce, rígida, ou em uma atmosfera de muita preocupação dos pais, entram em uma disputa de poder na qual a criança está condenada ao fracasso. A experiência de ser controlada, julgada e requerida a agir de acordo com horários determinados gera sentimentos de raiva e fantasias agressivas, com frequência relacionadas à defecação, e que a criança pode sentir como uma parte ruim, sádica, suja e vergonhosa do *self*. A necessidade de sentir-se no controle, pontual, limpa e racional (em vez de descontrolada, errática, bagunçada e soterrada por emoções como raiva e vergonha) torna-se importante para a manutenção da identidade e da autoestima. O superego rígido, do tipo "tudo ou nada", criado por tais experiências, se manifesta por meio de uma sensibilidade ética dura que Ferenczi (1925) ironicamente chamou de "moralidade esfincteriana."

O conflito afetivo básico em pessoas obsessivas e compulsivas é *raiva* (por serem controladas) *versus medo* (de serem condenadas ou punidas). Mas o que realmente impressiona aqueles que trabalham com essas pessoas é que o afeto é mal formulado, metamorfoseado, suprimido, indisponível ou racionalizado e moralizado (MacKinnon et al., 2006). Muitos autores contemporâneos desenvolveram uma alergia obsessiva ao afeto como um tipo de dissociação (p. ex., Harris e Gold, 2001).

Pessoas obsessivas e compulsivas usam as palavras para conciliar sentimentos, e não para expressá-los. A maioria dos terapeutas consegue se lembrar de circunstâncias em que perguntaram a esse tipo de cliente como se *sentiu* sobre alguma coisa e depois sobre o que *pensou* ao retomar esse sentimento. Uma exceção à regra do afeto conciliado, nesse grupo de diagnóstico, diz respeito à raiva: se parece racional e justificada, a ira é aceita pela pessoa obsessiva. Uma indignação adequada é, portanto, tolerável, e até admirável; ficar perturbado porque algo desejado não foi atingido não é. Terapeutas com frequência sentem a presença de uma raiva reativa normal em uma pessoa obsessiva, mas o paciente quase sempre a nega – apesar de às vezes ser capaz de reconhecer intelectualmente que determinado comportamento (esquecer o cheque pela terceira vez, interromper o terapeuta no meio de uma frase ou fazer "beicinho") pode denotar uma atitude passiva/agressiva ou hostil.

A vergonha é outra exceção no panorama da falta de afetividade dos indivíduos obsessivo-compulsivos. Eles têm altas expectativas em relação a si mesmos, projetam essas expectativas no terapeuta e então se sentem constrangidos por verem a si mesmos abaixo desses padrões de pensamentos e ações. A vergonha costuma ser consciente, pelo menos na forma de sentimentos leves de desapontamento; quando abordada com delicadeza, pode ser normalmente nomeada e tratada pelo terapeuta sem o protesto e a negação que poderiam ser evocados pelas tentativas de explorar outros sentimentos.

PROCESSOS DEFENSIVOS E ADAPTATIVOS NA OBSESSÃO E NA COMPULSÃO

Como já foi dito, a defesa organizadora predominante nas pessoas obsessivas é o isolamento do afeto (Fenichel, 1928). Em pessoas compulsivas, o principal processo defensivo é a anulação. Aqueles que são obsessivos e compulsivos empregam tanto o isolamento quanto a anulação. Pessoas obsessivas altamente funcionais não costumam usar o isolamento em suas formas mais extremas; em vez disso, preferem versões mais maduras de separação do afeto da cognição: racionalização, moralização, compartimentalização e intelectualização. Por fim, pessoas desse grupo clínico confiam muito na formação reativa. Indivíduos obsessivos de todos os níveis de desenvolvimento também podem usar deslocamento, especialmente da raiva, em circunstâncias nas quais, por meio do desvio da raiva de sua fonte original para um alvo "legitimado", elas podem ter tal sentimento sem sentir vergonha.

Defesas cognitivas *versus* pulsões, afetos e desejos

Indivíduos obsessivo-compulsivos idealizam a cognição e os processos mentais. Tendem a relegar a maioria dos sentimentos a uma realidade desvalorizada, associada com infantilidade, fraqueza, perda de controle, desorganização e sujeira. (E às vezes feminilidade; homens com personalidades obsessivas e compulsivas podem temer que a expressão de suas emoções ternas os faça regressar a uma identificação precoce, repudiada e pré-masculina com a Mãe.) Eles estão, assim, em grande desvantagem em situações nas quais as emoções, as sensações físicas e a fantasia têm um papel poderoso e legitimado. A viúva que rumina sem parar sobre os detalhes do velório do marido, convertendo o luto em algo frenético, não apenas falha em processar sua dor, mas também priva os outros de se consolarem por meio do oferecimento de conforto. Pessoas obsessivas em posições executivas negam a si mesmas um descanso e diversão adequados e maltratam seus funcionários tornando impulsividade a regra da empresa.

Indivíduos de caráter obsessivo costumam ser eficazes em papéis públicos e formais, mas não têm tanta profundidade em suas atuações íntimas e domésticas. Apesar de serem capazes de apegos amorosos, podem não ser capazes de expressar suas inclinações mais doces sem ansiedade ou vergonha; consequentemente, podem transformar interações de tom emocional em interações cognitivas opressoras. Na terapia e em outros lugares, esses indivíduos podem disparar uma série de locuções na segunda pessoa ao descrever emoções ("Como você se sentiu quando ocorreu o terremoto?", "Bem, você se sente meio impotente"). Nem toda atividade humana deve ser abordada do ponto de vista da análise racional ou da resolução de problemas. Um homem com o qual fiz uma entrevista de admissão respondeu à minha pergunta sobre a qualidade de seu relacionamento sexual com a esposa com a bizarra expressão: "Eu faço meu trabalho até o fim".

Pessoas obsessivas nas faixas *borderline* e psicótica podem usar tanto o isolamento que acabam parecendo esquizoides. O equívoco popular de pensar que pessoas esquizoides não têm sentimentos pode estar baseado em observações de pessoas obsessivas regredidas que se tornaram enrijecidas e robotizadas, de tão profundo que se tornou o abismo entre a cognição e a emoção. Uma vez que a distância entre uma obsessão extrema e um delírio é pequena, as pessoas obsessivas mais perturbadas beiram a paranoia. Disseram-me que, em uma época anterior à medicação antipsicótica, um meio comum de diferenciar um indivíduo obsessivo-compulsivo extremamente rígido, mas não psicótico, de um esquizofrênico paranoide parcamente defendido consistia em colocá-lo em uma sala protegida e enfatizar que agora ele estava seguro. Convidado a suspender as defesas obsessivas, um indivíduo esquizofrênico começaria a falar sobre delírios paranoides, enquanto o obsessivo-compulsivo falaria sobre limpar a sala.

Defesas comportamentais *versus* pulsões, afetos e desejos

A anulação é um mecanismo de defesa definidor do tipo de compulsividade que caracteriza a estrutura de personalidade e os sintomas obsessivo-compulsivos. Pessoas compulsivas anulam-se por meio de ações que têm o significado inconsciente de expiação e/ou de proteção mágica. A compulsividade difere da impulsividade porque uma ação em particular é repetida muitas e muitas vezes, de uma forma ritualizada e às vezes ascendente. Ações compulsivas também não são o mesmo que *acting out*, falando de maneira estrita, pois não são tão centralmente impulsionadas pela necessidade de dominar experiências passadas não processadas mediante recriação de seus cenários.

A atividade compulsiva é familiar a todo ser humano. Acabar com a comida do prato apesar de não estar mais com fome, limpar a casa quando deveríamos estar estudando para um teste, criticar alguém que nos ofende mesmo sabendo que isso não terá efeito algum a não ser criar uma inimizade, apostar "só mais uma moeda" no caça-níqueis... Sejam quais forem os padrões compulsivos de alguém, a disparidade entre o que se sente impelido a fazer e o que é razoável fazer pode ser reveladora. Atividades compulsivas podem ser prejudiciais ou benéficas; o que as faz compulsivas não é seu potencial de destruição, mas sua impulsividade. É provável que Florence Nightingale tenha sido compulsivamente útil; Jon Stewart pode ser compulsivamente engraçado. É raro que pessoas procurem tratamento se a compulsividade funciona bem em seus comportamentos, mas buscam terapia devido a problemas afins. Saber que tais clientes são organizados de forma compulsiva pode nos ajudar a auxiliá-los com qualquer coisa que eles estejam buscando fazer.

Ações compulsivas com frequência têm o significado inconsciente de anular um crime. A lavagem de mãos compulsiva de Lady Macbeth é um famoso exemplo literário dessa dinâmica, embora no caso dela o crime tenha sido de fato cometido. Na maioria dos casos, os crimes da pessoa compulsiva existem apenas na fantasia. Uma de minhas pacientes, uma oncologista casada que sabia muito bem não ser a aids de fácil transmissão por contato boca a boca, sentiu-se compelida a fazer repetidos testes de HIV depois de ter beijado um homem com o qual estava tentada a ter um caso. Mesmo aquelas compulsões que parecem, de forma manifesta, estarem livres de um sentimento de culpa podem ter se originado em interações induzidas por culpa; por exemplo, a maioria das pessoas que limpam de modo compulsivo seus pratos aprendeu na infância que deveria se sentir culpada por rejeitar comida, já que, em algum lugar do mundo, pessoas estão passando fome.

O comportamento compulsivo também revela fantasias inconscientes de controle onipotente. Tal dinâmica está relacionada a preocupações com os presumidos crimes de alguém, nos quais uma determinação ao controle, assim como uma necessidade de anulação, deriva de crenças que têm sua origem em uma época anterior àquela em que os pensamentos e as ações já podem ser diferenciados. Se achar que minhas fantasias e minhas necessidades são perigosas, que são equivalentes a ações poderosas, tentarei reprimi-las com uma força contrária tão poderosa quanto elas. Na cognição pré-racional (pensamento de processo primário), o *self* é o centro do mundo, e o que acontece com o indivíduo é resultado de suas próprias atividades, e não dos acasos do destino. O jogador de beisebol que repete o mesmo ritual antes de todos os jogos, o padre que fica ansioso se esquece alguma parte da oração, a mulher grávida que faz e desfaz sua pequena maleta para levar ao hospital – todas essas pessoas pensam, em algum nível, que podem controlar o incontrolável se apenas fizerem a coisa certa.

Formação reativa

Freud acreditava que a meticulosidade, a consciência, a frugalidade e a diligência de pessoas obsessivo-compulsivas eram formações reativas contra desejos de ser irresponsável, bagunçado, perdulário e rebelde. Também achava que seria possível discernir, no estilo extremamente responsável de tais indivíduos, uma dica em relação às inclinações contra as quais se debatem. A racionalidade incessante da pessoa obsessiva, por exemplo, pode ser vista como uma formação reativa contra um tipo de pensamento mágico e supersticioso que as defesas obsessivas não tiveram sucesso em obscurecer por completo. O homem que, com teimosia, insiste em dirigir mesmo exausto reflete a convicção de que evitar um acidente depende apenas de ele estar no comando do carro, e não de uma combinação de direção atenta e um pouco de sorte. Ao insistir em tanto controle, ele fica fora de controle de todos os modos realmente significativos.

No Capítulo 6, tratei da formação reativa como uma defesa contra a tolerância da ambivalência. Ao trabalhar com pessoas compulsivas e obsessivas, fica-se perplexo com sua fixação em ambos os lados dos conflitos entre cooperação e rebeldia, iniciativa e preguiça, limpeza e desleixo, ordem e desordem, economia e improvidência, etc. Todo indivíduo organizado compulsivamente parece ter pelo menos uma inclinação confusa. Modelos de virtude podem abranger uma ilha paradoxal de corrupção: Paul Tillich, o eminente teólogo, tinha uma extensa coleção de pornografia; Martin Luther King Jr. era mulherengo. Aqueles que se preocupam muito em ser corretos e responsáveis podem estar lutando contra tentações mais poderosas a autoindulgência do que a maioria das pessoas enfrenta; sendo assim, não devemos nos surpreender quando se mostrarem apenas parcialmente capazes de contra-atacar seus impulsos mais sombrios.

PADRÕES RELACIONAIS NO FUNCIONAMENTO PSICOLÓGICO OBSESSIVO E COMPULSIVO

Um caminho que pode ser tomado pelos indivíduos de funcionamento psicológico obsessivo e compulsivo envolve figuras parentais que estabeleceram altos padrões de comportamento e esperaram uma conformidade precoce a eles. Tais cuidadores tendem a ser rígidos e consistentes quanto a recompensar um bom comportamento e punir uma má conduta. Quando são basicamente amorosos, criam crianças em vantagem emocional, cujas defesas as levam a direções que reivindicam a devoção escrupulosa dos pais. O estilo norte-americano tradicional de criar os filhos, documentado nos clássicos estudos de McClelland (1961), tende a produzir pessoas compulsivas e obsessivas que esperam muito de si mesmas e têm uma boa história de realização de metas.

Quando os cuidadores são exageradamente exigentes, demandam demais de forma precoce ou são muito condenatórios, não só de um comportamento inaceitável, mas também de fantasias, pensamentos e sentimentos associados, as adaptações obsessivas e compulsivas de suas crianças podem ser mais problemáticas. Um homem com o qual trabalhei havia crescido em uma família ocidental protestante de muita convicção religiosa, mas com reduzida capacidade emocional. A família esperava que ele se tornasse pastor e começou cedo a trabalhar com ele para que evitasse as tentações e banisse todos os pensamentos pecaminosos. Essa mensagem não lhe causou problema – de fato, ele achava fácil se imaginar assumindo o papel moral elevado que todos estavam ansiosos para que desempenhasse – até chegar à puberdade e descobrir que a tentação sexual não é nem de longe um perigo tão abstrato como antes pensava que fosse. Daí em diante, ele afundou-se em críticas a si mesmo, ruminou de forma incansável e racional sobre a moralidade sexual e fez tentativas heroicas de contra-atacar sentimentos eróticos que outros garotos teriam simplesmente aprendido a gostar e dominar.

De uma perspectiva das relações objetais, o que é notável em relação a pessoas obsessivas e compulsivas é que os assuntos ligados ao *controle* são centrais em suas famílias de origem. Enquanto Freud (1908) encarava a fase anal como um engendramento de uma batalha prototípica de vontades, pessoas que defendem a perspectiva das relações objetais enfatizam que o pai ou a mãe que estavam fazendo o controle esfincteriano indevidamente na criança, estariam igualmente controlando questões orais e edípicas (e suas subsequentes, no caso). É provável que a mãe que foi rígida quanto a tais hábitos também tenha sido a que alimentou a criança em horários programados, que exigiu cochilos em horas determinadas, que proibiu a masturbação, insistiu em falar sobre o comportamento sexual-padrão e convencional, puniu a conversa solta, etc. O pai que era restritivo o bastante para provocar regressões de cunho edípico para anais provavelmente se comportava de maneira reservada com essa criança, deve ter sido rígido com o bebê e autoritário na idade escolar deste.

Meares (2001), citando uma pesquisa sobre a frequência de medos contagiosos em pessoas obsessivas de culturas diferentes (p. ex., Índia, Japão, Egito), relaciona-os à ansiedade de separação que é criada por excesso de envolvimento parental e superproteção. Calcando suas observações na literatura teórica e empírica sobre o desenvolvimento cognitivo, ele argumenta que pais superprotetores atrapalham a criança quando ela precisa correr pequenos riscos necessários a fim de desenvolver um senso de limite do *self*; de forma que tais pais têm um papel importante no pensamento mágico e onipotente observado em pessoas obsessivas e compulsivas, já que elas não possuem esse limite.

Existe uma versão de personalidade compulsiva e obsessiva que é mais introjetiva, ou orientada pela definição do *self*, e outra que é mais anaclítica, ou orientada em relação ao *self* (Blatt, 2008). O obsessivo-compulsivo freudiano (Freud, 1913) era definitivamente o primeiro caso. Quando menciono dinâmicas obsessivas e compulsivas como "tradicionais" ou "antiquadas", estou me referindo à psicologia dominada pela culpa, que era comum na época e na cultura de Freud. O fenômeno ainda pode ser observado em muitas culturas e subculturas contemporâneas, mas é mais raro em comunidades norte-americanas tradicionais. Em tais culturas, das quais posso falar mais de perto, a tendência é nos depararmos com comportamentos mais baseados na vergonha, mais focados em parecer perfeitos para os outros, em vez de em responder a um perfeccionismo moral interno. Na primeira edição deste livro, acompanhei a formulação de Kernberg (1984) na qual o defende segundo é uma subconfiguração de personalidades *narcísicas*. No entanto, outra maneira de compreender pessoas obsessivo-compulsivas menos propensas a sentir culpa utiliza uma versão de funcionamento obsessivo anaclítico.

Nas antigas famílias que criavam os filhos dentro de padrões obsessivo-compulsivos, o controle podia ser expresso em termos moralizantes e indutores de culpa, como no caso de "Estou decepcionado por você não ter sido responsável o bastante para alimentar o cachorro na hora certa" ou "Esperava um comportamento mais solidário de uma garota de seu tamanho" ou "Como se sentiria se alguém tratasse *você* assim?". A mortificação é ativamente configurada. Os pais explicam com as próprias ações as bases do que é certo ("Não gosto de castigar você, mas é para o seu próprio bem"). O comportamento produtivo é em geral associado com virtude, como na teologia "salvamento por meio do trabalho" do calvinismo. Autocontrole e recusa de gratificação são idealizados.

Ainda existem muitas famílias que funcionam assim, mas, nas culturas industrializadas ocidentais, as ideias populares de Freud sobre os efeitos inibidores de uma criação muito moralista, em combinação com os perigos e cataclismas do século XX que sugerem a sabedoria de "conseguir as coisas enquanto ainda é possível", em vez de adiar a gratificação, mudaram as práticas de criação de crianças. Hoje vemos menos pessoas compulsivas e obsessivas moralmente preocupadas (no estilo do tipo de Freud). Muitas famílias contemporâneas que enfatizam o controle criam padrões obsessivos e compulsivos por meio do envegonhar mais do que pela indução de culpa. Mensagens como "O que as pessoas pensarão de você se estiver fora do peso?", "As outras crianças não vão querer brincar se você se comportar deste jeito" ou "Você nunca vai entrar em uma faculdade da Ivy League se não se sair melhor do que isso" têm se tornado mais comuns no Ocidente, segundo vários clínicos e obervadores da sociedade, do que as mensagens que sublinham a primazia da consciência individual e as implicações morais do próprio comportamento.

É importante considerar essa mudança quando trabalhamos com psicopatologias mais contemporâneas, como transtornos da alimentação (não que a anorexia e a bulimia nervosa não existissem na virada do século, mas eram provavelmente mais escassas). As contribuições de Freud sobre a compulsão são insuficientes no que diz respeito às compulsividades anoréxicas e bulímicas; escritores pós-freudianos com inclinação para a teoria das relações objetais e a pesquisa sobre o apego, o vício e a dissociação fizeram formulações mais úteis do ponto de vista clínico (p. ex., Bromberg, 2001; Pearlman, 2005; Sands, 2003; Tibon e Rothschild, 2009; Yarock, 1993).

Outro tipo de história familiar tem sido associado com a personalidade compulsiva e obsessiva e, como é típico na observação psicanalítica, é o polo oposto do contexto moralista e supercontrolador. Algumas crianças se sentem tão carentes de padrões familiares claros, tão mal supervisionadas e às vezes ignoradas pelos adultos ao redor delas que, de modo a pressionar a si mesmas para crescer acabam se apegando a um critério idealizado de comportamento e sentem-se como se derivassem de uma cultura mais ampla. Tais padrões, já que são abstratos, e não modelados por pessoas que conheçam a personalidade da criança, tendem a ser rígidos e não dimensionados por senso humano. Um de meus pacientes, por exemplo, com um pai alcoolista e deprimido e cuja mãe era oprimida e perturbada, havia crescido em uma casa onde as coisas jamais eram feitas. Havia goteiras, o capim proliferava e as louças permaneciam sujas na pia. Ele tinha muita vergonha da incapacidade dos pais e desenvolveu uma intensa determinação de ser o oposto: organizado, competente, controlado. Tornou-se um consultor fiscal de sucesso, mas um *workaholic* que vivia com medo de que algo revelasse que era na verdade uma fraude, alguém tão incapaz quanto seu pai e sua mãe.

Antigos psicanalistas demonstraram um grande interesse pelo fenômeno do caráter obsessivo-compulsivo em crianças com pais sem tempo para elas; isso desafiou o modelo de Freud sobre a formação do superego (1913), que defende a presença de um pai poderoso e autoritário com quem a criança se identifica. Muitos analistas chegaram à conclusão de que seus pacientes com superegos mais rígidos haviam tido pais mais descuidados (cf. Beres, 1958). Eles concluíram que ter que modelar a si mesmo de acordo com uma imagem parental forjada, especialmente se a pessoa tiver um temperamento intenso e agressivo que é projetado nessa imagem, pode gerar dinâmicas obsessivo-compulsivas. Mais tarde, Kohut (1971, 1977, 1984) e outros psicólogos do *self* fizeram observações semelhantes do ponto de vista da ênfase na idealização.

O *SELF* OBSESSIVO-COMPULSIVO

Pessoas com orientação introjetiva de modo obsessivo e compulsivo concentram-se profundamente em questões de controle e de retidão moral. São propensas a definir a segunda nos termos do primeiro; ou seja, igualam comportamento adequado com manter sob duras rédeas a própria agressividade, o próprio prazer e as partes necessitadas do *self*. Elas tendem a ser bastante religiosas, a trabalhar bastante e a se comportar de forma muito autocrítica e responsável. Sua autoestima está atrelada a cumprir as demandas das figuras paternais internalizadas, que lhes impuseram um alto padrão de comportamento e às vezes de pensamento. Elas se preocupam muito, sobretudo em situações nas quais precisam tomar uma decisão, e podem ficar paralisadas com facilidade quando o ato de escolher envolve implicações graves. Indivíduos obsessivos de orientação anaclítica também se preocupam muito, embora o foco de suas preocupações seja mais externo: a decisão "perfeita" é aquela que ninguém pode criticar.

Essa paralisia constitui um dos efeitos mais infelizes da relutância das pessoas obsessivas em fazer uma escolha. Antigos analistas chamavam tal fenômeno de "mania da dúvida". Em um esforço de conservar todas as opções disponíveis, de modo que possam manter (fantasiar) o controle sobre todos os possíveis resultados, essas pessoas acabam ficando sem qualquer opção. Uma mulher obsessivo-compulsiva que conheço, ao ficar grávida, contatou dois obstetras, de diferentes centros médicos, com filosofias opostas sobre o nascimento. Durante toda a gravidez, ela ruminou sobre qual médico e qual clínica seria preferível. Quando entrou em trabalho de parto, sem ter resolvido tais questões, levou tanto tempo para decidir se estava em condições de ir para o hospital, e para qual iria, que chegou aos últimos estágios antes do parto e teve de ser levada às pressas para a clínica mais próxima e atendida pelo residente de plantão. Toda a sua obsessão tornou-se fútil quando a realidade finalmente cumpriu sua própria resolução da ambivalência.

A experiência dessa mulher exemplifica a propensão das pessoas estruturadas de forma obsessiva a adiar uma decisão até que seja possível discernir a decisão "perfeita" (i. e., livre de culpa e incerteza). É comum que tais pessoas cheguem à terapia tentando resolver ambivalências em relação a dois namorados, dois programas de graduação competitivos, duas oportunidades de emprego contrastantes, e indecisões do tipo. O medo do cliente de tomar a decisão "errada" e a tendência a enquadrar o processo de decisão em termos puramente racionais – listas de prós e contras são típicas – com frequência induzem o terapeuta a dar uma opinião sobre qual decisão seria preferível, ponto no qual o paciente logo reage com contra-argumentos. O contexto "Sim, mas" da pessoa obsessiva pode ser visto, pelo menos em parte, como um esforço de evitar a culpa que acompanha de modo inevitável a ação. Indivíduos obsessivos com frequência adiam e procrastinam, até que circunstâncias externas, como a rejeição de uma pessoa amada ou a determinação de um prazo, definam suas direções. Em um estilo geralmente neurótico, seu excesso de cuidado em preservar a própria autonomia e algum sentimento de autonomia por fim acabam tornando tais objetivos inalcançáveis.

Nas circunstâncias em que as pessoas obsessivas adiam e procrastinam, as compulsivas se apressam. Pessoas com funcionamento psicológio compulsivo têm um problema semelhante com culpa, vergonha e autonomia, mas o resolvem na direção oposta: agem de maneira impulsiva antes de considerar as alternativas. Para essas pessoas, certas situações têm "características de demanda" que requerem determinados comportamentos. Esses comportamentos nem sempre são bobos (como bater na madeira toda vez que alguém faz uma previsão pessimista) ou autodestrutivos (como ir para a cama toda vez que uma situação apresentar mínima conotação sexual); algumas pessoas são compulsivamente solidárias (McWilliams, 1984). Alguns motoristas arriscam a própria segurança e estragam seus automóveis para não atropelar um animal, de tão automática que é sua compulsão em preservar a vida.

A pressa do indivíduo compulsivo em agir equivale à autonomia do ato de "evitar a ação" dos obsessivos. O pensamento instrumental e o sentimento expressivo são contornados para que o indivíduo perceba que está de fato fazendo uma escolha. Escolha envolve a responsabilidade pelas próprias ações, e responsabilidade envolve tolerar quantidades normais de culpa e vergonha. A culpa não neurótica é uma reação natural ao exercício do poder, e a vulnerabilidade à vergonha vem de tomar atitudes deliberadas diante de outros. Tanto os obsessivos quanto os compulsivos podem estar tão saturados de culpa e/ou vergonha irracionais que não conseguem absorver mais qualquer desses sentimentos.

Conforme já mencionei, pessoas obsessivas mantêm a autoestima pensando; as compulsivas, agindo. Quando as circunstâncias tornam difícil se sentirem bem com base no que imaginam ou alcançam (respectivamente), os indivíduos obsessivos ou compulsivos ficam deprimidos. Perder o emprego é um desastre para quase todo mundo, mas é ainda mais catastrófico para indivíduos compulsivos, porque o trabalho é em geral sua principal fonte de autoestima. Não sei se já temos pesquisas sobre isso, mas acredito que pessoas com uma versão de dinâmica obsessiva e compulsiva impulsionada pela culpa estejam sujeitas a depressões mais introjetivas, com um autoconceito ativamente ruim (descontrolado, destrutivo) e aumentando; e que clientes compulsivos e obsessivos mais propensos à vergonha tenham reações depressivas mais anaclíticas (ver o Cap. 11).

Pessoas obsessivas e compulsivas temem seus próprios sentimentos hostis e sofrem de uma autocrítica desordenada em relação a agressões reais ou puramente mentais. Dependendo do conteúdo das mensagens familiares que receberam, essas pessoas também podem ficar nervosas em se permitir sentimentos de luxúria, avareza, vaidade, preguiça ou inveja. E em vez de aceitar tais atitudes e basear seu autorrespeito ou sua autopunição apenas no modo como se comportam, elas normalmente consideram até o fato de sentir tais impulsos algo condenável. Assim como os masoquistas morais, com quem compartilham tendências a superconscientização e indignação, os pacientes obsessivos introjetivos podem alimentar um tipo de vaidade privada baseada na rigidez de suas próprias demandas. Eles valorizam o autocontrole acima de quase todas as outras virtudes e enfatizam atributos como disciplina, ordem, confiabilidade, lealdade, integridade e perseverança. Suas dificuldades em suspender o controle diminuem suas capacidades em áreas como sexualidade, lazer, humor e espontaneidade.

Por fim, pessoas obsessivo-compulsivas são conhecidas por evitar todos os afetos oprimidos, dando preferência a minúcias consideradas separadamente (D. Shapiro, 1965). Pessoas com funcionamento psicológico obsessivo ouvem todas as palavras e nenhuma música. Em um esforço de ignorar todos os aspectos importantes de cada decisão e percepção, cuja apreciação poderia gerar um sentimento de culpa, essas pessoas se fixam em detalhes ou implicações específicas ("E se...?"). No teste Rorschach, sujeitos obsessivos evitam todas as respostas de percepção do todo e expõem as possíveis interpretações de pequenas particularidades das manchas de tinta. Eles não conseguem (inconscientemente, não querem) ver a floresta por trás das árvores proverbiais.

TRANSFERÊNCIA E CONTRATRANSFERÊNCIA COM PACIENTES OBSESSIVOS E COMPULSIVOS

Pacientes obsessivos e compulsivos são quase sempre "bons pacientes" (exceto os localizados na parte inferior do *continuum* de gravidade, onde a rigidez do isolamento do afeto ou o imediatismo impulsivo de suas compulsões interferem na colaboração terapêutica). Eles são sérios, conscientes, honestos, motivados e trabalham muito. Apesar disso, têm a reputação de serem difíceis. É comum que clientes obsessivos sintam o terapeuta como um genitor devotado mas exigente e julgador, e que sejam complacentes de modo consciente e opositores de modo inconsciente. Apesar da colaboração obediente, tais indivíduos possuem sempre um tom subjacente de irritabilidade e criticismo. Quando o terapeuta comenta a possibilidade de sentimentos negativos, estes são em geral negados. Como Freud (1908) originalmente observou, pacientes obsessivos costumam ser sutis ou abertamente argumentativos, controladores, críticos e ressentidos quanto a compartilhar o dinheiro. Eles esperam com impaciência que o terapeuta fale e depois interrompem antes que uma frase seja finalizada. E, em nível consciente, parecem ser profundamente ingênuos sobre sua própria negatividade.

Há 35 anos tratei um homem com sérias obsessões e compulsões. Hoje poderia mandá-lo para uma terapia de orientação complementar e possivelmente indicar alguma medicação; naquela época, esse tipo de tratamento ainda não havia sido desenvolvido. Ele era um estudante indiano de engenharia, perdido e com saudade de casa, em um ambiente estranho. Na Índia, a deferência a uma autoridade é encorajada e, na engenharia, a compulsividade é adaptativa e recompensada. Mas, mesmo em comparação com os padrões de tais grupos semelhantes (em termos de obsessões e compulsões), as ruminações e os rituais de meu paciente eram excessivos, e ele queria que eu lhe dissesse como interrompê-los definitivamente. Quando enquadrei o problema como uma questão de entender os sentimentos por trás das preocupações, ele ficou visivelmente consternado. Sugeri que talvez pudesse tê-lo desapontado, já que a minha maneira de formular o problema não dava chances para uma solução rápida e autoritária. "Ah, não!", ele insistiu; tinha certeza de que eu sabia mais do que ele e tinha apenas reações positivas a mim.

Na semana seguinte, contudo, sua primeira pergunta era sobre o quão "científica" era a disciplina da psicoterapia. "É como física ou química, uma ciência exata?", ele queria saber. Não, respondi, não é exata e tem muitos aspectos de um tipo de arte. "Sei", ele ponderou, franzindo a testa. Então perguntei se o incomodava o fato de não haver tanta certeza científica envolvida no meu campo. "De jeito nenhum!", ele insistiu distraidamente, arrumando os papéis que estavam na ponta de minha mesa. A bagunça de meu consultório o incomodava? "De jeito nenhum!" Na verdade, acrescentou ele, isso poderia ser uma evidência de que tenho uma mente criativa. Ele passou nossa terceira sessão ensinando-me como as coisas funcionavam de modo diferente na Índia, questionando-se distraidamente sobre como um psiquiatra de seu país trabalharia com ele. Estaria às vezes desejando que eu soubesse mais sobre sua cultura, ou gostaria de ver um terapeuta indiano? "De jeito nenhum!", ele estava muito satisfeito comigo.

Esse paciente estava, por limitações clínicas, em um tratamento de oito sessões. Em nosso último encontro, consegui, por meio de sutis provocações, que ele admitisse que ocasionalmente ficava meio irritado comigo e com a terapia (não bravo, nem mesmo com raiva – como ele mesmo observou –, apenas um pouco incomodado). Eu achava que o tratamento havia sido um fracasso, embora nunca tivesse esperado muito de um tratamento de oito sessões. No entanto, dois anos mais tarde, ele me procurou para dizer que havia pensado muito sobre os próprios sentimentos desde a última vez em que nos vimos, sobretudo sobre a raiva e a tristeza que sentia por estar longe de seu país de origem. À medida que se permitiu sentir essas emoções, suas compulsões e obsessões diminuíram. De maneira típica entre pessoas desse grupo clínico, ele encontrou uma forma de se sentir sob controle por meio da busca de *insights* que vieram com a terapia, e tal autonomia subjetiva estava apoiando sua autoestima.

A contratransferência com clientes obsessivos com frequência inclui uma impaciência irritante, acompanhada de desejos de sacudi-los, de fazê-los abrirem-se para sentimentos ordinários, de dar-lhes um enema verbal e insistir para que "caguem ou desocupem a moita". Sua combinação de submissão consciente excessiva com um poderoso desafio inconsciente pode ser enlouquecedora. Terapeutas que não tendem a considerar o afeto como evidência de fraqueza ou falta de disciplina são mistificados pela vergonha da pessoa obsessiva em relação à maioria de suas emoções e resistência em admiti-las. Algumas vezes, é possível que o terapeuta sinta mesmo o músculo do esfíncter retal se contrair, em identificação com o mundo emocional constrito do paciente (concordante), e em um esforço fisiológico de conter um desejo retaliatório de "descarregar" nessa pessoa tão exasperante (complementar).

A atmosfera de crítica velada que um indivíduo obsessivo-compulsivo emite pode ser desencorajante e destrutiva. Além disso, os clínicos facilmente se sentem entediados ou distantes devido à intelectualização incessante do cliente. Com um homem obsessivo-compulsivo do qual tratei, costumava me ver diante de uma imagem vívida da cabeça pensante dele, mas seu corpo era como um daqueles quadros pintados em parques de diversões, retratando corpos de personagens famosos nos quais há um buraco onde as pessoas podem enfiar a cabeça para tirar fotografias.

Sentimentos de insignificância, tédio e obliteração são relativamente raros quando trabalhamos com clientes obsessivos introjetivos, mas eles podem atordoar os terapeutas de clientes obsessivos mais anaclíticos. Ouvir intermináveis ruminações sobre se a pessoa deveria fazer a dieta de Atkins ou a de South Beach, se deveria comprar um *poodle* ou um *beagle*, voltar de táxi ou a pé pode ser perturbador.

Existe algo que tem muito a ver com as relações de objeto no que diz respeito à desvalorização inconsciente dos pacientes obsessivo-compulsivos mais guiados pela culpa, algo comovedor em seus esforços para serem "bons" de maneiras infantis, como cooperação ou deferência. Dúvidas sobre se as metas estão sendo alcançadas na terapia são comuns, tanto por parte do terapeuta quanto do cliente compulsivo ou obsessivo, especialmente antes de a pessoa se tornar corajosa o bastante para expressar suas preocupações de forma direta. Contudo, por baixo de toda a obstinação do indivíduo obsessivo está submersa uma capacidade de admirar a paciência e a atitude não condenatória do terapeuta; o que, como resultado, faz não ser difícil manter uma atmosfera de harmonia básica.

IMPLICAÇÕES TERAPÊUTICAS DO DIAGNÓSTICO DE PERSONALIDADES OBSESSIVA E COMPULSIVA

A primeira regra da prática terapêutica com pessoas obsessivas e compulsivas é a gentileza básica. Elas estão acostumadas a ser exasperadoras para os outros, por razões que não compreendem completamente, e ficam agradecidas diante de reações não retaliatórias quanto a suas qualidades irritantes. Recusa em aconselhá-las, apressá-las ou criticá-las pelos efeitos de seu isolamento, anulação e formação reativa criarão mais movimento na terapia do que medidas de confrontação. Disputas pelo poder impulsionador da contratransferência são comuns entre terapeutas e clientes obsessivos; elas produzem um movimento afetivo temporário, mas a longo prazo apenas replicam relações objetais primárias e prejudiciais (do paciente).

Ao mesmo tempo em que deve evitar a equivalência com o genitor exigente e controlador, o terapeuta precisa manter a relação calorosa. O grau de atividade do terapeuta irá depender do cliente – algumas pessoas obsessivas não deixam que o profissional fale até quase o final da sessão, enquanto outras ficam confusas e assustadas se ele permanecer calado. Recusar o controle é diferente de tomar atitudes que possam ser sentidas como distanciamento emocional. Ficar em silêncio diante de uma pessoa que se sente pressionada pelo silêncio é autodestrutivo, como o é para o paciente que se sente abandonado quando não está sendo analisado. Perguntar sobre a preferência do paciente quanto ao terapeuta falar muito ou pouco, como também fazer outras perguntas respeitosas sobre o que seria útil, pode resolver o problema do terapeuta em seu papel de suporte de autonomia, de igualdade humana e de controle realista do cliente.

Uma exceção à regra geral de recusar-se a aconselhar ou controlar diz respeito às pessoas cujas compulsões são muito perigosas. Diante da compulsividade autodestrutiva, o terapeuta tem duas escolhas: ou tolerar a ansiedade em relação ao que o paciente está fazendo até que a lenta integração do trabalho terapêutico reduza a compulsão ao ato, ou, desde o início, conduzir a terapia de modo contingente à interrupção do comportamento compulsivo do cliente. Um exemplo do primeiro caso seria ouvir sobre flertes do paciente, impulsionados sexualmente, um após o outro, analisando sem julgar as dinâmicas envolvidas, até que ele se torne incapaz de racionalizar o uso defensivo da sexualidade. Uma vantagem de tal posição é o encorajamento explícito da honestidade (se são estabelecidas condições de comportamento para a terapia, o paciente se sentirá tentado a esconder casos de infidelidade). Quando a autodestrutividade não está colocando a vida do paciente em risco, penso que essa escolha é normalmente preferível.

Exemplos do segundo caso incluem o requerimento de que um adito faça desintoxicação e reabilitação antes de começar a psicoterapia, a insistência para que uma cliente perigosamente anoréxica faça uma dieta hospitalar supervisionada a fim de ganhar alguns quilos ou a exigência de que um alcoolista frequente as reuniões do AA ao mesmo tempo em que faz terapia. Quando a anulação é automática, os desejos, as necessidades e os crimes fantasiados não realizados não emergem para a superfície. Além disso, ao aceitar trabalhar com pessoas compulsivamente autodestrutivas sem impor condições, o terapeuta pode, sem querer, contribuir para as fantasias dessas pessoas de que a terapia deva funcionar como mágica, sem que elas tenham, em algum momento, de exercer o autocontrole. Essa posição é aconselhável em particular quando a compulsão do paciente envolve abuso de drogas. Fazer terapia com alguém cujos processos mentais estão quimicamente alterados é um exercício de futilidade.

Muitas compulsões não são reativas ao tratamento até que o indivíduo impulsivo enfrente consequências muito negativas. Cleptomaníacos e pedófilos tendem a levar a sério a terapia apenas depois de serem presos; aditos com frequência precisam chegar "ao fundo do poço" antes de procurar ajuda; fumantes de cigarro raramente param de fumar antes de ficarem assustados quanto à própria saúde. Contanto que a pessoa esteja "se livrando" da compulsividade, existe ainda um pequeno incentivo à mudança. O leitor pode se perguntar por que alguém com o comportamento compulsivo sob controle se submeteria à psicoterapia. A resposta é: as pessoas sentem uma grande diferença entre ser capaz de disciplinar uma compulsão (por força de vontade ou submissão a uma autoridade) e não tê-la em um primeiro momento. A terapia com alguém que parou de se comportar de forma compulsiva permite que a pessoa domine os problemas que geraram a compulsão e encontre serenidade interna em vez de um tênue alcance do autocontrole. O alcoolista que não sente mais necessidade de beber está em muito melhor forma do que aquele que, por meio de esforços constantes de força de vontade, consegue ficar sóbrio apesar da tentação (Levin, 1987). Indivíduos em recuperação de uma compulsão também podem ser ajudados por meio do entendimento daquilo que os tornou tão vulneráveis ao comportamento de vício.

A segunda característica importante de um bom trabalho com pessoas nesse grupo de diagnóstico, especialmente com as mais obsessivas, é evitar a intelectualização. Interpretações que consideram o nível cognitivo de entendimento, antes que reações afetivas tenham sido desinibidas, são contraproducentes. Suspeito que todos nós já tenhamos nos deparado com pessoas, em terapia psicanalítica, que podem falar sobre suas dinâmicas (em um tom mecânico de detalhamento) e identificar o que há de errado com elas, sem que esse conhecimento pareça ajudá-las a se sentirem um pouco melhor. Foram as experiências com pessoas obsessivo-compulsivas que sobrecarregaram a teoria clínica com avisos sobre os perigos da interpretação prematura (p. ex., Glover, 1955; Josephs, 1992; Strachey, 1934) e comentários sobre a diferença entre *insights* intelectuais e emocionais (p. ex., Kris, 1956; Richfield, 1954).

Visto que o fato de o terapeuta insistir na questão "Mas como você se *sente*?" pode parecer uma luta de poderes (para ambas as partes), uma forma de trazer uma dimensão mais afetiva para o trabalho é por meio da imaginação, do simbolismo e da comunicação artística. Hammer (1990), ao explorar como indivíduos obsessivos usam as palavras mais para afastar sentimentos do que para expressá-los, menciona o valor de direcionar a esse grupo de pacientes um discurso mais poético, rico em analogias e metáforas. Com pacientes extremamente constritos, a combinação de terapia de grupo (na qual outros clientes tendem a fazer ataques diretos à defesa de isolamento) com tratamento individual (no qual o terapeuta pode ajudar o indivíduo a processar sozinho tais experiências) é às vezes terapêutica (Yalom e Leszcz, 2005).

Um terceiro componente do bom trabalho com pessoas estruturadas de modo obsessivo e compulsivo é a boa vontade do profissional em ajudá-los a expressar sua raiva e sua crítica em relação à terapia e ao terapeuta. Normalmente, um terapeuta não consegue atingir isso logo no início, mas é possível preparar o terreno para que o paciente por fim aceite tais sentimentos por meio de comentários preparatórios, como "Pode ser irritante que o processo terapêutico não esteja funcionando tão rápido quanto gostaríamos. Não fique surpreso se você perceber pensamentos negativos sobre mim ou sobre vir até aqui. Se notar que está insatisfeito com nosso trabalho, algo o impediria de me dizer isso?". Uma frequente reação a esse tipo de comentário é o protesto do cliente, que não consegue se imaginar tão insatisfeito ou cheio de críticas. A posição do terapeuta em considerar tal pressuposto curioso pode iniciar um processo de tornar estranho ao ego o mecanismo automático do isolamento.

Para ajudar os sujeitos obsessivos e compulsivos é preciso não apenas auxiliá-los a nomear seus afetos, mas também estimulá-los a usufruir deles. A terapia psicanalítica, mais do que tornar o inconsciente consciente requer que o paciente deixe de acreditar que aquilo que se tornou consciente é vergonhoso. Por trás dessa suscetibilidade à vergonha jazem crenças patológicas sobre pecados que podem impulsionar tanto mecanismos obsessivos quanto compulsivos. Pode ser uma grande novidade para tais clientes que alguém possa se divertir com uma fantasia sádica ou se confortar por meio da dor, e não apenas admitir de má vontade que está triste. O compartilhamento do senso de humor do terapeuta pode aliviar o peso da culpa e da autocrítica que recai sobre esses indivíduos.

"Que bem vai resultar de eu me sentir assim?" é uma pergunta frequente de indivíduos com funcionamentos psicológicos obsessivos e compulsivos. A resposta é: o prejuízo é causado se eles *não* se sentirem assim. Emoções fazem o indivíduo se sentir vivo, energizado e completamente humano, mesmo se expressam posturas que o paciente julga "não muito legais". Sobretudo com pacientes compulsivos, é útil comentar sobre sua dificuldade em apenas *ser*, em vez de fazer. Não é por acaso que os programas de 12 passos, em seus esforços de impedir a compulsividade autodestrutiva, descobriram a Oração da Serenidade. Às vezes, quando as pessoas obsessivas e compulsivas fogem de seus sentimentos, é possível apelar para sua natureza prática. Alguns indivíduos orientados por um viés mental científico, por exemplo, acham muito útil saber que chorar faz o cérebro se livrar de certas químicas associadas com crônicos transtornos do humor. Se conseguirem racionalizar a expressividade para além de uma autoindulgência patética, esses indivíduos poderão se aventurar nisso mais cedo. Mas, por fim, a paciente dedicação do profissional em demonstrar honestidade emocional e a experiência cada vez mais intensa do cliente de não se sentir controlado e julgado pelo terapeuta irão levar o trabalho adiante.

Por meio de medicamentos, como os inibidores seletivos da recaptação de serotonina (ISRSs), e métodos de terapia cognitivo-comportamental (TCC), como exposição, muitas pessoas com *transtorno* obsessivo-compulsivo estão agora sendo mais ajudadas do que antes (quando podiam contar apenas com a terapia psicanalítica). Para aquelas que têm *personalidade* obsessiva-compulsiva, com ruminações egossintônicas e compulsões, tais abordagens têm sido menos efetivas. Essa observação faz um paralelo com o que eu disse no Capítulo 11 sobre pacientes caracterologicamente depressivos, que parecem menos responsivos a substâncias que mitigam depressão maior ou distimia do que indivíduos que sofrem de depressão mas cujas estruturas de personalidade não são depressivas. Contudo, muitos terapeutas analíticos (p. ex., Lieb, 2001) que trabalham com clientes de personalidades obsessivas e compulsivas relatam um aumento da efetividade do tratamento ao combinarem a psicoterapia dinâmica tanto com intervenções cognitivo-comportamentais quanto com farmacológicas.

DIAGNÓSTICO DIFERENCIAL

Normalmente é fácil diferenciar a dinâmica compulsiva de outras estruturas psicológicas. O isolamento e a anulação são quase sempre muito visíveis; a organização compulsiva é mais observável, já que a compulsão da pessoa por agir não pode ser mascarada com facilidade. Ainda assim, ocorrem alguns tipos de confusão. A estrutura obsessiva é às vezes difícil de ser distinguida do psiquismo esquizoide (sobretudo na extremidade mais baixa do funcionamento do *continuum* desenvolvimental) e de personalidades narcisistas com defesas obsessivas. Algumas vezes pode ser difícil diferenciar a dinâmica compulsiva e obsessiva de síndromes cerebrais orgânicas.

Personalidade obsessiva *versus* personalidade narcisista

No Capítulo 8, coloquei em contraste as estruturas de caráter narcisistas e obsessivas, com ênfase no prejuízo causado ao confundir uma pessoa essencialmente narcisista com uma obsessiva ou uma compulsiva quando o terapeuta presta mais atenção nas fantasias de onipotência e na fúria inconsciente do que no vazio subjetivo e na autoestima frágil. É provável que o prejuízo seja menor quando o erro for cometido na direção oposta, já que todos nós, independentemente do tipo de caráter, obtemos proveito de terapias que focam em questões do *self*. No entanto, uma pessoa compulsiva ou obsessiva, moralista e antiquada, ao ser tratada por alguém que a vê como narcisista pode acabar se sentindo angustiada, desmoralizada e mesmo insultada por ser tida como "carente", em vez de cheia de conflitos.

Pessoas obsessivas e compulsivas com dinâmicas introjetivas têm um forte centro de gravidade psicológica; elas julgam e criticam muito a si mesmas. Um terapeuta que comunica uma aceitação empática da experiência subjetiva desse tipo de paciente sem evocar as crenças e afetos profundos que dão forma a tal experiência está privando esse paciente do próprio valor de empatia. Às vezes, algumas intervenções que o terapeuta considera como se cumprissem o papel de espelho são recebidas por esses clientes como indutoras de corrupção, já que veem o terapeuta como implicitamente corroborando com aspectos do *self* que consideram, neles mesmos, indefensáveis. Sob tais circunstâncias, os pacientes começam a duvidar das credenciais morais do terapeuta. Uma análise das defesas racionalistas e moralistas dos clientes obsessivos e compulsivos deve preceder os esforços de transmitir aceitação dos sentimentos problemáticos que essas defesas têm por objetivo conciliar.

Personalidade obsessiva *versus* personalidade esquizoide

Na faixa simbiótica/psicótica, algumas pessoas que parecem esquizoides podem de fato ser pacientes obsessivos regredidos. Embora se refugie em um mundo externo, a pessoa esquizoide tende a ser consciente de suas fantasias vívidas e de seus intensos sentimentos internos. Em contraste, uma pessoa obsessiva regredida usa o isolamento de forma tão totalizante que pode parecer inexpressiva ou apática. O conhecimento do funcionamento pré-mórbido de alguém ao qual esse diferencial se aplique fornecerá dicas sobre como lhe comunicar que é seguro para ele expressar sua experiência interna e intensa ou sobre como transmitir que deve ser terrível se sentir tão frio e morto por dentro.

Condições obsessivo-compulsivas *versus* condições orgânicas

Este livro não abrange psicopatologias de origem orgânica, mas devo ressaltar a frequência com que entrevistadores sem experiência – tenham eles realizado treinamento médico ou não – confundem comportamentos relacionados a danos cerebrais com obsessivo-compulsivos. Os pensamentos persistentes e as ações repetitivas típicas de síndromes cerebrais orgânicas (Goldstein, 1959) podem imitar a compulsividade e a obsessividade "funcionais", mas um questionário de orientação dinâmica irá revelar que o isolamento do afeto e a anulação não estão envolvidos nesses casos. Uma boa coleta da história pessoal, com perguntas sobre possível síndrome alcoólica fetal ou vício materno durante a gravidez, complicações de nascimento, doenças que envolvam febre alta (meningite, encefalite), lesões na cabeça, etc., pode sugerir um diagnóstico orgânico, a ser confirmado por um exame neurológico.

Nem todo dano cerebral envolve perda da inteligência. O profissional não deve pensar que uma pessoa brilhante e competente não possa sofrer de dificuldades de base orgânica. Esse é um diferencial importante, já que a terapia para descobrir dinâmicas inconscientes a fim de reduzir a inflexibilidade obsessivo-compulsiva do cliente pode ser radicalmente diferente do tratamento que enfatiza, para a pessoa com prejuízo orgânico e para sua família, o valor de manter a ordem e a previsibilidade, para o conforto e a segurança emocional do cliente.

RESUMO

Neste capítulo, discuti a respeito de pessoas que preferencialmente pensam e/ou agem em busca de segurança emocional, redução da ansiedade, manutenção da autoestima e resolução de conflitos internos. Revisei as concepções clássicas sobre a estrutura de caráter obsessivo-compulsiva, com ênfase nas formulações de Freud (1908, 1909, 1913, 1931) sobre a centralidade das questões da fase anal no desenvolvimento de tal estrutura, e as relacionadas lutas contra a culpa inconsciente e as fantasias de onipotência. Diferenciei essa versão do fenômeno de manifestações mais anacríticas do funcionamento psicológico obsessivo-compulsivo. Também ressaltei que os processos defensivos em pessoas obsessivas e compulsivas (isolamento e anulação, respectivamente, e formação de reação, em ambos) suprimem ou distanciam a maioria dos afetos, dos desejos e das pulsões, mas culpa inconsciente (hostilidade demais) e suscetibilidade consciente a vergonha ("perder" os próprios padrões) podem ser inferidas com facilidade. Histórias de famílias de pessoas de tal grupo são notáveis ou por um excesso ou por uma falta de controle; os relacionamentos presentes tendem a ser formais, moralizados e um pouco sem vida, apesar da capacidade de apego básica que as pessoas obsessivo-compulsivas demonstram.

Também analisei o perfeccionismo, a ambivalência e o ato de evitar a culpa, tanto pela procrastinação quanto por meio da impulsividade, e destaquei que as questões de transferência e contratransferência gravitam em torno de perceber e absorver a negatividade inconsciente do paciente. As intervenções terapêuticas que sugeri incluem: não ter pressa, evitar disputas de poder, desencorajar a intelectualização, convidar à raiva e à crítica e configurar a possibilidade de obtenção de prazer por meio de fantasias e sentimentos de desvalorização. Fiz diferença entre personalidades obsessivas e compulsivas de pacientes esquizoides, de pessoas estruturadas narcisisticamente com defesas compulsivas e perfeccionistas e daquelas com síndromes cerebrais orgânicas.

SUGESTÕES PARA OUTRAS LEITURAS

Talvez o livro mais agradável sobre este assunto seja o de Salzman (1980). O estudo naturalista de D. Shapiro (1965) da personalidade obsessivo-compulsiva continua um clássico; e seus livros de 1984 e 1999 dão seguimento ao tópico com interessantes capítulos sobre rigidez obsessiva e compulsiva.

Halo in the Sky, de Shengold (1988), oferece uma brilhante exploração da análise como conceito e metáfora. A segunda edição da revista *Psychoanalytic Inquiry*, lançada em 2001 (Bristol e Pasternack, 2001), contém muitos ensaios relevantes, alguns deles citados neste capítulo, a maioria sobre transtorno obsessivo-compulsivo, mas no que tange à personalidade obsessivo-compulsiva em relação à evolução das ideias psicanalíticas no contexto das recentes pesquisas em neurociências.

14

Personalidades histéricas (histriônicas)

A psicanálise teve seu início mediante os esforços em compreender as condições para a histeria e tem se remetido regularmente a esse problema desde a década de 1880, quando Freud o abordou. Inspirado pelo trabalho dos psiquiatras franceses Charcot, Janet e Bernheim (que estavam investigando as aflições histéricas por meio da hipnose), Freud foi o primeiro a formular os tipos de questões que deram forma à teoria psicanalítica: Como alguém pode saber e não saber ao mesmo tempo? O que leva pessoas a esquecerem experiências importantes? O corpo expressa o que a mente não consegue sondar? O que explicaria sintomas com convulsões do tipo epiléticas em uma pessoa que não sofre de epilepsia? Ou a cegueira em alguém com condições oculares normais? Ou a paralisia quando não há nada de errado com os nervos?

Na época, mulheres histericamente doentes eram expulsas dos consultórios médicos como se estivessem fingindo. Sejam quais forem os erros de Freud em relação à psicologia feminina ou ao trauma sexual, foi ele quem levou tais mulheres a sério e as respeitou, tentando entender esse tipo particular de sofrimento. Fazendo isso, acreditava que começaria a compreender processos que operam na saúde emocional, assim como no prejuízo emocional. Embora este capítulo não trate dos dramáticos transtornos que, na época de Freud, foram chamados de neurose histérica (conversão, amnésia, ataques inexplicáveis de ansiedade e outros fenômenos repentinos), reviso um pouco da história psicanalítica relevante para essas condições a fim de focar, em um momento final, a estrutura de personalidade que frequentemente as acompanha.

O caráter histérico (ou, segundo as últimas edições do DSM, histriônico) é comum em pessoas sem sintomas histéricos surpreendentes ou frequentes. Assim como as pessoas obsessivo-compulsivas que não têm obsessões e compulsões mas operam sob os mesmos princípios que as produzem, existem muitos que nunca tiveram crises histéricas, mas cuja experiência subjetiva é permeada pelas dinâmicas que as criam. Ainda que esse tipo de personalidade seja mais comum entre as mulheres, homens organizados histericamente não são raros. Na verdade, Freud (p. ex., 1897) considerava – e com razão – que ele mesmo era um pouco histérico. Uma de suas primeiras publicações (1886) foi sobre a histeria em um homem. Terapeutas orientados de forma analítica estão acostumados a enquadrar os indivíduos com personalidades histéricas na faixa neurótica, já que as defesas deles têm sido consideradas mais maduras; no entanto, muitas pessoas têm estruturas psicológicas histéricas organizadas nos níveis *borderline* e psicótico.

Elizabeth Zetzel (1968) há algum tempo fez observações (em um artigo que começa com a canção de ninar que diz: "Quando ela era boa, ela era muito, muito boa, mas quando ela era má, ela era horrível") sobre a grande distância que há entre os indivíduos mais saudáveis e os mais seriamente debilitados neste grupo. De forma confusa, os DSMs pós-1980 reconceituaram o transtorno da personalidade histriônica, em direção à extremidade patológica do *continuum* histérico, de modo indistinguível das personalidades de "tipo 3 e 4" de Zetzel e da "personalidade infantil" de Kernberg (1975, 1984). Kernberg e outros teóricos usaram o termo "histérico" para pacientes altamente funcionais e os termos "histeroide", "histriônico" ou "infantil pseudo-histérico" para referir aqueles nas faixas psicótica e *borderline*.

Na linguagem das pesquisas mais recentes sobre personalidade e transtorno da personalidade, pessoas com tendências histéricas que têm um apego seguro podem ser vistas como portadoras de um estilo histriônico (mas não de um transtorno) ou de uma personalidade histérica. Pesquisadores que estudam psicopatologias e apego (p. ex., Ouimette, Klein, Anderson, Riso e Lizardi, 1994) notaram um estilo de apego ansioso/resistente em pessoas histriônicas que se enquadram nos critérios do DSM para o diagnóstico de transtorno da personalidade histriônica. Pessoas histericamente orientadas, com histórias de traumas primários significativos e para as quais o objeto infantil que fornecia segurança era também fonte de medo, apresentam um estilo de apego desorganizado caracterizado pelo desamparo subjetivo e pelo cuidado compulsivo, em vez de pela hostilidade e pela agressão (Lyons-Ruth, 2001).

O fenômeno da psicose histérica, que pode se sobrepor à versão extrema do estilo de apego desorganizado e pós-traumático, é conhecido desde a Antiguidade (Veith, 1965, 1977), percebido em muitas culturas (Linton, 1956) e apoiado por pesquisas de outrora (Hirsch e Hollender, 1969; Hollender e Hirsch, 1964; Langness, 1967; Richman e White, 1970). A ausência desse fenômeno no DSM sem dúvida empobreceu nossa abordagem da análise e contribuiu para um excesso de diagnósticos de esquizofrenia quando de fato, havendo relação traumática, o processo histeroide deveria ter sido muitas vezes considerado.

Indivíduos com personalidades histéricas sentem muita ansiedade, são muito intensos e reativos, especialmente de modo interpessoal. Eles são calorosos, enérgicos, intuitivamente gostam de "gente" e são atraídos para situações de risco e drama pessoal. Eles podem estar tão viciados na excitação, que passam de uma crise para outra. Devido a seu nível de ansiedade e aos conflitos pelos quais passam, sua capacidade emotiva pode parecer superficial, artificial e exagerada para os outros. Além disso, seus sentimentos podem mudar com muita rapidez ("labilidade histérica do afeto"). A grande atriz Sarah Bernhardt (Gottlieb, 2010) parecia ter muitas características histéricas, assim como a personagem Scarlett O'Hara. Pessoas com caráter histérico podem preferir profissões de alta visibilidade, que envolvam atuar, realizar apresentações, fazer pregações religiosas, trabalhar com ensino e política.

PULSÃO, AFETO E TEMPERAMENTO NA HISTERIA

Muitos sugeriram que pessoas organizadas histericamente têm, por natureza, um temperamento intenso, hipersensível e sociável. O tipo de bebê que chuta e berra quando está frustrado, mas dá gritinhos de alegria quando está entretido, pode ser o modelo constitucional da histeria. Freud (p. ex., 1931) mencionou que apetites poderosos podem ser característicos de pessoas que se tornaram histéricas, já que elas buscam satisfações orais, atenção e proximidade amorosa e erótica. Blatt e Levy (2003) revisaram muitas informações empíricas que atestam a inclinação dessas pessoas à orientação anaclítica. Elas buscam estímulos, mas ficam sobrecarregadas deles, e têm problemas para processar experiências estressantes. Podem ter a sensibilidade da pessoa esquizoide, com quem normalmente têm afinidade (McWilliams, 2006), mas se movem mais em direção às pessoas do que para longe delas.

Outros especularam (p. ex., D. W. Allen, 1977) que pessoas com tendências histéricas seriam mais dependentes, de forma inata, do funcionamento do hemisfério direito do cérebro (Galin, 1974; Wasserman e Stefanatos, 2000), em contraste com indivíduos mais inclinados a obsessão, nos quais o hemisfério esquerdo pode ser o dominante. Antes dos estudos de ressonância magnética funcional (RMF), uma das bases de especulação de tais casos era o cuidadoso trabalho de D. Shapiro (1965) sobre o estilo cognitivo histérico. Pessoas com organização histérica diferem muito daquelas mais obsessivas quanto às respectivas operações mentais; elas têm visão global, são voltadas à impressionistas e imaginativas. Algumas pessoas muito inteligentes com essa organização de personalidade são notavelmente criativas; a integração das percepções afetiva e sensorial com abordagens mais lineares e lógicas (que tais pessoas usam para buscar o entendimento das coisas) produz uma rica combinação: a das sensibilidades artística e intelectual.

Em termos de desenvolvimento, Freud (1925b, 1932) e muitos analistas posteriores (p. ex., Hallek, 1967; Hollender, 1971; Marmor, 1953) sugeriram uma fixação dupla na histeria: em questões orais e edipianas. Uma simplificação dessa formulação pode ser pensada da seguinte forma: uma menininha faminta e sensível precisa particularmente de cuidado maternal receptivo na infância. Ela fica decepcionada com a mãe, que falha em fazê-la se sentir adequadamene segura, saciada e valorizada. À medida que se aproxima da fase edipiana, ela consegue alcançar a separação materna por meio da desvalorização da mãe. Direciona seu intenso amor ao pai, um objeto mais excitante, sobretudo porque suas necessidades orais não atendidas se juntem às preocupações genitais posteriores para aumentar a dinâmica edipiana. Mas como ela pode resolver normalmente o conflito edipiano se identificando e, ao mesmo tempo, competindo com a mãe? Ela ainda precisa da mãe, e também a desvaloriza.

Tal dilema a aprisiona no nível edipiano. Como resultado de sua fixação, ela continua a ver os homens como fortes e excitantes, e as mulheres, incluindo ela mesma, como fracas e insignificantes. Uma vez que considera o poder um atributo inerentemente masculino, admira os homens, mas também – em geral de modo inconsciente – os odeia e inveja. Tenta aumentar seu senso de adequação e de autoestima apegando-se a homens, apesar de puni-los com sutileza por sua presumida superioridade. Ela usa a própria sexualidade, o único tipo de poder que acha que seu gênero possibilita, junto com idealização e "artimanhas femininas" – as estratégias dos subjetivamente fracos –, a fim de acessar a força masculina. Visto que usa essas estratégias de forma defensiva, e não expressiva, e como teme os homens e seus abusos de poder, ela não aproveita a totalidade de sua intimidade sexual com eles e pode sofrer equivalentes físicos de medo e rejeição, como dor sexual ou ausência de sensações, falta de reações ou falha em atingir o orgasmo.

A ênfase de Freud na inveja do pênis como um problema feminino universal surgiu a partir de seu trabalho com mulheres histericamente estruturadas. Quando descobriu que suas pacientes simbolizavam o poder masculino em sonhos, fantasias e sintomas com imagens fálicas, especulou que, durante seus primeiros anos, essas mulheres teriam aprendido a realizar uma equivalência entre falta de poder – delas mesmas e de suas mães – e falta de pênis. Em uma complexa cultura urbana patriarcal na qual as virtudes femininas tradicionais tinham pouco prestígio, é provável que fosse fácil para muitas jovens garotas chegar a essa conclusão. Freud (1932) postulou:

> O complexo de castração da menina é [...] iniciado a partir da visão dos genitais do outro sexo. Elas logo notam a diferença *e, precisamos admitir, seu*

significado. Elas sentem-se seriamente injustiçadas, com frequência declaram que querem "ter algo assim também" e se tornam vítimas da "inveja do pênis", o que deixará marcas inextirpáveis no seu desenvolvimento e na formação de seus caracteres. (p.125; ênfase nossa)

Essa citação sugere que, apesar de sua reputação em alguns grupos intelectuais, Freud levava em conta as consequências negativas do patriarcalismo. Em sua vida, encorajou as mulheres a crescerem profissionalmente e considerou a igualdade intelectual delas. Também esperava que, interpretando a inveja peniana de suas pacientes, geraria nelas a conclusão de que os homens não são *de fato* superiores e de que uma crença como essa na verdade denuncia uma fantasia infantil que pode ser examinada e descartada. No entanto, Freud não pode ser culpado de as ideias sobre a inveja do pênis terem sido usadas por alguns terapeutas norte-americanos do meio do século a serviço da manutenção segura das mulheres em uma esfera doméstica "apropriada". (Ver Young-Bruehl, 1990, para um comentário profundamente reflexivo com base nas visões complexas de Freud sobre as mulheres.)

No campo afetivo, indivíduos histéricos são conhecidos pelos altos níveis de ansiedade e pela vulnerabilidade tanto a culpa quanto a vergonha. Chamados com frequência de "afetivamente superficiais", eles, entretanto, lutam contra um afeto intenso que os aterroriza e contra o qual usam defesas distintas. (Falo mais sobre isso no contexto do senso de *self* da pessoa histriônica.)

PROCESSOS DEFENSIVOS E ADAPTATIVOS NA HISTERIA

Pessoas com personalidades histéricas usam a repressão, a sexualização e a regressão. Agem de formas contrafóbicas, em geral relacionadas com preocupações sobre perigos e poderes fantasiados ligados ao respeito do sexo oposto. Também utilizam defesas dissociativas, das quais trato mais detalhadamente no próximo capítulo.

Freud considerava a repressão o principal processo mental da histeria. A amnésia era um fenômeno tão fascinante para ele que o impulsionou a criar toda uma teoria sobre a estrutura da mente e sobre como podemos "esquecer" de coisas que "sabemos" em algum nível inacessível. Suas primeiras formulações sobre a repressão como uma força ativa (em vez de um lapso acidental) derivam de seu trabalho com pessoas que, sob hipnose, recapitulavam e descarregavam traumas de infância, normalmente incestuosos, e então perdiam seus sintomas histéricos. Ao iniciar suas tentativas terapêuticas, primeiro com hipnose e, depois, com sugestão sem hipnose, colocou toda sua energia na anulação da repressão, convidando seus pacientes a relaxarem e a abrirem a mente para as memórias. Ele observou que, quando as memórias traumáticas retornavam com seu poder emocional original, um processo chamado "ab-reação", fazia as dificuldades histéricas desaparecerem.

As memórias reprimidas e seus afetos associados tornaram-se objetos centrais dos primeiros estudos psicanalíticos, e liberar a repressão passou a ser visto como uma tarefa terapêutica fundamental. Há muito tempo, contudo, Freud já estava convencido de que algumas "memórias" recuperadas por pacientes histéricos eram de fato fantasias. Seu interesse, então, voltou-se para a amnésia, depois para o trauma e depois para a repressão de desejos, os medos, as teorias infantis e os afetos dolorosos. Ele via os mitos vitorianos sobre a natureza assexuada das mulheres como particularmente prejudiciais à saúde psicológica e achava que mulheres ensinadas a reprimir necessidades eróticas corriam o risco de se tornarem histéricas, pois uma força biológica tão atraente só poderia ser desviada, e não reprimida. Começou a observar alguns males, como *conversões* dos impulsos em sintomas físicos. Uma mulher que, por exemplo, foi criada para considerar a autoestimulação sexual depravada pode perder os sentidos ou os movimentos da mão com a qual fica tentada a se masturbar. Esse fenômeno, conhecido como "paralisia das luvas" ou "anestesia das luvas" – porque apenas a mão é afetada (o que não pode ter origem neurológica, pois um dano nervoso que paralisa a mão também paralisaria o braço) –, não era incomum na época de Freud e carecia de explicações.

Foram sintomas como o da paralisia das luvas que inspiraram Freud a considerar as doenças histéricas uma busca de um *ganho primário*, ao resolver o conflito entre um desejo (p. ex., masturbar-se) e uma proibição (contra a masturbação), e também por *ganhos secundários*, por meio da preocupação dos outros. Os ganhos secundários compensam a pessoa aflita pela perda da satisfação sexual, resultando em atenção não erótica a seu corpo suas dificuldades. Com o desenvolvimento da teoria estrutural, essa dinâmica foi vista como um conflito entre o id e o superego. Freud achava que uma solução assim era muito instável, já que a energia sexual é bloqueada em vez de expressa ou sublimada, e estava inclinado a interpretar qualquer crise de interesse sexual como "o retorno do reprimido". A repressão pode ser uma defesa útil, mas é frágil e incerta quando dirigida contra impulsos normais, que continuarão a exercer pressão para serem descarregados. A ideia original de Freud sobre o alto grau de ansiedade pelo qual as pessoas histéricas são conhecidas concebia que os histéricos estariam convertendo energia sexual represada em um nervosismo difuso (ver Cap. 2).

Estou insistindo nessa formulação sobre os sintomas histéricos porque um processo comparável pode ser inferido em nível caracterológico. Pessoas que reprimem necessidades e conflitos eróticos que parecem perigosos ou inaceitáveis tendem a se sentir tanto sexualmente frustradas quanto vagamente ansiosas. Seus desejos normais, por proximidade e amor podem ser amplificados, como se energizados por uma ânsia sexual não satisfeita. Indivíduos histéricos podem ser muito sedutores (o retorno do reprimido), mas não se dão conta do convite sexual implicado em seus comportamentos. Na verdade, eles com frequência ficam chocados quando suas ações são interpretadas como incitantes de uma conexão sexual. Além disso, se chegam a ter um encontro assim (como é comum que tenham, tanto para aplacar o objeto sexualizado assustador quanto para amenizar a culpa em relação ao próprio comportamento), eles em geral não o aproveitam no sentido erótico.

Além desses processos interativos de repressão e sexualização, as pessoas com personalidades histéricas podem ainda usar regressão. Quando inseguras, temerosas de rejeição ou diante de um desafio que estimule um medo inconsciente, elas se tornam carentes e infantis, em uma tentativa de se livrarem dos problemas por meio de um desarmamento dos potenciais rejeitadores e abusadores. Como em qualquer estado de ansiedade elevada (como na "síndrome de Estocolmo" ou no "fenômeno Patty Hearst", termos para situações nas quais pessoas aprisionadas passam a confiar nos abdutores ou perseguidores), pessoas com tendências histéricas podem ser um tanto sugestionáveis. Na faixa altamente funcional, podem ser charmosas ao operar de modo regressivo; nas faixas *borderline* e psicótica, clientes histriônicos podem se tornar fisicamente debilitados, muito dependentes, chorões e cheios de demandas, ou viciados em crise. O aspecto regressivo da dinâmica histérica já foi tão comum em algumas subculturas femininas que "se fazer de boba", rir de maneira graciosa e agir com efusividade diante de homens grandes e fortes eram comportamentos vistos como normais. O equivalente do século XIX era o desmaio.

O *acting out* em pessoas histéricas é com frequência contrafóbico: elas se aproximam daquilo que de modo inconsciente temem. Comportar-se de forma sedutora quando têm pavor de sexo é apenas um exemplo; elas podem também agir com exibicionismo, caso se sintam inconscientemente envergonhadas do próprio corpo; se esforçar para ficar no centro das atenções, quando de fato estão se sentindo inferiores aos outros; se aventurar em atos de bravura e heroísmo, quando sentem medo inconsciente da agressão; e provocar as autoridades, quando se sentem intimidadas pelo poder. A descrição do transtorno da personalidade histriônica do DSM-IV (American Psychiatric Association, 1994) enfatiza os aspectos de *acting out* do caráter histérico à exclusão de outras características de igual importância. Enquanto os decretos contrafóbicos constituem, com clareza, os fenômenos mais surpreendentes entre aqueles puramente comportamentais associados à histeria – e são sem dúvida aqueles que mais chamam atenção das pessoas –, o *significado* desses comportamentos é também importante para o diagnóstico. A característica interna que mais impulsiona o estilo histérico é a ansiedade.

Tendo em vista que pessoas estruturadas de modo histérico têm uma fartura inconsciente de ansiedade, culpa e vergonha, e levando em conta que podem ter um temperamento intenso e sujeito a superestimulação, elas se sentem sobrecarregadas com facilidade. Experiências que para alguns parecem fáceis de lidar podem ser traumáticas para essas pessoas. Em consequência, elas podem usar mecanismos dissociativos para reduzir a grande carga de informação emocional que precisam enfrentar de uma só vez. Exemplos incluem os fenômenos que os psiquiatras franceses do século XIX chamaram de *la belle indifférence,* uma estranha minimalização da gravidade de uma situação ou de um sintoma; *fausse reconnaissance,* a convicção de lembrar de algo que não aconteceu; *pseudologia fantastica,* a tendência a contar mentiras enquanto parece acreditar nelas; estados de fuga; memórias corporais de eventos traumáticos não reconhecidos cognitivamente; comportamentos dissociativos, como compulsão alimentar e acessos histéricos, etc. Existe uma considerável sobreposição entre as estruturas de personalidade histéricas e dissociativas; muitos autores contemporâneos consideram o funcionamento psicológico histriônico como uma versão do dissociativo.

Uma de minhas pacientes, uma profissional de grande sucesso na faixa dos 60 anos que havia dedicado grande parte de sua carreira a educar pessoas sobre sexo seguro, se viu, de repente, em uma conferência, indo para a cama com um homem por quem não se sentiu particularmente atraída ("Ele me queria, e de algum modo aquilo parecia uma palavra final"). Não lhe ocorreu pedir que usasse camisinha. Ela dissociou tanto sua capacidade de dizer "não" quanto sua consciência das consequências negativas de praticar sexo desprotegido. As fontes de sua dissociação incluíam um pai narcisista e sedutor e mensagens incessantes, na infância, de que as necessidades dos outros estão em primeiro lugar.

PADRÕES NO FUNCIONAMENTO PSICOLÓGICO HISTÉRICO

Na história de pessoas heterossexuais com uma inclinação histérica, com frequência é possível identificar acontecimentos e atitudes que confeririam poderes e valores diferentes aos diferentes sexos. Situações histerógenas comuns incluem famílias nas quais uma menininha está dolorosamente consciente de que um ou ambos os genitores com clareza favorecem seu(s) irmão(s) ou em que ela sente que deveria ter nascido menino. (Às vezes está certa, em outras deduz isso de forma errônea a partir de informações como, por exemplo, ser "a terceira" de três filhas.) Também pode acontecer que a menina perceba que o pai e as figuras masculinas da família têm muito mais poder do que a mãe, do que ela mesma e do que as irmãs.

Quando essa criança recebe atenção positiva, isso envolve atributos externos superficiais (tais como sua aparência) ou inofensivos e infantis (como sua inocência e gentileza). Quando seus irmãos são atendidos de forma negativa, as inadequações básicas deles são sempre igualadas à feminilidade ("Você arremessa como uma menininha!" ou "Você não está agindo como alguém que usa calças na família!"). À medida que cresce e ocorre seu amadurecimento físico, a menina nota que o pai passa a evitá-la e parece desconfortável em relação a seu desenvolvimento sexual. Então se sente profundamente rejeitada com relação ao próprio gênero, apesar de perceber que a feminilidade tem um estranho poder sobre os homens (Celani, 1976; Chodoff, 1978, 1982).

Com frequência tem sido observado (p. ex., Easser e Lesser, 1965; Herman, 1981; Slipp, 1977) que pais de mulheres histriônicas eram tão assustadores quanto sedutores. Os homens com facilidade podem subestimar o quanto são intimidadores para meninas pequenas; os corpos, os rostos e os tons vocais são mais duros que aqueles das garotas e das mães, e elas demoram um pouco para se acostumar. Um pai que está com raiva parece particularmente algo estrondoso, em especial para uma menina sensível. Se tem acessos de raiva, faz críticas duras e tem um comportamento errático ou que envolva violação sexual, um homem pode parecer terrível. Um pai apaixonado que também intimida uma menininha cria um tipo de conflito entre aproximar/evitar; ele é um objeto excitante, porém amedrontador. Se ele parece dominar a esposa, como em uma família patriarcal, o efeito é ainda mais forte. A filha irá aprender que pessoas de seu próprio gênero têm menos valor. (Sobretudo quando a época da meninice tiver passado e chegar aquele momento crucial em que a aproximação de pessoas do gênero do pai deva ser calculada.) Mueller e Aniskiewitz (1986) enfatizam a combinação de inadequação materna com narcisismo paterno na etiologia da personalidade histérica:

> Enquanto a mãe é resignada a um papel fraco e ineficaz ou é ameaçada pela criança e reage competitivamente, a questão básica continua sendo não ter alcançado uma mutualidade madura [...] De forma semelhante, sejam os conflitos de adequação do pai expressos por meio de uma exterioridade frágil e pseudomasculina ou por maneiras calorosas, sexuais ou conspiratórios com a filha, ele [...] revela sua própria imaturidade [...] Apesar das variações nos traços manifestos dos pais, a tendência de personalidade latente mais comum reflete uma orientação fálica/edipiana. Os pais são egocêntricos e possessivos, e encaram os relacionamentos como extensões de si mesmos. (p. 15-17)

Logo, uma fonte frequente de estrutura de personalidade histérica é o sentimento de que a própria identidade sexual é problemática. Alguns garotinhos criados em sistemas matriarcais nos quais a masculinidade é denegrida (p. ex., por meio de contrastes que os desprezam em relação a um hipotético homem "real") se desenvolvem em uma direção histérica, apesar das vantagens que a cultura tradicionalmente confere aos homens. Existe um identificável subgrupo de homens *gays* que se encaixam nos critérios do DSM-IV para personalidade histriônica e cuja história familiar evidencia tal dinâmica (p. ex., Friedman, 1988). A maior frequência de histeria entre mulheres me parece explicável por dois fatos: (1) os homens têm mais poder do que as mulheres no que se refere à cultura de modo mais abrangente (2) os homens participam menos dos primeiros cuidados com bebês, e sua relativa ausência os torna mais excitantes, idealizados e "outra coisa" em relação às mulheres.

O resultado para uma menina que cresce em um contexto em que os estereótipos de gênero simplistas são tão ampliados ("homens são poderosos, porém narcisistas e perigosos; mulheres são suaves e calorosas, mas fracas e desamparadas") é que ela aprenderá a buscar segurança e autoestima se apegando a homens considerados particularmente poderosos. Ela pode usar a própria sexualidade para atraí-los e depois, descobrir que não tem qualquer reação sexual satisfatória por meio do envolvimento físico com eles. Ela também pode (já que o poder masculino a amedronta) procurar explorar um lado mais terno do parceiro e depois de modo inconsciente, desvalorizá-lo por ser "menos do que um homem" (i. e., doce, feminino, fraco). Algumas pessoas organizadas de forma histérica, tanto homens quanto mulheres, passam, assim, por ciclos repetitivos de supervalorização e desvalorização específicas ao gênero, nos quais o poder é sexualizado, mas a satisfação sexual está curiosamente ausente ou é efêmera.

O *SELF* HISTÉRICO

O senso de *self* histérico é igual ao de uma criança pequena, medrosa e carente, tentando lidar, da melhor maneira possível, com um mundo dominado por outras pessoas estranhas e poderosas. Embora alguns indivíduos com personalidades histéricas pareçam às vezes controladores e manipuladores, seu estado mental subjetivo é o oposto disso. Manipulações articuladas por indivíduos com estruturas histéricas são, em marcante contraste com as manobras das pessoas psicopatas, secundárias à busca por segurança e aceitação. Sua orquestração dos outros envolve tentativas de alcançar uma ilha de segurança em um mundo assustador, de estabilizar a autoestima, de dominar possibilidades assustadoras passando a ser protagonista delas para expressar uma hostilidade inconsciente, ou alguma combinação de todos esses objetivos (Bollas, 1999). Eles não procuram o prazer "aproveitando-se" dos outros.

Uma de minhas pacientes, por exemplo, uma jovem estudante de graduação do curso de teatro que cresceu ao lado de um pai amoroso, porém explosivo, costumava se apaixonar por vários homens em posição de autoridade, um depois do outro, e se esforçava para ser a "aluna favorita" de cada um deles. Aproximava-se de todos os seus professores e orientadores com uma bajulação sutil e uma disciplina espantosa, que racionalizava como uma forma de ser uma estudante ativa (sob o poder de homens arbitrários). Suas tentativas de sedução eram difíceis de ser ignoradas por alguns mentores. Quando começava a ter sinais de que estavam atraídos, ela reagia com excitação (sentindo-se poderosa e valorizada), satisfação (por se sentir atraente e desejada), medo (de eles entenderem o poder de atração dela como uma demanda sexual) e culpa (por exercer seu poder sobre eles e ser merecedora de um interesse erótico proibido). Seu poder de manipulação estava restrito aos homens, e homens que eram autoridades em manipulação, o que tornava esses relacionamentos, apesar de poderosamente impulsionados, cheios de conflito.

A autoestima das pessoas histriônicas é em geral dependente da obtenção repetitiva da sensação de que têm *status* e poder quanto às pessoas das quais têm medo (aqueles do sexo oposto, ou, no caso de indivíduos homossexuais, aqueles do próprio gênero, que são vistos como poderosos). Apego a um objeto idealizado – sobretudo ser visto com um – pode criar um tipo de autoestima "derivada" (Ferenczi, 1913): "Esta pessoa poderosa é parte de mim". O funcionamento psicológico dos fãs que idealizam artistas ou políticos funciona mais ou menos assim. Um *acting out* sexual pode ser nutrido pela fantasia inconsciente de que ser penetrado por um homem poderoso equivale a capturar a força dele.

Outro modo pelo qual as pessoas estruturadas histericamente obtêm autoestima é por meio de operações de resgate. De forma inversa, podem cuidar de sua criança interna assustada ajudando crianças em perigo. Ou podem lidar com o medo que sentem das autoridades de maneira contrafóbica, dispondo-se a "mudar" ou cuidar de substitutos atuais de um objeto da infância assustador/sedutor. O fenômeno das fêmeas amáveis, doces e calorosas que se apaixonam por machos predatórios e destrutivos, na esperança de salvá-los, é desconcertante mas familiar a muitos pais, professores e amigos de mulheres jovens histéricas.

Na imaginação onírica de homens e mulheres histéricos há com frequência símbolos que representam a possessão de um útero ou pênis secreto, respectivamente. Mulheres com organização histérica tendem a ver todos os poderes que têm, provenientes de uma agressividade natural, como um lado "masculino", em vez de os considerarem integrados à própria identidade de gênero. Sua falta de habilidade em se sentirem poderosas por meio da femi-nilidade rende-lhes um problema insolúvel e que se autorreproduz. Conforme disse uma de minhas pacientes, "Quando me sinto forte, me sinto como um homem, e não como uma mulher forte". Esse tipo de pensamento – de que a masculinidade equivale à atividade e a feminilidade à passividade e que uma mulher agressiva está exercendo um lado "masculino" ou um homem afetuoso estaria exercendo um lado "feminino" – foi comum durante todo o final do século XIX e considerado por muitas teorias psicanalíticas (p. ex., os arquétipos de Jung [1954] do *animus* e do *anima*). A teoria psicanalítica de gênero contemporânea (p. ex., Dyess e Dean, 2000) desafia esse pensamento restritivo e essencialista, mas inconscientemente é possível que tais imagens ainda retenham uma grande força psíquica.

Em pessoas com estrutura de personalidade histérica, a percepção de que os próprios objetos sexuais (como uma classe) têm o poder máximo pode levar a reações depressivas em relação ao envelhecimento. Uma vez que sentem que a única potência na feminilidade consiste em serem sexualmente atraentes, mulheres heterossexuais com dinâmicas histéricas podem investir com exagero na própria aparência e ter pavor do envelhecimento bem acima do comum. Homens *gays* que se debatem contra crenças histéricas (inconscientes) de que são insignificantes e fracos quando não desejados por homens poderosos podem sofrer de modo semelhante. A característica tragicômica das antigas mulheres histéricas foi bem capturada pela personagem de Blanche DuBois em *Uma bonde chamado desejo*. A dor do homem que envelhece é surpreendente na personagem de Gustav von Aschenbach, no livro *Morte em Veneza*, de Thomas Mann. Todo cliente com inclinações histéricas precisa ser encorajado a desenvolver outras áreas, além do poder de atração, por meio das quais a autoestima possa ser buscada e alcançada.

A tendência à vaidade e ao investimento na sedução em pessoas histriônicas, embora constitua uma defesa narcisista (na qual essas posturas funcionam para que a autoestima seja atingida e mantida), é diferente dos processos comportamentais semelhantes em indivíduos cuja personalidade básica seja narcisista. Pessoas estruturadas de modo histérico não são internamente vazias e indiferentes; elas não tentam atrair os outros porque precisam de atenção para preencher um vazio, mas porque têm medo de intrusão, de exploração e de rejeição. Quando tais ansiedades não são despertadas, essas pessoas são, de fato, calorosas e atenciosas. Nas pessoas histéricas mais saudáveis, os aspectos amáveis da personalidade estão sempre em conflito com os defensivos e, às vezes, destrutivos. A aspirante a atriz que descrevi antes estava dolorosamente consciente do efeito complexo que causava nos homens que se esforçava tanto em seduzir, e, apesar de conseguir dissociar o sentimento na maioria das vezes, sentia culpa em relação às esposas deles.

O comportamento de "buscar atenção" das pessoas histriônicas tem o significado inconsciente de buscar uma garantia de que são aceitáveis – em particular uma reafirmação de que o corpo de seu próprio gênero é apreciado, ao contrário do que aconteceu em sua infância. Indivíduos organizados de forma histérica tendem a se sentir inconscientemente castrados; ao exibirem seus corpos, podem estar convertendo um senso passivo de inferioridade em um sentimento ativo de poder, por meio da forma física. Seu exibicionismo é, assim, contradepressivo.

Considerações semelhantes iluminam a relação do "afeto superficial" com a histeria. É verdade que, quando pessoas histriônicas expressam sentimentos, percebe-se a forma dramática, pouco autêntica e exagerada do que dizem. Isso não significa que elas não sintam "realmente" as emoções às quais estão dando voz. A superficialidade e a aparente encenação derivam do sentimento de extrema ansiedade em relação ao que poderá acontecer caso tenham medo de se expressar para alguém que julgam poderoso. Visto terem sido infantilizadas e desvalorizadas, não esperam respeito e atenção por seus sentimentos. Elas os magnificam para aliviar a ansiedade, e para convencer a si mesmas e aos outros de que têm o direto de se expressar. Ao mesmo tempo, ao transmitirem que não estão de fato falando sério, preservam a opção de se retratarem ou de minimizarem o que dizem caso cheguem à conclusão de que aquele não é um contexto seguro para se expressarem. Anúncios como "Estou TÃÃÃO furiosa!", acompanhados do teatral "virar de olhos", convidam os outros a encararem essa emoção como se ela não estivesse ali ou como se fosse trivial.

Bromberg (1996, p.223) faz a piada (com referência a uma versão anterior de R. D. Laing [1962, p.34]) de que um histérico "é alguém que passa pela vida tentando fingir ser quem realmente é". Por trás da brincadeira existe uma sensibilidade empática muito forte, de que o dilema da pessoa histérica pode ser enquadrado como uma "trágica inabilidade de convencer os outros da autenticidade de sua experiência subjetiva" (p.224). Em uma atmosfera terapêutica de respeito escrupuloso, a pessoa histriônica por fim acaba se sentindo suficientemente ouvida para se tornar capaz de descrever a raiva e outros sentimentos de forma direta e digna de confiança e para incrementar um estilo reativo e impressionista de modo proativo e analítico.

TRANSFERÊNCIA E CONTRATRANSFERÊNCIA COM PACIENTES HISTÉRICOS

A transferência foi originalmente descoberta em clientes cujas reclamações ocorriam em um contexto de histeria. E não foi por acaso que elas apareceram dessa forma. Toda a concepção de Freud de histeria transita em torno da observação de que tudo o que não é memorizado de maneira consciente continua em atividade no reino do inconsciente e se expressando por meio de sintomas, decisões e repetição de cenários de experiências primárias. O presente é compreendido como um portador de perigos e insultos pressentidos no passado, em parte porque a pessoa histérica é muito ansiosa e não consegue, por isso, admitir informações contraditórias.

Além desses fatores, as pessoas histriônicas têm forte relacionamento com os objetos e são emocionalmente expressivas. Elas são mais propensas do que outros indivíduos a falar sobre suas reações às outras pessoas, em geral, e ao terapeuta, em particular. Devido às dinâmicas descritas, é provável que o leitor vá perceber como a combinação de uma paciente histérica heterossexual com um terapeuta homem imediatamente evocaria os conflitos centrais da cliente. Freud (1925a) ficou, a princípio, exasperado ao descobrir que, enquanto estava tentando se mostrar um médico benevolente com suas clientes histriônicas, elas insistiam em encará-lo como uma presença masculina provocativa, com quem iriam sofrer, brigar e, às vezes, por quem iriam se apaixonar.

Visto que a personalidade histérica tem um funcionamento psicológico no qual os problemas relacionados ao gênero podem dominar o modo como a paciente vê o mundo, a natureza das transferências iniciais pode diferir como uma função do sexo tanto da cliente quanto do terapeuta. Com profissionais homens, clientes heterossexuais com dinâmica histérica podem se sentir excitadas, intimidadas e defensivamente sedutoras. Com terapeutas mulheres, mantêm sutil hostilidade e competição. Em ambos os casos, elas podem parecer um tanto infantis. As transferências em pacientes homens variam de acordo com a estrutura de poder outorgado internamente: se o poder maior é conferido à figura materna ou à paterna. Muitos clientes histéricos são cooperativos e apreciam o interesse do terapeuta, mas pessoas histeroides em nível psicótico ou *borderline* são difíceis de tratar porque agem de forma muito destrutiva e se sentem ameaçadas pelo relacionamento terapêutico (Lazare, 1971).

Contudo, mesmo clientes histéricos altamente funcionais podem ter transferências com uma intensidade que parece quase psicótica. Transferências fortes são enervantes tanto para o cliente quanto para o terapeuta. Elas podem ter análise efetiva por meio de uma investigação rigorosa e de uma observação escrupulosa dos limites profissionais. Terapeutas que se sentem seguros em seus papéis, assim como Freud, não acharão que tais reações constituam um obstáculo ao tratamento, mas os meios pelos quais o tratamento cura, à medida que os clientes aprendam a tolerar desejos determinados de forma complexa em um ambiente seguro. Quando têm muito medo de demonstrar reações passionais diante do terapeuta, pacientes histriônicos podem agir dessa maneira com objetos que são claramente substitutos. Um supervisor meu, chamado James, começou a ver uma jovem histérica cujo pai alternava comportamentos de intrusão e rejeição traumáticas; ela teve casos em sequência, durante os primeiros meses do tratamento, com homens chamados Jim, Jamie e Jay.

Em certas ocasiões, a transferência com uma pessoa de dinâmica histérica fica dolorosamente intensa antes que ela confie no terapeuta o bastante para lidar com essa intensidade. Em especial nos primeiros meses, os clientes histriônicos podem fugir do tratamento, algumas vezes com racionalizações e, outras, com uma consciência de que a força da atração, do medo ou do ódio deles – e a ansiedade que esses sentimentos evocam – é que os está afastando. Mesmo que possam coexistir com sentimentos calorosos, reações assustadoras podem ser muito frustrantes para serem toleradas. Trabalhei com muitas mulheres que sentiram tamanha frustração com a hostilidade e a desvalorização que me dirigiam, a ponto de não conseguirem continuar me vendo. De forma semelhante, muitos de meus colegas homens foram dispensados por clientes histriônicas que ficaram muito mais obcecadas em obter o amor do terapeuta do que qualquer tipo de benefício da terapia. Em casos como esse, especialmente se a transferência for, de certa forma, estranha ao ego, uma mudança de terapeuta, para outro menos parecido com o objeto original que estimulava ou desvalorizava demais a cliente, pode funcionar bem.

A contratransferência com pacientes histéricos pode incluir tanto a defesa do distanciamento quanto a da infantilização. A díade terapêutica na qual esses potenciais são mais problemáticos é aquela com um terapeuta homem, sobretudo se a personalidade dele for narcisista, e uma cliente mulher. Pode ser difícil analisar de forma respeitosa o que parece pseudoafeto em clientes histriônicas; a autodramatização dessas clientes ansiosas sugere o ridículo. A maioria das pessoas organizadas histericamente, contudo, é muito sensível a pistas interpessoais, e uma postura de diversão paternalista lhe é muito prejudicial, mesmo se essas pessoas decidirem manter o desrespeito do terapeuta longe da consciência.

Antes de ser politicamente incorreto falar de forma aberta e egossintônica sobre a própria misoginia, era comum ouvir residentes (homens) em psiquiatria reclamando uns com os outros sobre suas exasperantes pacientes histriônicas. "Aquela histérica louca – ela se lava chorando toda vez que franzo a testa. E hoje ela veio com uma saia que mal chegava às coxas!" Profissionais mulheres que ouviam tais conversas trocavam expressões de dor e agradeciam silenciosamente – ou a Deus – por não estarem em tratamento com alguém que fala dessa maneira sobre uma pessoa que deveria ajudar. Ainda se ouve esse tipo de conversa sobre pacientes *borderline*, e dado que a descrição do DSM de transtorno da personalidade *borderline* (TPB) enfatiza características histeroides, o poder de tal contratransferência de desvalorização continua notável. É discutível, de fato, se, mesmo tendo a "histeria" desaparecido como uma enfermidade, não estaríamos vendo o retorno do reprimido no conceito contemporâneo de TPB (Bollas, 1999).

Relacionada a essa reação hostil e condescendente está a tentação de tratar a mulher histriônica como uma garotinha. Por ser a maior arma do arsenal histérico, a regressão é esperada. Ainda assim, é surpreendente como muito clínicos aceitam o convite histérico a agir de forma onipotente. A atração por bancar o "Paizão" com uma jovenzinha agradecida e desamparada é evidentemente muito grande. Entretanto, conheci profissionais disciplinados que, quando estavam tratando uma mulher com organização histérica, não conseguiram conter o impulso de lhe proporcionar reafirmação, consolo, conselhos ou elogios, apesar de o subtexto de todas essas mensagens ser o de que ela é muito fraca para descobrir as coisas por si mesma ou para conseguir desenvolver a capacidade de proporcionar-se segurança e conforto. Uma vez que a regressão é defensiva na maioria das pessoas histriônicas – ou seja, ela as protege do medo e da culpa que acompanham a responsabilidade adulta – tal mecanismo não deve ser confundido com desamparo genuíno. Ter medo e ser incompetente não são a mesma coisa. O problema de ser tão indulgente e comiserativo com uma pessoa histérica, mesmo que o contexto não envolva hostilidade, é que o conceito de *self* diminuído do cliente será reforçado. Uma atitude solícita em clima paternal (ou maternal) será tanto objeto de insulto quanto de desprezo devido à "manipulação" do paciente.

Por fim, devo mencionar as tentações contratransferenciais de reagir à sedução de clientes histéricos. Conforme foi repetidamente demonstrado em estudos de abuso sexual de clientes (ver Celenza, 2007; Gabbard e Lester, 2002; Gutheil e Brodsky, 2008; Pope, Tabachnick e Keith-Spiegel, 1987), esse é um perigo maior para terapeutas homens do que para terapeutas mulheres. Mulheres que tratam de pacientes histéricos, mesmo que sejam homens muito sedutores, estão protegidas por convenções sociais internalizadas que fazem a díade homem dependente/mulher autoritária ser mais difícil de erotizar. Em contraste, a aceitação cultural do fenômeno de homens mais velhos ou mais poderosos se sentirem atraídos por mulheres mais jovens ou mais desamparadas, que tem suas raízes psicodinâmicas nos medos masculinos de serem engolfados por mulheres e que são atenuados por mulheres desse paradigma, leva os homens a serem muito mais vulneráveis a uma tentação sexual em seu papel terapêutico.

As implicações da teoria e as lições da prática enfaticamente confirmam que o *acting out* sexual com pacientes tem efeitos desastrosos (Celenza, 2007; Gabbard e Lester, 2002; Gutheil e Brodsky, 2008; Pope, 1987; Smith, 1984). O que os clientes histéricos precisam, em oposição ao que sentem que precisam quando seus principais conflitos são ativados pelo tratamento, é de uma experiência de ter e dar voz a sentimentos poderosos que não são explorados pelo objeto de tais desejos. Tentar seduzir alguém e falhar tem um grande poder de transformação em pessoas histriônicas, porque – com frequência pela primeira vez em suas vidas – elas aprendem que alguém de quem dependem coloca o bem-estar delas acima da oportunidade de usá-las e que um esforço direto de autonomia é mais eficaz do que as distorções defensivas e sexualizadas.

IMPLICAÇÕES TERAPÊUTICAS DO DIAGNÓSTICO DE PERSONALIDADE HISTÉRICA

O tratamento psicanalítico tradicional foi formulado para pessoas com estrutura de personalidade histérica e é ainda a melhor escolha para os indivíduos mais saudáveis desse grupo. Chamo de tratamento tradicional aquele em que o terapeuta é relativamente silencioso e não diretivo, quando analisa mais o processo do que o conteúdo e lida mais com as defesas do que com aquilo contra o que as defesas se dirigem, além de limitar suas interpretações, em geral, por meio da análise das resistências, à medida que elas aparecem na transferência. Como ressalta David Allen (1977):

> Pacientes histéricos fazem contato imediatamente, e o que eles procuram é um contato reparador [...] Para o terapeuta iniciante, tais pacientes demonstram as evidências mais claras e acessíveis de transferência. A transferência é crucial no tratamento da personalidade histérica. Caso nossas interpretações estejam erradas, podemos corrigi-las por meio de informações posteriores. Caso oportunidades de interpretação sejam perdidas, elas ocorrerão de novo e de novo. Mas, caso não se lide adequadamente com a transferência, o tratamento estará em risco. Lidar inadequadamente com a transferência ou falhar no estabelecimento de uma aliança terapêutica é praticamente o único erro fatal, e muito difícil de reparar. (p. 291)

É preciso primeiro desenvolver um *rapport* e estabelecer as responsabilidades de ambos os participantes do contrato terapêutico – um processo bastante fácil com clientes histéricos altamente funcionais devido à capacidade básica de relacionamento. Assim, por meio de uma conduta calorosa, porém não invasiva, o terapeuta permite que a transferência floresça de forma agradável. Uma vez que os problemas do paciente apareçam na superfície do relacionamento terapêutico, o terapeuta pode, com cuidado, analisar sentimentos, fantasias, frustrações, desejos e medos à medida que aparecem diretamente no consultório. É importante que o terapeuta permita ao cliente histérico chegar a suas próprias conclusões. A pressa de interpretar apenas intimida alguém com sensibilidades histéricas, relembrando o paciente mais uma vez da superioridade do poder e dos *insights* alheios. Comentários com qualquer traço da postura "eu conheço você melhor do que você mesmo" podem, no imaginário que costuma dominar o mundo de representações internas do indivíduo histérico, soar castradores ou invasivos. Levantar questões sutis, fazer observações casuais quando o paciente parece não estar progredindo e sempre conduzi-lo na direção do que está sendo sentido, e como isso é compreendido, constituem as características principais da técnica eficaz.

Com pessoas histéricas de funcionamento neurótico, o terapeuta pode ter a experiência de se retrair e observar as melhoras que o próprio paciente proporciona a si mesmo. No que diz respeito às necessidades narcisistas, é importante ser valorizado por dar uma contribuição; e a melhor contribuição que se pode oferecer para uma pessoa histriônica é a segurança em sua capacidade de resolver as coisas e tomar decisões adultas e responsáveis. É preciso estar atento não apenas a fazer aparecerem sentimentos, mas também à integração dos pensamentos com os sentimentos. D. W. Allen (1977) observa:

> Uma parte essencial do trabalho terapêutico é a comunicação de acordo com o estilo cognitivo do paciente, com respeito total por seus valores e sentimen-

tos. O estilo de pensamento histérico não é inferior, mas o estilo histérico necessita também de vantagens complementares de pensamento linear e detalhado do "pensamento do hemisfério esquerdo". De certo modo, o histérico precisa aprender como pensar e o que conectar a esses pensamentos, assim como o obsessivo-compulsivo precisa aprender como sentir e ao que conectar seus sentimentos. (p.324)

Clientes histéricos mais perturbados requerem muito mais trabalho ativo e educativo. Na primeira entrevista, além de tolerar e nomear as terríveis ansiedades do cliente, o terapeuta deve se prevenir contra qualquer tentação que possa colocar o tratamento em risco. Por exemplo: "Sei que agora você está determinado a trabalhar estes problemas na terapia. No entanto, podemos ver que, ao longo da sua vida, toda vez que a ansiedade ficava muito alta, você escapava por meio de um caso de amor [ou ficava doente, ou ficava com raiva e fugia – qual fosse o padrão]. Parece que isso pode acontecer aqui também. Você acha que consegue dar continuidade ao nosso trabalho a longo prazo?".

Clientes histéricos com o funcionamento prejudicado devem ser avisados quanto às possíveis reações poderosas e negativas e incentivados a falar sobre elas. Em geral, abordagens que se aplicam a pacientes *borderline* em todo o espectro tipológico podem ser úteis com pessoas histéricas mais graves, com especial atenção a suas reações de transferência.

DIAGNÓSTICO DIFERENCIAL

As principais condições que podem ser confundidas com a organização de personalidade histérica, com base em características superficiais, são a psicopatia e o narcisismo. Além disso, existe alguma imprecisão, como também havia na época de Freud, no diagnóstico entre as estruturas psicológicas histérica e dissociativa. Por fim, também na época de Freud, e anteriormente, os indivíduos que sofriam de condições psicológicas não diagnosticadas podiam ser mal interpretados como possuidores de um transtorno da personalidade histérica.

Personalidade histérica *versus* personalidade psicopática

Inúmeros autores, durante muitas décadas (p. ex., Chodoff, 1982; Cloninger e Guze, 1970; Kraepelin, 1915; Lilienfield, Van Valkenburg, Larntz e Akiskal, 1986; Meloy, 1988; Rosanoff, 1938; Vaillant, 1975), ressaltaram as conexões entre psicopatia e histeria. Evidências informais sugerem que exista uma afinidade entre os dois funcionamentos psicológicos. Especificamente, algumas mulheres histriônicas, em especial na faixa *borderline*, são atraídas por homens psicopatas. Meloy (1988) menciona o conhecido fenômeno do assassino que é inundado por cartas de mulheres que querem defendê-lo ou se tornar suas amantes.

Características vistas como histéricas em mulheres são com frequência consideradas psicopáticas em homens. Um estudo de Richard Warner (1978), no qual vinhetas de casos fictícios foram fornecidas para profissionais da saúde mental, conclui que descrições idênticas de comportamentos excitantes, de flerte ou relacionados a sensações, atribuídos a mulheres e a homens, respectivamente, dependiam do gênero do paciente retratado. Warner concluiu que a histeria e a psicopatia são quase idênticas. Contudo, todo clínico experiente já se deparou com algumas mulheres cuja psicopatia era inquestionável, mesmo que apresentassem algum sintomas histéricos; e alguns homens, por sua vez, claramente histriônicos e não antissociais. Se tais categorias fossem apenas versões de gênero da mesma estrutura psicológica, isso não aconteceria. (Também as vinhetas de Warner apresentavam comportamentos que tornavam o diagnóstico diferencial difícil de ser feito.) Uma visão mais razoável de tais descobertas é que, devido à grande frequência de psicopatia em homens e de histeria em mulheres, a maioria dos avaliadores se envolve na tarefa de pesquisa com base em uma "configuração" explanatória que não foi contestada o suficiente para mudar suas expectativas.

A confusão do diagnóstico de histeria com o de psicopatia é mais comum na extremidade mais perturbada do *continuum* histérico. Nas faixas *borderline* e psicótica, muitas pessoas têm aspectos de ambos os funcionamentos psíquicos. No entanto, a determinação de qual dinâmica predomina é importante no que diz respeito à formação de uma aliança terapêutica e também ao sucesso definitivo do tratamento. Indivíduos histéricos são intensamente anaclíticos, conflituosos e assustados, e um relacionamento terapêutico com eles depende de como o clínico encara tais medos. As pessoas psicopatas igualam o medo à fraqueza, preferem remeter-se a temas de autodefinição aos temas anaclíticos e desdenham os terapeutas que refletem seus receios. Assim como as pessoas histéricas, as antissociais se comportam de forma dramática, mas a teatralidade defensiva das histriônicas está ausente na psicopatia. Demonstrar o próprio poder como terapeuta atrai positivamente um indivíduo psicopata, mas irá intimidar ou infantilizar um histérico.

Personalidade histérica *versus* personalidade narcisista

Conforme já ressaltei, pessoas histéricas usam defesas narcisistas. Tanto os indivíduos histéricos quanto os narcisistas têm deficiências básicas de autoestima, são profundamente envergonhados e sentem necessidade compensatória de atenção e reafirmação. Ambos idealizam e desvalorizam. No entanto, as fontes de tais semelhanças diferem. Em primeiro lugar, com relação às pessoas histéricas, os problemas de autoestima costumam ser relacionados a identificação de gênero ou conflitos particulares, enquanto os problemas das narcisistas são sempre difusos. Em segundo, pessoas organizadas de forma histérica são basicamente calorosas e cuidadosas; suas características de aproveitadoras só aparecem quando seus principais dilemas e medos são ativados. Em terceiro, pessoas histéricas idealizam e desvalorizam de maneiras específicas, em geral ligadas ao gênero; sua idealização com frequência tem origem na contrafobia ("este homem maravilhoso nunca me magoaria"), e a desvalorização é reativa e agressiva. Em contraste, pessoas narcisistas habitualmente categorizam todos os outros em termos de melhores ou piores, sem necessidade de ligação direta entre afetos poderosos e objetos. Kernberg (1982) comentou sobre como uma mulher histérica tanto quanto uma narcisista podem ter relacionamentos íntimos insatisfatórios, contudo, a primeira tendendo a focar em objetos maus que idealizou contrafobicamente, enquanto a segunda, em objetos adequados aos quais desvaloriza.

As implicações desse diferencial para o tratamento são substanciais, embora muito complexas para serem abordadas, exceto pela observação geral de que as pessoas basicamente histéricas se relacionam melhor com um tratamento analítico tradicional, enquanto as narcisistas precisam de empenho terapêutico adequado à primazia de suas realizações, a fim de manterem a autocoesão e um conceito de *self* valorizado.

Condições histéricas *versus* condições dissociativas

Os funcionamentos psíquicos histéricos e dissociativos estão intimamente relacionados e são vistos por muitos acadêmicos contemporâneos como variações de um mesmo tema traumático. Visto que é mais comum uma pessoa dissociativa ser considerada histérica do que o contrário, discuto, no próximo capítulo, as distinções entre as duas condições e os problemas metapsicológicos dessa classificação no que diz respeito à dinâmica dissociativa.

Condições histéricas *versus* fisiológicas

Embora seja muito menos comum agora – do que na época do auge do freudianismo nos Estados Unidos – atribuir qualquer sintoma físico desconcertante a um conflito inconsciente, ainda deve ser dito que é preciso não subestimar a possibilidade de origens físicas em doenças misteriosas.

Os sintomas de algumas enfermidades sistêmicas – como esclerose múltipla, por exemplo – são frequentemente considerados de origem histérica, assim como muitas "lamúrias femininas" que frustravam os médicos. Na Inglaterra dos anos 1990, houve um surto do que se diagnosticou amplamente como "histeria de jardineiro" em um grupo de horticulturistas que havia visitado os Estados Unidos; por fim foi descoberto que, ao longo da viagem, eles haviam recolhido amostras de folhas norte-americanas que caem durante o outono, incluindo muitas heras venenosas. Há também o caso de George Gershwin, que talvez tivesse vivido mais de 38 anos caso o terapeuta não houvesse interpretado os sintomas de seu tumor cerebral como psicogênicos, em vez de orgânicos.

Pessoas histriônicas regridem quando estão ansiosas e queixam-se de forma dramática e desconcertante; portanto, existe risco de erro no diagnóstico se elas padecerem de alguma doença física. Assim, torna-se prudente que o médico investigue a possível existência de um problema orgânico em uma pessoa histriônica, uma vez que essa conduta envia uma mensagem terapêutica a um ser humano amedrontado, cuja dignidade básica nem sempre foi respeitosa.

RESUMO

Descrevi a personalidade histérica no contexto das conceitualizações psicanalíticas que incluem aspectos de pulsão (temperamento básico afetuoso e intenso, com lutas orais e edipianas agravadas por frustrações relacionadas ao gênero), ego (estilo cognitivo impressionista; defesas de repressão que incluem sexualização, regressão, *acting out* dissociação), relações de objeto (inadequação nas relações parentais que compreendem mensagens narcisistas e sedutoras, replicadas em relações posteriores dominadas pela compulsão à repetição) e de *self* (autoimagem diminuída, defeituosa e perigosa, e autoestima afetada por conflitos relativos a expressões de poder sexualizados).

Descrevi as experiências de transferência e contratransferência como permeadas por reações fortes, competitivas e erotizadas, dependentes da orientação sexual e do gênero do cliente e do terapeuta, assim como por marcas regressivas que convidam ao desprezo e à infantilização, em vez de ao respeito. Analisei a importância da elaboração das transferências eróticas e ressaltei o poder destrutivo de uma sexualização por parte do terapeuta. Também recomendei um estilo de tratamento caracterizado pela manutenção cuidadosa dos limites profissionais, por uma postura de calidez e empatia e por um tipo de interpretação orientada pela técnica psicanalítica clássica. Além disso, contrastei o caráter histérico com a personalidade psicopática, a narcisista e a dissociativa e fiz uma advertência final a respeito da investigação de possíveis causas fisiológicas de sintomas presumidamente histéricos.

SUGESTÕES PARA OUTRAS LEITURAS

Para um amplo entendimento da personalidade histérica, recomendo o volume editado de Mardi Horowitz (1991) e também o trabalho de Mueller e Aniskiewitz (1986), cujo tom não tem em geral a condescendência presente nos escritos de terapeutas homens sobre histeria. O ensaio de D. Shapiro (1965) sobre o estilo cognitivo histérico é profundo e permanece atual. Para os leitores interessados na neurose histérica como enfermidade mental emblemática do século XIX (provavelmente comparável à depressão dos dias de hoje), eu diria que a "biografia" mordaz da histeria, de Scull (2009), é fascinante. A história de Veith (1965), que vai dos tempos antigos aos modernos, é esclarecedora e divertida. Para os admiradores de estudos feministas passionais e reflexivos, recomendo o argumento de Juliet Mitchell (2001) relacionado à histeria (contra aqueles que a consideraram um fenômeno cultural antigo) e *Storms in Her Head,* de Muriel Dimen e Adrienne Harris (2001). O capítulo "Hysteria, Dissociation, and Cure", de Bromberg, no livro *Standing in the Spaces* (1996), é muito bem escrito e traz comentários incisivos sobre as formulações freudianas e pós-freudianas, nos quais o contexto relacional de curar pessoas com problemas histéricos está em primeiro plano.

15
Funcionamento psicológico dissociativo

Quando escrevi pela primeira vez este capítulo, em 1993, foi novidade dar atenção ao funcionamento psicológico dissociativo em um livro sobre personalidade orientado de forma psicodinâmica. Desde então, houve uma explosão de atenção da comunidade psicanalítica dirigida ao fenômeno dissociativo, especialmente entre terapeutas ligados ao movimento relacional (p. ex., Boulanger, 2007; Bromberg, 1998, 2010; Davies e Frawley, 1994; Grand, 2000; Howell, 2005; D. B. Stern, 1997, 2009), pesquisadores do apego (Liotti, 2004; Lyons-Ruth, Bronfman e Parsons, 1999) e da neurociência cognitiva e afetiva (Panksepp, 1998; Schore, 2002; Teicher, Glod, Surrey e Swett, 1993). Estudiosos do trauma e do desenvolvimento infantil criaram novos paradigmas para compreender o que um dia foi chamado de "personalidade múltipla" – isto é, reações dissociativas que são automáticas, crônicas e repetidas muitas vezes ao longo da vida –, um tipo de padrão que me pareceu, e a outros autores, possível de ser descrito em termos de estrutura de personalidade dissociativa (cf. I. Brenner, 2001, 2004; Classen, Pain, Field e Woods, 2006).

Para atualizar este capítulo ante o grande fluxo de novas informações, contei com a colaboração de Richard Chefetz, que transpôs os mundos da psicanálise e dos estudos de trauma, além de ter muita experiência no tratamento de clientes dissociativos e escrever com pungência singular sobre o assunto, integrando a teoria do apego, a neurociência cognitiva e afetiva e as perspectivas psicanalíticas relacionais sobre múltiplos estados de *self* com trabalhos importantes sobre trauma (p. ex., Chefetz, 2000a, 2000b, 2009, 2010a, 2010b). Ele está mais adiantado do que eu em relação à mudança de paradigma que está em processo; rejeita o conceito de transtorno da personalidade dissociativa (Chefetz, 2004) e vê minha forma de organizar as informações de diagnósticos como baseada em um modelo de psicologia do ego falida e que há muito tempo tem ocupado espaço entre os terapeutas no que concerne ao entendimento do processo dissociativo.

Pode ser verdade que organizar as condições dissociativas graves e crônicas conforme as categorias da personalidade tradicionais não seja o melhor paradigma ou a melhor metáfora para os fenômenos dissociativos. Ainda acredito, contudo, que o transtorno dissociativo de identidade e outras condições dissociativas complexas devem ser descritos neste livro, devido à importância diagnóstica crucial de distinguir o processo dissociativo de outros padrões que podem envolver o caráter. Neste capítulo, tento proporcionar algum conhecimento básico, a fim de ajudar os leitores a lidar com clientes dissociativos, enquanto se mantêm abertos às possibilidades de diferentes construções sobre como organizar as informações.

Até mais ou menos os anos 1980, os fenômenos de transtorno da personalidade múltipla e suas estruturas psicológicas afins, baseadas em dissociação grave, eram considerados raros, a ponto de não serem incluídos nos esquemas de transtornos e tipos de personalidade. Ficou claro, no entanto, que muitas pessoas se envolvem em processos dissociativos de forma bastante ativa; como uma adaptação em primeiro plano para lidar com situações desestabilizadoras, como, por exemplo, um contexto de intensidade emocional. Para muitas dessas pessoas, porém, a experiência dissociativa é egossintônica e considerada normal. Se o transtorno dissociativo de identidade não fosse uma "patologia do ocultamento" (Gutheil, em Kluft, 1985), na qual o paciente está em geral inconsciente de seus estados de *self* dissociados (outras personalidades) e na qual a confiança é tão problemática que mesmo aquelas partes do *self* que sabem da dissociação são relutantes em divulgar seu segredo, talvez já tivéssemos aprendido há muito tempo a identificar e ajudar clientes dissociativos.

Na verdade, algumas pessoas já sabiam realizar tal trabalho há muito tempo. Um lamentável efeito colateral do fato de Freud privilegiar as questões de amadurecimento às traumáticas, e as de repressão receberem mais importância que as de dissociação, é que isso nos distancia de alguns ilustres conhecimentos sobre dissociação disponíveis no final do século XIX. Pierre Janet (1980), por exemplo, explicou muitos sintomas histéricos fazendo referência a processos dissociativos, explicitamente desafiando o favorecimento de Freud à ideia de repressão como um princípio explanatório primário (ver Van der Hart, Nijenhuis e Steele, 2006, que desenvolvem o trabalho de Janet). Nos Estados Unidos, William James e Alfred Binet estavam ambos interessados na dissociação. Morton Prince (1906) publicou seu caso detalhado de uma mulher dissociativa na época em que *A interpretação dos sonhos* (Freud, 1900) estava chamando atenção (infelizmente, o impacto do segundo quase eclipsou o do primeiro – ver Putnam, 1989; C. A. Ross, 1989b). Nas teorizações do meio do século XX, os postulados de Sullivan (1953) sobre o conceito de "não eu", colocado como uma variante normal da experiência, aproximam-se muito da captura da experiência subjetiva da dissociação.

Terapeutas experientes em clientes dissociativos encaram a multiplicidade não como uma aberração bizarra, mas como uma adaptação compreensível de um tipo de história particular – de modo específico, como uma síndrome de estresse crônico pós-traumático com origem na infância (D. Spiegel, 1984). Devido às diferenças extensivamente documentadas entre os estados de *self* de alguém com transtorno dissociativo de identidade, a condição tem sido bastante divulgada de forma sensacionalista. Tais diferenças (que podem incluir idade subjetiva, identidade e preferências sexuais, doenças sistêmicas, alergias, prescrições de óculos, leituras de eletrencefalograma, escrita, lateralidade, vícios e facilidade no aprendizado de línguas) são tão impressionantes que as pessoas podem considerar o transtorno da personalidade múltipla a doença mental mais exótica da qual já ouviram falar. Assim também pensam muitos terapeutas com pouca experiência no tratamento de dissociação.

Nenhum outro transtorno tem gerado discussões comparáveis sobre *existir de fato ou não*, independentemente da iatrogenia. Os fenômenos dissociativos na certa podem provocar alguma incredulidade, mas não acho que seja mais difícil aceitar que a mente tenha um método de segregação de experiências intoleráveis do que acreditar com seriedade em pessoas que se enxergam obesas quando na verdade estão magras a ponto de morrer. George Atwood certa vez ressaltou que a controvérsia sobre se o transtorno dissociativo de identidade "existe" ou não é assustadoramente semelhante ao dilema do paciente dissociativo ("Eu me lembro disso mesmo? Ou estou inventando?", "Devo levar minha experiência a sério? Ou ignorá-la, como se quisesse apenas chamar atenção?").

Agora sabemos (Solms e Turnbull, 2002) que os glicocorticoides secretados durante experiências traumáticas podem desativar o hipocampo, impossibilitando que a memória episódica (a memória de *estar lá*) seja colocada em primeiro plano. A memória semântica (fatos em terceira pessoa sobre o evento), a memória somática processual (experiências corporais alusivas ao fato) e o aprendizado emocional (o armazenamento de afeto na amígdala ligado a seus desencadeadores) continuam operantes, mas o senso de "eu estava lá e isso aconteceu comigo" pode nunca ter sido estabelecido no cérebro e, portanto, não ser recuperável. Assim, já que o trauma prejudica a memória, o terapeuta com frequência sabe *que* um cliente está traumatizado, mas não dos detalhes de *como* (J. H. Slavin, 2007). Como muitos outros terapeutas que trataram de pacientes dissociativos, eu me surpreendi enredada na controvérsia sobre "se a identidade dissociativa existe", como uma contratransferência penetrante a uma condição inimaginável.

Considerada em um determinado contexto, a dissociação que resulta em "personalidades alteradas" (Putnam, 1989) ou experiências de "subjetividade isolada" (Chefetz, 2004) e de "cabeça que está em outro lugar" (Kluft, 2000) não é tão incompreensível. Pesquisadores de psicologia cognitiva (p. ex., Hilgard, 1986; LeDoux, 1996, 2000) descreveram correntes de pensamentos coexistentes simultâneos tanto em pacientes como em pessoas "normais". Investigações sobre estados dissociativos e hipnose (pessoas que dissociam estão de fato entrando em transes hipnóticos espontâneos) revelaram algumas capacidades notáveis do organismo humano e levantaram questões interessantes sobre a consciência, o funcionamento cerebral, os processos mentais integradores e desintegradores e o potencial latente. Ainda assim, os terapeutas sabem que cada um de seus pacientes dissociativos é, na maioria de seus aspectos, um ser humano comum – uma pessoa singular com a experiência subjetiva de várias – cujo sofrimento é apenas real demais.

O primeiro caso cuidadosamente documentado de múltipla personalidade desde "Miss Beauchamps", de M. Prince (1906), foi Eve (de *As três faces de Eva*), o pseudônimo de Christine Costner Sizemore (Sizemore, 1989; Sizemore e Pittillo, 1977; Thigpen e Cleckley, 1957). Sizemore, mulher de energia e conquistas impressionantes, é um bom exemplo de personalidade dissociativa com alto funcionamento. É incrível que a primeira paciente com tipo de caráter dissociativo que "se expôs" diante de um terapeuta dessa época fosse alguém com considerável confiança básica, força de ego e constância de objeto. Indivíduos mais perturbados que são diagnosticados com transtorno dissociativo de identidade, mesmo quando suspeitam de sua multiplicidade, têm muito medo de maus-tratos para permitir que um terapeuta ingênuo penetre em sua conturbada vida interior – em especial no início da terapia. Uma mulher dissociativa da qual tratei por muitos anos disse que a desinstitucionalização de pacientes mentais nos anos 1970, que fez com que sofresse menos risco de "acabar trancada em algum ninho de cobras pelo resto da vida", contribuiu para que conseguisse reunir forças para admitir suas experiências alucinatórias e a "perda de tempo".

A famosa paciente de Josef Breuer "Anna O." (Bertha Pappenheim), uma pessoa que influenciou a história psicanalítica de formas incalculáveis, é outro exemplo de personalidade múltipla altamente funcional. Breuer e Freud (1883-1885) consideraram os estados dissociativos dela apenas uma parte da enfermidade histérica, mas muitos realizadores de diagnósticos contemporâneos a considerariam sobretudo dissociativa. Veja a seguinte descrição:

> Dois estados completamente distintos de consciência estavam presentes e se alternavam com muita frequência e sem aviso, tornando-se cada vez mais diferenciados no curso de sua doença. Em um desses estados, ela reconhecia o que havia ao seu redor; ficava melancólica e ansiosa, mas bastante normal. No outro estado, alucinava e ficava "maldosa" – quer dizer, tornava-se abusiva, costumava jogar almofadas nas pessoas [...] Se algo se

movesse na sala ou se alguém entrasse ou saísse dela (durante seu outro estado de consciência), ela reclamaria de ter "perdido" tempo e falaria sobre tal interrupção de seu fluxo de pensamentos permanentes [...] Em momentos em que sua mente estava bastante livre, ela reclamava [...] sobre ter um *self* real e um diabólico, portanto, dois deles, sendo o segundo aquele que a forçava a se comportal mal. (p. 24)

Essa mulher notável, depois de um tratamento com Breuer, se tornou uma trabalhadora social muito eficaz e devota (Karpe, 1961).

Em contraste com Christine Sizemore e Bertha Pappenheim, que funcionaram bem durante grande parte de suas vidas, as pacientes impiedosamente autodestrutivas e "polifragmentadas", que se dissociam de forma muito automática e caótica, são as que experimentam a si mesmas como tendo centenas de "personalidades", a maioria delas consistindo em atributos limitados e endereçados a uma questão atual. Truddi Chase (1987), cujos vários estados de *self* se tornaram famosos pela mídia, durante o período do ressurgimento do interesse na dissociação, pode estar em tal categoria, embora se possa argumentar que, se o terapeuta dela tivesse se esforçado menos em promover sua condição dissociativa, ela talvez não parecesse tão "dividida". Muitas pessoas dissociativas na faixa psicótica podem estar na prisão, em vez de em um hospital psiquiátrico; outras personalidades que estupram e matam, com frequência em estados mentais alucinatórios, são possíveis resultados de uma negligência ou de um abuso traumático que gerou a multiplicidade (Lewis, Yaeger, Swica, Pincus e Lewis, 1997).

Desde a redescoberta da dissociação nas últimas três décadas, tem havido uma considerável ambivalência mútua entre a comunidade psicanalítica e aqueles que levaram o movimento a obter e a disseminar conhecimento sobre os estados dissociativos. Por um lado, os analistas apreciam o poder das forças inconscientes organizadas; consequentemente, a ideia de outras personalidades fora da consciência, criadas por meio de traumas, não requer deles um grande salto de imaginação. E eles tendem a trabalhar com pacientes por meses, ou anos, durante os quais as partes escondidas de uma pessoa dissociativa podem tomar coragem para expor experiências que são desconhecidas ao estado de *self* no qual em geral o cliente está quando busca a terapia. Logo, é provável que os terapeutas analíticos, mais do que outros profissionais, tenham mais chance de ter trabalhado com pessoas que revelaram sua multiplicidade, e muitos deles, sem dúvida, analisaram as revelações que surgiram dessa relação com respeito, com boa vontade em aprender com o cliente sobre uma condição que não foi enfatizada durante sua formação psicanalítica.

Por outro lado, até desenvolvimentos recentes na teoria analítica, os clínicos psicodinâmicos tendiam a aceitar as preferências explanatórias de Freud, que por fim colocou menos ênfase no trauma e no molestamento e mais na fantasia e em sua interação com os desafios do desenvolvimento.

Além disso, e curiosamente, Freud tinha pouco a dizer sobre personalidade múltipla, uma condição que foi reconhecida, em sua época, por muitos psiquiatras os quais ele reverenciava (embora, certa vez, ele tenha feito o seguinte comentário espontâneo: "Talvez o segredo dos casos descritos como de 'personalidade múltipla' seja que as diferentes identificações, uma de cada vez, tomem conta da consciência" (1923, p. 30-31). Os pontos cegos dele contribuíram para uma tendência, por parte de alguns freudianos, a considerar relatos de incesto e abuso como fantasia. De modo intrigante, a "teoria da sedução" original de Freud ocorria em torno de um problema que mais tarde ressurgiu na forma de "controvérsia da falsa memória" sobre relatos de abuso sexual na infância: o trauma distorce a percepção, prejudica a memória e cria a base para posteriores confusões entre fatos e fantasias (Dorahy, 2001). É verdade (tanto em relação a pacientes traumatizados quanto a terapeutas com histórias traumáticas) que pessoas que sofreram traumas podem ficar especialmente atraídas por profissões que envolvam ajudar os outros ou pelo estudo do trauma – e, por isso, as possibilidades de mal-entendidos e confusões diversas são vastas.

Além dos vícios de pensamento, derivados de Freud, pessoas treinadas em uma tradição psicodinâmica algumas vezes aplicaram (mal) os conceitos de desenvolvimento às trocas que ocorrem na consciência e sinalizam o aparecimento de estados de *self* dissociados. Essas pessoas, por exemplo, têm estado mais inclinadas do que outros profissionais da área da saúde mental a interpretar tais estados de *self* não como alterações na consciência, mas como episódios regressivos não amnésicos ou como evidência de um *splitting* defensivo. Como resultado, tais terapeutas com frequência falharam em fazer perguntas que discriminariam entre a divisão do que uma vez foi integrado e a dissociação daquilo que sempre foi tomado de modo separado (D. B. Stern, 1997).

Alguns terapeutas que se distinguiram pelo comprometimento em aprender e ensinar sobre o trauma e a dissociação acabaram, assim, considerando difícil a tarefa de perdoar Freud e os freudianos por minimizarem tanto a prevalência quanto a destrutividade do abuso sexual de crianças. Alguns também lamentam a influência de pensadores como Kernberg, por eles terem associado dissociação relacionada ao trauma com divisão normativa de desenvolvimento, o que os fez diagnosticar erroneamente muitas pessoas de personalidades dissociativas como *borderline* ou esquizofrênicas – um erro que pode custar a tais pacientes anos de tratamento mal orientado. Especialistas em dissociação (p. ex., C. A. Ross, 1989a), com razão, reclamam que legiões de pessoas desesperadas foram mal compreendidas, (re)traumatizadas por anos e induzidas a tomar parte de procedimentos médicos desnecessários (p. ex., tranquilizantes fortes, eletroconvulsoterapia). Críticos de expoentes da dissociação alegam que, quando se está procurando por esses indivíduos, é possível encontrá-los em todo lugar (cf.

Brenneis, 1996; D. R. Ross, 1992). Modismos em psicopatologia não são desconhecidos, especialmente em condições nas quais as tendências impressionáveis podem exercer um papel importante.

Reviso tudo isso porque ainda é verdadeiro que, mesmo que o transtorno dissociativo de identidade e outras condições dissociativas tenham ganhado algum respeito devido a sua inclusão no DSM, certa polêmica permeia o trabalho tanto dos professadores quanto dos críticos dos conceitos dissociativos. Isso é de se esperar em qualquer área em que tenha ocorrido uma mudança de paradigma (Kuhn, 1970; R. J. Loewenstein, 1988; Loewenstein e Ross, 1992). Estimulo os leitores, sejam quais forem suas tendências, a tentar compreender o fenômeno da dissociação a partir de uma sensibilidade "próxima à experiência"; ou seja, a partir da perspectiva da empatia com a experiência interna da pessoa que se sente e se comporta como um composto de diferentes *selfs*. Meu próprio entendimento da dissociação ainda está em desenvolvimento, e suspeito que muito do que afirmo aqui será revisado. No entanto, decidir quais especialistas seguir é menos importante do que tentar compreender o que os pacientes sentem em suas experiências.

PULSÃO, AFETO E TEMPERAMENTO EM CONDIÇÕES DISSOCIATIVAS

Pessoas que usam a dissociação como mecanismo de defesa primário são essencialmente virtuosas em auto-hipnose. O movimento para um estado alterado de consciência quando a pessoa está angustiada não é possível para todos; você tem de ter talento. Assim como as pessoas diferem em seus níveis básicos de propensão a serem hipnotizadas (Spiegel e Spiegel, 1978), também diferem em suas capacidades de auto-hipnose. Para aprender a dissociar de maneira automática, é preciso contar com um potencial para entrar em transe; de outra forma, os modos de lidar com o trauma podem ser outros (p. ex., repressão, *acting out*, uso de substâncias).

Alguns sugeriram que pessoas que desenvolvem transtorno dissociativo de identidade apresentem mais sensibilidade inata interpessoal do que a norma geral. Uma criança com vida interna rica e complexa (amigos imaginários, identidades fantasiosas, dramas internos e inclinações para jogos imaginativos) pode ser mais capaz de se refugiar em um mundo interno secreto, quando aterrorizada ou acometida por trauma emocional, do que uma menos naturalmente talentosa. O conhecimento clínico indica que pessoas que lutam contra a dissociação constituem um grupo mais brilhante e criativo que a média. Tais observações podem ser manipuladas; e aquelas que podem ser úteis talvez não sejam típicas em todo o espectro dissociativo. Já se pensou que Eve e Sybil (Schreiber, 1973) fossem múltiplos paradigmáticos, mas suas manifestações mais histeroides são hoje vistas como características de apenas uma pequena parcela daqueles que disociam (Kluft, 1991).

No âmbito de meu conhecimento, nenhuma das ideias construídas sobre pulsão foi incentivada a incluir os fenômenos dissociativos, talvez porque, na época em que a comunidade ligada à saúde mental prestou mais atenção, e com mais seriedade, à dissociação, a hegemonia da teoria da pulsão psicanalítica já havia terminado. No que diz respeito ao afeto, contudo, o quadro é claro: pessoas dissociativas foram sobrecarregadas com isso e praticamente não tiveram ajuda para processar tal contexto. O afeto delas está, portanto, em um estado de desequilíbrio crônico (Chefetz, 2000a). Terror, horror e vergonha primordiais estão entre as emoções que provocam dissociação em qualquer situação traumática; raiva, excitação e culpa também podem estar envolvidas. Quanto mais numerosos e conflituosos os estados emocionais ativados, mais difícil se torna assimilar uma experiência sem dissociação.

Estados físicos que podem instigar o transe incluem dor intolerável e excitação sexual confusa. Embora seja possível desenvolver uma identidade dissociativa na ausência de trauma sexual e abuso precoce por parte dos cuidadores, estudos empíricos estabelecem essa relação na vasta maioria dos casos que chegam aos hospitais e que são graves o bastante para serem diagnosticados como transtorno dissociativo de identidade (Braun e Sacks, 1985; Putnam, 1989). Cada vez mais, a negligência aparece como igualmente patogênica (Brunner, Parzer, Schuld e Resch, 2000; Teicher et al., 2004); a criança que é usada sexualmente por um dos progenitores também é ignorada (tanto pelo pai ou mãe abusivos quanto por outros cuidadores) sofre de maneira insuportável e precisa recorrer a soluções dissociativas. Fatores como *bullying* e agressão feita por colegas (Teicher, Samson, Sheu, Polcari e McGreenery, 2010), abuso emocional e – provavelmente o mais patogênico de todos – testemunho de violência doméstica (Wolf, Gales, Shane e Shane, 2000) são encontrados nas histórias de pessoas com dissociação grave o bastante para satisfazer os critérios do DSM para transtorno dissociativo de identidade.

PROCESSOS DEFENSIVOS E ADAPTATIVOS EM CONDIÇÕES DISSOCIATIVAS

Defesas dissociativas que se tornam suportes de uma estratégia de primeira ordem são como todas as outras defesas: no início constituem a melhor adaptação possível de um organismo imaturo a uma situação em particular, depois se tornam automáticas e, logo, desadaptadas em circunstâncias da vida posterior. Alguns adultos com personalidades dissociativas simplesmente seguiram usando processos dissociativos sofisticados "fora do alcance do radar" para regular o afeto desde a época de seus traumas originais; outros, no momento em que as práticas abusivas cessaram, atingiram por períodos significativos ou uma cooperação tênue entre as outras personalidades ou a dominação consistente de seu estado subjetivo por um estado de *self* específico.

Uma apresentação clínica comum é a de uma pessoa cuja dissociação observada cessou quando ele ou ela abandonou a família de origem e, quando um filho ou filha atinge a idade em que se sofreu o abuso, a dissociação torna a vir à tona. (Tal conexão de identificação costuma ser processada fora da consciência.) Outro ativador comum da dissociação em um adulto cujas tendências auto-hipnóticas estiveram dormentes é uma experiência que inconscientemente resgata o trauma de infância. Uma mulher que atendi sofreu uma queda, em casa, que a machucou nas mesmas regiões do corpo em que havia sido mutilada durante os rituais de abuso infantil que sofrera, e, pela primeira vez em anos, ela de repente se transformou em outra pessoa. Ao coletar de forma cuidadosa eventos da história do paciente, com frequência é possível encontrar momentos menores de dissociação durante sua vida adulta, mas o que, em geral, leva uma pessoa ao tratamento é alguma reação dissociativa dramática e limitante (perder períodos de tempo relevantes, ser lembrado de coisas que não consegue recordar, sofrer interrupções na rotina de afazeres que permitem evitar sentimentos). São fenômenos como esses que influenciaram Kluft (1987) a falar sobre "janelas de possibilidades diagnósticas" em condições dissociativas (ver R. J. Lowenstein, 1991).

A dissociação é uma defesa estranhamente invisível. Quando um estado ou sistema de *self* alternado está tornando as coisas mais leves, ninguém além do cliente consegue perceber o processo dissociativo. Muitos clínicos acreditam nunca terem tratado alguém com transtorno dissociativo de identidade – talvez porque esperem que um cliente desse tipo anuncie sua multiplicidade ou vez ou outra se apresente com outra personalidade dramaticamente estranha. Às vezes isso acontece; porém, é mais comum as indicações de dissociação serem sutis. Com frequência, apenas um tipo de personalidade vai à terapia em uma sessão específica. Mesmo quando um outro facilmente identificável emerge durante o tratamento (p. ex., uma criança assustada), um terapeuta pouco esclarecido tende a ver a mudança do paciente em termos não dissociativos (p. ex., como um fenômeno regressivo passageiro).

Minha primeira experiência com um cliente apresentando dissociação grave – que eu saiba, é claro – foi oportunizada por uma remoção. No início dos anos 1970, um grande amigo e colega, em Rutgers, consultou-me sobre o que eu acharia de tratar uma estudante que havia exposto sua multiplicidade no segundo ano de terapia com ele. Achei fascinante. *Sybil* havia recentemente sido publicado, e lembro-me de pensar que essa mulher devia ser uma personalidade entre, no mínimo, uma dúzia de outras. Então ele mencionou que ela participava de um curso que eu ministrava e, com a permissão dela, me disse seu nome. Fiquei perplexa. Jamais desconfiaria que aquela jovem mulher fosse dissociativa; em uma observação superficial, as mudanças dela que indicavam "comutação" pareciam pequenas alterações de humor. Desde que soube, por meio de meu amigo, o quanto ela lutava contra a amnésia, aprendi uma lição inesquecível sobre como a condição é obscura para os observadores, mesmo para os crédulos. Comecei a pensar em quantas outras pessoas secretamente dissociativas devem existir.

Uma avaliação rigorosa da demografia da dissociação é dificultada por sua invisibilidade. Algumas vezes consultei parceiros de pessoas com funcionamento psicológico dissociativo que, apesar de bastante conscientes do diagnóstico de seus cônjuges, fizeram comentários como "Mas ontem ela disse o contrário!". O discernimento (cerebral) de que estava conversando com um outro diferente no dia anterior empalidece diante das informações acumuladas pelo senso básico da pessoa: eu estava falando com a mesma pessoa (física) nos dois dias. Se parceiros íntimos de indivíduos diagnosticados com transtorno dissociativo de identidade perdem alguns sinais de dissociação, não é difícil de entender como os profissionais podem ser ainda mais cegos a isso, sobretudo se foram aconselhados a encarar o tópico com ceticismo. Pessoas que dissociam tendem a "dar cobertura" a seus lapsos. Elas desenvolvem técnicas de evasão e criação na infância, já que se defrontam repetidas vezes com situações em que são acusadas de "mentir" sobre coisas que não lembram. Uma vez que sofreram terrivelmente nas mãos de pessoas que deveriam protegê-las, não confiam em autoridades e não chegam ao tratamento com a expectativa de que uma revelação completa seria interessante para elas.

A estimativa de quantos de nós confiam de fato em uma adaptação dissociativa para viver também depende de como o termo é definido. Em adição a uma personalidade múltipla "clássica", existe ainda uma condição em geral denominada "transtorno dissociativo não especificado", na qual existem outras personalidades, mas estas não se apoderam totalmente do corpo ou se apoderam, mas sem uma amnésia aparente. Também existem outros fenômenos dissociativos, como a despersonalização – depois da depressão e da ansiedade, o terceiro sintoma psiquiátrico mais relatado (Cattell e Cattell, 1974; Steinberg, 1991) –, que pode ser frequente e duradoura o bastante para ser considerada parte do caráter.

Em 1988, Bennett Braun sugeriu uma conceitualização que ficou conhecida pela sigla BASK, a junção das primeiras letras das palavras que, em inglês, significam: comportamento (*behavior*), afeto (*affect*), sensação (*sensation*) e conhecimento (*knowledge*). Com isso, ele elevou o conceito de dissociação ao *status* de categoria superordenada, ao contrário de Freud, que a havia considerado uma defesa periférica. O modelo de Braun agrupa muitos processos que frequentemente ocorrem juntos, mas nem sempre foram vistos como relacionados. É possível dissociar o comportamento, como em uma paralisia ou em uma automutilação induzida por um transe; ou o afeto, como ao agir com *la belle indifférence* ou recordar um trauma sem senti-lo; ou a sensação, como na anestesia de conversão e nas memórias corporais de abuso; o conhecimento, como nos casos de estados de fuga amnésica. O modelo BASK considera a depressão uma subsidiária da dissociação (dissociação do conhecimento) e coloca muitos fenômenos antes considerados histéricos sob o domínio da dissociação. Isso também conecta ao trauma várias questões que tendiam a ser compreendidas como conflitos intrapsíquicos. Alguns psicanalistas contemporâneos (Bromberg, 1998; D. B. Stern, 1997), de modo semelhante, realocaram os processos defensivos sob o guarda-chuva da dissociação. Terapeutas que trabalham com pacientes diagnosticados dissociativos acharam tais formulações úteis; aqueles que trabalham com outro tipo de paciente podem pensar que elas os sensibilizam em relação aos processos dissociativos que ocorrem em todos nós.

PADRÕES RELACIONAIS EM CONDIÇÕES DISSOCIATIVAS

A característica mais marcante dos relacionamentos da infância de alguém que se torna regularmente dissociativo é o abuso, incluindo o abuso sexual, mas não limitado a ele. Os cuidadores de pessoas com transtorno dissociativo de identidade são eles mesmos com frequência dissociativos, ou de forma direta, como um resultado de suas próprias histórias traumáticas, ou indireta, por meio de estados de *self* alterados pelo uso de álcool ou outras drogas. Visto que os pais normalmente têm amnésia em relação ao que fazem – seja amnésia psicogênica ou *blackouts* relacionados ao abuso de substâncias –, eles tanto traumatizam suas crianças quanto falham em ajudá-las a compreender o que está acontecendo.

Clientes gravemente dissociativos demonstram o apego "Tipo D", o tipo desorganizado-desorientado associado com a experiência infantil na qual o objeto de segurança é também objeto de medo (Blizard, 2001; Fonagy, 2001; Liotti, 1999; Lyons-Ruth et al., 1999; Main e Hesse, 1990; Solomon e George, 1999). O apego desorganizado pode aumentar a suscetibilidade a experiências traumáticas, mesmo quando a fonte não está em um abuso evidente, mas na indisponibilidade emocional da mãe (Pasquini, Liotti, Mazzotti, Fassone e Picardi, 2002). Apego esquivo também pode ser uma previsão de dissociação (Ogawa, Sroufe, Weinfield, Carlson e Egeland, 1997). A experiência traumática precoce tem efeitos devastadores na estrutura psíquica (Schore, 2002), distorcendo o desenvolvimento do sistema límbico (Teicher et al., 1993), causando anormalidades no corpo caloso (Teicher et al., 2004) e interferindo no desenvolvimento do vérmis cerebelar (Anderson, Teicher, Polcari e Renshaw, 2002). Hipervigilância crônica inunda o cérebro de glicocorticoides que danificam o hipocampo (Solms e Turnbull, 2002). Trauma grave pode anular qualquer agente de resiliência inato, ambiental, genético ou psicológico (de Bellis, 2001).

Herman (1992) e Liotti (1999, 2004) elaboraram o "triângulo do drama" – sobre a presença interna, em pessoas traumatizadas, das imagens de criminoso, vítima e salvador –, originalmente ressaltado por Karpman em 1968. Outros destacaram também situações em que o paciente assumiu o papel de testemunha ou espectador (Davies e Frawley, 1994; R. Prince, 2007). Os terapeutas também podem se encontrar em tais papéis e testemunhar explosões dramáticas de temas traumáticos. De forma repentina, experiências intensas de perigo, inundação afetiva e pressão emocional para ordenar uma dessas posições tendem a repetir, no tratamento, as experiências de vida formativas e sobrecarregadas que criaram tal funcionamento psicológico.

Muitos se perguntaram se o transtorno dissociativo de identidade seria mais comum agora do que foi há algumas gerações ou se o atual aumento desse diagnóstico tem origem inteiramente da melhora de nossa habilidade em identificar essa condição. É possível que o abuso grave de crianças estivesse em alta nas décadas passadas, e assim uma grande parcela da humanidade teve como resultado problemas dissociativos. Fatores sociológicos que podem contribuir para mais abuso infantil incluem a natureza do clima de guerra moderno (no qual civilizações inteiras, em vez de pequenos grupos de guerreiros, são traumatizadas, e mais pessoas podem estar reencenando seus horrores pessoais com suas crianças); a desestabilização das famílias; o crescimento das adições viabilizado pelas possibilidades atuais de distribuição (um progenitor intoxicado fará coisas aos filhos que jamais conceberia fazer se estivesse sóbrio); o aumento das imagens de violência na mídia (de modo que estados de transe são, com maior frequência, estimulados em pessoas suscetíveis); e a mobilidade, o anonimato e a privacidade da vida contemporânea ("Não tenho a menor ideia de como meus vizinhos de porta tratam seus filhos e não tenho influência pessoal alguma no comportamento deles").

Entretanto, crianças têm sido traumatizadas desde a Antiguidade. Quando se trata de um paciente com problemas dissociativos, frequentemente se descobre que um de seus progenitores também foi abusado, e o mesmo ocorreu com um dos progenitores deles, e assim por diante. A acusação de nostalgia na teorização sociológica, por parte de Coontz (1992), sinaliza uma pausa para todos aqueles inclinados a chamar de tempos mais fáceis aqueles das gerações anteriores. O que parece, na verdade, é que mais pessoas de nossos tempos têm falado sobre abuso infantil e procurado ajuda para estabelecer seu legado dissociativo. Nos Estados

Unidos, esse debate foi alimentado tanto pelo movimento feminista quanto pelos relatos de soldados traumatizados do Vietnã. Contudo, a dissociação não é apenas um fenômeno ocidental; estudos recentes na Turquia (Sar, Akyuz e Dogan, 2006; Sar, Dogan, Yargic e Tutkun, 1999) chegaram a números que indicam praticamente a mesma proporção de pacientes dissociativos que Latz, Kramer e Hughes (1995) encontraram em um hospital da Carolina do Norte.

Kluft (1984) apresentou uma teoria de quatro fatores sobre a etiologia do transtorno de personalidade múltipla e da dissociação grave. Em primeiro lugar, o indivíduo tem talento para a auto-hipnose. Em segundo, ele (ou ela) está seriamente traumatizado. Em terceiro, as reações dissociativas do paciente tomam forma a partir de influências particulares da infância; isto é, a dissociação é adaptativa e, até certo ponto, recompensada pela família. Em quarto lugar, não existe conforto durante ou depois dos episódios traumáticos. Já tratei dos aspectos dos três primeiros pré-requisitos de Kluft; o último é também importante e nunca falha em comover os terapeutas. Parece que a criança dissociativa nunca foi abraçada, secou-lhe uma lágrima, ou lhe explicou sobre uma experiência frustrante. Em geral, reações emocionais ao trauma suscitam mais abuso ("Agora eu vou *realmente* te dar um motivo para chorar!"). Existe sempre um tipo de conspiração familiar sistêmica empenhada em negar sentimentos, esquecer a dor e agir como se os terrores da noite passada tivessem sido apenas imaginação.

Um aspecto fascinante do transtorno dissociativo de identidade é o fato de muitas pessoas dissociativas serem extremamente adoráveis – pelo menos aquelas que procuram tratamento. Apesar de todas as devastações de sua segurança emocional básica e de todas as corrupções dos cuidados do pai ou da mãe que o terapeuta imagina que tenham destruído a capacidade de apego, quase todos os clínicos relatam que os pacientes dissociativos provocam neles sentimentos profundos de preocupação e ternura. Embora muitas vezes se envolvam com pessoas abusivas (por meio de compulsão à repetição, como no masoquismo), eles também atraem amigos compreensivos e generosos. Nas histórias de indivíduos dissociativos, existe sempre uma pessoa depois da outra – um amigo de infância a quem o paciente permaneceu ligado por muitos anos, uma enfermeira que sentiu que ele era "diferente dos outros" esquizofrênicos da ala, uma professora querida, um policial indulgente – que viu algo de especial nesses indivíduos e tentou agir com eles como uma "força do bem".

Os leitores podem perceber que organizei a sequência destes capítulos caracterológicos de acordo com o grau de relacionamento com o objeto que atribuí ao funcionamento psicológico geral em questão. Ainda mais do que a pessoa histérica, o paciente dissociativo pode procurar muito por objetos, ser faminto por relacionamentos e apreciativo de cuidados. Não me deparei com qualquer explicação sobre esse fenômeno amplamente ressaltado na literatura disponível sobre dissociação, mas talvez a natureza mal resolvida do estilo de apego da pessoa dissociativa a faça seguir tentando estabelecer conexões. Sejam quais forem as razões, muitas pessoas com transtorno de personalidade múltipla tendem a se apegar com força e esperança. Já outras sugerem a mensagem "por favor, me ajude, mas não chegue muito perto", o que com frequência têm sido considerado paradigmático do funcionamento psicológico *borderline* (Masterson, 1976), em especial quando a mensagem vem acompanhada, como quase sempre acontece na dissociação, de grandes níveis de comportamento suicida.

O *SELF* DISSOCIATIVO

A característica mais marcante do *self* de uma pessoa cronicamente dissociativa é, sem dúvida, que esse *self* é fraturado em numerosos *selfs* parcialmente cindidos, cada qual desempenhando certas funções. Com frequência, uma infância caracterizada por negligência e maus-tratos impede que o *self* se integre em primeiro lugar. Os estados de *self* discretos em geral incluem um que os especialistas em trauma intitularam originalmente "personalidade hospedeira" (aquela que está mais em evidência, via de regra a que procura o tratamento e que pode se apresentar como ansiosa, distímica e sobrecarregada), componentes da primeira e da segunda infâncias, perseguidores internos, vítimas, protetores e auxiliares e outras personalidades de propósito específico (ver Putnam, 1989). A personalidade hospedeira pode conhecer todas as outras, algumas ou nenhuma, e as outras também podem conhecer todas, algumas ou nenhuma delas.

Pode ser difícil para pessoas sem experiência ou céticas apreciarem quão discretos e "reais" podem parecer os *selfs* dissociados, tanto para o indivíduo dissociativo quanto para os outros informados da situação. Uma noite, apanhei meu telefone no momento em que minha secretária eletrônica estava iniciando a gravação e me surpreendi falando com uma criança petulante, a outra personalidade de uma paciente. Ela estava me telefonando para contar sobre um trauma precoce, do qual eu já suspeitava, e para perguntar por que a parte do *self* que estava procurando tratamento precisava saber sobre isso. No dia seguinte, quando perguntei à minha cliente sobre a mensagem, ela pediu para ouvi-la. Depois de escutarmos juntas minha conversa com essa parte dissociada dela mesma, ela estava surpresa por notar que não se sentiu totalmente identificada com aquela voz infantil contando sua própria história, mas, no entanto, sentiu pena de mim, a "voz da razão dos pais" (ela era mãe), tentando convencer aquela pobre garotinha de que sabia o que era bom para ela.

Se percorrermos todas as identidades da pessoa dissociativa como temas em uma complexa composição musical, perceberemos que existem crenças centrais engendradas pelo abuso infantil. Colin Ross, ao discutir sobre o "mapa cognitivo" do transtorno da personalidade múltipla, resume as crenças da seguinte maneira:

1. Partes diferentes do *self* constituem *selfs* separados.
2. A vítima é responsável pelo abuso.
3. É errado demonstrar raiva (ou frustração, provocação, posturas críticas...).
4. O passado está presente.
5. A personalidade principal não consegue lidar com as memórias.
6. Eu amo meus pais, mas *ela* os odeia.
7. A personalidade principal precisa ser punida.
8. Não posso confiar em mim mesma ou nos outros (1989b, p. 126).

Ross, então, disseca cada uma dessas convicções, expondo as crenças que as compõem e suas inevitáveis extrapolações. Por exemplo:

2. *A vítima é responsável pelo abuso.*
2a. Eu devo ter sido má ou isso não teria acontecido.
2b. Se eu tivesse sido perfeita, isso não teria acontecido.
2c. Eu mereço ser punida por ter ficado brava.
2d. Se eu fosse perfeita, não teria ficado brava.
2e. Nunca me sinto brava – *ela* é que é brava.
2f. Ela merece ser punida por permitir que o abuso aconteça.
2g. Ela merece ser punida por demonstrar raiva (p.127)

Recentes escritos de especialistas em trauma apresentam informações extensas sobre como acessar as outras personalidades e como reduzir as barreiras amnésicas, de modo que elas se tornem por fim integradas a uma só pessoa com todas as memórias, os sentimentos e as habilidades que antes haviam sido sequestradas e, assim, se tornado inacessíveis. O terapeuta precisa manter em mente que todos são o paciente. Mesmo a personalidade mais persecutória e desagradável é uma parte de valor e potencialmente adaptativa da pessoa. Quando as outras personalidades não estão em evidência, o terapeuta precisa considerar que elas estão "ouvindo" e comunicar suas preocupações "conversando por meio" da personalidade disponível (Putnam, 1989).

Pessoas que não trabalharam de perto com pacientes dissociativos podem achar estranha a ideia de se juntar ao paciente por meio da reificação das outras personalidades, mas qualquer outra coisa parece ser ineficaz (Kluft, 2006). Recusar o conhecimento dos estados de *self* personificados pode manter grande parte da vida mental do cliente fora do relacionamento terapêutico. Se minha experiência for normativa, também seria falsa no caso de uma reação empática natural à experiência do paciente. Alguns clínicos falam sobre "partes", enquanto outros se referem a "modos diferentes de ser você", um uso de senso comum da linguagem, que abrange a experiência de ser um só, embora se sentindo muitos (Chefetz, 2010a). O tratamento pode parecer um pouco com a terapia familiar – já que se trata de uma pessoa que construiu um sistema familiar interno.

TRANSFERÊNCIA E CONTRATRANSFERÊNCIA COM PACIENTES DISSOCIATIVOS

A característica mais notável da transferência com clientes dissociativos é que existe muita transferência. Uma pessoa que foi gravemente maltratada vive em uma constante disposição para ver o abusador em qualquer pessoa de quem venha a depender. Em especial quando os estados de *self* infantis estão emergindo, o presente pode se parecer tanto com o passado que convicções alucinatórias (p.ex., o terapeuta está prestes a me estuprar, a me torturar, a desistir de mim) são comuns. Tais transferências, que podem parecer psicóticas para o terapeuta, mas são entendidas de melhor maneira como transferências traumáticas (Kluft, 1994; R. J. Loewenstein, 1993), não indicam transtornos psicóticos ou esquizofrênicos, apesar de profissionais pouco treinados em dissociação terem feito essa conexão com alguma frequência. E em vez de psicóticas, essas transferências consistem em percepções e sensações pós-traumáticas e em afetos que foram mantidos fora da consciência durante a época do abuso original e que continuam desintegrados da narrativa pessoal do cliente. Talvez tais transferências sejam mais bem conceitualizadas como reações emocionais, condicionadas a uma classe de estímulos associados ao abuso.

Uma sequência comum no tratamento de pessoas com dissociação não diagnosticada é a seguinte: primeiro, o terapeuta sente uma transferência vaga, positiva e benigna da pessoa, no estado de *self* que procurou terapia e que é tratado como a pessoa inteira durante muitas semanas, meses ou anos. Depois, ocorre uma crise repentina, gerada pelo aparecimento do trauma do paciente e a consequente ativação das outras personalidades de memórias somáticas e/ou reencenações de abuso. Tais desenlaces podem ser profundamente perturbadores e incitar reações contrafóbicas do clínico ingênuo, o qual pode considerar a existência de um surto esquizofrênico. As histórias de pacientes dissociativos estão cheias de referências a tratamentos farmacológicos injustificados (incluindo tranquilizantes fortes, que podem agravar a dissociação), procedimentos médicos invasivos, eletroconvulsoterapia e abordagens de "administração" infantilizantes. No entanto, para um terapeuta que consiga enxergar o que realmente acontece, a crise pode sinalizar o início de uma colaboração reparadora.

Uma vez que a transferência inunda os pacientes dissociativos, o terapeuta precisa, de certa forma, ter uma postura mais "real" do que aquela que alguns terapeutas analíticos em geral demonstram. Muitos clínicos acham que fazem isso naturalmente – embora com culpa caso seu treinamento tenha enfatizado uma técnica invariante e "ortodoxa". É verdade que pessoas não dissociativas bastante saudáveis podem ser tão fixadas na realidade que, para suas projeções subjacentes se tornarem evidentes, o terapeuta precisa agir com relativa reserva. Segundo o paradigma psicanalítico clássico, as transferências se tornam analisáveis porque o cliente descobre uma tendência a fazer atribuições na ausência de evidências e então descobre que as fontes de tais pressupostos são históricas. Por outro lado, pessoas que lutam contra a dissociação, mesmo aquelas que são altamente funcionais, tendem a supor que a realidade atual seja apenas uma distração de uma realidade *real* mais ameaçadora: exploração, abandono e tormento.

Para explorar a transferência da pessoa dissociativa, o terapeuta precisa primeiro estabelecer que essa pessoa é alguém diferente do provável abusador – alguém respeitoso, esforçado, humilde e profissionalmente escrupuloso. O universo dissociativo dessa pessoa está tão repleto de transferências não examinadas que sua contradição ativa, especialmente no início do tratamento ou na fase de reorientação durante um *flashback* ou depois dele ("Sou Nancy McWilliams, e estamos aqui em meu consultório em Flemington"), pode ser importante para a compreensão de reações intensas que confundem passado e presente.

As experiências mais perturbadoras (tanto para os terapeutas quanto para os clientes) relacionadas à dissociação incluem transferências eróticas (erotizadas) (Blum, 1973; Wrye e Welles, 1994) e traumáticas (Chefetz, 1997). O paciente pode exercer uma grande pressão para ser tratado como alguém "especial", incluindo a condição de amante, o que pode interagir com as necessidades narcisísticas do terapeuta de ser visto como generoso, benevolente e altruísta. A tentação de atuar como salvador ou como o objeto do desejo idealizado, sem reconhecer os sentimentos coexistentes de ódio e ressentimento, pode gerar situações que infantilizem ou assustem o cliente, ativando reações dissociativas. O sofrimento de indivíduos traumatizados é tão profundo e desmerecido, e suas reações a considerações simples são tão tocantes, que o terapeuta pode ter vontade de colocá-los no colo (especialmente quando são ativadas as personalidades infantis) ou levá-los para casa. Mas seja qual for a intensidade com a qual provocam essa reação, eles também ficam petrificados diante de qualquer violação de limites normais; isso cheira a exploração incestuosa.

Pioneiros na redescoberta da multiplicidade, na segunda metade do século XX, que não tiveram o benefício de contar com trabalhos anteriores de terapeutas especializados em trauma (o que poderia tê-los ajudado a administrar suas contratransferências) tinham uma tendência ao cuidado excessivo: Cornelia Wilbur era muito maternal com Sybil, e David Caul parece ter desenvolvido um superenvolvimento com Billy Milligan (Keyes, 1982). Como seus intrépidos predecessores, muitos clínicos tendem a extrapolar diante de seu primeiro cliente dissociativo. Pacientes traumatizados são notoriamente difíceis de conter; no final de cada sessão podem relaxar e conversar, procurando de modo evidente um pouco de apoio moral extra para enfrentar os horrores que a terapia desenterrou. Mesmo os profissionais experientes relatam que sessões com esse tipo de cliente tendem a se arrastar, ultrapassando o tempo programado. Pacientes dissociativos usam limites de tempo para calcular quando a prevista repetição do abuso irá acontecer; abuso que encaram como uma parte inevitável de qualquer relacionamento. Ser mais caloroso e emocionalmente expressivo do que costuma ser com os clientes e ao mesmo tempo observar com cuidado os limites é algo que fica mais fácil com a prática. E quando uma das personalidades inevitavelmente falhar, outra em geral ficará feliz em oferecer uma instrução corretiva.

Uma contratransferência bastante divertida que ocorre com pessoas dissociativas é a dissociação. Assim como outros funcionamentos psicológicos, a dissociação é contagiosa. Não só é fácil entrar em estados de transe ao se trabalhar com um auto-hipnótico, mas também o terapeuta se torna estranhamente esquecido. Quando comecei a trabalhar com meu primeiro múltiplo (que eu sabia ser múltiplo), me inscrevi duas vezes na International Society for the Study of Multipla Personality and Dissociation (hoje International Society for the Study for Trauma and Dissociation) pois esqueci que já havia feito minha inscrição.

IMPLICAÇÕES TERAPÊUTICAS DO DIAGNÓSTICO DE UMA CONDIÇÃO DISSOCIATIVA

Terapeutas novatos podem se sentir intimidados pela perspectiva de trabalhar com alguém que tenha dissociação crônica, e muitos programas de treinamento consideram tais clientes muitos assustadores para um iniciante. Isso é uma pena. A dissociação é comum, e a dissociação grave e seus desafios serão encarados pelos terapeutas cedo ou tarde, seja ela vista dessa maneira ou não. Putnam (1989) diz que não existe qualquer sabedoria especial requerida para ajudar um indivíduo dissociativo. Na primeira edição deste livro, fiz eco a tal afirmação, mas, como desde então minha experiência com esses pacientes aumentou, gostaria de ponderar a afirmação dele. As demandas emocionais envolvidas no trabalho com transtornos dissociativos de identidade e outras condições pós-traumáticas complexas são grandes. Visto que induções a contextos traumáticos constituem um risco quando se trata deste grupo, é preciso tanto um profundo nível de autoconhecimento, de preferência advindo da própria terapia, e muito apoio de supervisores especialistas em dissociação, assim como dos colegas.

Para resumir a essência da terapia efetiva com esse tipo de grupo, eu não faria melhor do que Kluft (1991), segundo o qual:

1. O transtorno de personalidade múltipla é uma condição criada por limites rompidos. Portanto, um tratamento de sucesso envolverá um quadro terapêutico seguro e limites firmes e consistentes.
2. O transtorno de personalidade múltipla é uma condição de descontrole subjetivo e de mudanças e agressões suportadas passivamente. Portanto, é preciso que haja foco no domínio e na participação ativa do paciente no treinamento [...]
3. O transtorno de personalidade múltipla é uma condição pautada pela não voluntariedade. Aquele que sofre não escolhe ser traumatizado e acha que seus sintomas com frequência estão fora do próprio controle. Portanto, o terapeuta deve se basear em uma forte aliança terapêutica e devem se feitos esforços para alcançar essa meta durante todo o processo.
4. O transtorno de personalidade múltipla é uma condição que envolve traumas enterrados e afetos sequestrados. Portanto, aquilo que foi enterrado precisa vir à tona, e os sentimentos que daí surgem precisam ser ab-reagidos.
5. O transtorno de personalidade múltipla é uma condição em que há separação percebida e conflitos entre as outras personalidades. Portanto, a terapia deve enfatizar sua colaboração, cooperação, empatia e identificação [...].
6. O transtorno de personalidade múltipla é uma condição de realidades hipnóticas alternadas. Portanto, as comunicações do terapeuta devem ser claras e diretas [...].
7. O transtorno de personalidade múltipla é uma condição relacionada à inconsistência de outros importantes. Portanto, o terapeuta precisa ser imparcial com todas as outras personalidades, evitando "jogar com os seus favoritos" ou alterar drasticamente o comportamento de acordo com as diferentes personalidades. A consistência do terapeuta diante de todas as outras personalidades é um dos ataques mais poderosos às defesas dissociativas do paciente.
8. O transtorno de personalidade múltipla é uma condição de segurança, autoestima e orientação rompidas. Portanto, a terapia precisa envolver esforços de recuperação moral e estimular uma esperança realista.
9. O transtorno de personalidade múltipla é uma condição decorrente de experiências sobrecarregadas. Portanto, o ritmo da terapia é essencial. A maioria das falhas de tratamento ocorre quando seu ritmo ultrapassa a capacidade do paciente para tolerar o material [...]. Se o terapeuta não conseguir chegar ao material da dificuldade que planejava analisar no primeiro terço da sessão, talvez trabalhar isso na segunda parte, para que o material possa ser processado e o paciente se restabeleça na terceira parte (na qual o material não deve ser abordado), seja uma boa opção a fim de impedi-lo de deixar a sessão em um estado de sobrecarga [...].

10. O transtorno de personalidade múltipla é uma condição que resulta da irresponsabilidade de outros. Portanto, o terapeuta deve ser bastante responsável e colocar o paciente em uma posição de alto grau de responsabilidade uma vez que esteja confiante de que ele, por meio das outras personalidades, realmente entenda o que responsabilidade racional implica.
11. O transtorno de personalidade múltipla é uma condição que normalmente resulta do fato de pessoas que poderiam ter protegido uma criança não o terem feito. O terapeuta pode pensar com antecedência que a neutralidade técnica será interpretada como descuido e rejeição e que a melhor opção seja uma postura mais calorosa que permita uma amplitude maior de expressão afetiva.
12. O transtorno de personalidade múltipla é uma condição na qual o paciente desenvolveu muitos erros cognitivos. A terapia deve analisá-los e corrigi-los em uma base contínua. (p. 177-178)

Também ajuda ter algum conhecimento de hipnose. Já que pessoas dissociativas, por definição, entram em estados de transe de maneira espontânea, não é possível trabalhar com elas sem o uso da hipnose – façam elas isso sozinhas ou em cooperação com o terapeuta. Um terapeuta que consiga ajudar o paciente a aprender como manter um processo hipnótico sob controle para que seja usado de forma autônoma e terapêutica, e não traumática e defensiva, está realizando um importante serviço. Técnicas de indução de transe são muito fáceis de usar com essa população de prodígios hipnóticos, e elas são especialmente eficazes na construção de um senso de segurança que contenha a ansiedade excessiva e seja capaz de lidar com as emergências. Uma ajuda nessa área pode ser encontrada nos *sites* da American So-ciety for Clinical Hypnosis (www.asch.net) e da International Society of Hypnosis, (www.ishhypnosis.org).

Digo isso como alguém que chegou à hipnose esperneando e gritando. Meu colega Jeffrey Rutstein chama o fenômeno de reação "se isso não foi bom o bastante para Freud não é bom o bastante para mim!". Minha resistência em aprender técnicas hipnóticas veio de minhas dúvidas a respeito de qualquer intervenção que eu considerasse autoritária; não queria dizer ao clientes que estavam ficando sonolentos quando na verdade isso estava sendo feito de propósito, ou seja, não era a experiência natural deles. Esse preconceito desapareceu quando aprendi a hipnotizar de forma colaborativa e igualitária (tendo o paciente me solicitado a indução de imagens e outras particularidades) e quando vi o quanto isso deixava meus pacientes dissociativos mais calmos à medida que aprendiam a administrar as tempestades emocionais criadas pela entrada e saída frenéticas de memórias traumáticas. Para terapeutas que não tenham essa experiência, um *workshop* de um fim de semana é suficiente para desenvolver uma habilidade adequada, direcionada ao trabalho com a maioria dos clientes dissociativos. O treinamento também ajuda o terapeuta a apreciar toda a extensão dos fenômenos dissociativos. De modo semelhante, O Eye Movement Desensitization and Reprocessing (EMDR [Dessensibilização e Reprocessamento por Movimentos Oculares]) também se mostrou promissor como tratamento adjunto (Chemtob, Tolin, van der Kolk e Pitman, 2004), embora possa causar desorganização em pessoas com dissociação complexa.

Devido ao poder das transferências traumáticas, o terapeuta deve tolerar ser usado pelo paciente de maneiras que pareçam "distorcidas". Isso requer que o terapeuta engula a própria tendência a defesa e se engaje no que Sandler (1976) chamou de "papel de reatividade" e Lichtenberg (2001) de "vestir as atribuições" do cliente. Chefetz (comunicação pessoal, 11 de outubro de 2010) oferece um exemplo desse tipo de reação: "Então você sente que está correndo o risco de ser machucado por mim? Conte-me como imagina que isso poderia acontecer. O que vem a sua mente quando pensa nisso? É parecido com algumas cenas de seu passado? Existem outras maneiras de ser você mesmo, segundo sua experiência, que apareçam em seu passado e que envolvam muito desse tipo de pensamento e sentimento? Por que acha que esses sentimentos e pensamentos são tão frequentes?".

A descrição de Chu (1998) dos estágios de tratamento na dissociação complexa é pertinente aqui. Ele divide a terapia em três fases: (1) o primeiro trabalho (que pode envolver um grande período de tempo), com foco no cuidado consigo mesmo, no controle dos sintomas, no reconhecimento de traumas primários, no apoio a um funcionamento normal, à expressão dos sentimentos e à constante negociação da aliança terapêutica; (2) a parte do meio do tratamento, envolvendo ab-reação e reconstrução de um ritmo tolerável para o paciente; e (3) parte posterior do trabalho, consistindo na consolidação dos ganhos e na melhora das habilidades requeridas para que o paciente possa viver sua vida. Chefetz (comunicação pessoal, 11 de outubro de 2010) resume o tratamento orientado por fases dos transtornos dissociativos como: estabilização, elaboração do trauma, integração e término. O período de estabilização, que pode ser longo e não deve ser apressado, pode requerer técnicas de ensino para acalmar e cuidar de si mesmo, criar bases e tolerar afetos.

Na prática, como vale para qualquer terapia, as fases do tratamento frequentemente ocorrem de forma não ordenada. Algum trabalho envolvendo o trauma pode ser incluído no período de estabilização; outros tipos podem voltar durante a integração e o término, à medida que antigas questões são retrabalhadas e vêm à luz pela primeira vez. Em um estudo de 10 anos acompanhando pacientes diagnosticados com transtorno dissociativo de identidade, Coons e Bowman (2001) descobriram que seguir as orientações gerais da International Society for the Study of Trauma and Dissociation (www.isst-d.org/education/treatmentguidelines-index.htm) trouxe melhoras tanto para os sintomas dissociativos quanto para os não dissociativos.

Trabalhar com clientes dissociativos envolve certa flexibilidade. Desvios dos cuidados tradicionais podem ocorrer na forma de ultrapassagens aparentemente inocentes de limites ou da decisão, por vezes deliberada, do terapeuta de "jogar o manual longe" (cf. Hoffman, 1998). Em qualquer caso, é importante negociar os limites de uma maneira aberta e reflexiva, de modo que dê conta dos significados potenciais (Gabbard e Lester, 2002). Houve situações em que fui a casamentos de clientes, aceitei presentes ou dei uma volta na quadra com uma pessoa cuja ansiedade estava muito alta para que conseguisse se manter em um só lugar. E, algumas vezes, essas ultrapassagens de limites mostraram efeitos de cura. Quando as barreiras normais do tratamento são atravessadas, de modo intencional ou não, é de especial importância processar mutuamente o que aconteceu, assim como o que significou para o cliente. Visto que pessoas dissociativas são ainda mais preocupadas do que outras a respeito das infrações de limites, é particularmente vital que se dê atenção às suas reações ao procedimento operacional-padrão.

Sobretudo no caso de pacientes dissociativos, é sábio recordar a velha máxima psicanalítica: "Quanto mais devagar se vai, mais rápido se chega". Quando a multiplicidade foi redescoberta, em 1980, alguns clínicos e pesquisadores experimentaram formas de diminuir o tempo de tratamento por meio de mais exposição e ab-reações planejadas, mas acabaram descobrindo que essas técnicas tendiam a retraumatizar pacientes dissociativos. Não temos interesse, especialmente em nome da saúde mental, em machucar alguém que já sofreu mais injúria do que é normal suportar. Para leitores com maiores interesses nessa área, recomendo o programa de psicoterapia para transtornos dissociativos e traumas complexos crônicos em crianças, adolescentes e adultos que Richard Chefetz e Elizabeth Bowman iniciaram em 2001. Informações estão disponíveis em www.isst-d.org.

DIAGNÓSTICO DIFERENCIAL

Uma vez que grande parte dos mal-entendidos e dos tratamentos malfeitos com pacientes dissociativos deriva de erros diagnósticos, esta seção irá mais a fundo neste do que em outros capítulos. O perfil típico de alguém com dissociação complexa e crônica inclui ter frequentado o sistema de saúde mental por anos, com diferentes diagnósticos sérios (p. ex., bipolar, esquizofrênico, esquizoafetivo e depressão maior) que não foram tratados de forma efetiva com medicamentos. É frequente o paciente também ser diagnosticado com transtorno *borderline*. Pode haver períodos em que a pessoa esteja totalmente sem medicação e funcionando bem. Clientes dissociativos passam por inúmeros regimes medicamentosos fracassados e por vários terapeutas sem que alguém lhes tenha perguntado se foram abusados ou machucados e sem que ninguém os tenha questionado sobre despersonalização, desrealização e amnésia. Em 1988, Coons, Bowman e Milstein chegaram a uma média de sete anos entre a busca de tratamento inicial do paciente e um diagnósticos apurado. Esse atraso pode estar diminuindo, mas ainda é verdade que um fator que alerta um avaliador para um possível problema de identidade dissociativa é a presença de muitos rótulos envolvendo diagnósticos prévios, sérios e/ou mutuamente excludentes na história dos tratamentos da pessoa.

A não ser que o cliente tenha uma história conhecida de trauma, a maioria dos terapeutas iniciantes não é encorajada a procurar pela dissociação. Em meu treinamento, nos anos 1970, nunca fui ensinada a "descartar" possibilidades dissociativas. Disseram-me, por exemplo, que um indivíduo que relata ouvir vozes é presumivelmente psicótico, de modo orgânico e funcional, alguma provável variação de esquizofrenia. Não me disseram para perguntar se as vozes pareciam vir de dentro ou de fora da cabeça da pessoa. Esse modo "rápido e sujo" de diferenciar os estados alucinatórios pós-traumáticos da descompensação psicótica nem era conhecido nos anos 1970 e, apesar das pesquisas que recentemente recuperaram seu valor (Kluft, 1991; C. A. Ross, 1989a), ainda é raro que seja ensinado. Minha impressão é que, mesmo agora, a maior parte dos programas de graduação, no melhor dos casos, só ensina seus alunos a reconhecerem um TEPT básico.

É sempre importante ressaltar que pessoas com psicologia dissociativa não chegam à terapia anunciando que seu problema é a dissociação. Isso precisa ser inferido. Informações que sugerem a possibilidade de um processo de dissociação incluem uma conhecida história de trauma; um passado familiar que envolva alcoolismo grave e abuso de drogas; um passado que envolva acidentes sérios sem explicação; amnésia quanto aos anos de ensino fundamental; um padrão de comportamento autodestrutivo para o qual o cliente não consegue oferecer uma razão; reclamações de perda de tempo, "brancos" ou distorção temporal; dores de cabeça (comuns durante a troca de personalidades); referência a si mesmo na terceira pessoa ou na primeira do plural; rolar de olhos e comportamentos que se assemelhem ao transe; vozes ou ruídos na cabeça; e falhas de tratamento anteriores.

Indivíduos que nasceram com anomalias genitais (por qualquer razão: da ordem dos cromossomos, dos hormônios, de erros pré-natais) e que passaram por cirurgias precoces e tratamentos médicos invasivos a fim de parecerem portadores de um só gênero correm sérios riscos de dissociação. E é um risco particular se, como os protocolos pediátricos anunciaram já há alguns anos (Lee et al., 2006), a criança afetada tiver sido ludibriada sobre a sua condição e a razão de tantas intervenções médicas traumaticamente expositivas. Uma vez que 1 em cada 2.000 nascimentos envolve a apresentação de anomalias genitais (condição "intersexual", "transtorno do desenvolvimento sexual" ou "genitais atípicos"), existe um grupo substancial de pessoas que sofreram profundo trauma por esse motivo – mais de 100 mil, apenas nos Estados Unidos, estiveram sujeitas ao protocolo médico antigo (Blackless et al., 2000).

A despersonalização e a desrealização são características comuns dos transtornos dissociativos, mas os pacientes não costumam fornecer essa informação voluntariamente; eles precisam ser questionados sobre isso de maneira que não os faça sentir que sua sanidade básica está sendo posta em dúvida. As questões podem ser feitas de várias formas diferentes; por exemplo: "Você já teve a experiência, de alguma forma, um tanto incompreensível, de não estar totalmente em seu corpo?", "Você já se sentiu irreal de uma forma que não consegue descrever?", "Você teve outras experiências que são difíceis de descrever com as palavras que usei?". Uma vez que pessoas pensam que são loucas caso tenham sofrido despersonalização ou desrealização, um clínico inteligente estará alerta à triste realidade de que a vergonha está com frequência no centro da dinâmica dissociativa.

Problemas dissociativos vão desde uma simples despersonalização até um transtorno de personalidade múltipla polifragmentada. Muitos de nós temos sintomas dissociativos ocasionais, e nem eles nem as estratégias dissociativas que podem prevalecer em uma personalidade têm possibilidade de ser analisados por um terapeuta que não esteja aberto a enxergar isso. A Entrevista Clínica Estrutural para os Transtornos Dissociativos, do DSM-IV (SCID-D; Steinberg, 1993), é o atual "padrão-ouro" do diagnóstico, mas pode-se levar 2 a 3 horas para completá-la. Outros inventários de C. A. Ross (1989b: Cronograma de Entrevista para Transtorno Dissociativo), Briere (1992: Inventário de Sintomas do Trauma: www.johnbriere.com/tsi.htm e Dell (2006: Inventário Multidimensional de Dissociação) podem ser úteis.

Condições dissociativas *versus* psicoses

Visto que demonstram a maioria dos sintomas de Schneider (1959) de "primeira linha", os pacientes dissociativos em crise ou sob estresse (Hoenig, 1983; Kluft, 1987, 2000) são normalmente considerados esquizofrênicos. Se o entrevistador considerar a troca dissociativa como labilidade de humor, o cliente pode ser visto como esquizoafetivo ou bipolar de nível neurótico. Visões e alucinações tendem a tomar a forma mais de fenômenos de *flashback* do que de operações projetivas dominantes. O relacionamento dessas pessoas com os terapeutas em geral é intenso desde o início, enquanto com os clientes esquizofrênicos têm uma característica mais monótona e amortecida e não incentiva o terapeuta a um apego intenso. A fuga esquizofrênica da realidade e dos relacionamentos costuma iniciar na adolescência e progride insidiosamente até um isolamento na idade adulta. Já indivíduos com transtorno dissociativo de identidade vivem vidas compartimentalizadas, funcionando bem em algumas áreas e mal em outras.

Pessoas bipolares e esquizoafetivas apresentam alterações de humor, mas não transtornos de memória. Em um estado maníaco, a pessoa com transtorno bipolar é muito mais grandiosa do que a agitada pessoa dissociativa. Enquanto o ciclo rápido nos transtornos bipolares é definido em quatro vezes por ano, um paciente dissociativo pode mudar de consciência muitas vezes em um dia, e mesmo em uma hora.

O que complica o diagnóstico é que os sintomas dissociativos podem coexistir com a esquizofrenia e com as psicoses afetivas. Quando é relatada a ocorrência de vozes, para detectar se a dissociação constitui a maior parte do quadro psicótico, o terapeuta pode pedir ao paciente que fale "com a parte dele que está dizendo essas coisas". Se a dissociação predominar, uma outra personalidade pode responder. A primeira vez em que se faz isso, a pergunta pode parecer ridícula, mas depois fica parecendo bastante prosaica. Os iniciantes devem pensar que o pior a acontecer é o paciente lançar um olhar fixo e atribuir à pergunta um rito profissional estranho de admissão na terapia.

Condições dissociativas *versus* condições *borderline*

Segundo a perspectiva psicanalítica de desenvolvimento que apresentei aqui, as condições *borderline* e dissociativas não são mutuamente excludentes. A dissociação pode ocorrer em uma personalidade em qualquer nível de gravidade. Com referência às definições do DSM-III-R de transtorno da personalidade múltipla e transtorno da personalidade *borderline,* Kluft (1991) relatou que "sobre pacientes aderentes ao tratamento e que parecem ter tanto transtorno da personalidade múltipla quanto da personalidade *borderline,* um terço logo cessou de apresentar características de TPB, uma vez que se ajustou ao tratamento, um terço perdeu os traços aparentes desse transtorno assim que seu transtorno de personalidade múltipla foi resolvido e um terço conservou suas características de TPB mesmo depois da integração" (p.175). Presumivelmente, uma vez que os pacientes neste último grupo param de dissociar, seu *status borderline* pode ser analisado no tratamento posterior.

Ainda que alguns clientes dissociativos tenham legitimidade para estar posicionados na faixa *borderline,* na qual prevalecem questões de separação/individuação, é comum pessoas dissociativas altamente funcionais serem consideradas, de forma equivocada, *borderline* quando sua dissociação se torna problemática. Dissociação lembra cisão, e trocas de estados de *self* podem ser confundidas com crises não amnésicas de hostilidade, dependência, vergonha, etc. Logo, é preciso estar atento à presença ou à ausência de amnésia. Visto que não confiam na benevolência das autoridades, pessoas traumatizadas podem oferecer informações importantes, mas apenas se forem expressas e respeitosamente bem-vindas, e nesse ponto o estilo linguístico precisa ser levado em consideração. Dizer "Semana passada você estava furioso comigo e pensava que eu não tinha valor, mas hoje está dizendo que sou maravilhoso" pode provocar uma reação defensiva tanto em uma pessoa dissociativa quanto em uma genericamente *borderline*. No entanto, dizer "Noto que hoje você está certo de que estou ao seu lado. Você lembra como estava se sentindo em relação a mim na sessão da última segunda-feira?" pode permitir que o cliente dissociativo admita que esqueceu da sessão de segunda-feira. A pessoa com dinâmica *borderline* tem maior tendência a racionalizar, movendo-se para trás e para a frente do amor ao ódio, da idealização à desvalorização.

Funcionamento psicológico histérico *versus* funcionamento psicológico dissociativo

Conforme mencionei, existe uma considerável sobreposição entre o funcionamento psicológico histérico e o dissociativo (muitos de nós temos ambos), e vários especialistas em trauma contemporâneos consideram os termos sinônimos. A personalidade histérica de nível neurótico (Kernberg, 1984), contudo, em oposição aos transtornos histriônicos da personalidade mais sérios segundo o DSM ou aos graves sintomas de conversão, não necessariamente (de acordo com minha experiência) resultam do trauma, podendo ter mais a ver com sensibilidade temperamental do que com maus-tratos. Em contraste, ninguém com transtorno dissociativo de identidade diagnosticável, mesmo aqueles com longos períodos de bom funcionamento, escapou de um trauma grave. Qualquer pessoa com fortes sintomas histéricos deveria ser questionada sobre dissociação.

As ramificações terapêuticas desse diferencial quando se trata de pessoas histéricas ficam em torno da importância, da interpretação de seus impulsos recorrentes, fantasias e ânsias inconscientes. De forma oposta, com clientes dissociativos, a ênfase deve ser colocada na reconstrução do passado traumático. Se optarmos pela primeira postura diante de um cliente basicamente dissociativo, a negação será reforçada, a culpa aumentará e haverá um fracasso em lidar com a dor que essa terrível história criou. Se optarmos pela segunda postura com um cliente histriônico, é provável que isso resulte no impedimento da florescência de um senso de controle que vem do reconhecimento das dinâmicas internas e do redirecionamento das energias em direção ao que é genuinamente satisfatório.

Condições dissociativas *versus* condições psicopáticas

Segundo ressaltei no Capítulo 7, muitas pessoas antissociais apresentam defesas dissociativas ou têm um claro transtorno dissociativo de identidade (Lewis et al., 1997). Diferenciar um psicopata com uma tendência dissociativa e uma pessoa dissociativa com outra personalidade psicopata é enlouquecedor de tão difícil – em grande parte porque, na hora em que a pergunta é feita, muitas consequências legais se articulam a partir da resposta. Uma pessoa acusada de um crime sério pode ter uma grande vantagem ao convencer o júri ou o juiz de sua multiplicidade; de modo menos frequente, outra personalidade persecutória pode estar punindo uma outra parte do *self*, avaliando-o como antissocial. É prudente considerar a psicopatia quando alguém tem sérias razões para fingir estar doente (ver Thomas, 2001, sobre a diferença entre o fingimento de doença e a dissociação).

Se nos tornássemos adeptos da diferenciação confiável entre pessoas essencialmente dissociativas e essencialmente psicopatas, mesmo quando existe uma significativa vantagem para que a pessoa se apresente de uma forma ou de outra, as consequências para o Sistema de Justiça Criminal poderiam ser substanciais. Uma vez que muitas pessoas dissociativas têm um prognóstico melhor do que indivíduos psicopatas, seria de valor relevante à prevenção criminal oferecer terapia intensiva para criminosos diagnosticados com transtorno dissociativo de identidade. Os clínicos podem resolver a dissociação com mais eficácia do que é possível para modificar padrões antissociais; sob condições de recursos limitados, pessoas trabalhando em prisões ou com o sistema de liberdade condicional podem focar naqueles mais receptivos em receber ajuda.

RESUMO

Neste capítulo tratei da história do conceito de dissociação e do funcionamento psicológico de pessoas com identidades dissociativas. Levando em conta o desenvolvimento individual da dissociação como processo central, mencionei o talento inato para auto-hipnose, com frequência coexistindo com grande inteligência, criatividade e sociofilia. Esses fatores podem predispor uma pessoa a reagir ao trauma com uma defesa dissociativa invisível para os outros. Mencionei o modelo BASK, de Braun (1988), para dissociação como uma alternativa aos conceitos freudianos de defesa. Descrevi as relações de objeto das pessoas dissociativas em termos de apego esquivo ou desorganizado causado por traumas relacionais de infância. Também descrevi o *self* de alguém com identidade dissociativa como não apenas fragmentado, mas também permeado por cognições paralisantes de medo, vergonha e de autoculpabilidade. Além disso, ressaltei como muitas pessoas dissociativas funcionam bem a seu modo altamente compartimentalizado.

Enfatizei o poder das reações de transferência e contratransferência com pacientes dissociativos, em especial quando eles provocam fantasias de salvamento ou superenvolvimento com o terapeuta. As implicações de tratamento desse diagnóstico incluem um foco em alimentar um senso básico de *self*; ensinar técnicas de cuidar e acalmar a si mesmo, conquistar bases e uma estabilização das flutuações emocionais; nutrir a cooperação no relacionamento terapêutico; e, apenas após a estabilização, retomar as experiências dissociadas e tentar promover uma compreensão emocional. Sobretudo, recomendei a manutenção da consistência dirigida a todas as personalidades, e destaquei a importância de ser "real" e caloroso ao mesmo tempo em que se demonstra uma adesão estrita aos limites profissionais, analisando crenças patogênicas, usando técnicas adjuntas como hipnose e EMDR e respeitando a necessidade do cliente de ter tempo para tolerar o processo terapêutico. Diferenciei a dinâmica dissociativa das psicoses bipolar e esquizofrênicas das condições genericamente *borderline* e das organizações de personalidade histérica e psicopata.

SUGESTÕES PARA OUTRAS LEITURAS

O clássico de Herman, *Trauma e recuperação* (1992) e o estudo de Terr (1992) das crianças traumatizadas são fundamentais para o entendimento do fenômeno envolvido na dissociação. O texto de Putnam (1989) continua sendo o ponto de partida para alguém lidando com adultos dissociativos, e seu livro de 1997 estende seu trabalho anterior em direção ao tratamento de crianças e adolescentes. A visão geral sobre o diagnóstico de dissociação complexa e crônica de R. J. Loewenstein (1991) é especialmente valiosa. Kluft e Fine (1993) publicaram um ótimo livro sobre o tratamento da dissociação. Para os leitores que estão integrando as ideias psicanalíticas com experiência clínica e pesquisa sobre dissociação, recomendo o artigo de Kluft (2000), as contribuições de Ira Brenner (2001, 2004 e 2009), e a façanha relacional de Elizabeth Howell (2005). Também sob a tradição relacional, tanto Philip Bromberg (1998, 2010) quanto Donnell Stern (1997, 2009) escrevem com eloquência sobre a análise da dissociação no processo clínico. Enquanto escrevo este livro, Richard Chefetz está planejando publicar uma obra sobre o trabalho com pacientes dissociativos que, acredito, será de considerável valor aos terapeutas.

Apêndice
Formato sugerido de entrevista diagnóstica

DADOS DEMOGRÁFICOS

Nome, idade, gênero, etnia e origem racial, orientação religiosa, *status* de relacionamento, *status* de relacionamento dos pais, nível de educação atingido, *status* profissional, experiência prévia com a psicoterapia, fontes de referência, outros informantes (fora o cliente).

PROBLEMAS ATUAIS E SEUS INÍCIOS

Reclamações principais e ideias do cliente sobre suas origens; história desses problemas; como chegaram a tal ponto – incluindo medicações; motivo da procura da terapia *agora*.

HISTÓRIAS PESSOAIS

Onde o cliente nasceu, foi criado, número de crianças na família e o lugar do cliente entre elas; motivações maiores. Pais e irmãos: obter dados objetivos (se não estiverem vivos, causa e época da morte; se estiverem, suas idades, situações de saúde, ocupações) e dados subjetivos (personalidade, natureza do relacionamento com o paciente). Problemas psicológicos na família (psicopatologias diagnosticadas e outras condições; p. ex., uso de drogas, violência, violações de regras).

Infância e primeira infância

Se o nascimento do paciente foi desejado; condições da família após o nascimento; qualquer coisa fora do comum no enfrentamento dos desafios de desenvolvimento; quaisquer problemas primários (em relação a alimentação, controle intestinal, fala, locomoção, enurese noturna, terrores noturnos, sonambulismo, ato de roer unhas, etc.); primeiras memórias; histórias ou piadas da família sobre o cliente; história do nome do cliente.

Latência

Problemas de separação, problemas sociais, problemas acadêmicos, problemas de comportamento, crueldade com animais; doenças, perdas, mudanças ou estresses familiares dessa época; abuso sexual, físico ou emocional, ou testemunho de violência doméstica.

Adolescência

Idade da puberdade, quaisquer problemas físicos com o amadurecimento sexual, preparação da família para a sexualidade, primeiras experiências sexuais, preferências sexuais (fantasias de masturbação, caso as preferências sejam incertas); experiência escolar, acadêmica e social; padrões de autodestruição (transtorno da alimentação, uso de drogas, julgamento sexual questionável, disposição excessiva para correr riscos, tendências suicidas, padrões antissociais; fuga social); doenças, perdas, mudanças ou estresses familiares dessa época.

Idade adulta

História profissional; história dos relacionamentos; adequação ao atual relacionamento íntimo; relacionamento com crianças; passatempos, talentos, prazeres, áreas de orgulho e satisfação, aspirações (onde a pessoa espera estar em cinco anos, 10 anos, etc.).

APRESENTAÇÃO ATUAL (*STATUS* MENTAL)

Aparência geral, estado afetivo, humor, qualidade do discurso, vestígios de teste de realidade, inteligência estimada, adequação da memória; analisar a confiabilidade das informações. Buscar maior investigação, no caso de alguma dessas áreas sugerir problemas; por exemplo, se o humor for depressivo, considere o suicídio. Se for difícil obter uma história linear, considere a despersonalização, a desrealização e outras reações dissociativas.
Sonhos: Eles são recordados? Algum recorrente? Exemplo de um sonho recente.
Uso de substâncias, prescritas ou não prescritas, incluindo álcool.

TÓPICOS DE CONCLUSÃO

Pergunte ao paciente se consegue pensar em qualquer informação importante que não tenha sido abordada pelas perguntas que lhe foram feitas. Pergunte se está confortável com você e se tem algo a perguntar.

INFERÊNCIAS

Temas mais recorrentes; padrão de apego, áreas de aprisionamento do desenvolvimento e de conflito interno; defesas favoritas; fantasias inconscientes inferidas, desejos, medos, crenças; identificações centrais, contraidentificações, lutos negados; autocoesão e autoestima.

Referências

Abraham, K. (1911). Notes on the psycho-analytic investigation and treatment of manic-depressive insanity and allied conditions. In *Selected papers on psycho-analysis* (pp. 137-156). London: Hogarth Press.
Abraham, K. (1924). A short study of the development of the libido, viewed in light of mental disorders. In *Selected papers on psycho-analysis* (pp. 418-501). London: Hogarth Press.
Abraham, K. (1935). The history of a swindler. *Psychoanalytic Quarterly, 4*, 570-587.
Abrahamsen, D. (1985). *Confessions of Son of Sam*. New York: Columbia University Press.
Adams, H. E., Wright, L. W., & Lohr, B. A. (1996). Is homophobia associated with homosexual arousal? *Journal of Abnormal Psychology, 105*, 440-445.
Adler, A. (1927). *Understanding human nature*. Garden City, NY: Garden City Publishing.
Adler, G. (1972). Hospital management of borderline patients and its relationship to psychotherapy. In P. Hartocollis (Ed.), *Borderline personality disorders: The concept, the syndrome, the patient* (pp. 307-323). New York: International Universities Press.
Adler, G. (1985). *Borderline psychopathology and its treatment*. New York: Jason Aronson.
Adler, G., & Buie, D. (1979). The psychotherapeutic approach to aloneness in the borderline patient. In J. LeBoit & A. Capponi (Eds.), *Advances in psychotherapy of the borderline patient* (pp. 433-448). New York: Jason Aronson.
Adorno, T. W., Frenkl-Brunswick, E., Levinson, D. J., & Sanford, R. N. (1950). *The authoritarian personality*. New York: Harper.
Aichhorn, A. (1936). *Wayward youth*. London: Putnam.
Ainsworth, M. D. S., Blehar, M. C., Waters, E., & Wall, S. (Eds.). (1978). *Patterns of attachment: A psychological study of the Strange Situation*. Hillsdale, NJ: Erlbaum.
Akhtar, S. (1992). *Broken structures: Severe personality disorders and their treatment*. Northvale, NJ: Jason Aronson.
Akhtar, S. (2000). The shy narcissist. In J. Sandler, R. Michaels, & P. Fonagy (Eds.), *Changing ideas in a changing world: The revolution in psychoanalysis. Essays in honor of Arnold Cooper* (pp. 111-119). London: Karnac.
Akiskal, H. S. (1984). Characterologic manifestations of affective disorders: Toward a new conceptualization. *Integrative Psychiatry, 2*, 83-88.
Alanen, Y. O., Gonzalez de Chavez, M., Silver, A. S., & Martindale, B. (2009). *Psychotherapeutic approaches to schizophrenic psychoses: Past, present, future*. New York: Routledge.
Allen, D. W. (1977). Basic treatment issues. In M. J. Horowitz (Ed.), *Hysterical personality* (pp. 283-328). New York: Jason Aronson.

Allen, J. G. (1980). Adaptive functions of affect and their implications for therapy. *Psychoanalytic Review, 67*, 217-230.
American Psychiatric Association. (1968). *Diagnostic and statistical manual of mental disorders* (2nd ed.). Washington, DC: Author.
American Psychiatric Association. (1980). *Diagnostic and statistical manual of mental disorders* (3rd ed.). Washington, DC: Author.
American Psychiatric Association. (1994). *Diagnostic and statistical manual of mental disorders* (4th ed.). Washington, DC: Author.
Anderson, C. M., Teicher, M. H., Polcari, A., & Renshaw, P. F. (2002). Abnormal T2 relaxation time in the cerebellar vermis of adults sexually abused in childhood: Potential role of the vermis in stress-enhanced risk for drug abuse. *Psychoneuroendocrinology, 27*, 231-244.
Anderson. F. S., & Gold, J. (2003). Trauma, dissociation, and conflict: The space where psychoanalysis, cognitive science, and neuroscience overlap. *Psychoanalytic Psychology, 20*, 536-541.
Anstadt, T., Merten, J., Ullrich, B., & Krause, R. (1997). Affective dyadic behavior, core conflictual relationship themes and success of treatment. *Psychotherapy Research, 7*, 397-417.
Arieti, S. (1955). *Interpretation of schizophrenia*. New York: Brunner/Mazel.
Arieti, S. (1961). Introductory notes on the psychoanalytic therapy of schizophrenics. In A. Burton (Ed.), *Psychotherapy of the psychoses* (pp. 68-89). New York: Basic Boooks.
Arieti, S. (1974). *Interpretation of schizophrenia* (2nd ed.). New York: Basic Books.
Arlow, J. A., & Brenner, C. (1964). *Psychoanalytic concepts and the structural theory*. New York: International Universities Press.
Aron, L. (1996). *A meeting of minds: Mutuality in psychoanalysis*. Hillsdale, NJ: Analytic Press.
Aronson, M. L. (1964). A study of the Freudian theory of paranoia by means of the Rorschach test. In C. F. Reed, I. E. Alexander, & S. S. Tomkins (Eds.), *Psychopathology: A source book* (pp. 370-387). New York: Wiley.
Asch, S. S. (1985). The masochistic personality. In R. Michels & J. Cavenar (Eds.), *Psychiatry 1* (pp. 1-9). Philadelphia: Lippincott.
Atwood, G. E., Orange, D. M., & Stolorow, R. D. (2002). Shattered worlds / psychotic states: A post-Cartesian view of the experience of personal annihilation. *Psychoanalytic Psychology, 19*, 281-306.
Atwood, G. E., & Stolorow, R. D. (1993). *Faces in a cloud: Intersubjectivity in personality theory*. Northvale, NJ: Jason Aronson.
Babiak, P., & Hare, R. D. (2007). *Snakes in suits: When psychopaths go to work*. New York: Harper Paperback.
Bach, S. (1985). *Narcissistic states and the therapeutic process*. New York: Jason Aronson.
Bach, S. (1999). *The language of perversion and the language of love*. Northvale, NJ: Jason Aronson.
Bak, R. C. (1946). Masochism in paranoia. *Psychoanalytic Quarterly, 15*, 285-301.
Balint, M. (1945). Friendly expanses—Horrid empty spaces. *International Journal of Psycho-Analysis, 36*, 225-241.
Balint, M. (1960). Primary narcissism and primary love. *Psychoanalytic Quarterly, 29*, 6-43.
Balint, M. (1968). *The basic fault: Therapeutic aspects of regression*. London: Tavistock.
Banai, E., Mikulincer, M., & Shaver, P. R. (2005). "Selfobject" needs in Kohut's self psychology: Links with attachment, self-cohesion, affect regulation, and adjustment. *Psychoanalytic Psychology, 22*, 224-260.
Basch, M. (1994). Chapter 1: The selfobject concept: Clinical implications. *Progress in Self Psychology, 10*, 1-7.
Bateman, A., & Fonagy, P. (2004). *Mentalization-based treatment for borderline personality disorders*. New York: Oxford University Press.
Bateson, G., Jackson, D. D., Haley, J., & Weakland, J. (1956). Toward a theory of schizophrenia. *Behavioral Science, I*, 251-264.
Baumeister, R. F. (1989). *Masochism and the self*. Hillsdale, NJ: Erlbaum.

Beck, J. S. (1995). *Cognitive therapy: Basics and beyond*. New York: Guilford Press.

Beck, J. S., Greenberg, L. S., & McWilliams, N. (Guest Experts); American Psychological Association. (Producer). (in press-a). *Three approaches to psychotherapy with a female client: The next generation* [DVD]. Available from www.apa.org/videos.

Beck, J. S., Greenberg, L. S., & McWilliams, N. (Guest Experts); American Psychological Association. (Producer). (in press-b). *Three approaches to psychotherapy with a male client: The next generation* [DVD]. Available from www.apa.org/videos.

Beebe, B., Jaffe, J., Markese, S., Buck, K., Chen, H., Cohen, P., et al. (2010). The origins of 12-month attachment: A microanalysis of 4-month motherinfant interaction. *Attachment and Human Development, 12*, 1, 3-141.

Beebe, B., & Lachmann, F. M. (1994). Representation and internalization in infancy: Three principles of salience. *Psychoanalytic Psychology, 11*, 127-165.

Bellak, L., Hurvich, M., & Gediman, H. K. (1973). *Ego functions in schizophrenics, neurotics, and normals: A systematic study of conceptual, diagnostic, and therapeutic aspects*. New York: Wiley.

Bellak, L., & Small, L. (1978). *Emergency psychotherapy and brief psychotherapy*. New York: Grune & Stratton.

Benjamin, J. (1988). *The bonds of love: Psychoanalysis, feminism, and the problem of domination*. New York: Pantheon.

Benveniste, D. (2005). Recognizing defenses in the drawings and play of children in therapy. *Psychoanalytic Psychology, 22*, 395-410.

Beres, D. (1958). Vicissitudes of superego formation and superego precursors in childhood. *Psychoanalytic Study of the Child, 13*, 324-335.

Bergler, E. (1949). *The basic neurosis*. New York: Grune & Stratton.

Bergman, P., & Escalona, S. K. (1949). Unusual sensitivities in very young children. *Psychoanalytic Study of the Child, 3/4*, 333-352.

Bergmann, M. S. (1985). Reflections on the psychological and social functions of remembering the Holocaust. *Psychoanalytic Inquiry, 5*, 9-20.

Bergmann, M. S. (1987). *The anatomy of loving: The story of man's quest to know what love is*. New York: Columbia University Press.

Berliner, B. (1958). The role of object relations in moral masochism. *Psychoanalytic Quarterly, 27*, 38-56.

Bernstein, I. (1983). Masochistic psychology and feminine development. *Journal of the American Psychoanalytic Association, 31*, 467-486.

Bettelheim, B. (1960). *The informed heart: Autonomy in a massage*. Glencoe, IL: Free Press.

Bettelheim, B. (1983). *Freud and man's soul*. New York: Knopf.

Bibring, E. (1953). The mechanism of depression. In P. Greenacre (Ed.), *Affective disorders* (pp. 13-48). New York: International Universities Press. Bion, W. R. (1959). *Experiences in groups*. New York: Basic Books. Bion, W. R. (1962). *Learning from experience*. London: Karnac. Bion, W. R. (1967). *Second thoughts*. London: Karnac.

Biondi, R., & Hecox, W. (1992). *The Dracula killer: The true story of California's vampire killer*. New York: Pocket Books.

Bird, H. R. (2001). Psychoanalytic perspectives on theories regarding the development of antisocial behavior. *Journal of the American Academy of Psychoanalysis, 29*, 57-71.

Blackless, M., Caruvastra, A., Derryck, A., Fausto-Sterling, A., Lauzanne, K., & Lee, E. (2000). How sexually dimorphic are we?: Review and synthesis. *American Journal of Human Biology, 12*, 151-166.

Blagys, M. D., & Hilsenroth, M. J. (2000). Distinctive activities of short-term psychodynamic-interpersonal psychotherapy: A review of the comparative psychotherapy process literature. *Clinical Psychology: Science and Practice, 7*, 167-188.

Blanck, G., & Blanck, R. (1974). *Ego psychology: Theory and practice*. New York: Columbia University Press.

Blanck, G., & Blanck, R. (1979). *Ego psychology II: Psychoanalytic developmental psychology*. New York: Columbia University Press.

Blanck, G., & Blanck, R. (1986). *Beyond ego psychology: Developmental object relations theory*. New York: Columbia University Press.

Blatt, S. J. (1974). Levels of object representation in anaclitic and introjective depression. *Psychoanalytic Study of the Child, 29*, 107-157.

Blatt, S. J. (2004). *Experiences of depression: Theoretical, clinical and research perspectives*. Washington, DC: American Psychological Association.

Blatt, S. J. (2008). *Polarities of experience: Relatedness and self-definition in personality development, psychopathology, and the therapeutic process*. Washington, DC: American Psychological Association.

Blatt, S. J., & Bers, S. (1993). The sense of self in depression: A psychoanalytic perspective. In Z. V. Segal & S. J. Blatt (Eds.), *The self in emotional distress: Cognitive and psychodynamic perspectives* (pp. 171-210). New York: Guilford Press.

Blatt, S. J., & Levy, K. N. (2003). Attachment theory, psychoanalysis, personality development, and psychopathology. *Psychoanalytic Inquiry, 23*, 102-150.

Blatt, S. J., & Zuroff, D. C. (2005). Empirical evaluation of the assumptions in identifying evidence based treatments in mental health. *Clinical Psychology Review, 66*, 423-428.

Bleuler, E. (1911). *Dementia praecox or the group of schizophrenias* (J. Zinkin, Trans.). New York: International Universities Press.

Bleuler, M. (1977). *The schizophrenic disorders* (S. M. Clemens, Trans.). New Haven, CT: Yale University Press.

Blizard, R. A. (2001). Masochistic and sadistic ego states: Dissociative solutions to the dilemma of attachment to an abusive caregiver. *Journal of Trauma and Dissociation, 2*, 37-58.

Blum, H. P. (1973). The concept of the erotized transference. *Journal of the American Psychoanalytic Association, 21*, 61-76.

Bollas, C. (1987). Loving hate. In *The shadow of the object* (pp. 117-134). New York: Columbia University Press.

Bollas, C. (1999). *Hysteria*. New York: Routledge.

Bornstein, B. (1949). The analysis of a phobic child: Some problems of theory and technique in child analysis. *Psychoanalytic Study of the Child, 3/4*, 181-226.

Bornstein, R. F., & Gold, S. H. (2008). Comorbidity of personality disorders and somatization disorder: A meta-analytic review. *Journal of Psychopathology and Behavioral Assessment, 30*, 154-161.

Boulanger, G. (2007). *Wounded by reality: Understanding and treating adult onset trauma*. Mahwah, NJ: Analytic Press.

Bowen, M. (1993). *Family therapy in clinical practice*. Northvale, NJ: Jason Aronson.

Bowlby, J. (1969). *Attachment and loss: Vol. I. Attachment*. New York: Basic Books.

Bowlby, J. (1973). *Attachment and loss: Vol. II. Separation: Anxiety and anger*. New York: Basic Books.

Braun, B. G. (1988). The BASK (behavior, affect, sensation, knowledge) model of dissociation. *Dissociation, 1*, 4-23.

Braun, B. G., & Sacks, R. G. (1985). The development of multiple personality disorder: Predisposing, precipitating, and perpetuating factors. In R. P. Kluft (Ed.), *Childhood antecedents of multiple personality* (pp. 37-64). Washington, DC: American Psychiatric Press.

Brazelton, T. B. (1982). Joint regulation of neonate-parent behavior. In E. Tronick (Ed.), *Social interchange in infancy*. Baltimore: University Park Press.

Brenman, M. (1952). On teasing and being teased and the problems of "moral masochism." *Psychoanalytic Study of the Child, 7*, 264-285.

Brenneis, C. B. (1996). Multiple personality: Fantasy proneness, demand characteristics, and indirect communication. *Psychoanalytic Psychology, 13*, 367-387.

Brenner, C. (1959). The masochistic character. *Journal of the American Psychoanalytic Association, 7*, 197-226.

Brenner, C. (1982). The calamities of childhood. In *The mind in conflict* (pp. 93-106). New York: International Universities Press.

Brenner, I. (2001). *Dissociation of trauma: Theory, phenomenology, and technique*. New York: International Universities Press.

Brenner, I. (2004). *Psychic trauma: Dynamics, symptoms, and treatment*. Northvale, NJ: Jason Aronson.

Brenner, I. (2009). *Injured men: Trauma, healing, and the masculine self*. Northvale, NJ: Jason Aronson.
Breuer, J., & Freud, S. (1893-1895). Studies in hysteria. *Standard Edition, 2*, 21-47.
Briere, J. (1992). *Child abuse trauma: Theory and treatment of the lasting effects*. Thousand Oaks, CA: Sage.
Bristol, R. C., & Pasternack, S. (Eds.). (2001). Obsessive-compulsive disorder (OCD): Manifestations, theory, and treatment. *Psychoanalytic Inquiry, 2*(2).
Bromberg, P. M. (1991). On knowing one's patient inside out: The aesthetics of unconscious communication. *Psychoanalytic Dialogues, 1*, 399-422.
Bromberg, P. M. (1996). Hysteria, dissociation, and cure: Emmy von N revisited. In *Standing in the spaces: Essays on clinical process, trauma, and dissociation* (pp. 223-237). Hillsdale, NJ: Analytic Press.
Bromberg, P. M. (1998). *Standing in the spaces: Essays on clinical process, trauma and dissociation*. Hillsdale, NJ: Analytic Press.
Bromberg, P. M. (2001). Treating patients with symptoms—and symptoms with patience: Reflections on shame, dissociation, and eating disorders. *Psychoanalytic Dialogues, 11*, 891-912.
Bromberg, P. M. (2003). Something wicked this way comes. Trauma, dissociation, and conflict: The space where psychoanalysis, cognitive science, and neuroscience overlap. *Psychoanalytic Psychology, 20*, 558-574.
Bromberg, P. M. (2010). *Awakening the dreamer: Clinical journeys*. New York: Routledge.
Brown, R. (1965). *Social psychology*. New York: Free Press.
Brunner, R., Parzer, P., Schuld, V., & Resch, F. (2000). Dissociative symptomatology and traumatogenic factors in adolescent psychiatric patients. *Journal of Nervous and Mental Disease, 188*, 7-17.
Bucci, W. (2002). The challenge of diversity in modern psychoanalysis. *Psychoanalytic Psychology, 19*, 216-226.
Buckley, P. (Ed.). (1988). *Essential papers on psychosis*. New York: New York University Press.
Buechler, S. (2008). *Making a difference in patients' lives: Emotional experience in the therapeutic setting*. New York: Routledge.
Buirski, P., & Haglund, P. (2001). *Making sense together: The intersubjective approach to psychotherapy*. Northvale, NJ: Jason Aronson.
Bursten, B. (1973a). *The manipulator: A psychoanalytic view*. New Haven, CT: Yale University Press.
Bursten, B. (1973b). Some narcissistic personality types. *International Journal of Psycho-Analysis, 54*, 287-300.
Cain, D. J. (2010). *Person-centered psychotherapies*. Washington, DC: American Psychological Association.
Cameron, N. (1959). Paranoid conditions and paranoia. In S. Arieti (Ed.), *American handbook of psychiatry* (Vol. 1, pp. 508-539). New York: Basic Books.
Capote, T. (1965). *In cold blood*. New York: Random House.
Caspi, A., McClay, J., Moffitt, T. E., Mill, J., Martin, J., Craig, I. W., et al. (2002). Role of genotype in the cycle of violence in maltreated children. *Science, 297*, 851-854.
Cassidy, J., & Shaver, P. R. (Eds.). (2010). *Handbook of attachment: Theory, research, and clinical applications* (2nd ed.). New York: Guilford Press.
Cath, S. H. (1986). Fathering from infancy to old age: A selective overview of recent psychoanalytic contributions. *Psychoanalytic Review, 74*, 469-479. Cattell, J. P., & Cattell, J. S. (1974). Depersonalization: Psychological and social perspectives. In S. Arieti (Ed.), *American handbook of psychiatry* (pp. 767-799). New York: Basic Books.
Cela, J. A. (1995). A classical case of a severe obsessive compulsive defense. *Modern Psychoanalysis, 20*, 271-277.
Celani, D. (1976). An interpersonal approach to hysteria. *American Journal of Psychiatry, 133*, 1414-1418.

Celenza, A. (2006). The threat of male-to-female erotic transference. *Journal of the American Psychoanalytic Association, 54*, 1207-1231.

Celenza, A. (2007). *Sexual boundary violations: Therapeutic, supervisory, and academic contexts*. Northvale, NJ: Jason Aronson.

Charles, M. (2004). *Learning from experience: A guidebook for clinicians*. Hillsdale, NJ: Analytic Press.

Chase, T. (1987). *When Rabbit howls*. New York: Jove.

Chasseguet-Smirgel, J. (1985). *The ego ideal: A psychoanalytic essay on the malady of the idea*. New York: Norton.

Chefetz, R. A. (1997). Special case transferences and countertransferences in the treatment of dissociative disorders. *Dissociation, 10*, 255-265.

Chefetz, R. A. (2000a). Affect dysregulation as a way of life. *Journal of the American Academy of Psychoanalysis, 28*, 289-303.

Chefetz, R. A. (2000b). The psychoanalytic psychotherapy of dissociative identity disorder in the context of trauma therapy. *Psychoanalytic Inquiry, 20*, 259-286.

Chefetz, R. A. (2004). Re-associating psychoanalysis and dissociation. *Contemporary Psychoanalysis, 40*, 123-133.

Chefetz, R. A. (2009). Waking the dead therapist. *Psychoanalytic Dialogues, 19*, 393-404.

Chefetz, R. A. (2010a). Life as performance art: Right and left brain function, implicit knowing, and "felt coherence." In J. Petrucelli (Ed.), *Knowing, not knowing, and sort-of-knowing: Psychoanalysis and the experience of uncertainty* (pp. 258-278). New York: Karnac.

Chefetz, R. A. (2010b). "T" in interpellation stands for terror. Commentary on paper by Orna Guralnik and Daphne Simeon. *Psychoanalytic Dialogues, 20*, 417-437.

Chemtob, C. M., Tolin, D. F., van der Kolk, B., & Pitman, R. K. (2004). Eye movement desensitization and reprocessing. In E. B. Foa, T. M. Keane, & M. J. Friedman (Eds.), *Effective treatments for PTSD: Practice guidelines from the International Society for Trauma Stress Studies* (pp. 139-154, 333-335). New York: Guilford Press.

Chessick, R. D. (2001). OCD, OCPD: Acronyms do not make a disease. *Psychoanalytic Inquiry, 21*, 183-207.

Chodoff, P. (1978). Psychotherapy of the hysterical personality disorder. *Journal of the American Academy of Psychoanalysis, 6*, 496-510.

Chodoff, P. (1982). The hysterical personality disorder: A psychotherapeutic approach. In A. Roy (Ed.), *Hysteria* (pp. 277-285). New York: Wiley.

Chodorow, N. J. (1978). *The reproduction of mothering: Psychoanalysis and the sociology of gender*. Berkeley: University of California Press.

Chodorow, N. J. (1989). *Feminism and psychoanalytic theory*. Berkeley: University of California Press.

Chodorow, N. J. (1999). *The power of feelings: Personal meaning in psychoanalysis, gender, and culture*. New Haven, CT: Yale University Press.

Chodorow, N. J. (2010). Beyond the dyad: Individual psychology, social world. *Journal of the American Psychoanalytic Association, 58*, 207-230.

Chu, J. A. (1998). Riding the therapeutic roller coaster: Stage-oriented treatment for survivors of childhood abuse. In *Rebuilding shattered lives: The responsible treatment of complex post-traumatic and dissociative disorders* (pp. 75-91). New York: Wiley.

Clarkin, J. F., & Levy, K. N. (2003). A psychodynamic treatment for severe personality disorders: Issues in treatment development. *Psychoanalytic Inquiry, 23*, 248-267.

Clarkin, J. F., Levy, K. N., Lenzenweger, M. F., & Kernberg, O. F. (2007). Evaluating three treatments for borderline personality disorder: A multiwave study. *American Journal of Psychiatry, 164*, 1-8.

Clarkin, J. F., Yeomans, F. E., & Kernberg, O. F. (2006). *Psychotherapy for borderline personality: Focusing on object relations*. Washington, DC: American Psychiatric Press.

Classen, C., Pain, C., Field, N., & Woods, P. (2006). Posttraumatic personality disorder: A reformulation of complex posttraumatic stress disorder and borderline personality disorder. *Psychiatric Clinics of North America, 29*, 87-112.

Cleckley, H. (1941). *The mask of sanity: An attempt to clarify some issues about the so-called psychopathic personality*. St. Louis, MO: Mosby.

Cloninger, C. R., & Guze, S. B. (1970). Psychiatric illness and female criminality. The role of sociopathy and hysteria in the antisocial woman. *American Journal of Psychiatry, 127*, 303-311.

Coccaro, E. F. (1996). Neurotransmitter correlates of impulsive aggression in humans. *Annals of the New York Academy of Science, 794*, 82-89.

Cohen, M. B., Baker, G., Cohen, R. A., Fromm-Reichmann, F., & Weigert, E. (1954). An intensive study of twelve cases of manic-depressive psychosis. *Psychiatry, 17*, 103-137.

Colby, K. (1951). *A primer for psychotherapists*. New York: Ronald Press.

Coleman, M., & Nelson, B. (1957). Paradigmatic psychotherapy in borderline treatment. *Psychoanalysis, 5*, 28-44.

Coons, P. M., & Bowman, E. S. (2001). Ten-year follow-up study of patients with dissociative identity disorder. *Journal of Trauma and Dissociation, 2*, 73-90.

Coons, P. M., Bowman, E. S., & Milstein, V. (1988). Multiple personality disorder: A clinical investigation of 50 cases. *Journal of Nervous and Mental Disease, 176*, 519-527.

Coontz, S. (1992). *The way we never were: American families and the nostalgia gap*. New York: Basic Books.

Cooper, A. M. (1984). Narcissism in normal development. In M. R. Zales (Ed.), *Character pathology: Theory and treatment* (pp. 39-56). New York: Brunner/Mazel.

Cooper, A. M. (1988). The narcissistic-masochistic character. In R. A. Glick & D. I. Meyers (Eds.), *Masochism: Current psychoanalytic perspectives* (pp. 189-204). Hillsdale, NJ: Analytic Press.

Corbett, K. (2001). More life: Centrality and marginality in human development. *Psychoanalytic Dialogues, 11*, 313-335.

Cosgrove, L. (2010, November-December). Diagnosing conflict-of-interest disorder. *Academe*, pp. 43-46.

Cramer, P. (1991). *The development of defense mechanisms: Theory, research and assessment*. New York: Springer-Verlag.

Cramer, P. (2006). *Protecting the self: Defense mechanisms in action*. New York: Guilford Press.

Cramer, P. (2008). Seven pillars of defense mechanism theory. *Social and Personality Psychology Compass, 2*, 1-19.

Cushman, P. (1995). *Constructing the self, constructing America: A cultural history of psychotherapy*. Reading, MA: Addison-Wesley.

Damasio, A. R. (1994). *Descartes' error: Emotion, reason, and the human brain*. New York: Putnam.

Davanloo, H. (1980). *Short-term dynamic psychotherapy*. New York: Jason Aronson.

Davies, J. M., & Frawley, M. G. (1994). *Treating the adult survivor of childhood sexual abuse: A psychoanalytic perspective*. New York: Basic Books.

de Bellis, M. (2001). Developmental traumatology: The psychobiological development of maltreated children and its implications for research, treatment, and policy. *Development and Psychopathology, 13*, 539-564.

Dell, P. F. (2006). The multidimensional inventory of dissociation (MID): A comprehensive measure of pathological dissociation. *Journal of Trauma and Dissociaion, 7*, 77-103.

de Monchy, R. (1950). Masochism as a pathological and as a normal phenomenon in the human mind. *International Journal of Psycho-Analysis, 31*, 95-97.

Deri, S. (1968). Interpretation and language. In E. Hammer (Ed.), *The use of interpretation in treatment*. New York: Grune & Stratton.

Deutsch, H. (1942). Some forms of emotional disturbance and their relationship to schizophrenia. *Psychoanalytic Quarterly, 11*, 301-321.

Deutsch, H. (1944). *The psychology of women: A psychoanalytic interpretation: Vol. 1. Girlhood*. New York: Grune & Stratton.

de Tocqueville, A. (2002). *Democracy in America* (H. C. Mansfield & D. Winthrop, Trans.). Chicago: University of Chicago Press.

De Waelhens, A., & Ver Eecke, W. (2000). *Phenomenology and Lacan on schizophrenia, after the decade of the brain*. Leuven, Belgium: Leuven University Press.

Diamond, D. (2004). Attachment disorganization: The reunion of attachment theory and psychoanalysis. *Psychoanalytic Psychology, 21*, 276-299.

Diamond, M. J. (2007). *My father before me: How fathers and sons influence each other throughout their lives*. New York: Norton.

Dimen, M., & Harris, A. (2001). *Storms in her head: Freud and the construction of hysteria*. New York: Other Press.

Dinnerstein, D. (1976). *The mermaid and the minotaur*. New York: Harper & Row.

Doidge, N. (2001). Diagnosing *The English Patient*: Schizoid fantasies of being skinless and being buried alive. *Journal of the American Psychoanalytic Association, 49*, 279-309.

Dorahy, M. J. (2001). Dissociative identity disorder and memory dysfunction: The current state of experimental research and its future directions. *Clinical Psychology Review, 21*, 771-795.

Dorpat, T. (1982). An object-relations perspective on masochism. In P. L. Giovacchini & L. B. Boyer (Eds.), *Technical factors in the treatment of severely disturbed patients* (pp. 490-513). New York: Jason Aronson.

Dougherty, N. J., & West, J. J. (2007). *The matrix and meaning of character: An archetypal and developmental approach*. New York: Routledge.

Dyess, C., & Dean, T. (2000). Gender: The impossibility of meaning. *Psychoanalytic Dialogues, 10*, 735-756.

Eagle, M. N. (2011). *From classical to contemporary psychoanalysis: A critique and integration*. New York: Routledge.

Easser, B. R., & Lesser, S. (1965). The hysterical personality: A reevaluation. *Psychoanalytic Quarterly, 34*, 390-405.

Eells, T. D. (Ed.). (2007). *Handbook of psychotherapy case formulation* (2nd ed.). New York: Guilford Press.

Ehrenberg, D. B. (1992). *The intimate edge: Extending the reach of psychoanalytic interaction*. New York: Norton.

Eigen, M. (1973). Abstinence and the schizoid ego. *International Journal of Psychoanalysis, 54*, 493-498.

Eigen, M. (1986). *The psychotic core*. New York: Jason Aronson.

Eigen, M. (2004). A little psyche-music. *Psychoanalytic Dialogues, 14*, 119-130.

Einstein, A. (1931). The world as I see it. In S. Bergmann (Trans.), *Ideas and opinions* (3rd ed., pp. 3-79). New York: Three Rivers Press.

Eissler, K. R. (1953). The effects of the structure of the ego on psychoanalytic technique. *Journal of the American Psychoanalytic Association, 1*, 104-143.

Ekstein, R., & Wallerstein, R. S. (1958). *The teaching and learning of psychotherapy* (Rev. ed., 1971). Madison, CT: International Universities Press. Erikson, E. H. (1950). *Childhood and society*. New York: Norton.

Erikson, E. H. (1968). *Identity: Youth and crisis*. New York: Norton.

Escalona, S. K. (1968). *The roots of individuality: Normal patterns of development in infancy*. Chicago: Aldine.

Evans, S., Tsao, J. C. I., Lu, Q., Kim, S. C., Turk, N., Myers, C. D., et al. (2009). Sex differences in the relationship between maternal negative life events and children's laboratory pain. *Journal of Developmental and Behavioral Pediatrics, 30*, 279-288.

Fairbairn, W. R. D. (1940). Schizoid factors in the personality. In *Psychoanalytic studies of the personality* (pp. 3-27). London: Routledge & Kegan Paul, 1952.

Fairbairn, W. R. D. (1941). A revised psychopathology of the psychoses and psychoneuroses. *International Journal of Psycho-Analysis, 22*, 250-279.

Fairbairn, W. R. D. (1943). The repression and return of bad objects (with special reference to the "war neuroses"). In *Psychoanalytic studies of the personality* (pp. 29-58). New York: Routledge, 1994.

Fairbairn, W. R. D. (1954). *An object-relations theory of the personality*. New York: Basic Books.

Fairfield, S. (2001). Analyzing multiplicity: A postmodern perspective on some current psychoanalytic theories of subjectivity. *Psychoanalytic Dialogues, 11*, 221-251.

Federn, P. (1952). *Ego psychology and the psychoses*. New York: Basic Books.

Fenichel, O. (1928). On "isolation." In *The collected papers of Otto Fenichel, first series* (pp. 147-152). New York: Norton.

Fenichel, O. (1941). *Problems of psychoanalytic technique*. Albany, NY: Psychoanalytic Quarterly.

Fenichel, O. (1945). *The psychoanalytic theory of neurosis*. New York: Norton.

Ferenczi, S. (1913). Stages in the development of a sense of reality. In *First contributions to psycho-analysis* (pp. 213-239). New York: Brunner/Mazel, 1980.

Ferenczi, S. (1925). Psychoanalysis of sexual habits. In *Further contributions to the theory and technique of psycho-analysis* (pp. 259-297). New York: Brunner/Mazel, 1980.

Fernando, J. (1998). The etiology of narcissistic personality disorder. *Psychoanalytic Study of the Child, 53*, 141-158.

Fink, B. (1999). *A clinical introduction to Lacanian psychoanalysis: Theory and technique*. Cambridge, MA: Harvard University Press.

Fink, B. (2007). *Fundamentals of psychoanalytic technique: A Lacanian approach for practitioners*. New York: Norton.

Fiscalini, J. (1993). Interpersonal relations and the problem of narcissism. In J. Fiscalini & A. L. Grey (Eds.), *Narcissism and the interpersonal self* (pp. 53-87). New York: Columbia University Press.

Fischer, K. W., & Bidell, T. R. (1998). Dynamic development of psychological structures in action and thought. In W. Damon & R. M. Lerner (Eds.), *Handbook of child psychology: Vol. 1. Theoretical models of human development* (5th ed., pp. 467-561). New York: Wiley.

Fisher, S. (1970). *Body experience in fantasy and behavior*. New York: Appleton-Century-Crofts.

Fisher, S., & Greenberg, R. P. (1985). *The scientific credibility of Freud's theories and therapy*. New York: Columbia University Press.

Fisher, S., & Greenberg, R. P. (1996). *Freud scientifically reappraised: Testing the theories and therapy*. New York: Wiley.

Fogelman, E. (1988). Intergenerational group therapy: Child survivors of the Holocaust and offspring of survivors. *Psychoanalytic Review, 75*, 619-640.

Fogelman, E., & Savran, B. (1979). Therapeutic groups for children of Holocaust survivors. *International Journal of Group Psychotherapy, 29*, 211-235.

Fonagy, P. (2000). Attachment and borderline personality disorder. *Journal of the American Psychoanalytic Association, 48*, 1129-1146.

Fonagy, P. (2001). *Attachment theory and psychoanalysis*. New York: Other Press.

Fonagy, P. (2003). Genetics, developmental psychology, and psychoanalytic theory: The case for ending our (not so) splendid isolation. *Psychoanalytic Inquiry, 23*, 218-247.

Fonagy, P., Gergely, G., Jurist, E. L., & Target, M. (2002). *Affect regulation, mentalization, and the development of the self*. New York: Other Press.

Fonagy, P., & Target, M. (1996). Playing with reality: I. Theory of mind and normal development of psychic reality in the child. *International Journal of Psychoanalysis, 77*, 217-233.

Fonagy, P., Target, M., Gergeley, G., Allen, J. G., & Bateman, A. W. (2003). The developmental roots of borderline personality disorder in early attachment relationships: A theory and some evidence. *Psychoanalytic Inquiry, 23*, 412-459.

Fosha, D. (2000). *The transforming power of affect: A model of accelerated change*. New York: Basic Books.

Fosha, D. (2005). Emotion, true self, core state: Toward a clinical theory of the affective change process. *Psychoanalytic Review, 92*, 519-551.

Fraiberg, S. (1959). *The magic years: Understanding and handling the problems of early childhood*. New York: Scribner's.

Frances, A., & Cooper, A. M. (1981). Descriptive and dynamic psychiatry: A perspective on DSM-III. *American Journal of Psychiatry, 138*, 1198-1202.

Frank, J. D., Margolin, J., Nash, H. T., Stone, A. R., Varon, E., & Ascher, E. (1952). Two behavior patterns in therapeutic groups and their apparent motivation. *Human Relations, 5*, 289-317.

Freud, A. (1936). *The ego and the mechanisms of defense*. New York: International Universities Press.
Freud, S. (1886). Observation of a severe case of hemianaesthesia in a hysterical male. *Standard Edition, 1*, 23-31.
Freud, S. (1895). Project for a scientific psychology. *Standard Edition, 1*, 281-397.
Freud, S. (1897). Letter to Wilhelm Fliess. *Standard Edition, 1*, 259. Freud, S. (1900). The interpretation of dreams. *Standard Edition, 4*.
Freud, S. (1901). The psychopathology of everyday life. *Standard Edition, 6*.
Freud, S. (1905). Three essays on the theory of sexuality. *Standard Edition, 7*, 135-243.
Freud, S. (1908). Character and anal eroticism. *Standard Edition, 9*, 169-175.
Freud, S. (1909). Notes upon a case of obsessional neurosis. *Standard Edition, 10*, 151-320.
Freud, S. (1911). Psycho-analytic notes on an autobiographic account of a case of paranoia (dementia paranoides). *Standard Edition, 13*, 1-162.
Freud, S. (1912). The dynamics of transference. *Standard Edition, 12*, 97-108. Freud, S. (1913). The disposition to obsessional neurosis. *Standard Edition, 12*, 311-326.
Freud, S. (1914a). On narcissism: An introduction. *Standard Edition, 14*, 67-102.
Freud, S. (1914b). Remembering, repeating and working through (Further recommendations on the technique of psycho-analysis II). *Standard Edition, 12*, 147-156.
Freud, S. (1915a). Instincts and their vicissitudes. *Standard Edition, 14*, 111-140. Freud, S. (1915b). Repression. *Standard Edition, 14*, 147.
Freud, S. (1916). Some character types met with in psychoanalytic work. *Standard Edition, 14*, 311-333.
Freud, S. (1917a). Mourning and melancholia. *Standard Edition, 14*, 243-258. Freud, S. (1917b). On transformations of instinct as exemplified in anal erotism. *Standard Edition, 17*, 125-133.
Freud, S. (1918). From the history of an infantile neurosis. *Standard Edition, 17*, 7-122.
Freud, S. (1919). A child is being beaten: A contribution to the study of the origin of sexual perversions. *Standard Edition, 17*, 179-204.
Freud, S. (1920). Beyond the pleasure principle. *Standard Edition, 18*, 7-64. Freud, S. (1923). The ego and the id. *Standard Edition, 19*, 13-59.
Freud, S. (1924). The economic problem in masochism. *Standard Edition, 19*, 159-170.
Freud, S. (1925a). Autobiographical study. *Standard Edition, 20*, 32-76.
Freud, S. (1925b). Some psychical consequences of the anatomical distinction between the sexes. *Standard Edition, 19*, 248-258.
Freud, S. (1931). Libidinal types. *Standard Edition, 21*, 215-222. Freud, S. (1932). Femininity. *Standard Edition, 22*, 112-135.
Freud, S. (1937). Analysis terminable and interminable. *Standard Edition, 22*, 216-253.
Freud, S. (1938). An outline of psycho-analysis. *Standard Edition, 23*, 144-207.
Friedenberg, E. Z. (1959). *The vanishing adolescent*. Boston: Beacon.
Friedman, R. C. (1988). *Male homosexuality: A contemporary psychoanalytic perspective*. New Haven, CT: Yale University Press.
Friedman, R. C. (1991). The depressed masochistic patient: Diagnostic and management considerations—A contemporary psychoanalytic perspective. *Journal of the American Academy of Dynamic Psychiatry, 19*, 9-30.
Friedman, R. C. (2006). Psychodynamic psychiatry: Past, present, and future. *Journal of the American Academy of Psychoanalysis, 34*, 471-487.
Fromm, E. (1947). *Man for himself: An inquiry into the psychology of ethics*. New York: Rinehart.
Fromm-Reichmann, F. (1950). *Principles of intensive psychotherapy*. Chicago: University of Chicago Press.
Frosch, J. (1964). The psychotic character: Clinical psychiatric considerations. *Psychoanalytic Quarterly, 38*, 91-96.
Furman, E. (1982). Mothers have to be there to be left. *Psychoanalytic Study of the Child, 37*, 15-28.

Gabbard, G. O. (1986). The treatment of the "special" patient in a psychoanalytic hospital. *International Review of Psycho-Analysis, 13*, 333-347.

Gabbard, G. O. (1989). Two subtypes of narcissistic personality disorder. *Bulletin of the Menninger Clinic, 53*, 527-539.

Gabbard, G. O. (1991). Technical approaches to transference hate in the analysis of borderline patients. *International Journal of Psychoanalysis, 72*, 625-636.

Gabbard, G. O. (2001). Psychoanalytically informed approaches in the treatment of obsessive-compulsive disorder. *Psychoanalytic Inquiry, 21*, 208-221.

Gabbard, G. O. (2005). *Psychodynamic psychiatry in clinical practice*. Washington, DC: American Psychiatric Publishing.

Gabbard, G. O., & Lester, E. P. (2002). *Boundaries and boundary violations in psychoanalysis*. Washington, DC: American Psychiatric Association.

Gabriel, J., & Beratis, S. (1997). Early trauma in the development of masochism and depression. *International Forum of Psychoanalysis, 6*, 231-236.

Gacano, C. B., & Meloy, J. R. (1991). A Rorschach investigation of attachment and anxiety in antisocial personality disorder. *Journal of Nervous and Mental Disease, 179*, 546-552.

Gacano, C. B., Meloy, J. R., & Berg, J. L. (1992). Object relations, defensive operations, and affective states in narcissistic, borderline, and antisocial personality disorders. *Journal of Personality Assessment, 59*, 32-49.

Gaddis, T., & Long, J. (1970). *Killer: A journal of murder*. New York: Macmillan.

Galenson, E. (1988). The precursors of masochism: Protomasochism. In R. A. Glick & D. I. Meyers (Eds.), *Masochism: Current psychoanalytic perspectives* (pp. 189-204). Hillsdale, NJ: Analytic Press.

Galin, D. (1974). Implications for psychiatry of left and right cerebral specialization. *Archives of General Psychiatry, 31*, 572-583.

Garcia-Campayo, J., Alda, M., Sobradiel, N., Olivan, B., & Pascual, A. (2007). Personality disorders in somatization disorder patients: A controlled study in Spain. *Journal of Psychosomatic Research, 62*, 675-680.

Gardiner, M. (1971). *The wolf-man: By the wolf-man*. New York: Basic Books.

Gardner, M. R. (1991). The art of psychoanalysis: On oscillation and other matters. *Journal of the American Psychoanalytic Association, 39*, 851-870. Gay, P. (1968). *Weimar culture*. New York: Harper & Row.

Gaylin, W. (Ed.). (1983). *Psychodynamic understanding of depression: The meaning of despair*. New York: Jason Aronson.

Geekie, J., & Read, J. (2009). *Making sense of madness: Contesting the meaning of schizophrenia*. New York: Routledge.

Ghent, E. (1990). Masochism, submission, surrender—Masochism as a perversion of surrender. *Contemporary Psychoanalysis, 26*, 108-136.

Gill, M. M. (1983). The interpersonal paradigm and the degree of the therapist's involvement. *Contemporary Psychoanalysis, 19*, 200-237.

Gill, M. M., Newman, R., & Redlich, F. C. (1954). *The initial interview in psychiatric practice*. New York: International Universities Press.

Gilleland, J., Suveg, C., Jacob, M. L., & Thomassin, K. (2009). Understanding the medically unexplained: Emotional and family influences on children's somatic. *Child: Care, Health, and Development, 35*, 383-390.

Gilligan, C. (1982). *In a different voice: Psychological theory and women's development*. Cambridge, MA: Harvard University Press.

Giovacchini, P. L. (1979). *The treatment of primitive mental states*. New York: Jason Aronson.

Giovacchini, P. L., & Boyer, L. B. (Eds.). (1982). *Technical factors in the treatment of the severely disturbed patient*. New York: Jason Aronson.

Glick, R. A., & Meyers, D. I. (1988). *Masochism: Current psychoanalytic perspectives*. Hillsdale, NJ: Analytic Press.

Glover, E. (1955). *The technique of psycho-analysis*. New York: International Universities Press.

Goldberg, A. (1990a). Disorders of continuity. *Psychoanalytic Psychology, 7,* 13-28.
Goldberg, A. (1990b). *The prisonhouse of psychoanalysis.* New York: Analytic Press.
Goldstein, K. (1959). Functional disturbances in brain damage. In S. Arieti (Ed.), *American handbook of psychiatry* (Vol. 1, pp. 770-794). New York: Basic Books.
Gordon, R. (1987). Masochism: The shadow side of the archetypal need to venerate and worship. *Journal of Analytic Psychology, 32,* 427-453.
Gottdiener, W. H. (2002). Psychoanalysis and schizophrenia: Three responses to Martin Willock. *Journal of the American Psychoanalytic Association, 50,* 314-316.
Gottdiener, W. H. (2006). Individual psychodynamic psychotherapy for schizophrenia: Empirical evidence for the practicing clinician. *Psychoanalytic Psychology, 23,* 583-589.
Gottdiener, W., & Haslam, N. (2002). The benefits of individual psychotherapy for people diagnosed with schizophrenia: A meta-analytic review. *Ethical Human Sciences and Services, 4,* 163-187.
Gottesman, I. (1991). *Schizophrenia genesis: The origins of madness.* New York: Freeman.
Gottlieb, R. (2010). *Sarah: The life of Sarah Bernhardt.* New Haven, CT: Yale University Press.
Grand, S. (2000). *The reproduction of evil: A clinical and cultural perspective.* Hillsdale, NJ: Analytic Press.
Green, H. (1964). *I never promised you a rose garden.* New York: Holt, Rinehart & Winston.
Greenacre, P. (1958). The impostor. *Psychoanalytic Quarterly, 27,* 359-382.
Greenberg, J. R., & Mitchell, S. A. (1983). *Object relations in psychoanalytic theory.* Cambridge, MA: Harvard University Press.
Greenson, R. R. (1967). *The technique and practice of psychoanalysis.* New York: International Universities Press.
Greenspan, S. I. (1981). *Clinical infant reports: Number I: Psychopathology and adaptation in infancy and early childhood: Principles of clinical diagnosis and preventive intervention.* New York: International Universities Press.
Greenspan, S. I. (1997). *Developmentally based psychotherapy.* New York: International Universities Press.
Greenwald, H. (1958). *The call girl: A sociological and psychoanalytic study.* New York: Ballantine Books.
Greenwald, H. (1974). Treatment of the psychopath. In H. Greenwald (Ed.), *Active psychotherapy* (pp. 363-377). New York: Jason Aronson.
Grinker, R. R., Werble, B., & Drye, R. C. (1968). *The borderline syndrome: A behavioral study of ego functions.* New York: Basic Books.
Grossman, W. (1986). Notes on masochism: A discussion of the history and development of a psychoanalytic concept. *Psychoanalytic Quarterly, 55,* 379-413.
Grossmann, K., & Grossmann, K. E. (1991). Newborn behavior, early parenting quality and later toddler-parent relationships in a group of German infants. In J. K. Nugent, B. M. Lester, & T. B. Brazelton (Eds.), *The cultural context of infancy* (Vol. 2, pp. 3-38). Norwood, NJ: Ablex.
Groth, A. N. (1979). *Men who rape: The psychology of the offender.* New York: Basic Books.
Grotstein, J. (1982). Newer perspectives in object relations theory. *Contemporary Psychoanalysis, 18,* 43-91.
Grotstein, J. S. (1993). *Splitting and projective identification.* Northvale, NJ: Jason Aronson.
Grotstein, J. S. (2000). *Who is the dreamer who dreams the dream?: A study of psychic presences.* Hillsdale, NJ: Analytic Press.
Gunderson, J. G. (1984). *Borderline personality disorder.* Washington, DC: American Psychiatric Press.
Gunderson, J. G., & Lyons-Ruth, K. (2008). BPD's interpersonal hypersensitivity phenotype: A gene-environment developmental model. *Journal of Personality Disorders, 22,* 22-41.
Gunderson, J. G., & Singer, M. T. (1975). Defining borderline patients: An overview. *American Journal of Psychiatry, 133,* 1-10.

Guntrip, H. (1952). The schizoid personality and the external world. In *Schizoid phenomena, object relations and the self* (pp. 17-48). New York: International Universities Press, 1969.

Guntrip, H. (1961). The schizoid problem, regression, and the struggle to preserve an ego. In *Schizoid phenomena, object relations and the self* (pp. 49-86). New York: International Universities Press, 1969.

Guntrip, H. (1969). *Schizoid phenomena, object relations and the self*. New York: International Universities Press.

Guntrip, H. (1971). *Psychoanalytic theory, therapy, and the self: A basic guide to the human personality in Freud, Erikson, Klein, Sullivan, Fairbairn, Hartmann, Jacobson, and Winnicott*. New York: Basic Books.

Gutheil, T. G., & Brodsky, A. (2008). *Preventing boundary violations in clinical practice*. New York: Guilford Press.

Hagarty, G. E., Kornblith, S. J., Deborah, G., DiBarry, A. L., Cooley, S., Flesher, S., et al. (1995). Personal therapy: A disorder-relevant psychotherapy for schizophrenia. *Schizophrenia Bulletin, 21*, 379-393.

Hall, J. S. (1998). *Deepening the treatment*. Northvale, NJ: Jason Aronson.

Halleck, S. L. (1967). Hysterical personality traits—psychological, social, and iatrogenic determinants. *Archives of General Psychiatry, 16*, 750-759.

Hammer, E. (1968). *The use of interpretation in treatment*. New York: Grune & Stratton.

Hammer, E. (1990). *Reaching the affect: Style in the psychodynamic therapies*. New York: Jason Aronson.

Hanley, M. A. F. (Ed.). (1995). *Essential papers on masochism*. New York: New York University Press.

Hare, R. D. (1999). *Without conscience: The disturbing world of the psychopaths among us*. New York: Guilford Press.

Hare, R. D., Harpur, T. J., Hakstian, A. R., Forth, A. E., Hart, S. D., & Newman, J. P. (1990). The Revised Psychopathy Checklist: Reliability and factor structure. *Journal of Counseling and Clinical Psychology, 2*, 338-341.

Harris, A. (2008). *Gender as soft assembly*. New York: Routledge.

Harris, A., & Gold, B. H. (2001). The fog rolled in: Induced dissociative states in clinical process. *Psychoanalytic Dialogues, 11*, 357-384.

Harris, D. (1982). *Dreams die hard: Three men's journey through the sixties*. New York: St. Martin's/Marek.

Hartmann, H. (1958). *Ego psychology and the problem of adaptation*. New York: International Universities Press.

Hartocollis, P. (Ed.). (1977). *Borderline personality disorders: The concept, the syndrome, the patient*. New York: International Universities Press.

Hedges, L. E. (1992). *Listening perspectives in psychotherapy*. New York: Jason Aronson.

Heisenberg, W. (1927). The uncertainty principle. *Zeitschrift fur Physik, 43*, 172-196.

Henderson, D. K. (1939). *Psychopathic states*. New York: Norton.

Hendin, H. (1975). *The age of sensation: A psychoanalytic exploration*. New York: Norton.

Herman, J. L. (1981). *Father-daughter incest*. Cambridge, MA: Harvard University Press.

Herman, J. L. (1992). *Trauma and recovery: The aftermath of violence—From domestic abuse to political terror*. New York: Basic Books.

Herzig, A., & Licht, J. (2006). Overview of empirical support for the DSM symptombased approach to diagnostic classification. In PDM Task Force (2006), *Psychodynamic diagnostic manual* (pp. 663-690). Silver Spring, MD: Alliance of Psychoanalytic Organizations.

Hesse, E., & Main, M. (1999). Second generation effects of unresolved trauma in nonmaltreating parents: Dissociated, frightening, and threatening parental behavior. *Psychoanalytic Inquiry, 19*, 481-540.

Hilgard, E. R. (1986). *Divided consciousness: Multiple controls in human thought and action*. New York: Wiley.

Hirsch, S. J., & Hollender, M. H. (1969). Hysterical psychoses: Clarification of the concept. *American Journal of Psychiatry, 125*, 909.

Hite, A. L. (1996). The diagnostic alliance. In D. L. Nathanson (Ed.), *Knowing feeling: Affect, script, and psychotherapy* (pp. 37-54). New York: Norton. Hoch, P. H., & Polatin, P. (1949). Pseudoneurotic forms of schizophrenia. *Psychoanalytic Quarterly, 23,* 248-276.

Hoenig, J. (1983). The concept of schizophrenia: Kraepelin-Bleuler-Schneider. *British Journal of Psychiatry, 142,* 547-556.

Hoffman, I. Z. (1998). *Ritual and spontaneity in the psychoanalytic process: A dialectical constructivist view.* Hillsdale, NJ: Analytic Press.

Hollender, M. H. (1971). Hysterical personality. *Comments on Contemporary Psychiatry, 1,* 17-24.

Hollender, M., & Hirsch, S. (1964). Hysterical psychosis. *American Journal of Psychiatry, 120,* 1066-1074.

Horner, A. J. (1979). *Object relations and the developing ego in therapy.* New York: Jason Aronson.

Horner, A. J. (1990). *The primacy of structure: Psychotherapy of underlying character pathology.* Northvale, NJ: Jason Aronson.

Horner, A. J. (1991). *Psychoanalytic object relations therapy.* Northvale, NJ: Jason Aronson.

Horney, K. (1939). *New ways in psycho-analysis.* New York: Norton.

Horowitz, A. V., & Wakefield, J. C. (2007). *The loss of sadness: How psychiatry transformed normal sorrow into depressive disorder.* New York: Oxford University Press.

Horowitz, M. (Ed.). (1991). *Hysterical personality style and the histrionic personality disorder* (2nd rev. ed.). Northvale, NJ: Jason Aronson.

Howell, E. (1996). Dissociation in masochism and psychopathic sadism. *Contemporary Psychoanalysis, 32,* 427-453.

Howell, E. (2005). *The dissociative mind.* Hillsdale, NJ: Analytic Press.

Hughes, J. M. (1989). *Reshaping the psychoanalytic domain: The work of Melanie Klein, W. R. D. Fairbairn, and D. W. Winnicott.* Berkeley: University of California Press.

Hurvich, M. (2003). The place of annihilation anxieties in psychoanalytic theory. *Journal of the American Psychoanalytic Association, 57,* 579-616.

Hyde, J. (2009). *Fragile narcissists or the guilty good. What drives the personality of the psychotherapist?* Unpublished doctoral dissertation, Macquarie University, Sydney, Australia.

Intrator, J., Hare, R. D., Stritzke, P., Brichtswein, K., Dorman, D., Harpur, T., et al. (1997). A brain imaging (single photon emission computerized topography [SPECT]) study of semantic and affective processing in psychopaths). *Biological Psychiatry, 42,* 96-103.

Isaacs, K. (1990). Affect and the fundamental nature of neurosis. *Psychoanalytic Psychology, 7,* 259-284.

Jacobs, T. J. (1991). *The use of the self: Countertransference and communication in the analytic situation.* Madison, CT: International Universities Press.

Jacobson, E. (1964). *The self and the object world.* New York: International Universities Press.

Jacobson, E. (1967). *Psychotic conflict and reality.* London: Hogarth Press.

Jacobson, E. (1971). *Depression: Comparative studies of normal, neurotic, and psychotic conditions.* New York: International Universities Press.

Janet, P. (1890). *The major symptoms of hysteria.* New York: Macmillan.

Jaspers, K. (1963). *General psychopathology* (J. Hoenig & M. W. Hamilton, Trans.). Chicago: University of Chicago Press.

Jellesma, F. C., Rieffe, C., Terwogt, M. M., & Westenburg, P. M. (2009). Somatic complaints in children: Does reinforcement take place by positive parental reactions? *Kind en Adolescent, 30,* 24-35.

Johnson, A. (1949). Sanctions for superego lacunae of adolescents. In K. R. Eissler (Ed.), *Searchlights on delinquency* (pp. 225-245). New York: International Universities Press.

Jones, E. (1913). The God complex: The belief that one is God, and the resulting character traits. In *Essays in applied psycho-analysis* (Vol. 2, pp. 244-265). London: Hogarth Press, 1951.

Josephs, L. (1992). *Character structure and the organization of the self*. New York: Columbia University Press.

Josephs, L., & Josephs, L. (1986). Pursuing the kernel of truth in the psychotherapy of schizophrenia. *Psychoanalytic Psychology, 3*, 105-119.

Jung, C. G. (1945). The relations between the ego and the unconscious. In H. Read, M. Fordham, & G. Adler (Eds.), *The collected works of C. G. Jung* (Bollinger Series 20, Vol. 7, pp. 120-239). Princeton, NJ: Princeton University Press, 1953.

Jung, C. G. (1954). Concerning the archetypes, with special reference to the anima concept. In H. Read, M. Fordham, G. Adler, & W. McGuire (Eds.), *The collected works of C. G. Jung* (Bollinger Series 20, Vol. 9, pp. 54-72). Princeton, NJ: Princeton University Press, 1959.

Kagan, J. (1994). *Galen's prophecy: Temperament in human nature*. New York: Basic Books.

Kahn, H. (1962). *Thinking about the unthinkable*. New York: Horizon.

Kahn, M. (2002). *Basic Freud: Psychoanalytic thought for the 21st century*. New York: Basic Books.

Kandel, E. R. (1999). Biology and the future of psychoanalysis: A new intellectual framework for psychiatry revisited. *American Journal of Psychiatry, 156*, 505-524.

Karon, B. P. (1989). On the formation of delusions. *Psychoanalytic Psychology, 6*, 169-185.

Karon, B. P. (1992). The fear of understanding schizophrenia. *Psychoanalytic Psychology, 9*, 191-211.

Karon, B. P. (2003). The tragedy of schizophrenia without psychotherapy. *Journal of the American Academy of Psychoanalysis and Dynamic Psychiatry, 31*, 89-118.

Karon, B. P., & VandenBos, G. R. (1981). *Psychotherapy of schizophrenia: The treatment of choice*. New York: Jason Aronson.

Karpe, R. (1961). The rescue complex in Anna O's final identity. *Psychoanalytic Quarterly, 30*, 1-27.

Karpman, S. (1968). Fairy tales and script drama analysis. *Transactional Analysis Bulletin, 7*, 39-43.

Kasanin, J. S. (Ed.). (1944). *Language and thought in schizophrenia*. New York: Norton.

Kasanin, J. S., & Rosen, Z. A. (1933). Clinical variables in schizoid personalities. *Archives of Neurology and Psychiatry, 30*, 538-553.

Katan, M. (1953). Mania and the pleasure principle: Primary and secondary symptoms. In P. Greenacre (Ed.), *Affective disorders* (pp. 140-209). New York: International Universities Press.

Kernberg, O. F. (1970). Factors in the psychoanalytic treatment of narcissistic personalities. *Journal of the American Psychoanalytic Association, 18*, 51-85.

Kernberg, O. F. (1975). *Borderline conditions and pathological narcissism*. New York: Jason Aronson.

Kernberg, O. F. (1976). *Object relations theory and clinical psychoanalysis*. New York: Jason Aronson.

Kernberg, O. F. (1981). Some issues in the theory of hospital treatment. *Nordisk Tidss krift for Loegeforen, 14*, 837-842.

Kernberg, O. F. (1982). Self, ego, affects, and drives. *Journal of the American Psychoanalytic Association, 30*, 893-917.

Kernberg, O. F. (1984). *Severe personality disorders: Psychotherapeutic strategies*. New Haven, CT: Yale University Press.

Kernberg, O. F. (1986). Institutional problems of psychoanalytic education. *Journal of the American Psychoanalytic Association, 34*, 799-834.

Kernberg, O. F. (1988). Clinical dimensions of masochism. *Journal of the American Psychoanalytic Association, 36*, 1005-1029.

Kernberg, O. F. (1992). Psychopathic, paranoid, and depressive tendencies. *International Journal of Psychoanalysis, 73*, 13-28.

Kernberg, O. F. (2004). *Aggressivity, narcissism and self-destructiveness in the psychotherapeutic relationship: New developments in the psychology and psychotherapy of severe personality disorders*. New Haven, CT: Yale University Press.

Kernberg, O. F. (2005). Unconscious conflict in light of contemporary psychoanalytic findings. *Psychoanalytic Quarterly, 74*, 65-81.
Kernberg, O. F. (2006). The coming changes in psychoanalytic education. Part 1. *International Journal of Psychoanalysis, 87*, 1649-1673.
Kernberg, O. F., Yeomans, F. E., Clarkin, J. F., & Levy, K. N. (2008). Transference focused psychotherapy: Overview and update. *International Journal of Psychoanalysis, 89*, 601-620.
Keyes, D. (1982). *The minds of Billy Milligan*. New York: Bantam.
Khan, M. M. R. (1963). The concept of cumulative trauma. *Psychoanalytic Study of the Child, 18*, 286-306.
Khan, M. M. R. (1974). *The privacy of the self*. New York: International Universities Press.
Kieffer, C. C. (2007). Emergence and the analytic third: Working at the edge of chaos. *Psychoanalytic Dialogues, 17*, 683-703.
Klein, M. (1932). *The psycho-analysis of children*. London: Hogarth Press.
Klein, M. (1935). A contribution to the psychogenesis of manic-depressive states. In *Love, guilt and reparation and other works 1921-1945* (pp. 262-289). New York: Free Press.
Klein, M. (1937). Love, guilt and reparation. In *Love, guilt and reparation and other works 1921-1945* (pp. 306-343). New York: Free Press.
Klein, M. (1940). Mourning and its relation to manic-depressive states. In *Love, guilt and reparation and other works 1921-1945* (pp. 311-338). New York: Free Press.
Klein, M. (1945). The oedipus complex in light of early anxieties. In *Love, guilt and reparation and other works 1921-1945* (pp. 370-419). New York: Free Press.
Klein, M. (1946). Notes on some schizoid mechanisms. *International Journal of Psycho-Analysis, 27*, 99-110.
Klein, M. (1957). Envy and gratitude. In *Envy and gratitude and other works 1946-1963* (pp. 176-235). New York: Free Press.
Kluft, R. P. (1984). Treatment of multiple personality disorder: A study of 33 cases. *Psychiatric Clinics of North America, 7*, 9-29.
Kluft, R. P. (Ed.). (1985). *Childhood antecedents of multiple personality*. Washington, DC: American Psychiatric Press.
Kluft, R. P. (1991). Multiple personality disorder. In A. Tasman & S. M. Goldfinger (Eds.), *American Psychiatric Press review of psychiatry* (Vol. 10, pp. 161-188). Washington, DC: American Psychiatric Press.
Kluft, R. P. (1987). First-rank symptoms as a diagnostic clue to multiple personality disorder. *American Journal of Psychiatry, 144*, 293-298.
Kluft, R. P. (1994). Countertransference in the treatment of multiple personality disorder. In J. P. Wilson & J. D. Lindy (Eds.), *Countertransference in the treatment of PTSD* (pp. 122-150). New York: Guilford Press.
Kluft, R. P. (2000). The psychoanalytic psychotherapy of dissociative identity disorder in the context of trauma therapy. *Psychoanalytic Inquiry, 20*, 259-286.
Kluft, R. P. (2006). Dealing with alters: A pragmatic clinical perspective. *Psychiatric Clinics of North America, 29*, 281-304.
Kluft, R. P., & Fine, C. G. (Eds.). (1993). *Clinical perspectives on multiple personality disorder*. Washington, DC: American Psychiatric Press.
Knight, R. (1953). Borderline states in psychoanalytic psychiatry and psychology. *Bulletin of the Menninger Clinic, 17*, 1-12.
Kohut, H. (1968). The psychoanalytic treatment of narcissistic personality disorders. *Psychoanalytic Study of the Child, 23*, 86-113.
Kohut, H. (1971). *The analysis of the self: A systematic approach to the psychoanalytic treatment of narcissistic personality disorders*. New York: Inter-national Universities Press.
Kohut, H. (1977). *The restoration of the self*. New York: International Universities Press.
Kohut, H. (1984). *How does analysis cure?* (A. Goldberg, Ed., with P. Stepansky). Chicago: University of Chicago Press.
Kohut, H., & Wolf, E. S. (1978). The disorders of the self and their treatment — An outline. *International Journal of Psycho-Analysis, 59*, 413-425.

Kraepelin, E. (1913). *Lectures on clinical psychiatry*. London: Bailliere, Tindall, & Cox.
Kraepelin, E. (1915). *Psychiatrie: Ein lehrbuch* (8th ed.). Leipzig: Barth.
Kraepelin, E. (1919). *Dementia praecox and paraphrenia* (R. M. Barclay, Trans.). Huntington, NY: Krieger, 1971.
Krafft-Ebing, R. (1900). *Psychopathia sexualis* (E. J. Rebman, Trans.). New York: Physicians and Surgeons Book Company, 1935.
Kretschmer, E. (1925). *Physique and character* (J. H. Sprott, Trans.). New York: Harcourt, Brace & World.
Kris, E. (1956). The recovery of childhood memories in psychoanalysis. *Psychoanalytic Study of the Child, 11*, 54-88.
Krystal, H. (1988). *Integration and self-healing: Affect, trauma, alexithymia*. Hillsdale, NJ: Analytic Press.
Krystal, H. (1997). Desomatization and the consequences of infantile psychic trauma. *Psychoanalytic Inquiry, 17*, 126-150.
Kuhn, T. S. (1970). *The structure of scientific revolutions* (2nd rev. ed.). Chicago: University of Chicago Press.
Laing, R. D. (1962). *The self and others*. Chicago: Quadrangle.
Laing, R. D. (1965). *The divided self: An existential study in sanity and madness*. Baltimore: Penguin.
Langness, L. L. (1967). Hysterical psychosis—The cross-cultural evidence. *American Journal of Psychiatry, 124*, 143-151.
Langs, R. J. (1973). *The technique of psychoanalytic psychotherapy: The initial contact, theoretical framework, understanding the patient's communications, the therapist's interventions* (Vol. 1). New York: Jason Aronson.
LaPlanche, J., & Pontalis, J. B. (1973). *The language of psychoanalysis*. New York: Norton.
Lasch, C. (1978). *The culture of narcissism: American life in an age of diminishing expectations*. New York: Norton.
Lasch, C. (1984). *The minimal self: Psychic survival in troubled times*. New York: Norton.
Latz, T. T., Kramer, S. I., & Hughes, D. R. (1995). Multiple personality disorder among female inpatients in a state hospital. *American Journal of Psychiatry, 152*, 1343-1348.
Laughlin, H. P. (1956). *The neuroses in clinical practice*. Philadelphia: Saunders.
Laughlin, H. P. (1967). *The neuroses*. New York: Appleton-Century-Crofts. Laughlin, H. P. (1970). *The ego and its defenses*. New York: Jason Aronson.
Lax, R. F. (1977). The role of internalization in the development of certain aspects of female masochism: Ego psychological considerations. *International Journal of Psycho-Analysis, 58*, 289-300.
Lax, R. F. (Ed.). (1989). *Essential papers on character neurosis and treatment*. New York: New York University Press.
Layton, L. (2004). Relational no more: Defensive autonomy in middle-class women. *Annual of Psychoanalysis, 32*, 29-42.
Lazare, A. (1971). The hysterical character in psychoanalytic theory: Evolution and confusion. *Archives of General Psychiatry, 25*, 131-137.
LeDoux, J. (1996). *The emotional brain: The mysterious underpinnings of emotional life*. New York: Simon & Schuster.
LeDoux, J. (2002). *Synaptic self: How our brains become who we are*. New York: Viking.
Lee, P. A., Houk, C. P., Ahmed, S. F., Hughes, I. A., in collaboration with the participants in the International Consensus Conference on Intersex organized by the Lawson Wilkins Pediatric Endocrine Society and the European society for Paediatric Endocrinology (2006). Consensus statement on management of intersex disorders: International consensus conference on intersex. *Pediatrics, 118*, 488-5000.
Leichsenring, F., & Rabung, S. (2008). Effectiveness of long-term psychodynamic psychotherapy: A meta-analysis. *Journal of the American Medical Association, 300*, 1551-1565.
Levenson, E. A. (1972). *The fallacy of understanding: An inquiry into the changing structure of psychoanalysis*. New York: Basic Books.

Levin, J. D. (1987). *Treatment of alcoholism and other addictions: A self-psychology approach*. Northvale, NJ: Jason Aronson.

Levy, K. N., Wasserman, R. H., Scott, L. N., Zach, S. E., White, C. N., Cain, N. M., et al. (2006). The development of a measure to assess putative mechanisms of change in the treatment of borderline personality disorder. *Journal of the American Psychoanalytic Association, 54*, 1325-1330.

Lewis, D. O., Yaeger, C. A., Swica, Y., Pincus, J. H., & Lewis, M. (1997). Objective documentation of child abuse and dissociation in 12 murderers with dissociative identity disorder. *American Journal of Psychiatry, 154*, 1703-1710.

Lewis, H. B. (1971). *Shame and guilt in neurosis*. New York: International Universities Press.

Lewis, M., & Haviland-Jones, J. M. (2010). *Handbook of emotions* (2nd ed.). New York: Guilford Press.

Lichtenberg, J. (1989). *Psychoanalysis and motivation*. Hillsdale, NJ: Analytic Press.

Lichtenberg, J. D. (2001). Motivational systems and model scenes with special references to bodily experience. *Psychoanalytic Inquiry, 21*, 430-447.

Lichtenberg, J. D. (2004). Experience and inference: How far will science carry us? *Journal of Analytic Psychology, 49*, 133-142.

Lidz, T. (1973). *The origin and treatment of schizophrenic disorders*. New York: Basic Books.

Lidz, T., & Fleck, S. (1965). Family studies and a theory of schizophrenia. In T. Lidz, S. Fleck, & A. R. Cornelison (Eds.), *Schizophrenia and the family*. New York: International Universities Press.

Lieb, P. T. (2001). Integrating behavior modification and pharmacology with the psychoanalytic treatment of obsessive-compulsive disorder: A case study. *Psychoanalytic Inquiry, 21*, 222-241.

Lifton, R. J. (1968). *Death in life: Survivors of Hiroshima*. New York: Random House.

Lilienfeld, S. O., Van Valkenburg, C., Larntz, K., & Akiskal, H. S. (1986). The relationship of histrionic personality disorder to antisocial personality disorder and somatization disorders. *American Journal of Psychiatry, 142*, 718-722.

Lindner, R. (1955). The jet-propelled couch. In *The fifty-minute hour: A collection of true psychoanalytic tales* (pp. 221-293). New York: Jason Aronson, 1982.

Linehan, M. M. (1993). *Cognitive-behavioral treatment of borderline personality disorder*. New York: Guilford Press.

Linton, R. (1956). *Culture and mental disorders*. Springfield, IL: Thomas.

Lion, J. R. (1978). Outpatient treatment of psychopaths. In W. Reid (Ed.), *The psychopath: A comprehensive study of antisocial disorders and behaviors* (pp. 286-300). New York: Brunner/Mazel.

Lion, J. R. (Ed.). (1986). *Personality disorders: Diagnosis and management* (2nd ed.). Malabar, FL: Krieger.

Liotti, G. (1999). Understanding dissociative process: The contribution of attachment theory. *Psychoanalytic Inquiry, 19*, 757-783.

Liotti, G. (2004). Trauma, dissociation, and disorganized attachment: Three strands of a single braid. *Psychotherapy: Theory, Research, Practice, Training, 41*, 472-486.

Little, M. I. (1981). *Transference neurosis and transference psychosis: Toward basic unity*. New York: Jason Aronson.

Little, M. I. (1990). *Psychotic anxieties and containment: A personal record of an analysis with Winnicott*. Northvale, NJ: Jason Aronson.

Loewenstein, R. J. (1988). The spectrum of phenomenology in multiple personality disorder: Implications for diagnosis and treatment. In B. G. Braun (Ed.), *Proceedings of the Fifth National Conference on Multiple Personality Disorder/Dissociative States* (p. 7). Chicago: Rush University.

Loewenstein, R. J. (1991). An office mental status examination for complex chronic dissociative symptoms and multiple personality disorder. *Psychiatric Clinics of North America, 14*, 567-604.

Loewenstein, R. J. (1993). Post-traumatic and dissociative aspects of transference and countertransference in the treatment of multiple personality disorder. In R. P. Kluft & C.

Fine (Eds.), *Clinical perspectives on multiple personality disorder* (pp. 51-85). Washington, DC: American Psychiatric Press.

Loewenstein, R. J., & Ross, D. R. (1992). Multiple personality and psychoanalysis: An introduction. *Psychoanalytic Inquiry, 12*, 3-48.

Loewenstein, R. M. (1951). The problem of interpretation. *Psychoanalytic Quarterly, 20*, 1-14.

Loewenstein, R. M. (1955). A contribution to the psychoanalytic theory of masochism. *Journal of the American Psychoanalytic Association, 5*, 197-234.

Lothane, Z. (1992). *In defense of Schreber: Soul murder and psychiatry*. Hillsdale, NJ: Analytic Press.

Louth, S. M., Williamson, S., Alpert, M., Pouget, E. R., & Hare, R. D. (1998). Acoustic distinctions in the speech of male psychopaths. *Journal of Psycholinguistic Research, 27*, 375-384.

Lovinger, R. J. (1984). *Working with religious issues in therapy*. New York: Jason Aronson.

Luepnitz, D. A. (2002). *Schopenhauer's porcupines: Intimacy and its dilemmas. Five stories of psychotherapy*. New ork: Basic Books.

Lykken, D. (1995). *The antisocial personalities*. Hillsdale, NJ: Erlbaum.

Lynd, H. M. (1958). *On shame and the search for identity*. New York: Harcourt, Brace & World.

Lyons-Ruth, K. (1991). Rapprochement or approchement: Mahler's theory reconsidered from the vantage point of recent research on early attachment relationships. *Psychoanalytic Psychology, 8*, 1-23.

Lyons-Ruth, K. (2001). The two-person construction of defenses: Disorganized attachment strategies, unintegrated mental states and hostile/helpless relational processes. *Psychologist-Psychoanalyst, 21*, 40-45.

Lyons-Ruth, K., Bronfman, E., & Parsons, E. (1999). Maternal frightened, frightening, or atypical behavior and disorganized attachment patterns. In J. I. Voncra & D. Barnett (Eds.), *Atypical attachment in infancy and early childhood among children at risk* (pp. 67-96). Chicago: University of Chicago Press.

MacKinnon, R. A., & Michels, R. (1971). *The psychiatric interview in clinical practice*. Philadelphia: Saunders.

MacKinnon, R. A., Michels, R., & Buckley, P. J. (2006). *The psychiatric interview in clinical practice* (2nd ed.). Washington, DC: American Psychiatric Association.

Maheu, R., & Hack, R. (1992). *Next to Hughes*. New York: HarperCollins.

Mahler, M. S. (1968). *On human symbiosis and the vicissitudes of individuation*. New York: International Universities Press.

Mahler, M. S. (1971). A study of the separation-individuation process and its possible application to borderline phenomena in the psychoanalytic situation. *Psychoanalytic Study of the Child, 26*, 403-424.

Mahler, M. S. (1972a). On the first three subphases of the separation-individuation process. *International Journal of Psycho-Analysis, 53*, 333-338.

Mahler, M. S. (1972b). Rapprochement subphase of the separation-individuation process. *Psychoanalytic Quarterly, 41*, 487-506.

Mahler, M. S., Pine, F., & Bergman, A. (1975). *The psychological birth of the human infant*. New York: Basic Books.

Main, M. (1995). Attachment: Overview, with implications for clinical work. In S. Goldberg, R. Muir, & J. Kerr (Eds.), *Attachment theory: Social, developmental and clinical perspectives* (pp. 407-474). Hillsdale, NJ: Analytic Press.

Main, M., & Hesse, E. (1990). Parents' unresolved traumatic experiences are related to infant disorganized attachment status: Is frightened and/or frightening parental behavior the linking mechanism? In M. T. Greenberg, D. Cicchetti, & E. M. Cummings (Eds.), *Attachment in the preschool years: Theory, research, and intervention* (pp. 161-182). Chicago: University of Chicago Press.

Main, M., & Solomon, J. (1986). Discovery of a new, insecure-disorganized/disoriented attachment pattern. In T. B. Brazelton & M. Yogman (Eds.), *Affective development in infancy* (pp. 95-124). Norwood: Ablex.

Main, M., & Weston, D. R. (1982). Avoidance of the attachment figure in infancy. In M. Parkes & J. Stevenson-Hinde (Eds.), *The place of attachment in human behavior* (pp. 31-59). New York: Basic Books.

Main, T. F. (1957). The ailment. *British Journal of Medical Psychology, 30*, 129-145.

Malan, D. H. (1963). *A study of brief psychotherapy*. New York: Plenum.

Mandelbaum, A. (1977). The family treatment of the borderline patient. In P. Hartocollis (Ed.), *Borderline personality disorders: The concept, the syndrome, the patient* (pp. 423-438). New York: International Universities Press.

Mann, J. (1973). *Time-limited psychotherapy*. Cambridge, MA: Harvard University Press.

Marmor, J. (1953). Orality in the hysterical personality. *Journal of the American Psychiatric Association, 1*, 656-671.

Maroda, K. J. (1991). *The power of countertransference*. Northvale, NJ: Jason Aronson.

Maroda, K. J. (1999). *Seduction, surrender, and transformation: Emotional engagement in the analytic process*. Hillsdale, NJ: Analytic Press.

Maroda, K. J. (2010). *Psychodynamic techniques: Working with emotion in the therapeutic relationship*. New York: Guilford Press.

Martens, W. H. J. (2002). Criminality and moral dysfunction: Neurology, biochemical, and genetic dimensions. *International Journal of Offender Therapy and Comparative Criminology, 46*, 170-182.

Masterson, J. F. (1972). *Treatment of the borderline adolescent: A developmental approach*. New York: Wiley-Interscience.

Masterson, J. F. (1976). *Psychotherapy of the borderline adult: A developmental approach*. New York: Brunner/Mazel.

Masterson, J. F. (1993). *The emerging self: A developmental, self and object relations approach to the treatment of closet narcissistic disorder of the self*. New York: Brunner/Mazel.

Masterson, J. F., & Klein, R. (Eds.). (1995). *Disorders of the self: New therapeutic horizons*. New York: Routledge.

Mattila, A. K., Kronholm, E., Jula, A., Salminen, J. K., Koivisto, A. M.,

Mielonen, R. L., et al. (2008). Alexithymia and somatization in the general population. *Psychosomatic Medicine, 70*, 716-722.

Mayes, L. (2001). Review of S. Greenspan (1997), *Developmentally based psychotherapy*. New York: International Universities Press. *Journal of the American Psychoanalytic Association, 49*, 1060-1064.

Mayes, R., & Horwitz, A. V. (2005). DSM-III and the revolution in the classification of mental illness. *Journal of the History of the Behavioral Sciences, 41*, 249-267.

McClelland, D. C. (1961). *The achieving society*. Princeton, NJ: Van Nostrand.

McDougall, J. (1980). *Plea for a measure of abnormality*. New York: International Universities Press.

McDougall, J. (1989). *Theaters of the body: A psychoanalytic approach to psychosomatic illness*. New York: Norton.

McGoldrick, M. (2005). Irish families. In M. McGoldrick, J. Giordano, & N. Garcia-Preto (Eds.), *Ethnicity and family therapy* (3rd ed., pp. 595-615). New York: Guilford Press.

McWilliams, N. (1979). Treatment of the young borderline patient: Fostering individuation against the odds. *Psychoanalytic Review, 66*, 339-357.

McWilliams, N. (1984). The psychology of the altruist. *Psychoanalytic Psychology, 1*, 193-213.

McWilliams, N. (1999). *Psychoanalytic case formulation*. New York: Guilford Press.

McWilliams, N. (2004). *Psychoanalytic psychotherapy: A practitioner's guide*. New York: Guilford Press.

McWilliams, N. (2005a). Mother and fathering processes in the psychoanalytic art. In E. L. K. Toronto, G. Ainslie, M. Donovan, M. Kelly, C. C. Kieffer, & N. McWilliams (Eds.), *Psychoanalytic reflections on a gender-free case: Into the void* (pp. 154-169). New York: Routledge.

McWilliams, N. (2005b). Preserving our humanity as therapists. *Psychotherapy: Theory, Research, Practice and Training, 42,* 139-151; response to Norcross, 156-159.

McWilliams, N. (2006a). Some thoughts about schizoid dynamics. *Psychoanalytic Review, 93,* 1-24.

McWilliams, N. (2006b). The woman who hurt too much to talk. *Fort Da, 12,* 9-25.

McWilliams, N. (Guest Expert); American Psychological Association (Producer). (2007). *Psychoanalytic therapy* [DVD]. Available from *www.apa. org/videos.*

McWilliams, N. (2010). Paranoia and political leadership. *Psychoanalytic Review, 97,* 239-261.

McWilliams, N., & Lependorf, S. (1990). Narcissistic pathology of everyday life: The denial of remorse and gratitude. *Journal of Contemporary Psychoanalysis, 26,* 430-451.

McWilliams, N., & Stein, J. (1987). Women's groups led by women: The management of devaluing transferences. *International Journal of Group Psychotherapy, 37,* 139-153.

Meares, R. (2001). A specific developmental deficit in obsessive-compulsive disorder: The example of the Wolf Man. *Psychoanalytic Inquiry, 21,* 289-319.

Meares, R. (2002). *Intimacy and alienation: Memory, trauma and personal being.* London: Routledge.

Meissner, W. W. (1978). *The paranoid process.* New York: Jason Aronson.

Meissner, W. W. (1979). Narcissistic personalities and borderline conditions: A differential diagnosis. *Annual Review of Psychoanalysis, 7,* 171-202.

Meissner, W. W. (1984). *The borderline spectrum: Differential diagnosis and developmental issues.* New York: Jason Aronson.

Meissner, W. W. (1988). *Treatment of patients in the borderline spectrum.* Northvale, NJ: Jason Aronson.

Meissner, W. W. (2006). Psychoanalysis and the mind-body relation: Psychosomatic perspectives. *Bulletin of the Menninger Clinic, 70,* 295-315.

Meloy, J. R. (1988). *The psychopathic mind: Origins, dynamics, and treatment.* Northvale, NJ: Jason Aronson.

Meloy, J. R. (1997). The psychology of wickedness: Psychopathy and sadism. *Psychiatric Annals, 27,* 630-633.

Meloy, J. R. (Ed.). (2001). *The mark of Cain: Psychoanalytic insight and the psychopath.* Hillsdale, NJ: Analytic Press.

Menaker, E. (1942). The masochistic factor in the psychoanalytic situation. *Psychoanalytic Quarterly, 11,* 171-186.

Menaker, E. (1953). Masochism – A defense reaction of the ego. *Psychoanalytic Quarterly, 22,* 205-220.

Menninger, K. (1963). *The vital balance: The life process in mental health and illness* (with M. Mayman & P. Pruyser). New York: Viking.

Messer, S. B., & Warren, C. S. (1995). *Models of brief psychodynamic therapy: A comparative approach.* New York: Guilford Press.

Michaud, S., & Aynesworth, H. (1983). *The only living witness.* New York: New American Library.

Mikulincer, M., & Shaver, P. R. (2007). *Attachment in adulthood: Structure, dynamics, and change.* New York: Guilford Press.

Milgram, S. (1963). Behavioral study of obedience. *Journal of Abnormal and Social Psychology, 67,* 371-378.

Miller, A. (1975). *Prisoners of childhood: The drama of the gifted child and the search for the true self.* New York: Basic Books.

Miller, J. B. (1984). The development of women's sense of self. In J. V. Jordan, A. G. Kaplan, J. B. Miller, I. P. Stiver, & J. L. Surrey (Eds.), *Women's growth in connection: Writings for the Stone Center* (pp. 11-26). New York: Guilford Press.

Millon, T. (1995). *Disorders of personality: DSM-IV and beyond.* New York: Wiley.

Mischler, E., & Waxier, N. (Eds.). (1968). *Family processes and schizophrenia.* New York: Jason Aronson.

Mitchell, J. (2001). *Mad men and Medusas: Reclaiming hysteria*. New York: Basic Books.
Mitchell, S. A. (1988). *Relational concepts in psychoanalysis: An integration*. Cambridge, MA: Harvard University Press.
Mitchell, S. A. (1997). *Influence and autonomy in psychoanalysis*. Hillsdale, NJ: Analytic Press.
Mitchell, S. A., & Aron, L. (Eds.). (1999). *Relational psychoanalysis: The emergence of a tradition*. Hillsdale, NJ: Analytic Press.
Mitchell, S. A., & Black, M. J. (1995). *Freud and beyond: A history of modern psychoanalytic thought*. New York: Basic Books.
Modell, A. H. (1975). A narcissistic defense against affects and the illusion of self-sufficiency. *International Journal of Psycho-Analysis, 56*, 275-282.
Modell, A. H. (1976). The "holding environment" and the therapeutic action of psychoanalysis. *Journal of the American Psychoanalytic Association, 24*, 285-308.
Modell, A. H. (1996). *The private self*. Cambridge, MA: Harvard University Press.
Morrison, A. P. (1983). Shame, the ideal self, and narcissism. *Contemporary Psychoanalysis, 19*, 295-318.
Morrison, A. P. (Ed.). (1986). *Essential papers on narcissism*. New York: New York University Press.
Morrison, A. P. (1989). *Shame: The underside of narcissism*. Hillsdale, NJ: Analytic Press.
Mowrer, O. H. (1950). *Learning theory and personality dynamics*. New York: Ronald.
Mueller, W. J., & Aniskiewitz, A. S. (1986). *Psychotherapeutic intervention in hysterical disorders*. Northvale, NJ: Jason Aronson.
Mullahy, P. (1970). *Psychoanalysis and interpersonal psychiatry: The contributions of Harry Stack Sullivan*. New York: Science House.
Murray, H. A., & members of the Harvard Psychological Clinic. (1938). *Explorations in personality*. New York: Oxford University Press.
Myerson, P. G. (1991). *Childhood dialogues and the lifting of repression: Character structure and psychoanalytic technique*. New Haven, CT: Yale University Press.
Nagera, H. (1976). *Obsessional neuroses: Developmental pathology*. New York: Jason Aronson.
Nannarello, J. J. (1953). Schizoid. *Journal of Nervous and Mental Diseases, 118*, 242.
Nemiah, J. C. (1973). *Foundations of psychopathology*. New York: Jason Aronson.
Newirth, J. (2003). *Between emotion and cognition: The generative unconscious*. New York: Other Press.
Nickell, A. D., Waudby, C. J., & Trull, T. J. (2002). Attachment, parental bonding, and borderline personality disorder features in young adults. *Journal of Personality Disorders, 16*, 148-159.
Niederland, W. (1959). Schreber: Father and son. *Psychoanalytic Quarterly, 28*, 151-169.
Niehoff, D. (2003). A vicious circle: The neurobiological foundations of violent behavior. *Modern Psychoanalysis, 28*, 235-245.
Noblin, C. D., Timmons, E. O., & Kael, H. C. (1966). Differential effects of positive and negative verbal reinforcement on psychoanalytic character types. *Journal of Personality and Social Psychology, 4*, 224-228.
Norcross, J. C. (2002). *Psychotherapy relationships that work: Therapist contributions and responsiveness to patients*. New York: Oxford University Press.
Novick, J., & Novick, K. K. (1991). Some comments on masochism and the delusion of omnipotence from a developmental perspective. *Journal of the American Psychoanalytic Association, 39*, 307-331.
Nunberg, H. (1955). *Principles of psycho-analysis*. New York: International Universities Press.
Nydes, J. (1963). The paranoid-masochistic character. *Psychoanalytic Review, 50*, 215-251.
Ogawa, J. R., Sroufe, L. A., Weinfield, N. S., Carlson, E. A., & Egeland, B. (1997). Development and the fragmented self: Longitudinal study of dissociative symptomatology in a nonclinical sample. *Development and Psychopathology, 9*, 855-879.

Ogden, T. H. (1982). *Projective identification: Psychotherapeutic technique*. New York: Jason Aronson.
Ogden, T. H. (1989). *The primitive edge of experience*. Northvale, NJ: Jason Aronson.
Ogden, T. H. (1996). The perverse subject of analysis. *Journal of the American Psychoanalytic Association, 44*, 1121-1146.
Olds, D. D. (2006). Identification: Psychoanalytic and biological perspectives. *Journal of the American Psychoanalytic Association, 54*, 17-46.
Ouimette, P. C., Klein, D. N., Anderson, R., Riso, L. P., & Lizardi, H. (1994). Relationships of sociotropy/autonomy and dependency/self-criticism to DSM-III-R personality disorders. *Journal of Abnormal Psychology, 103*, 743-749.
Panken, S. (1973). *The joy of suffering: Psychoanalytic theory and therapy of masochism*. New York: Jason Aronson.
Panksepp, J. (1998). *Affective neuroscience: The foundations of human and animal emotions*. New York: Oxford University Press.
Panksepp, J. (1999). Emotions as viewed by psychoanalysis and neuroscience: An exercise in consilience. *Neuro-Psychoanalysis, 1*, 15-38.
Panksepp, J. (2001). The long-term psychobiological consequences of infant emotions: Prescriptions for the 21st century. *Neuro-Psychoanalysis, 3*, 149-178.
Paris, J. (2008). *Treatment of borderline personality disorder: A guide to evidence-based practice*. New York: Guilford Press.
Patrick, C. J. (1994). Emotion and psychopathology: Startling new insights. *Psychophysiology, 31*, 319-330.
Pasquini, P., Liotti, G., Mazzotti, E., Fassone, G., & Picardi, A. (2002). Risk factors in the early family life of patients suffering from dissociative disorders. *Acta Psychiatrica Scandinavica, 105*, 110-116.
PDM Task Force (2006). *Psychodynamic diagnostic manual*. Silver Spring, MD: Alliance of Psychoanalytic Organizations.
Pearlman, E. (2005). Terror of desire: The etiology of eating disorders from an attachment theory perspective. *Psychoanalytic Review, 92*, 223-235.
Peebles-Kleiger, M. J. (2002). *Beginnings: The art and science of planning psychotherapy*. Hillsdale, NJ: Analytic Press.
Peralta, V., Cuesta, M. J., & de Leon, J. (1991). Premorbid personality and positive and negative symptoms in schizophrenia. *Acta Psychiatrica Scandinavica, 84*, 336-339.
Persons, J. B. (2008). *The case formulation approach to cognitive-behavior therapy*. New York: Guilford Press.
Pharis, M. E. (2004, July). *The virtuous narcissist: Extending Gabbard's two subtypes of narcissism*. Paper presented at the annual meeting of the American Psychological Association, Honolulu, HI.
Piaget, J. (1937). *The construction of reality in the child*. New York: Basic Books.
Pine, F. (1985). *Developmental theory and clinical process*. New Haven, CT: Yale University Press.
Pine, F. (1990). *Drive, ego, object, and self: A synthesis for clinical work*. New York: Basic Books.
Pinsker, H. (1997). *A primer of supportive psychotherapy*. Hillsdale, NJ: Analytic Press.
Pope, K. S. (1987). Preventing therapist-patient sexual intimacy: Therapy for a therapist at risk. *Professional Psychology: Research and Practice, 18*, 624-628.
Pope, K. S., Tabachnick, B. G., & Keith-Spiegel, P. (1987). Ethics of practice: The beliefs and behaviors of psychologists as therapists. *American Psychologist, 42*, 993-1006.
Prichard, J. C. (1835). *Treatise on insanity*. London: Sherwood, Gilbert & Piper.
Prince, M. (1906). *The dissociation of a personality: A biographical study in abnormal personality*. New York: Longman, Green.
Prince, R. (2007). Present and past in sonata form. *Contemporary Psychoanalysis, 43*, 484-492.
Putnam, F. W. (1989). *Diagnosis and treatment of multiple personality disorder*. New York: Guilford Press.

Putnam, F. W. (1997). *Dissociation in children and adolescents: A developmental perspective.* New York: Guilford Press.

Racker, H. (1968). *Transference and countertransference.* New York: International Universities Press.

Rado, S. (1928). The problem of melancholia. *International Journal of PsychoAnalysis, 9,* 420-438.

Rafaeli, E., Bernstein, D. P., & Young, J. (2010). *Schema therapy: Distinctive features.* New York: Routledge.

Rank, O. (1929). *The trauma of birth.* Harper & Row, 1973.

Rao, D., Young, M., & Raguram, R. (2007). Culture, somatization, and psychological distress: Symptom presentation in South Indian patients from a public psychiatric hospital. *Psychopathology, 40,* 349-355.

Rasmussen, A. (1988). Chronically and severely battered women: A psychodiagnostic investigation. Unpublished doctoral dissertation, Graduate School of Applied and Professional Psychology, Rutgers University. *Dissertation Abstracts International, 50,* 2634B.

Read, J., Mosher, L. R., & Bentall, R. P. (2004). *Models of madness: Psychological, social and biological approaches to schizophrenia.* London: Routledge.

Read, J., Perry, B., Moskowitz, A., & Connolly, J. (2001). The contribution of early traumatic events to schizophrenia in some patients: A traumagenic neurodevelopmental model. *Psychiatry, 64,* 319-345. A Recovering Patient. (1986). "Can we talk?": The schizophrenic patient in psychotherapy. *American Journal of Psychiatry, 143,* 68-70.

Redl, R., & Wineman, D. (1951). *Children who hate.* New York: Free Press.

Reich, A. (1960). Pathological forms of self-esteem regulation. *Psychoanalytic Study of the Child, 15,* 215-231.

Reich, W. (1933). *Character analysis.* New York: Farrar, Straus, & Giroux, 1972.

Reichbart, R. (2010, June). *Paranoia: The therapist mistaken for a monster.* Paper presented at the Center for Psychoanalysis and Psychotherapy of New Jersey, Madison, NJ.

Reik, T. (1941). *Masochism in modern man.* New York: Farrar, Straus. Reik, T. (1948). *Listening with the third ear.* New York: Grove.

Reinhard, M. J., Wolf, G., & Cozolino, L. (2010). Using the MMPI to assess reported cognitive disturbances and somatization as a core feature of complex PTSD. *Journal of Trauma and Dissociation, 11,* 57-72.

Ressler, R. K., & Schactman, T. (1992). *Whoever fights monsters: My twenty years of hunting serial killers for the FBI.* New York: St. Martin's.

Rhodes, J. (1980). *The Hitler movement: A modern millenarian revolution.* Stanford, CA: Hoover Institution Press.

Rice, E. (2004). Reflections on the obsessive-compulsive disorders: A psychodynamic and therapeutic perspective. *Psychoanalytic Review, 91,* 29-44.

Rice, J., Reich, T., Andreason, N. C., Endicott, J., Van Eerdewegh, M., Fishman, R., et al. (1987). The familial transmission of bipolar illness. *Archives of General Psychiatry, 44,* 441-447.

Richfield, J. (1954). An analysis of the concept of insight. *Psychoanalytic Quarterly, 23,* 390-408.

Richman, J., & White, H. (1970). A family view of hysterical psychosis. *American Journal of Psychiatry, 127,* 280-285.

Rinsley, D. B. (1982). *Borderline and other self disorders: A developmental and object-relations perspective.* New York: Jason Aronson.

Rizzolatti, G., & Craighero, L. (2004). The mirror neuron system. *Annual Review of Neuroscience, 27,* 169-192.

Robbins, A. (1980). *Expressive therapy.* New York: Human Sciences Press.

Robbins, A. (1988). The interface of the real and transference relationships in the treatment of schizoid phenomena. *Psychoanalytic Review, 75,* 393-417.

Robbins, A. (1989). *The psychoaesthetic experience: An approach to depthoriented treatment.* New York: Human Sciences Press.

Robbins, M. (1993). *Experiences of schizophrenia: An integration of the personal, scientific, and therapeutic.* New York: Guilford Press.

Robins, L. N., Tipp, J., & Przybeck, T. (1991). Antisocial personality. In L. N. Robins & D. A. Regier (Eds.), *Psychiatric disorders in America: The epidemiological catchment area study* (pp. 258-290). New York: Free Press.

Rockland, L. H. (1992). *Supportive therapy: A psychodynamic approach*. New York: Basic Books.

Rogers, C. R. (1951). *Client-centered therapy: Its current practice, implications, and theory*. Boston: Houghton Miffin.

Rogers, C. R. (1961). *On becoming a person*. Boston: Houghton Miffin.

Roland, A. (1981). Induced emotional reactions and attitudes in the psychoanalyst as transference and in actuality. *Psychoanalytic Review, 68*, 45-74.

Roland, A. (2003). Psychoanalysis across civilizations. *Journal of the American Academy of Psychoanalysis and Dynamic Psychiatry, 31*, 275-295.

Rosanoff, A. J. (1938). *Manual of psychiatry and mental hygiene*. New York: Wiley.

Rosenfeld, H. (1947). Analysis of a schizophrenic state with depersonalization. *International Journal of Psycho-Analysis, 28*, 130-139.

Rosenfeld, H. (1987). Afterthought: Changing theories and changing techniques in psychoanalysis. In *Impasse and interpretation* (pp. 265-279). London: Tavistock.

Rosenwald, G. C. (1972). Effectiveness of defenses against anal impulse arousal. *Journal of Consulting and Clinical Psychology, 39*, 292-298.

Ross, C. A. (1989a). The dissociative disorders interview schedule: A structured interview. *Dissociation, 7*, 169-189.

Ross, C. A. (1989b). *Multiple personality disorder: Diagnosis, clinical features, and treatment*. New York: Wiley.

Ross, C. A. (2000). *The trauma model: A solution to the problem of comorbidity in psychiatry*. Richardson, TX: Manitou Communications.

Ross, D. R. (1992). Discussion: An agnostic viewpoint on multiple personality disorder. *Psychoanalytic Inquiry, 12*, 124-138.

Rosse, I. C. (1890). Clinical evidences of borderland insanity. *Journal of Nervous and Mental Diseases, 17*, 669-683.

Rowe, C. E., & MacIsaac, D. S. (1989). *Empathic attunement: The "technique" of psychoanalytic self psychology*. Northvale, NJ: Jason Aronson.

Safran, J. D. (2006). The relational unconscious: The enchanted interior, and the return of the repressed. *Contemporary Psychoanalysis, 42*, 393-412.

Safran, J. D. (in press). *Psychoanalysis and psychoanalytic therapies*. Washington, DC: American Psychological Association.

Safran, J. D., & Muran, J. C. (2000). *Negotiating the therapeutic alliance: A relational treatment guide*. New York: Guilford Press.

Saks, E. R. (2008). *The center cannot hold: My journey through madness*. New York: Hyperion Press.

Salzman, L. (1960). Masochism and psychopathy as adaptive behavior. *Journal of Individual Psychology, 16*, 182-188.

Salzman, L. (1962). *Developments in psychoanalysis*. New York: Grune & Stratton.

Salzman, L. (1980). *Treatment of the obsessive personality*. New York: Jason Aronson.

Samelius, L., Wijma, B., Wingren, G., & Wijma, K. (2009). Posttraumatic stress and somatization in abused women. *Traumatology, 15*, 103-112.

Sandler, J. (1976). Countertransference and role-responsiveness. *International Review of Psychoanalysis, 3*, 43-47.

Sandler, J. (1987). *Projection, identification, and projective identification*. Madison, CT: International Universities Press.

Sands, S. H. (2003). The subjugation of the body in eating disorders. *Psychoanalytic Psychology, 20*, 103-116.

Sar, V., Akyuz, G., & Dogan, O. (2006). Prevalence of dissociative disorders among women in the general population. *Psychiatry Research, 149*, 169-176.

Sar, V., Dogan, O., Yargic, L. I., & Tutkun, H. (1999). Frequency of dissociative disorders in the general population of Turkey. *Comprehensive Psychiatry, 40*, 151-159.

Sass, L. A. (1992). *Madness and modernism: Insanity in the light of modem art, literature, and thought.* New York: Basic Books.

Sasso, G. (2008). *The development of consciousness: An integrative model of child development, neuroscience and psychoanalysis* (J. Cottam, Trans.). London: Karnac.

Schafer, R. (1968). *Aspects of internalization.* New York: International Universities Press.

Schafer, R. (1983). *The analytic attitude.* New York: Basic Books.

Schafer, R. (1984). The pursuit of failure and the idealization of unhappiness. *American Psychologist, 39,* 398-405.

Scharff, J. S. (1992). *Projective and introjective identification and the use of the therapist's self.* New York: Jason Aronson.

Schmideberg, M. (1947). The treatment of psychopaths and borderline patients. *American Journal of Psychotherapy, 1,* 45-70.

Schneider, K. (1950). Psychoanalytic therapy with the borderline adult: Some principles concerning technique. In J. Masterson (Ed.), *New perspectives on psychotherapy of the borderline adult* (pp. 41-65). New York: Brunner/Mazel.

Schneider, K. (1959). *Clinical psychopathology* (5th ed.). New York: Grune & Stratton.

Schore, A. (2002). Advances in neuropsychoanalysis, attachment theory, and trauma research: Implications for self psychology. *Psychoanalytic Inquiry, 22,* 433-484.

Schore, A. N. (2003a). *Affect dysregulation and disorders of the self.* New York: Norton.

Schore, A. N. (2003b). *Affect regulation and the repair of the self.* New York: Norton.

Schreiber, F. R. (1973). *Sybil.* Chicago: Regency.

Scull, A. (2009). *Hysteria: The biography.* London: Oxford University Press.

Searles, H. F. (1959). The effort to drive the other person crazy—An element in the aetiology and psychotherapy of schizophrenia. *British Journal of Medical Psychology, 32,* 1-18.

Searles, H. F. (1961). The sources of anxiety in paranoid schizophrenia. In *Collected papers on schizophrenia and related subjects* (pp. 465-486). New York: International Universities Press, 1965.

Searles, H. F. (1965). *Collected papers on schizophrenia and related subjects.* New York: International Universities Press.

Searles, H. F. (1986). *My work with borderline patients.* New York: Jason Aronson.

Segal, H. (1950). Some aspects of the analysis of a schizophrenic. *International Journal of Psycho-Analysis, 31,* 268-278.

Segal, H. (1997). Some implications of Melanie Klein's work: Emergence from narcissism. In J. Steiner (Ed.), *Psychoanalysis, literature and war* (pp. 75-85). London: Routledge.

Seinfeld, J. (1991). *The empty core: An object relations approach to psychotherapy of the schizoid personality.* Northvale, NJ: Jason Aronson.

Seligman, S. (2005). Dynamic systems theories as a metaframework for psychoanalysis. *Psychoanalytic Dialogues, 15,* 285-319.

Selzer, M. A., Sullivan, T. B., Carsky, M., & Terkelsen, K. G. (1989). *Working with the person with schizophrenia: The treatment alliance.* New York: Guilford Press.

Shapiro, D. (1965). *Neurotic styles.* New York: Basic Books.

Shapiro, D. (1984). *Autonomy and rigid character.* New York: Basic Books.

Shapiro, D. (1989). *Psychotherapy of neurotic character.* New York: Basic Books.

Shapiro, D. (2001). OCD or obsessive-compulsive character? *Psychoanalytic Inquiry, 21,* 242-252.

Shapiro, D. (2002). *Dynamics of character: Self-regulation in psychopathology.* New York: Basic Books.

Shapiro, J. L., Diamond, M. J., & Greenberg, M. (1995). *Becoming a father: Contemporary social, developmental, and clinical perspectives.* New York: Springer.

Shedler, J. (2010). The efficacy of psychodynamic therapy. *American Psychologist, 65,* 98-109.

Shedler, J., & Westen, D. (2010). The Shedler-Westen Assessment Procedure: Making diagnosis clinically meaningful. In J. F. Clarkin, P. Fonagy, & G. O. Gabbard (Eds.), *Psychodynamic psychotherapy for personality disorders* (pp. 125-161). Washington, DC: American Psychiatric Association.

Shengold, L. (1988). *Halo in the sky: Observations on anality and defense*. New York: Guilford Press.

Sherwood, V. R., & Cohen, C. P. (1994). *Psychotherapy of the quiet borderline patient: The as-if personality revisited*. Northvale, NJ: Jason Aronson.

Shostrum, E. L. (Producer). (1965). *Three approaches to psychotherapy: I, II, and III*. Orange, CA: Psychological Films.

Siever, L. J., & Weinstein, L. N. (2009). The neurobiology of personality disorders: Implications for psychoanalysis. *Journal of the American Psychoanalytic Association, 57*, 361-398.

Sifneos, P. (1973). The prevalence of "alexithymia" characteristics in psychosomatic patients. *Psychotherapy and Psychosomatics, 22*, 255-262.

Sifneos, P. (1992). *Short-term anxiety-provoking psychotherapy*. New York: Basic Books.

Silberschatz, G. (Ed.). (2005). *Transformative relationships: The control-mastery theory of psychotherapy*. New York: Routledge.

Silver, A.-L. S. (Ed.). (1989). *Psychoanalysis and psychosis*. Madison, CT: International Universities Press.

Silver, A.-L. S. (2003). The psychotherapy of schizophrenia: Its place in the modern world. *Journal of the American Academy of Psychoanalysis and Dynamic Psychiatry, 31*, 325-341.

Silver, A.-L. S., & Cantor, M. B. (1990). *Psychoanalysis and severe emotional illness*. New York: Guilford Press.

Silverman, K. (1986). *Benjamin Franklin: Autobiography and other writings*. New York: Penguin.

Silverman, L. H. (1984). Beyond insight: An additional necessary step in redressing intrapsychic conflict. *Psychoanalytic Psychology, 1*, 215-234.

Silverman, L. H., Lachmann, F. M., & Milich, R. (1982). *The search for oneness*. New York: International Universities Press.

Singer, J. A. (2005). *Personality and psychotherapy: Treating the whole person*. New York: Guilford Press.

Singer, M. T., & Wynne, L. C. (1965a). Thought disorder and family relations of schizophrenics: III. Methodology using projective techniques. *Archives of General Psychiatry, 12*, 187-200.

Singer, M. T., & Wynne, L. C. (1965b). Thought disorder and family relations of schizophrenics: IV. Results and implications. *Archives of General Psychiatry, 12*, 201-212.

Sizemore, C. C. (1989). *A mind of my own*. New York: Morrow.

Sizemore, C. C., & Pittillo, E. S. (1977). *I'm Eve*. Garden City, NY: Doubleday.

Slater, P. E. (1970). *The pursuit of loneliness: American culture at the breaking point*. Boston: Beacon.

Slavin, J. H. (2007). Personal agency and the possession of memory. In D. Mandels & H. Soreq (Eds.), *Memory: An interdisciplinary approach* (pp. 299-317). Bern, Switzerland: Lang. Revised version of chapter published in R. Gardner (Ed.). (1997). *Memories of sexual betrayal: Truth, fantasy, repression, and dissociation*. New York: Jason Aronson.

Slavin, M. O., & Kriegman, D. (1990). Evolutionary biological perspectives on the classical-relational dialectic. *Psychoanalytic Psychology, 7*, 5-32.

Slipp, S. (1977). Interpersonal factors in hysteria: Freud's seduction theory and the case of Dora. *Journal of the American Academy of Dynamic Psychiatry, 5*, 359-376.

Smith, S. (1984). The sexually abused patient and the abusing therapist: A study in sadomasochistic relationships. *Psychoanalytic Psychology, 1*, 89-98.

So, J. K. (2008). Somatization as cultural idiom of distress: Rethinking mind and body in a multicultural society. *Counseling Psychology Quarterly, 21*, 167-174.

Solms, M., & Bucci, W. (2000). Biological and integrative studies on affect. *International Journal of Psychoanalysis, 81*, 141-144.

Solms, M., & Nersessian, E. (1999). Freud's theory of affect: Questions for neuroscience. *Neuro-Psychoanalysis, 1*, 5-14.

Solms, M., & Turnbull, O. (2002). *The brain and the inner world: An introduction to the neuroscience of subjective experience*. New York: Other Press. Solomon, J., & George, C. (Eds.). (1999). *Attachment disorganization*. New York: Guilford Press.

Sorel, E. (1991, September). First encounters: Joan Crawford and Bette Davis. *Atlantic*, p. 75.

Spangler, G., & Grossmann, K. E. (1993). Biobehavioral organization in securely and insecurely attached infants. *Child Development, 64*, 1439-1450.

Spence, D. P. (1987). *The Freudian metaphor: Toward paradigm change in psychoanalysis*. New York: Norton.

Spezzano, C. (1993). *Affect in psychoanalysis: A clinical synthesis*. Hillsdale, NJ: Analytic Press.

Spiegel, D. (1984). Multiple personality as a post-traumatic stress disorder. *Psychiatric Clinics of North America, 7*, 101-110.

Spiegel, H., & Spiegel, D. (1978). *Trance and treatment: Clinical uses of hypnosis*. Washington, DC: American Psychiatric Press.

Spitz, R. A. (1953). Aggression: Its role in the establishment of object relations. In R. M. Loewenstein (Ed.), *Drives, affects, behavior* (pp. 126-138). New York: International Universities Press.

Spitz, R. A. (1965). *The first year of life*. New York: International Universities Press.

Spitzer, C., & Barnow, S. (2005). Somatization as a unique dimension in personality disorders. *Personlichkeitsstorungen Theorie und Therapie, 9*, 106-115.

Spotnitz, H. (1969). *Modern psychoanalysis of the schizophrenic patient*. New York: Grune & Stratton.

Spotnitz, H. (1976). *Psychotherapy of preoedipal conditions*. New York: Jason Aronson.

Spotnitz, H. (1985). *Modern psychoanalysis of the schizophrenic patient: Theory of the technique* (2nd ed.). New York: Human Sciences Press.

Sroufe, L. A., & Waters, E. (1977). Heart rate as a convergent measure in clinical and developmental research. *Merrill-Palmer Quarterly, 23*, 3-28.

Stanton, A. H., & Schwartz, M. S. (1954). *The mental hospital: A study of institutional participation in psychiatric illness and treatment*. New York: Basic Books.

Stein, A. (1938). Psychoanalytic investigation of the therapy in the borderline group of neuroses. *Psychoanalytic Quarterly, 7*, 467-489.

Steinberg, M. (1991). The spectrum of depersonalization: Assessment and treatment. In A. Tasman & S. M. Goldfinger (Eds.), *American Psychiatric Press review of psychiatry* (Vol. 10, pp. 223-247). Washington, DC: American Psychiatric Press.

Steinberg, M. (1993). *Structured clinical interview for DSM-IV dissociative disorders*. Washington, DC: American Psychiatric Press.

Steiner, J. (1993). *Psychic retreats: Pathological organizations in psychotic, neurotic and borderline patients*. London: Routledge.

Steiner, J. (2006). Seeing and being seen: Narcissistic pride and narcissistic humiliation. *International Journal of Psychoanalysis, 87*, 935-951.

Sterba, R. F. (1934). The fate of the ego in analytic therapy. *International Journal of Psycho-Analysis*, 15, 117-126.

Sterba, R. F. (1982). *Reminiscences of a Viennese psychoanalyst*. Detroit: Wayne State University Press.

Stern, B. L., Caligor, E., Roose, S. P., & Clarkin, J. F. (2004). The Structured Interview for Personality Organization (STIPO): Reliability and validity. *Journal of the American Psychoanalytic Association, 52*, 1223-1224.

Stern, D. B. (1997). *Unformulated experience: From dissociation to imagination in psychoanalysis*. Hillsdale, NJ: Analytic Press.

Stern, D. B. (2009). *Partners in thought: Working with unformulated experience, dissociation, and enactment*. New York: Routledge.

Stern, D. N. (2000). *The interpersonal world of the infant: A view from psychoanalysis and developmental psychology*. New York: Basic Books.

Stern, F. (1961). *The politics of cultural despair*. Berkeley: University of California Press.

Stoller, R. J. (1968). *Sex and gender*. New York: Jason Aronson. Stoller, R. J. (1975). *Perversion*. New York: Pantheon.

Stoller, R. J. (1980). *Sexual excitement*. New York: Simon & Schuster.

Stoller, R. J. (1985). *Observing the erotic imagination*. New Haven, CT: Yale University Press.

Stolorow, R. D. (1975). The narcissistic function of masochism (and sadism). *International Journal of Psycho-Analysis, 56*, 441-448.

Stolorow, R. D. (1976). Psychoanalytic reflections on client-centered therapy in the light of modern conceptions of narcissism. *Psychotherapy: Theory, Research and Practice, 13*, 26-29.

Stolorow, R. D., & Atwood, G. E. (1979). *Faces in a cloud: Subjectivity in personality theory*. New York: Jason Aronson.

Stolorow, R. D., & Atwood, G. E. (1992). *Contexts of being: The intersubjective foundations of psychological life*. Hillsdale, NJ: Analytic Press.

Stolorow, R. D., Brandchaft, B., & Atwood, G. E. (1987). *Psychoanalytic treatment: An intersubjective approach*. Hillsdale, NJ: Analytic Press.

Stolorow, R. D., & Lachmann, F. M. (1978). The developmental prestages of defenses: Diagnostic and therapeutic implications. *Psychoanalytic Quarterly, 45*, 73-102.

Stone, L. (1954). The widening scope of indications for psycho-analysis. *Journal of the American Psychoanalytic Association, 2*, 567-594.

Stone, L. (1979). Remarks on certain unique conditions of human aggression (the hand, speech, and the use of fire). *Journal of the American Psychoanalytic Association, 27*, 27-33.

Stone, M. H. (1977). The borderline syndrome: Evolution of the term, genetic aspects and prognosis. *American Journal of Psychotherapy, 31*, 345-365. Stone, M. H. (1980). *The borderline syndromes: Constitution, personality, and adaptation*. New York: McGraw-Hill.

Stone, M. H. (1981). Borderline syndromes: A consideration of subtypes and an overview, direction for research. *Psychiatric Clinics of North America, 4*, 3-13.

Stone, M. H. (Ed.). (1986). *Essential papers on borderline disorders: One hundred years at the border*. New York: New York University Press.

Stone, M. H. (2000). Psychopathology: Biological and psychological correlates. *Journal of the American Academy of Psychoanalysis, 28*, 203-235.

Strachey, J. (1934). The nature of the therapeutic action of psychoanalysis. *International Journal of Psycho-Analysis, 15*, 127-159.

Strupp, H. H. (1989). Psychotherapy: Can the practitioner learn from the researcher? *American Psychologist, 44*, 717-724.

Sullivan, H. S. (1953). *The interpersonal theory of psychiatry*. New York: Norton.

Sullivan, H. S. (1954). *The psychiatric interview*. New York: Norton.

Sullivan, H. S. (1962). *Schizophrenia as a human process*. New York: Norton. Sullivan, H. S. (1973). *Clinical studies in psychiatry*. New York: Norton.

Surrey, J. L. (1985). The "self-in-relation": A theory of women's development. In J. V. Jordan, A. G. Kaplan, J. B. Miller, I. P. Stiver, & J. L. Surrey (Eds.), *Women's growth in connection: Writings from the Stone Center* (pp. 51-66). New York: Guilford Press.

Symington, N. (1986). *The analytic experience*. New York: St. Martin's. Symington, N. (1993). *Narcissism: A new theory*. London: Karnac.

Tansey, M. J., & Burke, W. F. (1989). *Understanding countertransference: From projective identification to empathy*. Hillsdale, NJ: Analytic Press.

Teicher, M. H., Dumont, N. L., Ito, Y., Vaituzis, C., Giedd, J. N., & Anderson, S. L. (2004). Childhood neglect is associated with reduced corpus callosum area. *Biological Psychiatry, 56*, 80-85.

Teicher, M. H., Glod, C. A., Surrey, J., & Swett, C. (1993). Early childhood abuse and limbic system ratings in adult psychiatric outpatients. *Journal of Neuropsychiatry and Clinical Neurosciences, 5*, 301-306.

Teicher, M. H., Samson, J. A., Sheu, Y-S., Polcari, A., & McGreenery, C. E. (2010, July 15). Hurtful words: Association of exposure to peer verbal abuse with elevated psychiatric symptom scores and corpus callosum abnormalities. *AJP in Advance*, pp. 1-8.

Terr, L. (1992). *Too scared to cry: Psychic trauma in childhood*. New York: Basic Books.

Thigpen, C. H., & Cleckley, H. (1957). *The three faces of Eve*. New York: McGraw-Hill.

Thomas, A. (2001). Factitious and malingered dissociative identity disorder: Clinical features observed in 18 cases. *Journal of Trauma and Dissociation, 2*, 59-77.

Thomas, A., Chess, S., & Birch, H. G. (1968). *Temperament and behavior disorders in children*. New York: New York University Press.

Thompson, C. M. (1959). The interpersonal approach to the clinical problems of masochism. In M. Green (Ed.), *Clara M. Thompson: Interpersonal psychoanalysis* (pp. 183-187). New York: Basic Books.

Tibon, S., & Rothschild, L. (2009). Dissociative states in eating disorders: An empirical Rorschach study. *Psychoanalytic Psychology, 26*, 69-82.

Tomkins, S. S. (1962). *Affect, imagery, consciousness: Vol. I. The positive affects*. New York: Springer.

Tomkins, S. S. (1963). *Affect, imagery, consciousness: Vol. 2. The negative affects*. New York: Springer.

Tomkins, S. S. (1964). The psychology of commitment, part 1: The constructive role of violence and suffering for the individual and for his society. In S. S. Tomkins & C. Izard (Eds.), *Affect, cognition, and personality: Empirical studies* (pp. 148-171). New York: Springer.

Tomkins, S. S. (1991). *Affect, imagery, consciousness: Vol. 3. The negative affects: Anger and fear*. New York: Springer.

Tomkins, S. S. (1992). *Affect, imagery, consciousness: Vol. 4. Cognition: Duplication and transformation of information*. New York: Springer.

Tomkins, S. S. (1995). Script theory. In E. V. Demos (Ed.), *Exploring affect: The selected writings of Silvan Tomkins* (pp. 312-388). New York: Cambridge University Press.

Trevarthen, C., & Aitken, K. J. (1994). Brain development, infant communication, and empathy disorders: Intrinsic factors in child mental health. *Developmental Psychology 6*, 597-633.

Tribich, D., & Messer, S. (1974). Psychoanalytic type and status of authority as determiners of suggestibility. *Journal of Counseling and Clinical Psychology, 42*, 842-848.

Tronick, E. Z. (2003). "Of course all relationships are unique": How co-creative processes generate unique mother-infant and patient-therapist relationships and change other relationships. *Psychoanalytic Inquiry, 23*, 473-491.

Tsao, J. C. I., Allen, L. B., Evans, S., Lu, Q., Myeres, C. D., & Zeltzer, L. K. (2009). Anxiety sensitivity and catastrophizing: Associations with pain and somatization in non-clinical children. *Journal of Health Psychology, 14*, 1085-1094.

Tyson, P., & Tyson, R. L. (1990). *Psychoanalytic theories of development: An integration*. New Haven, CT: Yale University Press.

Vaillant, G. (1975). Sociopathy as a human process. *Archives of General Psychiatry, 32*, 178-183.

Vaillant, G. E. (Ed.). (1992). *Ego mechanisms of defense: A guide for clinicians and researchers*. Washington, DC: American Psychiatric Association.

Vaillant, G. E. (1992). The historical origins and future potential of Sigmund Freud's concept of the mechanisms of defense. *International Journal of Psychoanalysis, 19*, 35-50.

Vaillant, G. E., Bond, M., & Vaillant, C. O. (1986). An empirically validated hierarchy of defense mechanisms. *Archives of General Psychiatry, 43*, 786-794.

Vaillant, G. E., & Vaillant, C. O. (1992). A cross validation of two methods of investigating defenses. In G. E. Vaillant (Ed.), *Ego mechanisms of defense: A guide for clinicians and researchers* (pp. 159-170). Washington, DC: American Psychiatric Association.

van Asselt, A. D. I., Dirksen, C. D., Arntz, A., Giesen-Bloos, J. H., van Dyck, R., Spinhoven, P., et al. (2008). Out-patient therapy for borderline personality disorder: Cost-effectiveness of schema-focused therapy v. transference-focused psychotherapy. *British Journal of Psychiatry, 192*, 450-457.

Vandenberg, S. G., Singer, S. M., & Pauls, D. L. (1986). Hereditary factors in antisocial personality disorder. In *The heredity of behavior disorders in adults and children* (pp. 173-184). New York: Plenum Press.

van der Hart, O., Nijenhuis, E. R. S., & Steele, K. (2006). *The haunted self: Structural dissociation and the treatment of chronic traumatization*. New York: Norton.

Veith, I. (1965). *Hysteria: The history of a disease*. Chicago: University of Chicago Press.

Veith, I. (1977). Four thousand years of hysteria. In M. Horowitz (Ed.), *Hysterical personality* (pp. 7-93). New York: Jason Aronson.

Volkan, V. D. (1995). *The infantile psychotic self and its fate: Understanding and treating schizophrenics and other difficult patients*. Northvale, NJ: Jason Aronson.

Wachtel, P. L. (2008). *Relational theory and the practice of psychotherapy*. New York: Guilford Press.

Wachtel, P. L. (2010). Beyond "ESTs": Problematic assumptions in the pursuit of evidence-based practice. *Psychoanalytic Psychology, 27*, 251-272.

Waelder, R. (1960). *Basic theory of psychoanalysis*. New York: International Universities Press.

Waldinger, R. J., Shulz, M. S., Barsky, A. J., & Ahern, D. K. (2006). Mapping the road from childhood trauma to adult somatization: The role of attachment. *Psychosomatic Medicine, 68*, 129-135.

Wallerstein, J. S., & Blakeslee, S. (1989). *Second chances: Men, women, and children a decade after divorce*. New York: Ticknor & Fields.

Wallerstein, J. S., & Lewis, J. M. (2004). The unexpected legacy of divorce: A 25-year landmark study. *Psychoanalytic Psychology, 21*, 353-370.

Wallerstein, R. S. (1986). *Forty-two lives in treatment: A study of psychoanalysis and psychotherapy*. New York: Guilford Press.

Wallerstein, R. S. (2002). The growth and transformation of American ego psychology. *Journal of the American Psychoanalytic Association, 50*, 135-168.

Wallin, D. J. (2007). *Attachment in psychotherapy*. New York: Guilford Press. Wampold, B. E. (2001). *The great psychotherapy debate: Methods, models, and findings*. New York: Routledge.

Wampold, B. E. (2010). *The basis of psychotherapy: An introduction to theory and practice*. Washington, DC: American Psychological Association.

Warner, R. (1978). The diagnosis of antisocial and hysterical personality disorders: An example of sex bias. *Journal of Nervous and Mental Disease, 166*, 839-845.

Wasserman, J., & Stefanatos, G. S. (2000). The right hemisphere and psychopathology. *Journal of the American Academy of Psychoanalysis, 29*, 371-395.

Weinberger, D. R. (2004). Genetics, neuroanatomy, and neurobiology. In C. B. Nemeroff (Ed.), New findings in schizophrenia: An update on causes and treatment. *Clinical Psychiatry News, 32*(Suppl.).

Weiss, J. (1993). *How psychotherapy works: Process and technique*. New York: Guilford Press.

Weiss, J., Sampson, H., & the Mount Zion Psychotherapy Research Group. (1986). New York: Guilford Press.

Welch, B. (2008). *State of confusion: Political manipulation and the assault on the American mind*. New York: St. Martin's Press.

Wender, P. H., Kety, S. S., Rosenthal, D., Schulsinger, F., Ortmann, J., & Lunde, I. (1986). Psychiatric disorders in the biological and adoptive families of adopted individuals with affective disorders. *Archives of General Psychiatry, 43*, 923-929.

Westen, D. (1990). Towards a revised theory of borderline object relations: Contributions of empirical research. *International Journal of Psychoanalysis, 71*, 661-693.

Westen, D. (1993). Commentary. The self in borderline personality disorder: A psycho-dynamic perspective. In Z. V. Segal & S. J. Blatt (Eds.), *The self in emotional distress: Cognitive and psychodynamic perspectives* (pp. 326-360). New York: Guilford Press.

Westen, D. (1999). The scientific status of unconscious processes: Is Freud really dead? *Journal of the American Psychoanalytic Association, 67*, 217-230. Westen, D., & Shedler, J. (1999a). Revising and assessing Axis II: Part I: Developing a clinically and empirically valid assessment method. *American Journal of Psychiatry, 156*, 258-272.

Westen, D., & Shedler, J. (1999b). Revising and assessing Axis II: Part II: Toward an empirically based and clinically useful classification of personality disorders. *American Journal of Psychiatry, 156*, 273-285.

Wheelis, A. (1956). The vocational hazards of psychoanalysis. *International Journal of Psycho-Analysis, 37*, 171-184.

Whitaker, R. (2002). *Mad in America: Bad science, bad medicine, and the enduring mistreatment of the mentally ill*. Cambridge, MA: Perseus.
Will, O. A. (1961). Paranoid development and the concept of the self: Psychotherapeutic intervention. *Psychiatry, 24*(Suppl.), 74-86.
Wills, G. (1970). *Nixon agonistes: The crisis of the self-made man*. Boston: Houghton Mifflin.
Winnicott, D. W. (1949). Hate in the countertransference. In *Collected papers* (pp. 194-203). New York: Basic Books, 1958.
Winnicott, D. W. (1952). Anxiety associated with insecurity. In *Through pediatrics to psychoanalysis* (pp. 97-100). New York: Basic Books, 1958.
Winnicott, D. W. (1960a). Ego distortion in terms of the true and false self. In *The maturational processes and the facilitating environment* (pp. 140-152). New York: International Universities Press, 1965.
Winnicott, D. W. (1960b). The theory of the parent-infant relationship. *International Journal of Psycho-Analysis, 41*, 585-595.
Winnicott, D. W. (1965). *The maturational processes and the facilitating environment*. New York: International Universities Press.
Winnicott, D. W. (1967). Mirror-role of mother and family in child development. In *Playing and reality* (pp. 111-118). New York: Basic Books.
Wolf, E. K., & Alpert, J. L. (1991). Psychoanalysis and child sexual abuse: A review of the post-Freudian literature. *Psychoanalytic Psychology, 8*, 305-327.
Wolf, E. S. (1988). *Treating the self: Elements of clinical self psychology*. New York: Guilford Press.
Wolf, N. S., Gales, M., Shane, E., & Shane, M. (2000). Mirror neurons, procedural learning, and the positive new experience: A developmental systems self psychological approach. *Journal of the American Association of Dynamic Psychiatry, 28*, 409-430.
Wolfenstein, M. (1951). The emergence of fun morality. *Journal of Social Issues, 7*, 15-24.
Wrye, H. K., & Welles, J. K. (1994). *The narration of desire: Erotic transferences and countertransferences*. Hillsdale, NJ: Analytic Press.
Wurmser, L. (2007). *Torment me but don't abandon me: Psychoanalysis of the severe neuroses in a new key*. Lanham, MD: Jason Aronson.
Yalom, I. D., & Leszcz, M. (2005). *Theory and practice of group psychotherapy* (5th ed.). New York: Basic Books.
Yarok, S. R. (1993). Understanding chronic bulimia: A four psychologies approach. *American Journal of Psychoanalysis, 53*, 3-17.
Young, J. E., Klosko, J. S., & Weishaar, M. E. (2003). *Schema therapy: A practitioner's guide*. New York: Guilford Press.
Young-Bruehl, E. (1990). *Freud on women: A reader*. New York: Norton.
Yu, C. K-C. (2006). Commentary on "Freudian dream theory, dream bizarreness, and the disguise-censor controversy." *Neuro-Psychoanalysis, 8*, 53-59.
Zeddies, T. J. (2000). Within, outside, and in between: The relational unconscious. *Psychoanalytic Psychology, 17*, 467-487.
Zetzel, E. (1968). The so-called good hysteric. *International Journal of PsychoAnalysis, 49*, 256-260.
Zink, T., Klesges, L., Stevens, S., & Decker, P. (2009). The development of a Sexual Abuse Severity Score: Characteristics of childhood sexual abuse associated with trauma symptomatology, somatization, and alcohol abuse. *Journal of Interpersonal Violence, 24*, 537-546.
Zuelzer, M., & Mass, J. W. (1994). An integrated conception of the psychology and biology of superego development. *Journal of the American Academy of Psychoanalysis, 22*, 195-209.
Zuroff, D. C., & Blatt, S. J. (2006). The therapeutic relationship in the brief treatment of depression: Contributions to clinical improvement and enhanced adaptive capacities. *Journal of Counseling and Clinical Psychology, 74*, 130-140.

Índice onomástico

A
Abraham, K., 184, 262, 264, 273
Abrahamsen, D., 186
Adams, H. E., 247
Adler, A., 197, 207
Adler, G., 60, 74, 105, 120, 138
Adorno, T. W., 138
Ahern, D. K., 139
Aichhorn, A., 141, 184
Ainsworth, M. D. S., 75, 224
Aitken, K. J., 55
Akhtar, S., 90, 184, 196, 199, 219, 282, 288, 290
Akiskal, H. S., 283, 288, 355
Akyuz, G., 372
Alanen, Y. O., 96, 120
Alda, M., 139
Allen, D. W., 340, 354, 354
Allen, J. G., 75, 174
Alpert, J. L., 75
Alpert, M., 180
Anderson, C. M., 371
Anderson, R., 339
Anderson. F. S., 146
Aniskiewitz, A. S., 346, 359
Anstadt, T., 108, 174
Arendt, H., 317
Arieti, S., 80, 96, 120, 255
Arlow, J. A., 47
Aron, L., 59, 62, 137
Aronson, M. L., 247
Asch, S. S., 293
Atwood, G. E., 41, 57, 62, 82, 105, 209, 362
Aynesworth, H., 187

B
Babiak, P., 129, 179, 196
Bach, S., 57, 209, 217, 298, 314
Bak, R. C., 302
Baker, G., 288
Balint, A., 51
Balint, M., 51, 105, 147, 198, 227
Banai, E., 198
Barnow, S., 140
Barsky, A. J., 139
Basch, M., 57, 203, 209
Bateman, A., 30, 90, 92, 106, 120
Bateman, A. W., 75
Bateson, G., 83, 100, 225
Baumeister, R. F., 294
Beck, J. S., 236, 275, 291
Beebe, B., 55, 212, 269
Bellak, L., 48, 94
Benjamin, J., 58, 204, 248
Bentall, R. P., 30
Benveniste, D., 318
Beratis, S., 293, 312
Beres, D., 326
Berg, J. L., 178, 183
Bergler, E., 306
Bergman, A., 44
Bergman, P., 220
Bergmann, M. S., 130, 206
Berkowitz, D., 186
Berliner, B., 293, 300
Bernheim, H., 338
Bernstein, D. P., 92
Bernstein, I., 300
Bers, S., 261
Bettelheim, B., 49, 61, 133
Bibring, E., 264
Bidell, T. R., 46, 63
Bierce, A., 282
Binet, A., 361
Bion, W. R., 81, 108, 147, 198

Biondi, R., 179
Birch, H. G., 180
Bird, H. R., 184
Black, M. J., 62
Blackless, M., 383
Blagys, M. D., 52, 174
Blakeslee, S., 268
Blanck, G., 23, 61, 89, 105
Blanck, R., 23, 61, 89, 105
Blatt, S. J., 28, 52, 58, 105, 134, 215, 227, 261, 264, 273, 251, 290, 295, 324, 340
Blehar, M. C., 75
Bleuler, E., 218, 219, 226
Bleuler, M., 218, 226
Blizard, R. A., 370
Blum, H. P., 376
Bollas, C., 187, 347, 352
Bond, M., 48
Bornstein, B., 102
Bornstein, R. F., 139
Boulanger, G., 146, 360
Bowen, M., 161
Bowlby, J., 198
Bowman, E. S., 380, 381
Boyer, L. B., 105
Brandchaft, B., 105, 209
Braun, B. G., 367, 369, 386
Brazelton, T. B., 220
Brenman, M., 301
Brenneis, C. B., 366
Brenner, C., 47, 130, 293
Brenner, I., 146, 360, 387
Breuer, J., 150, 363
Briere, J., 105, 383
Bristol, R. C., 337
Brodsky, A., 353
Bromberg, P. M., 58, 59, 141, 145, 146, 325, 350, 359, 360, 370, 387
Bronfman, E., 360
Brown, R., 138
Bruce, L., 282
Brunner, R., 367
Brunswick, R. M., 161
Buber, M., 317
Bucci, W., 46, 174
Buckley, P., 38, 80, 90
Buckley, P. J., 318
Buechler, S., 168
Buie, D., 105
Buirski, P., 209
Bundy, T., 187
Burke, W. F., 115
Bursten, B., 129, 179, 196, 199, 215

C

Caligor, E., 75
Cameron, N., 239

Cantor, M. B., 80
Capote, T., 187
Carlson, E. A., 370
Carsky, M., 96
Caspi, A., 180
Cassidy, J., 269
Cath, S. H., 186
Cattell, J. P., 369
Cattell, J. S., 369
Caul, D., 376
Cela, J. A., 318
Celani, D., 346
Celenza, A., 143, 353
Chapman, M., 317
Charcot, J. M., 338
Charles, M., 108, 120
Chase, T., 364
Chasseguet-Smirgel, J., 289
Chefetz, R. A., 226, 360, 361, 362, 367, 375, 376, 380, 380, 381, 387
Chemtob, C. M., 380
Cheney, D., 238
Chess, S., 180
Chessick, R. D., 317
Chodoff, P., 346, 355
Chodorow, N. J., 117, 174, 225, 272
Chu, J. A., 380
Clarkin, J. F., 30, 75, 86, 87, 90, 92, 120
Classen, C., 360
Cleckley, H., 180, 181, 363
Cloninger, C. R., 355
Coccaro, E. F., 180
Cohen, B., 136
Cohen, C. P., 73
Cohen, M. B., 288
Cohen, R. A., 288
Colby, K., 109
Coleman, M., 103
Connolly, J., 82
Coons, P. M., 380, 382
Coontz, S., 371
Cooper, A. M., 200, 260, 303, 314
Corbett, K., 64
Cosgrove, L., 29
Cozolino, L., 139
Craighero, L., 55
Cramer, P., 123, 147, 148, 166, 172
Cuesta, M. J., 218
Cushman, P., 198, 217

D

Damasio, A. R., 174, 180
Davanloo, H., 94
Davies, J. M., 58, 59, 145, 360, 371
de Bellis, M., 371
de Leon, J., 218
de Monchy, R., 293

de Tocqueville, A., 198
De Waelhens, A., 80
Dean, T., 348
Decker, P., 139
Dell, P. F., 383
Deri, S., 231
Deutsch, H., 72, 293
Diamond, D., 185
Diamond, M. J., 186
Dimen, M., 359
Dinnerstein, D., 225
Dogan, O., 372
Doidge, N., 220, 224
Dorahy, M. J., 365
Dorpat, T., 300
Dougherty, N. J., 61
Drye, R. C., 73
duBois, B., 349
Dyess, C., 348

E

Eagle, M. N., 62
Easser, B. R., 346
Eells, T. D., 39
Egeland, B., 370
Ehrenberg, D. B., 55
Eigen, M., 80, 90, 96, 137, 223
Einstein, A., 219
Eissler, K. R., 66
Ekstein, R., 55
Ellis, A., 236
Erikson, E. H., 43, 44, 45, 57, 64, 74, 77, 198
Escalona, S. K., 220
Evans, S., 139

F

Fairbairn, W. R. D., 51, 62, 134, 160, 198, 221, 223, 224, 225, 265
Fairfield, S., 64
Fassone, G., 370
Federn, P., 96, 103
Fenichel, O., 90, 102, 109, 141, 170, 172, 262, 282, 290, 318, 319
Ferenczi, S., 51, 128, 129, 319, 348
Fernando, J., 205
Field, N., 360
Fine, C. G., 387
Fink, B., 60
Fiscalini, J., 205
Fischer, K. W., 46, 63
Fisher, S., 318
Fleck, S., 225
Fogelman, E., 206
Fonagy, P., 30, 45, 64, 65, 75, 82, 85, 90, 92, 106, 120, 128, 177, 180, 370
Fosha, D., 55, 94, 168, 174
Fosshage, J., 57

Foster, J., 190
Fraiberg, S., 126
Frances, A., 260
Frank, J. D., 34, 306
Franklin, B., 155
Frawley, M. G., 59, 145, 360, 371
Frenkl-Brunswick, E., 138
Freud, A., 50, 51, 133, 148, 160, 172, 265
Freud, S., 31, 40, 42, 43, 44, 47, 49, 50, 51, 54, 61, 61, 63, 64, 66, 74, 76, 79, 93, 121, 122, 128, 134, 140, 143, 144, 149, 150, 151, 161, 163, 166, 167, 168, 169, 174, 197, 198, 199, 207, 237, 243, 260, 263, 263, 264, 273, 292, 293, 297, 306, 317, 317, 318, 324, 325, 326, 329, 337, 338, 339, 340, 341, 342, 343, 351, 355, 361, 363, 364, 365, 370
Friedenberg, E. Z., 79
Friedman, R. C., 96, 295, 346
Fromm, E., 52, 198
Fromm-Reichmann, F., 52, 62, 81, 96, 120, 255, 275, 288
Frosch, J., 73
Furman, E., 266, 267

G

Gabbard, G. O., 27, 38, 89, 105, 200, 317, 353, 381
Gabriel, J., 293, 312
Gacano, C. B., 178, 183
Gaddis, T., 191
Galenson, E., 296
Gales, M., 367
Galin, D., 340
Garcia-Campayo, J., 139
Gardiner, M., 66, 161
Gardner, M. R., 210
Gay, P., 248
Gaylin, W., 290
Gediman, H. K., 48
Geekie, J., 120
George, C., 370
Gergeley, G., 75
Gergely, G., 45, 65
Gershwin, G., 358
Ghent, E., 293, 314
Gill, M. M., 38, 115
Gilleland, J., 139
Gilligan, C., 272
Giovacchini, P. L., 105, 224-225
Glick, R. A., 314
Glod, C. A., 360
Glover, E., 333
Gold, B. H., 319
Gold, J., 146
Gold, S. H., 139
Goldberg, A., 41, 57, 57, 206
Goldman, W., 263

Goldstein, K., 336
Gonzalez de Chavez, M., 96
Gordon, R., 293
Gore, A., 154
Gottdiener, W. H., 104
Gottesman, I., 219
Gottlieb, R., 340
Graham, M., 219
Grand, S., 145, 360
Green, H., 120
Greenacre, P., 184
Greenberg, J. R., 58, 120
Greenberg, L. S., 236, 291
Greenberg, M., 186
Greenberg, R. P., 318
Greenson, R. R., 70, 120, 211, 250, 261
Greenspan, S. I., 23, 89
Greenwald, H., 183, 191, 215
Grinker, R. R., 73, 105
Grossman, W., 293
Grossmann, K., 224
Grossmann, K. E., 224
Groth, A. N., 215
Grotstein, J., 184
Grotstein, J. S., 137, 147
Gunderson, J. G., 73, 73, 75, 90, 138
Guntrip, H., 62, 221, 223, 236
Gutheil, T. G., 353, 361
Guze, S. B., 355

H
Hack, R., 239
Hagarty, G. E., 104
Haglund, P., 209
Haley, J., 83
Hall, J. S., 25
Halleck, S. L., 341
Hammer, E., 109, 231, 232, 251, 252, 255, 278, 309, 333
Hanley, M. A. F., 314
Hare, R. D., 129, 178, 179, 180, 196
Harris, A., 58, 60, 319, 359
Harris, D., 239
Hartmann, H., 47
Hartocollis, P., 120
Haslam, N., 104
Haviland-Jones, J. M., 269
Hearst, P., 344
Hecox, W., 179
Hedges, L. E., 120
Heisenberg, W., 59
Henderson, D. K., 179
Hendin, H., 168, 198
Herman, J. L., 75, 90, 346, 371, 387
Herzig, A., 27
Hesse, E., 185, 370
Hilgard, E. R., 363

Hilsenroth, M. J., 52, 174
Hirsch, S., 339
Hirsch, S. J., 339
Hitchcock, A., 71
Hite, A. L., 27
Hitler, A., 156
Hoch, P. H., 72
Hoenig, J., 383
Hoffman, I. Z., 58, 59, 381
Hollender, M., 339
Hollender, M. H., 339, 341
Hopkins, A., 190
Horner, A. J., 23, 66, 102, 120, 224
Horney, K., 41, 52, 198
Horowitz, A. V., 21, 263
Horowitz, M., 359
Howell, E., 145, 226, 312, 360, 387
Hughes, D. R., 372
Hughes, H., 239
Hughes, J. M., 61
Hurvich, M., 48, 76, 240
Hyde, J., 37, 261

I
Intrator, J., 180
Isaacs, K., 174

J
Jackson, D. D., 83
Jacob, M. L., 139
Jacobs, T. J., 115
Jacobson, E., 96, 198, 264
James, W., 361
Jamison, K. R., 290
Janet, P., 316, 338, 361
Jaspers, K., 219
Jellesma, F. C., 139
Johnson, A., 181
Jones, E., 199
Joplin, J., 200
Josephs, L., 41, 62, 90, 253, 333
Jung, C. G., 40, 60, 199, 348
Jurist, E. L., 45, 65

K
Kael, H. C., 319
Kagan, J., 175, 180, 220
Kahn, H., 153
Kahn, M., 61, 226
Kandel, E. R., 55
Karon, B. P., 84, 96, 97, 99, 120, 189, 223, 230, 241, 243, 255
Karpe, R., 364
Karpman, S., 371
Kasanin, J. S., 82, 222
Katan, M., 283
Keith-Spiegel, P., 353

Kernberg, O. F., 23, 30, 39, 41, 53, 56, 73, 73, 74, 75, 86, 89, 90, 92, 105, 120, 123, 135, 136, 138, 140, 174, 176, 178, 180, 181, 184, 189, 194, 195, 201, 206, 207, 209, 210, 214, 217, 259, 260, 281, 286, 288, 293, 295, 302, 325, 339, 357, 365, 385
Keyes, D., 376
Khan, M., 225
Kieffer, C. C., 212
King, M. L., Jr., 323
Klein, D. N., 339
Klein, M., 44, 45, 50, 54, 61, 80, 96, 134, 147, 187, 191, 193, 201, 224, 264, 273
Klein, R., 224, 236
Klesges, L., 139
Klosko, J. S., 30
Kluft, R. P., 361, 362, 367, 368, 372, 374, 375, 377, 382, 383, 387
Knight, R., 72
Kohut, H., 23, 57, 62, 198, 199, 202, 207, 209, 210, 211, 214, 217, 303, 326
Kraepelin, E., 66, 219, 230, 355
Krafft-Ebing, R., 292, 296
Kramer, D., 46
Kramer, S. I., 372
Krause, R., 108, 174
Kretschmer, E., 219, 221
Kriegman, D., 60
Kris, E., 70, 333
Krystal, H., 139
Kuhn, T. S., 36, 366

L

Lacan, J., 60
Lachmann, F. M., 55, 65, 198, 212
Laing, R. D., 83, 90, 222, 225, 230, 350
Langness, L. L., 339
Langs, R. J., 106
LaPlanche, J., 292
Larntz, K., 355
Lasch, C., 198
Latz, T. T., 372
Laughlin, H. P., 123, 148, 172, 260, 265, 281, 290, 293
Lax, R. F., 112, 300
Layton, L., 220
Lazare, A., 351
LeDoux, J., 363
Lee, P. A., 382
Lennon, J., 317
Lenzenweger, M. F., 30
Lependorf, S., 207
Lesser, S., 346
Lester, E. P., 353, 381
Leszcz, M., 333
Levenson, E. A., 62
Levin, J. D., 333

Levinson, D. J., 138
Levy, K. N., 30, 86, 87, 105, 340
Lewis, D. O., 364, 385
Lewis, H. B., 198
Lewis, J. M., 268
Lewis, M., 269, 364
Licht, J., 27
Lichtenberg, J., 174
Lichtenberg, J. D., 43, 380
Lidz, T., 83, 96, 100, 120, 225
Lieb, P. T., 337
Lifton, R. J., 153
Lilienfeld, S. O., 355
Lindner, R., 103, 255
Linehan, M. M., 30, 92, 120
Linton, R., 339
Lion, J. R., 188, 219
Liotti, G., 360, 371
Little, M. I., 31, 96
Lizardi, H., 339
Loewenstein, R. J., 366, 368, 375, 387
Loewenstein, R. M., 102, 297
Lohr, B. A., 247
Long, J., 191
Lothane, Z., 244
Louth, S. M., 180
Lovinger, R. J., 38
Lowenstein, A., 239
Luepnitz, D. A., 223
Lykken, D., 180
Lynd, H. M., 198
Lyons-Ruth, K., 64, 75, 339, 360, 370

M

MacKinnon, R. A., 38, 246, 255, 318, 319
MacIsaac, D. S., 209
Maheu, R., 239
Mahler, M. S., 44, 45, 64, 74, 88, 152, 267
Main, M., 113, 184, 185, 224, 370
Main, T. F., 72, 89, 138
Malan, D. H., 94
Mandelbaum, A., 74
Mann, J., 94
Mann, T., 348
Marmor, J., 341
Maroda, K. J., 55, 117, 120, 168, 174
Martens, W. H. J., 180
Martindale, B., 96
Marx, G., 278
Mass, J. W., 316
Masterson, J. F., 34, 56, 73, 74, 88, 105, 113, 114, 120, 200, 223, 236, 373
Mattila, A. K., 139
May, R., 57
Mayes, L., 46
Mazzotti, E., 370
McClelland, D. C., 323

McDougall, J., 139, 172
McGoldrick, M., 263
McGreenery, C. E., 367
McWilliams, N., 19, 27, 39, 74, 120, 133, 159, 165, 186, 207, 229, 236, 271, 275, 291, 310, 314, 328, 340, 376
Meares, R., 90, 324
Meissner, W. W., 74, 105, 139, 199, 237, 239, 253, 258
Meloy, J. R., 178, 183, 184, 188, 196, 196, 215, 355
Menaker, E., 293, 300, 307
Menninger, K., 68
Merten, J., 108
Messer, S., 318
Messer, S. B., 94
Meyers, D. I., 314
Michaud, S., 187
Michels, R., 38, 318
Mikulincer, M., 198
Milgram, S., 133
Milich, R., 65
Miller, A., 57, 199, 200, 217, 269
Miller, J. B., 272
Milligan, B., 376
Millon, T., 293
Milstein, V., 382
Mischler, E., 83, 100
Mitchell, J., 359
Mitchell, S. A., 58, 62, 135
Modell, A. H., 181, 198, 223, 236
Morrison, A. P., 57, 198, 199, 217
Mosher, L. R., 30
Moskowitz, A., 82
Mowrer, O. H., 151
Mueller, W. J., 346, 359
Mullahy, P., 225
Muran, J. C., 70
Murray, H. A., 40, 60
Myerson, P. G., 77, 150

N
Nagera, H., 316
Nannarello, J. J., 218, 222
Nelson, B., 103
Nemiah, J. C., 162
Nersessian, E., 174
Newirth, J., 137
Newman, R., 38
Nickell, A. D., 75
Niederland, W., 244
Niehoff, D., 180
Nightingale, F., 321
Nijenhuis, E. R. S., 361
Nixon, R. M., 294
Noblin, C. D., 318
Norcross, J. C., 52, 168
Novick, J., 314

Novick, K. K., 314
Nunberg, H., 68
Nydes, J., 246, 251, 3002, 308, 309

O
Ogawa, J. R., 370
Ogden, T. H., 44, 45, 80, 134, 143, 147
O'Hara, S., 340
Olds, D. D., 55
Olivan, B., 140
Orange, D. M., 57, 82
Ornstein, A., 57
Ornstein, P., 57
Ouimette, P. C., 339

P
Pain, C., 360
Panken, S., 292
Panksepp, J., 76, 143, 174, 240, 262, 360
Panzram, C., 191
Pappenheim, B., 363, 364
Paris, J., 90, 106
Parsons, E., 360
Parzer, P., 367
Pascual, A., 140
Pasquini, P., 370
Pasternack, S., 337
Patrick, C. J., 183
Pauls, D. L., 180
Pearlman, E., 325
Peebles-Kleiger, M. J., 39
Peralta, V., 218
Perls, F., 236
Perry, B., 82
Persons, J. B., 30
Pharis, M. E., 200
Piaget, J., 128
Picardi, A., 370
Pincus, J. H., 364
Pine, F., 41, 44, 61, 105, 114, 120, 173
Pinsker, H., 96, 120
Pitman, R. K., 380
Pittillo, E. S., 363
Polatin, P., 72
Polcari, A., 367, 370
Pontalis, J. B., 292
Pope, K. S., 353
Pouget, E. R., 180
Prichard, J. C., 65
Prince, M., 361, 363
Prince, R., 371
Przybeck, T., 182
Putnam, F. W., 361, 362, 367, 373, 374, 377, 387

R
Racker, H., 54, 55, 188, 274
Rado, S., 264, 273
Rafaeli, E., 92

Raguram, R., 140
Rank, O., 60, 197
Rao, D., 140
Rasmussen, A., 301, 302
Read, J., 30, 82, 120
Redl, R., 184
Redlich, F. C., 38
Reich, A., 198
Reich, W., 43, 49, 56, 68, 199, 293, 317
Reichbart, R., 256
Reik, T., 93, 151, 157, 293, 298, 314
Reinhard, M. J., 139
Renik, O., 58
Renshaw, P. F., 371
Resch, F., 367
Ressler, R. K., 179, 181
Rhodes, J., 248
Rice, E., 317
Rice, J., 262
Richfield, J., 333
Richman, J., 339
Rieffe, C., 139
Riley, K., 310
Rinsley, D. B., 74
Riso, L. P., 339
Rizzolatti, G., 55
Robbins, A., 223, 224, 232, 233
Robbins, M., 80
Robins, L. N., 182
Rockland, L. H., 96, 120
Rogers, C. R., 57, 211, 236
Roland, A., 46, 115
Roose, S. P., 75
Rosanoff, A. J., 355
Rosen, Z. A., 222
Rosenfeld, H., 96, 200
Rosenwald, G. C., 318
Ross, C. A., 105, 361, 365, 374, 382, 383
Ross, D. R., 365
Rosse, I. C., 72
Rothschild, L., 325
Rowe, C. E., 209
Rutstein, J., 379

S

Sacks, R. G., 367
Safran, J. D., 70, 120, 137, 168
Saks, E. R., 90, 104
Salzman, L., 243, 294, 300, 317, 337
Samelius, L., 139
Sampson, H., 60, 297
Samson, J. A., 367
Sandler, J., 115, 147, 380
Sands, S. H., 325
Sanford, R. N., 138
Sar, V., 372
Sass, L. A., 225, 226, 227, 230

Sasso, G., 55
Savran, B., 206
Schactman, T., 179, 181
Schafer, R., 120, 166, 293, 303
Scharff, J. S., 132, 147
Schmideberg, M., 53
Schneider, K., 219, 273, 383
Schopenhauer, A., 223
Schore, A., 75, 198, 360, 370
Schore, A. N., 35, 115
Schreber, D. P., 244
Schreiber, F. R., 147, 366
Schuld, V., 367
Schwartz, M. S., 138
Scull, A., 359
Searles, H. F., 44, 53, 80, 96, 105, 120, 225, 242, 247, 255
Segal, H., 96, 201
Seinfeld, J., 221, 223, 236
Seligman, S., 60
Sellers, P., 237
Selzer, M. A., 96, 120
Shane, E., 57, 367
Shane, M., 367
Shapiro, D., 48, 71, 174, 237, 253, 258, 317, 317, 329, 337, 340, 359
Shapiro, J. L., 186
Shaver, P. R., 198, 269
Shedler, J., 39, 52, 200
Shengold, L., 318, 337
Sherwood, V. R., 73
Sheu, Y-S., 367
Shostrum, E. L., 236
Shulz, M. S., 139
Siever, L. J., 75
Sifneos, P., 94, 139
Silberschatz, D., 40, 164, 297
Silberschatz, G., 62
Silver, A. S., 96
Silver, A.-L. S., 80, 84, 96, 104, 105
Silverman, K., 155
Silverman, L. H., 65, 254
Singer, J. A., 39
Singer, M. T., 73, 83, 100, 225
Singer, S. M., 180
Sizemore, C. C., 363, 364
Slater, P. E., 61, 198
Slavin, J. H., 362
Slavin, M. O., 60
Slipp, S., 346
Small, L., 94
Smith, S., 353
So, J. K., 140
Sobradiel, N., 139
Solms, M., 149, 174, 362, 371
Solomon, J., 185
Sorel, E., 156

Spangler, G., 224
Spence, D. P., 56
Spezzano, C., 174
Spiegel, D., 362, 366
Spiegel, H., 366
Spitz, R. A., 198, 300
Spitzer, C., 140
Spotnitz, H., 60, 80, 103, 255
Sroufe, L. A., 224, 370
Stanton, A. H., 138
Steele, K., 361
Stefanatos, G. S., 340
Stein, A., 72
Stein, J., 310
Steinberg, M., 369, 383
Steiner, J., 30, 90, 201
Sterba, R. F., 48, 51, 78
Stern, B. L., 75, 189
Stern, D. B., 59, 100, 141, 360, 365, 370, 387
Stern, D. N., 43, 58, 64, 269
Stern, F., 248
Stevens, S., 129
Stewart, J., 321
Stoller, R. J., 144
Stolorow, R. D., 41, 57, 62, 82, 105, 198, 209, 211, 303, 314
Stone, L., 53, 296
Stone, M. H., 23, 73, 74, 90, 105, 179, 191
Strachey, J., 333
Strupp, H. H., 52, 168
Styron, W., 290
Sullivan, A., 290
Sullivan, H. S., 38, 44, 45, 52, 81, 96, 110, 162, 198, 225, 226, 248, 253, 256, 361
Sullivan, T. B., 96
Surrey, J., 360
Surrey, J. L., 272
Susalis, N., 181
Sutton, W., 191
Suveg, C., 139
Sweeney, D., 239
Swett, C., 360
Swica, Y., 364
Symington, N., 61, 204

T

Tabachnick, B. G., 353
Tansey, M. J., 115
Target, M., 45, 65, 75, 82
Teicher, M. H., 360, 367, 371
Terkelsen, K. G., 96
Terr, L., 387
Terwogt, M. M., 139
Thigpen, C. H., 363
Thomas, A., 180, 386
Thomassin, K., 129
Thompson, C. M., 52, 300

Tibon, S., 323
Tillich, P., 323
Timmons, E. O., 318
Tipp, J., 182
Tolin, D. F., 380
Tomkins, S. S., 40, 60, 159, 174, 240, 244
Trevarthen, C., 55
Tribich, D., 318
Tronick, E. Z., 55
Trull, T. J., 75
Tsao, J. C. I., 129
Turnbull, O., 149, 362, 371
Tutkun, H., 372
Twain, M., 282
Tyson, P., 90
Tyson, R. L., 90

U

Ullrich, B., 108

V

Vaillant, C. O., 48, 148
Vaillant, G. E., 48, 123, 147, 148, 172, 355
van Asselt, A. D. I., 106
van der Hart, O., 361
van der Kolk, B., 380
Van Valkenburg, C., 355
Vandenberg, S. G., 180
VandenBos, G. R., 96, 99, 120, 189, 223, 230
Veith, I., 339, 359
Ver Eecke, W., 80
Volkan, V. D., 65, 80
von Ashenbach, G., 348
von Sacher-Masoch, L., 292

W

Wachtel, P. L., 25, 62, 117
Waelder, R., 57, 123
Wakefield, J. C., 21, 263
Waldinger, R. J., 129
Walkup, J., 131
Wall, S., 75
Wallerstein, J. S., 268
Wallerstein, R. S., 55, 96
Wallin, D. J., 90, 224
Wampold, B. E., 52, 168
Warner, R., 356
Warren, C. S., 94
Wasserman, J., 340
Waters, E., 75, 224
Waudby, C. J., 75
Waxier, N., 83, 100
Weakland, J., 83
Weigert, E., 288
Weinberger, D. R., 218
Weinfield, N. S., 370
Weinstein, L. N., 75

Weishaar, M. E., 30
Weiss, J., 60, 111, 141, 175, 297
Welch, B., 248
Welles, J. K., 376
Wender, P. H., 262
Werble, B., 72
West, J. J., 61
Westen, D., 39, 63, 74, 174, 200
Westenburg, P. M., 129
Weston, D. R., 224
Wheelis, A., 227
Whitaker, R., 84
White, H., 339
Wijma, B., 129
Wijma, K., 129
Wilbur, C., 376
Will, O. A., 52, 244
Williams, R., 282
Williamson, S., 180
Wills, G., 294
Wilson, W., 317
Wineman, D., 184
Wingren, G., 129
Winnicott, D. W., 53, 58, 61, 198, 204, 212, 222, 224
Wittgenstein, L., 219
Wolf, E., 57
Wolf, E. K., 75
Wolf, E. S., 62, 120, 199, 209, 214, 310
Wolf, G., 139
Wolf, N. S., 367
Wolfenstein, M., 206
Woods, P., 360
Wright, L. W., 247
Wrye, H. K., 376
Wurmser, L., 300, 314
Wynne, L. C., 83, 100, 225

Y

Yaeger, C. A., 364
Yalom, I. D., 333
Yargic, L. I., 372
Yarok, S. R., 325
Yeomans, F. E., 86, 90, 92
Young, J., 92
Young, J. E., 30, 106
Young, M., 140
Young-Bruehl, E., 342
Yu, C. K-C., 180

Z

Zeddies, T. J., 137
Zetzel, E., 339
Zink, T., 139
Zuelzer, M., 317
Zuroff, D. C., 52, 275

Índice remissivo

A
Abandono
  estilo esquizoide de personalidade e, 226-227
  padrões relacionados ao, 300-303
  personalidades depressivas e, 267-268
  personalidades masoquistas e, 300-301
Abordagem de categorização dos diagnósticos
  comparando diagnóstico psicanalítico com diagnóstico psiquiátrico descritivo e, 27-29
  diagnóstico kraepeliniano e, 66-67
Abuso
  condições dissociativas e, 370-373
  personalidades maníacas e, 283-284
  personalidades psicopáticas e, 180, 184-185
Abuso sexual
  condições *borderline* e, 74-76
  dissociação e, 370-373
Aceitação, personalidades depressivas e, 277-278
Acting out. Ver também Defesas primitivas
  personalidades masoquistas e, 297-300
  personalidades obsessivas e compulsivas e, 321
  personalidades psicopáticas e, 181
  visão geral, 140-143
Adição
  diagnóstico diferencial e, 196
  em relação a personalidades psicopáticas, 196
  personalidades maníacas e, 286
  personalidades obsessivas e compulsivas e, 332-333
Afeto. *Ver também* Emoções
  nas personalidades depressivas, 262-263
  nas personalidades histéricas, 340-342
  nas personalidades maníacas, 282-283
  nas personalidades masoquistas, 295-296
  nas personalidades narcisistas, 200-201
  nas personalidades obsessivas e compulsivas, 317-323, 329
  nas personalidades paranoides, 239-241
  nas personalidades psicopáticas, 180-181
  no estilo esquizoide de personalidade, 220-222
  no funcionamento psicológico dissociativo, 366-367
  visão geral, 173-174
Afeto, isolamento do, 153-154. *Ver também* Defesas secundárias
"Afeto superficial", 349
Agenciamento (atuação)
  comparando o diagnóstico psicanalítico com o psiquiátrico descritivo e, 27
  controle onipotente e, 128
Agressão
  estilo esquizoide de personalidade e, 221
  personalidades depressivas e, 263
  personalidades masoquistas e, 296
  personalidades obsessivas e compulsivas e, 326
  personalidades paranoides e, 239, 255, 257-258
  personalidades psicopáticas e, 179, 180, 185-186
  reação de formação e, 163
  sexualização e, 144
Alexitimia, somatização e, 139
Aliança de trabalho. *Ver também* Relacionamento terapêutico
  diagnóstico da psicologia do ego e, 69-70
  estilo esquizoide de personalidade e, 230-231
  personalidades masoquistas e, 310-311
Altruísmo, 165
Alucinações, 65, 76, 80

Ambiente seguro, 198
Ambivalência, tolerância, 322-323
Ameaças e comportamentos suicidas
  conforto do terapeuta em relação ao diagnóstico e, 36-37
  empatia e, 33-35
  espectro neurótico/*borderline*/psicótico e, 79-84
  organização de personalidade *borderline* e, 107
Amnésia, 370-371. *Ver também* Memória
Análise freudiana. *Ver* Tratamento psicanalítico
Ansiedade
  acting out e, 141
  comparando diagnóstico psicanalítico com diagnóstico psiquiátrico descritivo e, 27-28
  compartimentalização e, 157-158
  defesas e, 124
  deslocamento e, 161-162
  divisão e, 137
  personalidades histéricas e, 302-303, 306, 310
  personalidades paranoides e, 239-240, 244
  psicologia do ego e, 49-50
  sexualização e, 144
  visão geral, 82
Ansiedade de aniquilação, 240
Ansiedade de separação, 298
Anulação, 158-160, 321-323. *Ver também* Defesas secundárias
Apego
  estilo esquizoide de personalidade e, 223-225
  funcionamento psicológico dissociativo e, 371
  narcisismo e, 198
  personalidades histéricas e, 339, 346-347
  personalidades maníacas e, 284
  personalidades masoquistas e, 300-301
  personalidades obsessivas e compulsivas, 230
  personalidades psicopáticas e, 181, 184-185
  somatização e, 139
  tradição das relações de objeto e, 50-51, 74-76
Apego ansioso-resistente, 339. *Ver também* Apego
Apego desorganizado/desorientado. *Ver também* Apego
  funcionamento psicológico dissociativo e, 371
  personalidades psicopáticas e, 184-185
Apego inseguro. *Ver também* Apego
  personalidades psicopáticas e, 184-185
  somatização e, 139
Apoio, 103-105
Apresentando problemas, 26
Ativadores, 102-105
Atratividade, 348-349
Autoaceitação, 198
Autoconsciência, 236

Autoestima
  controle onipotente e, 128
  divisão e, 137
  do terapeuta, 36-37
  engajamento no tratamento e, 34-35
  estilo esquizoide de personalidade e, 228
  funcionamento psicológico dissociativo e, 378
  narcisismo e, 197-200, 203, 214, 217
  personalidades depressivas e, 265-266, 276-278
  personalidades histéricas e, 341, 346-348
  personalidades maníacas e, 284
  personalidades masoquistas e, 302-303
  personalidades obsessivas e compulsivas e, 315-316, 328
  visão geral, 176
Automutilação, 297
Autonomia
  espectro neurótico/*borderline*/psicótico e, 79
  organização de personalidade *borderline* e 87-89
Autorrevelação, 96-99
Autossacrifício, personalidades masoquistas e, 308
Autossuficiência, em personalidades narcisistas, 206
Avaliação, 37-38, 48-49

B
Bode expiatório, 244

C
Caráter neurótico, 67-71. *Ver também* Personalidade neurótica
Caráter, diagnóstico de. *Ver* Diagnóstico de caráter
Ciúmes, 240-241. *Ver também* Inveja
Compartimentalização, 157-158. *Ver também* Defesas secundárias
Comportamento, 254
Comportamento para obter atenção, 349
Comportamento sexual. *Ver também* Sexualização
  acting out e, 142
  personalidades paranoides e, 247
Comportamentos e ameaças suicidas, 79-84
Compulsão de repetição, 297
Compulsões, 77-79
Comunicação entre terapeutas e clientes, 31-32, 35. *Ver também* Relacionamento terapêutico
Condições *borderline*
  diagnóstico de relações de objeto e, 72-76
  estilo esquizoide de personalidade e, 225
  transtorno da personalidade *borderline*, 72-73

Condições fisiológicas
  comparadas a personalidade narcisista, 356-358
  diagnóstico diferencial e, 356-358
Confiabilidade, 27-28
Confiança
  espectro neurótico/*borderline*/psicótico e, 79
  funcionamento psicológico dissociativo e, 368-370
  organização de personalidade *borderline* e, 106-107
  personalidades histéricas e, 352
  personalidades paranoides e, 238, 249
  psicose e, 96-99
Confidencialidade, 107
Conflito aproximação/evitação, 346
Confusão, compartimentalização e, 157-158
Consciência, 181, 190-191
Conselho
  pacientes em nível psicótico e, 99
  personalidades obsessivas e compulsivas e, 332
Consistência, personalidades paranoides e, 255
Contenção, narcisismo e, 198
Contramasoquismo, 304
Contratransferência
  dissociação e, 375-377
  espectro neurótico/*borderline*/psicótico e, 83
  estilo esquizoide de personalidade e, 228-231
  identificação projetiva e, 135-136
  organização de personalidade *borderline* e, 88, 113-115, 117
  organização de personalidade narcisista e, 207-209, 212-213
  personalidades depressivas e, 273-275
  personalidades histéricas e, 350-353
  personalidades maníacas e, 284-285
  personalidades masoquistas e, 304-306
  personalidades obsessivas e compulsivas e, 329-331
  personalidades paranoides, 248-249
  personalidades psicopáticas e, 187
  psicologia do *self* e, 55-57
  tradição das relações de objeto, 53-54
Controle, personalidades obsessivas e compulsivas e, 318-319, 332
Controle autoritário, 283
Controle intestinal, 318
Controle onipotente. *Ver também* Grandiosidade; defesas primitivas
  anulação e, 158-159
  em personalidades psicopáticas, 181
  personalidades obsessivas e compulsivas e, 321-323
  visão geral, 128-129

Controvérsia da memória falsa, 365. *Ver também* Memória
Córtex orbitofrontal, 180
Criatividade, estilo esquizoide de personalidade e, 222, 228
Críticas
  personalidades maníacas e, 283-284
  personalidades obsessivas e compulsivas e, 329, 331, 333-334
Cuidados. *Ver também* Experiências primárias; cuidados maternos/paternos
  dissociação e, 370-373
  espectro neurótico/*borderline*/psicótico e, 76-77
  movimento relacional contemporâneo e, 58-60
  narcisismo e, 204-205
  organização de personalidade *borderline* e, 87-89
  personalidades depressivas e, 266-270
  personalidades histéricas e, 345-347
  personalidades masoquistas e, 300-303
  personalidades obsessivas e compulsivas e, 324, 325-326
  personalidades paranoides e, 243-246, 258
  personalidades psicopáticas e, 185-186
  somatização e, 138-140
  teoria da pulsão e, 42
  tradição das relações de objeto e, 50-51
Culpa
  anulação e, 159
  compartimentalização e, 157-158
  personalidades depressivas e, 268
  personalidades histéricas e, 344-345, 349
  personalidades masoquistas e, 308, 309
  personalidades obsessivas e compulsivas e, 321
  personalidades paranoides e, 247, 258

D

Defensivas, defesas, 140-142. *Ver também* Defesas primitivas
Defesas. *Ver também* Defesas primitivas; Defesas secundárias; *defesas específicas*
  em condições dissociativas, 367-370
  em personalidades depressivas, 264-266
  em personalidades histéricas, 341-342, 345
  em personalidades maníacas, 283
  em personalidades masoquistas, 297-300
  em personalidades narcisistas, 201-203
  em personalidades obsessivas e compulsivas, 319-322
  em personalidades paranoides, 241-243
  em personalidades psicopáticas, 179, 181-183
  espectro neurótico/*borderline*/psicótico e, 76-77

no estilo esquizoide de personalidade, 221, 222
organização de personalidade *borderline* e, 110-111
pacientes em nível psicótico e, 100-101
psicologia do ego e, 48-49, 49
Defesas cognitivas, 230. *Ver também* Defesas
Defesas comportamentais, 321-322. *Ver também* Defesas
Defesas dissociativas, 342, 344-345
Defesas extremas, 124
Defesas maduras, 124
Defesas narcisistas, 214
Defesas primitivas. *Ver também* Defesas; *defesas individuais*
  acting out, 140-142
  comportamento recluso, 125-126
  controle onipotente, 128-129
  dissociação, 145-147
  divisão do ego, 137-138
  idealização e desvalorização, 130-131
  negação, 126-128
  outras sugestões de leitura a respeito, 147
  projeção, introjeção e identificação projetiva, 132-137
  sexualização, 143-145
  somatização, 138-140
  visão geral, 121-125, 147
Defesas secundárias. *Ver também defesas individuais*
  anulação, 158-160
  compartimentalização, 157-158
  deslocamento, 161-162
  formação de reação, 162-163
  humor, 170
  identificação, 166-168
  intelectualização, 154-155
  isolamento do afeto, 153-154
  moralização, 156-157
  racionalização, 155-156
  regressão, 151-153
  repressão, 149-151
  reversão, 164-166
  sublimação, 168-169
  sugestões de outras leituras a respeito, 172
  virar-se contra o *self*, 160-161
  visão geral, 148, 170-172
Definição de *self*
  personalidades depressivas e, 261
  personalidades obsessivas e compulsivas e, 325
Definições empobrecidas de *self*, 206
Delírios, 79-84
Dependência
  personalidades depressivas e, 265, 268-270
  sexualização e, 144

Depersonalização, personalidades dissociativas e, 383
Depressão. *Ver também* Personalidade depressiva
  comparando o diagnóstico psicanalítico com o psiquiátrico descritivo e, 27-28
  organização de personalidade *borderline* e, 113-114
  personalidades obsessivas e compulsivas e, 328
  psicologia do *self* e, 57-58
Depressão de abandono, 113-114. *Ver também* Depressão
Desconforto dos terapeutas com o diagnóstico, 34-37
Desejos, em personalidades obsessivas e compulsivas, 230-322
Deslocamento, 161-162, 319-322. *Ver também* Defesas secundárias
Desprezo, em personalidades narcisistas, 206
Desrealização, condições dissociativas e, 383
Desvalorização. *Ver também* Defesas primitivas
  narcisismo e, 217
  no estilo esquizoide de personalidade, 222
  visão geral, 130-131
Diagnóstico de caráter. *Ver também* Organização de caráter; diagnóstico diferencial; tipos de caráter individuais
  espectro neurótico/*borderline*/psicótico e, 76-89
  formato para entrevista diagnóstica, 388-389
  implicações terapêutica do diagnóstico
  movimento relacional contemporâneo, 58-60
  processos de desenvolvimento e, 63-76
  psicologia do ego e, 46-50
  psicologia do *self*, 55-58
  sugestões de outras leituras a respeito, 61-62
  teoria da pulsão, 42-46
  tradição das relações de objeto, 50-55
  visão geral, 40-41, 60-61
Diagnóstico de relações de objeto, 72-76
Diagnóstico diferencial. *Ver também* Diagnóstico de caráter
  estilo esquizoide de personalidade e, 234-235
  formato para entrevista com fins de diagnóstico, 359-361
  funcionamento psicológico dissociativo e, 381-385
  organização de personalidade *borderline* e, 86
  organização de personalidade narcisista e, 214-216
  personalidades depressivas e, 279-281
  personalidades histéricas e, 355-358
  personalidades maníacas e, 287-289
  personalidades masoquistas e, 311-313

personalidades obsessivas e compulsivas e, 335-336
personalidades paranoides e, 256-257
personalidades psicopáticas e, 194-196
visão geral, 175
Diagnóstico errado, 36
Diagnóstico kraepeliniano, 66-67, 88-89
Diagnóstico psicanalítico, 27-29
Diagnóstico psiquiátrico descritivo comparado ao psicanalítico, 27-29
Diferenças de gênero
  estilo esquizoide de personalidade, 224-225
  experiência de *self* e, 272
  personalidades histéricas e, 341-342, 345-348, 350, 356
  personalidades obsessivas e compulsivas, 230
  sexualização e, 144
Diferenças individuais, 172, 180
Diferencial, diagnóstico. *Ver* Diagnóstico diferencial
Dimensões de amadurecimento do caráter, 117-119, 118f. *Ver também* Processos de desenvolvimento
Dimensões tipográficas do caráter, 117-119, 118f
Discriminação diagnóstica, 57-58
Dissociação. *Ver também* Defesas primitivas
  em personalidades psicopáticas, 181, 182-184
  estilo de personalidade esquizoide e, 225
  visão geral, 145-147
Distanciamento defensivo, 352
Divisão terapêutica, 77
"Divisão terapêutica no ego", 47-49
Doença maníaco-depressiva, 259. *Ver também* Personalidade depressiva; personalidades maníacas
Dor, 300-301
Dormência psíquica, 153-154. *Ver também* Defesas secundárias
DSM
  comparando diagnósticos psicanalíticos com diagnósticos psiquiátricos descritivos e o, 27-29
  condições *borderline* e, 72-73
  estilo esquizoide de personalidade e o, 219, 234
  personalidades depressivas e o, 260
  personalidades histéricas e o, 339-340, 352-353
  personalidades maníacas e o, 281
  personalidades masoquistas e o, 294
  personalidades obsessivas e compulsivas e o, 315-316
  personalidades paranoides e o, 238
  personalidades psicopáticas e o, 189

somatização e o, 139
terminologia e o, 21
Dúvidas sobre si mesmo, 309

E

Educação, pacientes em nível psicótico e, 100-103, 105
Ego
  divisão e, 137-138
  em personalidades paranoides, 241
  estilo esquizoide de personalidade e, 234
  visão geral, 173-174
Ego observador, 83
Emoções. *Ver também* Afeto
  em personalidades narcisistas, 206
  em personalidades obsessivas e compulsivas, 230, 334
  personalidades histéricas e, 340, 349
  personalidades psicopáticas e, 180-183
Empatia do terapeuta
  condições dissociativas, 365-366
  influenciando o diagnóstico, 26, 29-30, 32-34
  organização de personalidade *borderline* e, 113-114
  personalidades depressivas e, 261
  personalidades obsessivas e compulsivas e, 335-336
  planejamento do tratamento e, 29-30
  tradição das relações de objeto e, 52-53
Engajamento no tratamento, influenciando o diagnóstico, 26, 34
Entrevista Clínica Estruturada para o DSM-IV
Entrevista com fins de diagnóstico, formato sugerido para, 359-361
Entrevista Estruturada para Organização de Personalidade (STIPO), 75
Envelhecimento, personalidades histéricas e, 348
Erros diagnósticos, 381-385. *Ver também* Diagnóstico diferencial
Espectro autista, 219-220
Espectro neurótico/*borderline*/psicótico, 79. *Ver também* Organização de personalidade *borderline*; personalidade neurótica; níveis psicóticos de estrutura de caráter
  dimensões tipológicas e de amadurecimento do caráter e, 117-119, 118f
  personalidades paranoides e, 241
  terapia e, 91-92, 118-120
  visão geral, 76-89
Espelhamento
  estilo esquizoide de personalidade e, 231
  narcisismo e, 198
Esquecimento, repressão e, 149. *Ver também* Memória
Esquizofrenia. *Ver também* Psicose
  comparada a condições dissociativas, 383-384

diagnóstico diferencial na, 234-235, 383-384
diagnóstico kraepeliniano e, 66-67
personalidades dissociativas e, 372
personalidades histéricas e, 339-340
personalidades obsessivas e compulsivas e, 230
personalidades paranoides e, 241
terapia e, 95-105
visão geral, 82-83, 230
Estado esquizoparanoide, 79-82
Estados emocionais. *Ver também* Emoções
organização de personalidade *borderline* e, 109-110
personalidades histéricas e, 349
Estágios de desenvolvimento, 42-46. *Ver também* Estágios psicossexuais de desenvolvimento
Estágios psicossexuais de desenvolvimento. *Ver também* Estágios de desenvolvimento
teoria da pulsão e, 42-46
tradição das relações de objeto e, 52-53
Estereótipos de gênero, 345-347
Estigmas, pacientes em nível psicótico e, 101
Estilo de personalidade "egossintônica", 48-49
Estilo de personalidade "estranha ao ego", 48-49, 68, 69
Estilo de personalidade esquizoide
afeto em, 220-222
comparado a personalidades hipomaníacas, 288-289
comparados a personalidades obsessivas, 336
comportamento recluso e, 125-126
contratransferência com, 228-231
diagnóstico de, 231-235
diagnóstico diferencial e, 234-235, 288-289, 336
experiência de *self* em, 226-228
implicações terapêuticas no diagnóstico de, 231-233
outras sugestões de leitura a respeito, 236
padrões relacionais em, 223-225
personalidades obsessivas e compulsivas e, 230
processos adaptativos em, 222
processos defensivos em, 222
pulsão em, 220-222
temperamento e, 220-222
transferência com, 228-231
visão geral, 218-220, 235-236
Estilos de agir
psicologia do ego e, 48-49
sexualização e, 144
Estresse
estilo esquizoide de personalidade, 222
personalidades paranoides e, 241
repressão e, 149-150
somatização e, 138-140

Estruturas mentais
dissociação e, 362
personalidades obsessivas e compulsivas e, 336
personalidades psicopáticas e, 180
repressão e, 149-150
visão geral, 82-83
Estupro, 283
Evitação
estilo esquizoide de personalidade e, 224-225
personalidades obsessivas e compulsivas e, 329
Exibicionismo, 283
Experiências de *self*
em personalidades depressivas, 270-272
em personalidades histéricas, 347-349
em personalidades maníacas, 284
em personalidades masoquistas, 303-304
em personalidades narcisistas, 206-207
em personalidades obsessivas e compulsivas, 326-329
em personalidades paranoides, 246-248
em personalidades psicopáticas, 185-186
no estilo esquizoide de personalidade, 226-228
no funcionamento psicológico dissociativo, 373-375
psicologia do *self* e, 57-58
visão geral, 173-174
Experiências primárias. *Ver também* Cuidados; trauma
dissociação e, 370-373, 378
formato para entrevista diagnóstica e, 388-389
personalidades depressivas e, 266
personalidades histéricas e, 341-342, 345-347
personalidades maníacas e, 283-284
personalidades masoquistas e, 297, 300-303
personalidades obsessivas e compulsivas e, 325-326
personalidades paranoides e, 243-246, 258
personalidades psicopáticas 180, 184-185

F
Falsidade, em personalidades narcisistas, 206
Fase anal de desenvolvimento
personalidades obsessivas e compulsivas e, 317-318, 324
teoria da pulsão e, 42-46
Fase edipiana de desenvolvimento
identificação e, 166-167
personalidades histéricas e, 341
teoria da pulsão e, 42-46

tradição das relações de objeto e, 52-53
Fase fálica de desenvolvimento, 42-46
Fase oral de desenvolvimento, 42-46
Fase pré-verbal de desenvolvimento, 123-124
Fases da terapia, personalidades dissociativas e, 379-380
Fatores culturais
  personalidades histéricas e, 339-340
  personalidades obsessivas e compulsivas e, 324-325
Fatores genéticos
  personalidades depressivas e, 262
  personalidades masoquistas e, 296
  personalidades psicopáticas e, 180
Fatores situacionais, 175-176
Feiura, em personalidades narcisistas, 206
Fixações orais
  personalidades depressivas e, 262
  personalidades histéricas e, 341
  personalidades maníacas e, 282-283
  personalidades masoquistas e, 296
Fobia
  deslocamento e, 162
Formação de reação. *Ver também* Defesas secundárias
  em personalidades obsessivas e compulsivas, 319-322
  personalidades paranoides e, 242-243
  visão geral, 162-163
Fragmentação do *self*, 286-287
Frequência das sessões de terapia, 93-94
Fuga, 124-126, 223-225. *Ver também* Defesas primitivas
Fuga do tratamento, influenciando o diagnóstico, 26, 34
Funcionamento da atenção, 149
Funcionamento psicológico depressivo, 133-134. *Ver também* Personalidade depressiva
Funcionamento psicológico dissociativo
  afeto em, 366-367
  comparado a organização de personalidade *borderline*, 383-385
  comparado a personalidade narcisista, 357
  comparado a personalidades histéricas, 385-386
  comparado a personalidades masoquistas, 312-313
  comparado a personalidades paranoides, 257
  comparado a personalidades psicopáticas, 195, 385
  comparado a psicose, 383, 375-377
  contratransferência com, 375-377
  diagnóstico de, 371-372, 377-386
  diagnóstico diferencial e, 195, 257, 312-313, 357, 381-386
  estilo esquizoide de personalidade e, 225
  experiência de *self* e, 373-375
  implicações terapêuticas no diagnóstico de, 377-381
  outras sugestões de leitura a respeito, 387
  padrões relacionais em, 370-373
  personalidades histéricas e, 355
  processos adaptativos em, 367-370
  processos defensivos em, 367-370
  pulsão em, 366-367
  temperamento e, 366-367
  transferência com 375-377
  visão geral, 360-366, 386-387
Funcionamento reflexivo, 82
Fúria, 318-319. *Ver também* Raiva

G
Glicocorticoides, 362. *Ver também* Controle onipotente; defesas primitivas
Grade de representação biaxial de possibilidades diagnósticas, 23-24
Grandiosidade
  em personalidades psicopáticas, 181
  maligna, 181
  narcisismo e, 199-202, 206
  personalidades masoquistas e, 302-303
  personalidades paranoides e, 246
  visão geral, 128-129
Gratidão, em personalidades narcisistas, 206

H
Heterossexismo, 162
Hipnose, 363, 378, 379
Hipocampo
  dissociação e, 362
  repressão e, 149-150
Hipótese de fixação/regressão, 223-224
Hipótese diagnóstica, 36
História dos pacientes
  formato para entrevista diagnósticas, 359-360
  pacientes dissociativos e, 381-383
Honestidade
  funcionamento psicológico dissociativo e, 368-370
  personalidades psicopáticas e, 190
  psicose e, 96-99
Honorários
  discutindo com os clientes sobre, 98
  organização de personalidade *borderline* e, 107
  personalidades depressivas e, 276-277
  personalidades masoquistas e, 308
  personalidades psicopáticas e, 189-190
Hospitalização, 234
Hostilidade
  formação de reação e, 163

personalidades depressivas e, 274
personalidades paranoides e, 239-240, 255
Humor. *Ver também* Defesas secundárias
personalidades paranoides e, 250-252, 258
visão geral, 170

I
Id, 46-47
Ideais de referência, 79-84
Idealização, *Ver também* Defesas primitivas
narcisismo e, 217
no estilo esquizoide de personalidade, 222
personalidades depressivas e, 265-266
personalidades maníacas e, 283
personalidades masoquistas e, 297-300
personalidades obsessivas e compulsivas e, 326
visão geral, 124, 129-131
Identidade
Identificação projetiva. *Ver também* Defesas primitivas
em personalidades psicopáticas, 181, 182-183
visão geral, 132-137
Identificação, 166-168. *Ver também* Defesas secundárias
Ignorar, repressão e, 149
Implicações prognósticas, 26, 30-31
Implicações terapêuticas do diagnóstico. *Ver também* Tipos de caráter individuais
estilo esquizoide de personalidade e, 231-233
funcionamento psicológico dissociativo e, 377-381
organização de personalidade narcisista e, 209-214
personalidades depressivas e, 275-279
personalidades hipomaníacas e, 285-287
personalidades histéricas e, 353-355
personalidades masoquistas e, 307-311
personalidades obsessivas e compulsivas e, 331-335
personalidades paranoides e, 249-256
personalidades psicopáticas e, 188-194
Impulsividade, 283
Impulsos biológicos, 169
Incompletude, em personalidades narcisistas, 206
Inconsciente. *Ver também* Subconsciente
acting out e, 141
defesas e, 122
personalidades histéricas e, 344-345
psicologia do ego e, 47-50
regressão e, 152
repressão e, 149, 150
tradição das relações de obejto e, 50-51
visão geral, 173-174
Individuação, organização de personalidade *borderline* e, 87-89, 113-114

Infância
controle onipotente e, 128-129
negação e, 126-128
reclusão e, 125-126
Infantilização, personalidades histéricas e, 352
Inferioridade, em personalidades narcisistas, 206
Insight, 48-49
Instintualização, 143-145. *Ver também* Defesas primitivas
Integração da identidade, 179
Intelectualização. *Ver também* Defesas secundárias
no estilo esquizoide de personalidade, 222
personalidades obsessivas e compulsivas e, 333
visão geral, 154-155
Intensidade emocional, com pacientes *borderline*, 106-108
International Society for the Psychological Treatments of Schizophrenia, 92
Interpretações
estilo esquizoide de personalidade e, 232
organização de personalidade *borderline* e, 110-111, 114
personalidades depressivas e, 278
personalidades paranoides e, 253-254
Intervenções, 87
Introjeção. *Ver também* Defesas primitivas
no estilo esquizoide de personalidade, 222
personalidades depressivas e, 264-265, 270-272, 274-276
personalidades masoquistas e, 297-300
personalidades obsessivas e compulsivas e, 325, 326, 335-336
visão geral, 132-137
Introversão, 219
Intuição, 132
Inveja
inveja primitiva, 186
nas personalidades narcisistas, 201, 206, 217
personalidades paranoides e, 240-241, 258
Inveja do pênis, 341-342
Irritação
em personalidades obsessivas e compulsivas, 329
organização de personalidade *borderline* e, 116-117
personalidades paranoides e, 257-258
psicose e, 97-98
Isolamento
compartimentalização e, 157-158
estilo esquizoide de personalidade e, 228
Isolamento do afeto. *Ver também* Defesas secundárias
em personalidades obsessivas e compulsivas, 319-322, 329
visão geral, 153-154

L

Libido, 144
Limites
  com pacientes *borderline*, 106-108
  com personalidades paranoides, 254-255
Luto, 267-268
  em personalidades maníacas, 286-287

M

Mães. *Ver* Maternidade/paternidade
Manipulação
  personalidades histéricas e, 347
  personalidades psicopáticas e, 181-182
Masoquismo moral, 293. *Ver também* Personalidades masoquistas
Masturbação, 316
Maternidade/paternidade. *Ver também* Cuidados; experiências primárias
  especto neurótico/*borderline*/psicótico e, 76-77
  estilo esquizoide de personalidade e, 224-225
  funcionamento psicológico dissociativo e, 370-373
  narcisismo e, 204-205
  personalidades depressivas e, 266-270
  personalidades histéricas e, 345-347
  personalidades masoquistas e, 300-303
  personalidades obsessivas e compulsivas e, 317-318, 324-326
  personalidades paranoides e, 243-246
  personalidades psicopáticas e, 185-186
Maternidade/paternidade empáticas, 76-77. *Ver também* Maternidade/paternidade
Maus-tratos
  personalidades maníacas e, 283-284
  personalidades psicopáticas e, 180
Mecanismo de defesa de "divisão", 124, 137-138, 157. *Ver também* Defesas primitivas
Medicação
  estilo esquizoide de personalidade e, 234
  personalidades depressivas e, 274
  personalidades maníacas e, 286
  personalidades obsessivas e compulsivas e, 334-335
Medo
  deslocamento e, 162
  personalidades obsessivas e compulsivas e, 324-325
  personalidades paranoides e, 239-240, 258
  psicose e, 95
Medos de contaminação, personalidades obsessivas e compulsivas e, 324-325
Memória
  dissociação e, 362, 365, 378
  personalidades histéricas e, 342-344

personalidades psicopáticas e, 182-183
repressão e, 149-150
Memória episódica. *Ver também* Memória
  dissociação e, 362
  repressão e, 149-150
Memória semântica, dissociação e, 362
Memória semântica. *Ver também* Memória
Modelo "duas pessoas" de processo terapêutico, 91-92
Modelo clínico, 28
Modelo de agressão interno, 263
Modelo de doenças, 28
Modelo de intervenção em crises, 33-35
Modelos estruturais
  personalidades histéricas e, 316
  psicologia do ego e, 46-50
Modelos relacionais
  acting out e, 141
  movimento relacional contemporâneo, 58-60
  organização de caráter e, 40
Moralidade. *Ver também* Moralização
  personalidades depressivas e, 267-268
  personalidades masoquistas e, 304
  superego e, 48-49
Moralização. *Ver também* Moralidade; defesas secundárias
  personalidades masoquistas e, 297-300
  personalidades psicopáticas e, 191
  visão geral, 156-157
Morte, identificação e, 167
Motivação, 262-263
Movimento contemporâneo relacional, 58-60
Mudança de personalidade, 177
Multiplicidade, 361-362. *Ver também* Funcionamento psicológico dissociativo

N

Narcisismo
  personalidade esquizoide e, 225
  psicologia do *self* e, 55-57
Necessidades de fuga, 285-286
Negação. *Ver também* Defesas primitivas
  no estilo esquizoide de personalidade, 222
  personalidades maníacas e, 283
  personalidades masoquistas e, 300, 306
  personalidades paranoides e, 242-243, 247
  visão geral, 124, 126-128
Negligência, 180
Neurose, 66-67. *Ver também* Personalidade obsessivo-compulsiva
Neurose de transferência, 76-77
Neurose sintomática, 67-71
Níveis de desenvolvimento da organização, 91-92
Níveis psicóticos de estrutura de caráter. *Ver também* Psicose

dimensões tipológicas e de amadurecimento do caráter e, 117-119, 118f
espectro neurótico/*borderline*/psicótico e, 76-89
personalidades obsessivas e compulsivas e, 230
terapia e, 95-105
Nível de patologia, estilo esquizoide de personalidade e, 234-235
Normalização
estilo esquizoide de personalidade e, 232
pacientes em nível psicótico e, 100-102

O

Objetos do *self*, narcisismo e, 203-204
Obsessões, 79
Onipotente, controle. *Ver também* Defesas primitivas
anulação e, 158-159
em personalidades psicopáticas, 181
visão geral, 128-129
Operações de resgate, 348
Organização de personalidade *borderline* e, 85-86
espectro neurótico/*borderline*/psicótico e, 78, 79
narcisismo e, 198-200
personalidades histéricas e, 346
Organização de personalidade *borderline*
características da, 84-89
comparada a funcionamento psicológico dissociativo, 384-385
conforto do terapeuta com o diagnóstico e, 36-37
defesas e, 124
diagnóstico diferencial e, 384-385
dimensões tipológicas e de amadurecimento do caráter e, 117-119, 118f
empatia e, 33-35
espectro neurótico/*borderline*/psicótico e, 76-89
manipulação e, 181-182
personalidades histéricas e, 352-353
personalidades obsessivas e compulsivas e, 230
personalidades paranoides e, 241
terapia e, 105-117
teste de realidade e, 241-242
Organização de personalidade narcisista
afeto em, 200-201
comparada a condições fisiológicas, 356-358
comparada a personalidades depressivas, 215, 280-281
comparada a personalidades hipomaníacas, 287-291
comparada a personalidades histéricas, 356
comparada a personalidades obsessivas, 335-336

comparada a personalidades paranoides, 240
comparada a personalidades psicopáticas, 195-196
comparada a funcionamento psicológico dissociativo, 356
comparada aos sintomas neuróticos, 71
contratransferência e, 207-209
diagnóstico de, 209-216
diagnóstico diferencial e, 71, 195-196, 213-216, 240, 280-281, 287-291, 335-336, 356-358
experiências de *self* em, 206-207
implicações terapêuticas no diagnóstico de, 209-214
padrões relacionais em, 203-206
personalidades histéricas e, 348-349
processos adaptativos em, 201-203
processos defensivos e, 201-203
pulsão em, 200-201
sugestões de outras leituras a respeito, 217
temperamento e, 200-201,
transferência e, 207-209
visão geral, 176, 197-200, 216-217
Organização do caráter. *Ver também* Diagnóstico de caráter: *tipos de caráter individual*
dimensões de amadurecimento e tipológicas da, 117-119, 118f
organização de personalidade *borderline* e, 84-89
sugestões de outras leituras a respeito de, 89-90
visão geral, 88-89, 175-176
Orgulho, em personalidades narcisistas, 206

P

Padrões de autodestruição. *Ver* Personalidades masoquistas
Padrões relacionais
em personalidades depressivas, 266-270
em personalidades histéricas, 345-347
em personalidades maníacas, 283-284
em personalidades masoquistas, 300-303
em personalidades obsessivas e compulsivas, 323-326
em personalidades paranoides, 243-246
em personalidades psicopáticas, 184-185
narcisismo e, 198, 203-206, 217
no estilo esquizoide de personalidade, 223-225
no funcionamento psicológico dissociativo, 370-373
Pais. *Ver* Maternidade/paternidade
Paralisia das luvas, 316
Participando, 102-103
Patologia de caráter, 175-176
Pensamento ilógico, 79-84
Pensamentos, personalidades paranoides e, 254
Pensamentos de "processo primário", 46-47

Perda
    identificação e, 167
    personalidades depressivas e, 262, 266-268, 270-272
    personalidades maníacas e, 283-284
Perfeccionismo, 202-203, 206
Personalidade. *Ver também* Diagnóstico de caráter; organização de caráter; categorias individuais de personalidade; temperamento.
    defesas e, 122, 172
    dimensões tipológicas e de amadurecimento e, 117-119, 118*f*
    visão geral, 40-41, 176
Personalidade anacliticamente depressiva
    contratransferência com, 273
    experiência de *self* e, 272
    terapia e, 277
    transferência com, 273
Personalidade depressiva. *Ver também* Depressão
    afeto na, 262-263
    comparada a personalidade narcisista, 214, 280-281
    comparada a personalidades masoquistas, 281, 311
    comparada a personalidades paranoides, 238
    contratransferência com, 273-275
    diagnóstico de, 275-281
    diagnóstico diferencial e, 213, 238, 279-281, 311
    experiência de *self* e, 270-272
    implicações terapêuticas no diagnóstico de, 275-279
    padrões relacionais em, 266-270
    personalidades masoquistas e, 304-306
    processos adaptativos na, 264-266
    processos defensivos na, 264-266
    pulsão na, 262-263
    sugestões de outras leituras a respeito de, 290-291
    temperamento e, 262-263
    transferência com, 273-275
    visão geral, 259-261, 290
Personalidade neurótica
    comparada a sintomas neuróticos, 70-71
    diagnóstico de relações de objeto e, 73-74
    dimensões tipológicas e de amadurecimento do caráter e, 117-119, 118*f*
    espectro neurótico/*borderline*/psicótico e, 76-89
    personalidades paranoides e, 241
    terapia e, 92-95
Personalidade obsessivo-compulsiva. *Ver também* Personalidades compulsivas; personalidades obsessivas
    afeto em, 317-319
    comparada a personalidade narcisista, 215-216
    contratransferência com, 329-331
    diagnóstico de, 331-336
    diagnóstico diferencial e, 213-216, 335-336
    experiência de *self* em, 326-329
    implicações terapêuticas no diagnóstico de, 331-335
    padrões relacionais em, 323-326
    processos adaptativos em, 319-323
    processos defensivos em, 319-323
    pulsão em, 317-319, 230-323
    sugestões de outras leituras a respeito de, 337
    temperamento e, 317-319
    transferência com, 329-331
    visão geral, 315-317, 337
Personalidades antissociais. *Ver* Personalidades psicopáticas
Personalidades ciclotímicas *Ver* Personalidades hipomaníacas
Personalidades compulsivas. *Ver também* Personalidade obsessivo-compulsiva
    afeto em, 317
    comparadas a personalidades hipomaníacas, 288
    comparadas ao estilo esquizoide de personalidade, 235
    contratransferência com, 329-331
    diagnóstico de, 331-336
    diagnóstico diferencial e 235, 288, 335-336
    estilo esquizoide de personalidade e, 234
    experiência de *self* e, 326-329
    formação de reação e, 163
    implicações terapêuticas no diagnóstico de, 331-335
    padrões relacionais em, 323-326
    personalidades depressivas e, 263
    processos adaptativos em, 319-322
    processos defensivos em, 319-323
    pulsão em, 317-319, 230-323
    sugestões de outras leituras a respeito de, 337
    temperamento e, 317-319
    transferência com, 329-331
    visão geral, 315-317, 337
Personalidades esquizoafetivas, 383-384
Personalidades hipomaníacas. *Ver também* Personalidades maníacas
    comparadas a personalidade narcisista, 287-291
    comparadas a personalidades compulsivas, 288
    comparadas a personalidades histéricas, 287

comparadas ao estilo esquizoide de personalidade, 288-289
diagnóstico de, 285-291
diagnóstico diferencial e, 287-291
engajamento no tratamento e, 34
implicações terapêuticas no diagnóstico de, 285-287
negação e, 127, 127-128
outras sugestões de leitura a respeito de, 290-291
visão geral, 281-282, 290
Personalidades histéricas
afeto em, 340-342
comparadas a organização de personalidade *borderline*, 385
comparadas a personalidade narcisista, 216, 356
comparadas a personalidades hipomaníacas, 287
comparadas a personalidades paranoides, 238
comparadas a personalidades psicopáticas, 355-357
contratransferência com, 350-353
diagnóstico de, 353-358
diagnóstico diferencial e, 216, 238, 287, 355-358, 385-386
experiência de *self* e, 347-349
implicações terapêuticas no diagnóstico de, 353-355
manipulação e, 181-182
padrões relacionais em, 345-347
processos adaptativos em, 342-345
processos defensivos em, 342-345
pulsão em, 340-342
sugestões de outras leituras a respeito, 359
temperamento e, 340-342
transferência com, 350-353
visão geral, 338-340, 358-359
Personalidades histriônicas. *Ver* Personalidades histéricas
Personalidades maníacas, 283-284. *Ver também* Personalidades hipomaníacas
afeto em, 282-283
comparadas a transtornos de défict de atenção (TDA e TDAH), 289
contratransferência com, 284-285
diagnóstico de, 285-289
diagnóstico diferencial e, 287-289
experiência de *self* e, 284
implicações terapêuticas no diagnóstico de, 285-287
negação e, 127-128
outras sugestões de leitura a respeito de, 290-291
padrões relacionais em, 283-284

processos adaptativos em, 283
processos defensivos em, 283
pulsão em, 282-283
temperamento e, 282-283
transferência com, 284-285
visão geral, 259, 281-282, 290
Personalidades masoquistas
afeto em, 295-296
comparadas a condições dissociativas, 312-313
comparadas a personalidades depressivas, 281, 311
comparadas a personalidades paranoides, 238
contratransferência com, 304-306
diagnóstico de, 307-313
diagnóstico diferencial e, 238, 281, 311-313
experiência de *self* e, 303-304
implicações terapêuticas no diagnóstico de, 307-311
padrões relacionais em, 300-303
personalidades obsessivas e compulsivas e, 328-329
processos adaptativos em, 297-300
processos defensivos em, 297-300
pulsão em, 295-296
sugestões de outras leituras a respeito, 314
temperamento e, 295-296
transferência com, 304-306
visão geral, 292-295, 313
Personalidades múltiplas. *Ver* Funcionamento psicológico dissociativo
Personalidades obsessivas. *Ver também* Personalidade obsessivo-compulsiva
afeto em, 317-319
comparadas a condições orgânicas, 336
comparadas a personalidade narcisista, 335-336
comparadas a personalidades paranoides, 257
comparadas ao estilo esquizoide de personalidade, 235, 336
contransferência com, 329-331
diagnóstico de, 331-336
diagnóstico diferencial e, 235, 257, 335-336
estilo esquizoide de personalidade e, 234
experiência de *self* e, 326-49
formação de reação e, 163
implicações terapêuticas no diagnóstico de, 331-335
moralização e, 157
padrões relacionais em, 323-326
personalidades depressivas e, 263
processos adaptativos em, 319-323
processos defensivos em, 319-323
pulsão em, 317-319, 230-323
sugestões de outras leituras a respeito, 337
temperamento e, 317-319

transferência com, 329-331
visão geral, 315-317, 337
Personalidades paranoides
   afeto em, 239-241
   comparadas a personalidades psicopáticas, 194
   contratransferência com, 248-249
   diagnóstico de, 249-257
   diagnóstico diferencial de, 194, 256-257
   espectro neurótico/*borderline*/psicótico, 77
   experiência de *self* e, 246-248
   implicações terapêuticas no diagnóstico de, 249-256
   padrões relacionais e, 243-246
   personalidades maníacas e, 286
   personalidades masoquistas e, 301-303
   processos adaptativos em, 241-243
   processos defensivos em, 241-243
   projeção e, 132-133
   pulsão em, 239-241
   sugestões de outras leituras a respeito, 258
   temperamento e, 239-241
   transferência com 248-249
   visão geral, 237-239, 257-258
Personalidades psicopáticas, 180. *Ver também* Psicopatia
   afeto em, 180-181
   comparadas a funcionamento psicológico dissociativo, 385
   comparadas a personalidades histéricas, 355-357
   comparadas a personalidades narcisistas, 215
   comparadas a personalidades paranoides, 256-257
   contratransferência e, 187
   diagnóstico de, 188-195
   diagnóstico diferencial e, 194-195, 213, 256-257, 355-357, 385
   experiência de *self* e, 185-186
   implicações terapêuticas no diagnóstico de, 188-194
   outras sugestões de leitura a respeito, 196
   padrões relacionais em, 184-185
   processos adaptativos em, 181-183
   processos defensivos em, 181-183
   pulsão em, 180-181
   temperamento em, 180-181
   transferência e, 187
   visão geral, 178-179, 196
Pessoas contradependentes, 34
Pessoas hipocondríacas, 152-153
Planejamento do tratamento, influenciando o diagnóstico, 26, 29-30
Poder
   lutas de poder, 331, 333

personalidades histéricas e, 341-342, 347-348
personalidades psicopáticas e, 181
Política, postura correta 20-21
Pontos fortes, 27
Posturas defensivas, 140-143. *Ver também* Defesas primitivas
Preconceito no diagnóstico, 25-26
Princípio de realidade, 47
Processo de separação/individuação
   organização de personalidade *borderline* e, 87-89
   personalidades depressivas e, 266-267
   regressão e, 152
   visão geral, 266-267
Processos adaptativos
   na dissociação, 367-370
   nas personalidades depressivas, 264-266
   nas personalidades histéricas, 342-345
   nas personalidades maníacas, 283
   nas personalidades masoquistas, 297-300
   nas personalidades narcisistas, 201-203
   nas personalidades obsessivas e compulsivas, 319-323
   nas personalidades paranoides, 241-243
   nas personalidades psicopáticas, 181-183
   no estilo esquizoide de personalidade, 222
Processos defensivos de alta ordem. *Ver* Defesas; defesas secundárias
Processos do desenvolvimento
   defesas primitivas e, 123-124
   diagnóstico de caráter e, 65-76
   dimensões de caráter tipológica e de amadurecimento, 117-119, 118*f*
   narcisismo e, 198
   personalidades psicopáticas e, 180
   regressão e, 151-153
   visão geral, 63-65
Profecia do autorrealizável, 136
Projeção. *Ver também* Defesas primitivas
   deslocamento e, 162
   dissociação e, 375-376
   em personalidades paranoides, 241
   no estilo de personalidade esquizoide, 222
   personalidades paranoides e, 241-243, 247, 252-253
   visão geral, 132-137
Proteção do consumidor, influenciando o diagnóstico, 26, 31-32
Protegendo consumidores de serviços de saúde mental, 26, 31-32
Provocação, 301
Psicanálise interpessoal, 51
Psicofarmacologia
   estilo esquizoide de personalidade e, 234
   personalidades depressivas e, 274

personalidades maníacas e, 286
personalidades obsessivas e compulsivas e, 334-335
Psicologia do ego
  diagnóstico e, 67-71
  organização e caráter e, 46-50
  psicose e, 96
  visão geral, 47-49
Psicologia do *self*
  organização de personalidade narcisista e, 210
  visão geral, 55-57
Psicopatas "passivos/parasitas", 179. *Ver também* Personalidades psicopáticas
Psicopatia. *Ver também* Personalidades psicopáticas
  comparada a sintomas neuróticos, 71
  controle onipotente e, 129
  somatização e, 139
Psicopatologia orgânica, 336
Psicose. *Ver também* Níveis psicóticos da estrutura de caráter; esquizofrenia
  comparada a condições dissociativas, 383
  diagnóstico da psicologia do ego e, 67-71
  diagnóstico de relações de objeto e, 73-74
  diagnóstico diferencial e, 383
  espectro neurótico/*borderline*/psicótico e, 79-84
  estilo esquizoide de personalidade e, 234
  identidade e, 85-86
  personalidades histéricas e, 339-340, 350-352
  personalidades maníacas e, 283
  personalidades paranoides e, 241
  versus neurose, 66-67
Psicoterapia focada na transferência (PFT), 87, 106
Psychodymanic Diagnostic Manual (PDM), 173, 261
Pulsão
  na dissociação, 366-367
  nas personalidades masoquistas, 295-296
  nas personalidades depressivas, 262-263
  nas personalidades histéricas, 340-342
  nas personalidades maníacas, 282-283
  nas personalidades narcisistas, 200-201
  nas personalidades obsessivas e compulsivas, 317-319, 230-322
  nas personalidades paranoides, 239-241
  nas personalidades psicopáticas, 180-181
  no estilo esquizoide de personalidade, 220-222
  visão geral, 173-174
Punição, 301

Q

Quadro terapêutico, organização de personalidade *borderline* e, 107-108
Questões anais, 317-318

R

Racionalização, 124, 155-156. *Ver também* Defesas secundárias
Racismo, 162
Raiva
  organização de personalidade *borderline* e, 107, 116-117
  personalidades depressivas e, 263, 274
  personalidades obsessivas e compulsivas e, 318-319, 319-322, 333-334
  personalidades paranoides e, 239-240
  psicose e, 97-98
Reação luta/fuga/paralisação
  personalidades maníacas e, 283
  somatização e, 138-140
Reações de estresse pós-traumáticas. *Ver também* Dissociação traumática e, 362
  personalidades histéricas e, 339-340
  repressão e, 149-150
Reafirmação, 87-89
Reatividade, 340
Reatividade interpessoal, 340
Reenquadramento, pacientes em nível psicótico e, 100
Regressão. *Ver também* Defesas secundárias
  organização de personalidade *borderline* e, 113-114
  personalidades histéricas e, 342, 353
  visão geral, 151-153
Regulação do afeto
  narcisismo e, 198
  personalidades psicopáticas e, 180-181
Relacionamento terapêutico. *Ver também* Contratransferência; transferência
  com pacientes *borderline*, 106-108
  diagnóstico da psicologia do ego e, 69-70
  espectro neurótico/*borderline*/psicótico e, 77, 82-84
  estilo esquizoide de personalidade e, 230-231
  identificação projetiva e, 135-136
  limites para utilidade do diagnóstico e, 37-38
  organização de personalidade narcisista e, 211-212
  personalidades histéricas e, 350-353
  personalidades masoquistas e, 310-311
  personalidades obsessivas e compulsivas e, 331-332

personalidades paranoides e, 249
psicose e, 96-99
sessões diagnósticas e, 26, 35-37
Relações de objeto
   estilo esquizoide de personalidade, 223-224
   personalidades depressivas e, 266
   personalidades histéricas, 350
   personalidades obsessivas e compulsivas e, 324, 331
   visão geral, 173-174
Remorso
   anulação e, 159
   em personalidades narcisistas, 206
Representações do *self*
   personalidades masoquistas e, 302-303
   personalidades paranoides e, 246-248
   personalidades psicopáticas e, 186
Repressão. *Ver também* Defesas primitivas; defesas secundárias
   em personalidades histéricas, 342-344
   no estilo esquizoide de personalidade, 222
   visão geral, 124, 149-151
Repúdio ao que está sendo projetado, 241
Resgate, 348
Resistência, 27
   comportamento recluso e, 125-126
   influenciando o diagnóstico, 26, 34
Respeito, 96-99
Ressentimento, 239-240
Revelações, personalidades psicopáticas e, 190
Reversão, 164-166. *Ver também* Defesas secundárias
Rigorosidade consigo mesmo, nas personalidades narcisistas, 206
Rituais, 316. *Ver também* Personalidades compulsivas
Rótulos
   acting out e, 143
   diagnósticos, 25-26
   implicações prognósticas e, 30-31
   limites de utilidade no diagnóstico e, 38
   pacientes em nível psicótico e, 101
   visão geral, 25-26

S

Sadismo
   personalidades masoquistas e, 304
   personalidades obsessivas e compulsivas e, 334
   personalidades psicopáticas e, 186
Satisfação da pulsão, 50-51
Sedução, 348-349, 353-353. *Ver também* Sexualização
Segurança
   estilo esquizoide de personalidade e, 223
   funcionamento psicológico dissociativo e, 378

narcisismo e, 198
   personalidades paranoides e, 255
   psicose e, 96-99
Self em relação
   personalidades depressivas e, 261
   personalidades obsessivas e compulsivas e, 325
Self, virar-se contra o, 160-161. *Ver também* Defesas secundárias
Senso integrado de identidade, 77
Separação
   estilo esquizoide de personalidade e, 223
   organização de personalidade *borderline* e, 87-89, 113-114
   personalidades depressivas e, 277-278
   personalidades maníacas e, 283-284
   personalidades paranoides e, 253
Serviços de indução de transe, 379. *Ver também* Hipnose
Sexismo, deslocamento e, 162
Sexualização. *Ver também* Defesas primitivas
   deslocamento e, 161-162
   estilo de personalidades esquizoide e, 223
   funcionamento psicológico dissociativo e, 366-367
   personalidades histéricas e, 341, 342, 343-344, 346, 347-349, 353-353
   personalidades masoquistas e, 292-293, 296
   personalidades obsessivas e compulsivas e, 324
   personalidades paranoides e, 255
   visão geral, 143-145
Síndrome de Asperger, 219-220
Sistema imune, 139-140
Somatização, 138-140, 152-153
Status mental, formato para entrevista diagnóstica e, 339
Subconsciente, 47-50. *Ver também* Inconsciente
Subfase de individuação (*Rapprochment*), 152. *Ver também* Processo de separação/individuação
Subjetividade isolada, 362-363
Sublimação, 168-169. *Ver também* Defesas secundárias
Superego
   narcisismo e, 199
   personalidades depressivas, 280
   personalidades obsessivas e compulsivas e, 318, 326
   personalidades psicopáticas e 181, 190
   psicologia do *self*, 56-57
   visão geral, 48-49
Superioridade em personalidades narcisistas, 206
Supervisão do paciente, 111-113

T

Temperamento. *Ver também* Personalidade
　defesas e, 122
　em personalidades depressivas, 262-263
　em personalidades histéricas, 340-342
　em personalidades maníacas, 282-283
　em personalidades masoquistas, 295-296
　em personalidades narcisistas, 200-201
　em personalidades obsessivas e compulsivas, 317-319
　em personalidades paranoides, 239-241
　em personalidades psicopáticas, 180-181
　no estilo esquizoide de personalidade, 220-222
　no funcionamento psicológico dissociativo, 366-367
　visão geral, 173-175
Teoria da pulsão
　personalidades depressivas e, 262-263
　sexualização e, 144
　sublimação e, 169
　visão geral, 42-46
Teoria da pulsão clássica de Freud. *Ver* Teoria da pulsão
Teoria da pulsão freudiana. *Ver* Teoria da pulsão
Teoria da sedução, 364-365
Teoria do domínio do controle
　estilo esquizoide de personalidade e, 230
　personalidades masoquistas e, 311
　reversão e, 164
"Teoria do *script*", 40
Teorias de estágio, 63-65
Terapia. *Ver também* Contratransferência; terapias não psicodinâmicas; tratamento psicanalítico; tratamentos a curto prazo, transferência
　com pacientes *borderline*, 105-117
　com pacientes em nível neurótico, 92-95
　com pacientes em nível psicótico, 95-105
　estilo esquizoide de personalidade e, 228, 231-233
　fases do trabalho com pacientes dissociativos, 379-380
　organização de personalidade narcisista e, 209-213
　personalidades depressivas e, 275-279
　personalidades paranoides e, 249-256
　personalidades psicopáticas e, 188-194
　sugestões para outras leituras a respeito, 120
　visão geral, 91-92, 119-120
Terapia baseada na mentalização (TBM), 106
Terapia centrada no cliente, 211
Terapia de grupo, personalidades obsessivas e compulsivas, 333
Terapia focada no esquema (TFE), 106

Terapias cognitivo-comportamentais (TCC). *Ver também* Terapia
　com pacientes de nível neurótico, 95
　pacientes em nível psicótico e, 103-105
　personalidades obsessivas e compulsivas e, 334-335
　planejamento do tratamento e, 30
Terapias de exposição, 334-335
Terapias não psicodinâmicas, 94-95. *Ver também* Terapias cognitivo-comportamentais (TCC); terapia
Terminologia
　preconceito no diagnóstico e, 25-26
　visão geral, 20-21
Terror, psicose e, 95
Teste de realidade
　personalidades paranoides e, 241-242
　personalidades psicopáticas e, 179
Tolerância, 27
Tolerando a ambivalência, 322-323
Tradição das relações de objeto, 50-55
Transferência
　deslocamento e, 162
　espectro neurótico/*borderline*/psicótico e, 83
　estilo esquizoide de personalidade e, 228-231
　funcionamento psicológico dissociativo e, 362, 370-373, 375-377, 381-383
　organização de personalidade *borderline* e, 88, 108
　organização de personalidades narcisista e, 207-209
　personalidades depressivas e, 273-275
　personalidades histéricas e, 350-353
　personalidades maníacas e, 284-285
　personalidades masoquistas e, 304-306
　personalidades obsessivas e compulsivas e, 329-331
　personalidades paranoides e, 243, 248-249, 255
　personalidades psicopáticas e, 187
　tradição das relações de objeto e, 52-54
Trauma. *Ver também* Experiências primárias
　deslocamento e, 162
　dissociação e, 146-147, 364-365, 378
　estilo esquizoide de personalidade e, 225
　narcisismo e, 198
　organização de personalidade *borderline* e, 107
　personalidades maníacas e, 283-284
　repressão e, 149-150
　somatização e, 138-140
　visão geral, 82-83
Trauma cumulativo, 225
Transformação do passivo para o ativo, 164
Transtorno bipolar
　comparado com condições dissociativas, 383

diagnóstico diferencial e, 383-384
diagnóstico kraepeliniano e, 66-67
negação e, 127
Transtornos da personalidade
  personalidades hipomaníacas e, 282
  personalidades maníacas e, 259, 283
  personalidades masoquistas e, 295
  somatização e 139
  visão geral, 176
Transtornos de déficit de atenção (TDA e TDAH), 289
Transtornos dissociativos (SCID-D), 383
Transtornos por uso de substâncias. *Ver também* Adição
  comparados a personalidades psicopáticas, 196
  diagnóstico diferencial e, 196
Tratamento psicanalítico
  com pacientes em nível neurótico, 93-94
  psicologia do ego e, 47-50
  Ver também Terapia
Tratamentos a curto prazo. *Ver também* Terapia
  com pacientes em nível neurótico, 94-95
  personalidades depressivas e, 276-277
Tratamentos breves. *Ver* Tratamentos a curto prazo
Treinamento de habilidades, 103-105
Treinamento para usar o banheiro, personalidades obsessivas e compulsivas e, 317-318

Treinando para ser um terapeuta, 271-272
Triangulação, 161
Tristeza, personalidades depressivas e, 263

V
Vaidade
  em personalidades narcisistas, 206
  personalidades histéricas e, 348-349
Validação, 27-28
Vazio. *Ver também* Subconsciente
  nas personalidades narcisistas, 206
  personalidades depressivas e, 280
Vergonha
  compartimentalização e, 157-158
  em personalidades psicopáticas, 181
  organização de personalidade narcisista e, 198, 206, 212, 217
  personalidades histéricas e, 344-345
  personalidades obsessivas e compulsivas e, 319
  personalidades paranoides e, 240, 258
Vingança, personalidades paranoides e, 239-240
Virar-se contra o *self*. *Ver também* Defesas secundárias
  personalidades depressivas e, 265
  personalidades masoquistas e, 297-300
  visão geral, 160-161